合格のための入試レーダー 東京都

2024年度入試はどう行われたか

受検者のみなさんへ

東京都内ではおよそ約200校の都立高校が入学者を募集し，現在約13万人の生徒が都立高校で学んでいます。各校は公立高校としての共通の基盤に立って一方向にかたよることなく教育の中立性を保ちながら，教育目標や指導の重点を定めて特色ある教育を展開していま[illegible]の比較でいえば，公立であるため学費が安い，特定の宗教に基づいた教育は[illegible]れます。

都立高校にはいろいろな種類の学校があります[illegible]志望校選びをしましょう。なお，現在は学区制度がなく，どの学校[illegible]ています。

全日制課程

普通科　普通教科(おおよそ中学校の９教科と[illegible])の学習を中心とする。国公立や難関私立大への進学実績の向上を目指した進学指導重点校・社会生活を送る上で必要な基礎的，基本的学力をしっかり身につけるためのエンカレッジスクールなどもある。単位制の学校では，多様な選択科目が準備され，自分の興味・関心のある分野を重点的に学ぶことができる。また，コース制では，外国語や芸術など学習内容の重点化を図っている。

専門学科　普通教科に加え，専門的な教科(農業・工業・科学技術・商業・ビジネスコミュニケーション・海洋国際・家庭・福祉・理数・芸術・体育・国際・産業)の学習を行う。進学型商業高校(大田桜台高校・千早高校)，先端技術分野の学習と大学進学を目指す科学技術高校(科学技術高校・多摩科学技術高校)，生産から流通まで一貫して学べる産業科高校(橘高校・八王子桑志高校)などがある。

総合学科　普通教科から，工業や商業・情報や美術などの専門教科まで，自分の興味・関心や進路希望に応じて履修科目を選択し，幅広く学べる。現在，晴海総合高校・つばさ総合高校・杉並総合高校・若葉総合高校・青梅総合高校・葛飾総合高校・東久留米総合高校・世田谷総合高校・町田総合高校や王子総合高校がある。

定時制課程

総合学科　チャレンジスクール：午前・午後・夜間の各部からなる三部制で，普通科の科目以外にも福祉や商業や美術などに関する専門的な学習ができる。

普通科・専門学科　夜間などの時間を利用して授業を行うもので，都内に勤務先がある者でも出願できる。単位制普通科の学校には午前・午後・夜間の各部からなる三部制の昼夜間定時制高校もある。専門学科には農業・工業・商業・産業・情報がある。

その他，**通信制課程**　**中高一貫教育校**　**高等専門学校**がある。

英語リスニングテストの音声について

※コードの使用期限以降は音声が予告なく削除される場合がございます。あらかじめご了承ください。

リスニングテストの音声は、下記アクセスコード(ユーザー名／パスワード)により当社ホームページ(https://www.koenokyoikusha.co.jp/pages/cddata/listening)で聞くことができます。(当社による録音です)

〈アクセスコード〉ユーザー名：koe　パスワード：04191　使用期限：2025年3月末日

●全日制課程
学力検査に基づく選抜の実施要綱

●第一次募集

1 応募資格

(1)2024年3月に中学校を卒業する見込みの者，中学校を卒業した者，など。
(2)原則として，都内に保護者とともに在住し，入学後も引き続き都内から通学することが確実な者，または応募資格審査を受け，承認を得た者。

2 出　願

インターネット出願を実施。出願は1校1コースまたは1科(1分野)に限る。ただし，志望する同一の都立高校内にある同一の学科内に2科(2分野)以上ある場合(芸術に関する学科を除く)は，志望順位をつけて出願することができる(立川高校と科学技術高校の理数科については別に定める)。

出願情報入力期間　　12月20日(水)～2月6日(火)
書類提出期間　　1月31日(水)～2月6日(火)

変更は他学科か他校へ1回のみ

3 志願変更

願書提出後，1回に限り志願変更をすることができる。ただし，同校同一学科内の志望の順位を変更することはできない。

願書取下げ　2月13日(火)　　願書再提出　2月14日(水)

原則5教科入試

4 学力検査等

学力検査教科は5教科を原則とし，5～3教科の中で各校が定める。ただし，エンカレッジスクール(蒲田，足立東，東村山，秋留台，中野工科，練馬工科)は学力検査を実施しない。また，傾斜配点の実施や，面接，実技検査，小論文または作文を行う学校もある。

学力検査日　2月21日(水)

9:00～9:50	10:10～11:00	11:20～12:10	昼食	13:10～14:00	14:20～15:10
国　語	数　学	英　語		社　会	理　科

※英語学力検査時間の最初の10分間にリスニングテストを実施する。

日比谷，戸山，青山，西，八王子東，立川，国立，新宿，墨田川，国分寺は，自校で作成した国語，数学，英語の問題(社会，理科は都の共通問題)を使用する。国際高校では英語のみ自校作成問題を使用する。

5 選　考

選考は，調査書，学力検査の成績(面接などを実施する学校はそれらも含む)，スピーキングテストの結果(英語の学力検査実施校のみ)の総合成績と入学願書による志望，都立高校長が必要とする資料に基づいて行う。なお，自己PRカードは点数化せず面接資料として活用する。

原則
学力検査：調査書＝7：3

総合成績の算出

学力検査と調査書の合計を1000点満点とする。各校は学力検査と調査書の比率を7：3に定め，それぞれの得点を比率換算し得点を算出する。ただし，体育科(駒場，野津田)および芸術科(総合芸術)は学力検査と調査書の比率を6：4とする。それらの得点に，スピーキングテスト・面接・実技検査・小論文・作文(それぞれ実施した場合)の得点を加えて総合成績とする。

6 合格発表

合格者の発表　3月1日(金)　8時30分(ウェブサイト)，9時30分(校内掲示)
手続き　3月1日(金)，4日(月)

●全日制課程第二次募集

第二次募集は3教科原則 学力検査：調査書＝6：4

1 出　願

出願日　3月6日(水)　インターネット出願は実施しない。

志願変更日　取下げ　3月7日(木)　再提出　3月8日(金)

2 選抜日程等

学力検査　　3月9日(土)　　国語，数学，英語（各50分）

※面接・実技検査等・傾斜配点を行う学校がある。また，学力検査と調査書の比率は6：4となる。

合格者の発表　　3月14日(木)

※「インフルエンザ等学校感染症罹患(りかん)者等に対する追検査」は同じ日程で行う。ただし，分割募集実施校は追検査を実施しない。

●分割募集

全日制都立高校は，第一次募集期間における募集＝分割前期と第二次募集期間における募集＝分割後期の2回に分けて募集を行うことができる。日程，出願方法などは，第一次募集，第二次募集の規定による。

※2024年度実施校…日本橋，八潮，田園調布，深沢，竹台，大山，田柄，青井，足立新田，淵江，南葛飾，府中東，山崎，羽村，蒲田，足立東，東村山，秋留台，中野工科，練馬工科，野津田(体育)

●海外帰国生徒等入学者選抜
(帰国生徒対象/4月入学生徒)

1 実施校

三田，竹早，日野台，国際

2 出　願

出願情報入力期間　　12月20日(水)～2月7日(水)

書類提出期間　　1月31日(水)～2月7日(水)　インターネット出願を実施する。

3 志願変更

願書取下げ　2月13日(火)　　　願書再提出　2月14日(水)

4 検　査

検査日　　2月15日(木)　国語(作文を含む)，数学，英語，面接

※国際高校：現地校出身者は日本語または英語による作文，面接

5 合格発表

合格者の発表　　2月19日(月)

※国際高校の国際バカロレアコースなどの募集に関しては，別に定められている。

普工商農家他

都立 日比谷（ひびや） 高等学校

【所在地】 〒100-0014　千代田区永田町２－16－１　☎03（3581）0808（代）　FAX03（3597）8331
【交　通】 地下鉄各線「赤坂見附駅」「永田町駅」「国会議事堂前駅」「溜池山王駅」より徒歩５分
【生徒数】 964名（男子512名，女子452名）　【登校時間】 8：20

施設ほか　空欄はなしまたは不明

食堂

購買部（軽食）

電子黒板

プール

照明つき運動場

携帯電話持ち込み

自転車通学

アルバイト

カウンセラー
制服

千葉県安房勝浦に財団法人星陵会所有の勝山寮がある。ほかに自習室，蔵書51,000冊の図書館，CALL教室，作法室，体育館，記念資料館など。

在校生からのメッセージ

日比谷は140年を超える歴史と伝統を誇る学校です。自主自律の校風のもと，部活も行事も生徒が中心です。星陵祭はみんなが協力して毎年素晴らしいものになっているし，部活もさかんで，勉強と両立させています。皆さん，日比谷高校で夢を実現しましょう。（矢口中出身　M・K）

学校からのメッセージ

本校は知性とチャレンジ精神を備えた将来のリーダーとなるべき人材の育成をめざしています。授業は文系・理系ともバランスのとれている点が特徴で，国立大を目標にする生徒には有利な環境といえるでしょう。ぜひ，本校で将来を見すえた大きな夢を育ててもらいたいと思います。

◎授業

２学期制・45分×７時限　習数英　講長期休業　朝ー

本校はスーパーサイエンスハイスクール（SSH）の指定を受け，大学や研究機関と連携し，学問や科学技術の最先端に触れる機会を多数設定。GE-NET20指定校として国際教育にも力を入れる。授業は２コマ連続で行う時間割を組んで学習効果を高める。１・２年はほぼ共通履修で，数学・英語で習熟度別や少人数制授業を実施。なお，２年の８・９時限目に自由選択として理数探究・第二外国語などを開講。３年は文類型と理類型に分かれ，自由選択科目（最大週11時間分）を組み合わせて志望大学の入試に備える。

◇３年間の主な流れと主要５教科の週授業数（2024年度）

１年　２年　３年（文類型／理類型）

	１年	２年	３年 文	３年 理
国	5	5	7～	2～
社	6	4	6～	2～
数	6	5	0～	7～
理	5	6	0～	4～
英	5	6	8	6

※基本的に必修授業。

行事＆海外研修

生徒の自主的運営で行われる５月の体育大会，６月の合唱祭，９月の星陵祭（文化祭）が本校の三大イベント。中でも星陵祭はシェークスピアから生徒のオリジナル作品まで，全24クラスが演じる教室劇が素晴らしい。ほかに千葉勝山寮での臨海教室，夏山キャンプ，スキー教室，球技大会などがあり，２年修学旅行は関西方面へ出かける。また，アメリカ西海岸・ハワイ島およびボストン・ニューヨークへの海外派遣研修，韓国の姉妹校との相互訪問を実施。

部活動

30以上の部・同好会がある。運動系では陸上競技部，硬式テニス部，バスケット部，剣道部，弓道部などが各大会で奮闘中。文化系では全国総文祭参加の音楽部（合唱班），全国SSH発表会で入賞の化学探究部のほか，演劇部，箏曲部，棋道部などがめだつ。

プロフィール

1878年，東京府第一中学校として創立。1950年，現校名に改称し，男女共学となる。

創立以来140年余の歴史と伝統を誇り，谷崎潤一郎，横山大観，利根川進氏ら各界の著名人を輩出。学問の本質を見極める力を養うとともに，現役での国公立大学進学を目標に充実した進学指導を行う。

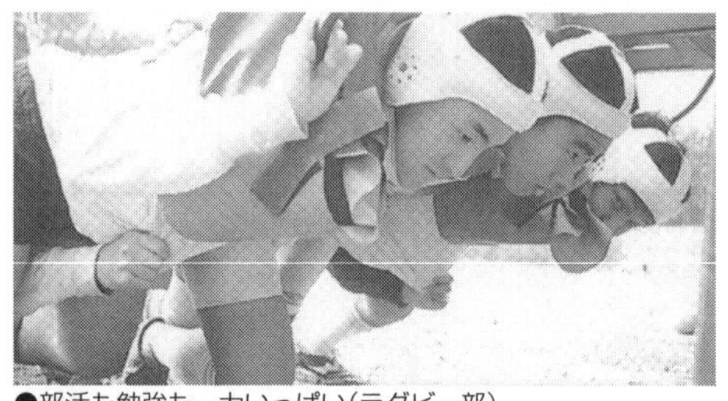
●部活も勉強も，力いっぱい（ラグビー部）

▶土曜の扱い…毎週休み。ただし，土曜講習・模試・検定・部活などに活用する。

入試ガイド

入試概況

※2024年度より男女合同定員。

年度	募集定員	推薦入試				一般入試					
		定員	志願者数	合格者数	実質倍率	定員	締切時志願者数	確定志願者数	受検者数	合格者数	実質倍率
2024	317	64	163	64	2.55	253	465	459	354	268	1.32
2023	男166　女151	33　30	79　130	33　30	2.39　4.33	133　121	345　246	344　237	257　217	149　124	1.72　1.75
2022	男165　女152	33　30	101　116	33　30	3.06　3.87	132　122	335　218	330　216	249　189	149　122	1.67　1.55

選抜方法（2024年春）

推薦入試		一般入試	
推薦枠	20％	試験科目	5科
特別推薦	—	学力検査	700点
調査書	450点	調査書	300点
個人面接 集団討論	200点	スピーキング	20点
小論文	250点	自校作成問題	国・数・英

合格のめやす

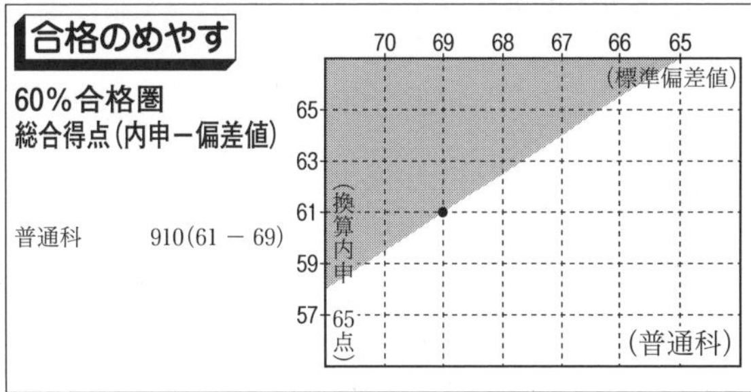

ワンポイント・アドバイス

☆推薦は集団討論を再開。　☆一般は前年の倍率上昇や男女合同選抜への警戒からか，総受検者数が減少し，倍率は全都平均をも下回った。　☆反動に備え，確実な併願校を。

卒業後の進路

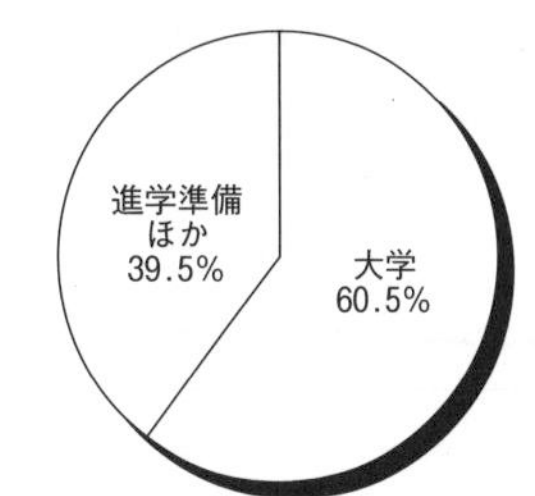

卒業生数…　314 名
大学…　190 名
短期大学…　0 名
専門学校…　0 名
留学…　2 名
進学準備ほか…　122 名
（2023年３月卒業生）

〔大学進学率の推移〕　61％（23年）←75％（22年）←74％（21年）

併願校リスト

※Bは本校とほぼ同レベルを，Aは上位，Cは下位レベルを示す。

	国公立	私立	
A	◆筑波大附駒場 東京学芸大附	◆開　成	
B	日比谷 西	◇慶應義塾女子 市　川 朋優学院（国T） 淑徳（S）	渋谷教育学園幕張 ◆慶應義塾志木 ◆早大高等学院 栄東（東） 法政大第二
C	戸山 青山 新宿	中央大附 青　稜	桐蔭学園（プ） 錦城（特） 淑徳巣鴨（ア）

◆は男子募集，◇は女子募集，無印は共学または別学募集。

主な併願校　早大高等学院，慶應義塾女子，市川，青稜，朋優学院

〈大学合格実績〉

※（　）は現役で内数。　（2023年春）

大学名	人数	大学名	人数	大学名	人数
東京大	51（33）	京都大	4（4）	早稲田大	184（136）
東京医歯大	3（3）	東京工業大	4（3）	慶應義塾大	90（58）
一橋大	10（7）	大阪大	1（0）	上智大	69（56）
東北大	5（3）	北海道大	3（3）	国際基督教大	2（2）
筑波大	6（3）	東京都立大	3（1）	東京理科大	99（55）
お茶の水大	6（5）	東京外語大	7（5）	明治大	85（54）
神戸大	1（0）	千葉大	9（6）	青山学院大	31（22）
電気通信大	1（1）	東京農工大	9（5）	立教大	64（39）
横浜国立大	10（9）	東京学芸大	4（4）	中央大	58（29）

指定校推薦

早稲田大など。

ミニ情報

▷希望者参加の勝山臨海教室では，男子は白い褌（ふんどし）を着用する。また，古式泳法の神伝流も指導される。
▷星陵セミナーは例年約20講座開かれている。
▷タブレット端末を使って生徒一人ひとりが外国人講師と会話するオンライン英会話を実施。
▷第二外国語はドイツ語・フランス語・中国語・ハングルが用意されている。
▷卒業生にはハワイ「すばる」天体望遠鏡の創設者の小平桂一さん，作家の塩野七生さん・庄司薫さんなどもいる。

進路指導

進路講演会や懇談会，個別面談などを計画的に行うほか，進路探究の一環として２年の３月に各界で活躍する卒業生によるゼミ形式の「星陵セミナー」を開催する。補習・講習など実力養成に力を入れ，校内実力試験や全国模試などを定期的に実施し，定点観測として年２回，成績の推移と経年比較をもとにした現状分析を行って学力の一層の強化をはかる。

▶**通学区域トップ５**…世田谷区11％，練馬区７％，大田区７％，江東区６％，江戸川区６％

出題傾向と今後への対策

出題内容

	2024	2023	2022
大問数	4	4	4
小問数	24	21	21
リスニング	○	○	○

◎大問数４題，小問数20問程度という形が続いている。毎年，自分で内容を考えてまとまった英語で表現させる問題が複数出題されている。

2024年度の出題状況

1 放送問題
2 長文読解総合―会話文
3 長文読解総合―説明文
4 テーマ作文

解答形式

2024年度	記　述／マーク／併　用

出題傾向

出題される長文は極端に難解なものではないが，かなり長めで読み応えのある文章である。設問は，適切な語や文を補充・選択するもの，英文解釈，理由や登場人物の気持ちを問うものなどで，思考力，表現力を総合的に見ることを重視した設問が多い。また，英作文は内容・語数ともに難関私立高校レベルとなっている。

今後への対策

長文読解対策として，量より質に重きを置いた訓練を心がけ，私立中堅校レベルの長文読解問題集を繰り返し解くとよい。放送問題は手堅く正答できる得点源であり，ここでの失点は命取りになるので，毎日短時間でも英文を聞くようにしよう。英作文対策にはたくさんの英文を書き，それを必ず添削してもらうようにすること。

英語出題分野一覧表

分野			2022	2023	2024	2025予想※
音声	放送問題		●	●	●	◎
	単語の発音・アクセント					
	文の区切り・強勢・抑揚					
語彙・文法	単語の意味・綴り・関連知識					
	適語(句)選択・補充					
	書き換え・同意文完成					
	語形変化					
	用法選択					
	正誤問題・誤文訂正					
	その他					
作文	整序結合		●	●	●	◎
	日本語英訳	適語(句)・適文選択				
		部分・完全記述				
	条件作文		●	●	●	◎
	テーマ作文		●	●	●	◎
会話文	適文選択					
	適語(句)選択・補充					
	その他					
長文読解	内容把握	主題・表題				
		内容真偽	●	●	●	◎
		内容一致・要約文完成				
		文脈・要旨把握	●	●	●	◎
		英問英答	●			△
	適語(句)選択・補充		●	●	●	◎
	適文選択・補充		●	●	●	◎
	文(章)整序				●	△
	英文・語句解釈(指示語など)		●	●	●	◎
	その他(適所選択など)		●		●	◎

●印：１～５問出題，■印：６～10問出題，★印：11問以上出題。
※予想欄　◎印：出題されると思われるもの。　△印：出題されるかもしれないもの。

出題傾向と今後への対策

出題内容

2024年度 作 証 グ

大問４題，15問の出題。1は小問集合で，５問。数の計算，二次方程式，確率，データの活用，図形からの出題。図形は作図問題。2は関数で，放物線と直線に関するもの。3は平面図形で，二等辺三角形の３つの頂点を通る円を利用した問題。２つの三角形が合同であることを示す証明問題も出題されている。4は空間図形で，正方形に光を当てたときにできる影について問うもの。正方形を回転させたときの，影の面積や形の変化の様子などについて問われている。

2023年度 作 証 グ

大問４題，14問の出題。1は小問集合で，５問。数の計算，方程式，関数，確率，平面図形の出題。平面図形は作図問題。2は関数で，放物線と直線に関するもの。座標を文字を使って表すなど，文字式を扱う力も求められている。3は平面図形で，円を利用した問題。２つの三角形が合同であることを示す証明問題も出題されている。4は空間図形で，三角形を180°回転させた立体と四面体を合わせた立体について問うもの。設問ごとに条件が変わるので，注意を要する。

作…作図問題　証…証明問題　グ…グラフ作成問題

解答形式

2024年度	記　述／マーク／併　用

（記述に○）

出題傾向

例年，大問４題，総設問数14問前後の出題。1は各分野から出題され，図形は作図の出題となっている。2～4は，関数，平面図形，空間図形からの出題。関数は放物線と直線に関する問題が多い。平面図形は，証明問題が必出。証明の分量がかなり多くなることもある。関数や空間図形では，過程を書かせる問題もある。

今後への対策

早いうちに基礎を完成させ，標準～発展レベルの問題集で演習を積み重ね，いろいろな解法や考え方を身につけてもらいたい。特に，関数，図形分野を中心に演習を積むとよいだろう。途中の過程や証明問題など記述する問題があるので，ふだんの学習から，書く習慣をつけるようにしよう。作図の対策も忘れずに。

◆◆◆◆◆ 数学出題分野一覧表 ◆◆◆◆◆

分野		2022	2023	2024	2025 予想※
数と式	計算，因数分解	●	●	●	◎
	数の性質，数の表し方				
	文字式の利用，等式変形				
	方程式の解法，解の利用	●	●	●	◎
	方程式の応用				
関　数	比例・反比例，一次関数	●	●		△
	関数$y=ax^2$とその他の関数	★	★	★	◎
	関数の利用，図形の移動と関数				
図　形	(平面) 計　量	■	■	■	◎
	(平面) 証明，作図	■	■	■	◎
	(平面) その他				
	(空間) 計　量	★	★	■	◎
	(空間) 頂点・辺・面，展開図				
	(空間) その他			■	
データの活用	場合の数，確率	●	●	●	◎
	データの分析・活用，標本調査			●	△
その他	不 等 式				
	特殊・新傾向問題など				
	融合問題				

●印：１問出題，■印：２問出題，★印：３問以上出題。
※予想欄　◎印：出題されると思われるもの。　△印：出題されるかもしれないもの。

出題傾向と今後への対策

出題内容

2024年度

- 一 漢字
- 二 漢字
- 三 小説
- 四 論説文
- 五 説明文

課題文
三河﨑秋子『温む骨』
四大塚　淳「深層学習後の科学のあり方を考える」
五中西　進『万葉のことばと四季』

2023年度

- 一 漢字
- 二 漢字
- 三 小説
- 四 論説文
- 五 説明文

課題文
三山本兼一『花鳥の夢』
四若林幹夫『地図の想像力』
五尼ヶ崎彬『花鳥の使』

2022年度

- 一 漢字
- 二 漢字
- 三 小説
- 四 論説文
- 五 説明文

課題文
三朝井リョウ『スター』
四村上陽一郎『文明の死／文化の再生』
五森本哲郎『月は東に』

解答形式

2024年度　記述／マーク／併用

出題傾向

出題は，現代文の読解問題が中心である。古典については，現代文の中で基礎的なことがふれられる程度である。設問の内容は，国語のあらゆる分野の文章を読みこなす読解能力だけでなく，課題文の内容から自分が考えたことなどを250字以内で書かせるなど，高度な思考力や表現力も要求されるものとなっている。

今後への対策

現代文の読解問題を中心に勉強しなければならない。比較的高度な記述式の問題集を数多くこなしておくこと。読書についても，安易で読みやすいものばかりでなく，とりわけ論説文は，少し難しい新書などを多く読むとよい。古典や和歌などについても，基礎的な内容を問題集などで復習しておこう。

◆◆◆◆◆ 国語出題分野一覧表 ◆◆◆◆◆

分野		年度	2022	2023	2024	2025予想※
現代文	論説文・説明文	主題・要旨		●	●	◎
		文脈・接続語・指示語・段落関係				
		文章内容	●	●	●	◎
		表現				
	随筆・日記・手紙	主題・要旨				
		文脈・接続語・指示語・段落関係				
		文章内容				
		表現				
		心情				
	小説	主題・要旨	●			△
		文脈・接続語・指示語・段落関係				
		文章内容	●	●	●	◎
		表現	●	●	●	◎
		心情	●	●	●	◎
		状況・情景				
韻文	詩	内容理解				
		形式・技法				
	俳句・和歌・短歌	内容理解			●	△
		技法				
古典	古文	古語・内容理解・現代語訳				
		古典の知識・古典文法				
	漢文	（漢詩を含む）	●			△
国語の知識	漢字・語句	漢字	●	●	●	◎
		語句・四字熟語	●		●	◎
		慣用句・ことわざ・故事成語				
		熟語の構成・漢字の知識				
	文法	品詞		●		△
		ことばの単位・文の組み立て				
		敬語・表現技法				
	文学史					
作文・文章の構成・資料			●	●	●	◎
その他						

※予想欄　◎印：出題されると思われるもの。　△印：出題されるかもしれないもの。

● 出題傾向と対策

東京都立高等学校

【社会・理科】

共 通 問 題

社会 出題傾向と対策

●出題のねらい

地理，歴史，公民の各分野とも基礎知識を中心に幅広い出題がなされている。ほとんど全ての問題が地図，統計，図表などを利用して出題されており，単に知識を問うだけでなく，資料を読み取り，総合的に考察する力を見ようとしている。

出題形態にも工夫がなされており，地理，歴史，公民の各分野が融合問題や総合問題の形式をとっているなど，社会科の学力を総合的に試そうとする意図が感じられる。個々の知識を互いに関連させて問題をとらえる力が求められている。

●何が出題されたか

2024年度は昨年同様，大問が全６題出題された。構成は，三分野の小問集合問題が１題と地理が２題，歴史が１題，公民が１題，三分野総合問題が１題となっている。また，小問数は昨年までと同様20問で，文章記述の解答は昨年より１問増えて３問であった。配点は全問５点で，三分野の出題のバランスはとれている。

1は三分野の基礎事項からなる問題で，地図の読み取りを含む小問形式である。2は世界地理で，各国の気候や産業などに関する問題。3は日本地理で，各県の自然環境や，産業などに関する問題。4は歴史で，古代から現代までの海上交通に関する歴史をテーマにした問題。5は公民で，社会集団をテーマにした問題。6は三分野総合問題で，国際社会とグローバル化をテーマに，地図，グラフを用いた問題となっている。

〈社会出題分野一覧表〉

分野	年度	2021	2022	2023	2024	2025 予想※
地理的分野	地形図	●	●	●	●	◎
	アジア		地産　総	産		◎
	アフリカ				総	△
	オセアニア	総				△
	ヨーロッパ・ロシア	地産		総	総	◎
	北アメリカ		総			△
	中・南アメリカ					△
	世界全般	総	総	総	産　総	◎
	九州・四国					△
	中国・近畿					△
	中部・関東		産		産　総	◎
	東北・北海道					△
	日本全般	総	総	産人総	総	◎
歴史的分野	旧石器～平安	●	●	●	●	◎
	鎌倉	●	●		●	◎
	室町～安土桃山	●	●	●	●	◎
	江戸	●	●	●	●	◎
	明治		●	●	●	◎
	大正～第二次世界大戦終結	●	●	●	●	◎
	第二次世界大戦後	●	●	●	●	◎
公民的分野	生活と文化		●			△
	人権と憲法	●	●	●	●	◎
	政治	●	●		●	◎
	経済	●		●	●	◎
	労働と福祉	●				△
	国際社会と環境問題			●	●	◎
時事問題						△

注）地理的分野については，各地域ごとに出題内容を以下の記号で分類しました。
地…地形・気候・時差，産…産業・貿易・交通，人…人口・文化・歴史・環境，総…総合
※予想欄　◎印：出題されると思われるもの。　△印：出題されるかもしれないもの。

●はたして来年は何が出るか

形式は本年のように全６題程度の大問構成となる可能性が高く，地理，歴史，公民の各分野だけでなく，総合問題などを含んだバランスのよい出題となろう。内容も基礎事項を中心としながらも，資料分析力や総合的考察力などさまざまな力を試そうとする傾向には変化がないと思われる。地理では地図や統計を用いて自然や産業を問うもの，歴史では１つのテーマを取り上げて展開していくもの，公民では政治や経済，国際社会など，その他各分野にわたる総合問題など例年どおりの出題傾向が続くと考えられる。また，資料の読み取りを伴う文章記述の問題を重視する傾向にあることに注意しておきたい。

●どんな準備をすればよいか

基本的な設問から応用力が求められる問題まで確実に対応するためには，基本的知識を確実に理解していることが重要である。そのためには教科書を十分に活用して基礎知識をしっかり定着させることから始めたい。その際，知識を個別に覚え込むだけでなく，地図帳や年表，資料集などを積極的に利用して，個々の事項がどのように関連しているか，体系的にまとめていくとよい。地図や図表は例年出題されているので，日頃の学習の中で十分慣れておきたいし，統計も最新のものを確認しておきたい。また，地理，歴史，公民といった分野の枠を越えた総合的な学習も心がけたい。そのためにはニュースなどを通じて現代の社会の課題や国際問題などに対する関心を深めておこう。最後にそれまでの学習の成果を確認し，弱点を補強するためにも過去の問題を解いておこう。問題演習に慣れるとともに出題の意図や傾向を知り，その後の学習に生かしていくことが望ましい。

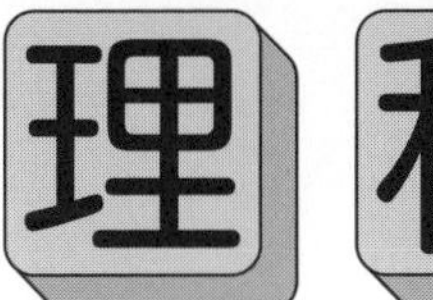

理科　出題傾向と対策

●出題のねらい

理科の出題のねらいは，中学校で学習する範囲内の各単元について，基礎的な理解度を見ることにある。基本的な知識を問うとともに，実験や観察を題材として，その手順と方法，結果，考察に関わる事柄にも重点が置かれている。出題単元についても，特定のものにかたよることなく，それぞれの分野の各単元間のバランスがはかられており，出題形式についても，記号選択式だけでなく記述式の出題を加える工夫が見られ，受検者の学力が適切に評価される内容となるように配慮されている。

●何が出題されたか

1は物理・化学・生物・地学の４つの分野から１，２問，合計６問の出題で，いずれも基礎的な知識を確認するための問題。2は岩石についての自由研究のレポートから，岩石に含まれる化石，金属を取り出せる岩石，石英，生物由来の岩石について，示準化石・示相化石，酸化銅の還元，光の屈折，生物どうしのつながりに関する４問。3は地球と宇宙から，太陽と地球の動きについて，知識や理解を問う問題。4は植物の体のつくりとはたらきから，光合成と呼吸について，知識や考察力を問う問題。5は水溶液に関する問題。電解質・非電解質，溶解度について，知識と理解が問われた。6は運動とエネルギーから，力学的エネルギーについて，仕事や作用・反作用，速さ，分力，エネルギーなどの知識や理解が問われた。

〈理科出題分野一覧表〉

分野	年度	2021	2022	2023	2024	2025予想※
身近な物理現象	光と音	●	●	●	●	◎
	力のはたらき(力のつり合い)	●	●			◎
物質のすがた	気体の発生と性質					△
	物質の性質と状態変化	●	●	●		◎
	水溶液			●	●	◎
電流とその利用	電流と回路	●	●	●	●	◎
	電流と磁界(電流の正体)	●				◎
化学変化と原子・分子	いろいろな化学変化(化学反応式)	●		●	●	◎
	化学変化と物質の質量	●	●		●	◎
運動とエネルギー	力の合成と分解(浮力・水圧)				●	△
	物体の運動	●	●	●	●	◎
	仕事とエネルギー		●		●	◎
化学変化とイオン	水溶液とイオン(電池)		●	●	●	◎
	酸・アルカリとイオン	●	●			◎
生物の世界	植物のなかま		●	●		◎
	動物のなかま	●			●	◎
大地の変化	火山・地震	●	●	●		◎
	地層・大地の変動(自然の恵み)		●		●	◎
生物の体のつくりとはたらき	生物をつくる細胞					△
	植物の体のつくりとはたらき	●	●		●	◎
	動物の体のつくりとはたらき	●	●	●	●	◎
気象と天気の変化	気象観察・気圧と風(圧力)	●			●	◎
	天気の変化・日本の気象	●	●	●		◎
生命・自然界のつながり	生物の成長とふえ方		●	●		◎
	遺伝の規則性と遺伝子(進化)	●	●			◎
	生物どうしのつながり			●	●	◎
地球と宇宙	天体の動き	●	●	●	●	◎
	宇宙の中の地球					△
自然環境・科学技術と人間						
総合	実験の操作と実験器具の使い方	●		●	●	◎

※予想欄　◎印：出題されると思われるもの。　△印：出題されるかもしれないもの。
分野のカッコ内は主な小項目

●はたして来年は何が出るか

例年どおり，特定の分野にかたよることなく，物理・化学・生物・地学の各分野からバランスよく出題されており，来年もこの傾向が続くのは確実である。その中で，「化学変化」，「電流とその利用」など，理解度の差が表れやすい化学や物理の分野の重要単元については，連続して出題されることが多い。地学や生物の分野でも，「火山・地震」，「動物の体のつくりとはたらき」，「天体の動き」などは同様である。いずれの分野も実験の経緯や観察結果の考察が問われるのは間違いない。年によって論述式解答問題や作図問題が出題されている。この傾向は今後も続くことが予想される。

●どんな準備をすればよいか

まず，教科書で扱われている内容については，しっかり理解できるようにしておくことが何よりも重要である。出題範囲の点でも，難易度の点でも，教科書レベルを超えることはないのだから，教科書のマスターを最重要課題とすべきである。知識的な項目を覚えていくことも必要だが，実験や観察を通して求められる理科的な思考力を身につけていくことが大切である。それには，教科書をただ読んでいくだけでは不十分で，自分なりの「理科ノート」をつくっていくのがよいだろう。特に実験や観察については，その目的，手順，使用する器具，操作の注意点，結果，考察のそれぞれについて，図やグラフも含めて丹念に書きすすめていくこと。この過程であいまいな点が出てきたら，学校の授業ノートや参考書で確認しておくとよい。この一連の作業をすすめていくことができれば，自然に重要なポイントを押さえることができるはずだ。テストや問題集で自分が間違えたところをノートにフィードバックさせていけば，さらに有益だろう。

Memo

中学校英語
スピーキングテスト(ESAT-J)

- スピーキングテストについて
- スピーキングテストの準備と対策
- 問題と解答例

2023年度　11月27日実施

2023年度　12月18日実施（予備日テスト）

2022年度　11月27日実施

2022年度　12月18日実施（予備日テスト）

中学校英語スピーキングテストについて

※中学校英語スピーキングテスト(テスト名称：ESAT-J)は，東京都教育委員会が英語の「話すこと」の能力を測るアチーブメントテストとして実施しており，都立高等学校入学者選抜学力検査とは異なるテストです。

1 実施方法

タブレット端末等を用いて，解答音声を録音する方法で実施し，試験時間は準備時間を含み，65分程度とする。

2 出題方針

(1) 出題の範囲は，実施年度の中学校学習指導要領における英語「話すこと」に準拠した内容とする。
(2) 問題は，中学校検定教科書や東京都教育委員会が指定する教材に基づく。
(3) 基礎的・基本的な知識及び技能の定着や，思考力・判断力・表現力などをみる。

3 問題構成及び評価の観点

※評価の観点 ①コミュニケーションの達成度 ②言語使用 ③音声

Part	ねらい	出題数	評価の観点		
			①	②	③
A	英文を読み上げる形式の問題で英語音声の特徴を踏まえ音読ができる力をみる。	2			○
B	図示された情報を読み取り，それに関する質問を聞き取った上で，適切に応答する力や，図示された情報をもとに「質問する」，「考えや意図を伝える」，「相手の行動を促す」など，やり取りする力をみる。	4	○		
C	日常的な出来事について，話の流れを踏まえて相手に伝わるように状況を説明する力をみる。	1	○	○	○
D	身近なテーマに関して聞いたことについて，自分の意見とその意見を支える理由を伝える力をみる。	1	○	○	○

4 評価の観点の内容

① コミュニケーションの達成度(2段階)：コミュニケーションの目的の成立

	Part B	Part C	Part D(意見)	Part D(理由)
○	・各設問の問いかけに応じた内容を伝えることができている。 ・相手に適切な行動を促すことができている。 ★1	・各コマのイラストの内容(事実)を伝えることができている。 ★2	・意見(自分の考え)を伝えることができている。	・意見(自分の考え)をサポートする理由を伝えることができている。
×	・各設問の問いかけに応じた内容を伝えることができていない。 ・相手に適切な行動を促すことができていない。	・各コマのイラストの内容(事実)を伝えることができていない。	・意見(自分の考え)を伝えることができていない。	・意見(自分の考え)をサポートする理由を伝えることができていない。

★1 問題趣旨に沿って解答できていれば，解答は単語・センテンスのどちらでもよいとする。
★2 各コマのイラストについて判断する。

② 言語使用(５段階)：語彙・文構造・文法の適切さ及び正しさ，内容の適切さ(一貫性・論理構成)

	Part C，Part D
◎◎	・豊富で幅広い語彙・表現や文法を，柔軟に使用することができる。 ・アイデア間の関係性を整理して伝えることができる。 ・語彙や文構造及び文法の使い方が適切であり，誤解を生むような文法の誤りや，コミュニケーションを阻害するような語彙の誤りもない。
◎	・複雑な内容を説明するときに誤りが生じるが，幅広い語彙・表現や文法を使用し，アイデアを伝えることができる。 ・簡単なアイデアを順序立ててつなげることができる。 ・語彙や文構造及び文法の使い方が概ね適切である。
○	・使用している語彙・表現や文法の幅が限られているが，簡単な接続詞を使って，アイデアをつなげたりすることができる。 ・簡単な描写を羅列することができる。 ・語彙や文構造及び文法の使い方に誤りが多い。
△	・使用している語彙や表現の幅が限られているが，簡単な接続詞を使って，単語や語句をつなげることができる。 ・簡単な事柄なら言い表すことができる。 ・語彙や文構造及び文法の使い方に誤りが非常に多い。
×	・求められている解答内容から明らかに外れている。 ・英語ではない，あるいは，英語として通じない。 ・力を測るための十分な量の発話がない。

③ 音声(４段階)：発音，強勢，イントネーション，区切り

	Part A，Part C，Part D
◎	・発音は概ね正しく，強勢，リズムや抑揚が，聞き手の理解の支障となることはない。 ・言葉や言い回しを考えたり，言い直したりするために，間(ま)を取ることがあるが，発話中の間(ま)は，概ね自然なところにあり，不自然に長くない。
○	・発音は概ね理解できるが，強勢，リズムや抑揚が，聞き手の理解の支障となることがある。 ・不自然なところで区切っていたり，言葉や言い回しを考えたり言い直したりするための間(ま)が不自然に長かったりすることがあるが，話についていくことには可能な程度である。
△	・簡単な単語や語句の強勢は適切であるが，全体を通して発音の誤りが生じ，抑揚がほとんどない。 ・不自然なところで区切っていたり，言葉や言い回しを考えたり言い直したりするための間(ま)が多い，もしくは不自然に長かったりすることがあり，話についていくことが難しい。
×	・求められている解答内容から明らかに外れている。 ・英語ではない，あるいは，英語として通じない。 ・力を測るための十分な量の発話がない。

5 テスト結果の評価と留意点

●テスト結果は，都教委によるESAT-J GRADE(６段階評価)で評価する。

※IRT(項目応答理論)により，採点結果を統計的に処理し算出。

●このテスト問題及びそれに付随する採点基準・解答例の著作権は，試験実施団体に帰属します。

スピーキングテスト(ESAT-J)の準備と対策
～試験までにできること～

★ESAT-J全体の特徴

◆これまでの傾向

➡2022年度・2023年度に実施された計４回のテストからわかる傾向を見てみよう。

☞ 形式：自分の声をタブレット端末に吹き込んで行う。

☞ 構成：４つのパート，計８問（下表参照）で構成される。これはGTEC®（Coreタイプ）*とほぼ同じ。

*民間の英語試験。学校を通じて申し込める。できれば事前に一度受けておきたい。
*「GTEC（Coreタイプ）」は，株式会社ベネッセコーポレーションの登録商標です。

◆ESAT-Jの構成とパートごとの特徴

Part	No.	概要	準備時間	解答時間	類似問題
A	1, 2	40語程度の英文を音読する	30秒	30秒	英検®３級[1]
B	1, 2	与えられた情報を読み取り，それに関する質問に答える	10秒	10秒	英検®準２級[2]
	3, 4	与えられた情報について，自分の考えを伝える，自分から質問する	10秒	10秒	なし
C		４コマのイラストを見て，ストーリーを英語で話す	30秒	40秒	英検®２級[3]
D		身近なテーマに関する音声を聞き，その内容について自分の意見と，その意見をサポートする理由を述べる	１分	40秒	英検®２級[4]

1　３級は30語程度。準２級になると50語程度になる。ESAT-Jはその中間といえるが英検®のように英文に関する質問はない。
2　準２級のNo.２とNo.３は，やや異なる形式ではあるが，単文解答式でという点で類似している。
3　２級の問題は３コマ。英検®の場合はイラストの中に文字情報があるが，ESAT-Jにはない。
4　２級のNo.３とNo.４は，やや異なる形式ではあるが，あるテーマについて自分の意見と理由を述べるという点で類似している。
*　英検®は，公益財団法人 日本英語検定協会の登録商標です。

★ESAT-Jの対策

➡スピーキングは一朝一夕では身につかない。大切なのは積み重ね。日頃から次のことを心がけよう。

☞ 教科書などを音読する。音読する際は，区切りや抑揚，それに英文の意味を意識して読む。

☞ いろいろな質問に英語で答える習慣をつける。聞かれた内容を理解し，それに応じた返答をする。

☞ 日常の生活で目にする光景や状況を日本語から英語の順でよいので，言葉にする習慣をつける。

☞ 身の回りのさまざまな問題やテーマについて考え，自分の意見を言えるようにしておく。日本語からでよい。日本語で言えないことは英語でも言えない。まず日本語で自分の考え・意見を持つことが大切。その後英語にする。

⇨Part Dの自分の意見とそう考える理由を問う形式は，高校入試の英作文問題でもよく出題されている。作文とスピーキングの違いはあるが，やること自体は変わらない。こうした作文問題に数多く取り組むことで，さまざまなテーマについて自分の意見を考え，養うことができるようになると同時に，その解答を英語で準備することで使える語彙や表現が増える。さらにそれを音読して覚えていくことで，即座に答える瞬発力を上げていくことができる。

◆対策のまとめ

Part	対策
A	・単語を正しく発音する。 ・適切な場所で区切って読む。不適切な場所で区切ると，聞く人の理解が妨げられる。 ・強く読むところや，語尾を上げて読むところなどを意識し，抑揚をつけて読む。 ⇨読む英文にネイティブスピーカーの音声がついている場合は，その音声の真似をして読むとよい。
B	・聞かれたことに対してしっかり答える。 ・情報から読み取れないことなどについて，自分から質問したり，自分の考えを伝えたりする習慣をつける。
C	・日常の場面を英語で表現する習慣をつける。 ・ストーリーはいきなり英語にしなくてよい，まず日本語で考え，それから英語にする。 ・必要に応じて接続詞などを効果的に使いながら文を膨らませ，伝える内容を発展させる。
D	・まず流れる音声を正確に聞き取る。リスニング力も求められている。 ・日頃から身の回りのさまざまな問題やテーマについて考え自分の意見を述べ，それを英語で表現する習慣をつけておく。 ⇨あるテーマについて意見を述べさせる形式は，高校入試の英作文問題でもよく出題されている。こうした問題に多く取り組むことが対策になる。書いた英文は先生などにチェックしてもらい，完成した英文を繰り返し音読し覚える。 ・表現の幅を広げるために，学習した語彙や表現を日頃から文単位で書きとめ，蓄積し，それを繰り返し音読して使えるようにしておく。
全体	・機械に吹き込むことに慣れておく。 ・毎日少しでも英語を声に出す習慣をつける。その際，ただ声に出すだけでなく，英文の意味を理解しながら読む。 ・解答までの準備時間があるので，まず日本語で考えてからそれを英語にした方がよい。 ・解答する時間には制限があるので，時間を意識しながら時間内に答えられるように練習する。 ・試験当日は，肩の力を抜いてできるだけリラックスする。 ・最初から完璧に話そうとする必要はない。途中で間違えても言い直せばよい。相手にきかれたこと，自分の言いたいことを，相手に伝えることが何よりも大事である。 ・Practice makes perfect.「習うより慣れよ」

★ESAT-Jの今後の予測

➡2023年度のテストは2022年度のテストと形式や構成，難度の面で変化は見られなかった。2024年度も同様の構成，難度で実施されることが予想される。

★参考

■東京都教育委員会のウェブサイトには，ESAT-Jの特設ページが用意されており，採点例や英語力アップのためのアドバイスなども掲載されている。

■英検®のウェブサイトには，各級の試験の内容と過去問１年分が公開されている(二次試験のスピーキングはサンプル問題)。

取材協力：星昭徳氏(日本大学高等学校)

2023年度　中学校英語スピーキングテスト（ESAT-J）　（11月27日実施）

Part A

Part A は、全部で２問あります。聞いている人に、意味や内容が伝わるように、英文を声に出して読んでください。はじめに準備時間が３０秒あります。録音開始の音が鳴ってから解答を始めてください。解答時間は３０秒です。

【No.1】

あなたは留学先の学校で、昼休みの時間に放送を使って、新しくできたクラブについて案内することになりました。次の英文を声に出して読んでください。録音開始の音が鳴ってから解答を始めてください。
（準備時間３０秒／解答時間３０秒）

▸ **No. 1**

Have you heard about the new math club? It will start next week. Club members will meet every Tuesday afternoon at four o'clock in the computer room. They'll study together and play math games. If you want to join, please talk to Mr. Harris.

【No.2】

留学中のあなたは、ホームステイ先の子供に、物語を読み聞かせることになりました。次の英文を声に出して読んでください。録音開始の音が鳴ってから解答を始めてください。
（準備時間３０秒／解答時間３０秒）

▸ **No. 2**

A woman lived in a large house. She liked singing and writing songs. One night, her friends came to her house for dinner. After dinner, she sang her new song for them. What did her friends think? They loved it, and they wanted to learn the song, too.

Part B

Part B は、全部で４問あります。質問に答える問題が３問と、あなたから問いかける問題が１問あります。与えられた情報をもとに、英語で話してください。準備時間は１０秒です。録音開始の音が鳴ってから解答を始めてください。解答時間は１０秒です。

No. 1 と No. 2 では、与えられた情報をもとに英語で適切に答えてください。

【No.1】

留学中のあなたは、友達と学校の掲示板に貼ってある、来年開催される地域のイベントのポスターを見ています。友達からの質問に対して、与えられたポスターの情報をもとに、英語で答えてください。録音開始の音が鳴ってから解答を始めてください。

（準備時間１０秒／解答時間１０秒）

Question: What are all of the events in September?

【No.2】

留学中のあなたは、友達とコンサートに行くために、あなたのいる場所から会場までの行き方を、あなたの携帯電話で調べています。友達からの質問に対して、与えられた情報をもとに、英語で答えてください。録音開始の音が鳴ってから解答を始めてください。

（準備時間１０秒／解答時間１０秒）

Question: What is the fastest way to get to the concert hall?

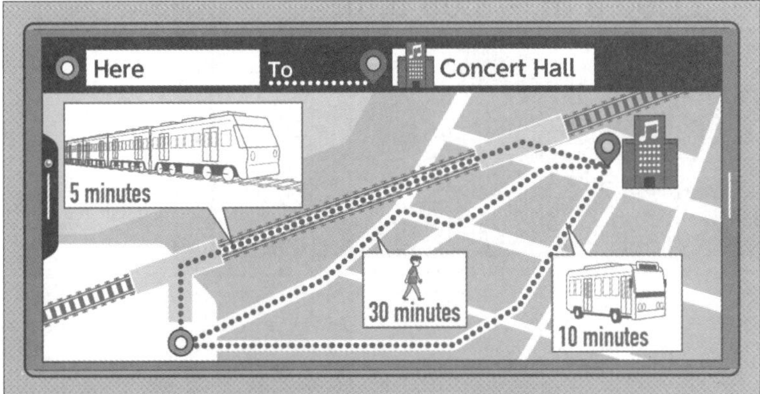

No. 3とNo. 4は、同じ場面での問題です。

No. 3では、質問に対するあなた自身の答えを英語で述べてください。No. 4では、あなたから相手に英語で問いかけてください。

【No.3】

留学中のあなたは、2日間で行われるサマーキャンプに参加していて、初日の活動の案内を見ています。キャンプ担当者からの質問に対して、与えられた活動の情報をもとに、あなた自身の回答を英語で述べてください。録音開始の音が鳴ってから解答を始めてください。

（準備時間10秒／解答時間10秒）

Question: Which activity do you want to do?

【No.4】

次に、あなたはキャンプ2日目に行われるイベントについての案内を受け取りました。あなたはその内容について、案内に書かれていないことで、さらに知りたいことがあります。知りたいことをキャンプ担当者に英語で尋ねてください。録音開始の音が鳴ってから解答を始めてください。

（準備時間10秒／解答時間10秒）

We're going to have a walking event.

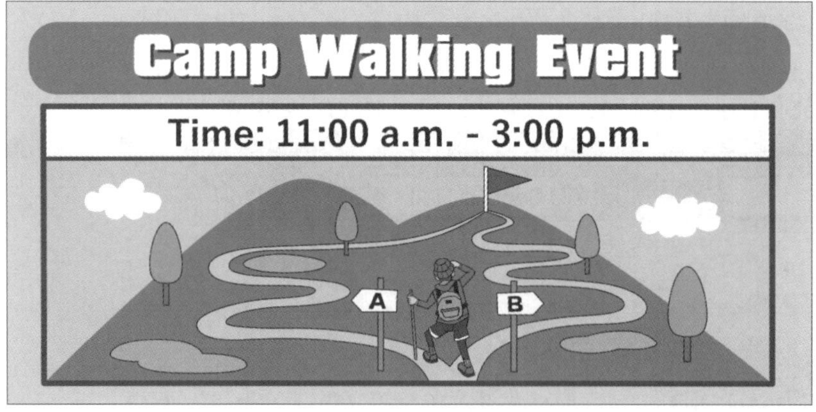

Part C

Part C は、４コマイラストの問題です。これから画面に表示される１から４の全てのイラストについて、ストーリーを英語で話してください。はじめに準備時間が３０秒あります。録音開始の音が鳴ってから解答を始めてください。解答時間は４０秒です。この Part には例題はありません。

あなたは、昨日あなたに起こった出来事を留学生の友達に話すことになりました。１のイラストに描かれた人物になったつもりで、相手に伝わるように英語で話してください。
（準備時間３０秒／解答時間４０秒）

Part D

Part D は、英語で話される音声を聞いたうえで、質問に対する自分の考えとそう考える理由を英語で述べる問題です。英語の音声は２回流れます。そのあと準備時間が１分あります。録音開始の音が鳴ってから解答を始めてください。解答時間は４０秒です。この Part には例題はありません。

海外姉妹校の生徒であるマイクから、ビデオレターで質問が届きました。そこで、あなたは、英語で回答を録音して送ることにしました。ビデオレターの音声を聞き、あなたの**意見**を述べ、そう考える**理由**を詳しく話してください。日本の地名や人名などを使う場合には、それを知らない人に分かるように説明してください。
（準備時間１分／解答時間４０秒）

【英語音声のみ・画面表示なし】

Hello. At my school, the students are going to choose a place for this year's one-day school trip. We can go to a mountain or an art museum. In your opinion, which is better for students, a trip to a mountain or a trip to an art museum? Tell me why you think so, too. I'm waiting to hear from you.

2023年度　中学校英語スピーキングテスト(ESAT-J)　(11月27日実施)　解答例

○ 本テストでは、「コミュニケーションの達成度」、「言語使用」、「音声」の各観点により話すことの力を総合的に判定します。なお、各パートで評価する観点を設定しています。

○ 各パートにおける評価の観点の表記
- ・コミュニケーションの達成度…**【コミュニケーション】**
- ・言語使用…**【言語】**
- ・音声…**【音声】**

Part A **【音声】**

No.1（省略）

No.2（省略）

Part B **【コミュニケーション】**

No.1（例）(They are) a fishing event and a music event. / Fishing and music.

No.2（例）The fastest way (to get there) is by train. / By train.

No.3（例）I want to [cook / dance / ride a bike [[bicycle]]].

No.4（例）Which way is shorter, A or B? / What should I take (on the walk)?

Part C **【コミュニケーション】【言語】【音声】**

I was running at a school event. Then, I dropped my cap. There was a boy behind me. He got my cap and gave it to me. After that, we finished running together.

Part D **【コミュニケーション】【言語】【音声】**

○生徒は遠足で山に行くべきという意見の例

I think it's good for students to go to a mountain. The students can spend time together in nature on the mountain. So, they experience nature and enjoy time with friends.

○生徒は遠足で美術館に行くべきという意見の例

In my opinion, it's better for students to go to an art museum because they can learn about many kinds of art at the museum. Then, they can find their favorite picture.

2023年度　中学校英語スピーキングテスト（ESAT-J）（予備日テスト）　（12月18日実施）

Part A

Part A は、全部で２問あります。聞いている人に、意味や内容が伝わるように、英文を声に出して読んでください。はじめに準備時間が３０秒あります。録音開始の音が鳴ってから解答を始めてください。解答時間は３０秒です。

【No.1】

留学中のあなたは、ホームステイ先の子供に、物語を読み聞かせることになりました。次の英文を声に出して読んでください。録音開始の音が鳴ってから解答を始めてください。

（準備時間３０秒／解答時間３０秒）

▸ **No. 1**

A boy lived in a house near a forest. In his free time, he liked to walk in his family's garden. One day, he saw a rabbit in the garden. What was it doing? It was sleeping in the flowers because it was warm there.

【No.2】

あなたは留学先の学校で、昼休みの時間に放送を使って、来週の校外活動について案内することになりました。次の英文を声に出して読んでください。録音開始の音が鳴ってから解答を始めてください。

（準備時間３０秒／解答時間３０秒）

▸ **No. 2**

We're going to go to the city library on Saturday. Are you excited? Let's meet in front of the school at nine o'clock. You can find many kinds of English books at the library. After visiting the library, we're going to have lunch in a park. You're going to love this trip!

Part B

Part B は、全部で４問あります。質問に答える問題が３問と、あなたから問いかける問題が１問あります。与えられた情報をもとに、英語で話してください。準備時間は１０秒です。録音開始の音が鳴ってから解答を始めてください。解答時間は１０秒です。

No. １と No. ２では、与えられた情報をもとに英語で適切に答えてください。

【No.1】

留学中のあなたは、友達とテニススクールの体験レッスンの案内を見ています。友達からの質問に対して、与えられた案内の情報をもとに、英語で答えてください。録音開始の音が鳴ってから解答を始めてください。

（準備時間１０秒／解答時間１０秒）

Question: What do you need to take to the lesson?

【No.2】

留学中のあなたは、友達と季節ごとの果物について調べるためにウェブサイトを見ています。友達からの質問に対して、与えられたウェブサイトの情報をもとに、英語で答えてください。録音開始の音が鳴ってから解答を始めてください。

（準備時間１０秒／解答時間１０秒）

Question: What is the best month to get cherries?

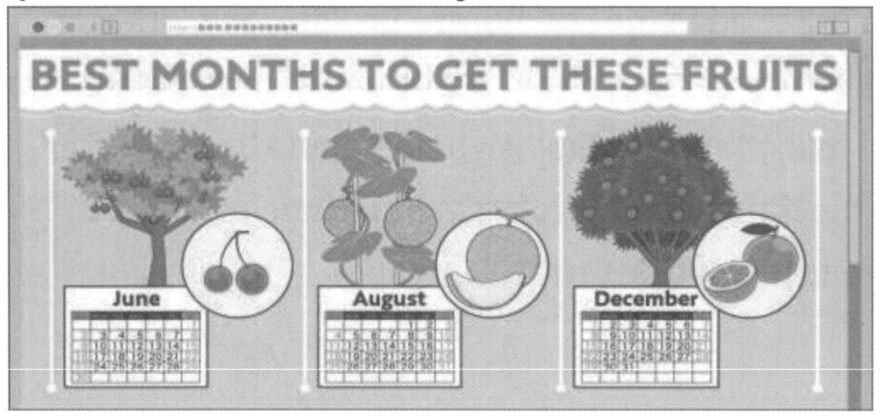

No. 3とNo. 4は、同じ場面での問題です。

No. 3では、質問に対するあなた自身の答えを英語で述べてください。No. 4では、あなたから相手に英語で問いかけてください。

【No.3】

留学中のあなたは、学校で開催される職業紹介イベントの案内を見ています。先生からの質問に対して、与えられた案内の情報をもとに、あなた自身の回答を英語で述べてください。録音開始の音が鳴ってから解答を始めてください。

（準備時間１０秒／解答時間１０秒）

Question: Which job do you want to learn about?

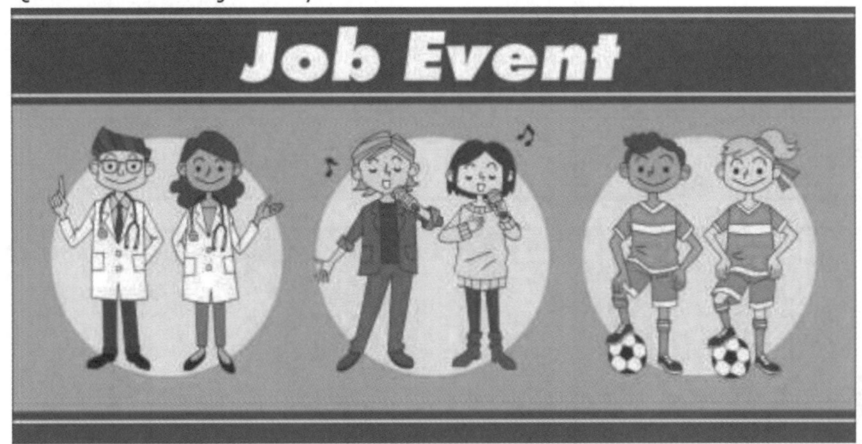

【No.4】

次に、職業紹介イベントで行われるスピーチに関する案内を受け取りました。あなたはその内容について、案内に書かれていないことで、さらに知りたいことがあります。知りたいことを先生に英語で尋ねてください。録音開始の音が鳴ってから解答を始めてください。

（準備時間１０秒／解答時間１０秒）

We're going to have a special guest.

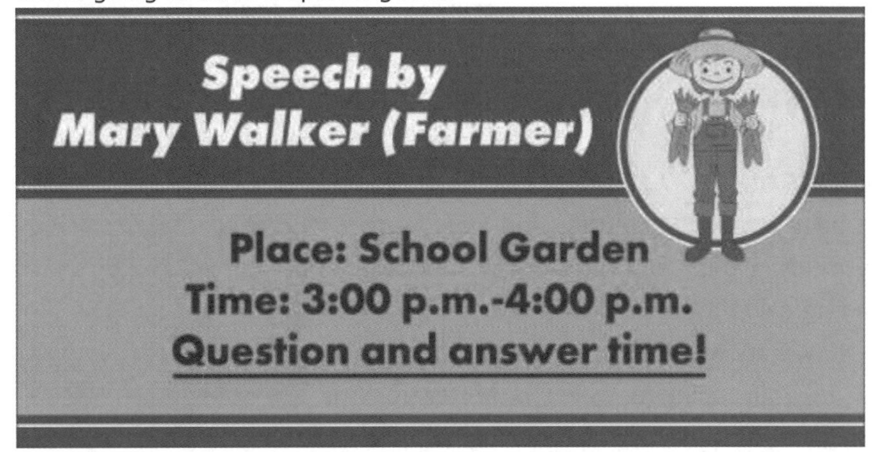

Part C

Part C は、4コマイラストの問題です。これから画面に表示される1から4の全てのイラストについて、ストーリーを英語で話してください。はじめに準備時間が30秒あります。録音開始の音が鳴ってから解答を始めてください。解答時間は40秒です。この Part には例題はありません。

あなたは、昨日あなたに起こった出来事を留学生の友達に話すことになりました。1のイラストに描かれた人物になったつもりで、相手に伝わるように英語で話してください。
（準備時間30秒／解答時間40秒）

Part D

Part D は、英語で話される音声を聞いたうえで、質問に対する自分の考えとそう考える理由を英語で述べる問題です。英語の音声は2回流れます。そのあと準備時間が1分あります。録音開始の音が鳴ってから解答を始めてください。解答時間は40秒です。この Part には例題はありません。

海外姉妹校の生徒であるマイクから、ビデオレターで質問が届きました。そこで、あなたは、英語で回答を録音して送ることにしました。ビデオレターの音声を聞き、あなたの**意見**を述べ、そう考える**理由**を詳しく話してください。日本の地名や人名などを使う場合には、それを知らない人に分かるように説明してください。
（準備時間1分／解答時間40秒）

【英語音声のみ・画面表示なし】

Hello. I read a book in class yesterday, and I enjoyed the story very much. I told John, one of my friends, about that, and he said, "I enjoyed watching a movie of that story." Now, I know that there are two ways to enjoy a story. In your opinion, which is better for students, reading a book of a story or watching a movie of a story? Tell me why you think so, too. I'm waiting to hear from you.

2023年度　中学校英語スピーキングテスト(ESAT-J)(予備日テスト)（12月18日実施）　解答例

○　本テストでは、「コミュニケーションの達成度」、「言語使用」、「音声」の各観点により話すことの力を総合的に判定します。なお、各パートで評価する観点を設定しています。

○　各パートにおける評価の観点の表記
- コミュニケーションの達成度…**【コミュニケーション】**
- 言語使用…**【言語】**
- 音声…**【音声】**

Part A **【音声】**

No.1（省略）

No.2（省略）

Part B **【コミュニケーション】**

No.1（例）We need to take a shirt and shoes. / A shirt and shoes.

No.2（例）June is the best month (to get cherries). / June.

No.3（例）I want to learn about [doctors / singers / soccer players].

No.4（例）What will Mary Walker talk about? / How long is the question and answer time?

Part C **【コミュニケーション】【言語】【音声】**

I went to a coffee shop. I looked for a place to sit. Then, I found a chair. But I couldn't sit there because a baby was sleeping on it.

Part D **【コミュニケーション】【言語】【音声】**

○生徒は物語について本を読むべきという意見の例

I think it's better for students to read a book of a story because books often have more information. So, students can understand the story much more.

○生徒は物語について映画をみるべきという意見の例

In my opinion, it's better for students to watch a movie of a story. To understand the story, watching a movie is easier than reading it. And they can also see their favorite characters.

2022年度　中学校英語スピーキングテスト（ESAT-J）　（11月27日実施）

Part A

Part A は、全部で２問あります。聞いている人に、意味や内容が伝わるように、英文を声に出して読んでください。はじめに準備時間が３０秒あります。録音開始の音が鳴ってから解答を始めてください。解答時間は３０秒です。

【No.1】

あなたは留学中です。あなたは近所の図書館で子どもたちに絵本を読んであげることになりました。次の英文を声に出して読んでください。

（準備時間３０秒／解答時間３０秒）

▸ **No. 1**

Tom always had his soccer ball with him. He even took it to bed. One day, he put the ball into his bag and took it with him to school. After lunch, he looked in his bag. The ball wasn't there. Where was it?

【No.2】

あなたは英語の授業で、最近経験した出来事について短いスピーチをすることになりました。次の英文を声に出して読んでください。

（準備時間３０秒／解答時間３０秒）

▸ **No. 2**

Do you drink tea? You may have seen that there's a new tea shop next to our school. It opened last Saturday. Yesterday, I got some tea at the new shop with my family. It was great. You should try the shop, too!

Part B

Part B は、全部で４問あります。質問に答える問題が３問と、あなたから問いかける問題が１問あります。与えられた情報をもとに、英語で話してください。準備時間は１０秒です。録音開始の音が鳴ってから解答を始めてください。解答時間は１０秒です。

No. １と No. ２では、与えられた情報をもとに英語で適切に答えてください。

【No.1】

あなたは、あなたの家にホームステイに来た留学生と一緒に旅行をしていて、泊まっているホテルのフロアガイドを見ています。留学生からの質問に対して、与えられたフロアガイドの情報をもとに、英語で答えてください。

（準備時間１０秒／解答時間１０秒）

Question: Which floor is the restaurant on?

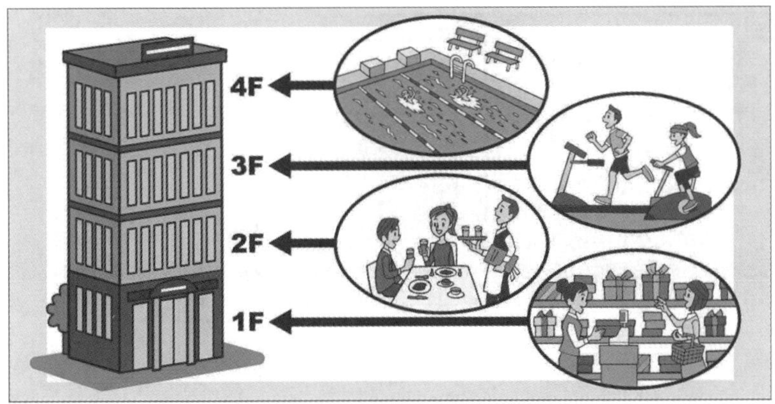

【No.2】

あなたは、留学生の友だちとスポーツを観戦するために、スポーツの種類とその開始時間が書かれたウェブサイトを見ています。友だちからの質問に対して、与えられたウェブサイトの情報をもとに、英語で答えてください。

（準備時間１０秒／解答時間１０秒）

Question: Which event will start the earliest?

No. 3とNo. 4は、同じ場面での問題です。

No. 3では、質問に対するあなた自身の答えを英語で述べてください。No. 4では、あなたから相手に英語で問いかけてください。

【No.3】

あなたはアメリカに留学中です。所属している生物クラブの活動で、自分たちで資金を集めて校外で活動を行うことになりました。あなたは今、資金集めの活動が掲載されたチラシを見ています。先生からの質問に対して、与えられたチラシの情報をもとに、あなた自身の回答を英語で述べてください。

（準備時間１０秒／解答時間１０秒）

Question: There are three activities. Which one do you want to do?

【No.4】

資金集めを終え、校外活動では動物園に行くことになりました。校外活動の案内を受け取ったあなたは、その内容について、案内に書かれていないことで、さらに知りたいことがあります。知りたいことを先生に英語で尋ねてください。

（準備時間１０秒／解答時間１０秒）

The club is going to visit this zoo.

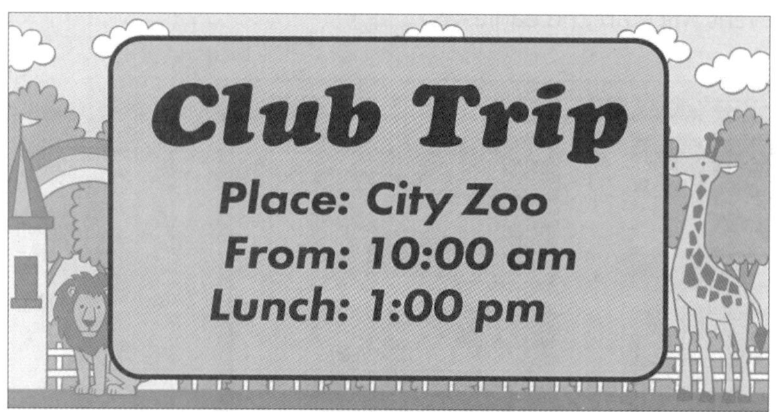

Part C

Part C は、4コマイラストの問題です。これから画面に表示される１コマめから４コマめのすべてのイラストについて、ストーリーを英語で話してください。はじめに準備時間が３０秒あります。録音開始の音が鳴ってから解答を始めてください。解答時間は４０秒です。この Part には例題はありません。

あなたは、昨日あなたに起こった出来事を留学生の友だちに話すことになりました。イラストに登場する人物になったつもりで、相手に伝わるように英語で話してください。
（準備時間３０秒／解答時間４０秒）

Part D

Part D は、英語で話される音声を聞いたうえで、質問に対する自分の考えとそう考える理由を英語で述べる問題です。英語の音声は２回流れます。そのあと準備時間が１分あります。録音開始の音が鳴ってから解答を始めてください。解答時間は４０秒です。この Part には例題はありません。

海外姉妹校の生徒であるマイクから、ビデオレターで質問が届きました。そこで、あなたは、英語で回答を録音して送ることにしました。ビデオレターの音声を聞き、あなたの**意見**を述べ、そう考える**理由**を詳しく話してください。日本のことを知らない人にも伝わるように説明してください。
（準備時間１分／解答時間４０秒）

【英語音声のみ・画面表示なし】

At my school, we can choose different foods for lunch. For example, I had pizza for lunch today, and one of my friends had a hamburger. But I heard that in Japan, students have the same school lunch. In your opinion, which is better for students: eating the same school lunch or choosing different foods for lunch? Tell me why you think so, too. I'm waiting to hear from you!

2022年度　中学校英語スピーキングテスト(ESAT-J)　(11月27日実施)　解答例

○　本テストでは、「コミュニケーションの達成度」、「言語使用」、「音声」の各観点により話すことの力を総合的に判定します。なお、各パートで評価する観点を設定しています。

○　各パートにおける評価の観点の表記
- コミュニケーションの達成度…**【コミュニケーション】**
- 言語使用…**【言語】**
- 音声…**【音声】**

Part A **【音声】**

No.1（省略）

No.2（省略）

Part B **【コミュニケーション】**

No.1（例）(It’s on) the second floor. / Second.

No.2（例）The skiing event (will start the earliest). / Skiing.

No.3（例）I want to [wash cars / sell cakes / sing (at a mall)].

No.4（例）What animals can we see? / Can I buy lunch at the zoo?

Part C **【コミュニケーション】【言語】【音声】**

I got on a train. Then, a bird came into the train. It had a flower. The bird sat on my hat. It put the flower on the hat and then went away.

Part D **【コミュニケーション】【言語】【音声】**

○生徒は学校が提供する同じ昼食を食べるべきという意見の例

I think students should have the same lunch. School lunches are good for students’ health. Each day, they can have different kinds of food. So, it’s healthy.

○生徒は学校で食べる昼食を自分で選ぶべきという意見の例

I think students should choose their food for lunch because students like many different things. So, it’s good for them to choose their favorite foods. Then, they’ll be happy.

2022年度　中学校英語スピーキングテスト（ESAT-J）（予備日テスト）　（12月18日実施）

Part A

Part A は、全部で２問あります。聞いている人に、意味や内容が伝わるように、英文を声に出して読んでください。はじめに準備時間が３０秒あります。録音開始の音が鳴ってから解答を始めてください。解答時間は３０秒です。

【No.1】

あなたは留学中です。あなたはホームステイ先の小学生に頼まれて、絵本を読んであげることになりました。次の英文を声に出して読んでください。

（準備時間３０秒／解答時間３０秒）

▸ **No. 1**

There were three cats, and they were brothers. One loved to play. Another one loved to sleep. And the youngest one loved to eat. One day, the youngest cat ate his brothers' food when they weren't looking. Do you know what his brothers did next?

【No.2】

あなたは海外の学校を訪問しています。その学校の先生に、あなたが日本でよく利用する交通手段についてクラスで発表するように頼まれました。次の英文を声に出して読んでください。

（準備時間３０秒／解答時間３０秒）

▸ **No. 2**

Do you like trains? There are many trains in my country. My family and I like to take the trains in Tokyo every weekend. We can see many beautiful parks, rivers and tall buildings from the trains.

Part B

Part B は、全部で４問あります。質問に答える問題が３問と、あなたから問いかける問題が１問あります。与えられた情報をもとに、英語で話してください。準備時間は１０秒です。録音開始の音が鳴ってから解答を始めてください。解答時間は１０秒です。

No. １と No. ２では、与えられた情報をもとに英語で適切に答えてください。

【No.1】

あなたはカナダに留学中です。あなたは今、学校の図書館で動物に関する新着の本を紹介するポスターを見ながら友だちと話しています。友だちからの質問に対して、与えられたポスターの情報をもとに、英語で答えてください。
（準備時間１０秒／解答時間１０秒）

Question: What will be the new book in July?

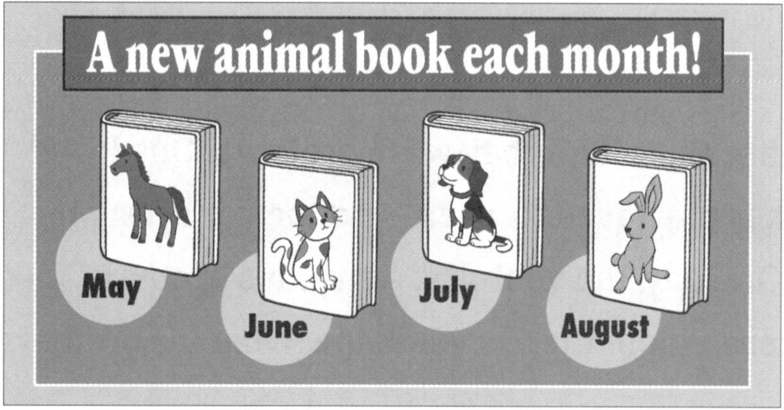

【No.2】

あなたはアメリカでホームステイ中です。ホームステイ先の高校生と、一緒にホームステイ先に飾る絵を買おうとしていて、あなたはカタログで絵を探しています。ホームステイ先の高校生からの質問に対して、与えられたカタログの情報をもとに、英語で答えてください。
（準備時間１０秒／解答時間１０秒）

Question: We have 12 dollars. Which picture can we buy?

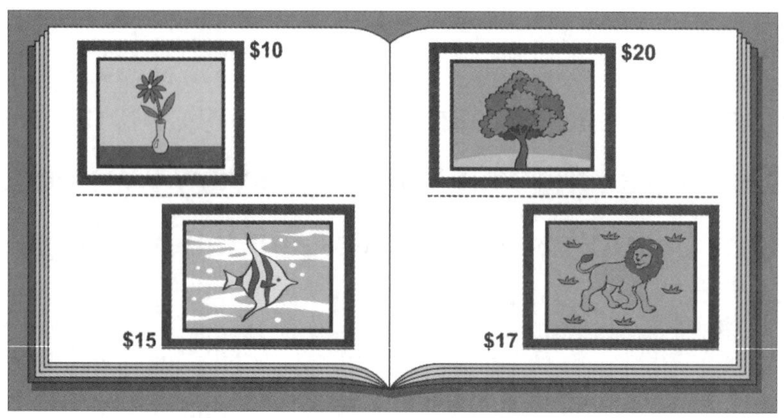

No. 3とNo. 4は、同じ場面での問題です。

No. 3では、質問に対するあなた自身の答えを英語で述べてください。No. 4では、あなたから相手に英語で問いかけてください。

【No.3】

アメリカに留学中のあなたは、スポーツセンターの受付で、スポーツ教室を紹介するポスターを見ながら、スタッフと話しています。スタッフからの質問に対して、与えられたポスターの情報をもとに、あなた自身の回答を英語で述べてください。

（準備時間１０秒／解答時間１０秒）

Question: Which class do you want to take this weekend?

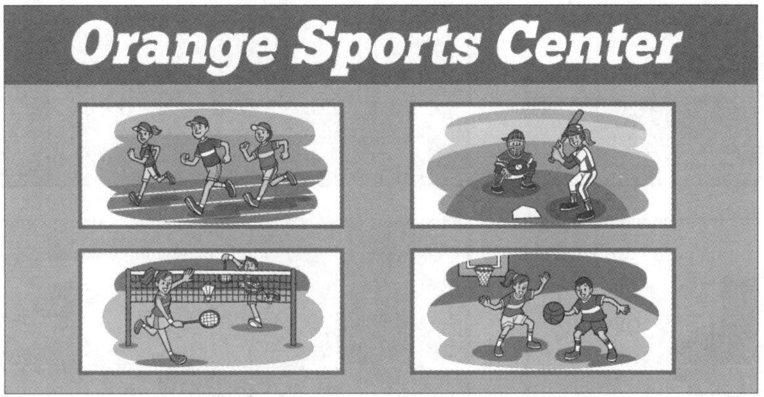

【No.4】

どの教室に参加するか決めたあなたは、スタッフから無料のウェルカムパーティーの案内を受け取りました。あなたはパーティーに参加するために、案内に書かれていないことで、さらに知りたいことがあります。知りたいことをスタッフに英語で尋ねてください。

（準備時間１０秒／解答時間１０秒）

We're going to have a welcome party!

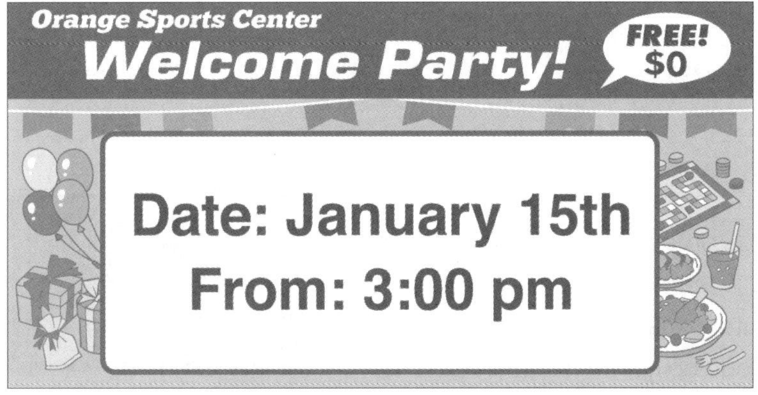

Part C

Part C は、4コマイラストの問題です。これから画面に表示される1コマめから4コマめのすべてのイラストについて、ストーリーを英語で話してください。はじめに準備時間が30秒あります。録音開始の音が鳴ってから解答を始めてください。解答時間は40秒です。この Part には例題はありません。

あなたは、昨日あなたに起こった出来事を留学生の友だちに話すことになりました。イラストに登場する人物になったつもりで、相手に伝わるように英語で話してください。
（準備時間30秒／解答時間40秒）

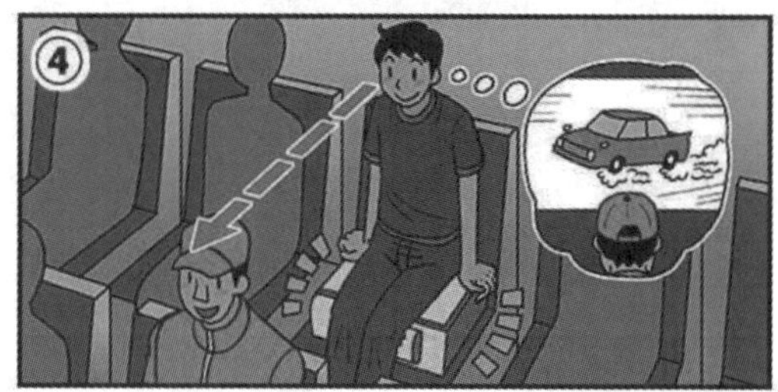

Part D

Part D は、英語で話される音声を聞いたうえで、質問に対する自分の考えとそう考える理由を英語で述べる問題です。英語の音声は2回流れます。そのあと準備時間が1分あります。録音開始の音が鳴ってから解答を始めてください。解答時間は40秒です。この Part には例題はありません。

海外姉妹校の生徒であるマイクから、ビデオレターで質問が届きました。そこで、あなたは、英語で回答を録音して送ることにしました。ビデオレターの音声を聞き、あなたの**意見**を述べ、そう考える**理由**を詳しく話してください。日本のことを知らない人にも伝わるように説明してください。
（準備時間1分／解答時間40秒）

【英語音声のみ・画面表示なし】

At my school, we can choose to learn from many foreign languages. For example, I'm learning Chinese, and one of my friends is learning French. But I heard that in Japan, students usually learn English as a foreign language. In your opinion, which is better for students: learning the same foreign language or choosing a different foreign language? Tell me why you think so, too. I'm waiting to hear from you!

2022年度　中学校英語スピーキングテスト(ESAT-J)(予備日テスト)　(12月18日実施)　解答例

○　本テストでは、「コミュニケーションの達成度」、「言語使用」、「音声」の各観点により話すことの力を総合的に判定します。なお、各パートで評価する観点を設定しています。

○　各パートにおける評価の観点の表記
- ・コミュニケーションの達成度…**【コミュニケーション】**
- ・言語使用…**【言語】**
- ・音声…**【音声】**

Part A **【音声】**

No.1（省略）

No.2（省略）

Part B **【コミュニケーション】**

No.1（例）(The new book in July will be) about dogs. / A dog book.

No.2（例）(We can buy) the picture with the flower. / The flower picture.

No.3（例）The [running / baseball / badminton / basketball] class.

I want to take the [running / baseball / badminton / basketball] class.

No.4（例）What will we do at the party? / Do I have to bring something to the party?

Part C **【コミュニケーション】【言語】【音声】**

I went to see a movie. A man sat down in front of me. I couldn't see the movie because he was tall. So, I sat on my bag. Then, I could see the movie.

Part D **【コミュニケーション】【言語】【音声】**

○生徒は同じ言語を学ぶべきという意見の例

I think learning the same language is better for students. They can help each other when they have problems. Then, they can learn the language well.

○生徒は違う言語を学ぶべきという意見の例

I think choosing a language is better for students because it's good for them to learn about their favorite things. Then, they can learn a lot of things about them.

Memo

●2024年度

都立日比谷高等学校

独自問題

【英語・数学・国語】

2024年度 // 都立日比谷高等学校

【英　語】（50分）〈満点：100点〉

■リスニングテストの音声は，当社ホームページで聴くことができます。（当社による録音です。）再生に必要なアクセスコードは「合格のための入試レーダー」（巻頭の黄色の紙）の１ページに掲載しています。

1　リスニングテスト（**放送**による**指示**に従って答えなさい。）

〔**問題Ａ**〕　次の**ア**～**エ**の中から適するものをそれぞれ**一つずつ**選びなさい。

<対話文１>

ア　One dog.　　**イ**　Two dogs.

ウ　Three dogs.　　**エ**　Four dogs.

<対話文２>

ア　Tomatoes.　　**イ**　Onions.

ウ　Cheese.　　**エ**　Juice.

<対話文３>

ア　At two.　　**イ**　At one thirty.

ウ　At twelve.　　**エ**　At one.

〔**問題Ｂ**〕　<Question 1> では，下の**ア**～**エ**の中から適するものを**一つ**選びなさい。

<Question 2> では，質問に対する答えを英語で書きなさい。

<Question 1>

ア　Two months old.　　**イ**　One week old.

ウ　Eleven months old.　　**エ**　One year old.

<Question 2>

（15秒程度，答えを書く時間があります。）

※（編集部注）<**英語学力検査リスニングテスト台本**>を英語の問題の終わりに掲載しています。

2 次の対話の文章を読んで，あとの各問に答えなさい。
（＊印の付いている単語・語句には，本文のあとに〔注〕がある。）

Four students, Ryoko, Tommy from Sweden, Zoe from the United States, and Kohei are talking in their classroom.

Ryoko: How was your first summer vacation in Japan, Tommy?

Tommy: It was great! My host parents took me to Kumamoto because I wanted to see the castle there.

Zoe: What is so special about the castle?

Tommy: A lot of creative ideas were used to build it.

Zoe: For example?

Tommy: Its stone *foundation was very difficult to climb up and come inside.

Kohei: Ah, I have heard about that.

Tommy: Have you? Then, how about this? The castle had edible walls.

Zoe: What? We can eat the walls?

Tommy: You could. The walls were made of plants, so if *samurai* had to stay in the castle for a long time and couldn't get food, they could eat the walls of the castle.

Kohei: Really? My cousin is doing research on "edible walls."

Zoe: Do we have edible walls in a modern world? I want to know more!

Kohei: People at his college are studying *concrete and he is one of them. They are all studying ways to make concrete more sustainable.

Ryoko: Oh, I've just learned that word. If something is sustainable, it can be used for a long time without causing damage to the environment, right?

Kohei: Yes. Concrete is difficult to recycle. Also, when it is *disposed of, it causes serious damage to the environment.

Tommy: I can imagine that. How is concrete produced?

Kohei: Concrete is made by mixing cement, water and other *materials.

Zoe: What does cement do?

Kohei: It acts like *glue. Every year, more than 4 billion tons of cement is produced. An *impact on the environment is made when cement is produced, carried to and used at the *construction *site. This whole process produces 8% of the world's CO_2, more than from airplanes and ships.

Zoe: Oh, that's a serious problem.

Kohei: They first found a way to recycle concrete by breaking used concrete down into small pieces and pressing them together again. This process gave them a new idea.

Ryoko: What was it?

Kohei: Making concrete from food loss.

Zoe: Food loss?

Kohei: Vegetables and fruits that are below some standards and cannot be sold in stores. Or, the parts that food factories do not use for their products.

Ryoko: Did you know every year 1.3 billion tons of food, about 30% of the food produced for humans, is lost and wasted around the world? In Japan, the number reaches 6.12 million tons.

Tommy: Then their concrete can be a solution.

Kohei: The kind of food they use decides how strong concrete can be. I was thinking pumpkin could be a good material because its skin is hard. However, concrete made from pumpkin skin is the weakest. On the other hand, concrete made from *hakusai* is almost *twice as strong as concrete made from other foods.

Zoe: Why is that?

Kohei: The researchers think a good balance between *fiber and sugar in *hakusai* makes it strong. The concrete made from *hakusai* can be stronger than normal concrete.

Ryoko: That's surprising!

Kohei: Concrete made from food reduces CO_2 and food loss. Also, we don't need to worry about the limited *resources necessary for cement, and we can dispose of the concrete without damaging the environment.

Zoe: It's really cool that we can help with many problems at the same time!

Tommy: On top of that, we can eat the walls made of that concrete, like the ones in the castle I visited.

Kohei: Yes, that's right.

Zoe: Oh, that's the "cherry on top!"

Ryoko: What? You need a cherry now?

Zoe: No. That means [(1)].

Kohei: Exactly!

Ryoko: Is there any other sustainable concrete?

Tommy: I heard about a new concrete invented by a Japanese company and a university in Europe. It is a concrete that can repair itself.

Zoe: Self-repairing concrete? I'm curious!

Tommy: Concrete is a very strong material, but it is weak when it is pulled. When it is dry, it *cracks. To cover these weak points, *steel bars are put inside.

Ryoko: Oh, I have seen them before.

Tommy: However, this cracking allows air and water to come inside and damage the steel bars. As a result, the concrete *structure suffers serious damage and falls down.

Zoe: True. It's better if we can use safer concrete structures for longer, right?

Tommy: Yes. So, they have invented a concrete that repairs cracks just like our skin repairs itself.

Ryoko: Sounds wonderful, but how does it work?

Tommy: By using a special kind of bacteria. First, we create small *capsules that have the bacteria and a *substance called *polylactic acid* inside. That substance is their food.

Zoe: OK.

Tommy: Next, we mix these capsules into the concrete. *Polylactic acid* slowly changes into *calcium lactate* in the concrete, but the bacteria can't do much in the strong concrete. Sometimes, cracks appear in the concrete.

(2)

① They eat the *calcium lactate* and turn it into something called *calcium carbonate.*

② *Calcium carbonate* is like a natural glue.

③ When it rains or air gets into these cracks, that changes the condition of concrete.

④ This change wakes up the bacteria, and they start growing and increasing in number.

⑤ When all the cracks are filled and the concrete is strong again, the bacteria go back to sleep.

⑥ It fills the cracks and repairs the concrete.

They rest until they are needed again.

Kohei: Wow, it's really like magic! People are putting in great efforts to be sustainable!

Ryoko: Let me share my experience. Last weekend, I went to Ginza to see the new 12-*story building made of wood.

Zoe: Is it possible to build such a tall building with wood?

Ryoko: Yes. Though concrete was also used, such as in its foundation, it's still amazing. Now, a Japanese company is planning to build a 70-story building that will be made of 90% wood.

Kohei: Are they the only examples of such buildings?

Ryoko: There are a few more already, and many more are coming up. The number is increasing in many other countries, such as in the United States and in Canada.

Tommy: Actually, my country is one of the first countries (3)【① made ② produced ③ the local area ④ tall buildings ⑤ wood ⑥ of ⑦ in ⑧ to build】.

Zoe: I'm sure it is. But why are people trying to use wood for tall buildings?

Ryoko: First, we can greatly reduce CO_2 if we use wood. Second, wood is a sustainable resource. If we take good care of forests and cut trees in a planned way, we will always have enough trees.

Tommy: Also, because wood is lighter than concrete, we need smaller machines, smaller foundations, and fewer construction workers. Wood can be cut at the factory before we use it. We just have to put the pieces together at the construction site. As a result, wood allows faster and quieter construction, with more eco-friendly materials, less waste, and less CO_2.

Kohei: But Japan is known as a country of earthquakes. Are those buildings strong enough?

Ryoko: Yes. The key is (4)a new material called "CLT." CLT looks like a thick wood board, but it is actually a lot of thin wood boards put together. However, the directions of the fibers are important. Wood is strong in the direction of its fibers, but weak in other directions. So, if the boards are put on top of each other in a way that puts their fibers at 90 degrees to each other, they become stronger than normal wood boards. Actually, CLT is stronger than concrete or steel of the same weight.

Zoe: Is CLT strong against fire, too?

Tommy: That's another very important point. Actually, wood takes time to start burning. CLT takes longer to catch fire than normal wood boards because CLT is made of many boards. When the CLT board closest to a fire *chars, it slows down the temperature rise in other boards. It takes about two to three hours before all the boards become hot and char. This is more than enough time to escape from most buildings. After the fire, charred boards can be changed for new ones.

Kohei: Many years ago, people would never think they would be able to "eat" concrete or that they would build tall buildings out of wood.

Zoe: True. (5)I want to share these great ideas with my classmates!

〔注〕

foundation　土台	concrete　コンクリート
dispose of ～　～を処分する	material　物質
glue　接着剤	impact　影響
construction　建設	site　現場
twice as…as　２倍…だ	fiber　繊維
resource　資源	crack　ひび割れる
steel　鋼鉄	structure　構造物
capsule　カプセル	substance　物質
～ story　～階建の	char　炭になる

〔問１〕 本文中の空所 (1) に入るものとして最も適切なものは，次の中ではどれか。

ア　something people add to the walls to make them delicious

イ　something that makes the walls more attractive

ウ　something the walls need to become sustainable

エ　something you put on the walls to make them useful

〔問2〕 (2)［　　　］の中の①～⑥を適切な順番に並べたとき，**2番目**と**5番目**にくるものの組み合わせとして最も適切なものは，次の**ア**～**カ**の中ではどれか。

	2番目		5番目
ア	①	−	③
イ	①	−	④
ウ	④	−	⑤
エ	④	−	⑥
オ	⑥	−	②
カ	⑥	−	④

〔問3〕 (3)【① made ② produced ③ the local area ④ tall buildings ⑤ wood ⑥ of ⑦ in ⑧ to build】とあるが，本文の流れに合うように，【　】内の単語・語句を正しく並べかえたとき，①～⑧の中で**3番目**と**5番目**と**7番目**にくるものの組み合わせとして最も適切なものは，次の**ア**～**カ**の中ではどれか。

	3番目		5番目		7番目
ア	①	−	⑤	−	⑦
イ	①	−	⑧	−	②
ウ	②	−	③	−	⑥
エ	②	−	④	−	⑦
オ	⑧	−	①	−	②
カ	⑧	−	⑤	−	⑦

〔問4〕 (4)<u>a new material called “CLT.”</u> を表す図として最も適切なものは，次の中ではどれか。

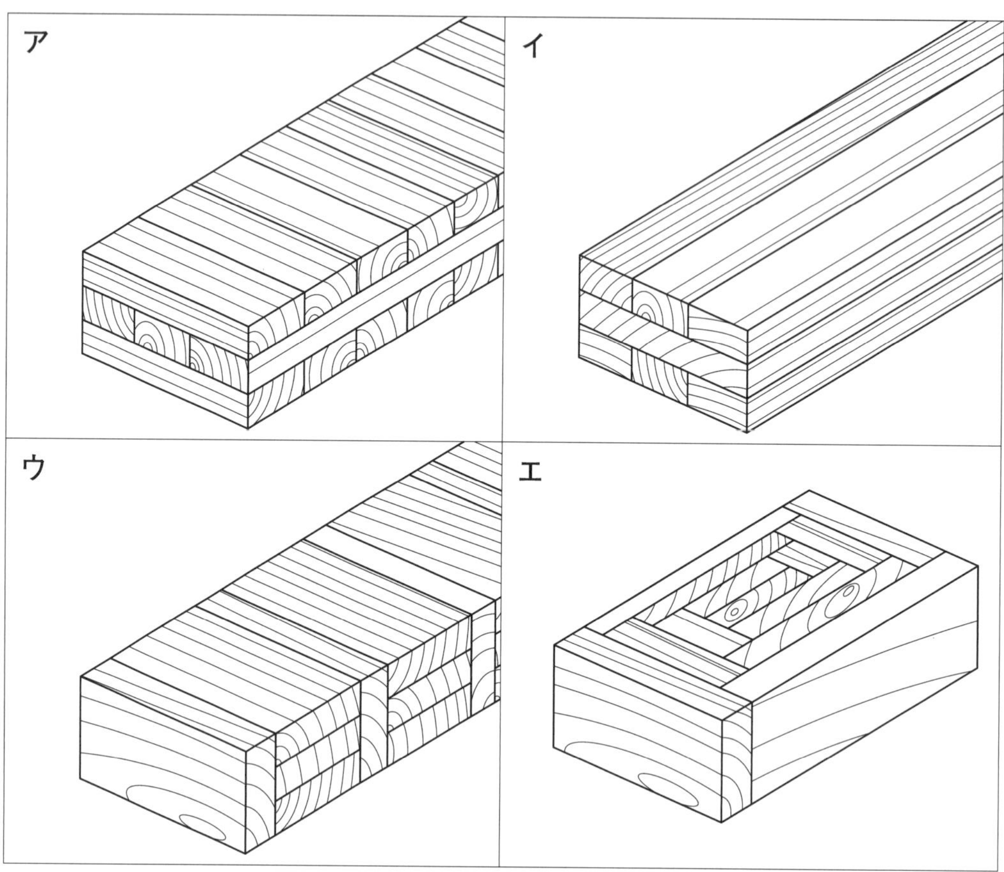

〔問５〕 (5)I want to share these great ideas with my classmates! とあるが，次の**スライド**は，Zoe が Ryoko, Tommy, Kohei と一緒に後日英語の授業で行ったプレゼンテーションの目次である。下のプレゼンテーションの**原稿**の空所 [　　] に **30 語以上の英語**を自分で考えて書きなさい。

英文は**二つ以上**にしてもよい。なお，「,」「.」「!」「?」などは語数に含めないものとする。また，I'll のような「'」を使った語や e-mail のような「-」で結ばれた語はそれぞれ１語と扱うこととする。

スライド

A Creative Idea to be Sustainable
1. What is edible concrete?
2. Why is edible concrete sustainable?
(a) CO_2
(b) food loss
(c) resources
(d) the way of disposing
3. Final Message

原稿

Hi, I'm Zoe. I'm going to explain why edible concrete can be sustainable from the point of food loss.

[　　　　　　　　　　　　]

Thank you. Next, Kohei will explain that edible concrete can be a solution to the other problems.

〔問6〕 本文の内容と合っているものを，次のア～クの中から**二つ**選びなさい。

ア In the castle Tommy visited, *samurai* ate the walls made of plants in emergencies, so he saw many holes in the walls.

イ The biggest environmental impact of concrete is the CO_2 produced when the concrete is carried to the construction site by airplane and ship.

ウ Every year, about 30% of the food produced for humans is lost and wasted around the world, and Japan holds responsibility for about 5% of that loss and waste.

エ The good balance between fiber and sugar makes concrete made from *hakusai* stronger than concrete made from other foods.

オ If concrete structures are damaged, they can be repaired by covering cracks with a thin material like skin.

カ The new 12-story building in Ginza was made of 90% wood, and it is the first of its kind in the world.

キ Thanks to construction using wood, it is possible to build tall buildings faster and in a more sustainable way than using concrete.

ク The way boards are put together in CLT makes it strong against fire because the different fiber directions make CLT burn fast and char.

3 次の文章を読んで，あとの各問に答えなさい。
（＊印の付いている単語・語句には，本文のあとに〔**注**〕がある。）

Do you still remember what you ate for lunch a week ago? Do you remember the name of a train station you used only once? If you don't remember them, don't worry. (1)<u>You are not alone.</u> Everybody experiences this every day. There are things you can easily remember, and things that you easily forget. For example, you will not forget the movie you watched with your best friend, but you could forget your ID and password. Though you remember and forget different things, everyone wishes for a good memory. [(2)－a]

Memories are *formed in an area called the *hippocampus in the *brain. A lot of kinds of memories are formed there. First, your brain works very hard to remember everything it experiences, although you don't notice that. The information it receives is put in the hippocampus, and after that the brain selects the information to keep. When it is kept in your brain, it becomes a memory. If you don't use a memory in your brain, the memory will become weaker and weaker, and you will forget it in the end. So, if you want to remember something for a long time, you need to use it. A person who knows a lot of English words uses new words many times a day to remember them all. Also, when you meet a person for the first time, it is a good idea to call his or her name often. [(2) - b]

Having a good memory seems good because people don't want to forget anything. Do you think you would feel happy if you could remember everything? How about your brain? It already has a lot of information and more information is still coming in. It has to *cope with all this information for you. [(2) - c]

*Neuroscientists were interested in a good memory and wanted to know how the brain forms memories. They thought forgetting was a problem with the memory systems because the brain's mission was to get and keep information. For a long time, scientists have known that our brain has a memory tool box and that it is used to form memories. However, over the past ten years or so, scientists did experiments on small fish and discovered that their brain removes some old memories and prepares space for new information. They also found that their brain has a different memory tool box for forgetting in the same area. This is true for humans because humans and animals have the same brain system. Some memories are kept in our brain, and others are removed from it by using these memory tool boxes. [(2) - d]

How does the brain decide which information it should remember? Among the memories in our brain, it chooses the important ones to save, and they become strong memories. (3) [ア<u>In the past, there were some memories that were necessary for both people and animals to survive.</u> イ<u>If they didn't remember the places to get food and where dangerous spots were, it would be a serious problem.</u> ウ<u>Humans developed writing to pass the memories to their children.</u> エ<u>So, some old information is saved if it is important.</u> オ<u>At the same time, some new information is removed if it's not important.</u>] Now we are living in an *information age. We get more information than in the past, so our brain is busier now to survive in this modern sea of information.

While you are *awake, information is always coming into your brain. By the end of a day, your brain has become full of memories. Your brain cannot cope with all of them. So, it will say, "Oh no. There's no more space for new memories. I need to forget some information that is not important." Forgetting is one of the many actions needed to survive. When you eat and drink to survive, these actions only take a short time. However, when the brain removes *unnecessary information and keeps the important information to survive, it takes a longer time. Although it is still a mystery why we sleep, this forgetting *function of the brain can be one of the reasons for it. Probably you have felt that your head is clearer when you wake up. This may happen because [(4)]

As you have already read, visiting the same memory many times makes the memory [(5)－a]. It also has another function. It will help you forget some bad memories. Have you ever felt [(5)－b] after you talk with someone about your bad memories? If you have, there is a good reason for that. When you talk with someone about them, you have to bring back the bad memories and this is not easy. However, this remembering may lead to forgetting them. While you are looking back on them, your brain can use the memory tool box for forgetting.

If your brain couldn't *release unnecessary information, this could be a headache. If you had such a brain, you would have to live with all the information that you get every day. You couldn't forget anything at all. You couldn't even forget unnecessary things, such as the color of a car that passed by a minute ago. It could be really hard to cope with all the memories in your brain. If you saw the same dog in the morning and the evening, your brain couldn't recognize that you saw the same dog because they looked different. If your memory is too good, it would be difficult for you to understand the world around you.

Memory needs remembering and forgetting at the same time. Forgetting in balance with memory is useful to survive in this *fast-moving information age. Also, if forgetting is used in effective ways, it helps you to move forward and live a better life. As this *passage shows, [(6)]. Please do not forget this!

〔注〕
form　形成する
brain　脳
neuroscientist　脳科学者
awake　目覚めている
function　機能
fast-moving　急速に進む
hippocampus　海馬（大脳の一部分の名前）
cope with ～　～を処理する
information age　情報化時代
unnecessary　不必要な
release　放出する
passage　文章

〔問1〕 (1)You are not alone. のここでの意味として最も適切なものは，次の中ではどれか。

ア　You will find someone who has the same problem.
イ　Somebody is standing right next to you.
ウ　Nobody wants you to be alone.
エ　You have shared some time with other people.

〔問2〕 文章の流れに合うように，本文中の空所 [(2)－a] ～ [(2)－d] の中に次の**ア～エ**を入れるとき最も適切なものは，それぞれ次の中ではどれか。

ア　By repeating it, you can remember it better.
イ　Now, scientists know that forgetting is not a mistake by the brain.
ウ　So, your brain may not feel the same.
エ　But what exactly is memory?

〔問3〕 (3)[　　] の中のまとまりをよくするために取り除いた方がよい文は，下線部**ア～オ**の中ではどれか。

〔問4〕 文章の流れに合うように，本文中の空所 [(4)] に**15語以上の英語**を書きなさい。
英文は**二つ以上**にしてもよい。なお，「,」「.」「!」「?」などは語数に含めないものとする。また，I'll のような「'」を使った語や e-mail のような「-」で結ばれた語はそれぞれ1語と扱うこととする。

〔問5〕 文章の流れに合うように，本文中の空所 [(5)－a] と [(5)－b] に英語を入れるとき最も適切な組み合わせは，次の**ア～エ**の中ではどれか。

	(5)－a		(5)－b
ア	stronger	－	lighter
イ	stronger	－	heavier
ウ	weaker	－	lighter
エ	weaker	－	heavier

〔問6〕 本文中の空所 (6) に入るものとして最も適切なものは，次の中ではどれか。

ア by remembering and forgetting, you can tell what is good or bad

イ when you believe that something is bad, it will never turn into a good thing

ウ if something gives you a headache, you should think it's a positive sign

エ everything has two sides, so don't decide something is good or bad too early

〔問7〕 本文の内容と合っているものを，次の**ア**～**ク**の中から**二つ**選びなさい。

ア The movie you watched with your best friend is harder to remember than the lunch you ate a week ago.

イ The brain selects which information to keep and it sends the information to the hippocampus.

ウ If someone you first met calls your name often, that means his brain is trying to cope with too much information.

エ Over the past ten years, scientists have discovered a memory tool box which is used to form memories.

オ Through the experiments on small fish, scientists discovered that there was another memory tool box used to forget things.

カ Our brain does not have to work as hard as in the past because we are now in an information age.

キ More time is needed to eat and drink to survive than to choose which memory is necessary to keep.

ク You sometimes need to remember things that make you feel bad when you want to forget them.

4 Hibiya 高校の生徒会は，交換留学生の体験入学で一緒にどのようなことをするのか，話し合おうとしています。生徒アンケートの結果は，**資料 1** のようになりました。１つの案に絞るために話し合うには，**資料 2** に示された **Type-A** と **Type-B** では，どちらで議論する方が良いと思いますか。**50 語程度の英語**で説明しなさい。

英文は**二つ以上**にしてもよい。なお，「,」「.」「!」「?」などは語数に含めないものとする。また，I'll のような「'」を使った語や e-mail のような「-」で結ばれた語はそれぞれ１語と扱うこととする。

資料 1：Student survey

〔質問〕 Which is the best event to do with the students from overseas?

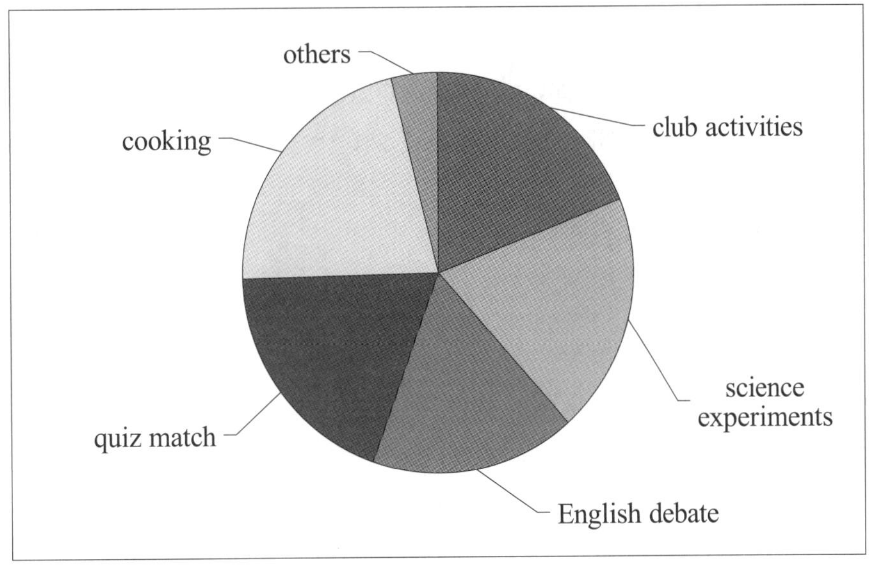

資料 2：Type-A

Type-B

2024年度　英語学力検査リスニングテスト台本

開始時の説明

これから，リスニングテストを行います。

問題用紙の１ページを見なさい。リスニングテストは，全て放送による指示で行います。リスニングテストの問題には，問題Ａと問題Ｂの二つがあります。問題Ａと，問題Ｂの ＜Question 1＞ では，質問に対する答えを選んで，その記号を答えなさい。問題Ｂの ＜Question 2＞ では，質問に対する答えを英語で書きなさい。

英文とそのあとに出題される質問が，それぞれ全体を通して二回ずつ読まれます。問題用紙の余白にメモをとってもかまいません。答えは全て解答用紙に書きなさい。

（２秒の間）

〔問題Ａ〕

問題Ａは，英語による対話文を聞いて，英語の質問に答えるものです。ここで話される対話文は全部で三つあり，それぞれ質問が一つずつ出題されます。質問に対する答えを選んで，その記号を答えなさい。

では，＜対話文１＞を始めます。

（３秒の間）

Tom: Satomi, I heard you love dogs.

Satomi: Yes, Tom. I have one dog. How about you?

Tom: I have two dogs. They make me happy every day.

Satomi: My dog makes me happy, too. Our friend, Rina also has dogs. I think she has three.

Tom: Oh, really?

Satomi: Yes. I have an idea. Let's take a walk with our dogs this Sunday. How about at four p.m.?

Tom: OK. Let's ask Rina, too. I can't wait for next Sunday.

（３秒の間）

Question : How many dogs does Tom have?

（５秒の間）

繰り返します。

（２秒の間）

（対話文１の繰り返し）

（3秒の間）

Question： How many dogs does Tom have?

（10秒の間）

<対話文2>を始めます。

（3秒の間）

John:	Our grandfather will be here soon. How about cooking spaghetti for him, Mary?
Mary:	That's a nice idea, John.
John:	Good. We can use these tomatoes and onions. Do we need to buy anything?
Mary:	We have a lot of vegetables. Oh, we don't have cheese.
John:	OK. Let's buy some cheese at the supermarket.
Mary:	Yes, let's.
John:	Should we buy something to drink, too?
Mary:	I bought some juice yesterday. So, we don't have to buy anything to drink.

（3秒の間）

Question： What will John and Mary buy at the supermarket?

（5秒の間）

繰り返します。

（2秒の間）

（対話文2の繰り返し）

（3秒の間）

Question： What will John and Mary buy at the supermarket?

（10秒の間）

<対話文３>を始めます。

（３秒の間）

Jane: Hi, Bob, what are you going to do this weekend?

Bob: Hi, Jane. I'm going to go to the stadium to watch our school's baseball game on Sunday afternoon.

Jane: Oh, really? I'm going to go to watch it with friends, too. Can we go to the stadium together?

Bob: Sure. Let's meet at Momiji Station. When should we meet?

Jane: The game will start at two p.m. Let's meet at one thirty at the station.

Bob: Well, why don't we eat lunch near the station before then?

Jane: That's good. How about at twelve?

Bob: That's too early.

Jane: OK. Let's meet at the station at one.

Bob: Yes, let's do that.

（３秒の間）

Question： When will Jane and Bob meet at Momiji Station?

（５秒の間）

繰り返します。

（２秒の間）

（対話文３の繰り返し）

（３秒の間）

Question： When will Jane and Bob meet at Momiji Station?

（10秒の間）

これで問題Ａを終わり，問題Ｂに入ります。

〔問題B〕

（3秒の間）

これから聞く英語は，ある動物園の来園者に向けた説明です。内容に注意して聞きなさい。
あとから，英語による質問が二つ出題されます。＜Question 1＞ では，質問に対する答えを選んで，その記号を答えなさい。＜Question 2＞ では，質問に対する答えを英語で書きなさい。
なお，＜Question 2＞ のあとに，15秒程度，答えを書く時間があります。
では，始めます。（2秒の間）

Good morning everyone. Welcome to Tokyo Chuo Zoo. We have special news for you. We have a new rabbit. It's two months old. It was in a different room before. But one week ago, we moved it. Now you can see it with other rabbits in "Rabbit House." You can see the rabbit from eleven a.m. Some rabbits are over one year old. They eat vegetables, but the new rabbit doesn't.

In our zoo, all the older rabbits have names. But the new one doesn't. We want you to give it a name. If you think of a good one, get some paper at the information center and write the name on it. Then put the paper into the post box there. Thank you.

（3秒の間）

＜Question 1＞ How old is the new rabbit?

（5秒の間）

＜Question 2＞ What does the zoo want people to do for the new rabbit?

（15秒の間）

繰り返します。

（2秒の間）

（問題Bの英文の繰り返し）

（3秒の間）

＜Question 1＞ How old is the new rabbit?

（5秒の間）

＜Question 2＞ What does the zoo want people to do for the new rabbit?

（15秒の間）

以上で，リスニングテストを終わります。2ページ以降の問題に答えなさい。

【数　学】（50分）〈満点：100点〉

1 次の各問に答えよ。

〔問1〕 $\dfrac{(2\sqrt{3}+5)^2+(2\sqrt{3}-1)^2}{2}-(2\sqrt{3}+5)(2\sqrt{3}-1)$ を計算せよ。

〔問2〕 二次方程式 $(x-1)^2-4(x-2)^2=0$ を解け。

〔問3〕 1から6までの目が出る大小1つずつのさいころを同時に1回投げる。
大きいさいころの出た目の数を a，小さいさいころの出た目の数を b とするとき，x の方程式 $2ax-b=3$ の解が整数となる確率を求めよ。
ただし，大小2つのさいころはともに，1から6までのどの目が出ることも同様に確からしいとする。

〔問4〕 10人の生徒A，B，C，D，E，F，G，H，I，Jに満点が8点であるテストを行ったところ，得点が下の表のようになった。
中央値が4.5点，四分位範囲が4点，最頻値は3点だけであった。
表中の a，b の値を求めよ。
ただし，a，b は整数とし，$a<b$ とする。

生徒	A	B	C	D	E	F	G	H	I	J
得点	3	7	a	1	3	3	b	6	4	7

〔問5〕 右の図で，△ABCは，∠BAC＞90°の鈍角三角形である。
辺BC上にある点をDとし，線分ADを折り目として，△ABCを辺ACと辺BCが交わるように折り曲げたとき，頂点Cと重なる位置にある点をEとする。
解答欄に示した図をもとにして，∠BAE＝60°となる点Dを，定規とコンパスを用いて作図によって求め，点Dの位置を示す文字Dも書け。
ただし，作図に用いた線は消さないでおくこと。

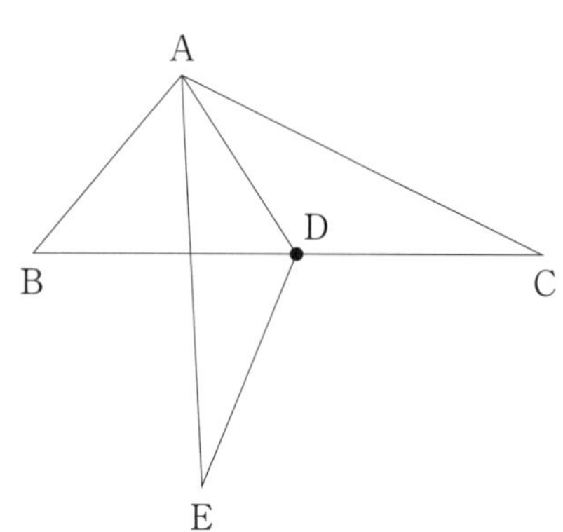

2 右の**図1**で，点Oは原点，点Aの座標は(1, 0)，曲線fは関数$y=x^2$のグラフ，曲線gは関数$y=\frac{1}{3}x^2$のグラフを表している。

点B，点Cは，ともにx座標が点Aのx座標と等しく，点Bは曲線f上にあり，点Cは曲線g上にある。

点Pは，点Aを出発し，x軸上を正の向きに毎秒1cmの速さで動く。

点Qは，点Pが出発するのと同時に点Oを出発し，x軸上を負の向きに毎秒1cmの速さで動く。

点R，点Sは，ともにx座標が点Pのx座標と等しく，点Rは曲線f上にあり，点Sは曲線g上にある。

点T，点Uは，ともにx座標が点Qのx座標と等しく，点Tは曲線f上にあり，点Uは曲線g上にある。

点Pが点Aを出発してから経過した時間をt秒$(t>0)$とする。

点Oから点(1, 0)までの距離，および点Oから点(0, 1)までの距離をそれぞれ1cmとして，次の各問に答えよ。

図1

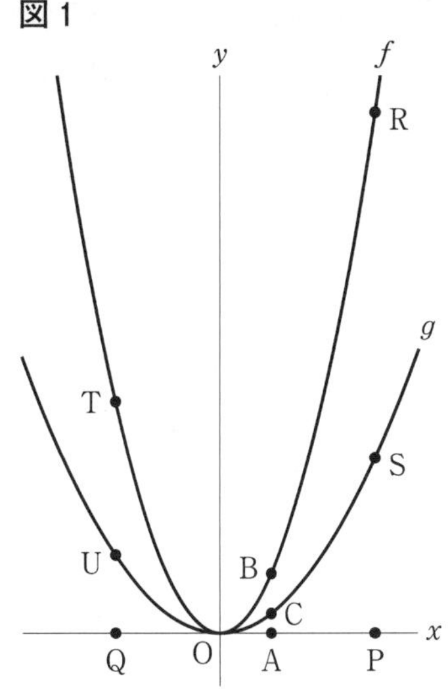

〔問1〕 点Bと点C，点Bと点U，点Cと点Uをそれぞれ結んだ場合を考える。
△BCUの面積は何cm^2か。tを用いた式で表せ。

〔問2〕 右の**図2**は，**図1**において，$t \geqq 2$のとき，2点T，Uを通る直線をℓとし，直線ℓ上にありy座標が点Bのy座標と等しい点をVとした場合を表している。

QV：VU＝QU：UTのとき，2点R，Uを通る直線の式を求めよ。

ただし，答えだけでなく，答えを求める過程が分かるように，途中の式や計算なども書け。

図2

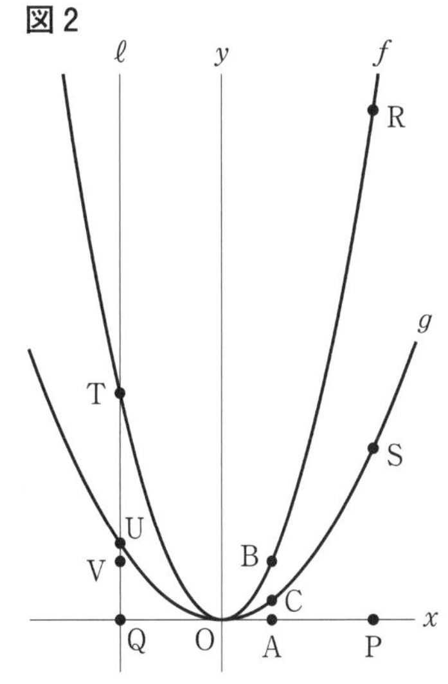

〔問3〕 **図1**において，点Pと点S，点Pと点U，点Sと点T，点Tと点Uをそれぞれ結んだ場合を考える。

四角形PSTUが平行四辺形となるとき，tの値を求めよ。

3 右の**図1**で，△ABCは，AB＝ACの鋭角三角形である。
3点A，B，Cを通る円をかく。
頂点Aを含まない$\overset{\frown}{BC}$上にある点をDとし，頂点Bと点D，頂点Cと点Dをそれぞれ結ぶ。
頂点Bを通り線分CDに平行な直線を引き，円との交点のうち頂点Bと異なる点をEとする。
頂点Cを通り線分BDに平行な直線を引き，線分BEとの交点をFとする。
頂点Aと点E，頂点Cと点Eをそれぞれ結ぶ。
次の各問に答えよ。

図1

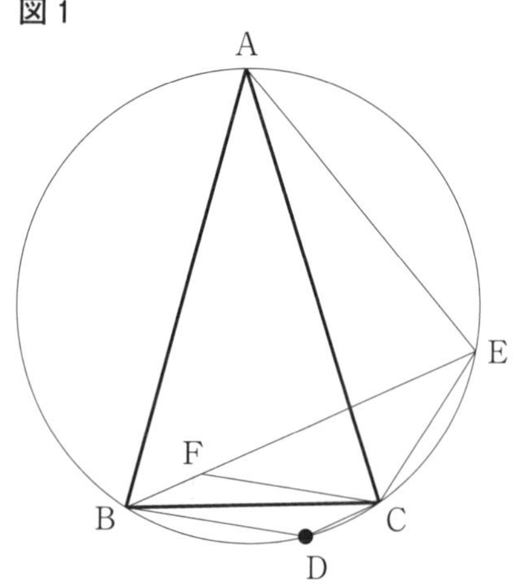

〔問1〕 ∠CFE＝42°，CE＝CF，$\overset{\frown}{AE}=2\overset{\frown}{CE}$のとき，∠BCDの大きさは何度か。

〔問2〕 右の**図2**は，**図1**において，△ABCが正三角形の場合を表している。
次の(1)，(2)に答えよ。

図2

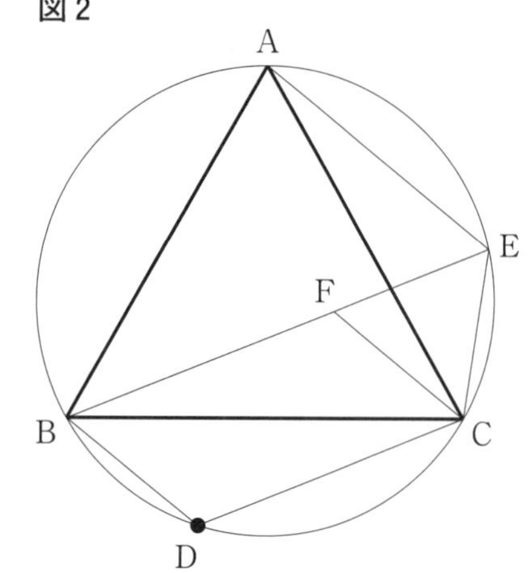

(1) △BDC≡△CEAであることを証明せよ。

(2) AB＝24cm，BD＝$4\sqrt{3}$cmのとき，△CEAの面積は何cm^2か。

4 ある中学校の教室で，放課後に生徒の赤坂さんと永田さんが話をしている。
2人の会話文を読んで，あとの各問に答えよ。

赤坂さん：昨日，公民館で影絵の劇を見てきたよ。
永田さん：面白そうだね。
赤坂さん：形だけでなく，大きさも表現されていて感動したよ。
文化祭の出し物でやってみたいけど，光源からの距離や光が当たる向きで影の大きさや形が変わるから難しそうだね。
永田さん：じゃあ，影がどう変わるかを考えてみよう。
正方形の紙に光を当てたときの影の様子を，図を使って考えてみるね。

【永田さんが考えた図】

右の**図1**で，四角形ABCDは正方形である。
頂点Aと頂点C，頂点Bと頂点Dをそれぞれ結び，線分ACと線分BDとの交点をEとし，AE＝3cmとする。

図1

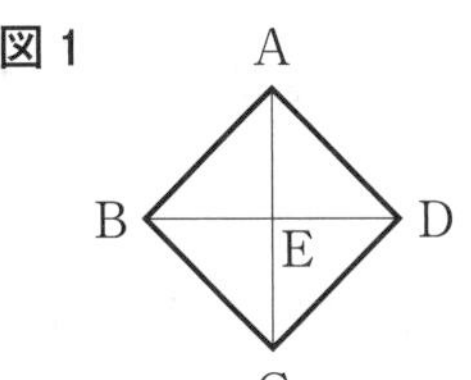

右の**図2**に示した立体は，平面S上にある点をPとし，点Pを通り平面Sに垂直な直線ℓを引き，直線ℓ上にあり，OP＝8cmとなる点をOとし，**図1**の点Eが線分OPの中点と一致し，四角形ABCDが平面Sと垂直にならないとき，点Oと頂点A，点Oと頂点B，点Oと頂点C，点Oと頂点Dを通る直線をそれぞれ引き，平面Sとの交点をそれぞれF，G，H，Iとし，点Fと点G，点Fと点I，点Gと点H，点Hと点Iをそれぞれ結んでできた四角すいである。

図2

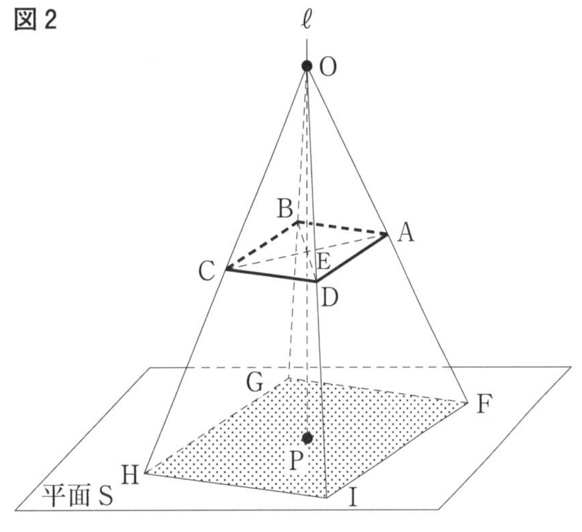

赤坂さん：点Oが光源で，四角形FGHIが四角形ABCDの影を表しているということだね。
四角形ABCDと平面Sが平行なとき，四角形FGHIの面積を求めると [①] cm^2 になるね。
永田さん：そうだね。では，次に四角形ABCDを動かしてみよう。

【永田さんが考えた四角形ABCDの動かし方】

図2において，四角形ABCDと平面Sが平行なときから，四角形ABCDを次のように動かす場合を考える。

四角形ABCDは，線分BDを軸として回転を始め，頂点Aが点Oに近付くように回転する。

四角形ABCDは，頂点Aが，四角形ABCDと平面Sが平行なときの線分OA上に再び来たときに回転を終える。

ただし，四角形ABCDは折り曲げないものとする。

赤坂さん：点Gと点Iを結んだ場合を考えてみよう。
四角形ABCDが回転している間は，△GHIの面積は ② けれど，△FGIの面積は大きくなったり，小さくなったりしているね。

永田さん：四角形ABCDが回転を終えたときの四角形FGHIをかいてみると，次の図のようになるね。

【永田さんがかいた，四角形ABCDが回転を終えたときの四角形FGHIの図】

③

赤坂さん：△FGIの面積が一番大きくなるときを考えてみよう。

永田さん：△FGIの面積が最大になるとき，点Fと点Pを結んでできる線分FPの長さは ④ cmとなるね。

〔問1〕 ① に当てはまる数を答えよ。

〔問2〕 次の (1), (2) に答えよ。

(1) ② に当てはまるものを次の**ア**～**ウ**のうちから選び，記号で答えよ。

ア だんだん小さくなる　**イ** 変わらない　**ウ** だんだん大きくなる

(2) ③ に当てはまるものを下の**ア**～**カ**のうちから選び，記号で答えよ。

ただし，点線 (----) で示した四角形は，四角形 ABCD と平面 S が平行なときの四角形 FGHI を表している。

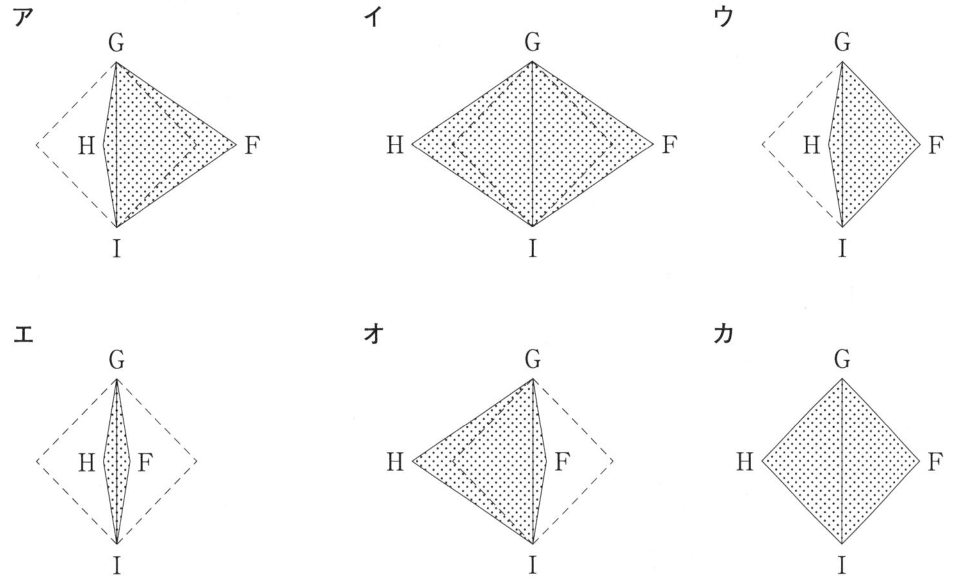

〔問3〕 ④ に当てはまる数を答えよ。

〔問1〕(1)およそと同じ意味・用法のものを、次の各文の――を付けた「およそ」のうちから選べ。

ア　文化祭の費用のおよそを計算する。

イ　およその見当をつけて作業する。

ウ　私にはおよそ縁のない話だ。

エ　およそ発明は必要から生まれるものだ。

〔問2〕(2)万葉人にとっても同じだったのである。とあるが、どういうことか。これを説明したものとして最も適切なのは、次のうちではどれか。

ア　近代歌人にとっても万葉歌人にとっても、花は深層心理を代弁するものであり、愛する人への歌人の思いと美しい花のイメージとが合致して、歌が生まれるということ。

イ　近代歌人にとっても万葉歌人にとっても、花は歌人の根底にある思いに影響を与えるものであり、一輪の花とそれをめでる歌人の感動とが相まって、歌が生まれるということ。

ウ　近代歌人にとっても万葉歌人にとっても、花は心の奥底から発せられる思いの象徴であり、歌人の状況や思いと花のある風景とが共鳴して、歌が生まれるということ。

エ　近代歌人にとっても万葉歌人にとっても、花は言葉で表現できない憂愁の表象であり、翳りのある風景と歌人が抱く繊細な感情とが一体化して、歌が生まれるということ。

〔問3〕(3)まるで思慕の心を胸中に秘めてまなこをとじるように、花びらをとじるとあるが、これを表現した部分を本文中の和歌から**七字**で抜き出せ。

〔問4〕(4)ことばとしても美しく花を咲かせていたというべきだろう。とあるが、筆者がこのように述べる理由を説明したものとして最も適切なのは、次のうちではどれか。

ア　花は華やかなイメージをかもすことで晴れやかな作者の思いを代弁し、万葉人の間で盛んに用いられていたから。

イ　花は植物や風景としての美しさを表現するだけでなく、歌の中でさまざまに機能することばとして存在していたから。

ウ　花はただ風景の中で美しく咲いていただけでなく、多様な万葉仮名の宛字によって美しく装飾されていたから。

エ　花は常に女性のイメージを含むことで恋の趣を表現し、『万葉集』の時代の人々の心を揺さぶるものであったから。

〔問5〕本文の表現や内容を説明したものとして最も適切なのは、次のうちではどれか。

ア　「桃」が「都」を表すといった中国から伝わってきた花がもつ表象としての意味は、一部の教養人のみが知り得たものではなく、多くの農民達にも常識として共有されていた。

イ　「霍公鳥～」「鶯の～」の二つの和歌は構成こそ異なるものの、思いを寄せる人が姿を見せないことを「厭き」ことと感じる女性の切ない感情を表現している点は一致している。

ウ　早春に白い花を咲かせる三枝は「さき」という語の響きが本来もつ情趣とすくすくと伸びる枝の様子から、幸せを感じさせる植物として万葉時代の人々に愛され享受されていた。

エ　「百合」が「後」という意味をはらんでいたように、表現したい趣をそれと同じイメージをもつ花に託して詠み込む和歌の手法の中で、当時の花ことばは存在していた。

た先に白い花を咲かせる風情を愛する人も多いであろう。初句は春になるとまず咲く――三枝と音をつづけ、その三枝を「幸く」という音につづけて恋の趣に歌を転じている。つまり命無事でいたら後に逢うこともあろうから、恋に苦しむなわが妻よ、という歌である。

　こうして三枝は、本来「裂き草」だったと思われる名前を「幸き草」とさえ解釈し直して享受していたと思われる。「さき――さか――さく」という語はそもそもめでたいことばで、先、盛、栄、咲といった漢字で理解できるものだから、万葉人はこよなくこの植物の名前を愛したことであろう。この植物が幸わいを感じさせたのは、あのすくすくと伸びた枝の様子だけではなかったのである。

　もう一つ例をあげると、百合も同じように歌われている。

*紀朝臣豊河の歌一首

吾妹子が家の垣内の小百合花後と言へるは不欲といふに似る

〔あなたのお宅の垣の内のゆりの花ではないけどゆり―あとでと言うのはいやと言うのと同じです〕

　愛する女性の家の中に咲く小百合、といっておいて、さて「後で」というのは拒否と同じですといって女をなじる趣を歌う。まるでわれわれが子供のころ遊びの誘いをことわるのに「後で」といったのと似ていて思わず笑ってしまうが、その時の「ゆり」の音を百合のそれに託して歌うのである。サユリのサは神聖さを示すものと考えたい。今日のヤマユリをいうのだろうというのが通説である。

　ユリが、こうして「後」ということばをしのばせて存在していたということは、卯の花が厭、三枝が幸き草をしのばせていたのと同じである。すると、これらはもう、花がことばとして存在したことになるし、逆にいうと〈花ことば〉といったものがすでに存在していたのだといってもいいだろう。もちろん今日いうところの花ことばとは性格が違う。これは主として花のイメージから、たとえば紫陽花といえば冷淡といったことばをみちびくものだ。しかしそれを音におきかえただけで、花がことばとして存在した点はひとしいであろう。

　ことに「をみなへし」に到っては、もうこの花から女性のイメージを払拭することはむつかしい。語源からして「女・飯」という説があるくらいだから（もっともこの説は従いがたい）、花の名が先か「女」が先か判然としかねるが、オミナヘシといえば女のイメージがまといつき、「ヲミナ」の音をつねに響かせている。

手に取れば袖さへにほふ女郎花この白露に散らまく惜しも

〔手に取ると袖までも染まるおみなえしがこの白露に散ったら惜しい〕

　この一首にしても折りとると袖までにおうというのは、この花が女性をしのばせる情感によるのだろう。とにかくオミナヘシは万葉集の中では次のような字で書かれている。

娘子部四、娘部志、娘部思、姫部思、姫押、佳人部為、美人部師、女郎花

これ以外は万葉仮名*を使っての宛字だから、この花が女性と切り離せないものだったことは明らかである。花はただ咲いていただけではない。(4)ことばとしても美しく花を咲かせていたというべきだろう。

（中西進「万葉のことばと四季」（一部改変）による）

〔注〕
大伴家持――奈良時代の歌人。
詩経――中国最古の詩集。
越中の国――現在の富山県。
小治田広耳――奈良時代の歌人。
紀朝臣豊河――奈良時代の役人・歌人。
万葉仮名――漢字の音訓を借りて、日本語を表記した表音文字。

春の苑 紅にほふ桃の花下照る道に出で立つ少女
〔春の園の紅色に咲いている桃の花の下まで輝く道にたたずんでいる乙女よ〕

という一首がある。時は春、庭園には今しも桃の花が咲きみち溢れている。さてそこに一人の少女が立ちあらわれた、という歌である。ところが、当時有名な図柄に「樹下美人図」というものがある。これはペルシャからシルクロードを通って日本にもたらされたもので、正倉院にもこれを描いた屏風が残されている。家持はこれにもとづいて一首を着想したことだった。また桃は中国では最古の書物*『詩経』以来、若い女性の比喩として用いられたし、桃李の花になぞらえて「南国の佳人」を想う有名な詩がある。

こうなると、この一首はどうやら家持が眼前の景色を描写した、などという代物ではないらしいということになろう。春の夕べ、当時*越中の国にあった家持は、ぼんやりと桃の花を見ながら、その樹下に立つ美女を空想したのである。いうまでもなく、遠く南方の都が美女に溢れているからで、桃は都の表象であった。

花はいつも、こんな表象としての意味をもっている。もちろん、家持は当時の代表的な教養人だから、桃が女の比喩だといっても、それは一部教養人のことだといわれるかもしれない。しかしそうではない。花はいつも何かのイメージをもって眺められている。

うち日さつ宮の瀬川の貌花の恋ひてか寝らむ昨夜も今夜も
〔宮の瀬川のかお花のようにさぞや恋い慕って寝ていることであろう　ゆうべも今夜も〕

これは東国の農民たちが愛誦した歌である。近くの神社のよこを流れる川がある。そこに貌花が咲く。貌花とはヒルガオのことだ。この花に向けて農民たちは歌う。あの女は俺のことを思いながら寝ているだろうか、このヒルガオのように、と。しかも念をいれて、昨日の夜も今日の夜もというのだから大衆の喝采を博した歌にちがいないが、貌花をこう歌うのは、この花が夜、(3)まるで思慕の心を胸中に秘めてまなこをとじるように、花びらをとじるからである。貌花という名前も人間を想像させるのに都合がいい。実はもう一つ、この歌にはユーモアがあって、社の傍に咲く貌花というのだから、これは神に仕える女性――巫女の類をさしている。ひたすら神に仕える聖女、男をよせつけない聖女が、存外男を思って寝ているのかというからかいもあり、その男とは俺のことさ、という自惚がまた人々を面白がらせているから、貌花は、まさにあれこれと意味を背負わされている。いささか集団をよろこばせすぎたきらいもないではないが、しかし発想の出発は、あのヒルガオの花弁をとじた、しおらしい姿にある。それが人を恋する姿に見えたところから歌が生まれたのである。

万葉人たちは和歌を紙に書くより、より多く口で歌った。だから彼らはことばの響きに敏感であった。それは花についても同じで、万葉には、たとえばこんな歌がある。

霍公鳥鳴く峯の上の卯の花の厭きことあれや君が来まさぬ
〔ほととぎすの鳴いている屋根の卯の花の憂いことがあってか　あの方がいらっしゃれない〕

作者は*小治田広耳。ホトトギスが鳴いている丘の上に卯の花が咲いている。その卯の花のように憂きこと――つらいことがあるからか、あの人が来てくれない、という女性の立場の歌である。これは卯の花＝ウツギが「う」という音をもつことから「厭きこと」につづけたものだから、ウツギを見ると万葉人はすぐに「厭し」という語を思い出したことがわかる。とくにこの歌は別に、

鶯の通ふ垣根の卯の花の厭き事あれや君が来まさぬ
〔うぐいすの通う垣根の卯の花の憂いことがあってか　あのかたがいらっしゃれない〕

という作者未詳の歌もあって、下の句がひとしい。習慣的ですらあった表現が「卯の花―うし」だったことが知られよう。

春さればまづ三枝の幸くあらば後にも逢はむな恋ひそ吾妹
〔春になるとまず咲くさきくさの幸くさえあったらあとでも逢えよう　そう恋しがるなよおまえ〕

これも同じである。三枝はミツマタのこと。早春、三つに枝分かれし

ウ　深層学習は科学のオートメーション化を進め、合理的な理論を導き出すことはできるものの、社会的課題を解決することには寄与しないということ。

エ　深層学習の科学への導入は、理論の構築から実用的技術への完全なシフトチェンジであり、学問の理念そのものを改変してしまうものであるということ。

〔問6〕　AIの科学的探求への導入とあるが、AIの活用の可能性について、本文の内容を踏まえ、次の〔条件〕の1～5に従ってあなたの考えを**二百五十字以内**で書け。

〔条件〕

1　、や。や「などのほか、書き出しや改行の際の空欄もそれぞれ字数に数えること。

2　二段落構成にすること。

3　第一段落では、AIの活用の可能性について具体的な領域を挙げること。

4　第二段落では、3で挙げた具体例について、あなたの考えを記述すること。

5　二つの段落が論理的につながり、全体が一つの文章として完結するように書くこと。

五

次の文章を読んで、あとの各問に答えよ。なお、〔　〕内は現代語訳である。（＊印の付いている言葉には、本文のあとに〔注〕がある。）

＊大伴家持の歌に、こんな一首がある。

十五夜降ち清き月夜に吾妹子に見せむと思ひし屋前の橘

〔十五日の満月のきれいな夜更けあなたに見せようと思った家の橘ですよ〕

作者はわが家に咲いたタチバナの花を愛する女性に見せたいと思った、という。いかにも愛する人をもつ人間の気持をよく歌っているが、さてその花を「十五夜降ち清き月夜に」見せたいという。どうせなら満月が清らかに照っている夜、見せればよいではないか。「十五夜降ち」とは満月の夜の夜更けという意味だから（別に十六夜とする考えもある）、察するに、朗々たる月の清らかな光の中でタチバナの花をめでるというより、どこか翳りがある風光の中でめでることを、作者はよしとしたのである。

こう歌うには、何かわけがあろう。ただ平凡に美しい月と花との取合せを歌うのではなく、何か心の奥深いところから発せられる要求があって、それを代弁するものが、この場合の花である。家持はいつも憂愁をもった歌人だから、やや傾きかけた満月の光がふりそそいでいるタチバナのまっ白な花は、そのいいしれぬ深層の心を象徴するものだと考えることができる。

いや、それは家持だけではない。(1)およそ花というものは、こんな心の深層を証すものにちがいない。われわれがスミレの花を一輪卓上に挿したい時、視野一面に揺れているススキに感動する時、それぞれの風景は心の深層とひびき合って、われわれの目をとどめさせるのであろう。近代の歌人、石川啄木が「友がみなわれよりえらく見ゆる日よ／花を買ひ来て／妻としたしむ」（一握の砂）と歌った心は、(2)万葉人にとっても同じだったのである。

したがって、万葉の花もただ美しいだけではない。ある意味を、いつも持っている。たとえば、これも家持の歌だが、有名な、

〔問2〕(2)合理性・客観性・自己疎外の間のこの関係性は、近代の理性概念の内にすでに本質的な仕方で含まれていたともいえる。とあるが、これを説明した次の文章の空欄に当てはまる最も適切な語を本文中の第一段～第五段のうちから**三字**で探し、そのまま抜き出して書け。

近代科学の考え方は、判断における□を排除することで合理的で客観的な判断を得ることができるとする近代の理性概念に共通するものだということ。

〔問3〕(3)「客観化」の極限的な姿を示している。とあるが、「『客観化』の極限的な姿」とはどういう状況か。これを説明したものとして最も適切なのは、次のうちではどれか。

ア　AIが特定の個人の恣意性に左右されない客観的なデータ収集を行い、判断そのものを人間に委譲することで、役割を二分するようになってしまうということ。

イ　AIが常に公的な基準と照らし合わせながら対象の分析や解釈を行い、本来人間がなすべき客観的な判断までも代わりに行うようになってしまうということ。

ウ　AIがビッグデータから特権階級の判断基準を抽出し、それをもとに解釈を行うことで、一般人の思考の特性を完全に排除するようになってしまうということ。

エ　AIが膨大なデータをもとにして結論を導き出すだけでなく、これまで人間が主体的に行っていた解釈や判断までも行うようになってしまうということ。

〔問4〕(4)啓蒙主義がその建前（たてまえ）とした民主的平等性とは真逆の事態である。とあるが、そのような事態に陥るのはどうしてか。その理由を説明したものとして最も適切なのは、次のうちではどれか。

ア　一部の個人や団体の考えのみを反映したビッグデータによって訓練された深層モデルは、偏った社会構造とその中に潜む不平等を一層浮き彫りにしてしまう可能性があるから。

イ　深層モデルの判断は、個々の人間の意見が反映されにくいビッグデータに基づくものであり、数的に有利な人々の意見を普遍的なものとして作為的に抽出してしまう危険性があるから。

ウ　深層モデルの判断は、合理的理性による構造的不正の是正がなされないままの現実社会を反映したビッグデータに基づくものであり、人々の偏った考えを内在化させてしまう可能性があるから。

エ　全ての人々の考えをそのまま映し出したビッグデータによって訓練された深層モデルは、主体的な人間の判断が全く反映されない我々の理解の届かないものとなってしまう危険性があるから。

〔問5〕(5)深層学習の数理は、モデルのパフォーマンスを上げるためには役立つが、そうしたモデルがもたらすであろうさまざまな科学的発見についての説明や理解を約束するものではない。とあるが、どういうことか。これを説明したものとして最も適切なのは、次のうちではどれか。

ア　深層学習の科学への導入は、科学の基本原理を解明するのには役立つものの、それを応用して作られるさまざまな技術の発展には貢献しないということ。

イ　深層学習は科学的実践の効率化を進め、新たな知見をもたらすことはあっても、その背景や意図までを理解した上で提示することはないということ。

である。前述のように深層学習は、科学のオートメーション化を進め、科学者個人の熟練や判断を不要にするという点で、科学をより「客観的」にするものと受け止められるだろう。また深層学習開発の基盤にあるのは高度に発達した数理的理論であり、それが用いられることによって諸科学の合理化はますます進むであろう。しかしそうした要素技術への深い理解は、必ずしもその技術を用いて得られた事柄の理解を含意するとは限らない。(5)深層学習の数理は、モデルのパフォーマンスを上げるためには役立つが、そうしたモデルがもたらすであろうさまざまな科学的発見についての説明や理解を約束するものではない。そのような発見は、むしろビッグデータと無数のパラメータ*の中から、ある種の啓示としてもたらされる。であればここでの合理性とは、啓蒙主義が期待していたような自然を遍(あまね)く照らす光なのではなく、むしろ中世の哲学者トマス・アクィナスが述べたような「啓示の婢*(ひ)としての理性」でしかないのかもしれない。かくしてAIの科学的探求への導入は、科学が合理的で客観的な営みであるというのははたしてどういうことなのか、そしてそれはなぜ望ましいのか、ということについての再考を促すのである。(第十二段)

(大塚淳「深層学習後の科学のあり方を考える」(一部改変)による)

〔注〕エートス——ある社会・文化の人々に共有されている精神性。
ステークホルダー——利害関係者。
デカルト——フランスの哲学者・数学者。
カント——ドイツの哲学者。
悟性——人間の感性に基づく思考能力。
啓蒙(けいもう)主義——人間の理性を信頼し、合理的であろうとする態度。
深層学習——AIがデータをもとに自身で行う機械学習の一つ。多層なネットワークを用いることで複雑なデータを扱うことを可能とする。
彫琢(ちょうたく)——磨きをかけること。
先鋭化——過激化。
バックドア攻撃——サイバー攻撃の手法の一つ。
プロトコル——手順。
モデリング——肉付け。形を与えること。
プラグマティズム的潮流——事象に即し、具体的経験をもとに考える立場。
パラメータ——関数における不定変数。
婢(ひ)——仕える者。召し使われる者。

〔問1〕(1)逆説的な契機をはらんでいる。とあるが、どのような点で「逆説的」なのか。これを説明したものとして最も適切なのは、次のうちではどれか。

ア 自分の合理性を示すのに、全く相容(あいい)れない他者の合理性に基づくルールの中でしか同意を得られない点。

イ 合理的正当化と言いながら、客観的な数値ではなく自身のルールによって判断が行われるという点。

ウ 自分の判断であるにもかかわらず、その判断の合理的正当性は他者の基準によって決定されるという点。

エ 相手の同意をとりつけるために一定のルールを守ることに固執し、本来の主張から逸脱していってしまう点。

る。そして何より、データ収集から判断までを一貫して行う汎用ＡＩは、その個々の判断過程において一切人の手が介在しないという意味において、完全に客観的である。（第七段）

先に示したように、ポーターが描き出した客観性は、判断根拠を公的に確認できる数値へと移譲することであった。20世紀に発展した統計学は、こうした根拠としての数値を実際の判断へとつなげるための、機械的なプロトコル*を提供する。しかしそこには依然として、対象の性質に基づいてモデリング*を行い、また出てきた結果を解釈する科学者や統計学者の主体性が残されていた。「機械的客観性はけっして純粋に機械的なものにはなれない」。しかし機械の役割を際限なく拡大していくことはできる。もし汎用ＡＩが残されてきた科学者の介在を不要にし、判断そのものを機械へと委譲することを可能にするのであれば、それはこの意味において(3)<u>「客観化」の極限的な姿を示している。</u>（第八段）

他方において、深層モデルによって達成されるそうした「客観化」は、近代合理主義が約束したはずの利点を伴っていないように思える。まずそれは、人間による合理的な理解や正当化を拒む。われわれは先に、客観性とは人間の正当化という営みの延長線上にあり、それと連続した概念であることを確認した。しかしもし深層モデルの判断について、「それがうまくいく」という以外の正当化が与えられないのであれば、それがもたらす「客観性」は、われわれ人間の理解を超え出たものになるだろう。こうして深層学習はまず、客観性と合理性の間にくさびを打ち込む。次にそれは、啓蒙主義的な理念である民主的平等性をも脅かす。その理念に従えば、客観性の希求は、判断を一部の特権階級から引き剥がし、合理的理性を共有するすべての人類に根付かせるはずなのであった。しかしすでにさまざまなところで問題視されているように、深層モデルの判断はそれを訓練するデータの鏡でしかなく、よって現実社会における差別やバイアスをそのまま反映する。しかも深層モデルの解釈不可能性は、モデルがもちうる差別的傾向の発見や修正を著しく困難にする。こうして、深層モデルは現実社会における既得権益を温存し、そこに含まれる差別構造を「客観性」の名のもとに固定化してしまう可能性すらある。これはもちろん、(4)<u>啓蒙主義がその建前とした民主的平等性とは真逆の事態である。</u>（第九段）

近代合理主義において、客観性はたしかに主体性の譲渡であったが、それでもそれが理性的存在としての「人間一般」への収斂である限り、自己疎外ではなかった。むしろそれは、一部の人間（貴族・聖職者）から万人へと判断主体を取り戻す民主的な契機であった。この「個人的判断根拠の移譲としての合理的客観性が、却って主体性の回復につながる」という神話のもとにあるのは、移譲される先が理性的存在としての人間そのものである、という合理主義的人間観である。しかしＡＩのもたらす「客観性」は、こうしたものではない。それは判断理由を人間の理解の届かないところに連れ去ってしまう上に、構造的不正や不平等を隠蔽することで、社会的弱者への抑圧を強化する可能性すらもつ。だとしたら、それは誰にとっての客観性であり、何のための客観性なのだろうか？（第十段）

かくして、深層学習の科学への導入がもたらすのは、単に科学的実践の効率化や目的の変化だけでない。すでに20世紀からのプラグマティズム*的潮流の中で、第一原理からの演繹的理解を旨とする基礎づけ主義的科学観は徐々に後景に退き、より工学的で実用的な知へと強調点が置かれるようになってきた。深層モデルの科学への導入は、単にこの潮流を推し進めるだけでなく、近代以来の科学的理念そのものを改変する可能性を有する。つまりそれは、科学が拠って立つところの「民主的で客観的な合理性」という概念自体にくさびを打ち込む。（第十一段）

もちろんこれは、深層学習によって科学が客観的ないし合理的ではなくなる、という意味ではない。むしろある意味において、それは正反対練を受けた者の間でのみ通用する基準であり、たとえば為政者や顧客などといった外的な*ステークホルダーが理解したり、その正当性を評価できるものではなかった。後者からの要求によって、専門家集団は内的な判断根拠を諦め、より公共的に確認できる数値と機械的な手順に従った判断様式を採らざるをえなくなる。つまり客観化とは、合理的正当化が本質的に要請する基準の共有を、より広い範囲に開いていくこと、そしてそのことによって同時に、判断をますます没個人化していくことなのである。（第三段）

ダストンとギャリソンが明らかにしたように、科学的実践においても、客観性という概念は知識の没個人化と表裏一体であった。それは、科学データの典型例としての役割を果たしてきた、科学図像に対する科学者の態度の変遷に現れている。18世紀において、解剖学や博物学における図像作成は、単なる自然の模写ではなく、選別された典型的標本を適度な抽象化や修正を施しつつ描く専門的アートであった。しかし19世紀になり、より科学の「客観性」が意識されるにつれ、こうした専門技能は主観的かつ恣意的であると忌避されるようになり、かわって透写(トレーシング)や写真など、作者の意図を極力排した機械的手法が用いられるようになった。ダストンとギャリソンは、こうした歴史を、機械的客観性による科学者自身の自己否定プロセスとして描き出した。（第四段）

(2)合理性・客観性・自己疎外の間のこの関係性は、近代の理性概念の内にすでに本質的な仕方で含まれていたともいえる。*デカルトは、判断する能力としての良識（bon sens）は万人に共有されていると述べた。つまりわれわれは前提知識さえ揃(そろ)えれば、持ち前の理性を行使することによって皆同じ結論にたどり着くはずである。また*カントは客観的判断の可能性を、人間*悟性の普遍性によって担保した。われわれ人類は同じ感覚および概念能力によって世界を知覚し理解する、だとすればその能力が正しく行使される限りわれわれの判断は一致するだろう。一方で、判断における個人的・主観的な要素は、人間の共通理性を曇らせるバイアスでしかない。一人ひとりの固有性を取り除き、判断根拠における主体の役割を透明にすればするほど、われわれは「人間一般」に妥当する客観的判断にたどり着ける。合理性とは、そうした人間一般が共通して従うであろう判断基準の別名にほかならない。（第五段）

18世紀からの*啓蒙(けいもう)主義は、この客観的合理性という概念に、さらに民主的平等という意味合いを付け加えた。啓蒙主義の（少なくとも表向きの）目標は、判断基準を貴族や聖職者などの特権階級から開放することにあった。政治的統治は伝統や迷信によってではなく、理性に従ってなされなければならない。こうした意識から、政治体制に対する批判的検討が加えられ、また経済活動を人間理性の普遍的法則に基づいて考察する経済学が発展した。また民主的政治の歯車たる官僚機構も、客観性を必要とした。というのも、公共的に導かれた数値は、立案された政策が偏りなく公平であることを正当化するための効果的な手段であったからである。（第六段）

*深層学習の興隆とその科学への進出は、このように近代から綿々と*彫琢(ちょうたく)されてきた科学的理念、特にその合理性・客観性・民主的平等性の関連性を揺るがし、それに内在する緊張関係を*先鋭化させる可能性を宿している。まず、もし客観性が特定の個人や団体の恣意性や偶有性に左右されないということを意味するのであれば、深層モデルの判断はきわめて「客観的」であると言える。深層モデルを訓練するビッグデータは、それが社会から取られたものである限りは確かに人々の判断の集積ではあるが、その巨大さゆえ個々人の特徴は完全に埋没している。もちろん、アルゴリズムに悪意のあるコードを仕込むことによってその挙動を操作する*バックドア攻撃は可能であり、またAIの社会適用における現実的な脅威ともなっているが、しかしそうした作為的なケースを除けば、複雑なモデルを製作者の意図通りに訓練することは比較的困難であ

〔問6〕 本文の表現や内容を説明したものとして適切なものは、次のア～カのうちではどれか。**二つ**選べ。

ア 文章全体を通して基本的に三人称語りであるが、中心となる視点人物は光義であり、彼の揺れ動く心情の変化を詳細に描き出すことに作品の主眼が置かれている。

イ 「赤レンガ」「イチョウ並木の黄色い葉」など情景描写に色彩を多用することで、光義の感情を色に投影して表現し、心の機微をうまく感じ取れるようにしている。

ウ 「明日も雪だと告げる気象予報士のように」など芳美の描写には直喩が多用されており、生真面目で物事を正確に伝えないと気が済まない芳美の性格が的確に表現されている。

エ 多用される会話は、夫婦の気持ちのすれ違いを見事に表現しており、最終的に意見が衝突し壊れてしまうことになる二人の関係を暗示する伏線として機能している。

オ 一見穏やかで馴れ合った夫婦の間にも、目には見えない些細(ささい)な不満が蓄積されていたことに気づいてしまった妻の動揺が、「黙々と」食事をする芳美の所作に表れている。

カ 「わしわしと行儀悪く飯を口に流し込み始めた。」とは、もどかしさや迷いを振り払い、開き直って陶芸の道を行くしかないと心を定めようとする光義の姿を表現している。

四

次の文章を読んで、あとの各問に答えよ。(＊印の付いている言葉には、本文のあとに〔注〕がある。)

一般に、合理性と客観性は科学の両輪であると信じられている。そしてそれらは単に別々の要素なのではなく、互いに深く関連していると考えられている。ではそれはどのような関係なのだろうか。(第一段)

人が合理的正当化に訴えるのは、自分の主張に他者の同意をとりつけるためである。しかし同意をとりつけるといっても、たとえば力ずくで脅迫したり、泣き落として共感を誘うようなことは正当化とは言わない。正当化は単なる力の発揮ではなく、一定のルールに従ったゲームとして行われねばならない。そしてそのためには、自他の間でルールが共有されていなければならない。まったく異なる「合理性」の基準をもつ人に対しての正当化は無益である。これが意味するのは、正当化を行うためには、われわれは自らの判断基準を、共有された外的基準に従わせねばならない、ということである。正当化がどのようなルールに基づいて行われるべきかについての決定権は、私自身には存しない。このように自らの判断を正当化するとは、その正当性の根源を外部の他者に移譲し従わせるという、(1)逆説的な契機をはらんでいる。(第二段)

この点において、合理的正当化は客観性と手を携える。科学史家のセオドア・ポーターがその著書『数値と客観性』で描き出したように、19～20世紀の欧米では、会計士や保険数理士、土木技術者などといった多様な領域における判断根拠が、訓練された専門家の見識や見立てから、より公共的かつ明示的に確認できる数字へと移っていった。ポーターによれば、この流れを進めたのは、利害関係者や議会、規制当局など、専門家集団の外部から加えられた正当化への要求である。専門家たちは決して恣意的に振る舞っていたわけでなく、自らの専門分野に特有の正当化の論理とエートス＊を有していた。しかしそれはあくまでその分野の訓

〔問2〕(2)出口はますます遠のいた。とあるが、これはどういうことか。**八十字以内**で説明せよ。

〔問3〕(3)「動物の姿が印象的ですね。」とあるが、この表現から読み取れる光義の様子を説明したものとして最も適切なのは、次のうちではどれか。

ア 風景画に描き込まれた動物達の空虚な眼差しに、作者の表現者としての強いこだわりと情念を直感的に感じ取り、予想をしていなかっただけに気持ちの構えもなく言葉が口をついて出ている様子。

イ 風景画に描かれた動物達がみな、見る者に対し挑むような眼差しをしているところに隠された表現上のねらいがあることを感じ、作者に表現意図についての詳しい説明を求めようとしている様子。

ウ 風景画を見て、それが風景自体ではなく作者の内奥(ないおう)の感情を寓意的(ぐういてき)に表現したものであることを鋭く見抜き、同じ表現者としてその点に気づくことができたことをさりげなく伝えようとしている様子。

エ 制作の刺激になればという期待から訪れた風景画の個展が予想していた以上に素晴らしかったことに満足し、絵に言葉では表現できないほどの奥深さを感じたということを短い言葉で表している様子。

〔問4〕(4)「俺はもういいかな。」とあるが、この時の光義の気持ちを説明したものとして最も適切なのは、次のうちではどれか。

ア 自分の作品の価値が主婦の描いた絵の価値にさえ及ばないことを突きつけられただけでなく、実用品という点でもレンガの規律の美には及ばないことを思い知らされ自己の可能性に不安を感じている。

イ 作者の思いが色濃く表れた風景画を見て、目指すべき新しい作風のイメージをつかめたものの、自分にはまだそれを実現するだけの技量が備わっていないのではないかというおぼつかなさを感じている。

ウ 風景画の個性的な美も赤レンガの規律美も陶芸家としての自分の限界を感じさせるもので、能力や適性を考えずに安易に陶芸という道を選んだことが誤りだったと実感し、後悔の念に襲われている。

エ 水彩画も赤レンガの建造物も、自分に欠落しているものを痛感させるばかりで、新たな一歩を踏み出す必要は感じるものの、果たして自分にできるのか自信がもてず重苦しい気持ちに陥っている。

〔問5〕(5)芳美はまだ半分残っている光義の皿をひったくって、空いた場所に自分のプレートからピラフを盛った。とあるが、この行動の意図を説明したものとして最も適切なのは、次のうちではどれか。

ア 生き方を決めかねている夫に対して、感情をありのままにさらけ出すことで、自分の怒りを伝えようとしている。

イ 迷いから抜け出せず逡巡(しゅんじゅん)する夫に対して、いら立ちを感じながらも、前に進む勇気をもたせようとしている。

ウ 些細(ささい)なことを悩み続ける夫に対して、すっかりあきれ果て、今の不愉快な時間を早く終わらせようとしている。

エ 不安な思いに押しつぶされそうな夫に対して、何も言わずに寄り添っていく決意を、遠回しに伝えようとしている。

(5)芳美はまだ半分残っている光義の皿をひったくって、空いた場所に自分のプレートからピラフを盛った。そしてゴン、と音を立て光義の前に再び置いた。

「おい、あんまり食欲ないって。」

「好きにやるしかないじゃない。」

光義の抗議を無視して、芳美は自分の皿からパスタを持ちあげた。

「あなたなんて所詮あなたでしかないんだから。私が私でしかないのと同じに。」

芳美はそう言ったきり、黙々とパスタを口に運び始めた。その静かな所作の底に、ほのかな怒りが波打っているのを光義は感じた。それは彼女本人のせいでも、夫だけのせいでもない。滞りのない日常の代償として、静かに深く折り重なっていった怒りだった。

大層な立場じゃない。

なら土にまみれて中途半端な有様で死んでも、いいだろうか。

*鬼籍の父が許さなかったとしても、妻が呆れたとしても、俺は無様でいいだろうか。

光義はしばらく皿を眺めてから、スプーンをとってわしわしと行儀悪く飯を口に流し込み始めた。

あの昼食以来、普段の製陶とは別に、光義は夜に自分のための作業を試み続けている。

（河崎秋子「温む骨」による）

〔注〕 カトラリー――洋食に用いる金属製ナイフ・フォーク・スプーン類の総称。

鬼籍の父――レンガ工場で働いていた、光義の亡くなった父。子供には、自分とは異なる苦労のない生活を送ることを望んでいた。

〔問1〕 (1)光義は自分の裡からの声を無視できなくなる。とあるが、どういうことか。これを説明したものとして最も適切なのは、次のうちではどれか。

ア 自分には作品に対する強い情熱や同業者のような確固たる芯がなく、依頼主の要望を忠実に再現する作品作りに専念するべきだという思いから逃れられなくなっているということ。

イ 趣味程度の陶芸が生活の糧となり技術的にも上達していくにつれ、自身の陶芸への向き合い方や熱情に足りないものがあるのではないかという思いにとらわれているということ。

ウ 陶芸の仕事を始めて腕が上がり評価されるにつれ、作品作りに対する熱意が薄れていき、このまま芸術の世界に身を置くべきか否かという迷いが生まれているということ。

エ 同業者の前衛的な作品を見て自分の才能の平凡さを痛感し、陶芸家としてこのまま続けるべきではないと自分自身を責める心の声にさいなまれ始めているということ。

ものではないし、ピラフも湯気が立っていて香ばしい。光義はパスタを口に運びながら、料理の量の割には大き目な白い皿を爪で弾いた。丈夫で重ねやすくて洗いやすい、量産品だ。

「こういうところは皿とかカトラリー*で経費抑えるんだよな。」

「やっぱり見ちゃうのね、そういうところ。」

窘めるような妻の視線を受けて、光義はフォークを置いた。

(4)<u>「俺はもういいかな。」</u>

「そう？　さっきのギャラリーのチーズケーキ、ちょっと重かったかしらね。」

「いや、なんか少し頭痛がするような、しないような。」

「どっちよ。」

あまり重く受け止めていない妻の声を聞きながら、光義は目を閉じた。

暗闇の中に、眼下に広がる真新しい道のレンガの規則正しい並びが思い浮かぶ。その向こうにある、かつて栄えた時代の、しかし今も厳然と佇むレンガ造りの庁舎。同じ規格の量産品を積み重ねることによって生み出された規律の美。

そしてさっきの個展で見た、穏やかな景色に映りこんだ生き物達の目。見る者に全ての印象を委ねるような、どこか空虚な眼差し。

「怖いのかもしれない。」

光義は、目と目の間を押さえながら口を開いた。白旗宣言だ、と自ら思った。

「怖い？　なに急に。」

「自分が新しい作風を作ることが。」

芳美はフォークを持ったまま、次の言葉を待っていた。慣れた静けさの中の、馴れ合った夫婦の間でしか互いに本音を言わなくなったのは銀行時代からの癖だ。馬鹿正直に構えすぎる自分が、今はひどく疎ましい。

「新しく作るべきものが見えたとして、磨かれるべきものと自覚できたとして、それを成す力が、技術が自分になかったら、俺は、どうしたらいいんだろう。」

規格通りに几帳面に並べられた、なのに芸術に近いレンガ建造物。

日々の生活を堅実に務めて生きる人が、自分の中にある声に導かれて描いた動物達の表現。

今の俺はその、いずれでもない。

道に迷い、迷うことで心が苛まれる位ならば、もう老後なのだと諦めて土をいじることもやめればいいのではないか？　もう定年の年も過ぎた。銀行から一つの部品として切り離された時と大きく変わりはしない。何も見つけられず、何ものにもなれない。結局ここが終着点なんじゃないのか？

解答を導きだしてしまった後で、己の迷いが次々と顕れ光義の脳裏を占める。舌の奥に溜まってきた嫌な味の唾液さえ飲み下せなくなってきた時、芳美が口を開いた。

「あなたは本当に馬鹿。」

まるで、明日も雪だと告げる気象予報士のように平淡に芳美は告げた。

「もしも明日、突然体が動かなくなったとしても、もっと年をとってよぼよぼになっても、あなたきっと土をいじると思う。それが上手いか下手かにかかわらず。」

あなたの望むようにやればいいのよ、とか、無理はすることないって、とか、夫を肯定するにせよ否定するにせよ、穏やかな言葉を想定していた光義は面食らった。思わず、「うん、まあ、そうなんだけど。」と小さく言葉を返す。

「言っちゃ悪いけど、あなた別に人間国宝とか目指してる訳じゃないでしょ？　そりゃ、焼物でご飯食べられることは立派だけれど、あなたが何を作ろうと、何かに責任を負うとか、そんな大層な立場じゃないはずでしょ。」

場からも、作業に没頭している振りをして逃げ続けた。
　俺にはあんな熱がない。
　俺には巧拙を二の次にして挑めるような力はない。
　皮肉なことに、孤高を貫くことさえひとつのスタンスとして周囲からは認められてしまう。そして同時に蟠りは溜まり続ける。(2)出口はますます遠のいた。
　芳美と札幌駅前に出かけたのは、腹に抱えた想いが膨らんできた秋のことだった。
　たまたま、妻の友人の友人が駅前のギャラリー兼喫茶店で個展を開くということで、誘われるままに光義も足を延ばした。同業者の個展はなるべく避けてきたが、その知人は風景を描いた水彩画が専門だと聞き、気晴らしに出かけた。
「ああ、良かったわねえ。落ち着いた絵で。喫茶店の佇まいも素敵だった。」
「そうだな。いい個展と店だった。」
　午前のオープンに合わせて花を持って訪問し、まだ客のいないギャラリーで絵の主と歓談してから喫茶スペースでチーズケーキとコーヒーを頼んだ。絵について光義は専門外だが、ただ道内の景色を綺麗で美しく描くだけでなく、一枚に一頭、もしくは一匹、必ず動物の姿が描き込まれているのが特徴的だった。
　鹿、熊、狐、エゾリス、シマリス、馬、牛……。いずれも、可愛らしく描こうと思えばいくらでも愛嬌ある風に表現できるだろうに、どの動物も、じっと睨むようにしてこちらを向いているのだ。
(3)「動物の姿が印象的ですね。」
　思わずそう口に出した光義に、芳美とそう年の変わらない、専業主婦の傍ら絵を描き続けているという作者は微笑んで「そうなんですよ。」と答えた。
「動物を入れないと、どうも気が済まないんです。」
　曖昧で、そして、秘めた拘りを聞きだすことを許さない答えに、光義はどう返したらいいか分からずぼんやり微笑んだ。
「ねえ、お昼、新しくできた通りに行ってみましょうよ。」
　歩道を歩きながら、つらつらと今日見た絵を反芻している光義に、芳美が声をかけた。
「新しくできた通りって？」
「赤レンガ前のとこ。前から工事してたのが、終わったんだって。歩行者天国になってて、両脇にお店も沢山できたらしいわよ。」
　断る理由もなく、足取りの軽い芳美の一歩後を歩き続けた。幅の広い歩行者天国の足下は全て赤いレンガが敷き詰められ、通りの西側行き止まりには愛称〝赤レンガ〟と呼ばれる北海道庁旧本庁舎があり、その名の通りレンガ造り巨大建造物の威容を誇っている。
「なんだか久しぶりに赤レンガ見たな。」
「そうねえ。観光名所って、地元だとそんなに来ないものねえ。」
　レンガ敷きの道に立ち、正面に赤レンガを見ながら光義と芳美はしばし建物の全容を眺めた。話している間にも、中国語らしき言葉で会話するグループが嬉々としてスマートフォンで写真を撮っていく。
　両脇に何軒かある飲食店のうち、道路に面してテラス席を構えたカフェレストランを芳美は選んだ。従業員に促されるまま、赤レンガがよく見える二階席に落ち着く。レンガ舗道に植えられたイチョウ並木の黄色い葉が、二色の模様を作っていた。
　芳美が選んだ、半分がトマトのパスタ、半分がスタミナピラフというランチメニューを光義も「じゃあ俺もそれ。」と深く考えずにオーダーする。
　ほどなくして運ばれてきた料理は悪くなかった。パスタは茹でおいた

二〇二四年度 都立日比谷高等学校

【国語】（五〇分）〈満点：一〇〇点〉

一

次の各文の――を付けた漢字の読みがなを書け。

(1) 朝早くに港を出帆する。

(2) 鋭く世相を斬る論評。

(3) その情報は眉唾物だ。

(4) 山奥の閑寂な住まい。

(5) 人間万事塞翁が馬である。

二

次の各文の――を付けたかたかなの部分に当たる漢字を楷書で書け。

(1) カイシンの友と語らう。

(2) 夢がかなってボウガイの幸せだ。

(3) フタイテンの決意で臨む。

(4) イチヨウライフクのきざしが見える。

(5) 意見のサイヒを決する。

三

次の文章を読んで、あとの各問に答えよ。（＊印の付いている言葉には、本文のあとに〔注〕がある。）

定年まで勤め上げるつもりだった銀行を四十代半ばでやめるはめになった佐川光義は、趣味であった陶芸を新たな仕事に選んだ。銀行員時代、営業の最前線で文句も言わず懸命に働き続けてきたからか、依頼主の要望に応えるやり方が自身の持ち味になり、徐々に顧客を増やしていった。

北海道という土地柄か、茶の湯や華道の伝統が根底にある〝焼物〟から離れた自由すぎる気風が、光義のやり方を後押しした。

その姿勢を、柔軟に過ぎると揶揄する同業者がいることも知っている。だが、「落として割ってしまったがまたあの軽い茶碗が欲しい」とか、「あの皿に盛れば子どもが食事を残さず食べてくれる」という反応があることの何が悪いというのか。

競争から離れた職種で生活が成り立っている以上、使う人間に添ったものを作れれば自分はそれでいい。そう考え恥じることもなかった。

そうして数年が経った頃。ぽちぽちと器が売れ、毎月二人分の食費ぐらいは土から稼げるようになってきた。しかし手が土に馴染めば馴染むほど、練度が上がれば上がるほど、(1)光義は自分の裡からの声を無視できなくなる。

俺には芯がない。

使う者が望んだ形を作る。自分のイメージを形にする。そこに疑問はなかった筈なのに、長所たる柔軟さこそが光義をゆっくりと蝕むような気がしていた。

迸る情念をそのまま粘土にぶつけたような前衛作品を目にすることが辛くなり、同業者の作品展からも足が遠のいた。情報交換をするような

英語解答

1 A ＜対話文１＞ イ
＜対話文２＞ ウ
＜対話文３＞ エ
B Q１ ア
Q２ To give it a name.

2 〔問１〕 イ 〔問２〕 エ
〔問３〕 ア 〔問４〕 ア
〔問５〕 (例) A lot of food is wasted all over the world. If we use food that wasn't eaten and was disposed of before to make concrete, we can reduce the amount of food that is wasted. (35語)
〔問６〕 エ，キ

3 〔問１〕 ア
〔問２〕 (2)-a…エ (2)-b…ア
(2)-c…ウ (2)-d…イ
〔問３〕 ウ
〔問４〕 (例) while you were sleeping, your brain has removed all the unnecessary memories that made your brain full. (17語)
〔問５〕 ア 〔問６〕 エ
〔問７〕 オ，ク

4 (例１) Type-A is better for discussing the topic because it has a leader who can put everyone's opinions together by looking at his or her face. Someone must make a decision because the survey shows there are many different opinions among students. So, the leader can decide what is most important after they have a discussion. (55語)
(例２) Type-B is better for discussing the topic because seeing each other's faces helps students express his or her opinions more freely. The survey shows there are many different opinions among students, so we need an open discussion. Type-B lets students work together and listen more carefully to these opinions before deciding. (51語)

1 〔放送問題〕

〔問題A〕＜対話文１＞≪全訳≫トム(T)：サトミ，君は犬が大好きなんだってね。／サトミ(S)：ええ，トム。犬を１匹飼ってるの。あなたは？／T：僕は犬を２匹飼ってるよ。その子たちのおかげで僕は毎日幸せなんだ。／S：私も，うちの犬のおかげで幸せよ。私たちの友達のリナも犬を飼ってるのよ。３匹飼ってると思う。／T：へえ，そうなの？／S：ええ。いいことを思いついたわ。今度の日曜日に一緒に犬を散歩させましょう。午後４時はどうかしら？／T：いいよ。リナにもきいてみよう。次の日曜日が待ちきれないよ。

Q：「トムは何匹の犬を飼っているか」―イ．「２匹の犬」

＜対話文２＞≪全訳≫ジョン(J)：もうすぐおじいちゃんがうちに来るね。彼のためにスパゲッティをつくるのはどうかな，メアリー？／メアリー(M)：それはいい考えね，ジョン。／J：よかった。このトマトと玉ねぎが使えるよ。何か買う必要はあるかな？／M：野菜はたくさんあるわ。あっ，チーズがないんだった。／J：わかった。スーパーでチーズを買おう。／M：ええ，そうしましょう。／J：飲み物も買った方がいいかな？／M：ジュースは昨日買ったわ。だから，飲み物は買わなくていいわよ。

Q：「ジョンとメアリーはスーパーで何を買うつもりか」―ウ．「チーズ」

＜対話文３＞≪全訳≫ジェーン（J）：こんにちは，ボブ，今週末は何をする予定？／ボブ（B）：やあ，ジェーン。僕は日曜の午後に学校の野球の試合を見に球場へ行く予定なんだ。／J：まあ，ほんとに？　私も友達と一緒にそれを見に行くつもりなの。一緒に球場に行かない？／B：もちろんいいよ。モミジ駅で待ち合わせよう。いつ集まったらいいかな？／J：その試合は午後２時に始まるのよね。１時半に駅に集合しましょう。／B：じゃあ，その前に駅の近くでお昼ご飯を食べない？／J：いいわね。12時でどう？／B：それは早すぎるな。／J：わかったわ。１時に駅に集まりましょう。／B：うん，そうしよう。

Q.「ジェーンとボブはいつモミジ駅で待ち合わせるか」―エ．「１時」

〔問題Ｂ〕≪全訳≫皆様，おはようございます。東京中央動物園にようこそ。皆様に特別なお知らせがございます。新しいウサギが生まれました。生後２か月になります。このウサギは，以前は別の部屋にいました。しかし１週間前，ウサギを移しました。現在，「ウサギのおうち」で，このウサギを他のウサギたちと一緒にご覧いただけます。このウサギは午前11時よりご覧になれます。１歳を過ぎたウサギもいます。このウサギたちは野菜を食べますが，新しいウサギは食べません。／当園では，年長のウサギにはみんな名前がついています。ですが，この新しいウサギには名前がありません。私たちは，皆様にこのウサギに名前をつけていただきたいと考えております。よい名前を思いつきましたら，インフォメーションセンターにて用紙を受け取り，その名前をお書きください。そして，その用紙をそこにあるポストにお入れください。ありがとうございました。

Q１：「新しいウサギは何歳か」―ア．「生後２か月」

Q２：「動物園は新しいウサギのために人々に何をしてほしいのか」―「それに名前をつけること」

２〔長文読解総合―会話文〕

≪全訳≫❶リョウコ，スウェーデン出身のトミー，アメリカ出身のゾーイ，コウヘイの４人の生徒たちが教室で話をしている。❷リョウコ（R）：日本での初めての夏休みはどうだった，トミー？❸トミー（T）：すばらしかったよ！　僕が熊本にあるお城を見たいと思っていたから，ホストペアレンツがそこに連れていってくれたんだ。❹ゾーイ（Z）：そのお城の何がそんなに特別なの？❺T：それを建てるのに，たくさんの創造的なアイデアが使われたんだよ。❻Z：例えば？❼T：熊本城の石の土台はよじ登ったり侵入したりするのがすごく難しいんだ。❽コウヘイ（K）：あっ，それは聞いたことがあるよ。❾T：そうかい？　じゃあこれはどう？　この城には食べられる壁があるんだよ。❿Z：何ですって？壁が食べられるの？⓫T：そうだったんだよ。その壁は植物でできていたから，侍が長い間籠城しないといけなくて食料が手に入らなくなったら，その城の壁を食べることができたんだ。⓬K：ほんと？僕のいとこは「食べられる壁」について研究してるんだ。⓭Z：現代の世界にも，食べられる壁ってあるのかな？　もっと詳しく知りたいな！⓮K：いとこの大学の人たちは，コンクリートの研究をしていて，いとこもその１人なんだ。彼らはみんな，コンクリートをよりサスティナブル（持続可能）にする方法を研究しているんだよ。⓯R：あっ，私ちょうどその言葉を習ったよ。あるものがサスティナブルだと，それは環境に害を及ぼさずに長い間使うことができるんだよね？⓰K：うん。コンクリートはリサイクルするのが難しいんだ。それに，コンクリートを処分すると環境に深刻な被害が生じてしまうんだよ。⓱T：それは想像がつくな。コンクリートってどうやってつくられるの？⓲K：コンクリートはセメントと水とその他の物質を混ぜてつくるんだよ。⓳Z：セメントってどんなはたらきをするの？⓴K：のりのように作用するんだよ。毎年，40億トン以上のセメントが生産されているんだ。セメントがつくられて建設現場に運ばれてそこで使われると，環境への影響が生じるんだ。このプロセス全体で，世界の二酸化炭素のうち８パーセントが排出されていて，それは飛行機と船から出る量よりも多いんだよ。21 Z：へえ，それは深刻な問題ね。22 K：彼らはまず，使用済みのコンクリートを細かい破片に分解して，それをまた押し固めることで，コンクリートをリサイクルする方法を見出したんだ。この過程で，彼らに新しいアイデアがひらめいたんだ。23 R：それは何？ 24 K：食品廃棄物からコンクリートをつくるんだ。25 Z：食品廃棄物って？ 26 K：何らかの基準を下回っていて，店で販売できない野菜や果物のことだよ。あるいは，食品工場で製品に使われなかった部分のことだね。27 R：毎年，人間が食べるために生産された食品の約30パーセントに当たる，13億トンの食品が世界中で無駄に廃棄されているって知ってた？　日本では，その数は612万トンに達しているんだよ。28 T：それなら彼らのコンクリートが解決策になるかもしれないね。29 K：使う食品の種類によって，コンクリートの強度が決まるんだって。僕はカボチャならいい素材になるかもしれないって思ってたんだ，だってカボチャの皮は固いからね。ところが，カボチャの皮からつくったコンクリートは一番弱いんだ。一方，白菜からつくったコンクリートは，他の食品からつくったコンクリートの約２倍丈夫なんだよ。30 Z：それはどうしてなの？ 31 K：研究者たちは，白菜に含まれる繊維と糖の絶妙なバランスのおかげで丈夫なんだと考えているよ。白菜からつくったコンクリートは，普通のコンクリートより丈夫な場合もあるんだって。32 R：それはびっくりね！ 33 K：食品からつくったコンクリートは，二酸化炭素と食品廃棄物を減らしてくれる。それに，セメントに必要な限られた資源について心配する必要もないし，環境を損なわずにコンクリートを処分できるんだ。34 Z：たくさんの問題を同時に解決できるなんて，ほんとにすごいね！ 35 T：そのうえ，そのコンクリートでできた壁は食べられる，僕が行ったお城の壁みたいにさ！ 36 K：そう，そのとおりだね。37 Z：へえ，それはcherry on topだね！ 38 R：何？　今さくらんぼが必要なの？ 39 Z：そうじゃないよ。それは(1)その壁をさらに魅力的にしてくれるものっていう意味なの。40 K：確かにそうだね！ 41 R：他にもサスティナブルなコンクリートってあるのかな？ 42 T：日本の企業とヨーロッパの大学が開発した新しいコンクリートのことを聞いたよ。それは自己修復できるコンクリートなんだ。43 Z：自己修復するコンクリート？　興味あるわ！ 44 T：コンクリートはとても丈夫な物質だけど，引っぱられると弱いんだ。乾燥すると，ひび割れるし。そういう欠点をカバーするために，鋼鉄の棒を中に入れるんだ。45 R：ああ，それなら前に見たことがあるわ。46 T：ところが，このひび割れのせいで内側に空気と水が入り込んで，鉄の棒をだめにしてしまうんだよ。その結果，コンクリート製の構造物はひどい損傷を受けて崩れてしまうんだ。47 Z：そうね。もっと安全なコンクリートの構造物をもっと長く使えた方がいいものね。48 T：うん。そこで彼らは，まるで僕らの皮膚が自己修復するみたいに，ひび割れを直すコンクリートを発明したんだよ。49 R：すごいことだけど，どういう仕組みなの？ 50 T：特別な種類のバクテリアを使うんだよ。まず，中にバクテリアとポリ乳酸っていう物質を入れた小さなカプセルをつくるんだ。その物質はバクテリアのエサなんだよ。51 Z：なるほど。52 T：次に，そのカプセルをコンクリートの中に混ぜ込むんだ。ポリ乳酸はコンクリートの中でゆっくりと乳酸カルシウムに変化するんだけど，バクテリアは固いコンクリートの中では大した活動はできないんだ。ときどき，コンクリートの中にひび割れができることがあるね。／→③雨が降ったり，その割れ目に空気が入り込んだりすると，それがコンクリートの状態を変化させるんだ。／→④この変化がバクテリアを目覚めさせて，バクテリアは成長し，増殖し始める。／→①バクテリアは乳酸カルシウムを食べて，それを炭酸カルシウムという物質に変化させる。／→②炭酸カルシウムは天然ののりのようなものだよ。／→⑥それが割れ目を埋めて，コンクリートを修復する。／→⑤全ての割れ目が埋まってコンクリートが再び固くなると，バクテリアは休眠状態に戻るんだ。／次にまた必要になるまで，バクテリアは活動をやめるんだよ。53K：へえ，ほんとに魔法のようだね！　サスティナブルであるために，多大な努力がなされているんだなあ！54R：私の経験も聞いて。先週末，新しくできた木造12階建ての建物を見に銀座へ行ったの。55Z：木でそんな高い建物をつくれるの？56R：うん。土台とかにはコンクリートも使われてはいるけど，それでも驚くべきことよね。今，ある日本企業は90パーセントが木材でできた70階建てのビルを建てる計画をしているの。57K：そういう建物の例はそれだけしかないの？58R：すでに他にもいくつかあるし，これからさらにたくさんできてくるよ。アメリカとかカナダとか，他の多くの国でその数は増えているの。59T：実は僕の国は(3)地元の地域で産出した木材でできた高層建築物を建てた最初の国の１つなんだ。60Z：たしかそうだったね。でもみんなどうして木材を使って高い建物を建てようとしてるの？61R：第一に，木材を使うと二酸化炭素を大幅に減らせるの。第二に，木材はサスティナブルな資源なの。森林をしっかり管理して，計画的に木を伐採すれば，いつでも木が十分にある状態にできるのよ。62T：それに，木材はコンクリートよりも軽いから，機械はより小型でいいし，土台も小さくて済むし，建設作業員も少なくて済むんだ。木材は使う前に工場で切断できる。建設現場でその部品を組み立てるだけで済むんだよ。結果として，木材のおかげで，より環境に優しい素材で，廃棄物を減らし，二酸化炭素の排出も抑えながら，より速くて静かに建てられるんだ。63K：でも日本は地震大国として知られてるよね。そういう建物って強度は十分なのかな？64R：うん。重要なのは，「CLT(直交集成板)」っていう新しい素材なんだ。CLTは１枚の厚い板のように見えるけど，実はたくさんの細い板を寄せ集めたものなんだよ。でも，繊維の方向が重要でね。木材は繊維の方向には強いけど，他の方向には弱いんだ。だから，板を互いの繊維が90度になるように重ねると，普通の木の板よりも丈夫になるんだ。実際，CLTは同じ重さのコンクリートや鋼鉄よりも丈夫なんだよ。65Z：CLTって火にも強いの？66T：それはもう１つのとても重要なポイントだね。実は，木は燃え始めるまでに時間がかかるんだ。CLTは何枚もの板でできてるから，普通の木材よりも火がつくまでに長い時間がかかるんだよ。CLTの板のうち火に一番近い所にある板が炭になると，それが他の板の温度上昇を抑えるんだ。全ての板が熱せられて炭になるには２，３時間くらいはかかる。これはたいていの建物から避難するのに十分すぎるほどの時間だ。火災の後は，炭化した板を新しいものと交換できる。67K：何年も前には，コンクリートを「食べる」ことができるようになるとか，木材で高層ビルを建てるようになるなんて，考えもしなかっただろうね。68Z：ほんとね。こういったすばらしい考えを，クラスのみんなと共有したいな！

〔問１〕＜適語句選択＞空所にはこの文の主語 That が指す cherry on top という表現が意味する内容が入る。ゾーイの that's the “cherry on top” という発言の that は，その前の第35段落でトミーが言った「食品廃棄物でできたコンクリートは食べることもできる」という内容を指している。第34段落までの会話で，食品廃棄物でつくるコンクリートの多くのメリットが語られた後，トミーは食べることができるというさらなるメリットを挙げていることから，cherry on top がさらによいものをつけ加えるときの表現だと推測できる。その内容を表すのはイ.「その壁をより魅力的にするもの」。cherry on top は「予想外のいいもの」という意味を表す慣用表現。直訳の「上にのったさくらんぼ」からも何となく推測できるだろう。　‘make＋目的語＋形容詞’「～を…(の状態)にする」

〔問２〕＜文整序＞文整序の問題は，意味のつながりだけでなく，代名詞や指示語を意識して考えるとよい。③にある these cracks が直前の文にある cracks を，④の This change が③の後半で述べた変化を，①の主語 They が④で目覚めた bacteria を受けていると考えられるので，③→④→①と並べる。この後は①で新たに出た *calcium carbonate* の説明となる②を置き，それを It で受け，ひび割れを埋めるというその物質のはたらきを述べる⑥，ひび割れが埋められた後の内容となる⑤の順につなげる。

〔問３〕＜整序結合＞空所の前までが文の骨組みとなっており，語群に接続詞がないので，並べかえる部分は the first countries を修飾する部分と考える。to build tall buildings「高い建物を建てる」，made of wood「木でできた，木造の」というまとまりができ，これをこのままつなげれば「木でできた高い建物を建てる」となる(made は形容詞的用法の過去分詞)。残った語句は produced in the local area「地元で産出された」とまとまり，これも produced を形容詞的用法の過去分詞として wood の後に置けば「地元で産出された木」となる。to build は the first countries を修飾する，形容詞的用法の to不定詞である。 … to build tall buildings made of wood produced in the local area.

〔問４〕＜要旨把握―図を見て答える問題＞CLTの構造については，下線部の後で説明されている。CLTは細い木材を寄せ集めてできており，木材の繊維の方向が直角に交わるように重ね合わされている。

〔問５〕＜条件作文＞≪全訳≫(スライド)サスティナブルであるための創造的なアイデア／1．食べられるコンクリートとは何か？／2．なぜ食べられるコンクリートはサスティナブルなのか？ (a)二酸化炭素 (b)食品ロス (c)資源 (d)処分方法／3．結びの言葉／(原稿)こんにちは，ゾーイです。食品ロスの観点から，食べられるコンクリートがなぜサスティナブルなのかについて説明します。／(例)世界中で大量の食品が無駄にされています。以前は食べられることなく処分されていた食品を利用してコンクリートをつくれば，無駄にされる食品の量を減らすことができます。／ご清聴ありがとうございました。次は，コウヘイが，食べられるコンクリートがその他の問題の解決策になりうるということについて説明します。

＜解説＞第24～32段落で，食品廃棄物を原料としたコンクリートが，世界中で大量の食品が無駄に廃棄されている食品ロスの問題の解決策になると述べられている。この内容を自分の言葉を使って言い換えて30語以上でまとめる。

〔問６〕＜内容真偽＞ア．「トミーが訪れた城では，緊急時に侍が植物でできた壁を食べたので，その壁にはたくさんの穴が見られた」…× 第９～11段落参照。「穴」については述べられていない。 イ．「コンクリートの環境に対する最大の影響は，コンクリートが飛行機や船で建設現場まで運ばれる際に排出される二酸化炭素である」…× 第19，20段落参照。これはコンクリートの材料となるセメントの説明。また，本文では，飛行機と船は輸送手段ではなく排出量の比較対象として挙げられている。 ウ．「毎年，世界中で人間のために生産される食料の約30パーセントが無駄に廃棄されており，その無駄な廃棄の約５パーセントは日本に責任がある」…× 第27段落参照。13億トンの５パーセントは約6500万トンになる。 エ．「繊維と糖の絶妙なバランスのおかげで，白菜からつくられたコンクリートは他の食品からつくられるコンクリートよりも丈夫である」…○ 第29段落最終文および第31段落の内容に一致する。 オ．「コンクリート製の構造物が損傷すると，皮膚のような薄い物質でひび割れを覆うことで修復できる」…× 第48～52段落参照。皮膚は物質の比喩ではなく，修復する様子の比喩として用いられている。 カ．「銀座に新しくできた12階建てのビルは90パーセントが木材でできており，その種の建物としては世界初である」…× 第54～58段落参照。世界初ではない。また，90パーセントは計画中の建物での話である。 キ．「木材を使って建設するおかげで，コンクリートを使うよりも速く，よりサスティナブルな方法で高層建築物を建てることができる」…○ 第61，62段落の内容に一致する。 ク．「板の組み合わせ方によりCLTは火に強くなっているが，それは異なる繊維の方向のおかげでCLTがすぐに燃えて炭化するためである」…×　第66段落第３～５文参照。CLTは燃えにくい。

3〔長文読解総合─説明文〕

≪全訳≫❶１週間前，昼食に何を食べたかまだ覚えているだろうか。たった１回しか利用したことのない鉄道の駅の名前を思い出せるだろうか。もしそれを覚えていなくても，心配はいらない。それはあなただけではないのだ。このことは誰もが毎日経験している。簡単に覚えられることもあれば，簡単に忘れてしまうこともある。例えば，親友と見た映画のことは忘れないだろうが，IDやパスワードは忘れてしまうかもしれない。さまざまなことを覚えたり忘れたりするものだが，誰もが記憶力がよければと願っている。(2)-aだが，正確には記憶とは何だろうか。❷記憶は脳内の海馬と呼ばれる部分で形成される。そこではさまざまな種類の記憶が形成される。まず，本人は気づいていないが，脳は経験した全てのことを覚えるために必死に機能する。脳が受け取った情報は，海馬に置かれ，その後脳は保持する情報を選択する。その情報が脳に保存されると，それは記憶となる。脳内の記憶を使わないでいると，その記憶はどんどん薄くなり，最後にはそれを忘れてしまう。だから，もし何かを長期間覚えておきたい場合は，それを使う必要がある。英単語をたくさん知っている人は，新しい単語を全て覚えるために，１日に何回もそれらの単語を使っている。また，ある人に初めて会ったとき，その人の名前を何度も呼ぶのはいい考えだ。(2)-bそれを繰り返すことによって，よりよく覚えることができる。❸人は何かを忘れたくないと思っているため，記憶力が優れているのはいいことのように思える。もしあらゆることを覚えていられるとしたら，あなたは幸せだと感じるだろうか。あなたの脳はどうだろうか。脳にはすでに大量の情報が蓄積されているのに，さらに多くの情報がまだ入ってくることになる。脳はあなたのためにこの全ての情報を処理しなければならない。(2)-cそうなると，脳はあなたと同じようには思わないかもしれない。❹脳科学者たちは優れた記憶に興味を持ち，脳が記憶を形成する方法を知りたいと考えた。脳の使命は情報を取り込んで保持することなので，忘れることは記憶システムの問題だと考えられていた。ずいぶん前から，科学者たちには，我々の脳には記憶のツールボックスがあり，それは記憶を形成するために使われているということがわかっていた。ところが，この10年ほどで，科学者たちは小魚を対象とした実験を行い，魚たちの脳が古い記憶を除去して新たな情報のためのスペースを用意していることを発見した。また，魚の脳には，同じ領域に忘却のためのまた別の記憶のツールボックスがあるということがわかった。人間と動物は同じ脳の仕組みを持っているため，これは人間にも当てはまる。我々の脳に保存される記憶もあれば，これらの記憶のツールボックスを用いて脳から除去される記憶もあるのだ。(2)-d現在，科学者たちは，忘れることは脳による間違いなのではないと理解している。❺脳はどのようにして，どの情報を覚えているべきかを決定しているのだろうか。我々の脳内の記憶の中から，脳が保存すべき重要なものを選択すると，それらは強固な記憶となる。かつては，人間と動物の両者にとって生き延びるために必要な記憶があった。もし人や動物が食料を得られる場所や，どこが危険な場所なのかを覚えていなければ，それは重大問題となるだろう。(人間は記憶を子どもに受け継がせるために書く能力を発達させた。)だから，重要であれば，古い記憶は保存される。同時に，重要でなければ，新しい記憶でも消去されるのである。現在，我々は情報化時代に生きている。我々は昔よりも多くの情報を得ているため，この現代の情報の海を生き延びるために，現在我々の脳はより忙しくなっているのだ。❻目が覚めている間，情報は常に脳に入ってくる。１日の終わりには，脳は記憶でいっぱいになってしまう。脳はその全てを処理することはできない。そこで脳はこう言うだろう。「ああ，どうしよう。新しい記憶のためのスペースはもう残っていない。重要じゃない情報を忘れる必要があるな」忘れることは，生きていくために必要な数多くの行動の１つなのだ。生きるために食べたり飲んだりする際，これらの行動には短い時間しかかからない。しかし，脳が不要な情報を消去して，生存するために重要な情報を維持するには，もっと長い時間がかかる。我々が眠る理由はいまだ謎であるが，この脳の忘却という機能は眠る理由の１つである可能性がある。目覚めたとき，頭が前よりすっきりしていると感じたことがおそらくあるだろう。これは(4)(例)あなたが眠っている間に，脳をいっぱいにしていた不要な記憶を，脳が全て消去してしまったために生じているかもしれないのだ。**7**すでにお読みになったとおり，同じ記憶を何度も反芻(はんすう)することで，その記憶はより強固なものになる。この行為にはまた別の機能もある。それは嫌な記憶を忘れるのに役立つのだ。これまでに，自分の嫌な思い出について誰かと話した後で気分が軽くなったことはないだろうか。もしあるなら，それにはもっともな理由がある。誰かとそれについて話すとき，その嫌な記憶を呼び戻さなければならず，それは楽なことではない。しかし，この思い出すという行為が，それを忘れることにつながっている可能性があるのだ。あなたがそれらを思い返している間に，あなたの脳は忘却のためのツールボックスを使っているのかもしれない。**8**もし脳が不要な情報を放出することができなければ，これは困った問題かもしれない。もしそんな脳を持っていたら，毎日入ってくる情報を全て抱えたままで生活しなければならない。何ひとつとして忘れることができないのだ。１分前にすれ違った車の色といった，どうでもいいことまで忘れることができないのである。脳の中にある全ての記憶を処理しなければならないとしたら，それは本当に大変なことだろう。朝と夜に同じ犬を見かけても，それらは違ったふうに見えるため，脳は同じ犬を見ていると認識することができないだろう。記憶力がよすぎると，身の回りの世界を理解するのが困難になりかねないのだ。**9**記憶には，覚えることと忘れることが同時に必要となる。記憶とつり合いの取れた忘却は，この急速に進む情報化時代で生き残るために有用である。また，忘却を効果的な方法で利用すれば，あなたが前進し，よりよい生活を送るのに役立つのだ。この文章が示すとおり，(6)あらゆることには２つの側面があるので，物事の善し悪(あ)しを性急に断定しないことである。このことはどうか忘れないでほしい。

〔問１〕<**英文解釈**>直後に「このことは誰もが毎日経験している」とあることから，下線部は「こうした経験をするのはあなただけではない」，言い換えれば，ア．「同じ問題を抱えている人が見つかるだろう」という意味だとわかる。

〔問２〕<**適文選択**>(2)-ａ．記憶というテーマの文章の冒頭の段落。この後，第２段落で記憶の仕組みを科学的に説明しているので，ここで「記憶とは何なのか」と話題を提起していると考えられる。(2)-ｂ．アの it が前にある his or her name を指している。　(2)-ｃ．３文前の How about your brain？以降は，全てを覚えていることを脳がどう感じるかについて述べた部分である。(2)-ｄ．第４段落では，忘れることは記憶システムの問題だと考えられていたが，その後の研究により脳が意図的に不要な記憶を削除していることが明らかになったと述べられている。「忘れることとは脳の間違いではない」という内容のイはこの段落の結論となる。

〔問３〕<**不要文選択**>枠で囲まれた部分は，脳が保存すべき情報を取捨選択する際の判断基準は，それが重要かどうかによるということが述べられた部分。ウの「記憶を子孫に伝えるために書くことを発達させた」という内容は，情報の重要度や脳の機能とは無関係な内容である。また，エの文頭に So「だから」があるので，直前のウの内容が，エの「重要であれば古い情報でも保存される」という内容の理由になるはずだが，そうなっていないことからも判断できる。

〔問４〕<**条件作文**>主語 This が指すのは前文の内容なので，空所には目覚めたときに頭がすっきりしていると感じる理由が入る。この段落では，眠る理由として忘れること，つまり記憶でいっぱいになった脳から不要な情報を消去することが挙げられているので，その内容を15語以上で表す。

〔問５〕<**適語選択**>(5)－ａ．As you have already read とあるとおり，第２段落後半に，何かを

長期間覚えたい場合は，それを使う回数を増やすべきだと述べられている。これは，同じ記憶を何度も反復することで，その記憶がstronger「より強固」になるということである。　(5)－b．前後の内容から，嫌な記憶を呼び戻すことが，その記憶を忘れることにつながることがわかる。誰かに自分の嫌な記憶を語ることはその記憶を思い出すことになり，結果としてその記憶を消去できることになるので，気分はlighter「より軽く」なるのである。

〔問6〕＜**適文選択**＞As this passage shows とあるとおり，空所にはこの文章からわかる内容が入る。この文章で述べられているのは，マイナスの作用と思える忘れるということにも実はプラスの効果があるということである。ここから導かれる結論となるのは，「全ての物事にはプラスとマイナスの両面があり，安易に善悪を決めつけるべきではない」という内容のエである。

〔問7〕＜**内容真偽**＞ア．「親友と一緒に見た映画は，１週間前に食べた昼食よりも覚えているのが難しい」…×　第１段落参照。反対である。　イ．「脳はどの情報を保存するべきかを選択し，その情報を海馬に送っている」…×　第２段落第４文参照。全ての情報を海馬に入れ，それから保存する情報を選ぶ。　ウ．「初めて会った人があなたの名前を何度も呼んだら，それはその人の脳が過剰な情報を処理しようとしているということを意味する」…×　そのような記述はない。

エ．「この10年で，科学者たちは，記憶を形成するために使われる記憶のツールボックスを発見した」…×　第４段落第３文参照。もっと前から知っていた。　オ．「小魚を対象とした実験を通じて，科学者たちは物事を忘れるために使われる別の記憶のツールボックスがあることを発見した」…○　第４段落第４，５文の内容に一致する。　カ．「我々は現在，情報化時代に生きているので，我々の脳は昔ほど懸命に働く必要がない」…×　第５段落最後の２文参照。今の方が大変である。　キ．「どの記憶を保持する必要があるかを選択することよりも，生存のために飲食することの方がより多くの時間を必要とする」…×　第６段落第８，９文参照。反対である。　ク．「自分を嫌な気分にさせることを忘れたいのなら，ときどきそれを思い出す必要がある」…○　第７段落の内容に一致する。

4〔**テーマ作文**〕

まず，Type-A/B is better for discussing the topic because ～「この話題について話し合うにはA／Bタイプの方がよい。なぜなら～」などと，どちらを選択したかを示し，それを選んだ理由を続ける。なお，discussは「～について話し合う」という意味の他動詞なので，aboutなどの前置詞は不要。議長とその他の生徒が対面する形のAタイプを選ぶ理由としては，リーダーシップをとる人物が各メンバーの意見を聞き取り多様な意見をまとめられる，といった理由が考えられる。議長を置かず，車座になって話し合う形のBタイプを選ぶ理由としては，メンバー全員が同等の立場で互いの様子を確認しながら自由に意見を出し合って結論を出せる，といった理由が考えられる。解答例にある重要表現は以下のとおり。　put ～ together〔put together ～〕「(考えなど)をまとめる」　make a decision「決定する」　'help＋人＋動詞の原形'「〈人〉が～するのを助ける」　'let＋人＋動詞の原形'「〈人〉に～させる〔～することを許す〕」

数学解答

1 〔問1〕 18　〔問2〕 $x=\frac{5}{3}$, 3

〔問3〕 $\frac{7}{36}$　〔問4〕 $a=5$, $b=8$

〔問5〕 (例)

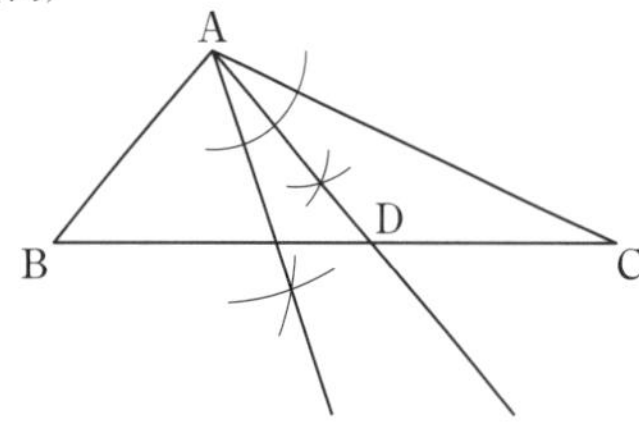

2 〔問1〕 $\frac{1+t}{3}$cm^2

〔問2〕 $y=\frac{13}{7}x+\frac{60}{7}$

〔問3〕 $1+\sqrt{2}$

3 〔問1〕 23°

〔問2〕

(1) (例)△BDCと△CEAにおいて，△ABCは正三角形だから，BC＝CA……① EB∥CDより，錯角が等しいから，∠DCB＝∠CBE……② $\overset{\frown}{\mathrm{CE}}$に対する円周角より，∠CBE＝∠EAC よって，∠DCB＝∠EAC……③ ここで，頂点Aと点Dを結ぶ。$\overset{\frown}{\mathrm{AB}}$に対する円周角より，∠ADB＝∠ACB＝60° $\overset{\frown}{\mathrm{AC}}$に対する円周角より，∠ADC＝∠ABC＝60° よって，∠BDC＝∠ADB＋∠ADC＝120° △BDCの内角の和は180°だから，∠CBD＋∠DCB＝60° よって，∠CBD＝60°－∠DCB……④ また，∠ABE＋∠CBE＝60°より，∠ABE＝60°－∠CBE $\overset{\frown}{\mathrm{AE}}$に対する円周角より，∠ACE＝∠ABE よって，∠ACE＝60°－∠CBE ②より，∠ACE＝60°－∠DCB ④より，∠CBD＝∠ACE……⑤ ①，③，⑤より，1組の辺とその両端の角がそれぞれ等しいから，△BDC≡△CEA

(2) $18\sqrt{15}-6\sqrt{3}$cm^2

4 〔問1〕 72　〔問2〕 (1)…ア　(2)…ウ

〔問3〕 $\frac{24\sqrt{7}}{7}$

1 〔独立小問集合題〕

〔問1〕＜数の計算＞$2\sqrt{3}+5=A$，$2\sqrt{3}-1=B$とおくと，与式$=\frac{A^2+B^2}{2}-AB=\frac{1}{2}(A^2+B^2-2AB)=\frac{1}{2}(A^2-2AB+B^2)=\frac{1}{2}(A-B)^2$となる。$A$，$B$をもとに戻して，与式$=\frac{1}{2}\{(2\sqrt{3}+5)-(2\sqrt{3}-1)\}^2=\frac{1}{2}(2\sqrt{3}+5-2\sqrt{3}+1)^2=\frac{1}{2}\times6^2=\frac{1}{2}\times36=18$である。

〔問2〕＜二次方程式＞$x^2-2x+1-4(x^2-4x+4)=0$，$x^2-2x+1-4x^2+16x-16=0$，$-3x^2+14x-15=0$，$3x^2-14x+15=0$となるから，解の公式より，$x=\frac{-(-14)\pm\sqrt{(-14)^2-4\times3\times15}}{2\times3}=\frac{14\pm\sqrt{16}}{6}=\frac{14\pm4}{6}$となる。よって，$x=\frac{14-4}{6}=\frac{5}{3}$，$x=\frac{14+4}{6}=3$である。

≪別解≫$x-1=A$，$x-2=B$とおくと，$A^2-4B^2=0$，$A^2-(2B)^2=0$，$(A+2B)(A-2B)=0$となり，A，Bをもとに戻して，$\{(x-1)+2(x-2)\}\{(x-1)-2(x-2)\}=0$，$(x-1+2x-4)(x-1-2x+4)=0$，$(3x-5)(-x+3)=0$，$(3x-5)(x-3)=0$となる。よって，$x=\frac{5}{3}$，3である。

〔問3〕＜確率―さいころ＞大小1つずつのさいころを同時に1回投げるとき，目の出方は全部で$6\times6=36$(通り)あるから，a，bの組は36通りある。また，xの方程式$2ax-b=3$の解は，$2ax=3+$

b より，$x=\dfrac{3+b}{2a}$ である。36通りの a，b の組のうち，x の方程式の解が整数となるのは，$a=1$ のとき，$x=\dfrac{3+b}{2\times1}=\dfrac{3+b}{2}$ だから，$b=1$，3，5 の 3 通りある。$a=2$ のとき，$x=\dfrac{3+b}{2\times2}=\dfrac{3+b}{4}$ だから，$b=1$，5 の 2 通りある。$a=3$ のとき，$x=\dfrac{3+b}{2\times3}=\dfrac{3+b}{6}$ だから，$b=3$ の 1 通りある。以下同様に考えて，$a=4$ のとき $b=5$ の 1 通りあり，$a=5$，6 のときはない。よって，x の方程式の解が整数となる a，b の組は $3+2+1+1=7$(通り)あるから，求める確率は $\dfrac{7}{36}$ である。

〔問４〕＜データの活用―a，b の値＞ 2 人の生徒C，Gを除く 8 人の生徒の得点を小さい順に並べると，1，3，3，3，4，6，7，7 となる。10人の生徒の得点の中央値は4.5点だから，10人の得点を小さい順に並べたときの 5 番目と 6 番目の得点の平均値は4.5点であり，4 点以下，5 点以上は 5 人ずつとなる。C，Gを除く 8 人の中に 4 点以下の生徒は 5 人いるので，C，Gの得点は 5 点以上となり，10人の得点の小さい方から 5 番目の得点は 4 点である。5 番目と 6 番目の得点の合計は $4.5\times2=9$(点)より，6 番目の得点は $9-4=5$(点)である。C，Gを除く 8 人の中に 5 点の生徒はいないので，C，Gの少なくともどちらかが 5 点となる。$a<b$ だから，Cの得点が $a=5$(点)となる。次に，第 1 四分位数は小さい方 5 人の中央値だから，小さい方から 3 番目の得点であり，3 点である。四分位範囲が 4 点だから，第 3 四分位数は $3+4=7$(点)である。第 3 四分位数は，大きい方 5 人の中央値だから，大きい方から 3 番目の得点が 7 点となる。これより，Gの得点は 7 点と 8 点が考えられるが，最頻値は 3 点だけだから，Gの得点は 7 点ではない。よって，Gの得点は $b=8$(点)である。

〔問５〕＜平面図形―作図＞ 右図のように，△ABF が正三角形となるように点Fをとると，∠BAF＝∠BAE＝60° なので，点Eは，直線 AF 上の点となる。線分 AD を折り目として△ABC を折り曲げると，辺 AC と線分 AE が重なるから，∠EAD＝∠CAD となり，点Dは，∠FAC の二等分線と辺 BC との交点となる。解答参照。

2 **〔関数―関数 $y=ax^2$ と一次関数のグラフ〕**

〔問１〕＜面積＞ 右図 1 で，2 点B，Cの x 座標はともに点Aの x 座標と等しく，1 だから，BC は y 軸に平行である。これより，△BCU は，辺 BC を底辺と見ると，高さは，2 点B，Uの x 座標の差で表される。点Bは放物線 $y=x^2$ 上にあって x 座標は 1 だから，$y=1^2=1$ より，B(1，1)である。点Cは放物線 $y=\dfrac{1}{3}x^2$ 上にあって x 座標は 1 だから，$y=\dfrac{1}{3}\times1^2=\dfrac{1}{3}$ より，$\mathrm{C}\left(1,\ \dfrac{1}{3}\right)$ である。よって，$\mathrm{BC}=1-\dfrac{1}{3}=\dfrac{2}{3}$ となる。また，点Qの速さが毎秒 1 cm より，t 秒で $1\times t=t$(cm)動くから，点Qの x 座標は $-t$ となり，点Uの x 座標も $-t$ である。したがって，高さは $1-(-t)=1+t$ となるから，$\triangle\mathrm{BCU}=\dfrac{1}{2}\times\dfrac{2}{3}\times(1+t)=\dfrac{1+t}{3}$(cm²)となる。

図 1

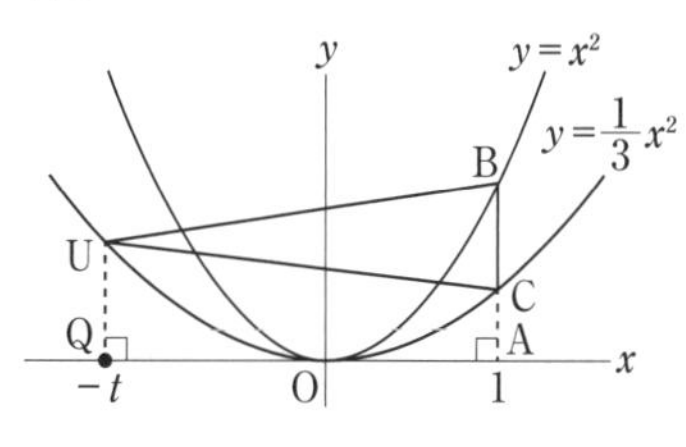

〔問２〕＜直線の式＞ 次ページの図 2 で，点Uは放物線 $y=\dfrac{1}{3}x^2$ 上にあって x 座標は $-t$ だから，$y=\dfrac{1}{3}\times(-t)^2=\dfrac{1}{3}t^2$ より，$\mathrm{U}\left(-t,\ \dfrac{1}{3}t^2\right)$ である。点Tは放物線 $y=x^2$ 上にあって x 座標は $-t$ だから，y

$=(-t)^2=t^2$ より，$\mathrm{T}(-t,\ t^2)$ である。これより，$\mathrm{QU}=\dfrac{1}{3}t^2$，$\mathrm{UT}=t^2-\dfrac{1}{3}t^2=\dfrac{2}{3}t^2$ だから，$\mathrm{QU}:\mathrm{UT}=\dfrac{1}{3}t^2:\dfrac{2}{3}t^2=1:2$ であり，$\mathrm{QV}:\mathrm{VU}=\mathrm{QU}:\mathrm{UT}$ のとき，$\mathrm{QV}:\mathrm{VU}=1:2$ となる。〔問1〕より，点Bの y 座標は1だから，点Vの y 座標も1であり，$\mathrm{QV}=1$ である。よって，$\mathrm{VU}=2$ となるので，$\mathrm{QU}=\mathrm{QV}+\mathrm{VU}=1+2=3$ より，点Uの y 座標は3である。したがって，$\dfrac{1}{3}t^2=3$ が成り立ち，$t^2=9$，$t=\pm3$ となる。$t\geqq2$ だから，$t=3$ であり，$\mathrm{U}(-3,\ 3)$ である。次に，点Pの速さは毎秒1cmだから，$t=3$ のとき，$\mathrm{A}(1,\ 0)$ から $1\times3=3$(cm)動き，点Pの x 座標は $1+3=4$ となる。これより，点Rは，放物線 $y=x^2$ 上にあって x 座標は4だから，$y=4^2=16$ より，$\mathrm{R}(4,\ 16)$ となる。以上より，直線RUの傾きは $\dfrac{16-3}{4-(-3)}=\dfrac{13}{7}$ だから，その式は $y=\dfrac{13}{7}x+b$ とおけ，点Uを通ることより，$3=\dfrac{13}{7}\times(-3)+b$，$b=\dfrac{60}{7}$ となるから，直線RUの式は $y=\dfrac{13}{7}x+\dfrac{60}{7}$ である。

図2

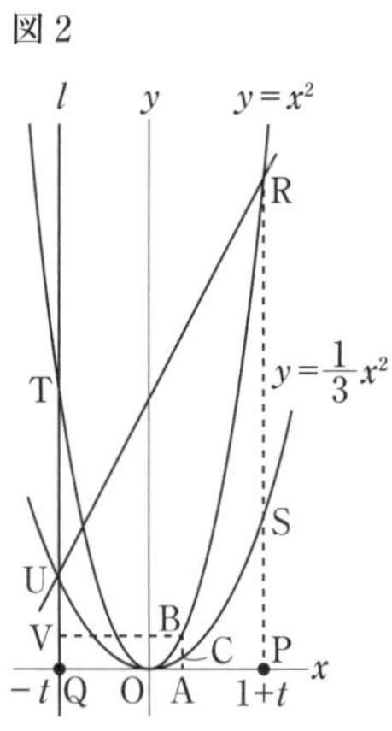

〔問3〕<t の値>右図3で，PS，UTは y 軸に平行だから，PS∥UTである。よって，四角形PSTUが平行四辺形となるとき，$\mathrm{PS}=\mathrm{UT}$ である。点Sは放物線 $y=\dfrac{1}{3}x^2$ 上にあって x 座標は $1+t$ だから，$y=\dfrac{1}{3}(1+t)^2$ であり，$\mathrm{PS}=\dfrac{1}{3}(1+t)^2$ である。〔問2〕より，$\mathrm{UT}=\dfrac{2}{3}t^2$ だから，$\dfrac{1}{3}(1+t)^2=\dfrac{2}{3}t^2$ が成り立つ。これを解くと，$(1+t)^2=2t^2$，$1+2t+t^2=2t^2$，$t^2-2t-1=0$ より，$t=\dfrac{-(-2)\pm\sqrt{(-2)^2-4\times1\times(-1)}}{2\times1}=\dfrac{2\pm\sqrt{8}}{2}=\dfrac{2\pm2\sqrt{2}}{2}=1\pm\sqrt{2}$ となる。$t>0$ だから，$t=1+\sqrt{2}$(秒)である。

図3

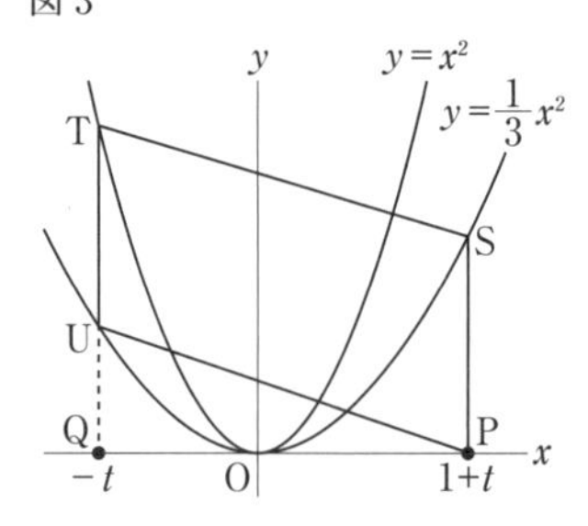

3 〔平面図形―二等辺三角形と円〕

≪基本方針の決定≫〔問2〕(2)　∠BDCの大きさに着目して，△BDCの面積を求める。

〔問1〕<角度>右図1で，△CEFはCE＝CFの二等辺三角形だから，∠CEF＝∠CFE＝42°であり，$\overset{\frown}{\mathrm{BC}}$ に対する円周角より，∠BAC＝∠CEF＝42°となる。△ABCはAB＝ACの二等辺三角形だから，∠ABC＝∠ACB＝(180°－∠BAC)÷2＝(180°－42°)÷2＝69°となる。$\overset{\frown}{\mathrm{AE}}=2\overset{\frown}{\mathrm{CE}}$ より，$\overset{\frown}{\mathrm{AE}}:\overset{\frown}{\mathrm{CE}}=2\overset{\frown}{\mathrm{CE}}:\overset{\frown}{\mathrm{CE}}=2:1$ だから，∠ABE：∠CBE＝2：1となり，$\angle\mathrm{CBE}=\dfrac{1}{2+1}\angle\mathrm{ABC}=\dfrac{1}{3}\times69°=23°$ である。よって，DC∥BEだから，∠BCD＝∠CBE＝23°となる。

図1

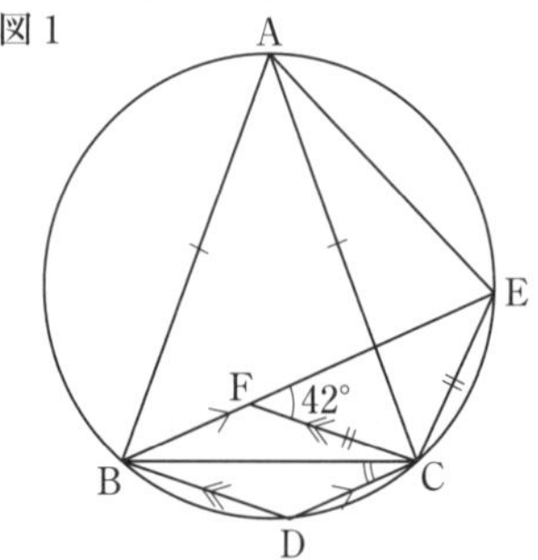

〔問2〕<証明，面積>(1)次ページの図2で，△ABCが正三角形より，BC＝CAである。∠DCB＝∠EAC，∠CBD＝∠ACEが導けると，△BDC≡△CEAとなる。解答参照。　(2)図2で，点BからCDの延長に垂線BGを引く。(1)より，∠BDC＝120°だから，∠BDG＝180°－∠BDC＝180°－120°＝60°となり，△BDGは3辺の比が $1:2:\sqrt{3}$ の直角三角形である。これより，$\mathrm{BG}=\dfrac{\sqrt{3}}{2}\mathrm{BD}$

$=\dfrac{\sqrt{3}}{2}\times4\sqrt{3}=6$ となる。また，$GD=\dfrac{1}{2}BD=\dfrac{1}{2}\times4\sqrt{3}=2\sqrt{3}$ となり，△BGC で三平方の定理より，$GC=\sqrt{BC^2-BG^2}=\sqrt{24^2-6^2}=\sqrt{540}=6\sqrt{15}$ だから，$DC=GC-GD=6\sqrt{15}-2\sqrt{3}$ である。よって，$\triangle BDC=\dfrac{1}{2}\times DC\times BG=\dfrac{1}{2}\times(6\sqrt{15}-2\sqrt{3})\times6=18\sqrt{15}-6\sqrt{3}$ となる。(1)より，△BDC≡△CEA だから，$\triangle CEA=18\sqrt{15}-6\sqrt{3}$ (cm²) となる。

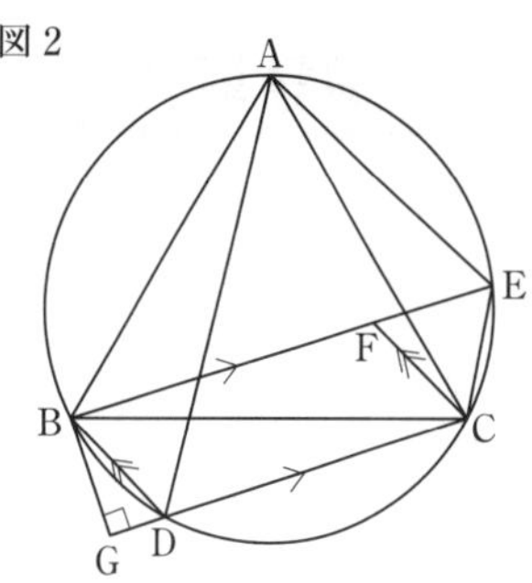

4 〔空間図形—四角錐〕

≪基本方針の決定≫〔問 2〕,〔問 3〕　3 点 O，H，F を通る平面に着目する。

〔問 1〕＜面積＞右図 1 で，〔面 ABCD〕//〔面 FGHI〕だから，四角錐 OFGHI と正四角錐 OABCD は相似である。点 E が線分 OP の中点より，相似比は OP：OE＝2：1 だから，四角形 FGHI と正方形 ABCD の相似比も 2：1 であり，〔四角形 FGHI〕：〔正方形 ABCD〕$=2^2:1^2=4:1$ となる。BD＝AC＝2AE＝2×3＝6 だから，〔正方形 ABCD〕$=\dfrac{1}{2}\times AC\times BD=\dfrac{1}{2}\times6\times6=18$ となり，〔四角形 FGHI〕＝4〔正方形 ABCD〕＝4×18＝72(cm²) となる。

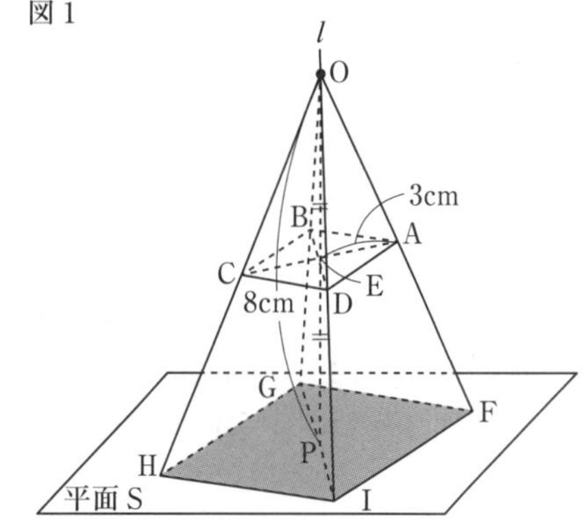

〔問 2〕＜面積の変化＞(1)右図 1 で，正方形 ABCD が線分 BD を軸として回転するとき，4 点 A，C，H，F は 3 点 O，H，F を通る平面上を移動する。その平面を表す右図 2 で，点 A は $A\to A_1\to A_2\to A_3$ と移動して，A_3 の位置で止まる。このとき，点 C は $C\to C_1\to C_2\to C_3$ と移動し，点 H は $H\to H_1\to H_2\to H_3$ と移動するから，△GHI の面積はだんだん小さくなる。なお，点 F は $F\to F_1\to F_2\to F_1\to F$ と移動するから，△FGI の面積は大きくなった後小さくなる。　(2)正方形 ABCD が回転を終えたとき，(1)より，△GHI は，四角形 ABCD と平面 S が平行であるときより面積は小さくなる。また，△FGI は，もとと同じ大きさになる。よって，四角形 FGHI の図はウである。

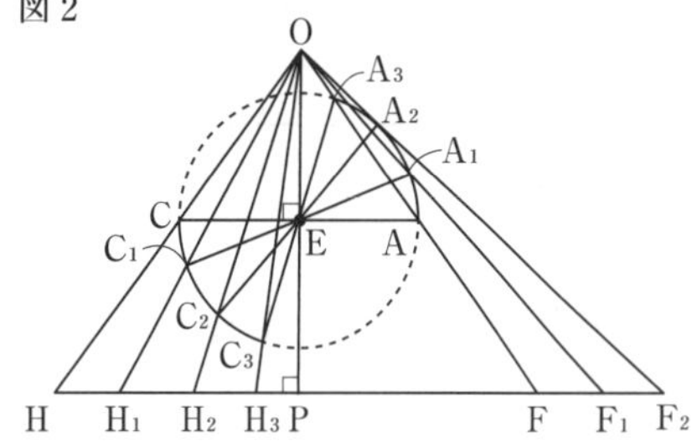

〔問 3〕＜長さ＞右上図 1 で，△FGI の面積が最大になるのは，上図 2 で，点 F が F_2 の位置にあるときである。このとき，線分 OF_2 は，点 A_2 で，点 E を中心とする半径 AE＝3 の円に接するから，$\angle OA_2E=90^\circ$ である。よって，$\angle OPF_2=\angle OA_2E=90^\circ$，$\angle POF_2=\angle A_2OE$ より，$\triangle OPF_2\backsim\triangle OA_2E$ となる。これより，$PF_2:A_2E=OP:OA_2$ である。$OE=\dfrac{1}{2}OP=\dfrac{1}{2}\times8=4$ だから，$\triangle OA_2E$ で三平方の定理より，$OA_2=\sqrt{OE^2-A_2E^2}=\sqrt{4^2-3^2}=\sqrt{7}$ である。したがって，$PF_2:3=8:\sqrt{7}$ が成り立ち，$PF_2\times\sqrt{7}=3\times8$ より，$PF_2=\dfrac{24\sqrt{7}}{7}$ (cm) となる。

＝読者へのメッセージ＝

4では影の動きについて考えました。数学には射影幾何学という分野があります。17世紀フランスのデザルグやパスカルが発展に貢献したといわれています。

国語解答

一 (1) しゅっぱん　(2) き
(3) まゆつばもの　(4) かんじゃく
(5) さいおう

二 (1) 会心　(2) 望外　(3) 不退転
(4) 一陽来復　(5) 採否

三〔問１〕 イ
〔問２〕 作品展や陶芸家仲間との情報交換の機会を意識的に避けてきたことが，陶芸家としての自分に不足しているものと向き合い解決を目指していくことをより困難にしたということ。(80字)
〔問３〕 ア　〔問４〕 エ
〔問５〕 イ　〔問６〕 ア，カ

四〔問１〕 ウ　〔問２〕 固有性
〔問３〕 エ　〔問４〕 ウ
〔問５〕 イ
〔問６〕 (例)今や，日常生活にAIは不可欠な存在だ。特に医学において，例えば乳がんの早期検出や画像診断支援など重大な病の見逃しの減少に寄与している。最近ではワクチン開発など創薬分野でも目覚ましい結果を出している。／AIは人間の知能と同等の機能を持つシステムで，ディープラーニングによるデータ分析能力はすばらしい。AIには導き出された答えの根拠がわからないというブラックボックス問題などの解決すべき大きな課題もあるが，今後の更なる技術的進歩をかんがみ，人の暮らしを支援し豊かにするためのAIとの共存を目指すべきだ。
(250字)

五〔問１〕 エ　〔問２〕 ウ
〔問３〕 恋ひてか寝らむ
〔問４〕 イ　〔問５〕 ウ

一〔漢字〕
(1)船が港を出ること。　(2)音読みは「斬新」などの「ザン」。　(3)本物かどうか疑わしいこと。　(4)物静かで趣のある様子。　(5)「人間万事塞翁が馬」は，人生の幸不幸は予測することが難しいことを表す。

二〔漢字〕
(1)心から満足に思うこと。　(2)望んでいた以上にすばらしいこと。　(3)決して後へはひかないこと。　(4)冬が去って春がくること。また，悪いことが続いた後，ようやく運が向いてくること。
(5)採用するかしないかということ。

三〔小説の読解〕出典：河﨑秋子『温む骨』(『土に贖う』所収)。
〔問１〕<文章内容>光義は，「使う人間に添ったものを作れれば自分はそれでいい」と考え，顧客の求めるものをつくり続けてきた。しかし，陶芸で生計を立てられるようになり，陶芸の技術も上がるにつれて，光義は，自分には陶芸に対する「芯がない」のではないか，他の同業者のような「熱がない」のではないかと思うようになった。
〔問２〕<文章内容>自分の陶芸に対し，思い悩むようになった光義は，「迸る情念をそのまま粘土にぶつけたような」同業者の作品を見ることがつらくなり，情報交換の場からも逃げ続けた。そのことによって，周囲からは自分のやり方を貫いているように見られ，「同時に蟠りは溜まり」続けてしまい，光義は，陶芸に対する自分の迷いに向き合って，どうすればよいかを導き出すのが難しくなってしまった。

〔問3〕<文章内容>個展の風景画には，「必ず動物の姿が描き込まれて」いて，その動物たちは，どれも「じっと睨むようにしてこちらを向いて」いた。その動物たちのまなざしは，「見る者に全ての印象を委ねるような，どこか空虚な眼差し」であった。光義は，そこに画家の「秘めた拘り」を感じ取り，「思わず」感じたとおりのことを口に出したのである。

〔問4〕<心情>「規格通りに几帳面に並べられた」だけなのに「芸術に近いレンガ建造物」がある。また，専業主婦の傍ら絵を描いている画家は，「自分の中にある声に導かれて」動物の絵を描いていた。光義は，今の自分の陶芸には「規律の美」や「秘めた拘り」といったものがなく，仮に「新しく作るべきものが見えた」として，新しい作風を成す技術が「自分になかったら，俺は，どうしたらいいんだろう」と思い悩み，陶芸の道に迷うことで「心が苛まれる位」なら，「俺はもういいかな」と陶芸を諦めることを口にした。

〔問5〕<文章内容>光義の陶芸に対する迷いや弱音にいら立ちながらも，芳美は，「私が私でしかない」ように「あなたなんて所詮あなたでしかない」のだから，「好きにやるしかない」と言った。芳美は，光義の背中を押そうと思って，光義の皿の空いた所に自分のピラフを盛って光義の前に再び皿を置いたのである。

〔問6〕<表現>文章の中心は光義で，今まで顧客の要望に応えて作品をつくってきたことに疑問を持つようになり，陶芸家として何をつくりたいのか，これからの進む道に迷う光義の揺れ動く気持ちが，描かれている(ア…○)。光義が「わしわしと行儀悪く」飯を食べる様子からは，あなたはあなたでしかないのだから，自分の信じることをやればいいという芳美の言葉を受けとめ，光義が「自分のための作業」を試みることを決心したことがうかがえる(カ…○)。

四〔論説文の読解―自然科学的分野―科学〕出典：大塚淳「深層学習後の科学のあり方を考える」(鈴木貴之編著『人工知能とどうつきあうか　哲学から考える』所収)。

≪**本文の概要**≫合理性と客観性は，科学の両輪であり，互いに深く関連していると考えられている。我々が自らの合理的正当化を訴える際に，客観的数値と機械的な手順を採用することで，個人の判断は，役割を失ってきた。科学的実践においても，客観的データが重視されることで，科学者個人の知識は，役割を失った。合理性・客観性・自己疎外の間のこの関係性は，近代の理性概念の内にすでに本質的に存在しており，一人ひとりの固有性を取り除いて判断基準における主体の役割を透明にすれば，我々は「人間一般」に妥当する客観的判断にたどり着けると考えられた。啓蒙主義は，この客観的合理性に民主的平等という意味合いをつけた。深層学習は，この合理性・客観性・民主的平等性の関連性を揺るがしている。ビッグデータには，個々人の特徴が完全に埋没しているし，汎用AIは，その判断過程に人の手が介在しないから，完全に客観的であるといえる。しかし，深層モデルの判断が，人間による合理的な理解や正当化を拒むものとなれば，深層学習は，客観性と合理性の間にくさびを打ち込むことになり，民主的平等性も脅かす。深層モデルは，現実社会の差別やバイアスをそのまま反映するので，現実社会の既得権益を温存し，社会の差別構造を「客観性」の名のもとに固定化する可能性すらある。深層学習の科学への導入は，科学のよりどころである「民主的で客観的な合理性」という概念を危うくし，科学が合理的で客観的な営みであることについて再考を促すのである。

〔問1〕<文章内容>自らの判断を正当化して，他者の同意を取りつけるためには，自分と他者が共有できる判断基準を持つ必要がある。自らの判断を正当化するために「共有された外的基準」に従わなければならないということが，「逆説的」なのである。

〔問2〕<文章内容>判断するときの「個人的・主観的な要素は，人間の共通理性を曇らせるバイアス」でしかない。だから，「一人ひとりの固有性を取り除き，判断根拠における主体の役割を透明に」することで，人間一般の「客観的判断にたどり着ける」というのが，近代の理性概念である。

〔問３〕<文章内容>AIが膨大なデータを収集して結論づけていくことは，「人の手が介在しない」という点では，「完全に客観的」である。ただ，その収集したデータを実際の判断へとつなげるところに，「科学者や統計学者の主体性が残されて」いた。だが，その科学者の介在を不要にし，判断そのものもAIが行うようになると，全く人の手を介さないことになるので，それは「『客観化』の極限的な姿」といえる。

〔問４〕<文章内容>深層モデルの判断は，収集したデータの鏡でしかなく，「現実社会における差別やバイアスをそのまま反映」する。また，深層モデルが「人間の理解を超え出たもの」である場合，モデル内の「差別的傾向の発見や修正を著しく困難に」する。むしろ，現実社会における既得権益を温存し，差別構造を固定化する危険性もあるので，深層モデルの判断は，「民主的平等性」からはほど遠いものになってしまうのである。

〔問５〕<文章内容>深層学習は，「科学のオートメーション化」を進め，科学をより「客観的」にするとはいえ，高度に発達した数理的理論を用いることでより効率的になり，「諸科学の合理化はますます進む」だろう。しかし，そうした技術への深い理解は，その技術によって得られた「事柄の理解を含意するとは限らない」のであり，科学的発見についての説明をすることにはつながらないのである。

〔問６〕<作文>条件の３に「AIの活用の可能性について具体的な領域を挙げること」とあるので，日常生活を通して，AIが使われている分野を具体的に思い浮かべてみるとよい。そして，取り上げた例をもとに，AIの可能性について，自分の考えを書いていく。AIを活用する長所や短所という視点からも，考えられる。誤字に気をつけて，字数を守って書いていくこと。

五〔説明文の読解―芸術・文学・言語学的分野―文学〕出典：中西進『万葉のことばと四季』。

〔問１〕<語句>「およそ花というものは」と「およそ発明は」の「およそ」は，そもそも，一般に，という意味。「費用のおよそを」と「およその見当」の「およそ」は，物事のだいたいのところを表す。「およそ縁のない」の「およそ」は，下に否定の言葉を伴って，全く，という意味。

〔問２〕<文章内容>石川啄木は，友が自分より偉く見えるというつらい思いを歌によむときに「花を買ひ来て」と「花」を題材にして表現した。大伴家持を代表とする万葉歌人にとっても，近代の歌人と同じように，花は自分の心の深層を託すものであり，花の風景は，歌人の「心の深層とひびき合って」いるのである。

〔問３〕<和歌の内容理解>「まなこをとじる」は，目を閉じる，という意味。人を恋しいと思う気持ちを抱えて目を閉じるように花びらを閉じる貌花と同じく，女は「恋ひて」寝ているであろう，という和歌である。

〔問４〕<文章内容>万葉の頃は，花は，ただ美しいものとして見るだけではなかった。例えば，「卯の花」が「う」という音を持つので，万葉の人は，「厭し(うし)」という言葉に結びつけ，また，「三枝」を「裂き草」から「幸き草」と連想した。「百合」は，「後(ゆり)」を連想させるものであり，「をみなへし」は，女性と切り離せないものであった。このように，花は，歌によみ込まれることで，別の言葉や意味を連想させるものとして，とらえられていたのである。

〔問５〕<要旨>三枝は，「三つに枝分かれした先に白い花を咲かせる」植物で，本来は「裂き草」だったと思われるが，同じ音の「幸き草」と解釈し直して，幸せを感じさせるものとして，万葉人は受けとめていた。三枝が「幸わい」を感じさせたのは，「すくすくと伸びた枝の様子」だけではなく，こうした「ことばの響き」も関係していた(ウ…○)。

●2024年度

東京都立高等学校

共通問題

【社会・理科】

2024年度 東京都立高等学校（共通問題）

【社　会】（50分）〈満点：100点〉

1　次の各問に答えよ。

〔問１〕　次の地形図は，2017年の「国土地理院発行２万５千分の１地形図（取手（とりで））」の一部を拡大して作成した地形図上に●で示した**A**点から，**B**～**E**点の順に，**F**点まで移動した経路を太線（━━━）で示したものである。次のページの**ア**～**エ**の写真と文は，地形図上の**B**～**E**点の**い**

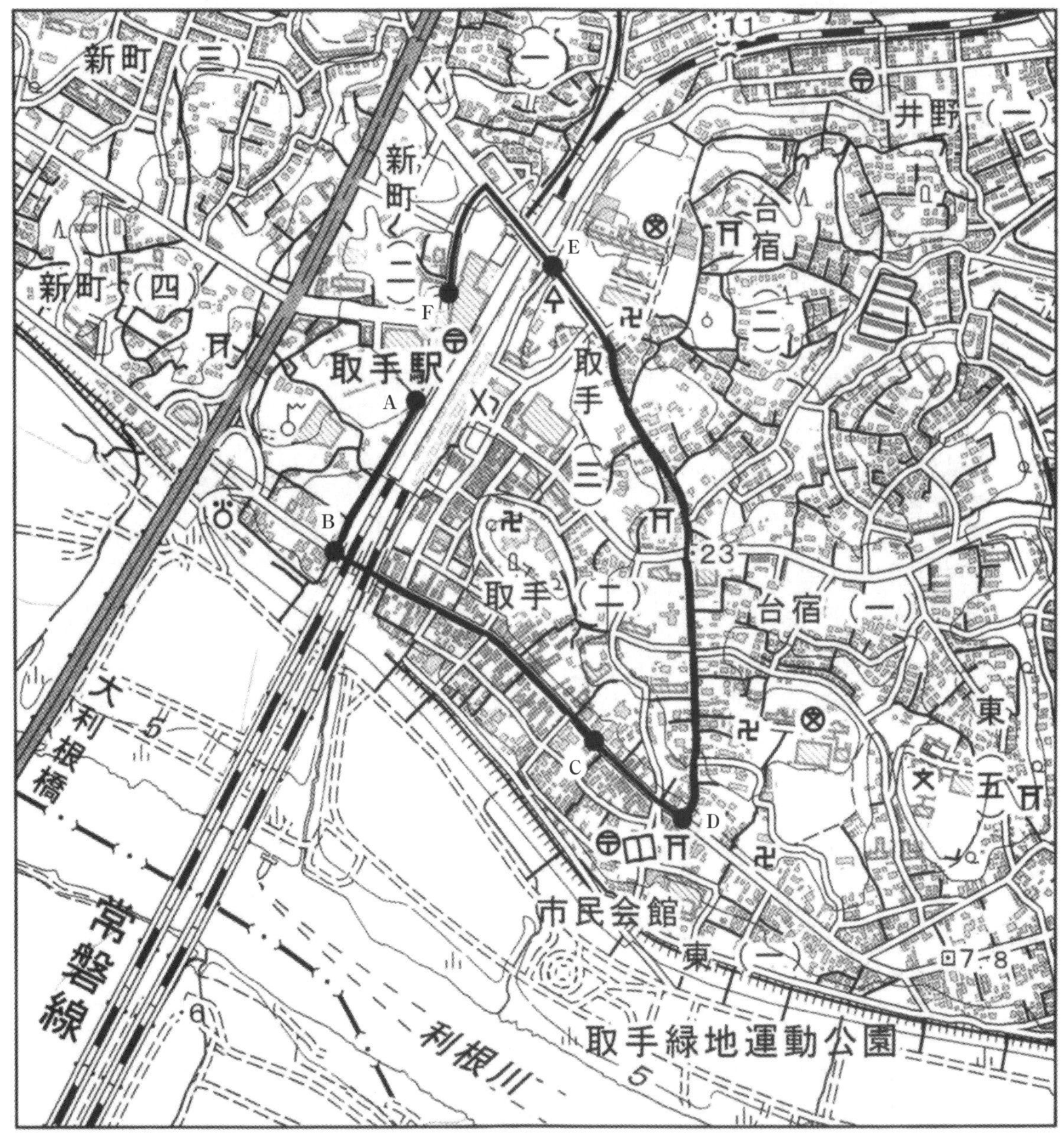

ずれかの地点の様子を示したものである。地形図上の**B**～**E**点のそれぞれに当てはまるのは，次の**ア**～**エ**のうちではどれか。

ア

この地点から進行する方向を見ると，鉄道の線路の上に橋が架けられており，道路と鉄道が立体交差していた。

イ

この地点から進行する方向を見ると，道路の上に鉄道の線路が敷設されており，道路と鉄道が立体交差していた。

ウ

丁字形の交差点であるこの地点に立ち止まり，進行する方向を見ると，登り坂となっている道の両側に住宅が建ち並んでいた。

エ

直前の地点から約470m進んだこの地点に立ち止まり，北東の方向を見ると，宿場の面影を残す旧取手宿本陣表門があった。

〔問２〕 次の文で述べている決まりに当てはまるのは，下の**ア**～**エ**のうちのどれか。

戦国大名が，領国を支配することを目的に定めたもので，家臣が，勝手に他国から嫁や婿を取ることや他国へ娘を嫁に出すこと，国内に城を築くことなどを禁止した。

ア 御成敗式目　**イ** 大宝律令　**ウ** 武家諸法度　**エ** 分国法

〔問３〕 次の文章で述べているものに当てはまるのは，下の**ア**～**エ**のうちのどれか。

> 衆議院の解散による衆議院議員の総選挙後に召集され，召集とともに内閣が総辞職するため，両議院において内閣総理大臣の指名が行われる。会期は，その都度，国会が決定し，２回まで延長することができる。

ア 常会　**イ** 臨時会　**ウ** 特別会　**エ** 参議院の緊急集会

2 次の略地図を見て，あとの各問に答えよ。

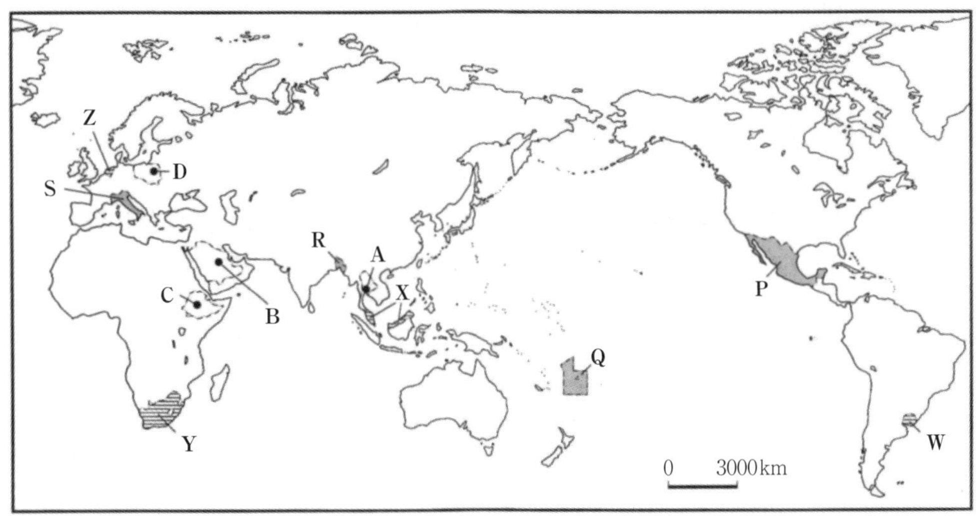

〔問１〕 略地図中の**A**～**D**は，それぞれの国の首都の位置を示したものである。次のⅠの文章は，略地図中の**A**～**D**の**いずれか**の首都を含む国の自然環境と農業についてまとめたものである。Ⅱの**ア**～**エ**のグラフは，略地図中の**A**～**D**の**いずれか**の首都の，年平均気温と年降水量及び各月の平均気温と降水量を示したものである。Ⅰの文章で述べている国の首都に当てはまるのは，略地図中の**A**～**D**のうちのどれか，また，その首都のグラフに当てはまるのは，Ⅱの**ア**～**エ**のうちのどれか。

Ⅰ

> 首都は標高約2350mに位置し，各月の平均気温の変化は年間を通して小さい。コーヒー豆の原産地とされており，2019年におけるコーヒー豆の生産量は世界第５位であり，輸出額に占める割合が高く，主要な収入源となっている。

Ⅱ

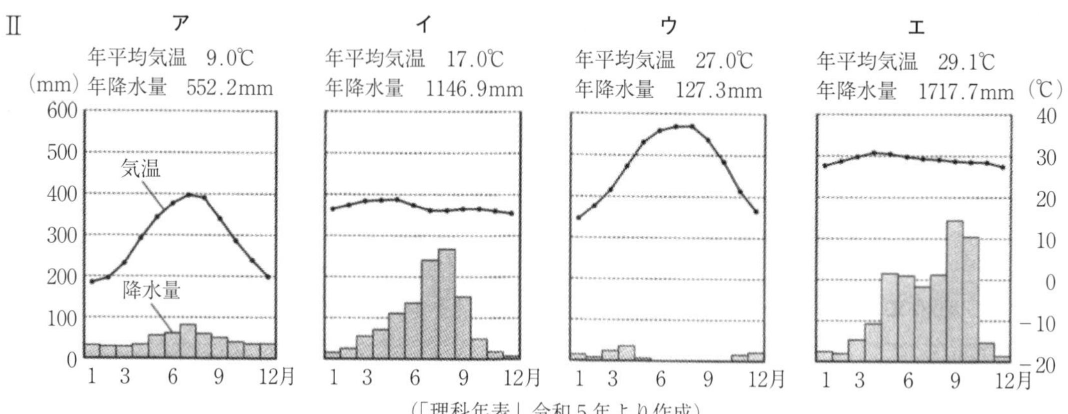

(「理科年表」令和5年より作成)

〔問2〕 次の表の**ア**～**エ**は，略地図中に ▨ で示した**P**～**S**の**いずれか**の国の，2019年における米，小麦，とうもろこしの生産量，農業と食文化の様子についてまとめたものである。略地図中の**P**～**S**のそれぞれの国に当てはまるのは，次の表の**ア**～**エ**のうちではどれか。

	米（万ｔ）	小麦（万ｔ）	とうもろこし（万ｔ）	農業と食文化の様子
ア	25	324	2723	○中央部の高原ではとうもろこしの栽培が行われ，北西部ではかんがい農業や牛の放牧が行われている。 ○とうもろこしが主食であり，とうもろこしの粉から作った生地を焼き，具材を挟んだ料理などが食べられている。
イ	149	674	628	○北部の平野では冬季に小麦の栽培が行われ，沿岸部では柑橘(かんきつ)類やオリーブなどの栽培が行われている。 ○小麦が主食であり，小麦粉から作った麺に様々なソースをあわせた料理などが食べられている。
ウ	0.6	—	0.1	○畑ではタロいもなどの栽培が行われ，海岸沿いの平野ではさとうきびなどの栽培が行われている。 ○タロいもが主食であり，バナナの葉に様々な食材と共にタロいもを包んで蒸した料理などが食べられている。
エ	5459	102	357	○河川が形成した低地では雨季の降水などを利用した稲作が行われ，北東部では茶の栽培が行われている。 ○米が主食であり，鶏やヤギの肉と共に牛乳から採れる油を使って米を炊き込んだ料理などが食べられている。

（注） —は，生産量が不明であることを示す。

(「データブック オブ・ザ・ワールド」2022年版などより作成)

〔問3〕 次のⅠとⅡの表の**ア**～**エ**は，略地図中に ▤ で示した**W**～**Z**の**いずれか**の国に当てはまる。Ⅰの表は，2001年と2019年における日本の輸入額，農産物の日本の主な輸入品目と輸入額を示したものである。Ⅱの表は，2001年と2019年における輸出額，輸出額が多い上位3位までの貿易相手国を示したものである。Ⅲの文章は，略地図中の**W**～**Z**の**いずれか**の国について述べたものである。Ⅲの文章で述べている国に当てはまるのは，略地図中の**W**～**Z**のうちのどれか，また，ⅠとⅡの表の**ア**～**エ**のうちのどれか。

Ⅰ

		日本の輸入額（百万円）	農産物の日本の主な輸入品目と輸入額（百万円）					
ア	2001年	226492	植物性原材料	18245	ココア	4019	野菜	3722
	2019年	343195	豚肉	17734	チーズ等	12517	植物性原材料	6841
イ	2001年	5538	羊毛	210	米	192	チーズ等	31
	2019年	3017	牛肉	1365	羊毛	400	果実	39
ウ	2001年	338374	とうもろこし	12069	果実	9960	砂糖	5680
	2019年	559098	果実	7904	植物性原材料	2205	野菜	2118
エ	2001年	1561324	パーム油	14952	植物性原材料	2110	天然ゴム	2055
	2019年	1926305	パーム油	36040	植物性原材料	15534	ココア	15390

（財務省「貿易統計」より作成）

Ⅱ

		輸出額（百万ドル）	輸出額が多い上位3位までの貿易相手国		
			1位	2位	3位
ア	2001年	169480	ドイツ	イギリス	ベルギー
	2019年	576785	ドイツ	ベルギー	フランス
イ	2001年	2058	ブラジル	アルゼンチン	アメリカ合衆国
	2019年	7680	中華人民共和国	ブラジル	アメリカ合衆国
ウ	2001年	27928	アメリカ合衆国	イギリス	ドイツ
	2019年	89396	中華人民共和国	ドイツ	アメリカ合衆国
エ	2001年	88005	アメリカ合衆国	シンガポール	日本
	2019年	240212	中華人民共和国	シンガポール	アメリカ合衆国

（国際連合「貿易統計年鑑」2020などより作成）

Ⅲ

この国では農業の機械化が進んでおり，沿岸部の砂丘では花や野菜が栽培され，ポルダーと呼ばれる干拓地では酪農が行われている。

2001年と比べて2019年では，日本の輸入額は2倍に届いてはいないが増加し，輸出額は3倍以上となっている。2019年の輸出額は日本に次ぎ世界第5位となっており，輸出額が多い上位3位までの貿易相手国は全て同じ地域の政治・経済統合体の加盟国となっている。

3 次の略地図を見て，あとの各問に答えよ。

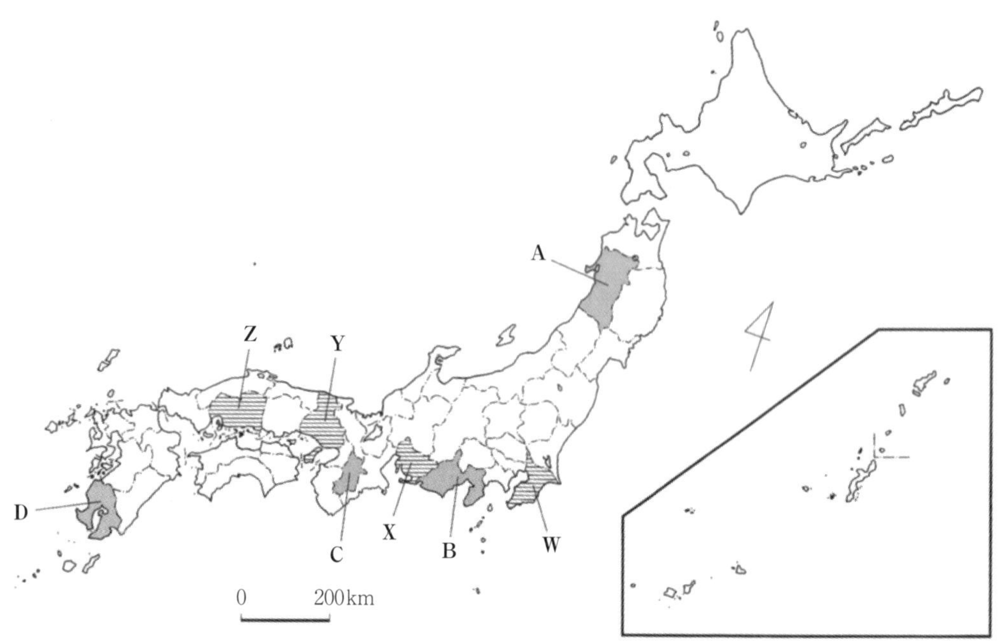

〔問１〕 次の表の**ア**～**エ**の文章は，略地図中に ▒ で示した，**A**～**D**の**いずれか**の県の，自然環境と第一次産業の様子についてまとめたものである。**A**～**D**のそれぞれの県に当てはまるのは，次の表の**ア**～**エ**のうちではどれか。

	自然環境と第一次産業の様子
ア	○南東側の県境付近に位置する山を水源とする河川は，上流部では渓谷を蛇行しながら北西方向に流れた後，流路を大きく変えて西流し，隣接する県を貫流して海に注いでいる。 ○南東部は，季節風の影響などにより国内有数の多雨地域であり，木材の生育に適していることから，古くから林業が営まれ，高品質な杉などが生産されていることが知られている。
イ	○北側の3000m級の山々が連なる山脈は，南北方向に走っており，東部の半島は，複数の火山が見られる山がちな地域であり，入り組んだ海岸線が見られる。 ○中西部にある台地は，明治時代以降に開拓され，日当たりと水はけがよいことから，国内有数の茶の生産量を誇っており，ブランド茶が生産されていることが知られている。
ウ	○南側の県境付近に位置する山を水源とする河川は，上流部や中流部では，南北方向に連なる山脈と山地の間に位置する盆地を貫流し，下流部では平野を形成して海に注いでいる。 ○南東部にある盆地は，夏に吹く北東の冷涼な風による冷害の影響を受けにくい地形の特徴などがあることから，稲作に適しており，銘柄米が生産されていることが知られている。
エ	○二つの半島に挟まれた湾の中に位置する島や北東側の県境に位置する火山などは，現在でも活動中であり，複数の離島があり，海岸線の距離は約2600km となっている。 ○水を通しやすい火山灰などが積もってできた台地が広範囲に分布していることから，牧畜が盛んであり，肉牛などの飼育頭数は国内有数であることが知られている。

〔問２〕 次のⅠの表の**ア**～**エ**は，略地図中に ▤ で示した**W**～**Z**の**いずれか**の県の，2020年における人口，県庁所在地の人口，他の都道府県への従業・通学者数，製造品出荷額等，製造品出荷額等に占める上位３位の品目と製造品出荷額等に占める割合を示したものである。次のⅡの文章は，Ⅰの表の**ア**～**エ**の**いずれか**の県の工業や人口の様子について述べたものである。Ⅱの文章で述べている県に当てはまるのは，Ⅰの**ア**～**エ**のうちのどれか，また，略地図中の**W**～**Z**のうちのどれか。

Ⅰ

	人口（万人）	県庁所在地の人口（万人）	他の都道府県への従業・通学者数（人）	製造品出荷額等（億円）	製造品出荷額等に占める上位３位の品目と製造品出荷額等に占める割合（％）
ア	628	97	797943	119770	石油・石炭製品（23.1），化学（17.2），食料品（13.3）
イ	280	120	26013	89103	輸送用機械（32.8），鉄鋼（11.2），生産用機械（9.7）
ウ	547	153	348388	153303	化学（13.6），鉄鋼（11.0），食料品（10.8）
エ	754	233	88668	441162	輸送用機械（53.0），電気機械（7.7），鉄鋼（4.9）

（2021年経済センサスなどより作成）

Ⅱ

○湾に面した沿岸部は，1950年代から埋め立て地などに，製油所，製鉄所や火力発電所などが建設されており，国内最大規模の石油コンビナートを有する工業地域となっている。

○中央部及び北西部に人口が集中しており，2020年における人口に占める他の都道府県への従業・通学者数の割合は，１割以上となっている。

〔問３〕 次の資料は，2019年に富山市が発表した「富山市都市マスタープラン」に示された，富山市が目指すコンパクトなまちづくりの基本的な考え方の一部をまとめたものである。資料から読み取れる，将来の富山市における日常生活に必要な機能の利用について，現状と比較し，自宅からの移動方法に着目して，簡単に述べよ。

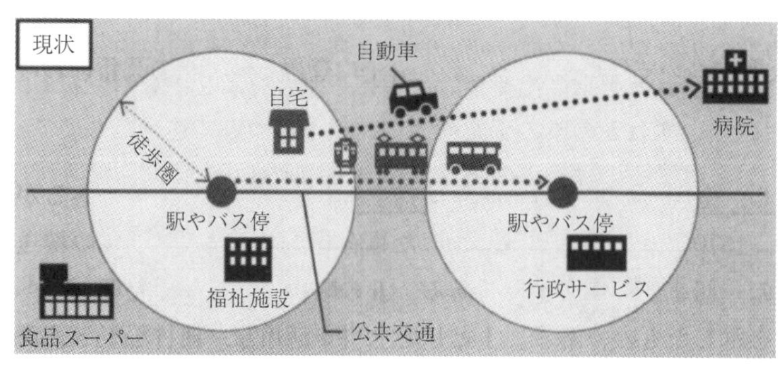

・公共交通のサービス水準が不十分で利用しにくい。
・駅やバス停を中心とした徒歩圏に日常生活に必要な機能がそろっていない。
・自動車を利用しないと生活しづらい。

こう変えたい

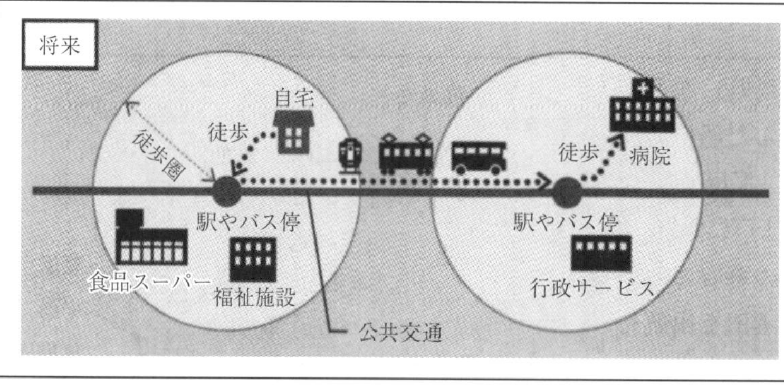

・公共交通のサービス水準が向上して利用しやすい。
・駅やバス停を中心とした徒歩圏に日常生活に必要な機能がそろっている。

（注）
・日常生活に必要な機能とは，行政サービス，福祉施設，病院，食品スーパーである。
・公共交通のサービス水準とは，鉄道・路面電車・バスの運行頻度などである。

（「富山市都市マスタープラン」より作成）

4　次の文章を読み，あとの各問に答えよ。

海上交通は，一度に大量の人や物を輸送することができることから，社会の発展のために重要な役割を果たしてきた。

古代から，各時代の権力者は，(1)周辺の国々へ使節を派遣し，政治制度や文化を取り入れたり，貿易により利益を得たりすることなどを通して，権力の基盤を固めてきた。時代が進むと，商人により，貨幣や多様な物資がもたらされ，堺（さかい）や博多（はかた）などの港が繁栄した。

江戸時代に入り，幕府は海外との貿易を制限するとともに，(2)国内の海上交通を整備し，全国的な規模で物資の輸送を行うようになった。開国後は，(3)諸外国との関わりの中で，産業が発展し，港湾の開発が進められた。

第二次世界大戦後，政府は，経済の復興を掲げ，海上交通の再建を目的に，造船業を支援した。(4)現在でも，外国との貿易の大部分は海上交通が担（にな）い，私たちの生活や産業の発展を支えている。

〔問１〕 (1)周辺の国々へ使節を派遣し，政治制度や文化を取り入れたり，貿易により利益を得たりすることなどを通して，権力の基盤を固めてきた。とあるが，次の**ア**～**エ**は，飛鳥時代から室町時代にかけて，権力者による海外との交流の様子などについて述べたものである。時期の古いものから順に記号を並べよ。

ア　混乱した政治を立て直すことを目的に，都を京都に移し，学問僧として唐へ派遣された最澄が帰国後に開いた密教を許可した。

イ　将軍を補佐する第五代執権として，有力な御家人を退けるとともに，国家が栄えることを願い，宋より来日した禅僧の蘭渓道隆を開山と定め，建長寺を建立した。

ウ　明へ使者を派遣し，明の皇帝から「日本国王」に任命され，勘合を用いて朝貢の形式で行う貿易を開始した。

エ　隋に派遣され，政治制度などについて学んだ留学生を国博士に登用し，大化の改新における政治制度の改革に取り組ませた。

〔問２〕 (2)国内の海上交通を整備し，全国的な規模で物資の輸送を行うようになった。とあるが，次のⅠの文章は，河村瑞賢が，1670年代に幕府に命じられた幕府の領地からの年貢米の輸送について，幕府に提案した内容の一部をまとめたものである。Ⅱの略地図は，Ⅰの文章で述べられている寄港地などの所在地を示したものである。ⅠとⅡの資料を活用し，河村瑞賢が幕府に提案した，幕府の領地からの年貢米の輸送について，輸送経路，寄港地の役割に着目して，簡単に述べよ。

Ⅰ

○陸奥国信夫郡(現在の福島県)などの幕府の領地の年貢米を積んだ船は，荒浜を出航したあと，平潟，那珂湊，銚子，小湊を寄港地とし，江戸に向かう。
○出羽国(現在の山形県)の幕府の領地の年貢米を積んだ船は，酒田を出航したあと，小木，福浦，柴山，温泉津，下関，大阪，大島，方座，安乗，下田を寄港地とし，江戸に向かう。
○寄港地には役人を置き，船の発着の日時や積荷の点検などを行う。

Ⅱ

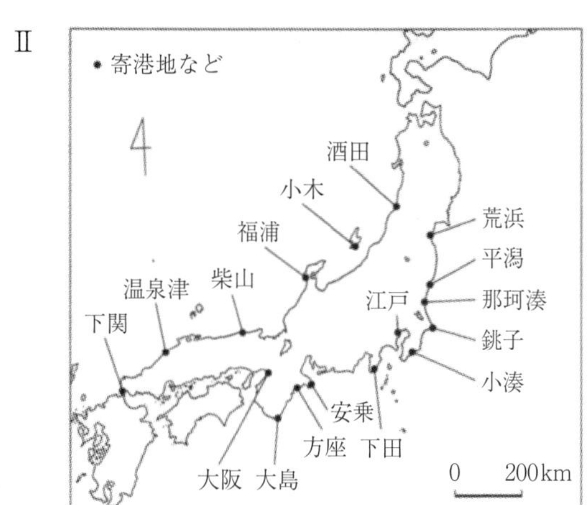

〔問３〕 (3)諸外国との関わりの中で，産業が発展し，港湾の開発が進められた。とあるが，右の略年表は，江戸時代から昭和時代にかけての，外交に関する主な出来事についてまとめたものである。略年表中の**A**～**D**のそれぞれの時期に当てはまるのは，次の**ア**～**エ**のうちではどれか。

西暦	外交に関する主な出来事	
1842	●幕府が天保の薪水給与令を出し，異国船打ち払い令を緩和した。	
		A
1871	●政府が不平等条約改正の交渉などのために，岩倉使節団を欧米に派遣した。	
		B
1889	●大日本帝国憲法が制定され，近代的な政治制度が整えられた。	
		C
1911	●日米新通商航海条約の調印により，関税自主権の回復に成功した。	
		D
1928	●15か国が参加し，パリ不戦条約が調印された。	

ア　四日市港は，日英通商航海条約の調印により，治外法権が撤廃され，関税率の一部引き上げが可能になる中で，外国との貿易港として開港場に指定された。

イ　東京港は，関東大震災の復旧工事の一環として，関東大震災の２年後に日の出ふ頭が完成したことにより，大型船の接岸が可能となった。

ウ　函館港は，アメリカ合衆国との間に締結した和親条約により，捕鯨船への薪と水，食糧を補給する港として開港された。

エ　三角港は，西南戦争で荒廃した県内の産業を発展させることを目的に，オランダ人技術者の設計により造成され，西南戦争の10年後に開港された。

〔問４〕 (4)現在でも，外国との貿易の大部分は海上交通が担い，私たちの生活や産業の発展を支えている。とあるが，次のグラフは，1950年から2000年までの，日本の海上貿易量(輸出)と海上貿易量(輸入)の推移を示したものである。グラフ中の**A**～**D**のそれぞれの時期に当てはまるのは，下の**ア**～**エ**のうちではどれか。

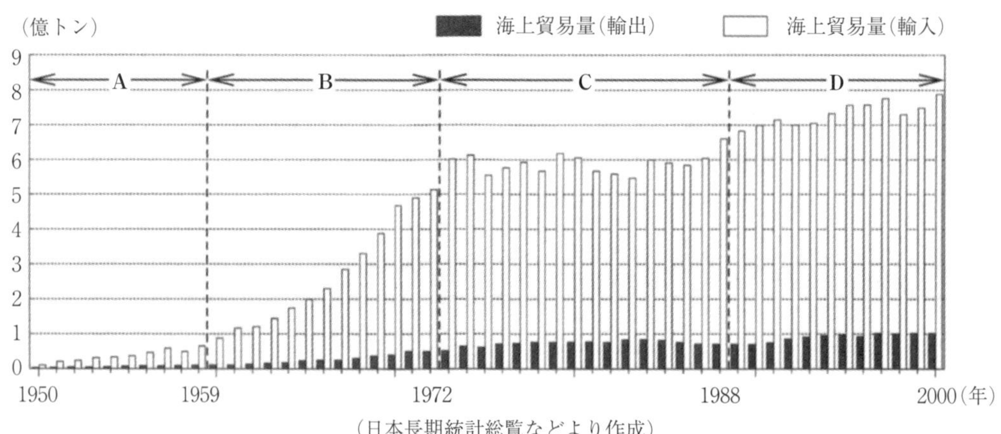

(日本長期統計総覧などより作成)

ア　サンフランシスコ平和条約(講和条約)を結び，国際社会に復帰する中で，海上貿易量は輸出・輸入ともに増加し，特に石油及び鉄鋼原料の需要の増加に伴い，海上貿易量(輸入)の増加が見られた。

イ　エネルギーの供給量において石油が石炭を上回り，海上輸送においてタンカーの大型化が進展する中で，日本初のコンテナ船が就航した他，この時期の最初の年と比較して最後の年では，海上貿易量(輸出)は約４倍に，海上貿易量(輸入)は約６倍に増加した。

ウ　冷たい戦争(冷戦)が終結するとともに，アジアにおいて経済発展を背景にした巨大な海運市場が形成される中で，海上貿易量は輸出・輸入ともに増加傾向にあったが，国内景気の後退や海外生産の増加を要因として，一時的に海上貿易量は輸出・輸入ともに減少が見られた。

エ　この時期の前半は二度にわたる石油価格の急激な上昇が，後半はアメリカ合衆国などとの貿易摩擦の問題がそれぞれ見られる中で，前半は海上貿易量(輸出)が増加し，後半は急速な円高により海上貿易量(輸入)は減少から増加傾向に転じた。

5　次の文章を読み，あとの各問に答えよ。

私たちは，家族，学校など様々な集団を形成しながら生活している。(1)一人一人が集団の中で個人として尊重されることが重要であり，日本国憲法においては，基本的人権が保障されている。

集団の中では，考え方の違いなどにより対立が生じた場合，多様な価値観をもつ人々が互いに受け入れられるよう，合意に至る努力をしている。例えば，国権の最高機関である(2)国会では，国の予算の使途や財源について合意を図るため，予算案が審議され，議決されている。

国際社会においても，(3)世界の国々が共存していくために条約を結ぶなど，合意に基づく国際協調を推進することが大切である。

今後も，よりよい社会の実現のために，(4)私たち一人一人が社会の課題に対して自らの考えをもち，他の人たちと協議するなど，社会に参画し，積極的に合意形成に努めることが求められている。

〔問１〕　(1)一人一人が集団の中で個人として尊重されることが重要であり，日本国憲法においては，基本的人権が保障されている。とあるが，基本的人権のうち，平等権を保障する日本国憲法の条文は，次の**ア**～**エ**のうちではどれか。

ア　すべて国民は，健康で文化的な最低限度の生活を営む権利を有する。

イ　すべて国民は，法の下に平等であつて，人種，信条，性別，社会的身分又は門地により，政治的，経済的又は社会的関係において，差別されない。

ウ　何人も，自己に不利益な供述を強要されない。

エ　何人も，裁判所において裁判を受ける権利を奪はれない。

〔問２〕　(2)国会では，国の予算の使途や財源について合意を図るため，予算案が審議され，議決されている。とあるが，次のⅠのグラフは，1989年度と2021年度における我が国の一般会計歳入額及び歳入項目別の割合を示したものである。Ⅰのグラフ中の**A**～**D**は，法人税，公債金，所得税，消費税の**いずれか**に当てはまる。Ⅱの文章は，Ⅰのグラフ中の**A**～**D**の**いずれか**について述べたものである。Ⅱの文章で述べている歳入項目に当てはまるのは，Ⅰの**A**～**D**のうちのどれか，また，その歳入項目について述べているのは，下の**ア**～**エ**のうちではどれか。

Ⅰ

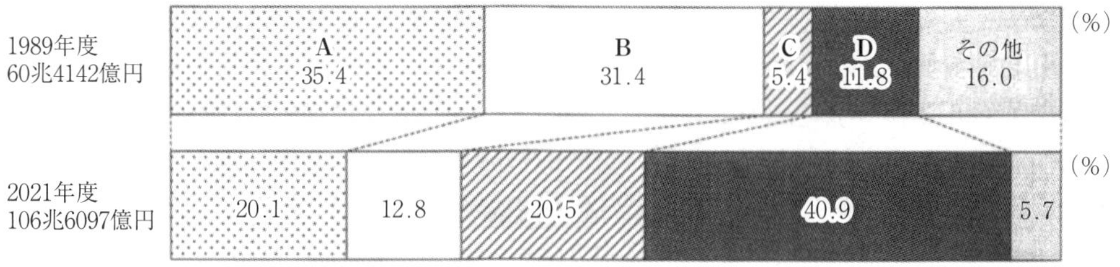

年度	A	B	C	D	その他
1989年度 60兆4142億円	35.4	31.4	5.4	11.8	16.0
2021年度 106兆6097億円	20.1	12.8	20.5	40.9	5.7

(%)

（財務省の資料より作成）

Ⅱ

> 間接税の一つであり，1989年に国民福祉の充実などに必要な歳入構造の安定化を図るために導入され，その後，段階的に税率が引き上げられた。2021年度の歳入額は20兆円を超え，1989年度に比べて6倍以上となっている。

ア　歳入の不足分を賄うため，借金により調達される収入で，元本の返済や利子の支払いなどにより負担が将来の世代に先送りされる。

イ　給料や商売の利益などに対して課され，主に勤労世代が負担し，税収が景気や人口構成の変化に左右されやすく，負担額は負担者の収入に応じて変化する。

ウ　商品の販売やサービスの提供に対して課され，勤労世代など特定の世代に負担が集中せず，税収が景気や人口構成の変化に左右されにくい。

エ　法人の企業活動により得られる所得に対して課され，税率は他の税とのバランスを図りながら，財政事情や経済情勢等を反映して決定される。

〔問３〕 (3)世界の国々が共存していくために条約を結ぶなど，合意に基づく国際協調を推進することが大切である。とあるが，次のⅠの文章は，ある国際的な合意について述べたものである。Ⅱの略年表は，1948年から2019年までの，国際社会における合意に関する主な出来事についてまとめたものである。Ⅰの国際的な合意が結ばれた時期に当てはまるのは，Ⅱの略年表中の**ア**～**エ**のうちではどれか。

Ⅰ

> 地球上の「誰一人取り残さない」ことをスローガンに掲げ，「質の高い教育をみんなに」などの17のゴールと169のターゲットで構成されている。持続可能でよりよい世界を目指し全ての国が取り組むべき国際目標として，国際連合において加盟国の全会一致で採択された。

Ⅱ

西暦	国際社会における合意に関する主な出来事	
1948	●世界人権宣言が採択された。	
		ア
1976	●国際連合において，児童権利宣言の20周年を記念して，1979年を国際児童年とすることが採択された。	
		イ
1990	●「気候変動に関する政府間パネル」により第一次評価報告書が発表された。	
		ウ
2001	●「極度の貧困と飢餓の撲滅」などを掲げたミレニアム開発目標が設定された。	
		エ
2019	●国際連合において，科学者グループによって起草された「持続可能な開発に関するグローバル・レポート2019」が発行された。	

〔問４〕 (4)私たち一人一人が社会の課題に対して自らの考えをもち，他の人たちと協議するなど，社会に参画し，積極的に合意形成に努めることが求められている。とあるが，次のⅠの文章は，2009年に法務省の法制審議会において取りまとめられた「民法の成年年齢の引下げについての最終報告書」の一部を分かりやすく書き改めたものである。Ⅱの表は，2014年から2018年までに改正された18歳，19歳に関する法律の成立年と主な改正点を示したものである。ⅠとⅡの資料を活用し，Ⅱの表で示された一連の法改正における，国の若年者に対する期待について，主な改正点に着目して，簡単に述べよ。

Ⅰ

○民法の成年年齢を20歳から18歳に引き下げることは，18歳，19歳の者を大人として扱い，社会への参加時期を早めることを意味する。
○18歳以上の者を，大人として処遇することは，若年者が将来の国づくりの中心であるという国としての強い決意を示すことにつながる。

Ⅱ

	成立年	主な改正点
憲法改正国民投票法の一部を改正する法律	2014	投票権年齢を満18歳以上とする。
公職選挙法等の一部を改正する法律	2015	選挙権年齢を満18歳以上とする。
民法の一部を改正する法律	2018	一人で有効な契約をすることができ，父母の親権に服さず自分の住む場所や，進学や就職などの進路について，自分の意思で決めることができるようになる成年年齢を満18歳以上とする。

6 次の文章を読み，あとの各問に答えよ。

国際社会では，人，物，お金や情報が，国境を越えて地球規模で移動するグローバル化が進んでいる。例えば，科学や文化などの面では，(1)これまでも多くの日本人が，研究などを目的に海外に移動し，滞在した国や地域，日本の発展に貢献してきた。また，経済の面では，(2)多くの企業が，世界規模で事業を展開するようになり，一企業の活動が世界的に影響を与えるようになってきた。

地球規模の課題は一層複雑になっており，課題解決のためには，(3)国際連合などにおける国際協調の推進が一層求められている。

〔問１〕 (1)これまでも多くの日本人が，研究などを目的に海外に移動し，滞在した国や地域，日本の発展に貢献してきた。とあるが，下の表の**ア**～**エ**は，略地図中に ▒▒ で示した**A**～**D**の**いずれか**の国に滞在した日本人の活動などについて述べたものである。略地図中の**A**～**D**のそれぞれの国に当てはまるのは，下の表の**ア**～**エ**のうちではどれか。

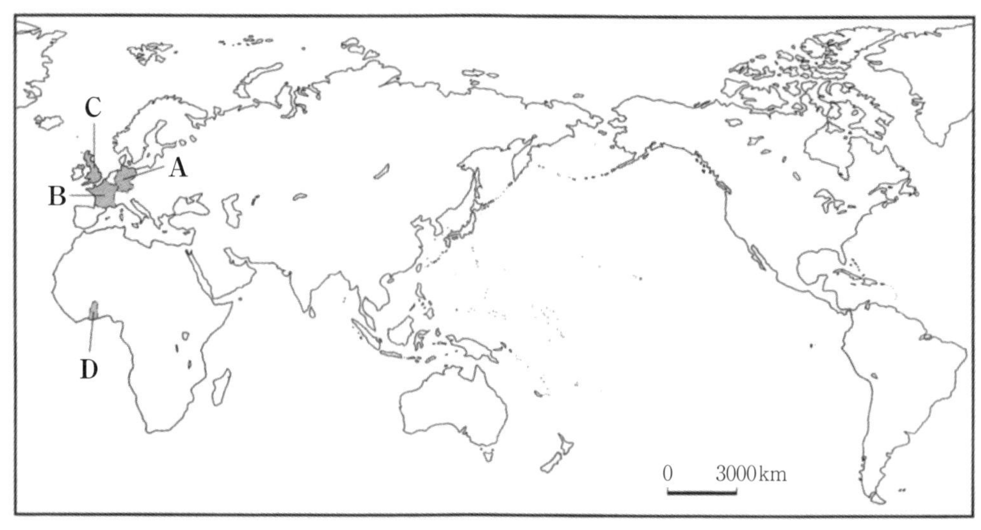

	日本人の活動など
ア	1789年に市民革命が起こったこの国に，1884年から1893年まで留学した黒田清輝（くろだせいき）は，途中から留学目的を洋画研究に変更し，ルーブル美術館で模写をするなどして，絵画の技法を学んだ。帰国後は，展覧会に作品を発表するとともに，後進の育成にも貢献した。
イ	1871年に統一されたこの国に，1884年から1888年まで留学した森鷗外（もりおうがい）は，コレラ菌などを発見したことで知られるコッホ博士などから細菌学を学んだ。帰国後は，この国を舞台とした小説を執筆するなど，文学者としても活躍した。
ウ	1902年に日本と同盟を結んだこの国に，1900年から1903年まで留学した夏目漱石（なつめそうせき）は，シェイクスピアの作品を観劇したり，研究者から英文学の個人指導を受けたりした。帰国後は，作家として多くの作品を発表し，文学者として活躍した。
エ	ギニア湾岸にあるこの国に，1927年から1928年まで滞在した野口英世（のぐちひでよ）は，この国を含めて熱帯地方などに広まっていた黄熱病（おうねつびょう）の原因を調査し，予防法や治療法の研究を行った。功績を記念し，1979年にこの国に野口記念医学研究所が設立された。

〔問２〕 (2)多くの企業が，世界規模で事業を展開するようになり，一企業の活動が世界的に影響を与えるようになってきた。とあるが，次のⅠの略年表は，1976年から2016年までの，国際会議に関する主な出来事についてまとめたものである。Ⅱの文は，Ⅰの略年表中の**ア**～**エ**の**いずれか**の国際会議について述べたものである。Ⅱの文で述べている国際会議に当てはまるのは，Ⅰの略年表中の**ア**～**エ**のうちのどれか。

Ⅰ

西暦	国際会議に関する主な出来事
1976	●東南アジア諸国連合(ASEAN)首脳会議がインドネシアで開催された。…………………………ア
1993	●アジア太平洋経済協力(APEC)首脳会議がアメリカ合衆国で開催された。……………………イ
1996	●世界貿易機関(WTO)閣僚会議がシンガポールで開催された。
2008	●金融・世界経済に関する首脳会合(G20サミット)がアメリカ合衆国で開催された。…………ウ
2016	●主要国首脳会議(G７サミット)が日本で開催された。…………………………………………エ

Ⅱ

アメリカ合衆国に本社がある証券会社の経営破綻などを契機に発生した世界金融危機(世界同時不況，世界同時金融危機)と呼ばれる状況に対処するために，初めて参加国の首脳が集まる会議として開催された。

〔問３〕 (3)国際連合などにおける国際協調の推進が一層求められている。とあるが，次のⅠのグラフ中の**ア**～**エ**は，1945年から2020年までのアジア州，アフリカ州，ヨーロッパ州，南北アメリカ州の**いずれか**の州の国際連合加盟国数の推移を示したものである。Ⅱの文章は，Ⅰのグラフ中の**ア**～**エ**の**いずれか**の州について述べたものである。Ⅱの文章で述べている州に当てはまるのは，Ⅰの**ア**～**エ**のうちのどれか。

Ⅰ

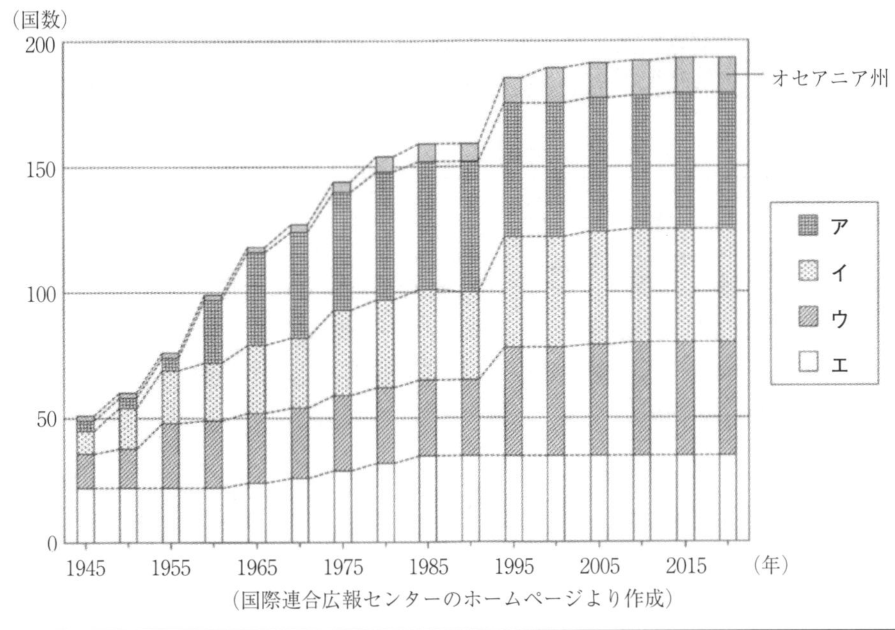

(国際連合広報センターのホームページより作成)

Ⅱ

○国際連合が設立された1945年において，一部の国を除き他国の植民地とされており，民族の分布を考慮しない直線的な境界線が引かれていた。
○国際連合総会で「植民地と人民に独立を付与する宣言」が採択された1960年に，多くの国が独立し，2020年では，50か国を超える国が国際連合に加盟している。

【理　科】（50分）〈満点：100点〉

1　次の各問に答えよ。

〔問1〕　水素と酸素が結び付いて水ができるときの化学変化を表したモデルとして適切なのは，下の**ア**～**エ**のうちではどれか。

ただし，矢印の左側は化学変化前の水素と酸素のモデルを表し，矢印の右側は化学変化後の水のモデルをそれぞれ表すものとする。また，●は水素原子１個を，○は酸素原子１個を表すものとする。

ア　●●　＋　○　→　●○●

イ　●　●　＋　○　→　●○●

ウ　●　●　●　●　＋　○○　→　●○●　●○●

エ　●●　●●　＋　○○　→　●○●　●○●

図１

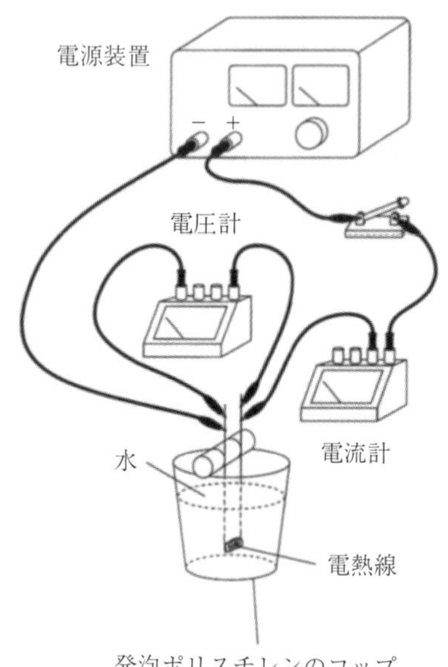

〔問2〕　図１のように，発泡ポリスチレンのコップの中の水に電熱線を入れた。電熱線に６Ｖの電圧を加えたところ，1.5Aの電流が流れた。このときの電熱線の抵抗の大きさと，電熱線に６Ｖの電圧を加え５分間電流を流したときの電力量とを組み合わせたものとして適切なのは，次の表の**ア**～**エ**のうちではどれか。

	電熱線の抵抗の大きさ〔Ω〕	電熱線に６Ｖの電圧を加え５分間電流を流したときの電力量〔Ｊ〕
ア	4	450
イ	4	2700
ウ	9	450
エ	9	2700

〔問3〕　次のＡ～Ｅの生物の仲間を，脊椎動物と無脊椎動物とに分類したものとして適切なのは，下の表の**ア**～**エ**のうちではどれか。

Ａ　昆虫類　　Ｂ　魚類　　Ｃ　両生類　　Ｄ　甲殻類　　Ｅ　鳥類

	脊椎動物	無脊椎動物
ア	Ａ，Ｃ，Ｄ	Ｂ，Ｅ
イ	Ａ，Ｄ	Ｂ，Ｃ，Ｅ
ウ	Ｂ，Ｃ，Ｅ	Ａ，Ｄ
エ	Ｂ，Ｅ	Ａ，Ｃ，Ｄ

図２

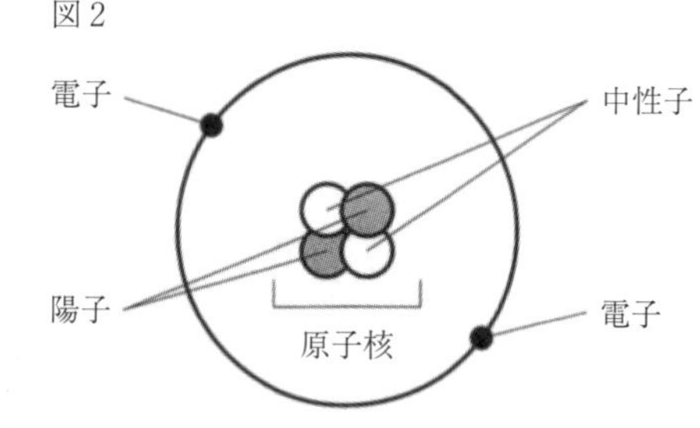

〔問4〕　図２は，ヘリウム原子の構造を模式的に表したものである。原子核の性質と電子の性質について述べたものとして適切なのは，次の**ア**～**エ**のうちではどれか。

ア　原子核は，プラスの電気をもち，電子は，マイナスの電気をもつ。

イ　原子核は，マイナスの電気をもち，電子は，プラスの電気をもつ。

ウ　原子核と電子は，共にプラスの電気をもつ。

エ　原子核と電子は，共にマイナスの電気をもつ。

〔問5〕 表1は，ある日の午前9時の東京の気象観測の結果を記録したものである。また，表2は，風力と風速の関係を示した表の一部である。表1と表2から，表1の気象観測の結果を天気，風向，風力の記号で表したものとして適切なのは，下の**ア**～**エ**のうちではどれか。

表1

天気	風向	風速〔m/s〕
くもり	北東	3.0

表2

風力	風速〔m/s〕
0	0.3未満
1	0.3以上1.6未満
2	1.6以上3.4未満
3	3.4以上5.5未満
4	5.5以上8.0未満

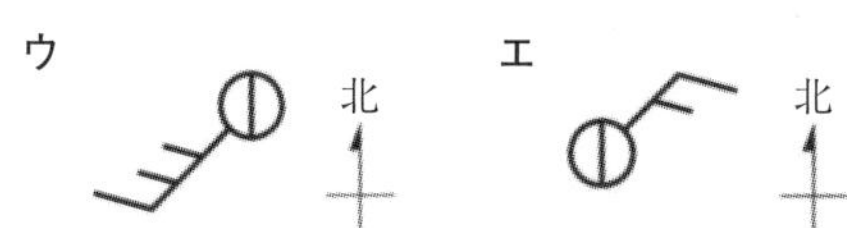

〔問6〕 ヒトのヘモグロビンの性質の説明として適切なのは，次のうちではどれか。

ア ヒトのヘモグロビンは，血液中の白血球に含まれ，酸素の少ないところでは酸素と結び付き，酸素の多いところでは酸素をはなす性質がある。

イ ヒトのヘモグロビンは，血液中の白血球に含まれ，酸素の多いところでは酸素と結び付き，酸素の少ないところでは酸素をはなす性質がある。

ウ ヒトのヘモグロビンは，血液中の赤血球に含まれ，酸素の少ないところでは酸素と結び付き，酸素の多いところでは酸素をはなす性質がある。

エ ヒトのヘモグロビンは，血液中の赤血球に含まれ，酸素の多いところでは酸素と結び付き，酸素の少ないところでは酸素をはなす性質がある。

2 生徒が，岩石に興味をもち，調べたことについて科学的に探究しようと考え，自由研究に取り組んだ。生徒が書いたレポートの一部を読み，次の各問に答えよ。

<レポート1> 身近な岩石に含まれる化石について

河原を歩いているときに様々な色や形の岩石があることに気付き，河原の岩石を観察したところ，貝の化石を見付けた。

身近な化石について興味をもち，調べたところ，建物に使われている石材に化石が含まれるものもあることを知った。そこで，化石が含まれているいくつかの石材を調べ，表1のようにまとめた。

表1

石材	含まれる化石
建物Aの壁に使われている石材a	フズリナ
建物Bの壁に使われている石材b	アンモナイト
建物Bの床に使われている石材c	サンゴ

〔問1〕 **<レポート1>**から，化石について述べた次の文章の ① と ② にそれぞれ当てはまるものを組み合わせたものとして適切なのは，下の表の**ア**～**エ**のうちではどれか。

表1において，石材aに含まれるフズリナの化石と石材bに含まれるアンモナイトの化石のうち，地質年代の古いものは ① である。また，石材cに含まれるサンゴの化石のように，その化石を含む地層が堆積した当時の環境を示す化石を ② という。

	①	②
ア	石材ａに含まれるフズリナの化石	示相化石
イ	石材ａに含まれるフズリナの化石	示準化石
ウ	石材ｂに含まれるアンモナイトの化石	示相化石
エ	石材ｂに含まれるアンモナイトの化石	示準化石

＜レポート２＞　金属を取り出せる岩石について

山を歩いているときに見付けた緑色の岩石について調べたところ，クジャク石というもので，この石から銅を得られることを知った。不純物を含まないクジャク石から銅を得る方法に興味をもち，具体的に調べたところ，クジャク石を加熱すると，酸化銅と二酸化炭素と水に分解され，得られた酸化銅に炭素の粉をよく混ぜ，加熱すると銅が得られることが分かった。

クジャク石に含まれる銅の割合を，実験と資料により確認することにした。

図１

人工的に作られたクジャク石の粉

まず，不純物を含まない人工的に作られたクジャク石の粉0.20ｇを理科室で図１のように加熱し，完全に反応させ，0.13ｇの黒色の固体を得た。次に，銅の質量とその銅を加熱して得られる酸化銅の質量の関係を調べ，表２のような資料にまとめた。

表２

銅の質量〔ｇ〕	0.08	0.12	0.16	0.20	0.24	0.28
加熱して得られる酸化銅の質量〔ｇ〕	0.10	0.15	0.20	0.25	0.30	0.35

〔問２〕　＜**レポート２**＞から，人工的に作られたクジャク石の粉0.20ｇに含まれる銅の割合として適切なのは，次のうちではどれか。

ア　20％　　**イ**　52％　　**ウ**　65％　　**エ**　80％

＜レポート３＞　石英について

山を歩いているときに見付けた無色透明な部分を含む岩石について調べたところ，無色透明な部分が石英であり，ガラスの原料として広く使われていることを知った。

ガラスを通る光の性質に興味をもち，調べるために，空気中で図２のように方眼紙の上に置いた直方体のガラスに光源装置から光を当てる実験を行った。光は，物質の境界面Ｑ及び境界面Ｒで折れ曲がり，方眼紙に引いた直線Ｌを通り過ぎた。光の道筋と直線Ｌとの交点を点Ｐとした。なお，図２は真上から見た図であり，光源装置から出ている矢印(―▶―)は光の道筋と進む向きを示したものである。

図２

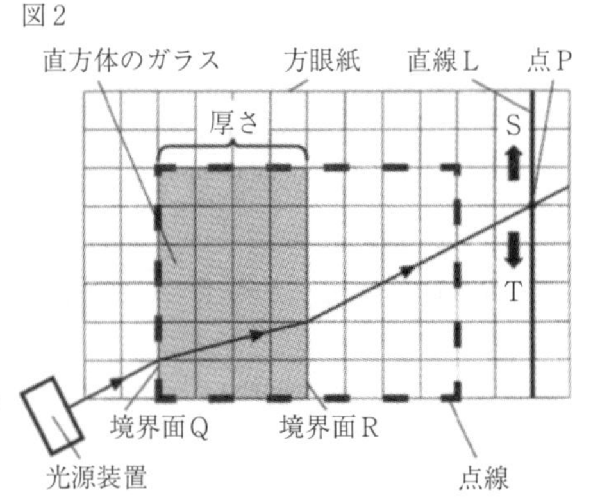

〔問３〕　＜**レポート３**＞から，図２の境界面Ｑと境界面Ｒのうち光源装置から出た光が通過するとき入射角より屈折角が大きくなる境界面と，厚さを２倍にした直方体のガラスに入れ替えて

同じ実験をしたときの直線L上の点Pの位置の変化について述べたものとを組み合わせたものとして適切なのは，下の表の**ア**～**エ**のうちではどれか。

ただし，入れ替えた直方体のガラスは，＜**レポート3**＞の直方体のガラスの厚さのみを変え，点線（ ▬ ▬ ）の枠に合わせて設置するものとする。

	光源装置から出た光が通過するとき入射角より屈折角が大きくなる境界面	厚さを2倍にした直方体のガラスに入れ替えて同じ実験をしたときの直線L上の点Pの位置の変化について述べたもの
ア	境界面Q	点Pの位置は，Sの方向にずれる。
イ	境界面R	点Pの位置は，Sの方向にずれる。
ウ	境界面Q	点Pの位置は，Tの方向にずれる。
エ	境界面R	点Pの位置は，Tの方向にずれる。

＜**レポート4**＞　**生物由来の岩石について**

河原を歩いているときに見付けた岩石について調べたところ，その岩石は，海中の生物の死がいなどが堆積してできたチャートであることを知った。海中の生物について興味をもち，調べたところ，海中の生態系を構成する生物どうしは，食べたり食べられたりする関係でつながっていることが分かった。また，ある生態系を構成する生物どうしの数量的な関係は，図3のように，ピラミッドのような形で表すことができ，食べられる側の生物の数のほうが，食べる側の生物の数よりも多くなることも分かった。

図3

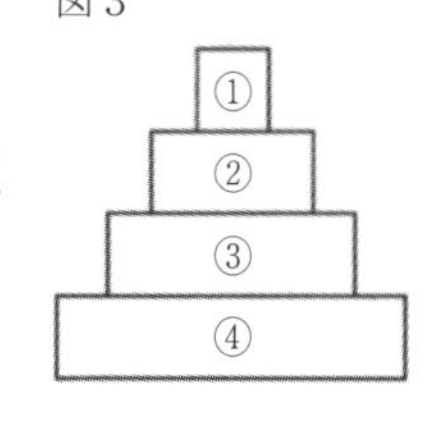

〔問4〕　生物どうしの数量的な関係を図3のように表すことができるモデル化した生態系Vについて，＜**資料**＞のことが分かっているとき，＜**レポート4**＞と＜**資料**＞から，生態系Vにおいて，図3の③に当てはまるものとして適切なのは，下の**ア**～**エ**のうちではどれか。

ただし，生態系Vにおいて，図3の①，②，③，④には，生物w，生物x，生物y，生物zのいずれかが，それぞれ別々に当てはまるものとする。

＜**資料**＞

生態系Vには，生物w，生物x，生物y，生物zがいる。生態系Vにおいて，生物wは生物xを食べ，生物xは生物yを食べ，生物yは生物zを食べる。

ア　生物w　　**イ**　生物x　　**ウ**　生物y　　**エ**　生物z

3　太陽と地球の動きに関する観察について，次の各問に答えよ。

東京のX地点（北緯35.6°）で，ある年の6月のある日に＜**観察1**＞を行ったところ，＜**結果1**＞のようになった。

図1

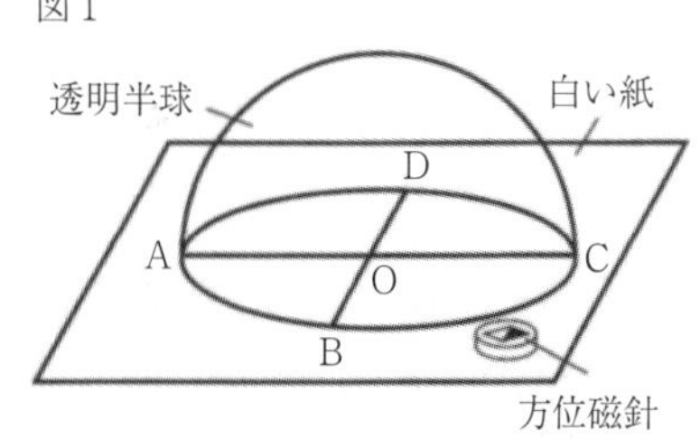

＜**観察1**＞

(1)　図1のように，白い紙に，透明半球の縁と同じ大きさの円と，円の中心Oで垂直に交わる線分ACと線分BDをかいた。かいた円に合わせて透明半球をセロハンテープで白い紙に固定した。

(2)　N極が黒く塗られた方位磁針を用いて点Cが北の方角に一致するよう線分ACを南北方向

に合わせ，透明半球を日当たりのよい水平な場所に固定した。

(3)　8時から16時までの間，2時間ごとに，油性ペンの先の影が円の中心Oと一致する透明半球上の位置に•印と観察した時刻を記録した。

(4)　(3)で記録した•印を滑らかな線で結び，その線を透明半球の縁まで延ばして，東側で交わる点をE，西側で交わる点をFとした。

(5)　(3)で2時間ごとに記録した透明半球上の•印の間隔をそれぞれ測定した。

<**結果1**>

(1)　<**観察1**>の(3)と(4)の透明半球上の記録は図2のようになった。

(2)　<**観察1**>の(5)では，2時間ごとに記録した透明半球上の•印の間隔はどれも5.2cmであった。

図2

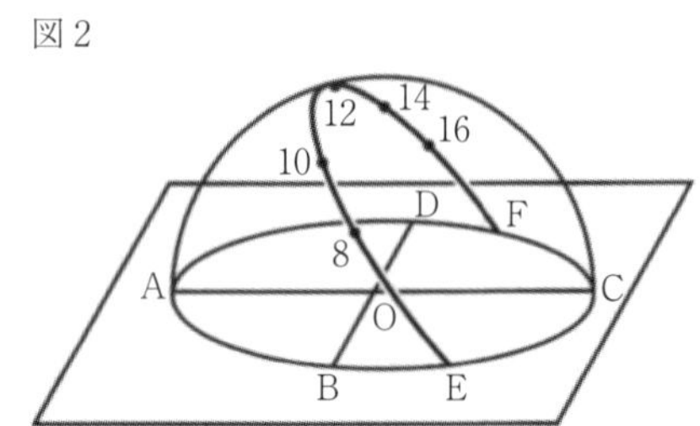

〔問1〕　<**結果1**>の(1)から，<**観察1**>の観測日の南中高度をRとしたとき，Rを示した模式図として適切なのは，下の**ア**～**エ**のうちではどれか。

ただし，下の**ア**～**エ**の図中の点Pは太陽が南中した時の透明半球上の太陽の位置を示している。

ア

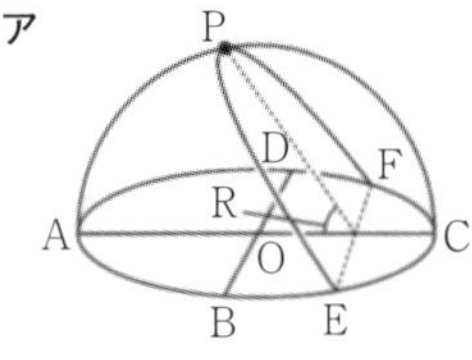

イ

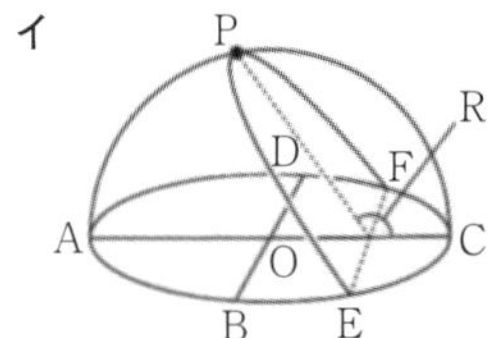

ウ

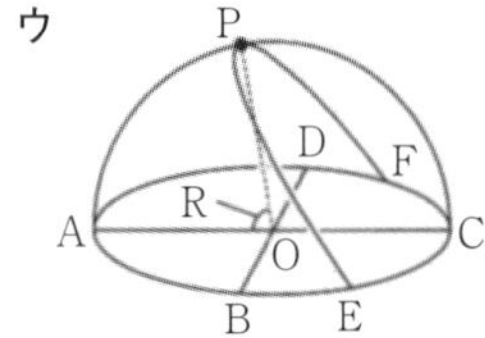

エ

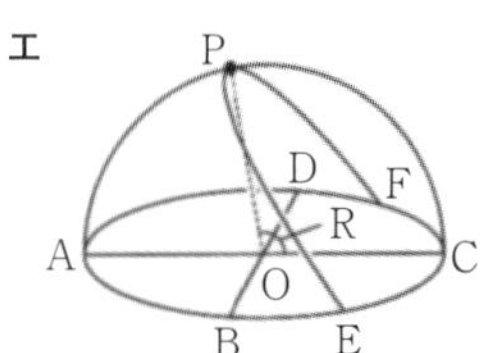

〔問2〕　<**結果1**>の(2)から，地球上での太陽の見かけ上の動く速さについてどのようなことが分かるか。「2時間ごとに記録した透明半球上の•印のそれぞれの間隔は，」に続く形で，理由も含めて簡単に書け。

〔問3〕　図3は，北極点の真上から見た地球を模式的に表したものである。点J，点K，点L，点Mは，それぞれ東京のX地点(北緯35.6°)の6時間ごとの位置を示しており，点Jは南中した太陽が見える位置である。地球の自転の向きについて述べた次の文章の ① ～ ④ に，それぞれ当てはまるものを組み合わせたものとして適切なのは，下の表の**ア**～**エ**のうちではどれか。

図3

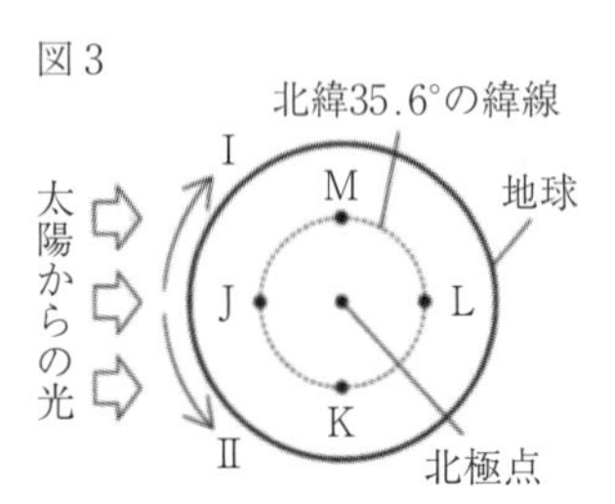

> <**結果1**>の(1)から，地球上では太陽は見かけ上，［　①　］に移動して見えることが分かる。また，図3において，東の空に太陽が見えるのは点［　②　］の位置であり，西の空に太陽が見えるのは点［　③　］の位置である。そのため地球は，［　④　］の方向に自転していると考えられる。

	①	②	③	④
ア	西の空から東の空	K	M	Ⅰ
イ	東の空から西の空	K	M	Ⅱ
ウ	西の空から東の空	M	K	Ⅰ
エ	東の空から西の空	M	K	Ⅱ

次に，東京のＸ地点(北緯35.6°)で，<**観察１**>を行った日と同じ年の９月のある日に<**観察２**>を行ったところ，<**結果２**>のようになった。

<**観察２**>

(1)　<**観察１**>の(3)と(4)の結果を記録した図２のセロハンテープで白い紙に固定した透明半球を準備した。

(2)　Ｎ極が黒く塗られた方位磁針を用いて点Ｃが北の方角に一致するよう線分ACを南北方向に合わせ，透明半球を日当たりのよい水平な場所に固定した。

(3)　８時から16時までの間，２時間ごとに，油性ペンの先の影が円の中心Oと一致する透明半球上の位置に▲印と観察した時刻を記録した。

(4)　(3)で記録した▲印を滑らかな線で結び，その線を透明半球の縁まで延ばした。

(5)　<**観察１**>と<**観察２**>で透明半球上にかいた曲線の長さをそれぞれ測定した。

<**結果２**>

(1)　<**観察２**>の(3)と(4)の透明半球上の記録は図４のようになった。

(2)　<**観察２**>の(5)では，<**観察１**>の(4)でかいた曲線の長さは約37.7cmで，<**観察２**>の(4)でかいた曲線の長さは約33.8cmであった。

図４

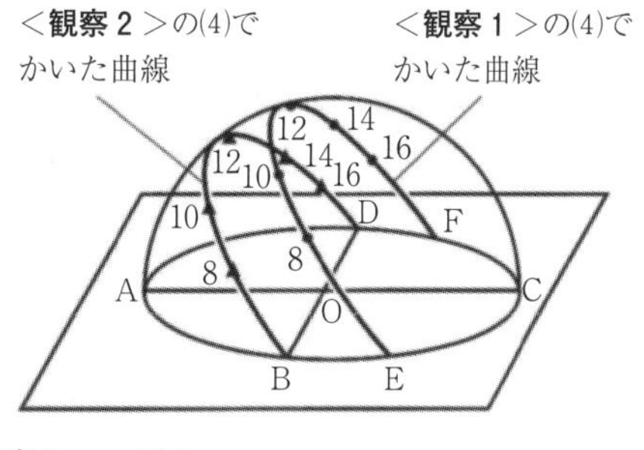

〔問４〕　図５は，<**観察１**>を行った日の地球を模式的に表したものである。図５のＸ地点は<**観察１**>を行った地点を示し，図５のＹ地点は北半球にあり，Ｘ地点より高緯度の地点を示している。<**結果２**>から分かることを次の①，②から一つ，図５のＸ地点とＹ地点における夜の長さを比較したとき夜の長さが長い地点を下の③，④から一つ，それぞれ選び，組み合わせたものとして適切なのは，下の**ア**～**エ**のうちではどれか。

図５

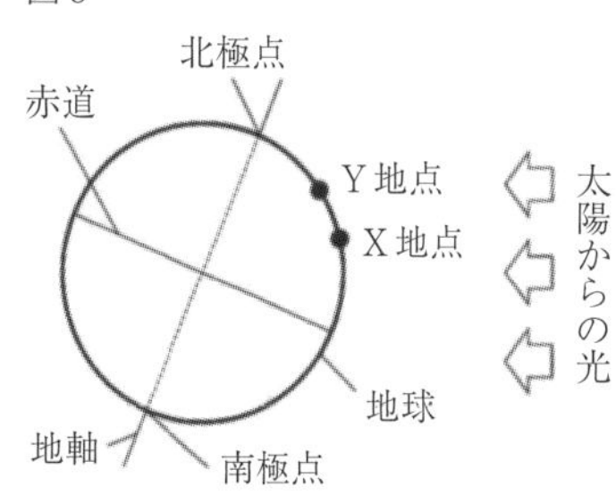

①　日の入りの位置は，<**観察１**>を行った日の方が<**観察２**>を行った日よりも北寄りで，昼の長さは<**観察１**>を行った日の方が<**観察２**>を行った日よりも長い。

②　日の入りの位置は，<**観察１**>を行った日の方が<**観察２**>を行った日よりも南寄りで，昼の長さは<**観察２**>を行った日の方が<**観察１**>を行った日よりも長い。

③　Ｘ地点

④　Ｙ地点

ア　①，③　　**イ**　①，④　　**ウ**　②，③　　**エ**　②，④

4　植物の働きに関する実験について，次の各問に答えよ。
＜**実験**＞を行ったところ，＜**結果**＞のようになった。

＜**実験**＞

(1)　図１のように，２枚のペトリ皿に，同じ量の水と，同じ長さに切ったオオカナダモＡ，オオカナダモＢを用意した。
　オオカナダモＡ，オオカナダモＢの先端付近の葉をそれぞれ１枚切り取り，プレパラートを作り，顕微鏡で観察し，細胞内の様子を記録した。

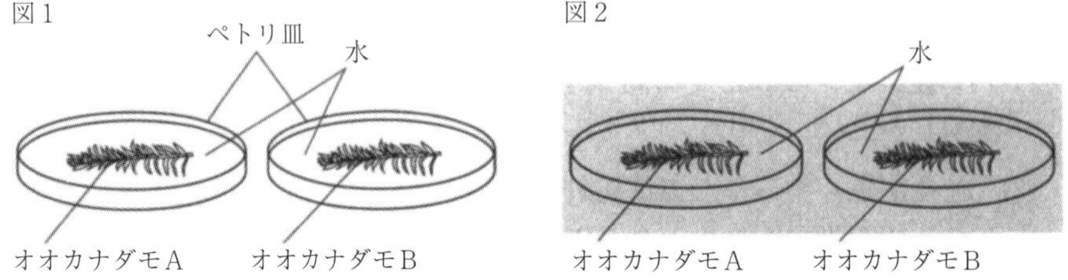

(2)　図２のように，オオカナダモＡ，オオカナダモＢを，20℃の条件の下で，光が当たらない場所に２日間置いた。

(3)　２日後，オオカナダモＡ，オオカナダモＢの先端付近の葉をそれぞれ１枚切り取り，熱湯に浸した後，温めたエタノールに入れ，脱色した。脱色した葉を水で洗った後，ヨウ素液を１滴落とし，プレパラートを作り，顕微鏡で観察し，細胞内の様子を記録した。

(4)　(2)で光が当たらない場所に２日間置いたオオカナダモＢの入ったペトリ皿をアルミニウムはくで覆い，ペトリ皿の内部に光が入らないようにした。

(5)　図３のように，20℃の条件の下で，(2)で光が当たらない場所に２日間置いたオオカナダモＡが入ったペトリ皿と，(4)でアルミニウムはくで覆ったペトリ皿を，光が十分に当たる場所に３日間置いた。

(6)　３日後，オオカナダモＡとオオカナダモＢの先端付近の葉をそれぞれ１枚切り取った。

(7)　(6)で切り取った葉を熱湯に浸した後，温めたエタノールに入れ，脱色した。脱色した葉を水で洗った後，ヨウ素液を１滴落とし，プレパラートを作り，顕微鏡で観察し，細胞内の様子を記録した。

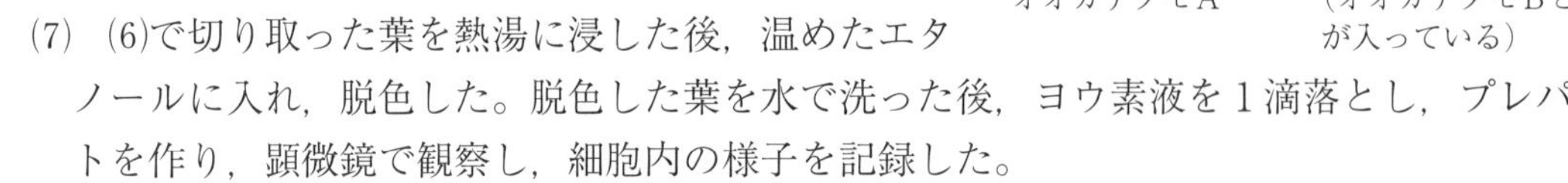

＜**結果**＞

(1)　＜**実験**＞の(1)のオオカナダモＡとオオカナダモＢの先端付近の葉の細胞内には，緑色の粒がそれぞれ多数観察された。

(2)　＜**実験**＞の(3)のオオカナダモの先端付近の葉の細胞内の様子の記録は，表１のようになった。

表１

オオカナダモＡの先端付近の葉の細胞内の様子	オオカナダモＢの先端付近の葉の細胞内の様子
＜**実験**＞の(1)で観察された緑色の粒と同じ形の粒は，透明であった。	＜**実験**＞の(1)で観察された緑色の粒と同じ形の粒は，透明であった。

(3)　＜**実験**＞の(7)のオオカナダモの先端付近の葉の細胞内の様子の記録は，表２のようになった。

表2

オオカナダモAの先端付近の葉の細胞内の様子	オオカナダモBの先端付近の葉の細胞内の様子
<**実験**>の(1)で観察された緑色の粒と同じ形の粒は，青紫色に染色されていた。	<**実験**>の(1)で観察された緑色の粒と同じ形の粒は，透明であった。

〔問1〕 <**実験**>の(1)でプレパラートを作り，顕微鏡で観察をする準備を行う際に，プレパラートと対物レンズを，最初に，できるだけ近づけるときの手順について述べたものと，対物レンズが20倍で接眼レンズが10倍である顕微鏡の倍率とを組み合わせたものとして適切なのは，次の表の**ア**～**エ**のうちではどれか。

	顕微鏡で観察をする準備を行う際に，プレパラートと対物レンズを，最初に，できるだけ近づけるときの手順	対物レンズが20倍で接眼レンズが10倍である顕微鏡の倍率
ア	接眼レンズをのぞきながら，調節ねじを回してプレパラートと対物レンズをできるだけ近づける。	200倍
イ	顕微鏡を横から見ながら，調節ねじを回してプレパラートと対物レンズをできるだけ近づける。	200倍
ウ	接眼レンズをのぞきながら，調節ねじを回してプレパラートと対物レンズをできるだけ近づける。	30倍
エ	顕微鏡を横から見ながら，調節ねじを回してプレパラートと対物レンズをできるだけ近づける。	30倍

〔問2〕 <**実験**>の(6)で葉を切り取ろうとした際に，オオカナダモAに気泡が付着していることに気付いた。このことに興味をもち，植物の働きによる気体の出入りについて調べ，<**資料**>にまとめた。

<**資料**>

【光が十分に当たるとき】と【光が当たらないとき】の植物の光合成や呼吸による，酸素と二酸化炭素の出入りは，図4の模式図のように表すことができる。図4から，植物の［ ⑤ ］による［ ③ ］の吸収と［ ④ ］の放出は，【光が［ ① ］とき】には見られるが，【光が［ ② ］とき】には見られない。

図4

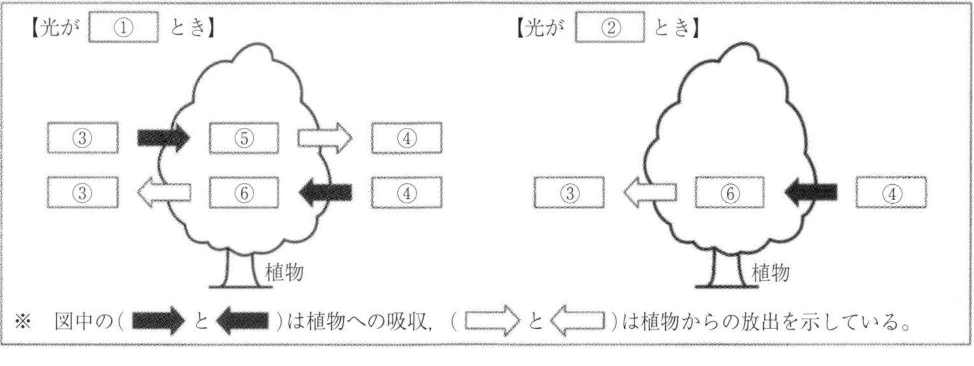

＜**資料**＞の ① ～ ⑥ にそれぞれ当てはまるものを組み合わせたものとして適切なのは，次の表の**ア**～**エ**のうちではどれか。

	①	②	③	④	⑤	⑥
ア	十分に当たる	当たらない	二酸化炭素	酸素	光合成	呼吸
イ	十分に当たる	当たらない	酸素	二酸化炭素	呼吸	光合成
ウ	当たらない	十分に当たる	二酸化炭素	酸素	光合成	呼吸
エ	当たらない	十分に当たる	酸素	二酸化炭素	呼吸	光合成

〔問３〕　＜**結果**＞の(1)～(3)から分かることとして適切なのは，次のうちではどれか。

ア　光が十分に当たる場所では，オオカナダモの葉の核でデンプンが作られることが分かる。

イ　光が十分に当たる場所では，オオカナダモの葉の核でアミノ酸が作られることが分かる。

ウ　光が十分に当たる場所では，オオカナダモの葉の葉緑体でデンプンが作られることが分かる。

エ　光が十分に当たる場所では，オオカナダモの葉の葉緑体でアミノ酸が作られることが分かる。

5　水溶液に関する実験について，次の各問に答えよ。

＜**実験１**＞を行ったところ，＜**結果１**＞のようになった。

図１

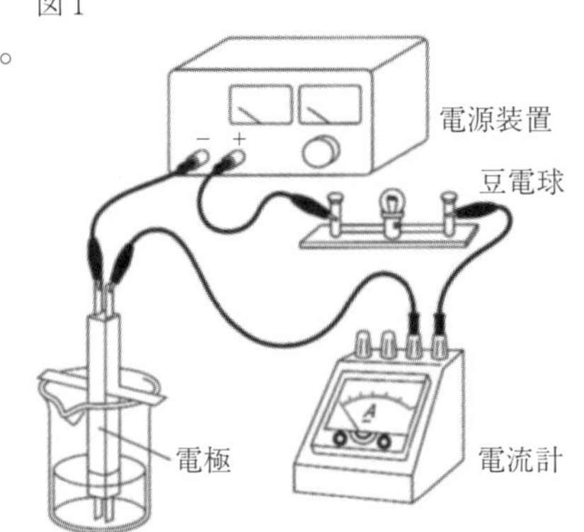

＜**実験１**＞

(1)　ビーカーA，ビーカーB，ビーカーCにそれぞれ蒸留水(精製水)を入れた。

(2)　ビーカーBに塩化ナトリウムを加えて溶かし，５％の塩化ナトリウム水溶液を作成した。ビーカーCに砂糖を加えて溶かし，５％の砂糖水を作成した。

(3)　図１のように実験装置を組み，ビーカーAの蒸留水，ビーカーBの水溶液，ビーカーCの水溶液に，それぞれ約３Ｖの電圧を加え，電流が流れるか調べた。

＜**結果１**＞

ビーカーA	ビーカーB	ビーカーC
電流が流れなかった。	電流が流れた。	電流が流れなかった。

〔問１〕　＜**結果１**＞から，ビーカーBの水溶液の溶質の説明と，ビーカーCの水溶液の溶質の説明とを組み合わせたものとして適切なのは，次の表の**ア**～**エ**のうちではどれか。

	ビーカーBの水溶液の溶質の説明	ビーカーCの水溶液の溶質の説明
ア	蒸留水に溶け，電離する。	蒸留水に溶け，電離する。
イ	蒸留水に溶け，電離する。	蒸留水に溶けるが，電離しない。
ウ	蒸留水に溶けるが，電離しない。	蒸留水に溶け，電離する。
エ	蒸留水に溶けるが，電離しない。	蒸留水に溶けるが，電離しない。

次に，＜**実験２**＞を行ったところ，＜**結果２**＞のようになった。

<**実験２**>

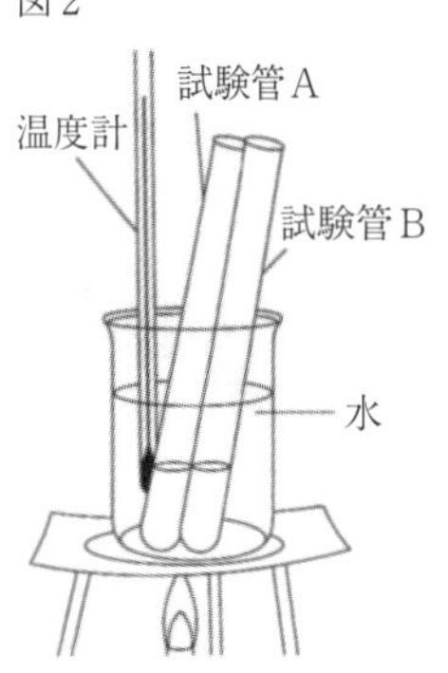

(1)　試験管Ａ，試験管Ｂに，室温と同じ27℃の蒸留水（精製水）をそれぞれ５ｇ（$5\,cm^3$）入れた。次に，試験管Ａに硝酸カリウム，試験管Ｂに塩化ナトリウムをそれぞれ３ｇ加え，試験管をよくふり混ぜた。試験管Ａ，試験管Ｂの中の様子をそれぞれ観察した。

(2)　図２のように，試験管Ａ，試験管Ｂの中の様子をそれぞれ観察しながら，ときどき試験管を取り出し，ふり混ぜて，温度計が27℃から60℃を示すまで水溶液をゆっくり温めた。

(3)　加熱を止め，試験管Ａ，試験管Ｂの中の様子をそれぞれ観察しながら，温度計が27℃を示すまで水溶液をゆっくり冷やした。

(4)　試験管Ａ，試験管Ｂの中の様子をそれぞれ観察しながら，さらに温度計が20℃を示すまで水溶液をゆっくり冷やした。

(5)　(4)の試験管Ｂの水溶液を１滴とり，スライドガラスの上で蒸発させた。

<**結果２**>

(1)　<**実験２**>の(1)から<**実験２**>の(4)までの結果は以下の表のようになった。

	試験管Ａの中の様子	試験管Ｂの中の様子
<**実験２**>の(1)	溶け残った。	溶け残った。
<**実験２**>の(2)	温度計が約38℃を示したときに全て溶けた。	<**実験２**>の(1)の試験管Ｂの中の様子に比べ変化がなかった。
<**実験２**>の(3)	温度計が約38℃を示したときに結晶が現れ始めた。	<**実験２**>の(2)の試験管Ｂの中の様子に比べ変化がなかった。
<**実験２**>の(4)	結晶の量は，<**実験２**>の(3)の結果に比べ増加した。	<**実験２**>の(3)の試験管Ｂの中の様子に比べ変化がなかった。

(2)　<**実験２**>の(5)では，スライドガラスの上に白い固体が現れた。

さらに，硝酸カリウム，塩化ナトリウムの水に対する溶解度を図書館で調べ，<**資料**>を得た。

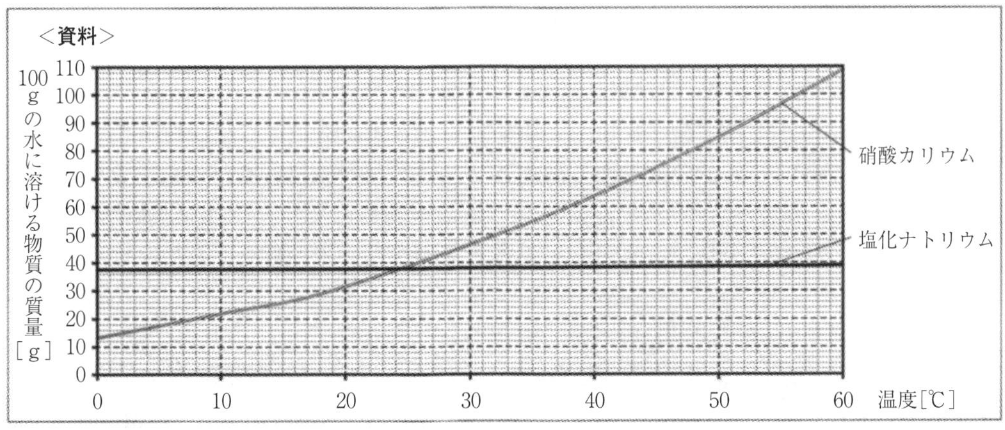

〔問２〕　<**結果２**>の(1)と<**資料**>から，温度計が60℃を示すまで温めたときの試験管Ａの水溶液の温度と試験管Ａの水溶液の質量パーセント濃度の変化との関係を模式的に示した図として適切なのは，次のうちではどれか。

ア

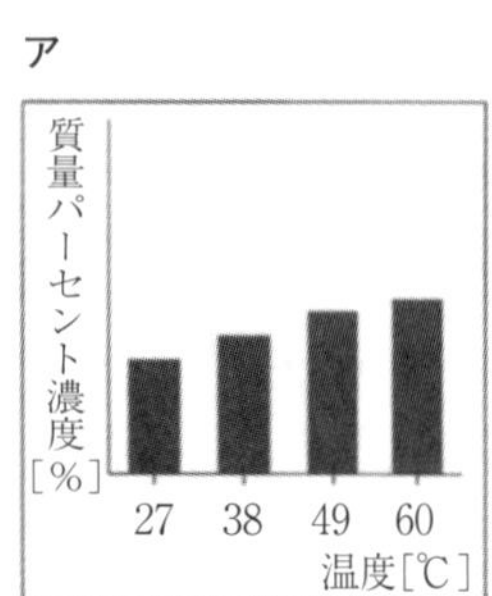

イ

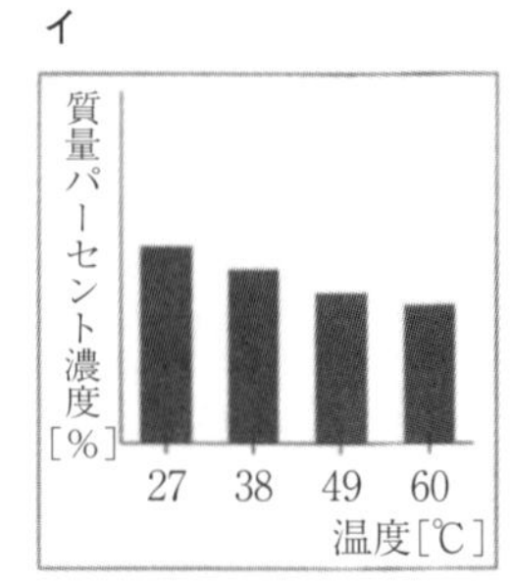

ウ

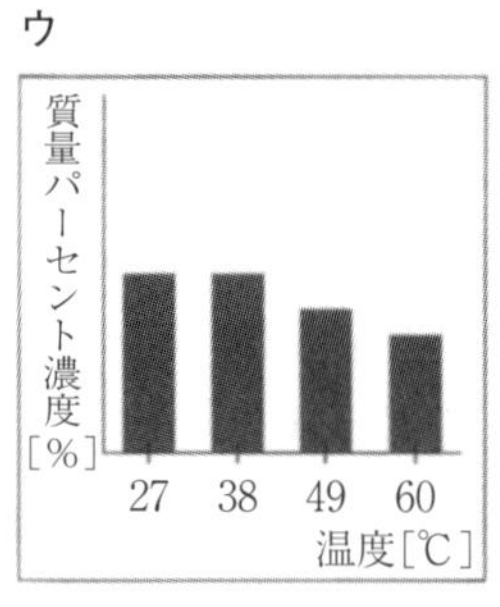

エ

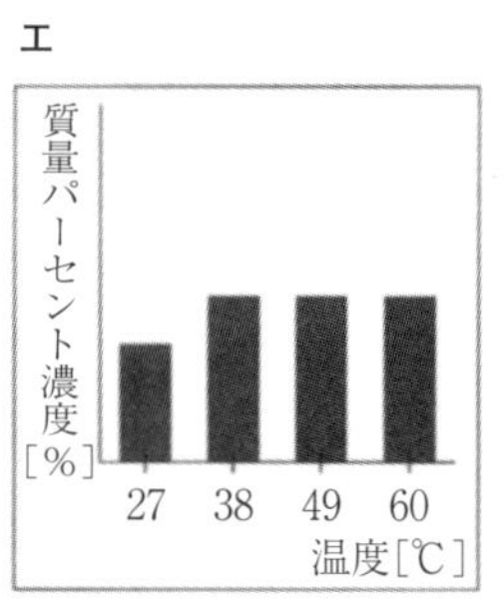

〔問３〕　＜**結果２**＞の(1)から，試験管Ｂの中の様子に変化がなかった理由を，温度の変化と溶解度の変化の関係に着目して，「＜**資料**＞から，」に続く形で，簡単に書け。

〔問４〕　＜**結果２**＞の(2)から，水溶液の溶媒を蒸発させると溶質が得られることが分かった。試験管Ｂの水溶液の温度が20℃のときと同じ濃度の塩化ナトリウム水溶液が0.35ｇあった場合，＜**資料**＞を用いて考えると，溶質を全て固体として取り出すために蒸発させる溶媒の質量として適切なのは，次のうちではどれか。

ア　約0.13ｇ　　**イ**　約0.21ｇ　　**ウ**　約0.25ｇ　　**エ**　約0.35ｇ

6　力学的エネルギーに関する実験について，次の各問に答えよ。
ただし，質量100ｇの物体に働く重力の大きさを１Ｎとする。
＜**実験１**＞を行ったところ，＜**結果１**＞のようになった。

＜**実験１**＞

(1)　図１のように，力学台車と滑車を合わせた質量600ｇの物体を糸でばねばかりにつるし，基準面で静止させ，ばねばかりに印を付けた。その後，ばねばかりをゆっくり一定の速さで水平面に対して垂直上向きに引き，物体を基準面から10cm 持ち上げたとき，ばねばかりが示す力の大きさと，印が動いた距離と，移動にかかった時間を調べた。

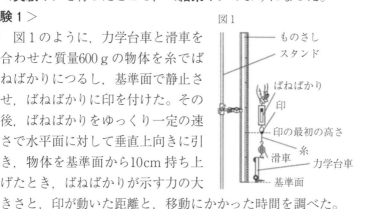

図１

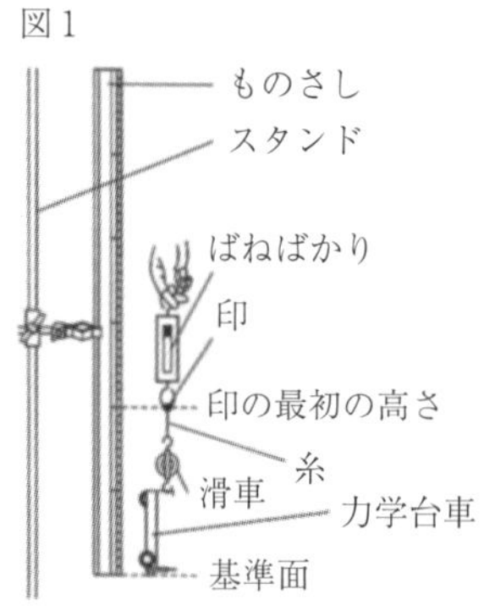

図２

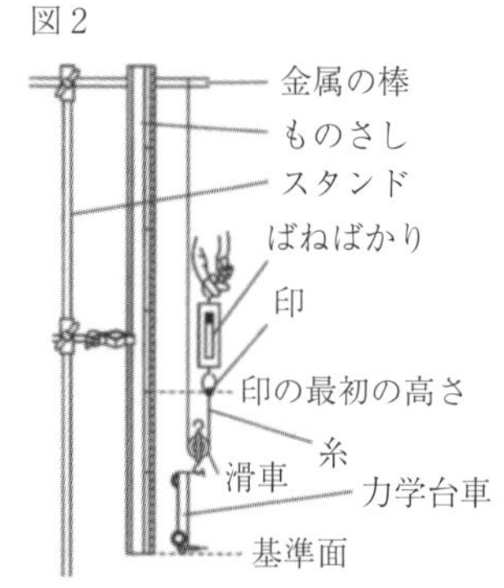

(2)　図２のように，(1)と同じ質量600ｇの物体を，一端を金属の棒に結び付けた糸でばねばかりにつるし，(1)と同じ高さの基準面で静止させ，ばねばかりに印を付けた。その後，ばねばかりをゆっくり一定の速さで水平面に対して垂直上向きに引き，物体を基準面から10cm 持ち上げたとき，ばねばかりが示す力の大きさと，印が動いた距離と，移動にかかった時間を調べた。

＜**結果１**＞

	ばねばかりが示す力の大きさ〔Ｎ〕	印が動いた距離〔cm〕	移動にかかった時間〔ｓ〕
＜**実験１**＞の(1)	6	10	25
＜**実験１**＞の(2)	3	20	45

〔問１〕　＜**結果１**＞から，＜**実験１**＞の(1)で物体を基準面から10cm 持ち上げたときに「ばねばかりが糸を引く力」がした仕事の大きさと，＜**実験１**＞の(2)で「ばねばかりが糸を引く力」を

作用としたときの反作用とを組み合わせたものとして適切なのは，次の表の**ア**～**エ**のうちではどれか。

	「ばねばかりが糸を引く力」がした仕事の大きさ〔J〕	<**実験１**>の(2)で「ばねばかりが糸を引く力」を作用としたときの反作用
ア	0.6	力学台車と滑車を合わせた質量600gの物体に働く重力
イ	6	力学台車と滑車を合わせた質量600gの物体に働く重力
ウ	0.6	糸がばねばかりを引く力
エ	6	糸がばねばかりを引く力

次に，<**実験２**>を行ったところ，<**結果２**>のようになった。

<**実験２**>

(1)　図３のように，斜面の傾きを10°にし，記録テープを手で支え，力学台車の先端を点Aの位置にくるように静止させた。

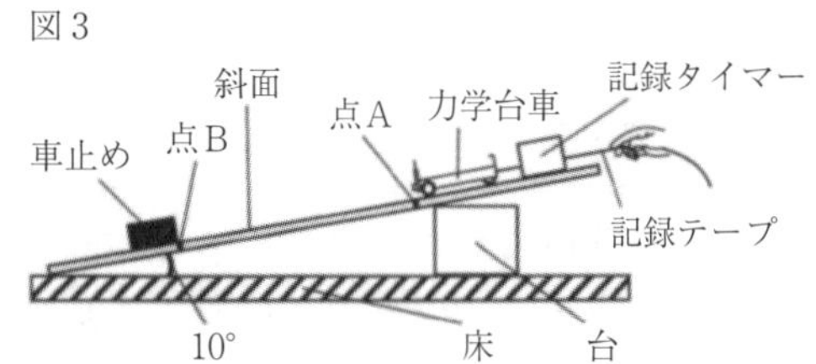

図３

(2)　記録テープから静かに手をはなし，力学台車が動き始めてから，点Bの位置にある車止めに当たる直前までの運動を，１秒間に一定間隔で50回打点する記録タイマーで記録テープに記録した。

(3)　(2)で得た記録テープの，重なっている打点を用いずに，はっきり区別できる最初の打点を基準点とし，基準点から５打点間隔ごとに長さを測った。

(4)　(1)と同じ場所で，同じ実験器具を使い，斜面の傾きを20°に変えて同じ実験を行った。

<**結果２**>

図４　斜面の傾きが10°のときの記録テープ

2.2cm　3.6cm　5.0cm　6.4cm　7.8cm　9.2cm　10.6cm

基準点

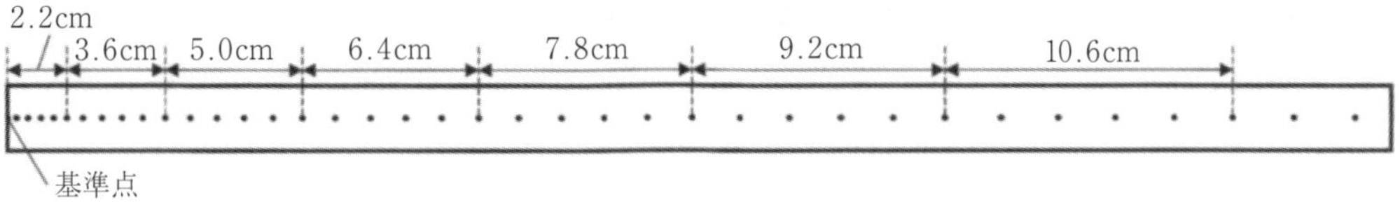

図５　斜面の傾きが20°のときの記録テープ

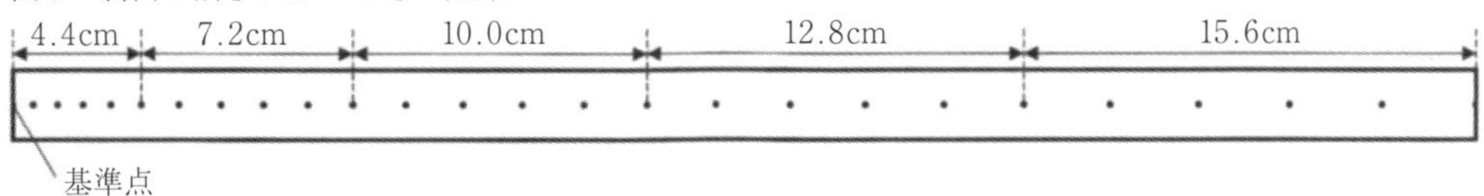

〔問２〕　<**結果２**>から，力学台車の平均の速さについて述べた次の文章の［①］と［②］にそれぞれ当てはまるものとして適切なのは，下の**ア**～**エ**のうちではどれか。

> <**実験２**>の(2)で，斜面の傾きが10°のときの記録テープの基準点が打点されてから0.4秒経過するまでの力学台車の平均の速さをCとすると，Cは［①］である。また，<**実験２**>の(4)で，斜面の傾きが20°のときの記録テープの基準点が打点されてから0.4秒経過するまでの力学台車の平均の速さをDとしたとき，CとDの比を最も簡単な整数の比で表すとC：D＝［②］となる。

①	ア　16cm/s	イ　32cm/s	ウ　43cm/s	エ　64cm/s
②	ア　1：1	イ　1：2	ウ　2：1	エ　14：15

〔問3〕　<**結果2**>から，<**実験2**>で斜面の傾きを10°から20°にしたとき，点Aから点Bの直前まで斜面を下る力学台車に働く重力の大きさと，力学台車に働く重力を斜面に平行な(沿った)方向と斜面に垂直な方向の二つの力に分解したときの斜面に平行な方向に分解した力の大きさとを述べたものとして適切なのは，次のうちではどれか。

ア　力学台車に働く重力の大きさは変わらず，斜面に平行な分力は大きくなる。

イ　力学台車に働く重力の大きさは大きくなり，斜面に平行な分力も大きくなる。

ウ　力学台車に働く重力の大きさは大きくなるが，斜面に平行な分力は変わらない。

エ　力学台車に働く重力の大きさは変わらず，斜面に平行な分力も変わらない。

〔問4〕　<**実験1**>の位置エネルギーと<**実験2**>の運動エネルギーの大きさについて述べた次の文章の ① と ② にそれぞれ当てはまるものを組み合わせたものとして適切なのは，下の表の**ア**～**エ**のうちではどれか。

> 　<**実験1**>の(1)と(2)で，ばねばかりをゆっくり一定の速さで引きはじめてから25秒経過したときの力学台車の位置エネルギーの大きさを比較すると ① 。
> 　<**実験2**>の(2)と(4)で，力学台車が点Aから点Bの位置にある車止めに当たる直前まで下ったとき，力学台車のもつ運動エネルギーの大きさを比較すると ② 。

	①	②
ア	<**実験1**>の(1)と(2)で等しい	<**実験2**>の(2)と(4)で等しい
イ	<**実験1**>の(1)と(2)で等しい	<**実験2**>の(4)の方が大きい
ウ	<**実験1**>の(1)の方が大きい	<**実験2**>の(2)と(4)で等しい
エ	<**実験1**>の(1)の方が大きい	<**実験2**>の(4)の方が大きい

社会解答

1 〔問1〕 B…イ　C…エ　D…ウ　E…ア
〔問2〕 エ　〔問3〕 ウ

2 〔問1〕 略地図中のA～D…C　Ⅱのア～エ…イ
〔問2〕 P…ア　Q…ウ　R…エ　S…イ
〔問3〕 略地図中のW～Z…Z　ⅠとⅡのア～エ…ア

3 〔問1〕 A…ウ　B…イ　C…ア　D…エ
〔問2〕 Ⅰのア～エ…ア　略地図中のW～Z…W
〔問3〕 (例)自動車を利用しなくても，公共交通を利用することで，日常生活に必要な機能が利用できる。

4 〔問1〕 エ→ア→イ→ウ
〔問2〕 (例)太平洋のみを通る経路と，日本海と太平洋を通る経路で，寄港地では積荷の点検などを行い，江戸に輸送すること。
〔問3〕 A…ウ　B…エ　C…ア　D…イ
〔問4〕 A…ア　B…イ　C…エ　D…ウ

5 〔問1〕 イ
〔問2〕 ⅠのA～D…C　ア～エ…ウ
〔問3〕 エ
〔問4〕 (例)投票権年齢，選挙権年齢，成年年齢を満18歳以上とし，社会への参加時期を早め，若年者が将来の国づくりの中心として積極的な役割を果たすこと。

6 〔問1〕 A…イ　B…ア　C…ウ　D…エ
〔問2〕 ウ　〔問3〕 ア

1 〔三分野総合―小問集合問題〕

〔問1〕＜地形図と写真の読み取り＞地形図上のB～E点のうち，B点とE点は進行方向の前方で鉄道の線路と交差していることから，アとイのいずれかが当てはまる。このうち，E点の前方には橋・高架を表す(〓)が見られ，道路が線路の上を通っていることがわかる。したがって，E点がア，B点がイとなる。次にD点は，北西から南東にかけて延びる道路と，D点から北へ向かって延びる道路が交わる丁字形の交差点に位置することから，ウが当てはまる。最後にC点は，地形図の右下のスケールバー(距離を表す目盛り)をもとにすると，直前の地点であるB点からの距離が500mよりもやや短い距離であることから，エが当てはまる。

〔問2〕＜分国法＞分国法は，戦国大名が家臣や民衆を統制し，領国を支配するために定めた独自の法である。分国法の規定には，勝手な婚姻や城の建築を禁止するもの，争いの当事者の双方を罰する「けんか両成敗」を定めたものなどが見られる(エ…○)。なお，御成敗式目〔貞永式目〕は1232年に鎌倉幕府の第３代執権である北条泰時が定めた法(ア…×)，大宝律令は701年に唐の律令にならってつくられた法(イ…×)，武家諸法度は江戸幕府が大名を統制するために定めた法である(ウ…×)。

〔問3〕＜特別会＞特別会〔特別国会〕は，衆議院解散後の総選挙の日から30日以内に召集される国会である。特別会が召集されると，それまでの内閣は総辞職し，新しい内閣総理大臣の指名が行われる(ウ…○)。なお，常会〔通常国会〕は，毎年１回１月中に召集され，予算の審議を主に行う国会である(ア…×)。臨時会〔臨時国会〕は，内閣が必要と認めたとき，またはいずれかの議院の総議員の４分の１以上の要求があった場合に召集される国会である(イ…×)。参議院の緊急集会は，衆議院の解散中に緊急の必要がある場合に，内閣の求めによって開かれる集会である。

2 〔世界地理―世界の諸地域〕

〔問1〕＜世界の国と気候＞略地図中のA～D．略地図中のAはタイの首都バンコク，Bはサウジアラビアの首都リヤド，Cはエチオピアの首都アディスアベバ，Dはポーランドの首都ワルシャワである。Ⅰの文章は，首都が標高約2350mの高地にあること，コーヒー豆の生産量が多く輸出額に占める割合が高いことなどから，国土にエチオピア高原が広がり，輸出額に占めるコーヒー豆の割合が高いモノカルチャー経済の国であるエチオピアについて述べたものである。　**Ⅱのア～エ**．エチオピアの首都アディスアベバは高山気候に属していることから，一年を通して冷涼で，年間の気温差が小さいイが当てはまる。なお，アは冬の寒さが厳しい亜寒帯〔冷帯〕気候でDのワルシャワ，ウは一年を通して降水量が非常に少ない乾燥帯の砂漠気候でBのリヤド，エは一年中高温で雨季と乾季がある熱帯のサバナ気候でAのバンコクのグラフである。

〔問２〕<世界の国々の特徴>略地図中のPはメキシコ，Qはフィジー，Rはバングラデシュ，Sはイタリアである。アは，とうもろこしが主食であることなどからメキシコであり，「中央部の高原」とはメキシコ高原である。イは，柑橘(かんきつ)類やオリーブの栽培が盛んであることや，小麦が主食であることなどから，地中海沿岸に位置するイタリアである。ウは，タロいもが主食で，さとうきびやバナナなどの熱帯の植物が見られることから，南太平洋に位置するフィジーである。エは，稲作や茶の栽培が盛んで，米が主食であることなどからバングラデシュである。

〔問３〕<オランダの特徴と資料の読み取り>略地図中のW～Z．略地図中のWはウルグアイ，Xはマレーシア，Yは南アフリカ共和国，Zはオランダである。Ⅲの文章は，ポルダーと呼ばれる干拓地があること，花や野菜の栽培や酪農が盛んであることなどから，オランダについて述べたものである。　**ⅠとⅡのア～エ**．Ⅲの文章の２段落目の記述内容と，Ⅰ，Ⅱの表を照らし合わせて考える。まず，Ⅲの文中の「2001年と比べて2019年では，日本の輸入額は２倍に届いてはいないが増加し」という記述から，Ⅰの表中ではア，ウ，エが該当し，「輸出額は３倍以上となっている」という記述から，Ⅱの表中ではア，イ，ウが該当する。したがって，ア，ウのいずれかがオランダとなる。次に，(2019年の)「輸出額が多い上位３位までの貿易相手国は全て同じ地域の政治・経済統合体の加盟国」という記述から，この政治・経済統合体はオランダが加盟しているEU〔ヨーロッパ連合〕と判断でき，Ⅱの表中で2019年における輸出額が多い上位３位までの貿易相手国が全てEU加盟国となっているアがオランダとなる。なお，イは，表Ⅰで日本の輸入額が４か国中で最も少ないこと，表Ⅱで主な輸出相手国に南アメリカ州の国が多いことからウルグアイである。ウは，表Ⅰで2001年の日本の主な輸入品目にとうもろこしが含まれていること，表Ⅱで2001年の主な輸出相手国にイギリスが含まれることから，かつてイギリスの植民地であった南アフリカ共和国である。エは，表Ⅰで日本の輸入額が４か国中で最も多く，日本の最大の輸入品がパーム油であること，表Ⅱで主な輸出相手国にシンガポールが見られることからマレーシアである。

３　〔日本地理―日本の諸地域〕

〔問１〕<都道府県の自然と第一次産業>略地図中のAは秋田県，Bは静岡県，Cは奈良県，Dは鹿児島県である。　ア．Cの奈良県に当てはまる。１段落目の「河川」は紀の川(奈良県では吉野川)であり，県の南東部にある大台ヶ原付近を水源とする。大台ヶ原付近は国内有数の多雨地域で，林業が盛んで，吉野杉と呼ばれる国産材の産地として知られる。　イ．Bの静岡県に当てはまる。北部には3000m級の赤石山脈が南北に走り，東部には山がちな伊豆半島が位置する。中西部にある牧ノ原などの台地では茶の栽培が盛んで，静岡県の茶の生産量は全国第１位(2021年)である。

ウ．Aの秋田県に当てはまる。１段落目の「河川」は，秋田平野から日本海に注ぐ雄物川である。南東部の横手盆地は，奥羽山脈の西側に位置し，夏に北東から吹く冷涼なやませによる冷害の影響を受けにくく，稲作が盛んである。　エ．Dの鹿児島県に当てはまる。薩摩半島と大隅半島に囲まれた鹿児島湾には桜島，北東側の宮崎県との県境には霧島山があり，いずれも活動が活発な火山である。火山灰などが積もってできたシラス台地では，肉牛や豚などを飼育する牧畜が盛んである。

〔問２〕<千葉県の特徴と資料の読み取り>略地図中のW～Z．略地図中のWは千葉県，Xは愛知県，Yは兵庫県，Zは広島県である。Ⅱの文章は，沿岸部に製鉄や石油化学などの重化学工業を中心とする工業地域があること，中央部から北西部に人口が集中していることなどから，千葉県について述べたものである。千葉県の東京湾岸には京葉工業地域が広がり，東京都に近い中央部から北西部の地域には，千葉市や船橋市などの大都市が集まっている。　**Ⅰのア～エ**．Ⅱの文章中に「2020

年における人口に占める他の都道府県への従業・通学者数の割合は，１割以上」とあることから，Ⅰの表中のア～エについて，他の都道府県への従業・通学者数を，人口の１割(人口÷10)と比較したとき，１割を超えるのはアのみであるので，アが千葉県とわかる。また，製造品出荷額等に占める上位３位の品目に石油・石炭製品などの重化学工業製品が多いことから，アが千葉県と判断することもできる。なお，県庁所在地の人口と製造品出荷額等が最も大きく，製造品出荷額等に占める輸送用機械の割合が特に大きいエは，県庁所在地が名古屋市であり，自動車工業が盛んな中京工業地帯に属する愛知県である。残るイとウのうち，他の都道府県への従業・通学者数が多いウは大阪府に隣接する兵庫県であり，人口が最も少ないイは広島県である。

〔問３〕＜コンパクトなまちづくり＞現状の図より，日常生活に必要な４つの機能のうち，福祉施設や行政サービスは駅やバス停を中心とした徒歩圏にあり，自宅から徒歩と公共交通のみで利用することができるが，病院と食品スーパーを利用するには，自動車を利用しなければならないことがわかる。一方，将来の図より，病院と食品スーパーが駅やバス停を中心とした徒歩圏に変わり，駅やバス停から徒歩で利用できるようになっている。つまり，公共交通へのアクセスがよい場所に日常生活に必要な機能を集め，自動車を利用しなくても生活できるまちづくりが目指されていることがわかる。

4〔歴史―古代～現代の日本と世界〕

〔問１〕＜年代整序＞年代の古い順に，エ(大化の改新―飛鳥時代)，ア(平安京と最澄―平安時代)，イ(執権政治と禅宗の保護―鎌倉時代)，ウ(勘合貿易―室町時代)となる。なお，アは桓武天皇，イは北条時頼，ウは足利義満，エは中大兄皇子(後の天智天皇)について述べている。

〔問２〕＜江戸時代の海上輸送＞まず，ⅠとⅡの資料をもとに輸送経路について確認すると，東北地方の荒浜から太平洋を南下して江戸に至る経路と，東北地方の酒田を出航し，日本海沿岸から下関を回って瀬戸内海を通り，大阪を経由して太平洋から江戸に至る航路があり，どちらの経路でも江戸までの輸送を行う。次に，Ⅰの資料をもとに寄港地の役割について確認すると，役人が船の発着の日時や積荷の点検などを行っていることがわかる。河村瑞賢が整備したこれらの航路は，それぞれ東廻り航路，西廻り航路と呼ばれる。

〔問３〕＜近代の出来事とその時期＞アの治外法権〔領事裁判権〕の撤廃などを定めた日英通商航海条約が調印されたのは1894年(Ｃ)，イの関東大震災が起こったのは1923年(Ｄ)，ウの日米和親条約が締結されたのは1854年(Ａ)，エの西南戦争が起こったのは1877年(Ｂ)のことである。

〔問４〕＜現代の出来事とその時期＞ア．サンフランシスコ平和条約が締結されたのは1951年である。Ａの時期には，特に海上貿易量(輸入)の増加が見られる。　　イ．エネルギーの供給量において石油が石炭を上回るエネルギー革命が起こったのは1960年代である。Ｂの時期の最初の年である1960年と最後の年である1972年のグラフを見比べると，「海上貿易量(輸出)は約４倍に，海上貿易量(輸入)は約６倍に増加」という記述に合致する。　　ウ．冷たい戦争〔冷戦〕の終結が宣言されたのは1989年である。Ｄの時期の海上貿易量は輸出・輸入ともに増加傾向にはあるが，1990年代初めのバブル経済崩壊などいくつかの要因から，一時的に輸出や輸入が減少している時期が見られる。
エ．石油価格の急激な上昇をもたらした石油危機が起こったのは，1973年(第１次石油危機)と1979年(第２次石油危機)である。Ｃの時期の前半には海上貿易量(輸出)が増加しており，後半には海上貿易量(輸入)が減少から増加傾向に転じている。

5〔公民―総合〕

〔問１〕＜平等権＞平等権は，平等な扱いを受ける権利である。日本国憲法第14条では，人種，信条(信仰や思想など)，性別，社会的身分，門地(生まれや家柄)により，政治的，経済的，社会的に差別されないことを定め，「法の下の平等」を保障している。「法の下の平等」は，第13条に定められた「個人の尊重」とともに，人権保障の根幹となる考え方である(イ…○)。なお，アは社会権のうちの生存権(第25条)，ウは自由権のうちの身体の自由(第38条)，エは請求権のうちの裁判を受ける権利(第32条)について定めた条文である。

〔問２〕＜消費税＞ⅠのＡ～Ｄ．Ⅱの文章は，間接税のうち，1989年に導入されたという記述などから，消費税について述べたものである。まず，Ⅰのグラフ中の2021年度の歳入額に占める割合が40％を超えているＤは，公債金に当てはまる。次に，残るＡ～Ｃについて，Ⅱの文章中に「2021年度の歳入額は20兆円を超え，1989年度に比べて６倍以上」とあることから，Ⅰのグラフ中の2021年度と1989年度におけるＡ～Ｃの歳入額を，（一般会計歳入額）×（歳入項目別の割合）÷100でそれぞれ計算すると，2021年度に20兆円を超えているのはＡ，Ｃであり，2021年度の歳入額が1989年度の歳入額の６倍以上となっているのはＣのみである。したがって，Ｃが消費税に当てはまる。なお，Ａは所得税，Ｂは法人税である。　　ア～エ．消費税は，ものやサービスを購入したときに課される間接税である。そのため，所得税のように勤労世代に負担が集中したり人口構成の変化の影響を受けたりすることが少なく，所得税や法人税のように景気変動の影響を大きく受けることもない。また，全ての国民に所得〔収入〕に関係なく課税されるため，所得の低い人ほど所得に占める税金の割合が高くなる逆進性を持つ（ウ…○）。なお，アは公債金，イは所得税，エは法人税についての説明である。

〔問３〕＜SDGsが採択された時期＞Ⅰの文章は，SDGs〔持続可能な開発目標〕について述べたものである。SDGsは，国際社会が2030年までに達成することを目指した目標で，17のゴールと169のターゲットから構成されており，2015年の国連サミットにおいて加盟国の全会一致で採択された。したがって，Ⅱの年表中のエの時期に当てはまる。

〔問４〕＜成年年齢引き下げなどに関する資料の読み取り＞まず，Ⅱの表で，法律の「主な改正点」について確認すると，憲法改正に関する国民投票権を持つ年齢，選挙権を持つ年齢，成年となる年齢が，いずれも満20歳から満18歳へと引き下げられている。次に，Ⅰの文章で，成年年齢を引き下げることによる「国の若年者に対する期待」について確認すると，18歳，19歳の者を大人として扱うことにより，若年者の社会への参加時期を早め，若年者が将来の国づくりの中心となることを期待していることが読み取れる。Ⅰの文章は成年年齢の引き下げに関する文書であるが，国民投票権年齢と選挙権年齢についても，同様の期待のもとに引き下げが行われたと推測できる。

6　**〔三分野総合―国際社会とグローバル化をテーマとする問題〕**

〔問１〕＜世界の国々と歴史＞ア．Ｂのフランスに当てはまる。1789年に起こった市民革命とは，フランス革命である。明治時代には黒田清輝がフランスに留学し，印象派の画風を日本に紹介した。また，ルーブル美術館は，首都パリにある美術館である。　　イ．Ａのドイツに当てはまる。1871年には，ビスマルクの指導のもとでドイツが統一され，ドイツ帝国が誕生した。明治時代には森鷗外が留学し，帰国後にはドイツを舞台とする小説『舞姫』などを執筆した。　　ウ．Ｃのイギリスに当てはまる。1902年に結ばれた同盟とは，日英同盟である。明治時代には英語教師であった夏目漱石がイギリスに留学した。また，シェイクスピアは16世紀～17世紀初めに多くの戯曲や詩を残した作家である。　　エ．Ｄのガーナに当てはまる。アフリカのギニア湾に面している。昭和時代初期には野口英世がガーナに滞在し，黄熱病の研究を行った。

〔問２〕＜Ｇ20サミット＞Ⅱの文章中にある世界金融危機は，2008年にアメリカ合衆国の大手証券会社が経営破綻したことなどをきっかけに，さまざまな国で株価の急落や為替相場の混乱などが連鎖的に起こり，世界的に急速な不景気となった出来事である。これに対処するため，Ⅰの年表中のウの金融・世界経済に関する首脳会合〔G20サミット〕がアメリカ合衆国で開催された。G20とは主要20か国・地域のことで，Ｇ７と呼ばれる主要７か国（日本，アメリカ合衆国，イギリス，フランス，ドイツ，イタリア，カナダ）に新興国などを加えたグループである。

〔問３〕＜国際連合の加盟国数の推移＞Ⅱの文章は，1945年時点で一部の国を除き他国の植民地であったこと，1960年に多くの国が独立したことなどから，アフリカ州について述べたものである。1960年は，アフリカ州の17か国が独立を果たしたことから「アフリカの年」と呼ばれた。したがって，Ⅰのグラフ中では，1955年までは加盟国数が少なく，1960年に加盟国数が大幅に増えているアがアフリカ州となる。なお，1990年から1995年にかけて加盟国が大きく増えているウは，1991年のソ連解体に伴って独立国が増えたヨーロッパ州である。残るイとエのうち，1945年から2020年までの間に加盟国数が大きく増えているイがアジア州，変動が少ないエが南北アメリカ州である。

理科解答

1 〔問1〕 エ　〔問2〕 イ
〔問3〕 ウ　〔問4〕 ア
〔問5〕 イ　〔問6〕 エ

2 〔問1〕 ア　〔問2〕 イ
〔問3〕 エ　〔問4〕 ウ

3 〔問1〕 ウ
〔問2〕 (例)どれも等しいため，地球上での太陽の見かけ上の動く速さは一定であることがわかる。
〔問3〕 エ　〔問4〕 ア

4 〔問1〕 イ　〔問2〕 ア
〔問3〕 ウ

5 〔問1〕 イ　〔問2〕 エ
〔問3〕 (例)塩化ナトリウムの溶解度は，温度によってほとんど変化しないため。
〔問4〕 ウ

6 〔問1〕 ウ　〔問2〕 ①…ウ　②…イ
〔問3〕 ア　〔問4〕 エ

1 〔小問集合〕

〔問1〕<化学変化のモデル>水素は水素原子(H)が2個結びついた水素分子(H_2)の形で存在し，酸素も酸素原子(O)が2個結びついた酸素分子(O_2)の形で存在する。また，水素原子2個と酸素原子1個が結びついて水分子(H_2O)をつくっている。化学変化の前後では，原子の種類と数は変わらないから，求めるモデルはエのようになる。

〔問2〕<抵抗，電力量>電熱線に6Vの電圧を加えたところ，1.5Aの電流が流れたことから，オームの法則〔抵抗〕=〔電圧〕÷〔電流〕より，電熱線の抵抗の大きさは，6÷1.5=4(Ω)である。また，電力量は，〔電力量(J)〕=〔電力(W)〕×〔時間(s)〕で求められ，電力は，〔電力(W)〕=〔電圧(V)〕×〔電流(A)〕で求められる。よって，このとき，電熱線が消費した電力が，6×1.5=9.0(W)で，5分は，5×60=300(s)なので，求める電力量は，9.0×300=2700(J)となる。

〔問3〕<動物の分類>A～Eの生物のうち，背骨を持つ脊椎動物は魚類と両生類，鳥類で，背骨を持たない無脊椎動物は昆虫類と甲殻類である。なお，昆虫類や甲殻類は節足動物のなかまであり，無脊椎動物には軟体動物も含まれる。

〔問4〕<原子の構造>原子核は+(プラス)の電気を持ち，電子は−(マイナス)の電気を持つ。なお，原子核は陽子と中性子からなり，陽子は+の電気を持ち，中性子は電気を持っていない。陽子1個と電子1個が持つ電気の量は同じで，原子に含まれる陽子の数と電子の数は等しいので，原子全体としては電気を帯びていない。

〔問5〕<天気図記号>くもりの天気記号は◎であり，風向は風が吹いてくる方向で，矢の向きで表すから，天気記号から北東の向きに矢をつける。また，表2より風速3.0m/sは風力2で，風力は矢羽根の数で表すので2本つける。なお，⦶は晴れを表す天気記号である。

〔問6〕<ヘモグロビン>ヘモグロビンは赤血球に含まれる赤色の物質である。また，ヘモグロビンには，酸素の多い所では酸素と結びつき，酸素の少ない所では酸素をはなすという性質があるため，赤血球は肺で酸素を取り込み，全身に酸素を運ぶことができる。

2 〔小問集合〕

〔問1〕<化石>フズリナの化石は古生代の示準化石で，アンモナイトの化石は中生代の示準化石である。地質年代は古い方から順に，古生代，中生代，新生代だから，石材aに含まれるフズリナの化石の方が古い。また，サンゴの化石のように，その化石を含む地層が堆積した当時の環境を示す化石を示相化石という。サンゴはあたたかくて浅い海に生息するので，サンゴの化石を含む地層は，あたたかくて浅い海で堆積したと考えられる。

〔問2〕＜**反応する物質の質量**＞クジャク石を加熱すると酸化銅と二酸化炭素と水に分解されることから，人工的につくられたクジャク石の粉0.20gを加熱して得られた0.13gの黒色の固体は酸化銅である。表2より，銅の質量と加熱して得られる酸化銅の質量は比例していて，その比は，銅：酸化銅＝0.08：0.10＝4：5となる。これより，0.13gの酸化銅から得られる銅の質量をxgとすると，x：0.13＝4：5が成り立つ。これを解くと，x×5＝0.13×4より，x＝0.104(g)となる。よって，人工的につくられたクジャク石の粉0.20gに含まれる銅の質量は0.104gなので，その割合は，0.104÷0.20×100＝52(％)である。

〔問3〕＜**光の屈折**＞入射角や屈折角は，境界面に垂直な線と入射光や屈折光がつくる角度である。右図で，境界面Qでは，入射角＞屈折角であり，境界面Rでは，入射角＜屈折角であることがわかる。また，直方体のガラスを厚さを2倍にした直方体のガラスに入れ替えると，光がガラス中を通って空気中へ出る位置が，右図のようにTの方向にずれるので，点Pの位置もTの方向にずれる。

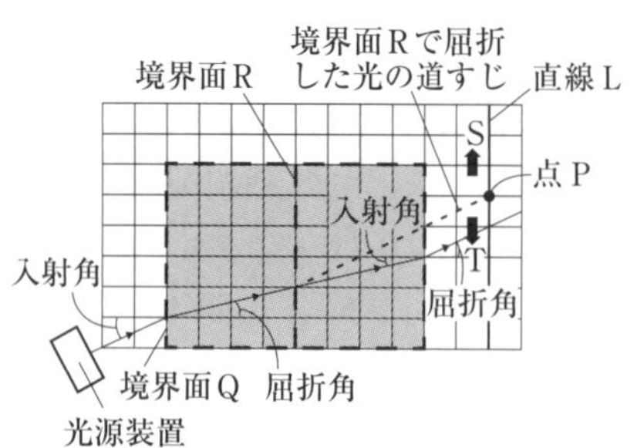

〔問4〕＜**生物どうしの数量的な関係**＞一般に，食べられる側の生物の数は，食べる側の生物の数よりも多くなる。資料より，生物w～zの数量の関係を，不等号を用いて表すと，w＜x，x＜y，y＜zとなるから，w＜x＜y＜zである。よって，図3の①は生物w，②は生物x，③は生物y，④は生物zである。

3 〔地球と宇宙〕

〔問1〕＜**南中高度**＞南中高度は，太陽が南中したときの高度である。また，図2で，点Oは観測者の位置を示し，点Aは南の方位，点Pは南中した太陽の位置を示す。よって，南中高度Rは，南を向いた観測者から見た太陽の高さだから，∠POAで表される。

〔問2〕＜**太陽の動き**＞結果1の(2)より，2時間ごとの・印の間隔がどれも5.2cmで等しいので，地球上での太陽の見かけ上の動く速さは一定であることがわかる。なお，太陽の動きは地球の自転による見かけの動きであり，太陽の動く速さが一定であることから，地球の自転の速さが一定であることがわかる。

〔問3〕＜**太陽の動き**＞問題の図2で，点Cが北より，点Bは東，点Dは西になり，地球上では太陽は見かけ上，東から西に移動して見えることがわかる。また，北極点の方向が北だから，X地点の6時間ごとの位置での方位は右図1のようになる。よって，東の空に太陽が見えるのは点Mの位置，西の空に太陽が見えるのは点Kの位置で，太陽は東の空から南の空を通り西の空へと移動するから，地球の自転の方向は問題の図3のⅡの方向である。

図1

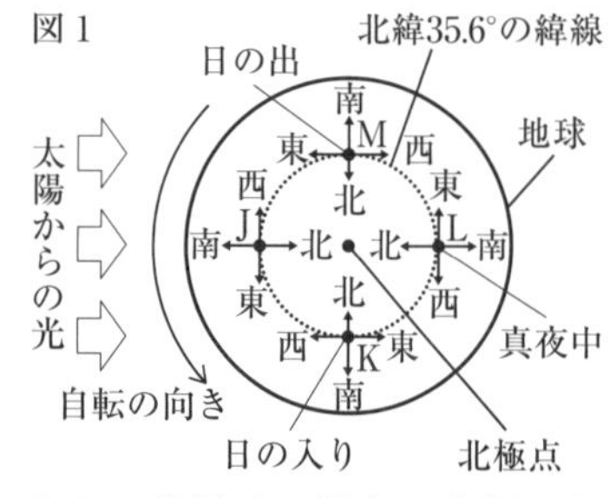

〔問4〕＜**太陽の動き**＞太陽は西の空に沈むので，問題の図4で，日の入りの位置は，観察1を行った日が点F，観察2を行った日が点Dである。よって，観察1を行った日の日の入りの位置は，観察2を行った日の日の入りよりも北寄りである。そして，透明半球上にかいた曲線は観察1を行った日の方が観察2を行った日より長いので，観察1を行った日の方が昼の長さは長くなる。また，観察1を行った日の地球を表した右図2では，太陽からの光が当たっている部分が昼，当たっていない影をつけた部分が夜になる。図2のように，X地点とY地点での1日の夜の長さの割合を比較すると，夜の長さの割合は，明らかにX地点の方がY地点より大きい。したが

図2

夜　昼
北極点
赤道
Y地点
X地点
太陽からの光
地球
地軸
南極点

って，観察１を行った日の夜の長さは，Ｘ地点の方が長い。

4〔生物のからだのつくりとはたらき〕

〔問１〕<顕微鏡>顕微鏡でプレパラートと対物レンズをできるだけ近づけるときは，プレパラートと対物レンズがぶつからないように，横から見ながら調節ねじを回す。また，〔顕微鏡の倍率〕=〔対物レンズの倍率〕×〔接眼レンズの倍率〕より，対物レンズが20倍で接眼レンズが10倍である顕微鏡の倍率は，$20 \times 10 = 200$(倍)である。

〔問２〕<植物のはたらき>植物は常に呼吸を行うが，光合成は光が当たるときだけ行われる。よって，図４で，呼吸と光合成を行っている①が「十分に当たる」，呼吸しか行っていない②が「当たらない」である。光が十分に当たるときにだけ見られる⑤が「光合成」だから，吸収する③は「二酸化炭素」，放出する④は「酸素」である。また，光が十分に当たるときも当たらないときも行われる⑥は「呼吸」で，吸収する④は「酸素」，放出する③は「二酸化炭素」である。

〔問３〕<光合成>細胞内に観察された緑色の粒は葉緑体である。光が十分に当たると，葉緑体で光合成によってデンプンがつくられる。そして，葉緑体にデンプンがあるとヨウ素液によって青紫色に染色される。結果の(3)より，光が当たらないオオカナダモＢの葉緑体にデンプンはできていないが，光を当てたオオカナダモＡの葉緑体にデンプンができていたことから，光が十分に当たる場所では，葉緑体でデンプンがつくられることがわかる。なお，核は，普通細胞内に１つ存在する。

5〔物質のすがた，化学変化とイオン〕

〔問１〕<電解質と非電解質>水(蒸留水)に溶かしたときに，水溶液に電流が流れる物質を電解質，流れない物質を非電解質という。電解質の水溶液に電流が流れるのは，電解質が水溶液中で，陽イオンと陰イオンに電離するためであり，非電解質の水溶液に電流が流れないのは，非電解質は電離しないためである。塩化ナトリウムは電解質で，水溶液中で電離するため，塩化ナトリウム水溶液には電流が流れるが，砂糖は非電解質で電離しないため，砂糖水には電流が流れない。

〔問２〕<溶解度と質量パーセント濃度>結果２の(1)より，実験２の(2)では，試験管Ａに加えた硝酸カリウム３gは温度計が約38℃を示したとき，つまり，水溶液の温度が約38℃になったときに全て溶けている。資料より，硝酸カリウムの溶解度は温度が高くなるほど大きくなるので，約38℃以上では硝酸カリウム３gは全て溶けていることがわかる。よって，溶けた硝酸カリウムの質量は，水溶液の温度が27℃のときは溶け残りがあったことから３g未満で，38℃以上では３gで一定である。したがって，$〔質量パーセント濃度(\%)〕 = \dfrac{〔溶質の質量(g)〕}{〔溶媒の質量(g)〕+〔溶質の質量(g)〕} \times 100$ より，硝酸カリウム水溶液の質量パーセント濃度は，溶質の質量が多いほど大きくなるから，38℃のときは，27℃のときよりも大きく，38℃以上では一定になる。以上より，適切なのはエである。

〔問３〕<溶解度>資料より，塩化ナトリウムの溶解度は，温度が変化してもほとんど変化しないことがわかる。これより，溶け残った塩化ナトリウムの質量はほとんど変化しないと考えられる。そのため，結果２の(1)のように，実験２の(1)～(4)では，試験管Ｂの中の様子に変化がなかったのである。

〔問４〕<再結晶>水溶液中から溶質を全て固体として取り出すためには，溶媒である水を全て蒸発させればいいので，塩化ナトリウム水溶液0.35g中の水の質量を求める。結果２の(1)より，27℃の蒸留水５gに塩化ナトリウム３gを加えると溶け残りがあり，20℃でも様子に変化がない，つまり，溶け残りがあるので，20℃での試験管Ｂの塩化ナトリウム水溶液は塩化ナトリウムが溶解度まで溶けた飽和水溶液である。資料より，20℃での塩化ナトリウムの溶解度は38gだから，水の質量が100gのときの飽和水溶液の質量は $100 + 38 = 138$(g)となる。よって，この飽和水溶液と同じ濃度である塩化ナトリウム水溶液0.35g中の水の質量を x gとすると，$0.35 : x = 138 : 100$ が成り立つ。これを解くと，$x \times 138 = 0.35 \times 100$ より，$x = 0.253\cdots$ となるから，求める溶媒の質量は約0.25gである。

6 〔運動とエネルギー〕

〔問１〕＜仕事，作用と反作用＞仕事は，〔仕事(J)〕＝〔力の大きさ(N)〕×〔力の向きに動いた距離(m)〕で求められる。実験１の(1)で，ばねばかりが糸を引く力の大きさは，結果１のばねばかりが示す力の大きさより６Nであり，物体は10cm，つまり，10÷100＝0.1(m)持ち上げられたから，仕事の大きさは，6×0.1＝0.6(J)となる。また，作用・反作用は，２つの物体の間で対になってはたらくので，「ばねばかりが糸を引く力」を作用としたときの反作用は「糸がばねばかりを引く力」である。

〔問２〕＜速さ＞１秒間に50回打点する記録タイマーを使っているので，５打点にかかる時間は，$\frac{1}{50}\times5=\frac{1}{10}=0.1$(秒)である。結果２の図４より，斜面の傾きが10°のとき，力学台車が0.4秒間で進んだ距離は，2.2＋3.6＋5.0＋6.4＝17.2(cm)なので，平均の速さCは，C＝17.2÷0.4＝43(cm/s)となる。また，結果２の図５より，斜面の傾きが20°のとき，力学台車が0.4秒間で進んだ距離は，4.4＋7.2＋10.0＋12.8＝34.4(cm)なので，平均の速さDは，D＝34.4÷0.4＝86(cm/s)となる。よって，C：D＝43：86＝１：２である。

〔問３〕＜分力＞重力は，地球が地球の中心に向かって物体を引く力だから，斜面の傾きが変わっても重力の大きさは変わらない。また，斜面の傾きが大きくなると，斜面に平行な分力は大きくなり，斜面に垂直な分力は小さくなる。なお，斜面に平行な分力が大きくなると，力学台車の速さの変化の割合が大きくなる。

〔問４〕＜エネルギー＞同じ物体では，物体が持つ位置エネルギーの大きさは，高さが高いほど大きくなる。結果１より，物体を基準面から10cm持ち上げるのに，実験１の(1)では25秒かかり，実験１の(2)では45秒かかる。これより，実験１の(2)で，25秒かけて力学台車を持ち上げた距離は10cmより小さい。つまり，25秒経過したときの力学台車の高さは，実験１の(2)より，実験１の(1)の方が高いので，(1)の方が位置エネルギーは大きい。また，実験２では，点Aで力学台車が持つ位置エネルギーが，点Bでは全て運動エネルギーに移り変わる。斜面の傾きを10°から20°にすると，点Aの高さが高くなるため，力学台車がはじめに持つ位置エネルギーの大きさは，実験２の(2)より，実験２の(4)の方が大きい。よって，車止めに当たる直前の運動エネルギーの大きさは，実験２の(4)の方が大きい。

●2023年度

都立日比谷高等学校

独自問題

【英語・数学・国語】

2023年度 都立日比谷高等学校

【英　語】（50分）〈満点：100点〉

1 リスニングテスト（**放送**による**指示**に従って答えなさい。）

〔**問題A**〕 次の**ア**～**エ**の中から適するものをそれぞれ**一つずつ**選びなさい。

＜対話文1＞

ア To have a birthday party.
イ To write a birthday card for her.
ウ To make some tea.
エ To bring a cake.

＜対話文2＞

ア He was giving water to flowers.
イ He was doing his homework.
ウ He was eating lunch.
エ He was reading some history books.

＜対話文3＞

ア He got there by train.
イ He took a bus to get there.
ウ He got there by bike.
エ He walked there.

〔**問題B**〕 ＜Question 1＞では，下の**ア**～**エ**の中から適するものを**一つ**選びなさい。
＜Question 2＞では，質問に対する答えを英語で書きなさい。

＜Question 1＞

ア Studying English.
イ Students' smiles.
ウ Sports festivals.
エ Students' songs.

＜Question 2＞

（15秒程度，答えを書く時間があります。）

※（編集部注）＜**英語学力検査リスニングテスト台本**＞を英語の問題の終わりに掲載しています。

2 次の対話の文章を読んで，あとの各問に答えなさい。
（＊印の付いている単語・語句には，本文のあとに〔注〕がある。）

Four high school students, Koki, Aya, Sakura, and Mark are in the classroom. Mark is an exchange student from America.

Koki: It's lunch time!

Aya: I woke up late and only had time to make an *onigiri*.

Sakura: You're going to be hungry.

Mark: Aya, do you want my chicken? Well, it's not actually chicken, though.

Aya: What do you mean?

Mark: It's made from *soy *protein. Maybe you have heard of soy meat, or plant-based meat.

Sakura: Oh, I've seen those kinds of products in convenience stores.

Koki: My favorite fast food restaurant started selling soy burgers a little while ago.

Aya: But I thought those products were for people who didn't eat meat.

Mark: Maybe (1)<u>that was the case before</u>, but now there are people who choose to eat meat *alternatives for various reasons, such as for their health, for the environment, to protect animals or as a solution to food problems.

Sakura: I didn't know meat alternatives had so many good points! I want to know more about them.

Koki: Hey, why don't we do our presentation for English class on meat alternatives?

Aya: Good idea!

Mark: Then let's get together after school tomorrow. Each of us can do some research and we can share what we found out.

The next day, the four students are in the classroom after school and they are talking about their presentation for English class.

Sakura: So who wants to start?

Mark: I'll go first. My family started eating meat alternatives about a year ago, after my parents saw a TV program on environmental problems.

Koki: How does eating meat alternatives affect the environment?

Mark: Did you know that farm animals, especially cows, have a very big influence on the environment? According to *the United Nations, they produce about 15% of the *greenhouse gases in the world. That means they produce more greenhouse gases than all our cars, trains, and airplanes put together.

Koki: Really? That's a lot! We have to do something about that.

Mark: Scientists are working hard and they have thought of various ways, such as feeding cows with *seaweed. By doing so, methane, one of the greenhouse gases that cows produce, has decreased greatly.

Koki: I'm glad to hear that!

Mark: But the problem is not just about greenhouse gases. To grow animals, you need lots of water and lots of *land. Also, you need a large amount of water and (2)【① food ② eat ③ land ④ they ⑤ the ⑥ grow ⑦ to ⑧ that】. We are already using half of the world's *habitable land for farming. And we've destroyed so much of our forests.

Sakura: And the situation will get worse.

Koki: Why is that?

Sakura: It is said that the world's population will increase and that there will be 2 billion more people 30 years later. To provide meat for so many people, we need more land for farming. The size of land we need is about the size of Australia.

Koki: Where are we going to find so much land?

Mark: Exactly. So the United Nations has said that we need to eat less meat, instead of producing more. My parents felt that we needed to do something about it.

Koki: I don't think I can live without meat.

Mark: We thought so, too. Then, when we went to the supermarket, we found meat alternatives next to beef and chicken. We decided to give it a try and made every Wednesday "Meat Alternative Day." On other days, we ate animal meat.

Aya: That's a great idea!

Mark: Now we eat meat alternatives more often. It may not make a big difference, but we thought it was better than doing nothing.

Koki: Can I share what I found out?

Sakura: Sure.

Koki: I knew nothing about meat alternatives, so I gathered information to know what they actually are. You can *divide meat alternatives into two groups, plant-based meat and *cultivated meat.

Sakura: What's the difference?

Koki: Plant-based meat is meat made from plants, such as soy, *wheat, or *peas. Various *ingredients are often added to make it taste and look like real meat. The other type, cultivated meat, is protein grown from animal *cells.

Aya: Meat made from animal cells? Does it taste good?

Koki: Actually, I heard that it tastes like animal meat because it is made from animal cells. But you need a high level of technology to make this kind of meat. You also need a lot of money to make it, so it will take a few more years before we can buy it in Japan.

Mark: If it is hard to make it, we should just eat [(3)–a], right?

Koki: That's a good point. But there are people who want products that are similar to real meat. Also, you don't need to grow a lot of plants, like soy, to make the meat.

Sakura: So that means we can reduce the water and land we use!

Koki: That's right. It's also good because most of the soy we use in Japan is from other countries. We use a lot of energy when we bring in things from foreign countries.

Sakura: It may also increase Japan's *food self-sufficiency rate. If the technology for cultivated meat develops, we won't have to depend on other countries so much.

Koki: Maybe for that reason, Singapore became the first country in the world to allow [(3)–b]. Over 90% of the food they eat comes from foreign countries.

Mark: It sounds like meat alternatives can be the solution to so many of our problems!

Aya: Exactly. Although there are so many good points to eating meat alternatives, Sakura and I didn't know very much about them.

Sakura: So, we wanted to know how common meat alternatives are in Japan. In a survey done last year, only 20% of people had the experience of eating them. It also showed that more than 60% of people knew about them, but never tried them.

Mark: Why was that?

Aya: Because many people thought that they wouldn't taste good.

Sakura: And also many people didn't know what they were made from. They thought plant-based meat products may not be healthy because you use various ingredients to make them.

Koki: But they are healthier than [(3)–c], right?

Aya: It is true that they are healthy, but you have to be careful because some of them can be high in *sodium or *lack vitamins that animal meat provides, like vitamin B_{12}.

Mark: My parents said that they always check the ingredients. In America, we had various plant-based meat products, so they chose the ones that were healthy.

Koki: Do many people eat meat alternatives in the U.S.?

Mark: According to a survey, 22% eat plant-based meat daily, and 20% eat it every week. People choose to buy it for health, for the environment, and just because they like the taste.

Sakura: That's very different from the situation in Japan.

Koki: Maybe it is related to the food that Japanese people eat. We eat meat, but we also eat fish.

Aya: Not only that. We have many other foods which include protein, such as *tofu* and *natto*.

Mark: Maybe Japanese people don't feel that they need an alternative for meat or protein because they already have various other things to eat.

Sakura: That may be true. But the food Japanese people eat is changing and we eat more meat than before. Also, the amount of meat people eat is increasing around the world. So I think we need to make a change.

Koki: You're right. I know I will continue to eat animal meat, but after knowing about (4)<u>the facts</u> we shared with each other, I will certainly eat meat alternatives too. Actually, I'm going to try the soy burger at my favorite fast food restaurant when I go there next time!

Sakura: I want to have a "Meat Alternative Day" at home like Mark. I will talk to my parents about it.

Aya: Choosing what we eat is important for our health, but maybe we also have to choose for the environment and for the future.

Mark: Eating meat alternatives is not the perfect solution, but I believe that small things add up to make a big difference. I hope people will think about the food they eat after (5)<u>our presentation</u>!

〔注〕 soy　大豆
alternative　代替品
greenhouse gas　温室効果ガス
land　土地
divide ～ into …　～を…に分ける
wheat　小麦
ingredient　材料
food self-sufficiency rate　食料自給率
lack　不足している
protein　たんぱく質
the United Nations　国際連合
seaweed　海藻
habitable　住むのに適した
cultivated meat　培養肉
pea　エンドウ豆
cell　細胞
sodium　ナトリウム

〔問１〕 (1)that was the case before の説明として，最も適切なものは次の中ではどれか。

ア Some convenience stores started selling meat alternatives a little while ago.

イ A fast food restaurant started selling meat alternatives a little while ago.

ウ People who didn't eat meat chose meat alternatives a little while ago.

エ All meat alternatives were made from soy protein a little while ago.

〔問２〕 (2)【① food ② eat ③ land ④ they ⑤ the ⑥ grow ⑦ to ⑧ that】とあるが，会話の流れに合うように，【 】内の単語を正しく並べかえたとき，①～⑧の中で**１番目**と**３番目**と**５番目**にくるものの組み合わせとして最も適切なものは，次の**ア**～**カ**の中ではどれか。

	１番目		３番目		５番目
ア	③	－	④	－	⑦
イ	③	－	⑥	－	①
ウ	⑤	－	④	－	⑧
エ	⑤	－	⑧	－	⑥
オ	⑦	－	⑤	－	④
カ	⑦	－	⑤	－	⑧

〔問３〕 会話の流れに合うように，本文中の空所 (3)-a ～ (3)-c の中に英語を入れるとき，最も適切な組み合わせは，次の**ア**～**カ**の中ではどれか。

	(3)-a	(3)-b	(3)-c
ア	animal meat	plant-based meat	cultivated meat
イ	animal meat	cultivated meat	plant-based meat
ウ	plant-based meat	animal meat	cultivated meat
エ	plant-based meat	cultivated meat	animal meat
オ	cultivated meat	animal meat	plant-based meat
カ	cultivated meat	plant-based meat	animal meat

〔問4〕 (4)the facts とあるが，本文の内容と合っているものは，次のグラフの中ではどれか。

ア

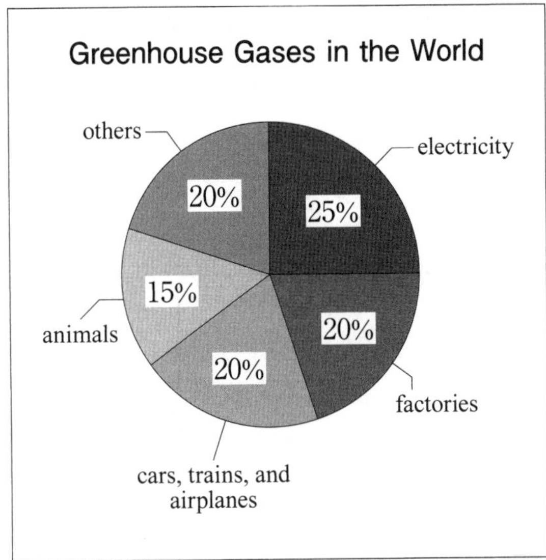

イ

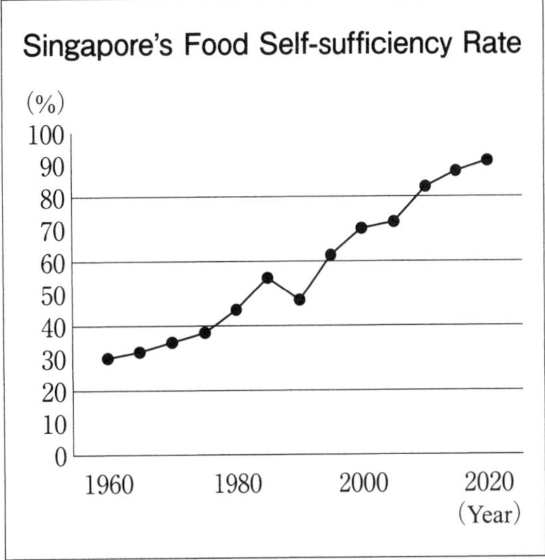

ウ

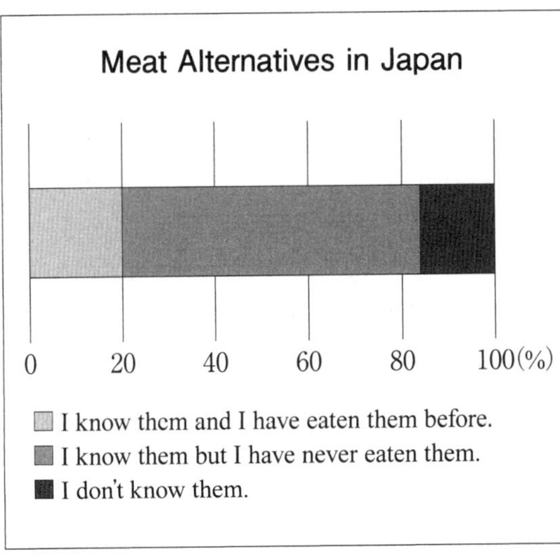

エ

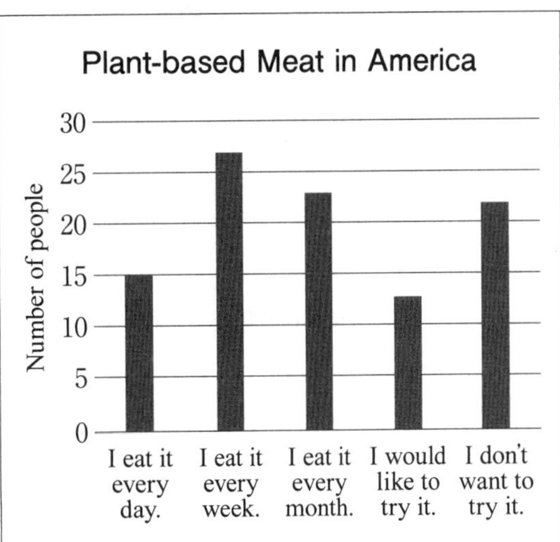

〔問５〕 (5)our presentation とあるが，次の**スライド**は Koki, Aya, Sakura, Mark が後日行ったプレゼンテーションの目次である。本文の内容を踏まえて，下のプレゼンテーションの**原稿**の空所 [　　] に**30語以上の英語**を自分で考えて書きなさい。

英文は**二つ以上**にしてもよい。なお，「,」「.」「!」「?」などは語数に含めないものとする。また，I'll のような「'」を使った語や e-mail のような「-」で結ばれた語はそれぞれ１語と扱うこととする。

スライド

1. What are meat alternatives?
   (a) plant-based meat
   (b) cultivated meat

2. Why is eating meat alternatives good?
   (a) the environment
   (b) food problems
   (c) health

3. Final Message

原稿

Hi, I'm Aya. I'm going to explain why eating meat alternatives can be a solution to food problems. I will introduce one of the reasons.

[　　　　　　　　]

Thank you. Next, Mark will explain another reason.

〔問６〕 本文の内容と合っているものを，次の**ア**～**ク**の中から**二つ**選びなさい。

ア To prepare for the presentation, the students decided to bring and share meat alternatives that they found.

イ If we feed cows with seaweed, they will not have a negative influence on the environment.

ウ If the world's population increases, we will need to use half of the world's habitable land for farming.

エ To make more meat, the United Nations is thinking of ways to reduce the amount of methane that cows produce.

オ Singapore is similar to Japan because both countries depend on foreign countries for food.

カ You have to be careful when you buy plant-based meat products because sometimes they don't have things you need for your health.

キ Sakura is going to ask her parents to have "Meat Alternative Day" at Mark's house every week.

ク Sakura feels that Japanese people have various ways to get protein, so we don't have to think about eating meat alternatives.

3 次の文章を読んで，あとの各問に答えなさい。
（＊印の付いている単語・語句には，本文のあとに〔注〕がある。）

One day, I was in front of a door. I held the handle on the door and pulled it. The door wouldn't open. What's wrong with this door? I carefully looked at the handle on the door before me and I saw the word "PUSH" just above the handle. Really? The shape of the handle is telling me to hold and pull. Who would push a door with a handle of this shape? I had this experience a few years ago, and recently I met this handle again. This time, however, in a book on design.

According to the book, this kind of door is called a "Norman Door." A Norman Door sends the wrong message to the users because it is developed without thinking about the people who use it. As a result, the design of this door fails. On the other hand, a successful design can send messages that it *intends. After learning this, I started to think about the *intentions of designs in things around me.

There are many interesting designs all around you. Do you remember how the *hallway in your elementary school looked? Maybe the hallway had a line in the center of the floor. Why? The reason is very simple. If there is a line in the center, people walking in the same direction will walk on the same side, so people won't walk into each other. Because the line works as it is intended, this is a successful design. Let me share a different example of a hallway design. If everything in a building, from walls to floors, is in just one color, it's hard to understand where the floor ends or when you have to make a turn. However, (1)<u>a small change in color</u> can solve this problem. If you paint both sides of the hallway floor in a different color, you can easily understand the space around you. The difference is clear if you compare it with one painted all in one color. These examples tell you how design can be helpful in making your daily lives safer and simpler.

Design is not only about the way something looks. It is also about encouraging people to do things. In modern society, people often go for "comfortable" and "convenient," and that is not a bad thing itself. However, sometimes you should choose an action that is not the most comfortable for you. Here design can be very helpful. One such situation is in train stations. Passengers make long lines at escalators in stations, and getting out of the station takes a long time. This is a common problem in busy stations in big cities. If more people use the stairs, this problem will be gone. (2) To find the way to encourage people to use stairs, an experiment was done in one station. Two *routes painted in two different colors were created on the stairs. ア Each color showed a different place to visit on weekends and passengers could choose between them. イ Passengers expressed their opinions by walking on the routes in different colors. ウ During the one-week experiment, the station counted the number of people who walked on each route and showed the results in the station. エ Because of this, workers at the station had to clean up the stairs early in the morning. オ On average, 1,342 more passengers used the stairs in a day. People changed to using the stairs because climbing the stairs became a fun way to express themselves. In a similar experiment done in a different station, the *effect lasted for several weeks even after the experiment ended. This means that asking questions had the intended effect. In the end, [(3)] because it becomes natural for them to use the stairs.

Another is in a national park. How many of you will pay money to use a restroom in national parks? *Oze* National Park collects money to cover the costs of restrooms. Visitors are asked to put 100 yen into the box in front of the restrooms to use them. A few years ago, the amount the park actually collected was only 24 yen *per person. This meant three out of four users did not pay. To improve the situation, they tried a few things. First, they let users have "the fun of choosing." Two collecting boxes, one with the picture of *Oze* in summer and the other in autumn, were put in front of the restrooms. Users could choose their favorite season by putting 100-yen coins. The average went up to 31.7 yen. Then the park put a poster of a little girl's eyes, and it also (4) did the trick. The average amount increased to 34 yen per person. "Maybe people were worried about the eyes of other people, especially of children. They knew they should do their best to keep the park beautiful for children," a worker in *Oze* said.

Both experiments in the station and the park used design to encourage good *behavior. However, are designs always friendly to us? On the train, you will find many design ideas that are used for a comfortable passenger experience. One of them is bars *separating seats into two or three parts. Because of the bars, passengers sit close to each other, so the largest number of passengers can sit. However, depending on the situation, they can be really *annoying for users. How do you feel when the bars are between you and your friend? Space for two adults is enough for a mother and her two little kids. But what will the mother do if the bar comes between two open seats? The mother will certainly let her kids sit and she will keep standing.

You can find a different example in benches in *public spaces. Some have *armrests in the middle so people cannot *lie on them, or sit in the middle and have them all to themselves. Others have *curved or very narrow seats, so people won't stay there for long. Now you may easily find an open bench, but you can't relax on it. From these examples, you can tell that both the bars on trains and the armrests of benches have the same problem. Although [(5)]

There is an interesting story from an airport. Passengers were angry about the long waiting time before they received their suitcases after their flight. To solve this situation, the airport moved the *baggage claim [(6)–a]. You may think this is a bad way to solve the problem and that the passengers became more angry. Actually, they were happy about the new baggage claim! Why was that? The airport staff got more time to do their job, so by the time passengers arrived at the new baggage claim, their suitcases were ready for pick-up. Certainly, it seems good for both the airport and the passengers, but should the passengers really be happy about this? Because of this change, the *distance passengers needed to walk became [(6)–b].

You have learned what design is and what successful designs can do. Each design has its own intention behind it, and it is somehow trying to influence you. When a design doesn't work as it is intended, you will have difficulties. Sometimes, it may not be comfortable for you because a design could have a negative influence on you. Most of the time, however, design is intended to create a better environment for everyone, and it can be really helpful and useful. The world is full of designs. If you know how design influences you, that leads you to a better understanding of the things happening around you, and you can see the world in a new way.

〔注〕 intend　意図する
hallway　廊下
effect　効果
behavior　行動
annoying　いらだたしい
armrest　ひじ掛け
curved　湾曲した
distance　距離
intention　意図
route　ルート
per ～　～につき
separate　分ける
public　公共の
lie　横になる
baggage claim　手荷物受取所

〔問1〕 (1)a small change in color を表す図として，最も適切なものは次の中ではどれか。

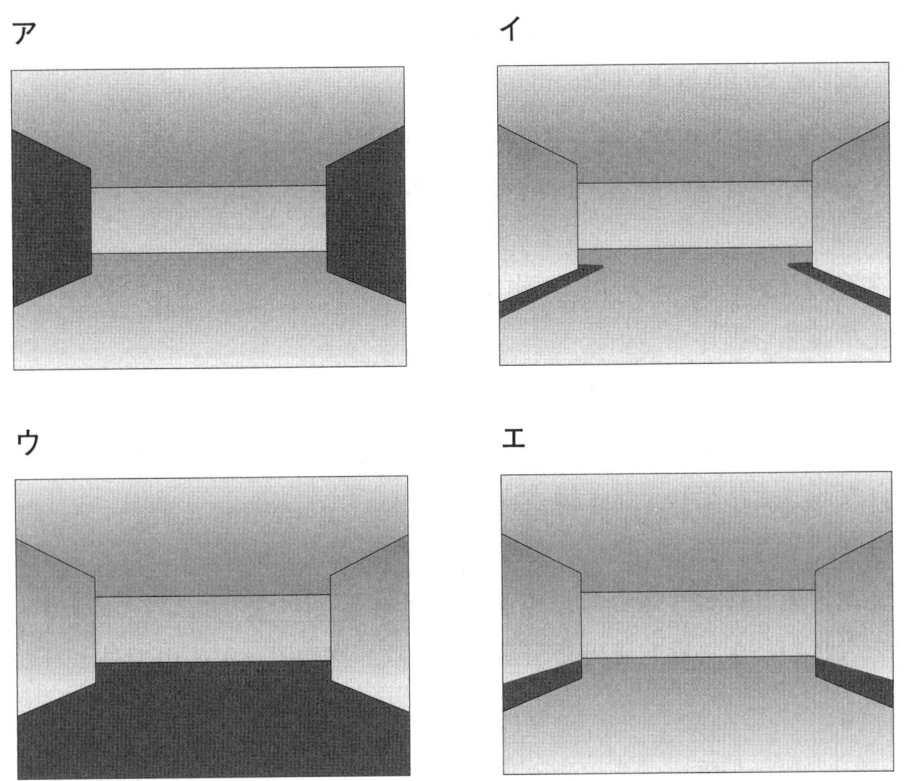

〔問2〕 (2)［　　　］の中のまとまりをよくするために取り除いた方がよい文は，下線部**ア**～**オ**の中ではどれか。

〔問3〕 空所［　　(3)　　］に入るものとして，最も適切なものは次の中ではどれか。

ア people use the stairs only when they like the questions

イ people get bored with answering questions

ウ people don't have any more ideas for questions

エ people take the stairs even without the questions

〔問４〕 (4)did the trick の内容として，最も適切なものは次の中ではどれか。

ア had the effect the park workers wanted
イ performed magic to collect more money
ウ saw a huge increase in the number of visitors
エ watched how much each user put into the box

〔問５〕 文章の流れに合うように，本文中の空所 [(5)] に **15 語以上の英語**を書きなさい。

英文は**二つ以上**にしてもよい。なお，「,」「.」「!」「?」などは語数に含めないものとする。また，I'll のような「'」を使った語や e-mail のような「-」で結ばれた語はそれぞれ１語と扱うこととする。

〔問６〕 文章の流れに合うように，本文中の空所 [(6)-a] と [(6)-b] に英語を入れるとき，最も適切な組み合わせは，次の**ア**～**エ**の中ではどれか。

	(6)-a	(6)-b
ア	closer	longer
イ	closer	shorter
ウ	far away	longer
エ	far away	shorter

〔問 7〕 本文の内容と合っているものを，次の**ア**～**ク**の中から**二つ**選びなさい。

ア When the writer saw a Norman Door, she thought people would know how to open it.

イ You can think a design is successful when it can tell its users what it wants them to do.

ウ A line on the hallway floor is an example of a good design because people walk on the side they like.

エ Design is not useful when you want people to do things that are not comfortable for them.

オ *Oze* National Park tried the same system as the station but the amount of money they collected from users didn't increase.

カ Having bars separating seats on the train is always good for passengers because they let more passengers have a seat.

キ Because of the new designs, you can relax on the benches but it's difficult to find one that is open.

ク The writer thinks that if you understand the messages of designs, you will understand what is happening around you better.

4 Hibiya中学校では，9月の文化祭で，すべてのクラスが演劇を行うことになっている。あなたのクラスが上演するのは**資料1**のどちらの案がよいか，**資料1**と**資料2**からそれぞれ根拠を挙げて，**50語以上の英語**で説明しなさい。

英文は**二つ以上**にしてもよい。なお，「,」「.」「!」「?」などは語数に含めないものとする。また，I'llのような「'」を使った語やe-mailのような「-」で結ばれた語はそれぞれ1語と扱うこととする。

資料1：Plans

	A案	B案
演目	ミュージカル（musical）	劇（play）
内容	歴史上の出来事を題材とした悲劇	中学生が主人公のコメディ
キャストの数	15人	8人
台本	既成	オリジナル
その他	様々な衣装が必要	大道具が多い

資料2：Survey in Class

〔質問〕 あなたは文化祭で何を最も重視しますか？

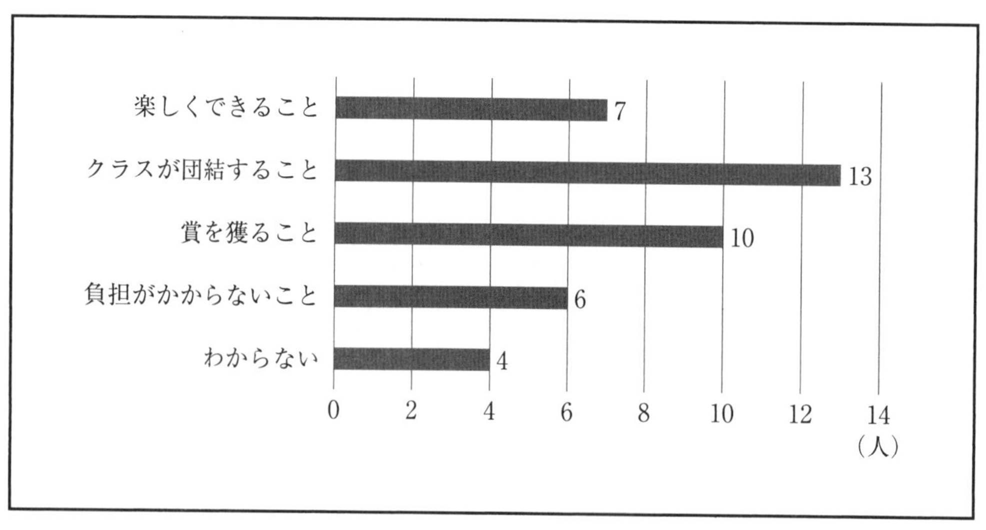

2023 年度　英語学力検査リスニングテスト台本

開始時の説明

これから，リスニングテストを行います。

問題用紙の１ページを見なさい。リスニングテストは，全て放送による指示で行います。リスニングテストの問題には，問題Ａと問題Ｂの二つがあります。問題Ａと，問題Ｂの <Question 1> では，質問に対する答えを選んで，その記号を答えなさい。問題Ｂの <Question 2> では，質問に対する答えを英語で書きなさい。

英文とそのあとに出題される質問が，それぞれ全体を通して二回ずつ読まれます。問題用紙の余白にメモをとってもかまいません。答えは全て解答用紙に書きなさい。

（２秒の間）

〔問題Ａ〕

問題Ａは，英語による対話文を聞いて，英語の質問に答えるものです。ここで話される対話文は全部で三つあり，それぞれ質問が一つずつ出題されます。質問に対する答えを選んで，その記号を答えなさい。

では，<対話文１>を始めます。

（３秒の間）

Meg:　Hi, Taro. What did you do last Sunday?

Taro:　Hi, Meg. I went to my grandmother's house to have a birthday party.

Meg:　That's nice.

Taro:　In the morning, I wrote a birthday card for her at home. Then I visited her and gave her the card. She looked happy. After that, she made some tea for me.

Meg:　That sounds good.

Taro:　In the evening, my sisters, mother, and father brought a cake for her.

Meg:　Did you enjoy the party?

Taro:　Yes, very much.

（３秒の間）

Question：　Why did Taro go to his grandmother's house?

（５秒の間）

繰り返します。

（２秒の間）

（対話文１の繰り返し）

（３秒の間）

Question： Why did Taro go to his grandmother's house?

（10秒の間）

<対話文２>を始めます。

（３秒の間）

Satomi: Hi, John. I've been looking for you. Where were you?

John: I'm sorry, Satomi. I was very busy.

Satomi: I went to your classroom in the morning and during lunch time. What were you doing then?

John: Early in the morning, I gave water to flowers in the school garden. After that, I did my homework in my classroom.

Satomi: Oh, you did. How about during lunch time? I went to your room at one o'clock.

John: After I ate lunch, I went to the library. That was at about twelve fifty. I read some history books there for twenty minutes and came back to my room at one fifteen.

（３秒の間）

Question： What was John doing at one o'clock?

（５秒の間）

繰り返します。

（２秒の間）

（対話文２の繰り返し）

（３秒の間）

Question： What was John doing at one o'clock?

（10秒の間）

＜対話文３＞を始めます。

（３秒の間）

Jane: Hi, Bob. I'm happy that I can come to the concert today.
Bob: Hi, Jane. Yes. Me, too.
Jane: How did you get here today?
Bob: Why? I came by bike from home.
Jane: This morning, I watched the weather news. I think it'll be rainy this afternoon.
Bob: Oh, really? I'll have to go home by train and bus. What should I do with my bike?
Jane: After the concert, I will keep it at my house. We can walk to my house.
Bob: Thank you.
Jane: You're welcome. And you can use my umbrella when you go back home from my house.

（３秒の間）

Question： How did Bob get to the concert from home today?

（５秒の間）

繰り返します。

（２秒の間）

（対話文３の繰り返し）

（３秒の間）

Question： How did Bob get to the concert from home today?

（10秒の間）

これで問題Ａを終わり，問題Ｂに入ります。

〔問題B〕

（3秒の間）

これから聞く英語は，外国人の Emily 先生が，離任式で中学生に向けて行ったスピーチです。内容に注意して聞きなさい。

あとから，英語による質問が二つ出題されます。＜Question 1＞ では，質問に対する答えを選んで，その記号を答えなさい。＜Question 2＞ では，質問に対する答えを英語で書きなさい。

なお，＜Question 2＞ のあとに，15秒程度，答えを書く時間があります。

では，始めます。（2秒の間）

Hello, everyone. This will be my last day of work at this school. First, I want to say thank you very much for studying English with me. You often came to me and taught me Japanese just after I came here. Your smiles always made me happy. I hope you keep smiling when you study English.

I had many good experiences here. I ran with you in sports festivals, and I sang songs with your teachers in school festivals. I was especially moved when I listened to your songs.

After I go back to my country, I'll keep studying Japanese hard. I want you to visit other countries in the future. I think English will help you have good experiences there. Goodbye, everyone.

（3秒の間）

＜Question 1＞ What made Emily happy?

（5秒の間）

＜Question 2＞ What does Emily want the students to do in the future?

（15秒の間）

繰り返します。

（2秒の間）

（問題Bの英文の繰り返し）

（3秒の間）

＜Question 1＞ What made Emily happy?

（5秒の間）

＜Question 2＞ What does Emily want the students to do in the future?

（15秒の間）

以上で，リスニングテストを終わります。2ページ以降の問題に答えなさい。

【数　学】（50分）〈満点：100点〉

1　次の各問に答えよ。

〔問1〕 $\left(\dfrac{\sqrt{2}+1}{\sqrt{3}}-\dfrac{\sqrt{24}-\sqrt{3}}{3}\right)\times(\sqrt{2}+1)$ を計算せよ。

〔問2〕 二次方程式 $x^2-5x+6=0$ の2つの解の和が，x についての二次方程式 $x^2-2ax+a^2-1=0$ の解の1つになっているとき，a の値を全て求めよ。

〔問3〕 一次関数 $y=px+q\ (p<0)$ における x の変域が $-7\leqq x\leqq 5$ のときの y の変域と，一次関数 $y=x-3$ における x の変域が $-1\leqq x\leqq 5$ のときの y の変域が一致するとき，定数 p，q の値を求めよ。

〔問4〕 1から7までの数字を1つずつ書いた7枚のカード[1]，[2]，[3]，[4]，[5]，[6]，[7]が入った袋がある。

この袋からAさんが1枚のカードを取り出し，その取り出したカードを戻さずに，残りの6枚のカードからBさんが1枚のカードを取り出すとき，2人が取り出した2枚のカードに書いてある数の和から2を引いた数が素数になる確率を求めよ。

ただし，どのカードが取り出されることも同様に確からしいものとする。

〔問5〕 右の図で，点A，点Oは直線 ℓ 上にある異なる点，直線 m は線分OAと交わる直線で，点Bは直線 m 上にある点である。

点Pは，点Aで直線 ℓ に，点Bで2点B，Oを通る直線 n に，それぞれ接する円の中心である。

解答欄に示した図をもとにして，点Bと点Pをそれぞれ1つ，定規とコンパスを用いて作図によって求め，点Bと点Pの位置を示す文字B，Pも書け。

ただし，作図に用いた線は消さないでおくこと。

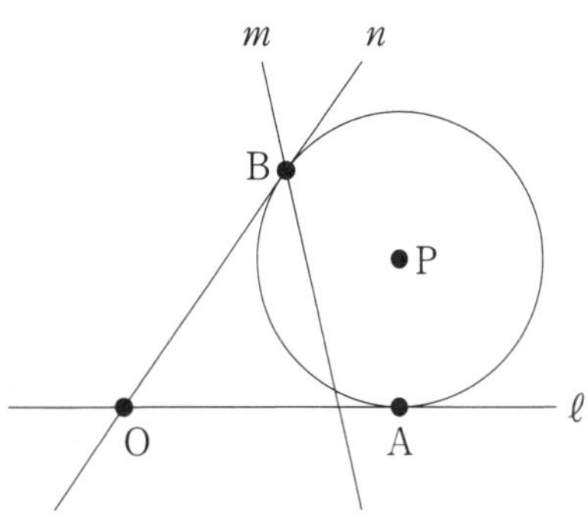

2 右の**図1**で，点Oは原点，曲線 f は関数 $y=x^2$ のグラフ，曲線 g は関数 $y=\frac{1}{4}x^2$ のグラフを表している。

曲線 f 上にあり x 座標が負の数である点をA，曲線 g 上にあり，x 座標が正の数で，y 座標が点Aの y 座標よりも小さい点をBとする。

点Oから点(1, 0)までの距離，および点Oから点(0, 1)までの距離をそれぞれ1cmとして，次の各問に答えよ。

図1

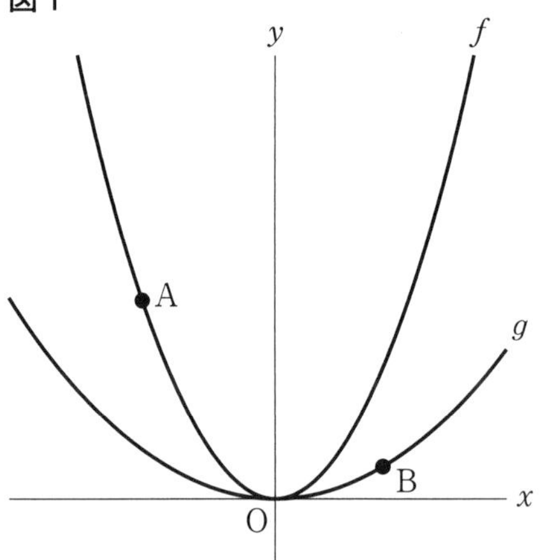

〔問1〕 2点A，Bを通る直線を引き，x 軸との交点をCとした場合を考える。
点Bの x 座標が $\frac{4}{3}$，AB：BC＝21：4のとき，点Aの座標を求めよ。

〔問2〕 右の**図2**は，**図1**において，点Bを通り x 軸に平行な直線 m を引き，直線 m 上にあり x 座標が負の数である点をDとし，2点A，Dを通る直線 n を引いた場合を表している。

次の(1)，(2)に答えよ。

図2

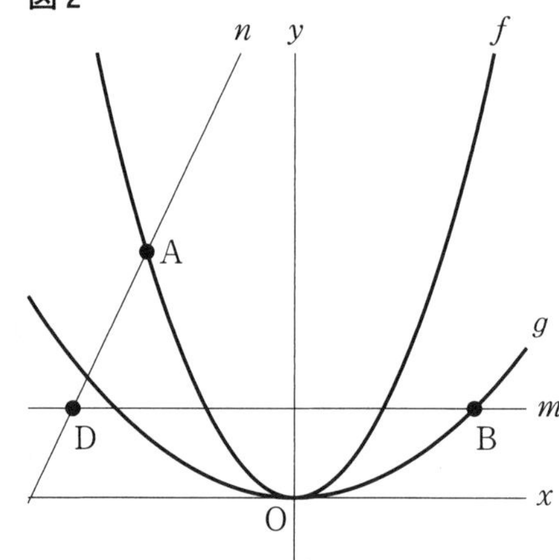

(1)　右の**図 3** は，**図 2** において，点 D が曲線 g 上にあり，直線 n の傾きが正の数のとき，直線 n と y 軸との交点を E とした場合を表している。

2 点 B，E を通る直線を引いた場合を考える。

直線 BE の傾きが -2，DA：AE＝1：3 のとき，点 B の x 座標を求めよ。

ただし，答えだけでなく，答えを求める過程が分かるように，途中の式や計算なども書け。

図 3

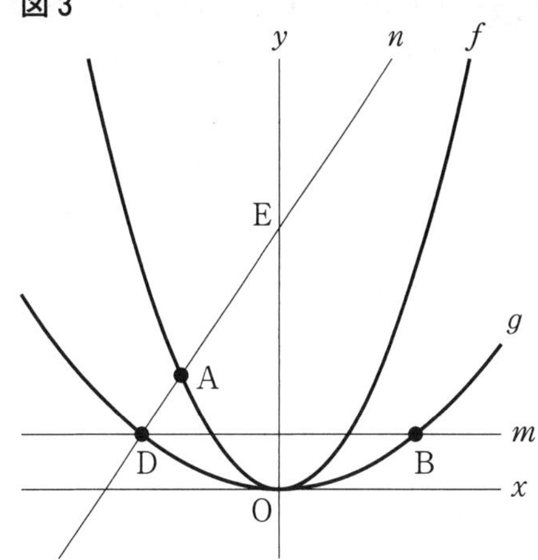

(2)　右の**図 4** は，**図 2** において，直線 n が y 軸に平行なとき，曲線 f と直線 m との交点のうち，x 座標が正の数である点を F とした場合を表している。

$BF=\dfrac{1}{2}$ cm，AD＝2 cm のとき，2 点 A，F を通る直線の式を求めよ。

図 4

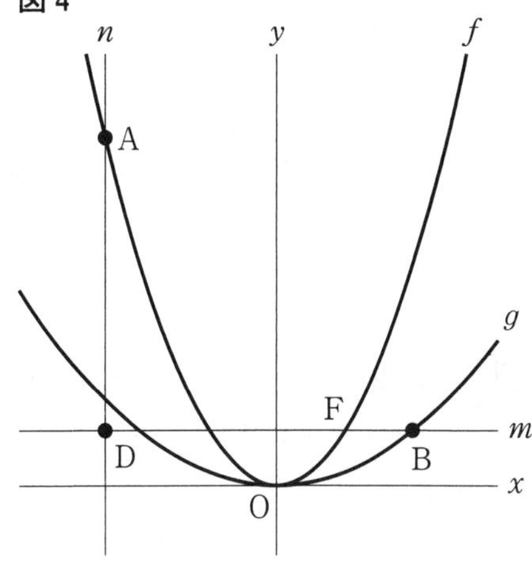

3 右の図で，点Oは線分ABを直径とする円の中心である。

点Cは，円Oの周上にあり，点A，点Bのいずれにも一致しない点，点Dは，点Cを含まない$\overset{\frown}{AB}$上にある点で，点Aと点C，点Aと点Dをそれぞれ結び，2∠BAC＝∠BADである。

点Cと点Dを結び，線分ABと線分CDとの交点をEとする。

∠BADの二等分線を引き，点Aを含まない$\overset{\frown}{BD}$との交点をFとし，線分AFと線分CDとの交点をGとする。

次の各問に答えよ。

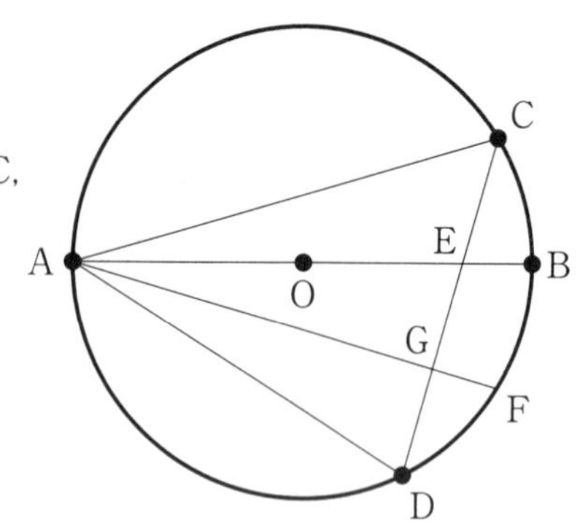

〔問1〕 ∠ACD＝50°のとき，∠BACの大きさは何度か。

〔問2〕 次の(1)，(2)に答えよ。

(1) △ADG≡△AEGであることを証明せよ。

(2) AO＝5cm，AD＝8cmのとき，AG：GFを最も簡単な整数の比で表せ。

4 右の**図1**に示した立体は，∠AOB＝90°の△AOBを辺AOを軸として180°回転させてできた立体であり，回転後に，点Bが移動した点をCとする。

点Dは$\overset{\frown}{BC}$上にある点で，点B，点Cのいずれにも一致しない。

頂点Aと点Dを結ぶ。

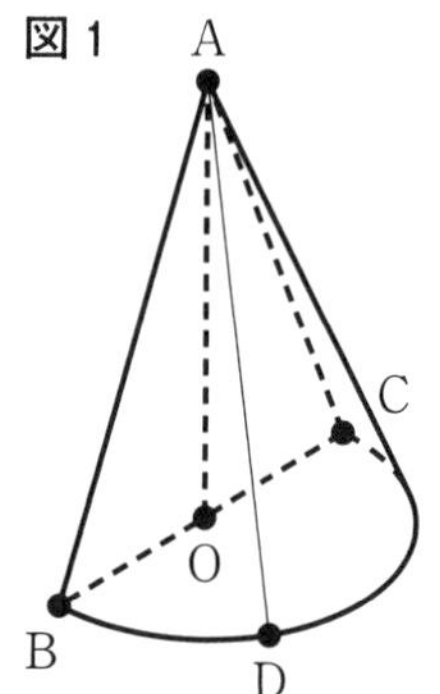

右の**図2**に示した立体E－FGHは，FG＝FH，平面FGH ⊥ 平面EGHの四面体である。

また，**図1**の△ABCと**図2**の△EGHにおいて，△ABC≡△EGHである。

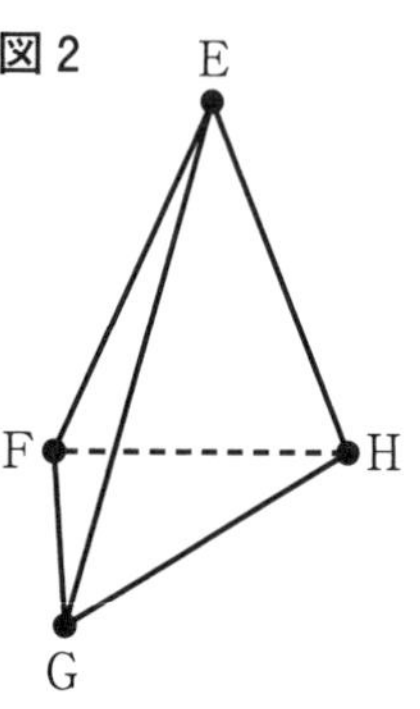

右の**図3**に示した立体は，**図1**の立体の面 ABC と**図2**の立体の面 EGH とを，頂点 A に頂点 E が，点 B に頂点 G が，点 C に頂点 H が，それぞれ一致し，頂点 F が直線 BC に関して点 D と反対側にあるように重ね合わせた立体であり，4 点 B，D，C，F は同一平面上にある。

頂点 F と点 O を結ぶ。

次の各問に答えよ。

図3

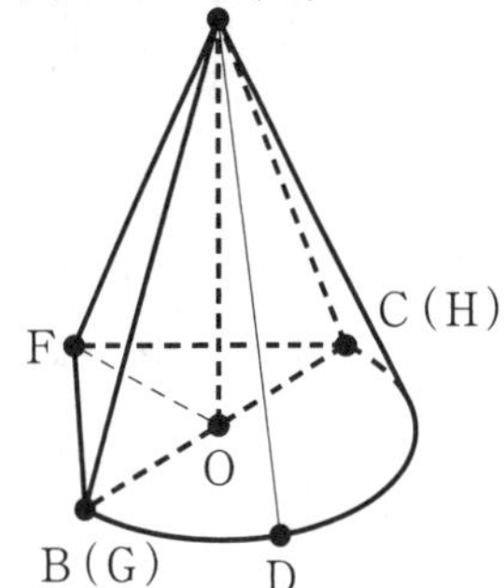

〔問1〕 **図3**において，点 D と点 O を通る直線 DO が辺 BF に平行なとき，直線 DO と辺 CF との交点を I とし，頂点 A と点 I を結んだ場合を考える。

AO = 6 cm，BO = 4 cm，FO = 3 cm のとき，△ADI の面積は何 cm^2 か。

〔問2〕 **図3**において，点 D と頂点 F を結び，線分 DF 上に点 O があるとき，線分 AD 上の点を J とし，頂点 F と点 J を結んだ場合を考える。

AO = 6 cm，BC = 9 cm，FO = $\frac{5}{2}$ cm，DJ = 1 cm のとき，線分 FJ の長さは何 cm か。

ただし，答えだけでなく，答えを求める過程が分かるように，途中の式や計算なども書け。

〔問3〕 **図3**において，点 B と点 D，点 C と点 D をそれぞれ結んだ場合を考える。

△BCF が一辺の長さ 6 cm の正三角形，AF : FO = 3 : 1，$\overset{\frown}{BD} : \overset{\frown}{DC} = 2 : 1$ のとき，五面体 A − BDCF の体積は何 cm^3 か。

の美しさよりもすべてが常ではないことを教える自然の姿に、より深い味わいを見出した点で異なるということ。

イ　心敬は和歌の様々な伝統を継承しつつも美意識の規範となる「本意」の考えには懐疑的で、固定化された見方にとらわれずものごとの存在のしくみを捉えるべきだとした点で異なるということ。

ウ　心敬は自然のどのような現象や姿を美とするのかという伝統的な見方をそのまま受け入れながらも、その奥に美とは相容れないものごとの真実が隠されていることを鋭く見抜いた点で異なるということ。

エ　心敬は「本意」の伝統は踏まえつつも、何を美とするかという点については踏襲せず、伝統的な美の規範を浅薄で意味のないものとして退けた点で異なるということ。

〔問4〕(4)心敬は、無常観に立って世界の真の相貌を見ようとする。とあるが、心敬の境地を説明したものとして最も適切なのは、次のうちではどれか。

ア　仏道に精進する者として無常観に立って世界を見つめ、この世は永遠でないが故にすべてのものが等しく美しいと感じ、滅びゆくものごとの様相に深い情趣を感じる境地。

イ　生滅流転する万象の変化を見つめ、花紅葉の美しさを月並みで平凡なものとして否定し、美しさが失われた後のものごとの真実の姿に感動を覚える境地。

ウ　自己の死が常に眼の前に待ち構えていることを意識しつつ、万象の絶えざる変化の相を眺め、移ろいゆくものに「あはれ」を感受しようとする境地。

エ　仏教の無常観に基づく透徹したまなざしで世界を見つめ、既に外見の華やかさを失った自然の現象にさえ、時の移ろいとともに再び訪れるはずの豊かな美を感じ取ろうとする境地。

〔問5〕本文の内容を説明したものとして最も適切なのは、次のうちではどれか。

ア　「冷え」たる句に価値を置く心敬は、華やかな美や豊かな風情を否定したわけではなく、花紅葉の「暖かい姿」は氷の「冷え寒き」美しさを引き立てる役割を負っているという主張を展開した。

イ　「冷え」は中世に至って特に主張され心敬も重視した美意識を表す言葉だが、これは極彩色の濃絵よりも色彩のない水墨画で表しうるイメージに価値を置く美意識だった。

ウ　「うつくし」で表される平安の王朝時代から続く伝統美は、仏教の無常観が人々に浸透した中世において輝きを失い、「冷え」で表される美意識へと置換されていった。

エ　「うつくし」の美意識に基づいて制作された濃絵は「いろどり巧み」であることだけが重視され、構図や題材などその他のことは問題とされることがなかった。

「冷え」ているがゆえに「艶」なるものとして立現れるのである。

（尼ヶ崎彬「花鳥の使」（一部改変）による）

〔注〕心敬――室町時代の歌人・連歌師。
すごく侍る――「すごく」は寂寥感や殺風景な様子を表す。「侍る」は丁寧語。
藤原俊成――平安時代後期から鎌倉時代初期の歌人。
猥雑――ごたごたと入り乱れていること。
隈なき――かげりがない。
有明の月――夜が明けかけてもまだ空に残っている月。
大たち――大きな太い刀。
しろつくり――銀で装飾をした器具。
鶏うつほ――鶏うつぼ。矢を入れておく筒状の容器で、筒の上部を鶏の羽で覆ったもの。
好士――風流人。
所までを――句までを。
色とりはくたみ――色どり箔彩。金銀箔などで彩色すること。
見えすと也――見えないということだ。
「幽玄」――中世の美的理念。
定家――藤原定家。鎌倉時代初期の歌人。

〔問1〕(1)ばかりと同じ意味・用法のものを、次の各文の＝を付けた「ばかり」のうちから選べ。

ア　買ったばかりの自転車に乗る。
イ　とび上がらんばかりに喜んだ。
ウ　寝坊したばかりに遅刻した。
エ　自分のことばかり話している。

〔問2〕(2)当人にとっては嘘ではないのである。とあるが、その理由を説明したものとして最も適切なのは、次のうちではどれか。

ア　何を美しいとするかは「本意」として定められているのであり、歌人ではなくとも、それと異なる感性や美意識で自然を捉えることは逸脱として厳しく戒められるものだったから。
イ　和歌の伝統によって定められた「本意」が、人々の美意識や感性の規範となり、和歌を知る人は現実においてもその規範に基づいて自然を見つめ美を捉えようとしたから。
ウ　「本意」は和歌の詠み方を強く規制するものであり、実際にはそのように見えたり感じたりするわけでもないのに、歌人はその規制に従って歌を詠むことが求められたから。
エ　和歌の伝統として継承された「本意」は、千変万化する自然の中で誰もが美と感じるものだけを定めたものなので、和歌を知らない人でも自然と感得できる普遍性をもっていたから。

〔問3〕(3)心敬の見方は、伝統的な和歌世界のそれと、いささかずれているのではあるまいか。とあるが、心敬の見方がどのような点で伝統的な和歌世界の見方と異なっているかを説明したものとして最も適切なのは、次のうちではどれか。

ア　心敬は伝統的な和歌世界のものの見方を継承しながらも、現象として心を奪い包みこむような、暖かい姿（花紅葉）として現れる時ではなく、冷え寒きもの（氷）として現れる時、その背後にある、「万象の上の来たりし方去れる所」へと人の思いを誘うことによって、その「本意」を実現しているのである。

　心敬にとって、世界は、透徹した眼を以て見るならば、冷え寒き姿をしているものであって、これが美しく暖く見えるとしても、それは非本来的な一時の外見にすぎない。

　この世界の暖い姿と冷い姿との関係は、極彩色の大和絵（はくだみ、すなわち金箔を用いた濃絵）と中国の水墨画（墨絵から物）との関係に当たると考えてもよい。

　「ちかき世の風雅も、*大たち、*しろつくり、*鶏うつほのみとみえ侍り、自他の*好士面白奇特の*所までを、きゝ得見しり侍る哉、*色とりはくたみのみにて、さらに一ふしの墨絵から物は*見えすと也。」

　近頃の風雅は華美や珍奇の趣向を誇示することらしい、言わば極彩色の濃絵ばかりで水墨画が見当たらない、と心敬は嘆いているのである。濃絵の画家に、花紅葉に対する新しい眼は必要ではない。花紅葉を散りばめる際、形と色の配置がもたらす効果の計算に巧みでさえあればよい。金箔や色彩の鮮烈は、確かに我々の感性を撃ち、我々を酔わせるであろう。

　しかし、水墨画家に色という武器はない。彼は、山水（即ち自然）とはいかなるものかについての把握がなければ、筆を下すことができないであろう。現実の山水の相は様々だが、墨絵に表されるものは、その内の一相ではなく、言わば現実諸相の原型であるような山水の相貌である。我々は、何もない空間に山水という存在が立現れてくるのに立会うのである。秀れた水墨画は、その冷え寒き姿によって、存在が相として我々に出逢うということの秘密を我々に洩しているように思われる。(4)心敬は、無常観に立って世界の真の相貌を見ようとする。「山深き木の下路」という言葉から心敬が思い泛べるイメージは、「すごく」ならざるを得ない。それは、絵に表そうとすれば、金箔を用いた濃絵によっては表し得ず、水墨画によってなら表しうるようなイメージである。このようなイメージのもつ「心」を言葉で表そうとすれば、それは自ずと「心言葉少く、寒くやせたる句」となるであろう。すなわち、「冷え」たる句である。

　中世に二つの美意識があった。仮にこれを「うつくし」と「冷え」と呼ぶとすれば、「うつくし」は花紅葉に代表される伝統的な優美であり、「冷え」は氷に代表される、中世に至って特に主張された美である。この二つの美意識の対置は、歌・能・茶・画の諸芸道に、又自然について語られている。連歌において殊にこれを論じたのは心敬であり、彼は句の姿から「太り暖かなる」句と「寒くやせたる」句とを対置する。この違いは、前者が「詞にて心をよまんとする」のに対し、後者が「心をもととして詞を取捨する」という制作方式の違いに由来する。そしてこの方式の違いは、前者が姿の「いろどり巧み」なる状態を「*幽玄」とするのに対し、後者が「心の艶」なる状態を「幽玄」とするのに由来する。しかし、心敬の考える「艶」は、*定家の「妖艶」と同じものではない。

　心敬の言う「心の艶」とは、自己の死を意識しつつ生きる者の、ある透明な心境である。それは、万象が無常であると見えてくるような、そして無常であるが故に「あはれ」と見えてくるような境地である。このような作者が、自己の思いを詠み出そうとすれば、「無常・述懐」の歌とならざるを得ない。自然の風物を詠もうとすれば、美しいが皮相な現象ではなく、去来する万象の基本構造を見据えざるを得ない。この時、花紅葉さえも、その「うつくし」さの故ではなく、雨に落ち風に散るがゆえに、心に沁みるものと見えるのである。この時、世界の相貌は、

「春の花をたづね、秋の紅葉を見ても、歌といふものなからましかば、色をも香をも知る人もなく、何をかはもとのこゝろともすべき。」〔春の花を尋ね、秋の紅葉を見ても、もし歌というものがなかったとしたならば、花の色も香りもといったような本来的な美に気づく人もなく、いったい、何を美の本性として考えることができようか。〕

歌人が花紅葉の美を歌に詠む時、人々は初めてそのような美の存在に目を開く。そして歌に詠まれた美が、その花や紅葉の「本意」として人々の共通の美意識となってゆく、ということである。古今集以来の和歌の伝統は、数多くの「本意」を紡ぎ出し、相互に連関して、「本意」の体系とでも言うべきものを作り出した。これを一口に、和歌世界、と呼んでもよい。この世界を構成する各項は、月や花など、現実世界と同じものだが、それらのもつ意味は、磨き抜かれ研ぎ澄まされて、現実離れのした美と感動とを伴っている。現実の秋の夕暮は、和歌世界の秋の夕暮ほど涙を誘うものではありえない。

しかし和歌を知る人は、和歌世界を現実世界に投影し、その「本意」を現実の内に見出そうとするであろう。この時「秋の夕暮」は物悲しく見えるであろうし、後日人に語る時には「涙を催した」とさえ言うかもしれない。そしてこれは、(2)当人にとっては嘘ではないのである。秋の夕べは物悲しくあるべきだと思う人にとって、記憶の中で実際の秋の夕べが涙を誘うほど物悲しいものになったとしても不思議ではない。(この和歌世界の自然観は、今なお我々日本人にその影響を残している。例えば「月見」「花見」について語る時、——その実態は*猥雑な酒宴であるとしても——何かしら自然の精華に触れる行為のようにそれを語らないであろうか。)

もちろん心敬も、この和歌世界の物の見方を受継いでいる。彼が月を見、花を見る時には、常に和歌の伝統によって示された「本意」が見え隠れしていたであろう。しかし「山深き木の下路」の「本意」を「心細く」でもなく「淋しく」でもなく、「すごく侍る」とした(3)心敬の見方は、伝統的な和歌世界のそれと、いささかずれているのではあるまいか。つまり、仏法の教える本当の無常観の何たるかを知っていたこの天台僧の眼には、「自然」の本意はやや異なった味わいを持っていたように思えるのである。

例えば、「雨に落ち風に散らずば花も見じ」〔雨に落ち風に散らないならば花も見まい〕と詠む。心敬とて、人を誘い酔わせるような桜の美しさを知らぬはずはない。しかし、自然は無常の象徴として立現れる時こそ感動的である、というのが心敬の見方なのである。花は人の理解の及ばぬ理法によって偶然に生じ、人の願いを無視して自ら衰亡してゆく。花だけではない。この世に永遠の存在(常住)というものはなく、全てが偶然に現れ、消えてゆく。そして自己という存在も、又例外ではない。自身の知らぬ理由によってこの世に生れ、生の意味を知ることなく死んでゆかねばならない。すなわち生死輪廻の中にある。この輪廻を断って生死を超えることが仏法の目的であるが、歌道もまたこれと別の道ではない、と心敬は考える。修業の心構えを問われて、無常に思いを致すことを勧めつつ、彼はこのように述べる。

「我のみならず、万象の上の来たりし方去れる所こそ、尋ねきはめたく侍れ。」〔自分だけではない、この世のあらゆる現象や事象はどうして生じどうして去っていくのか、探し究めたいものである。〕

このような構えをもって自然に向えば、自然の「本意」は、現象として最も美しい時ではなく、むしろ存在のしくみそのものを我々に示唆する時に見出されるであろう。花であれば満開の時よりも散しおれたる姿であり、月ならば*隈なき満月よりも*有明の月である。要するに自然は、

〔問6〕　本文では近代的な地図によって人類に共通する世界像が形成されたことが述べられているが、世界規模で共通化に向かって変化しつつあるものが多くある中で、他との違いや個別性を保っていることがらも少なくない。他との違いや個別性を保っているものの具体例を挙げ、そのよさや問題点などについて、次の〔**条件**〕1～5に従って**二百五十字以内**で書け。

〔**条件**〕
1　、や。や「などのほか、書き出しや改行の際の空欄もそれぞれ字数に数えること。
2　二段落構成にして、第一段落の終わりで改行すること。
3　第一段落では、あなた自身が経験したことや見聞など、具体的な事例を挙げること。
4　第二段落では、3で挙げた具体例について、あなたが考えたことを記述すること。
5　二つの段落が論理的につながり、全体として一つの文章として完結するように書くこと。

五　次の文章を読んで、あとの各問に答えよ。なお、〔　〕内は現代語訳である。（*印の付いている言葉には、本文のあとに〔**注**〕がある。）

作者がある題材にどのような「心」を着想するかは、彼がどのような世界観の下にその題材を思い描いたかによる。

たとえば*心敬は、「山深き木の下路は*すごく侍るべく哉」と語る。実際に心敬は山路を何度も歩いていたであろうし、その印象は決して「すごく侍る」(1)ばかりでなく、ある時は明るく、ある時は暖く、ある時は陰湿にと、様々の相貌を見せることを知っていたであろう。しかし心敬にとって、「山深き木の下路」は「すごく侍る」べきものであった。現実の様々な経験を棚上げして、「山深き木の下路」をそのあるべき姿において心中に喚び起こせば、心敬にとって、それは「すごく侍る」ものでしかなかったのである。つまり心敬にとって、〈すごさ〉がこの題材の「本意」である。

歌論用語としての「本意」とは、ある題材が最も美しく、或は最も感動的に立現れる時の、人々に訴えかける意味、と考えてよいであろう。すなわち、美的感動という観点から見た場合の、それぞれの事象が、人に対して持つ、本来の意味、ということである。花には花の、紅葉には紅葉の「本意」がある。一般に歌は、その題材の「本意」を表すべきものとされる。従って、「春の曙」を淋しいと詠み、「秋の夕暮」を楽しいと詠む歌は、（たとえ作者の実体験であろうと）「本意」に非ずとして却けられたのである。

この「本意」は、和歌の伝統によって定められ、人々に自然の見方を教える規範となっている、という自覚が歌人にあったことは、留意しておかねばならない。*藤原俊成は『古来風体抄』で「もとのこころ（本意）」について次のように記している。

概念やイメージを媒介とした人々の多様なコミュニケーションや、社会的な諸活動を創り出す基盤となるものだということ。

エ　地図はただ地理的な情報を表したものではなく、人々が他者と関わる上で必要とされる有益な情報も記載されたものなので、日常生活を営む上で役立つものだということ。

〔問3〕 (3)地図という表現が「世界というテクスト」を読み解く仕方には、幾つものタイプが存在する。とあるが、様々なタイプの地図が作られてきたということが意味することを説明したものとして最も適切なのは、次のうちではどれか。

ア　世界の中に自分たちの社会を位置づける志向性や方法は地域や文化・文明ごとに様々で、人々が生きる世界も多様なものだったということ。

イ　近代化される前は人々が現代人よりも深いまなざしで世界を見つめ、豊かなイメージで自分たちの生きる社会を捉えていたということ。

ウ　自分たちの帰属する社会をどのように位置づけるかは地域や文化・文明ごとに自由であり、客観的で正しい社会の位置づけは困難だったこと。

エ　近代以前には様々な地図が存在したが、それらは自分たちの社会を意味づけるだけで外部の世界への志向性には欠けるものだったこと。

〔問4〕 (4)「近代」というプロジェクトは、五〇〇年の時をかけて世界を一枚の地図に描き上げ、世界の側をそれにそっくり似せて作り上げていったのである。とあるが、近代的な地図が近代的世界の形成に果たした役割を説明したものとして最も適切なのは、次のうちではどれか。

ア　正確な測量術によって世界の全域が捉えられ表現された近代的な地図は、人々が同一の価値観のもとに世界を見つめ、手を携えて困難な課題に向かうことを可能にした。

イ　近代的な地図は、それまで存在した世界についての様々な了解の仕方を否定し人々に普遍的な世界像を提示するとともに、世界を近代的な価値が重視される均質的な世界へと変貌させる役割を担った。

ウ　地域に根ざした様々な地図をもとに作製された近代的な地図は、それまでに存在した前近代の種々の世界観を包括的に統合し、近代社会に必要とされる普遍的な世界像を形成する働きをした。

エ　近代的な地図は、管轄権が重んじられる社会が成立したことを受けて国や自治体の区分が明示された様式となったが、それは共同体ごとの文化や歴史の違いを際立たせ著しく拡大する結果をもたらした。

〔問5〕 本文における筆者の主張を説明したものとして最も適切なのは、次のうちではどれか。

ア　人はそれぞれが日常生活の実態や実感に即した世界像を個々に形成するが、近代的な地図はそうしたあり方を是正し、人類が世界像を共有化するために作製されたものである。

イ　中世の神話的な表象に満ちた世界図が客観性に欠けるものであったのと同じく、近代的な地図も直接には見ることのできない世界を捉えたものであり客観性に欠けるものと考えるべきだ。

ウ　近代的な地図は科学的な技術と知見に基づいて作製されたものだが、地図が示す空間像はありのままの世界の姿なのではなく、世界についての一つの解釈であり作られた像と考えるべきだ。

エ　私たちは近代的な地図が示す空間像が客観的な事実であることを頭では理解するものの実感としては受け入れず、体験に即した空間像をもとに国家や世界全体を捉えようとする傾向が強い。

な地図が描き出す像をイメージし、それを概念的な枠組みとして思考している。また、地方自治体から国家、企業、そして様々な国際機構にいたるまで、そうした地図が描き出す「空間としての社会」を「事実」として前提し、それが描き出す世界了解の構造のなかで様々な活動を行い、そこに多様な社会的事実を織り出しているのである。

　近代に先立つ時代において、地球上に生きる人間は、人類すべてに共通する世界の像などもつことがなかった。それ以前には――そしてある部分では今日までも――、地球上の様々な地域、様々な文化や文明に暮らす人びとの間には、それぞれに異なる世界了解の仕方があり、そこでは様々な様式をもった地図が作られてきた。近代的な地図は、そのような土着の世界像や前‐近代の文明の世界像を局所的(ローカル)なものとして排除し、自らを唯一の普遍的な世界了解と世界表現の様式としていったのである。

(若林幹夫「地図の想像力」(一部改変)による)

〔注〕位格――地位、格式。
言説――言語表現。
テクスト――多様な解釈ができるもの。
位相――ある特定の位置、状態、段階。
曼陀羅(まんだら)――諸仏を網羅し描いた図。
ボルヘス＝ボードリヤールの挿話の皇帝と地図師の夢想した世界――世界の方が逆に、地図を模倣し始めるという寓話(ぐうわ)(たとえ話)。

〔問1〕(1)その言表を通じて「社会」や「世間」を制作している。とあるが、筆者が「制作」という言葉を用いる理由を説明したものとして最も適切なのは、次のうちではどれか。

ア　あらかじめ「社会」や「世間」が存在するのではなく、言葉によって人々の認識の世界に「社会」や「世間」という概念が形成され、それらが社会的事実として存在するようになると考えるから。

イ　「社会」や「世間」といった言葉はその言葉に対応する具体物が存在しない抽象的な言葉なので、使う人によって用法もニュアンスも異なり、共通する意味領域を確定することが困難だと考えるから。

ウ　仮に「社会」や「世間」という言葉がなくとも、「社会」や「世間」は人が身を置き生を営む現実として存在するのであり、言葉はその現実を理解するための道具に過ぎないと考えるから。

エ　「社会」や「世間」という概念は、どこまでがその概念に含まれるのか境界が曖昧であるため、言語使用の場で絶えずその言葉の使用について妥当性が検証される必要があると考えるから。

〔問2〕(2)そして地図のもつこの厚みのなかに、私たちは「世界」や「社会」を見、その「世界」や「社会」のなかで自己と他者との関係を織り成してゆくのである。とあるが、これを説明したものとして最も適切なのは、次のうちではどれか。

ア　世界は人と人の関わりによって形成されたものなので、地図によって表された空間像には必然的に人と人の関わりの歴史が織り込まれ、人のあり方を制限する条件となるということ。

イ　世界が地図によって可視化されることではじめて、文化の違う人々とのコミュニケーションも可能となり、他者との関係が多様性と豊かさを増してくるということ。

ウ　地図は単に世界の概念やイメージを表現するだけではなく、そうした孕(はら)んでいるのである。

「地図」を媒介にして人びとが世界や社会と関わり、世界や社会を制作してゆくあり方は、歴史的・社会的に一様ではない。(3)地図という表現が「世界というテクスト」を読み解く仕方には、幾つものタイプが存在する。それらが志向する「水平的な広がり」や「垂直的な深さ」、「世界への意志」や「数量性」は、人間が世界と関わり、それを了解し、人間にとっての世界をイメージや概念として制作する際に取りうる異なる志向性を示しており、それらは人間の社会が自らを了解するあり方の異なる形態に対応していた。

水平的な広がりを志向する社会と垂直的な深さを志向する社会とでは、世界の中で自らを位置づけ、意味づける仕方の傾向性が異なっている。広大な世界に対する強固な、そして過剰な意志をもつ社会もあれば、狭い領域の内部の濃密で直接的な意味の世界に充足し、その外部への想像力の発動に禁忌を課すような社会も存在する。神話のような説話的な構造によって世界を読み解く社会や、*曼陀羅(まんだら)のような象徴的宇宙の内部に自らを位置づける社会もあれば、数量化された平面へと世界を還元してゆく社会も存在する。社会が異なれば、そこで思考され、生きられる世界も異なるのである。

私たちが自明なものとし、あるいは客観的なものと考える私たちにとっての世界――「近代的世界」――は、このような世界制作の可能なあり方のなかからある時現れ、それに導かれた社会的な実践の広がりとともに、「普遍的」な世界像として広がっていった。ヨーロッパで成立した近代的な地図は、近代的世界の成立とともに地球表面上のすみずみまでを描き尽くし、かつ、そのすみずみまで近代的な統治権力の管轄権にしたがって分割し尽くしていった。そのような地図を手に入れる過程で、人間は、世界をその地図とそっくりな形で裁ち直し、それに社会的な厚みを与え、自らの営みをその形に合わせて作り上げていったのである。近代的世界とはこの意味で、*ボルヘス＝ボードリヤールの挿話の皇帝と地図師の夢想した世界であるかのようだ。(4)「近代」というプロジェクトは、五〇〇年の時をかけて世界を一枚の地図に描き上げ、世界の側をそれにそっくり似せて作り上げていったのである。

実際には私たちは、かならずしもつねに近代的で科学的な地図が表現するような仕方で、自らが生活する世界を了解しているわけではない。心理学で言うところの「メンタル・マップ」――人びとが心のなかに抱く像としての地図――や、人びとが心理的に抱く地理的経験から「地理」という現象を捉えなおそうとする現象学的地理学、あるいはまた地形的な距離ではなく人びとが移動や活動に要する「時間距離」に注目することによって地理的経験を捉えなおそうとする時間地理学等が明らかにしているように、私たちが個体的に経験する地理的経験や、それらの経験を他者に対して表現する様式は、近代的で科学的な地図が表現する「客観的」な世界とは異なっている。厳密な意味での近代的な世界像――科学化された測量と地図作製術にもとづく世界像――の制作や解釈は、専門的な地図製作者集団や地図学者たち、地理学者たちに委ねられており、それ以外の人びとは、これらの「専門家たち」が作り上げた世界像や解釈に依存しつつ、日常的にはそれとは異なる世界像をもまた生きているというのが普通である。

けれども、ちょうど中世ヨーロッパの人びとが自らはパラダイスや天使をかならずしも見たことがなかったにもかかわらず、自分たちの日常的な経験と神話的な表象に満ちた世界図とを両立させてきたように、私たちもまた近代地図的な経験とは異なる私たち自身の世界経験の土台として、実際にはそのような「像」としての世界を地図の上以外では見たことがないにもかかわらず、「客観的な事実」として受け入れている。

私たちはかならずしもつねに近代的な地図のように世界を見ているわけではないが、国家や地域、世界全体を思考する場合には通常、近代的

四 次の文章を読んで、あとの各問に答えよ。（＊印の付いている言葉には、本文のあとに〔注〕がある。）

地図と社会をめぐる考察が私たちに指し示す最も重要なことの一つは、私たちが生き、経験する世界の表れにおける人間の想像力の介在である。地図は、私たちが生きる世界の空間的な形状を目に見える形で示す表現だが、そのような表現が成立すること自体にすでに、見えない全域を空間的な像として可視化する人間の想像力が介在している。

現実に私たちが今属している「国家」であれ「自治体」であれ、私たちはそれを実際に目にすることはできない。そうした社会的存在の現実性のすべてを地図が支えているのではないが、地図はそのような「全体を見ることのできない社会」に「像」としてのリアリティを与え、空間としてのイメージや概念を与える。それが像として表象されることによって、表象された「像」の対象が「事実」あるいは「真実」としての位格＊を与えられる。

（中略）

けれども社会的世界の制作における想像力の介在という問題は、地図にのみ関わることではない。神話であれ、社会理論であれ、あるいは文学的な言説＊であれ、それらはどれも、個々の人びとの局所的な経験がその内部に位置づけられる「見えない全体」としての「世界というテクスト＊」を、局所的な視点とは異なる視点から捉えようとする言説的な実践である。

たとえば私たちは、一枚の地図が表現する世界の広がりに関して、神話、社会理論、散文的文学、韻文的文学、さらには映像、絵画などの様々な記号表現によって、異なるテクストを編み、そこに異なる意味の「世界」を制作することができる。私たちが日常用いる言語もまた、「世界というテクスト」を読み取り、そこに固有の実定性を与える言説である。日常的な言語使用の中で、「社会」や「世間」といった言葉を用いる時、私たちは直接には見ることも経験することもできない社会の「全域性」を言表し、(1)その言表を通じて「社会」や「世間」を制作している。そして地図もまた、「世界というテクスト」を読み解こうとするそうした試みの一つの可能なあり方として、世界を空間的な像として読み解くのである。

けれども、地図をめぐる考察が指し示すもう一つの重要な点は、それがたんに想像力に関わるのではなく、想像力と人間の社会的実践とが交わる平面をなしているということ、したがって想像力が地図的表現を通じて制作する世界に対して人間が働きかけ、行為し、関係を形成してゆくことによって、人間にとっての世界がまさに社会的現実であり社会的事実であるものとして生み出されてゆくということだ。地図には社会的な厚みがある。(2)そして地図のもつこの厚みのなかに、私たちは「世界」や「社会」を見、その「世界」や「社会」のなかで自己と他者との関係を織り成してゆくのである。

世界や社会の全域を可視化する地図的な視点には他者とのコミュニケーションが内在している。それは私たちが世界や社会を生きる時、不可避的にそのような他者たちとの関係を生きるということである。そうした他者たちのすべてがかならずしも私たちの前に眼（め）に見える形で現れるわけではないが、ほとんどは想像的に了解されるそうした他者たちとの潜在的なコミュニケーションの場を生きることが、私たちが世界や社会を生きるということなのだ。地図は——そして世界を制作する地図以外のテクスト＝言説もまた——、人びとが世界や社会と関わるそのような関係の場のなかに置かれており、そうした関係のなかで世界や社会が読まれ、了解され、語られ、それらの事柄を通じて人びとは世界や社会に対して働きかける。私たちにとっての社会的経験は、それゆえ、つねに・すでに想像的で超越的な位相＊に成立するリアリティを

ウ　与えられた仕事をただ淡々とこなす狩野一門の制作現場との違いを目の当たりにして、「楽しさ」という絵を描くことに本質的に伴うものの存在に気付き、これからの己のあり方に目を開かれる気持ち。

エ　師弟の隔てのない長谷川一門の人々の様子にうらやましささえ感じ、自分だけでなく弟子たちの気持ちも追い込んで絵の完成度を極めようとしてきたこれまでの自己のあり方に疑いを抱く気持ち。

〔問3〕(3)口元を結び、沈黙したままでいると、長谷川が深くうなずいた。とあるが、このときの長谷川の気持ちを説明したものとして最も適切なのは、次のうちではどれか。

ア　「なかなか楽しそうに絵をお描きになる。」という言葉を意外に感じるとともに、自分の問いに即答することのできない様子を見て、永徳が絵を描く喜びさえ見失ってしまったことを理解し、気の毒に思う気持ち。

イ　「なかなか楽しそうに絵をお描きになる。」という言葉が自分への素直な賛辞であることを理解したものの、永徳の様子から心の内に複雑な感情を抱いていることを感じ取り、慎重に対応しようと構える気持ち。

ウ　「うらやましいことです。」という言葉を不思議に感じるとともに、返答に窮した様子から、永徳が名門を率いる重圧の中で仕事をしていることを感じ取り、永徳の心中を察し思いやろうとする気持ち。

エ　「うらやましいことです。」という言葉を自分に対する皮肉と感じ反論したものの、永徳の様子からそれが実は本音であることを理解し、永徳の苦しい心中を想像し同情する気持ち。

〔問4〕(4)春屋和尚が苦笑している。とあるが、その理由を説明したものとして最も適切なのは、次のうちではどれか。

ア　許可を得ないまま勝手に作画した行為は絵師として認められるものではないが、厳しく罰したところで襖が元に戻るわけではなく、今となっては新しく描かれた絵の価値を認めるしかないと感じたから。

イ　結果として絵は驚くほどの出来ばえのものであり感心するが、描くことができない状態を理解しながらも無理やりに実行しようとする強引で横暴な態度に対しては、受け入れがたい気持ちを感じたから。

ウ　わずか一日で三十六面の襖に絵を描くという行為は絵師として並外れた才能があることの証であり、その絵の出来も見事なものだが、親しい間柄とはいえ礼を欠いた点に不快を感じたから。

エ　留守のときに許可なく絵を描くという行為にあきれるものの、絵の出来ばえのすばらしさにそれを叱ることさえできず、むしろ長谷川の作画への意欲と力量を認めざるを得ないと感じたから。

〔問5〕(5)その蟬の声さえ、襖にしみ込みそうだ。とあるが、この表現について説明したものとして最も適切なのは、次のうちではどれか。

ア　外から聞こえる蟬の声が、単調に陥りがちな山水画の世界に現実のリアリティを加える重要な要素となっていることを表している。

イ　襖絵が外のうるさい蟬の声を忘れるほど心に迫るものであり、見る者を現実と隔たった風情の世界に引き込む力をもっていることを表している。

ウ　蟬の声が襖絵の中に入り込み、見る者の前に襖絵の視覚の世界と現実の聴覚の世界が重ねられた幻想的な世界が生まれたことを表している。

エ　外の蟬の声の創り出す躍動感と襖絵の静寂な世界が調和し、静と動が融合した不思議な趣の世界が現出したことを表している。

〔問6〕(6)それだけいうのが精一杯だった。とあるが、このときの永徳の気持ちを**八十字以内**で書け。

と構図で山水図が描き上げてある。

近景には松や孤舟、遠景には山岳や楼閣を、あっさり、さりげなく描いている。桐紋が唐紙の全体に刷ってあるので、そのほうが効果的だ。じっと見ていると、雪となった桐紋が降りしきる閑寂の音さえ聴こえてくる。

しばらく眺めたあとで、長谷川が両手をついて平伏し、永徳にたずねた。

「いかがでございましょうか。」

永徳は喉が苦しかった。

「悪くない。」

(6)それだけいうのが精一杯だった。

（山本兼一「花鳥の夢」による）

〔注〕狩野永徳——安土桃山時代の絵師。
長谷川信春——安土桃山時代から江戸時代初期の絵師。
三門——寺院の門の形式の一つ。
普請場——建築現場。
番匠——木造建築に関わる職人。
法堂——説法を行う建物。
須彌壇——仏像を安置する場所。
いい、あたりを取っている——大まかな線を描いて位置取りをしている。
虚心坦懐——なんのわだかまりもなく心が素直であること。
春屋宗園——安土桃山時代の僧。
手燭——ろうそくを立てる台で、持ち歩きができるように柄をつけたもの。
神韻縹渺——芸術作品の奥深く味わいのある趣。
坊の方丈——僧の住まいの部屋。
桐紋——桐の葉や花の図柄。特に五七の桐紋は高貴な紋。
石田三成——安土桃山時代の武将。
檀越——寺院に経済的な支援をする人。
塔頭——寺院のこと。
雲母——光沢を出すための粉。

〔問1〕(1)法堂の前に立ち、腹に力を込めて基壇の石段を上がった。とあるが、この様子を説明したものとして最も適切なのは、次のうちではどれか。

ア　長谷川が高い世評を得ていることに心穏やかでないものを感じつつ、冷静に対面するために気持ちを落ち着かせながら歩を進めている様子。

イ　長谷川がすでに作画に取り組んでいることを知り、一刻も早くその絵が見たいと気がせくのを懸命に抑えつつ、一歩ずつ歩を進めている様子。

ウ　長谷川と会うことは気が進まないが、実力の程を確認することが必要だと考え、億劫になる気持ちに鞭打って歩を進めている様子。

エ　長谷川の絵を見るために通り道を変え法堂に行くことに気持ちの上で抵抗を感じるが、見ようと心を定めて歩を進めている様子。

〔問2〕(2)じつに楽しそうに絵を描いている。とあるが、この情景を見た永徳の気持ちを説明したものとして最も適切なのは、次のうちではどれか。

ア　狩野一門の制作現場の雰囲気との違いに驚くとともに、己を厳しく律して作画に努めたが故に失ってしまったものに気付き、長谷川一門の楽しそうな様子にうらやましささえも感じる気持ち。

イ　楽しそうに絵を描く長谷川一門の人々の姿は作画についての常識に反するものなのに否定することができず、長谷川一門が絵の世界に新風をもたらすことを思い恐れる気持ち。

弟子たちを見回していうと、長谷川が声を立てて笑った。

「わたくしの一門など、風が吹けば舞い飛ぶ木の葉も同然。狩野一門の大きさ、重さとはまるでちがっております。」

そんな話をしていると、永徳のわきに僧侶が立ち、本尊に向かって合掌してから堂内に入った。*春屋宗園であった。長谷川信春に声をかけた。

「(4)いやはや、そなたは、あきれ返った男だ。」

春屋和尚が苦笑している。

「ご覧いただきましたか。」

「昨日は他出しておって、夜になって帰った。小坊主におしえられ、*手燭の光で見て息を呑んだぞ。*神韻縹渺とは、まさにあの山水の世界だ。」

「されば、お怒りにはなりませんか。」

「怒ったところで、あの絵が消えるわけではない。」

なんの話か分からぬままに聞いていると、春屋和尚が永徳に気付いて会釈した。

「この男は、とんでもない絵師ですぞ。」

「さて、どのようにとんでもないのでしょうか。」

「わしの坊の*方丈の襖に、かねて絵を描きたいと願っておったのだがな、*桐紋をたくさん散らした襖ゆえ、絵など描けるはずがない。それで断っていたのだが、昨日、わしの留守を幸いに、この男、たった一日で三十六面の襖に絵を描きおった。あきれたかぎりじゃわい。」

春屋和尚の坊は、法堂の西にある三玄院である。つい三年ほど前に、*石田三成らが*檀越となって開いた*塔頭だ。

「桐紋の襖に絵……。」

言われても、永徳にはすぐに想像がつかなかった。

「昨日は、描き上げて早々に退出しましたので、じつは、ゆっくり眺めておりません。いまから改めて見せていただいてよろしいでしょうか。」

長谷川信春が悪びれずにたずねた。

「かまわぬよ。」

「ありがとうございます。」

弟子たちを引き連れ、春屋和尚とともに法堂から出てきた。

永徳に会釈をして石段を下りてから、ふり返った。

「ご迷惑でなければ、拙作、ご覧いただけませんか。」

「いや……。」

永徳は唾を呑み込んだ。この男がどんな絵を描いたか、喉がひりつくほど見てみたい。しかし、見たがっていると思われるのは癪にさわる。

「狩野殿は天瑞寺のお仕事でお忙しかろう。ご迷惑なことじゃ。」

春屋和尚が口にすると、信春がうなずいた。ていねいに頭を下げて行こうとする。

永徳は、思い切って喉から声をしぼり出した。

「目の果報に拝見させていただけますか。」

言われた長谷川の顔が輝いた。

「ぜひどうぞ。」

すぐそこの三玄院まで、長谷川が先に立って歩いた。

――絵を見たい。

というのは、それだけでひとつの評価であろう。描いた絵師は、できるだけ多くの人に見てほしい。見てもらい、褒めてもらいたい。

三玄院方丈の書院に入ると、永徳は入口のそばに坐った。縁側の障子以外の、三方の襖に絵が描いてある。

ひたひたと魂に迫ってくる絵であった。

庭では、油蟬がやかましく鳴いている。(5)その蟬の声さえ、襖にしみ込みそうだ。

襖の唐紙には、和尚が言っていたように五七の桐紋が、銀色の*雲母でびっしりと刷ってある。その桐紋を雪に見立てたのだろう。控えめな筆

(1)法堂の前に立ち、腹に力を込めて基壇の石段を上がった。

堂内正面の*須彌壇に、釈迦如来が祀ってある。その手前に人がいるが、まずは本尊に手を合わせた。

広い法堂内の敷き瓦の床に、大きな板が置いてある。すでに黄土色の下塗りが終わって、ちょうど*あたりを取っているところだ。板の上に立って、下を向きながら長い棒をゆっくり動かしている男がいる。長谷川信春である。

棒の先に柳の炭がついている。信春がゆるりと歩きながら、あたりを取っていく。まわりに弟子が七、八人立って師匠の仕事を見守っている。だれも、入口の前に立っている永徳には気付かない。参拝に来て、そのまま絵の作業を眺めている者は多いのかもしれない。法堂の内から見れば逆光で、永徳の顔は暗くしか見えないから、誰か分からないだろう。

長谷川信春は無心に線を引いている。まだ線が少なくて、どんな絵を描こうとしているのかは分からない。

線を引きながら、長谷川がなにか戯れ言を言ったらしく、弟子たちが笑った。

弟子の一人がなにか言い返し、師匠と弟子たちがともに笑った。(2)じつに楽しそうに絵を描いている。

——笑いながらやっている。

信じられない光景だった。

永徳の画室や出先の仕事場では、絵を描きながら話をするなどということは一切ない。永徳が弟子になにかを命じる以外には、ことばを発する者はいない。ときに、絵の具の皿を落としたりして音を立てる者がいると、押し殺した声で詫びをいう。永徳が絵を描くときは、いつも森閑として、筆が紙を走る音が聴こえるだけだ。

絵を描くのは、厳しい修行と同じである。身を慎んで*虚心坦懐に絵と向き合ってこそ、神の力を得た線が引けるのだ。戯れ言をいうなどとんでもない。

いつもそうなのか、長谷川はまたなにかを言って、弟子たちを笑わせた。

——不謹慎な。

とは思わなかった。むしろ、そういう絵の描き方もあるのかと驚いている。

絵を描くとき、永徳はおのれを崖の端に追い詰める気持ちになる。炭や筆を必死で握り、高い崖から死にもの狂いで飛び下りる覚悟で線を引く。そうしなければ、ただ一本の線さえ思い切って引けない。つい呼吸が荒くなりがちなのを、いつも抑えながら描いている。

——楽しく描いてもいいのか。

そのことに、目から鱗が落ちた気分で立ち尽くしていた。

ふと顔を上げた長谷川信春が、入口に立っている永徳に気付いた。

「狩野様ではございませぬか。……ずっとそこにおられたのですか。」

「ああ、御本尊にお参りさせていただこうと思うてな。」

「それはお邪魔をして申し訳ありません。ここをお借りしまして、三門の天井画を描いております。」

「なかなか楽しそうに絵をお描きになる。うらやましいことです。」

素直な気持ちで口にした。永徳もむかしは絵を描くのが楽しくて仕方がなかったのだ。それがいつから、自分を追い込む苦行になってしまったのか。

「狩野様は、絵をお描きになるのが、楽しくはないのですか。」

真正面からたずねられて、永徳は返答に窮した。

(3)口元を結び、沈黙したままでいると、長谷川が深くうなずいた。

「狩野一門を率いておられるお立場。思うままにお描きになれぬこともございましょう。」

「そなたとて、一門の弟子を率いているではないか。」

二〇二三年度 都立日比谷高等学校

【国　語】（五〇分）〈満点：一〇〇点〉

一

次の各文の――を付けた漢字の読みがなを書け。

(1) 素早く釣り糸を繰る。

(2) 一国の宰相を務める。

(3) 汎用性の高いデザイン。

(4) 町の素封家として知られる。

(5) 白砂青松の景観。

次の各文の――を付けたかたかなの部分に当たる漢字を楷書で書け。

(1) 参拝者がリクゾクとつめかける。

(2) カンケンにとらわれず、視野を広くもつ。

(3) 学問の発展にシする論文。

(4) 都市計画をサクテイする。

(5) 提案のコッシを述べる。

三

次の文章を読んで、あとの各問に答えよ。（＊印の付いている言葉には、本文のあとに〔注〕がある。）

＊狩野永徳（かのうえいとく）は、狩野一門を率いて寺院や屋敷の襖（ふすま）や天井などに絵を描いている画家である。永徳は、一門から破門された＊長谷川信春（はせがわのぶはる）が、大徳寺（だいとくじ）の＊三門の天井画の制作を依頼されたことを知り、気になって仕方がなかった。

三門の左右のわきには、楼閣に登る階段が取り付けられた。屋根と壁がつくらしい。これが左右に控えれば、たいそう立派な門になるだろう。

夏の盛りに屋根が葺（ふ）き上がった。これから壁を塗って、天井板を張る段取りだろう。

長谷川信春は、もう絵にかかっているはずだ。

ある朝、三門の＊普請場（ふしんば）わきを通ったとき、＊番匠の頭（かしら）にたずねた。

「そろそろ天井板を張るだろう。絵師の長谷川は、どこで絵を描くのだね。」

「＊法堂（はっとう）でございます。もう、かかっておられます。」

なるほど、法堂なら内部が広いから、大きな天井板を置く場所がある。床は敷き瓦（しきがわら）だから、作業もやりやすい。法要がない時期をたしかめて借りたのだろう。

法堂は、三門のむこうにある。毎日、朝と夕方、わきを通っていた。たしかに人の気配があったが、こちらも修理でもしているのかと思っていた。

いつもは法堂のわきの石畳を通って天瑞寺（てんずいじ）に行くのだが、今朝は、弟子たちを先に行かせ、思い切って法堂の正面にまわってみた。ほんの数十歩、いつもの道から踏み込むだけだが、永徳には大きな思い切りが必要だった。

英語解答

1 A ＜対話文１＞ ア
＜対話文２＞ エ
＜対話文３＞ ウ
B Q１ イ
Q２ To visit other countries.

2 〔問１〕 ウ 〔問２〕 イ
〔問３〕 エ 〔問４〕 ウ
〔問５〕 （例）There are some countries that have low food self-sufficiency rates. If they produce cultivated meat and the people in those countries eat it, they won't have to depend on other countries very much. (33語)
〔問６〕 オ，カ

3 〔問１〕 イ 〔問２〕 エ
〔問３〕 エ 〔問４〕 ア
〔問５〕 （例）both designs are intended for a good environment, they will have negative influences on the users. (16語)
〔問６〕 ウ 〔問７〕 イ，ク

4 （例）I think our class should do the musical. The survey shows that many students want to work together as a class. To do so, everyone should have something to do. The musical includes many characters and we need many students to prepare the clothes. We will be a better class by creating a good musical together. (56語)

1 〔放送問題〕

〔問題Ａ〕＜対話文１＞≪全訳≫メグ（Ｍ）：こんにちは，タロウ。先週の日曜日は何をしてたの？／タロウ（Ｔ）：やあ，メグ。祖母の家に行って，誕生日パーティーをしたんだ。／Ｍ：それはいいわね。／Ｔ：朝，自宅で祖母のために誕生日カードを書いたんだ。それから祖母を訪問して，そのカードを渡したよ。うれしそうだったな。その後，祖母が僕のためにお茶をいれてくれたんだ。／Ｍ：よかったじゃない。／Ｔ：夕方，僕の姉〔妹〕と，母と，父が，祖母のためにケーキを買ってきたんだよ。／Ｍ：パーティーは楽しかった？／Ｔ：うん，とても。

Ｑ：「タロウはなぜ祖母の家に行ったのか」―ア．「誕生日パーティーをするため」

＜対話文２＞≪全訳≫サトミ（Ｓ）：こんにちは，ジョン。あなたを捜してたのよ。どこにいたの？／ジョン（Ｊ）：ごめんよ，サトミ。すごく忙しかったんだ。／Ｓ：朝と昼休みにあなたの教室へ行ったの。そのときは何をしてたの？／Ｊ：早朝は，学校の庭で花に水やりをしてたんだ。その後は教室で宿題をしたよ。／Ｓ：まあ，そうだったの。昼休みは？ １時にあなたの教室に行ったのよ。／Ｊ：お昼を食べた後，図書館へ行ったよ。それが12時50分頃だったな。そこで20分間，歴史の本を何冊か読んで，１時15分に自分の教室に戻ってきたんだ。

Ｑ：「ジョンは１時に何をしていたか」―エ．「歴史の本を何冊か読んでいた」

＜対話文３＞≪全訳≫ジェーン（Ｊ）：こんにちは，ボブ。今日のコンサートに来られてうれしいわ。／ボブ（Ｂ）：やあ，ジェーン。そうだね。僕もだよ。／Ｊ：今日はここまでどうやって来たの？／Ｂ：どうして？ 家から自転車で来たよ。／Ｊ：今朝，天気予報を見たの。今日の午後は雨になるみたいよ。／Ｂ：ええ，本当？ 電車とバスで家に帰らないといけないね。自転車はどうしたらいいんだろう？／Ｊ：コンサートの後，私の家に置いておいてあげる。私の家までは歩いていけるわ。／

B：ありがとう。／J：どういたしまして。あと，私の家から帰るときは，私の傘を使っていいからね。

Q：「今日ボブはどうやって家からコンサートに行ったか」―ウ.「彼は自転車でそこに行った」

〔問題B〕≪全訳≫こんにちは，皆さん。私がこの学校で仕事をするのは，今日が最後になります。まず，私と一緒に英語を学んでくれたことに対して，皆さんに心から感謝したいと思います。私がここに来たばかりのとき，皆さんはよく私のところに来て日本語を教えてくれましたね。皆さんの笑顔はいつも私を幸せにしてくれました。皆さんが笑顔を絶やさずに英語を勉強してくれることを願っています。／私はこちらでたくさんのいい経験をさせてもらいました。体育祭では皆さんと一緒に走り，文化祭では先生方と一緒に歌を歌いました。皆さんの歌を聴いたときには，特に感動しました。／帰国後は，がんばって日本語の勉強を続けようと思います。皆さんには将来，外国を訪れてほしいです。皆さんがそこでいい経験をするのに英語が役立つと思います。／皆さん，さようなら。

Q１：「エミリーを喜ばせたことは何か」―イ.「生徒たちの笑顔」

Q２：「エミリーは生徒たちに将来何をしてほしいと思っているか」―「他の国を訪れること」

2〔長文読解総合―会話文〕

≪全訳≫**1**コウキ，アヤ，サクラ，マークの４人の高校生が教室にいる。マークはアメリカからの交換留学生である。**2**コウキ(K)：お昼だ！**3**アヤ(A)：寝坊しちゃったから，おにぎりしかつくれなかったわ。**4**サクラ(S)：おなかすいちゃうよ。**5**マーク(M)：アヤ，僕のチキンいる？　実はチキンじゃないんだけど。**6**A：どういうこと？**7**M：これは大豆たんぱくからできているんだ。大豆ミートとか，植物由来の肉って聞いたことあるかな。**8**S：ああ，そういう製品，コンビニで見たことあるわ。**9**K：僕の大好きなファストフード店では少し前から大豆バーガーを売り始めたよ。**10**A：でもそういう製品は肉を食べない人のためのものだと思ってた。**11**M：以前はそうだったかもしれないけど，今はさまざまな理由で代替肉を選ぶ人たちがいるんだ。健康のためとか，環境のためとか，動物を守るためとか，食料問題の解決のためとか。**12**S：代替肉にそんなにたくさんいい点があるなんて知らなかった！　それについてもっと知りたいな。**13**K：ねえ，英語の授業で代替肉について発表するのはどう？**14**A：いい案だね！**15**M：じゃあ，明日の放課後に集まろう。各自で調べて，わかったことをシェアできるよね。**16**翌日，４人は放課後の教室にいて，英語の授業でのプレゼンテーションについて話している。**17**S：じゃあ，誰から始める？**18**M：僕からいくよ。僕の家族は１年ほど前，両親が環境問題を扱ったテレビ番組を見てから代替肉を食べるようになったんだ。**19**K：代替肉を食べることがどう環境に影響するの？**20**M：家畜，中でも特に牛が環境にとても大きな影響を与えているのを知ってた？　国際連合によると，牛は世界の温室効果ガスの約15%を排出してるそうだよ。それは牛が全ての自動車と電車，飛行機を合わせたよりも多くの温室効果ガスを出しているということなんだ。**21**K：本当に？　それは多いね！　どうにかしないといけないな。**22**M：科学者たちが懸命に取り組んでいて，牛に海藻を食べさせるなど，さまざまな方法を考えているんだ。そうすることで，牛が出す温室効果ガスの１つであるメタンが大幅に減っているんだよ。**23**K：それはよかった！**24**M：でも問題は温室効果ガスだけじゃないよ。動物を育てるには大量の水と広大な土地が必要なんだ。さらに(2)家畜が食べる食料を栽培するのにも多くの水と土地が必要になる。僕たちはすでに住むのに適した世界の土地の半分を農業に使っているんだ。そして非常に多くの森林を破壊してしまった。**25**S：そして状況はさらに悪くなっていくわね。**26**K：それはどうして？**27**S：世界の人口が増加して，30年後にはさらに20億人増えると言われているの。これだけ多くの人に肉を提供するには農地がもっと必要になる。オーストラリアの広さくらいの土地が必要なんだよ。**28**K：そんなに広い土地をどこで見つけるの？**29**M：そうだよね。だから国際連合は，さらに多くの肉を生産するよりも，肉を食べるのを減らす必要があると言っているんだ。僕の両親はこのことについて何かする必要があると感じたんだよ。30K：僕は肉がないと生きていけないと思う。31M：僕たちもそう思ってたよ。そんなとき，スーパーに行ったら，牛肉や鶏肉の隣に代替肉を見つけたんだ。これを試してみようということになって，毎週水曜日を「代替肉の日」にしたんだ。それ以外の日は動物の肉を食べていたよ。32A：それはいいアイデアね！33M：今では代替肉をもっと頻繁に食べているよ。大きな変化にはならないかもしれないけど，何もしないよりはいいと思ったんだ。34K：僕が見つけたことを話してもいいかな？35S：もちろん。36K：僕は代替肉について何も知らなかったから，代替肉とは実際どういうものなのかを知るために情報を集めたんだ。代替肉は植物由来の肉と培養肉の２つのグループに分けられるんだ。37S：どう違うの？38K：植物由来の肉は大豆や小麦やエンドウ豆といった植物からつくられる肉なんだ。味や見た目を本物の肉に近づけるために，さまざまな材料が加えられていることが多い。もう一方のタイプの培養肉は，動物の細胞から育てたたんぱく質なんだ。39A：動物の細胞からつくった肉？　おいしいのかしら？40K：実際，動物の細胞からつくられるから，動物の肉のような味がするらしいよ。でもこの種の肉をつくるには，高度な技術が必要なんだ。それに生産するには多額の資金も必要になるから，日本で買えるようになるには，あと数年かかるだろうね。41M：生産するのが大変なら，植物由来の肉を食べるだけでいいんじゃない？42K：それは一理あるね。でも本物の肉に似た製品が欲しい人もいるんだ。それに肉を生産するのに大豆のような植物をたくさん育てる必要もないしね。43S：つまり使用する水や土地を減らせるということね！44K：そのとおり。日本で消費している大豆のほとんどは外国産だという点でもいいことなんだ。外国から物を輸入するときにエネルギーをたくさん使うからね。45S：日本の食料自給率も上がるかもしれないね。培養肉の技術が発達すれば，それほど外国に頼らなくてもよくなるでしょうし。46K：シンガポールが世界で初めて培養肉を認めた国になったのは，そういう理由かもしれないな。彼らが食べている物の90％超が外国産なんだ。47M：代替肉はさまざまな問題の解決策になりそうだね！48A：そのとおりね。代替肉を食べることにはこれだけ多くのメリットがあるのに，サクラも私も代替肉についてあまり知らなかったんだ。49S：だから私たちは日本で代替肉がどのくらい普及しているのか知りたかったの。昨年行われた調査では，代替肉を食べたことがある人はわずか20％よ。それに調査では60％を超える人たちが代替肉を知っていたけど，食べてみたことはないということが示されたわ。50M：それはどうして？51A：おいしくないだろうと思った人が多かったの。52S：それに多くの人は代替肉が何からできているか知らなかった。植物由来の肉製品は生産するのにさまざまな材料を使うから，健康的ではないかもしれないと思ったのよ。53K：でも動物の肉より健康的だよね？54A：確かに健康的だけど，ナトリウムが多かったり，動物の肉に含まれるビタミンB_{12}といったビタミンが不足してたりするものもあるから注意が必要よ。55M：僕の両親はいつも材料をチェックしてると言っていた。アメリカでは植物由来の肉製品がいろいろあったから，両親は健康的なものを選んでたよ。56K：アメリカでは代替肉を食べる人は多いの？57M：ある調査によれば，22％の人たちは植物由来の肉を毎日食べていて，20％の人たちは毎週食べているそうだよ。彼らは健康のためだったり，環境のためだったり，ただ味が好きという理由だったりでそれを買っているんだ。58S：日本の状況とはずいぶん違うね。59K：それは日本人の食べ物と関係があるのかもしれないな。僕たちは肉も食べるけど，魚も食べるよね。60A：それだけじゃないよ。豆腐や納豆といった，たんぱく質を含む食品がたくさんあるもの。61M：すでに他にもいろいろな食べ物があるから，日本人は肉やたんぱく質の代わりになるものが必要だとは感じていないのかもしれないね。62S：そうかもしれないね。でも日本人の食べ物は変わってきていて，以前より肉を食べる量は増えているわ。それに肉を食べる量は世界中で増えている。だから，変化を起こす必要があると思うの。63K：そのとおりだね。僕は動物の肉を食べ続けると思うけど，みんなで教え合った事実を知ってからは，必ず代替肉も食べるつもりだよ。実際に，今度大好きなファストフード店に行ったときはソイバーガーを試してみるよ！64S：私はマークのように，うちで「代替肉の日」を設けたいな。それについて両親に話してみようと思う。65A：何を食べるのかを選ぶことは健康にとって重要だけど，環境や未来のことも考えて選ぶ必要があるのかもね。66M：代替肉を食べることは完璧な解決策ではないけど，小さなことの積み重ねが大きな違いを生むと思うんだ。僕たちのプレゼンテーションから，みんなが自分の食べる物について考えてくれるようになるといいな！

〔問１〕<英文解釈>be the case で「そうである，事実である」という意味を表す。マークは直前のアヤの発言を受けて，「以前はそうだった」と言っているので，説明として適切なのはウ．「少し前，肉を食べない人は代替肉を選んでいた」。

〔問２〕<整序結合>前文で水と土地の必要性を述べていて，Also「さらに」と続いているので，この文でも水と土地が必要だと述べていると考え，(water and) land とする。ここまでで文の形になっているので，残りは修飾語句になる。まず，to不定詞を用いて to grow the food というまとまりをつくり，残りは that を目的格の関係代名詞として用いて that they eat とまとめ，the food の後に置く。 … land to grow the food that they eat.

〔問３〕<適語句選択>(3)-a. 文前半の make it の it は「培養肉」を指す。培養肉の生産が大変なら，もう１つの代替肉である「植物由来の肉」だけを食べればいいとマークは考えたのである。

(3)-b. 前段落の内容から，食料の大半を輸入に頼っているシンガポールがいち早く取り入れたのは食料自給率が上がる可能性のある「培養肉」と判断できる。 (3)-c. they は前文の plant-based meat products「植物由来の肉製品」を指す。この後の説明から，それらは「動物の肉」よりは健康的ではないのかとコウキは尋ねたとわかる。

〔問４〕<語句解釈>下線部 the facts「その事実」とは４人がそれぞれ代替肉について調べて共有したことを指す。ウのグラフは，第49段落でサクラが述べている，日本での代替肉の調査において代替肉を食べたことがある人が20%，60%を超える人たちは代替肉を知っているが食べたことがないという内容に一致する。

〔問５〕<条件作文>≪全訳≫１．代替肉とは？／(a)植物由来の肉／(b)培養肉／２．代替肉を食べるのはなぜ良いのか？／(a)環境／(b)食料問題／(c)健康／３．最後に伝えたいこと／こんにちは，アヤです。私は代替肉を食べることがなぜ食料問題の解決になる可能性があるかを説明しようと思います。その理由の１つを紹介します。(例)食料自給率の低い国もあります。それらの国の人々が培養肉を生産して食べれば，他国にそれほど頼る必要がなくなります。ありがとうございました。次はマークが別の理由について説明します。

<解説>代替肉と食料問題の関係については第44～46段落に書かれている。培養肉が自国で生産できれば，他の国からの輸入に頼る必要がなくなるという内容をまとめる。

〔問６〕<内容真偽>ア．「プレゼンテーションの準備のために，生徒たちは自分たちが見つけた代替肉を持ち寄って分けることにした」…×　第15段落参照。共有したのは各自の代替肉についての調査内容である。　イ．「牛に海藻を食べさせれば，環境に悪い影響を与えないだろう」…×　第20～24段落参照。メタンの排出量は減らせるが，悪影響がなくなるわけではない。　ウ．「世界の人口が増えると，住むのに適した世界の土地の半分を農業に使う必要があるだろう」…×　第24段落後ろから２文目参照。すでに使ってしまっている。　エ．「より多くの肉を生産するために，国際連合は牛が出すメタンの量を減らす方法を考えている」…×　そのような記述はない。　オ．

「シンガポールは日本と似ている，というのも両国とも食料を外国に依存しているからだ」…○　第44～46段落の内容に一致する。　カ.「植物由来の肉製品は健康に必要なものを含んでいないことがあるので，それらを買うときは気をつける必要がある」…○　第54段落の内容に一致する。　キ.「サクラはマークの家で毎週『代替肉の日』を設けるように両親に頼むつもりだ」…×　第64段落参照。自分の家で設けようと思っている。　ク.「日本人にはたんぱく質を摂取するさまざまな方法があるので，代替肉を食べることを考えなくてもよいとサクラは感じている」…×　第62段落参照。日本人の肉の消費量の増加や世界人口の増加を理由に，変化を起こす必要性を感じている。

3〔長文読解総合─説明文〕

≪全訳≫❶ある日，私はドアの前にいた。私はドアの取っ手を持って引いた。ドアは開かなかった。このドアは何か具合が悪いのか？　目の前のドアの取っ手を注意深く見ると，取っ手のすぐ上に「押す」という字が見えた。本当に？　取っ手の形は私につかんで引けと言っている。こんな形の取っ手のドアを押す人がいるのだろうか。この体験は数年前のことだが，最近またこの取っ手に出会った。しかし今回はデザインに関する本の中でである。❷その本によると，この種のドアは「ノーマンドア」と呼ばれるそうだ。ノーマンドアは使う人のことを考えずに開発されているので，使い手に間違ったメッセージを送る。その結果，このドアのデザインは失敗となる。一方，成功したデザインは意図したメッセージを送ることができる。このことを知ってから，私は身の回りの物のデザインの意図について考えるようになった。❸あなたの身の回りにもおもしろいデザインはたくさんある。小学校の廊下がどんなだったか覚えているだろうか。その廊下は床の真ん中に線が入っていたかもしれない。なぜか。理由はとても簡単だ。中央に線があれば同じ方向に歩く人は同じ側を歩くので，お互いにぶつかることがない。線が意図したとおりに機能するから，これは成功したデザインである。廊下のデザインの別の例を紹介しよう。建物の壁から床まで全て１色だけだと，床がどこで終わり，いつ曲がらなくてはいけないのかがわかりにくい。しかし，色の少しの変更がこの問題を解決できる。違う色で廊下の床の両側を塗ると，自分の周りの空間をわかりやすくできる。全てを１色で塗った建物と比較すれば，その差は歴然だ。これらの例からデザインがいかに日々の生活をより安全でシンプルにするのに役立つかがわかる。❹デザインは単に見た目だけではない。デザインは人の行動を促すものでもある。現代社会では「快適さ」や「利便性」を追求することが多く，それ自体は悪いことではない。しかし自分にとって快適ではない行動を選んだ方がいい場合もある。ここにおいてデザインがとても役立つのだ。そんな状況の１つが駅の構内である。乗客が駅構内のエスカレーターで長い列をつくり，駅から出るのに長い時間がかかる。これは大都市の混雑した駅によくある問題だ。もっと多くの人が階段を使えば，この問題は解消されるだろう。人々に階段の利用を促す方法を見つけるために，ある駅で実験が行われた。階段に２つの違う色で塗った２つのルートがつくられた。それぞれの色は週末に訪れる別々の場所を示しており，乗客はそのどちらかを選ぶことができた。乗客は色の違うルートを歩くことで，自分の意見を表明した。１週間の実験の間，駅ではそれぞれのルートを歩いた人数をカウントし，その結果を駅構内に表示した。エこのため駅員は早朝に階段を清掃しなければならなかった。平均して１日で階段を利用する乗客が1342人増えた。階段を上ることが自分を表現できるおもしろい方法になったので，人々は階段を利用するように変わったのだ。別の駅で行った同様の実験では，実験終了後もその効果が数週間続いた。これは質問することで意図した効果が得られたということだ。最終的には階段を使うのが当たり前になるので，(3)人々は質問がなくても階段を利用する。❺もう１つは国立公園内である。国立公園でトイレを利用するのにお金を払う人はどれくらいいるだろうか。尾瀬国立公園ではトイレの費用に充てるためにお金を徴収する。トイレを使うにはトイレの前にある箱に100円を入れることが利用者に求められる。数年前，公園が実際に徴収した金額は１人当たりわずか24円であった。これは利用者の４人に３人はお金を払わなかったということだ。この状況を改善するために，いくつかのことを試した。まずは利用者に「選ぶ楽しさ」を与えた。トイレの前に，１つは夏の尾瀬，もう１つは秋の尾瀬の写真を添えた２つの料金箱を設置した。利用者は100円玉を入れることで好きな季節を選ぶことができた。平均は31.7円に上がった。次に，小さな女の子の目のポスターを貼ると，これもまたうまくいった。平均金額は１人当たり34円に上がったのだ。「おそらく彼らは他人の目，特に子どもの目が気になったのでしょう。子どもたちのために公園を美しい状態で維持するには最善を尽くすべきだとわかったのです」と尾瀬の職員は言った。❻駅での実験でも公園での実験も，人々に良い行動を促すためにデザインを利用した。しかしデザインはいつも私たちに親切だろうか。電車に乗ると，乗客の快適さのために使用されているデザインの工夫がたくさん見られる。その１つが座席を２，３席に分ける仕切り棒だ。この仕切り棒のおかげで乗客どうしが詰めて座るので，最大限の人数の乗客が座れる。しかし状況によっては，仕切り棒が利用者にとって実にいらだたしい物になりうる。あなたと友人との間に仕切り棒があると，どう感じるだろうか。大人２人分のスペースは，母親と２人の小さな子どもには十分だ。しかし空いている２つの席の間に仕切り棒があったら，母親はどうするだろうか。母親は子どもたちを座らせ，自分は立ち続けるに違いない。❼公共スペースのベンチでは，違う例を見つけることができる。真ん中にひじ掛けがあるベンチもあるので，その上で横になったり，真ん中に座って独り占めしたりできない。座席が湾曲したり，幅が非常に狭かったりするベンチもあるので，長居はしないだろう。空いているベンチは簡単に見つかるかもしれないが，そこでくつろぐことはできないのだ。これらの例から，電車の仕切り棒もベンチのひじ掛けも同じ問題を抱えていることがわかる。(例)どちらのデザインも周囲の状況を良くする意図がありながら，利用者に悪影響を与えてしまうのだ。❽ある空港での興味深い話がある。乗客はフライト後のスーツケースを受け取る待ち時間が長いことに腹を立てていた。この状況を解決するために，空港では手荷物受取所を遠くに移動したのだ。これは問題解決としてまずいやり方で，乗客はさらに怒るとあなたは思うかもしれない。実をいうと，乗客は新しい手荷物受取所を喜んだ。それはなぜか。空港職員が仕事にあたる時間が増えたので，乗客が新しい手荷物受取所に到着するまでにスーツケースが受け取れるようになっていたのだ。確かに空港にとっても乗客にとっても良いことに思えるが，利用者はこのことを本当に喜ぶべきだろうか。この変更によって乗客が歩かなければならない距離は長くなったのである。❾デザインとは何か，デザインが成功すると何ができるかを理解していただけたと思う。デザインにはそれぞれ意図があり，何らかの形であなたに影響を与えようとしている。デザインが意図したとおりに機能しないとき，あなたは苦労するだろう。ときとしてデザインはあなたに悪影響を与える可能性があるので，快適ではないかもしれない。しかしほとんどの場合，デザインは誰にとってもより良い周辺状況を生み出すことを意図しており，非常に役に立つし，便利である。世の中はデザインであふれている。デザインが自分にどう影響するかを知れば，自分の周りで起きていることをより良く理解することにつながり，世の中を新しい目で見ることができる。

〔問１〕**<語句解釈>**下線部「小さな色の変更」の具体的な方法は直後の文で述べられている。both sides of the hallway floor は「廊下の床の両側」である。

〔問２〕**<要旨把握>**階段の利用者を増やすために駅で行われた実験について説明している部分。エの駅員が階段を掃除しなければならなかったという内容は，この実験に関係ない。

〔問３〕**<適文選択>**文の後半に，「階段を使うことが当たり前になった」とあるので，質問がなくても人は階段を利用するようになったとわかる。

〔問４〕＜語句解釈＞前にある it は女の子の目のポスターを指す。直後の文より，ポスターを貼ることで，徴収した金額の平均は上がったことがわかる。つまり，このポスターは効果があったのである。この内容を表すのはア.「公園職員が望んだ効果が得られた」。do the trick は「効く，うまくいく」という意味を表す。

〔問５〕＜条件作文＞前で述べられている電車の仕切り棒とベンチのひじ掛けに共通する問題をまとめる。Although「(～である)けれども，～にもかかわらず」で始まるので，それらは快適さを意図してつくられているけれども，良くない影響を与えることもあるという流れにする。

〔問６〕＜適語選択＞⑹-a. この後に，この対処は良い方法には見えず，乗客をより怒らせる可能性があるという内容が続くことから，新しい手荷物受取所は「遠くに」移動したと推測できる。

⑹-b. 手荷物受取所が遠くなったということは，乗客が歩く距離は「より長く」なったことを意味する。

〔問７〕＜内容真偽＞ア.「筆者がノーマンドアを見たとき，人々はその開け方がわかると思った」…×　第１段落後ろから３文目参照。ここでの Who would ～？は「いったい誰が～だろうか，いや誰も～ない」という‘反語’表現。　イ.「デザインが利用者に何をしてほしいかを伝えることができれば，そのデザインは成功したと考えてよい」…○　第２段落後ろから２文目の内容に一致する。　ウ.「廊下の床の線は，人が自分の好きな側を歩くので，良いデザインの一例である」…×　第３段落前半参照。同じ方向に行く人が同じ側を歩く。　エ.「人に快適ではないことをさせたいとき，デザインは役に立たない」…×　第４段落第４，５文参照。この後に，人が快適だとは思わない行為に対してデザインが役立った例が紹介されている。　オ.「尾瀬国立公園では駅と同じシステムを試したが，利用者から徴収する金額は増えなかった」…×　そのような記述はない。　カ.「電車の座席を棒で仕切るのは，より多くの乗客が座れるので乗客にとっては常に良いことだ」…×　第６段落後半参照。友達と一緒のときや，子ども連れの母親には迷惑に感じることもある。　キ.「新しいデザインのおかげでベンチでくつろげるが，空いているベンチを見つけるのは難しい」…×　第７段落第４文参照。逆である。　ク.「デザインのメッセージを理解すれば，自分の周りで起きていることをより良く理解できると筆者は思っている」…○　最終段落最終文の内容に一致する。

4〔テーマ作文〕

Ａ案とＢ案のどちらかを選び，その案を選んだ理由について，資料１にあるそれぞれの特徴を，資料２で上位に挙がっている「クラスが団結すること」や「賞を取ること」に結びつけて書く。Ａ案の場合，キャストの人数が多く，さまざまな衣装が必要なので，クラスのみんなで協力し合うことになるだろう。一方，Ｂ案の場合，台本がオリジナルなので，クラスのみんなで知恵を出し合って良い内容の劇ができれば，賞を取ることも期待できる。

数学解答

1 〔問1〕 $\frac{\sqrt{6}}{3}$　〔問2〕 4，6

〔問3〕 $p=-\frac{1}{2}$，$q=-\frac{3}{2}$

〔問4〕 $\frac{10}{21}$

〔問5〕 (例)

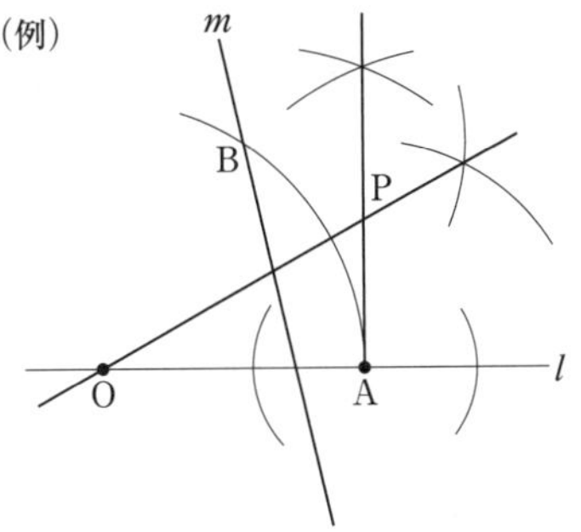

2 〔問1〕 $\left(-\frac{5}{3},\ \frac{25}{9}\right)$

〔問2〕 (1) $\frac{8}{5}$　(2) $y=-x+\frac{3}{4}$

3 〔問1〕 20°

〔問2〕

(1) (例)△ADGと△AEGにおいて，共通な辺より，AG＝AG……①　∠BADの二等分線より，∠DAF＝∠BAF よって，$\angle DAG=\angle EAG=\frac{1}{2}\angle BAD$ ……②　2∠BAC＝∠BADより，$\angle BAC=\frac{1}{2}\angle BAD$　よって，∠DAG＝∠BAC　また，点Bと点Dを結び，$\overset{\frown}{BC}$に対する円周角は等しいから，∠BAC＝∠BDC　よって，∠DAG＝∠BDC　半円の弧に対する円周角より，∠ADB＝90°　∠ADB＝∠ADG＋∠BDC＝∠ADG＋∠DAG　△ADGにおいて，∠AGD＝180°－(∠ADG＋∠DAG)＝180°－∠ADB＝90°　∠AGE＝180°－∠AGD＝90°　よって，∠AGD＝∠AGE……③　①，②，③より，1組の辺とその両端の角がそれぞれ等しいから，△ADG≡△AEG

(2) 4：1

4 〔問1〕 $\frac{39}{2}$cm²　〔問2〕 $\frac{4\sqrt{65}}{5}$cm

〔問3〕 $81\sqrt{2}$cm³

1 〔独立小問集合題〕

〔問1〕<数の計算>与式＝$\left\{\frac{(\sqrt{2}+1)\times\sqrt{3}}{\sqrt{3}\times\sqrt{3}}-\frac{2\sqrt{6}-\sqrt{3}}{3}\right\}\times(\sqrt{2}+1)=\left(\frac{\sqrt{6}+\sqrt{3}}{3}-\frac{2\sqrt{6}-\sqrt{3}}{3}\right)\times(\sqrt{2}+1)=\frac{\sqrt{6}+\sqrt{3}-(2\sqrt{6}-\sqrt{3})}{3}\times(\sqrt{2}+1)=\frac{\sqrt{6}+\sqrt{3}-2\sqrt{6}+\sqrt{3}}{3}\times(\sqrt{2}+1)=\frac{2\sqrt{3}-\sqrt{6}}{3}\times(\sqrt{2}+1)=\frac{2\sqrt{6}+2\sqrt{3}-2\sqrt{3}-\sqrt{6}}{3}=\frac{\sqrt{6}}{3}$

〔問2〕<二次方程式―解の利用>二次方程式$x^2-5x+6=0$を解くと，$(x-2)(x-3)=0$　$\therefore x=2,\ 3$　よって，この二次方程式の解の和は$2+3=5$だから，$x=5$が二次方程式$x^2-2ax+a^2-1=0$の解の1つとなる。このとき，$5^2-2a\times5+a^2-1=0$より，$a^2-10a+24=0$，$(a-4)(a-6)=0$となり，$a=4,\ 6$である。

〔問3〕<関数―p，qの値>一次関数$y=x-3$は，xの値が増加するとyの値も増加するから，xの変域$-1\leqq x\leqq5$においては，$x=-1$のときyは最小で$y=-1-3=-4$，$x=5$のときyは最大で$y=5-3=2$となる。よって，yの変域は$-4\leqq y\leqq2$である。$p<0$だから，一次関数$y=px+q$は，xの値が増加するとyの値は減少する。xの変域が$-7\leqq x\leqq5$のとき，yの変域が$-4\leqq y\leqq2$となるから，$x=-7$のときyは最大で$y=2$，$x=5$のときyは最小で$y=-4$となる。したがって，$2=p\times(-7)+q$，$-4=p\times5+q$より，$-7p+q=2$……①，$5p+q=-4$……②が成り立つ。①，②を連立方程式として解くと，①－②より，$-7p-5p=2-(-4)$，$-12p=6$，$p=-\frac{1}{2}$となり，これを①

に代入して，$\frac{7}{2}+q=2$，$q=-\frac{3}{2}$ となる。

〔問4〕＜確率―カード＞Aさんは7枚のカードの中から1枚を取り出すので，取り出し方は7通りあり，Bさんは残りの6枚のカードの中から1枚を取り出すので，取り出し方は6通りある。よって，2人のカードの取り出し方は，全部で $7\times6=42$(通り)ある。2人が取り出した2枚のカードの数の和から2をひいた数は，最小で $(1+2)-2=1$，最大で $(6+7)-2=11$ だから，これが素数になるとき，その数は2，3，5，7，11である。これより，2人が取り出した2枚のカードの数の和は，4，5，7，9，13である。和が4となるのは(A，B)＝(1，3)，(3，1)の2通り，和が5となるのは(1，4)，(2，3)，(3，2)，(4，1)の4通り，和が7となるのは(1，6)，(2，5)，(3，4)，(4，3)，(5，2)，(6，1)の6通り，和が9となるのは(2，7)，(3，6)，(4，5)，(5，4)，(6，3)，(7，2)の6通り，和が13となるのは(6，7)，(7，6)の2通りだから，2人が取り出したカードの数の和から2をひいた数が素数となる場合は $2+4+6+6+2=20$(通り)となる。よって，求める確率は $\frac{20}{42}=\frac{10}{21}$ である。

〔問5〕＜平面図形―作図＞右図で，円Pは2点A，Bでそれぞれ直線 l，n に接するから，$\angle OAP=\angle OBP=90^\circ$ である。また，OP＝OP，PA＝PBだから，直角三角形の斜辺と他の1辺がそれぞれ等しくなり，△OPA≡△OPBである。これより，OA＝OB，∠POA＝∠POBとなる。よって，点Bは，直線 m 上でOA＝OBとなる点である。点Pは，点Aを通り直線 l に垂直な直線と∠AOBの二等分線の交点である。解答参照。

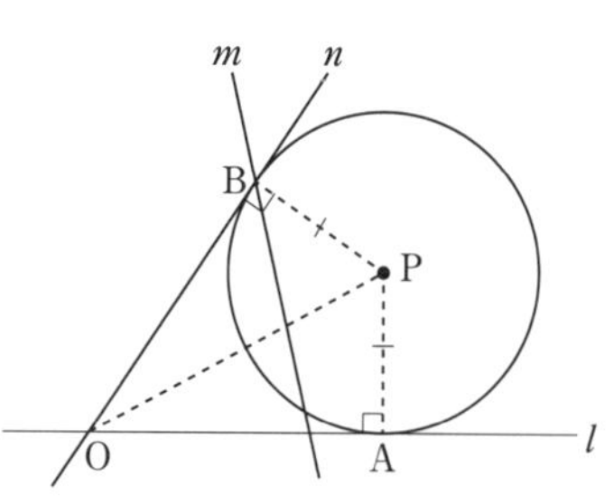

2 〔関数―関数 $y=ax^2$ と一次関数のグラフ〕

〔問1〕＜座標＞右図1で，2点A，Bから x 軸に垂線AP，BQを引く。△APC∽△BQCとなるから，AB：BC＝21：4より，AP：BQ＝AC：BC＝(21＋4)：4＝25：4である。点Bは放物線 $y=\frac{1}{4}x^2$ 上にあって x 座標は $\frac{4}{3}$ だから，$y=\frac{1}{4}\times\left(\frac{4}{3}\right)^2=\frac{4}{9}$ となり，$BQ=\frac{4}{9}$ である。よって，$AP=\frac{25}{4}BQ=\frac{25}{4}\times\frac{4}{9}=\frac{25}{9}$ だから，点Aの y 座標は $\frac{25}{9}$ である。点Aは放物線 $y=x^2$ 上にあるから，$\frac{25}{9}=x^2$，$x=\pm\frac{5}{3}$ より，点Aの x 座標は $-\frac{5}{3}$ である。したがって，$A\left(-\frac{5}{3},\ \frac{25}{9}\right)$ である。

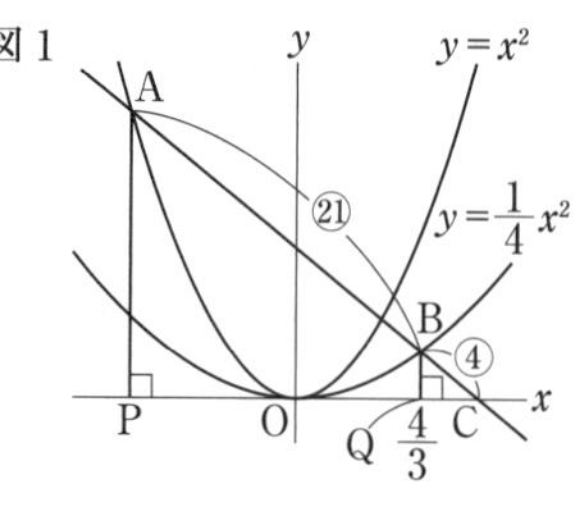

〔問2〕＜x 座標，直線の式＞(1)右図2で，点Aから直線 m に垂線AHを引き，y 軸と直線 m との交点をGとする。点Bの x 座標を t とすると，点Bは放物線 $y=\frac{1}{4}x^2$ 上にあるから，$y=\frac{1}{4}t^2$ となり，$B\left(t,\ \frac{1}{4}t^2\right)$ となる。2点B，Dは放物線 $y=\frac{1}{4}x^2$ 上にあり，直線 m は x 軸に平行だから，2点B，Dは，y 軸について対称である。これより，$D\left(-t,\ \frac{1}{4}t^2\right)$ となる。また，△ADH∽△EDGとなるから，DH：DG＝AH：EG＝DA：DE＝1：(1＋3)＝1：4である。DG＝t だから，

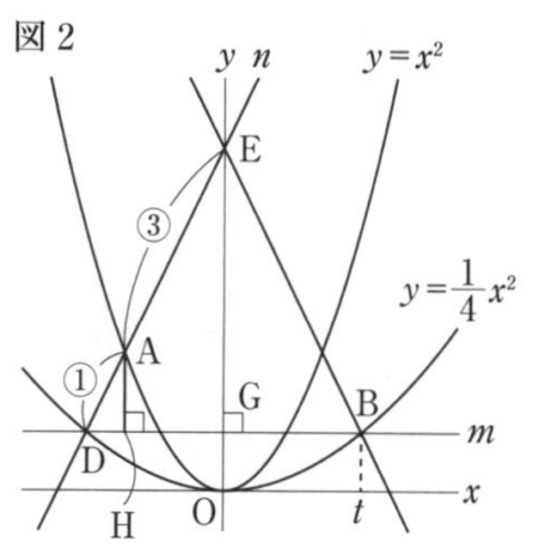

$DH=\frac{1}{4}DG=\frac{1}{4}t$ となり，点Aの x 座標は $-t+\frac{1}{4}t=-\frac{3}{4}t$ となる。点Aは放物線 $y=x^2$ 上にあるから，$y=\left(-\frac{3}{4}t\right)^2=\frac{9}{16}t^2$ より，$A\left(-\frac{3}{4}t,\ \frac{9}{16}t^2\right)$ であり，$AH=\frac{9}{16}t^2-\frac{1}{4}t^2=\frac{5}{16}t^2$ である。よって，$EG=4AH=4\times\frac{5}{16}t^2=\frac{5}{4}t^2$ となる。直線BEの傾きが -2 であることより，$EG=2GB$ であり，$GB=t$ だから，$\frac{5}{4}t^2=2t$ が成り立つ。これを解くと，$5t^2-8t=0$，$t(5t-8)=0$ より，$t=0,\ \frac{8}{5}$ となる。$t>0$ だから，$t=\frac{8}{5}$ である。　⑵右図3で，点Bの x 座標を u とすると，点Bは放物線 $y=\frac{1}{4}x^2$ 上にあるから，$y=\frac{1}{4}u^2$ より，$B\left(u,\ \frac{1}{4}u^2\right)$ となる。直線 m は x 軸に平行だから，点Fの y 座標は $\frac{1}{4}u^2$ となる。点Fは放物線 $y=x^2$ 上にあるから，$\frac{1}{4}u^2=x^2$ より，$x=\pm\frac{1}{2}u$ となり，$x>0$ だから，$x=\frac{1}{2}u$ である。よって，$F\left(\frac{1}{2}u,\ \frac{1}{4}u^2\right)$ である。$BF=\frac{1}{2}$ だから，$u-\frac{1}{2}u=\frac{1}{2}$ が成り立ち，$u=1$ となる。これより，$\frac{1}{2}u=\frac{1}{2}\times1=\frac{1}{2}$，$\frac{1}{4}u^2=\frac{1}{4}\times1^2=\frac{1}{4}$ となるから，$F\left(\frac{1}{2},\ \frac{1}{4}\right)$ である。また，点Dの y 座標は $\frac{1}{4}$ であり，$AD=2$ より，点Aの y 座標は $\frac{1}{4}+2=\frac{9}{4}$ である。点Aは放物線 $y=x^2$ 上にあるから，$\frac{9}{4}=x^2$ より $x=\pm\frac{3}{2}$ となり，$x<0$ だから，$x=-\frac{3}{2}$ である。よって，$A\left(-\frac{3}{2},\ \frac{9}{4}\right)$ である。直線AFの傾きは $\left(\frac{1}{4}-\frac{9}{4}\right)\div\left\{\frac{1}{2}-\left(-\frac{3}{2}\right)\right\}=-1$ だから，その式は $y=-x+b$ とおける。これが点Fを通ることより，$\frac{1}{4}=-\frac{1}{2}+b$，$b=\frac{3}{4}$ となるので，直線AFの式は $y=-x+\frac{3}{4}$ である。

図3

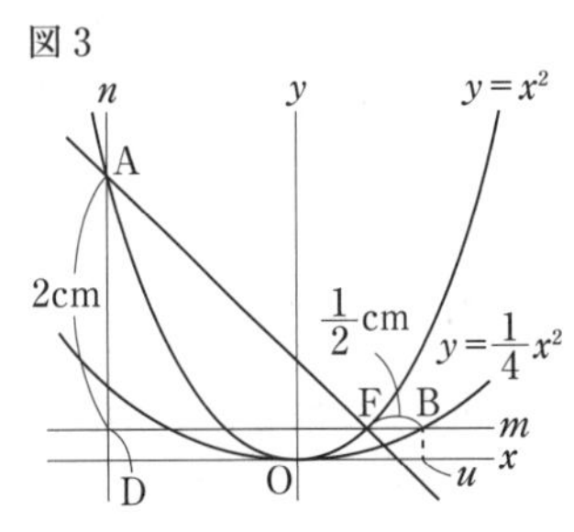

3 〔平面図形―円〕

≪基本方針の決定≫〔問2〕⑵　EG∥BFに気づきたい。

〔問1〕<角度>右図1で，点Bと点Cを結ぶ。線分ABは円Oの直径だから，∠ACB＝90°である。∠BCD＝∠ACB－∠ACD＝90°－50°＝40°となるから，$\overset{\frown}{BD}$ に対する円周角より，∠BAD＝∠BCD＝40°である。よって，2∠BAC＝∠BADより，∠BAC＝$\frac{1}{2}$∠BAD＝$\frac{1}{2}$×40°＝20°となる。

図1

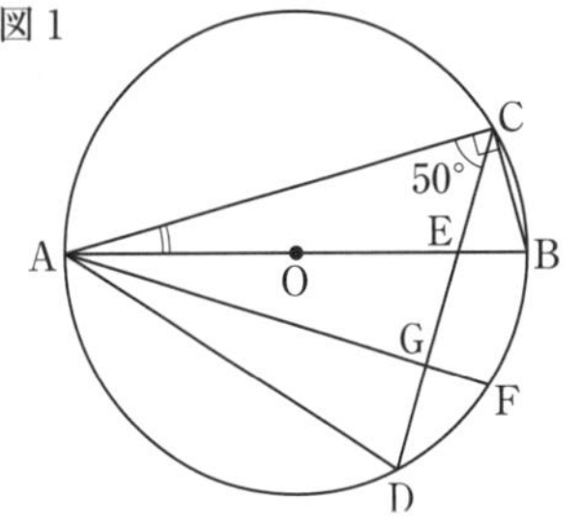

〔問2〕<証明，長さの比>⑴右図2の△ADGと△AEGで，AG＝AGであり，線分AFは∠BADの二等分線だから，∠DAG＝∠EAGである。よって，∠AGD＝∠AGEを示せれば，△ADG≡△AEGがいえる。解答参照。　⑵図2で，点Bと点Fを結ぶ。⑴より，△ADG≡△AEGであり，∠AGE＝90°，AE＝AD＝8である。また，線分ABは円Oの直径だから，∠AFB＝90°である。よって，∠AGE＝∠AFBだから，EG∥BFであり，AG：GF＝AE：EBである。AB＝2AO＝2×5＝10より，EB＝AB－AE＝10－8＝2だから，AG：GF＝AE：EB＝8：2＝4：1となる。

図2

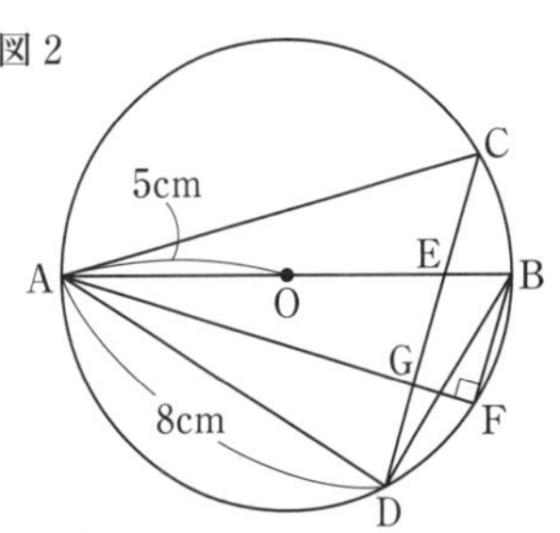

4 〔空間図形―回転体と四面体〕

〔問1〕<面積>右図1で，AO⊥DI となるから，$\triangle ADI=\frac{1}{2}\times DI\times AO$ である。$\angle OCI=\angle BCF$ であり，OI∥BF より $\angle COI=\angle CBF$ だから，$\triangle IOC\backsim\triangle FBC$ となる。これより，$OI:BF=CO:CB=1:2$ だから，$OI=\frac{1}{2}BF$ である。△FBC は FB＝FC の二等辺三角形であり，点Oは底辺 BC の中点だから，FO⊥BC である。よって，△FBO で三平方の定理より，$BF=\sqrt{FO^2+BO^2}=\sqrt{3^2+4^2}=\sqrt{25}=5$ であり，$OI=\frac{1}{2}\times5=\frac{5}{2}$ となる。DO＝BO＝4 だから，$DI=DO+OI=4+\frac{5}{2}=\frac{13}{2}$ となり，$\triangle ADI=\frac{1}{2}\times\frac{13}{2}\times6=\frac{39}{2}$(cm²)となる。

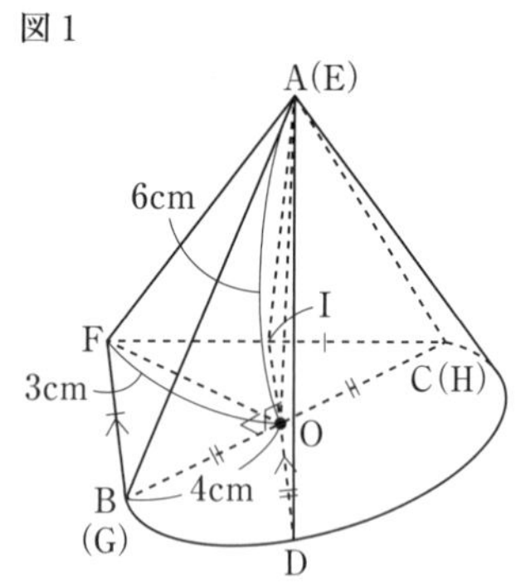

〔問2〕<長さ>右図2で，点 J から線分 FD に垂線 JK を引く。$\triangle JKD\backsim\triangle AOD$ となるから，$JK:AO=DK:DO=DJ:DA$ である。$DO=BO=\frac{1}{2}BC=\frac{1}{2}\times9=\frac{9}{2}$ だから，△AOD で三平方の定理より，$DA=\sqrt{AO^2+DO^2}=\sqrt{6^2+\left(\frac{9}{2}\right)^2}=\sqrt{\frac{225}{4}}=\frac{15}{2}$ となる。よって，$DJ:DA=1:\frac{15}{2}=2:15$ となるから，$JK:AO=DK:DO=2:15$ となり，$JK=\frac{2}{15}AO=\frac{2}{15}\times6=\frac{4}{5}$，$DK=\frac{2}{15}DO=\frac{2}{15}\times\frac{9}{2}=\frac{3}{5}$ である。$OK=DO-DK=\frac{9}{2}-\frac{3}{5}=\frac{39}{10}$ より，$FK=FO+OK=\frac{5}{2}+\frac{39}{10}=\frac{32}{5}$ だから，△FJK で三平方の定理より，$FJ=\sqrt{FK^2+JK^2}=\sqrt{\left(\frac{32}{5}\right)^2+\left(\frac{4}{5}\right)^2}=\sqrt{\frac{1040}{25}}=\frac{4\sqrt{65}}{5}$(cm)となる。

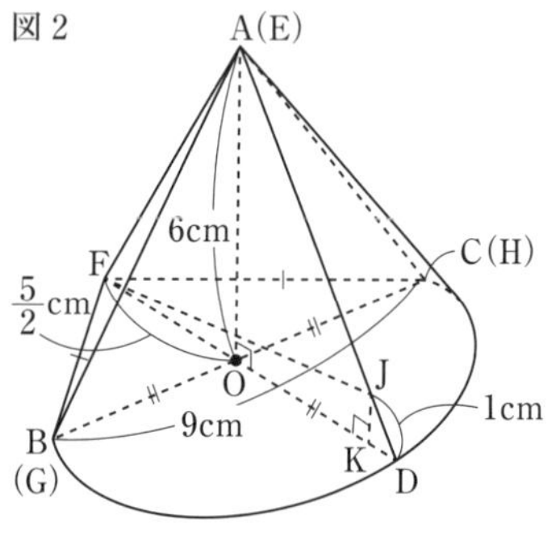

〔問3〕<体積>右図3で，五面体 A-BDCF は，底面を四角形 BDCF，高さを AO とする四角錐である。△FBC は正三角形だから，△FBO は3辺の比が $1:2:\sqrt{3}$ の直角三角形であり，$FO=\frac{\sqrt{3}}{2}FB=\frac{\sqrt{3}}{2}\times6=3\sqrt{3}$ である。AF：FO＝3：1 だから，$AF=3FO=3\times3\sqrt{3}=9\sqrt{3}$ となり，△AFO で三平方の定理より，$AO=\sqrt{AF^2-FO^2}=\sqrt{(9\sqrt{3})^2-(3\sqrt{3})^2}=\sqrt{216}=6\sqrt{6}$ となる。また，$\overset{\frown}{BD}:\overset{\frown}{DC}=2:1$ より，$\angle BOD:\angle DOC=2:1$ だから，$\angle BOD=\frac{2}{2+1}\times180°=120°$ となり，$\overset{\frown}{BD}$ に対する円周角と中心角の関係より，$\angle BCD=\frac{1}{2}\angle BOD=\frac{1}{2}\times120°=60°$ である。線分 BC は半円の直径だから，∠BDC＝90° であり，△BDC は3辺の比が $1:2:\sqrt{3}$ の直角三角形である。よって，$DC=\frac{1}{2}BC=\frac{1}{2}\times6=3$，$BD=\sqrt{3}DC=\sqrt{3}\times3=3\sqrt{3}$ である。したがって，〔四角形 BDCF〕＝△BDC＋△FBC＝$\frac{1}{2}\times3\times3\sqrt{3}+\frac{1}{2}\times6\times3\sqrt{3}=\frac{27\sqrt{3}}{2}$ だから，〔五面体 A-BDCF〕＝$\frac{1}{3}$×〔四角形 BDCF〕×AO＝$\frac{1}{3}\times\frac{27\sqrt{3}}{2}\times6\sqrt{6}=81\sqrt{2}$(cm³)となる。

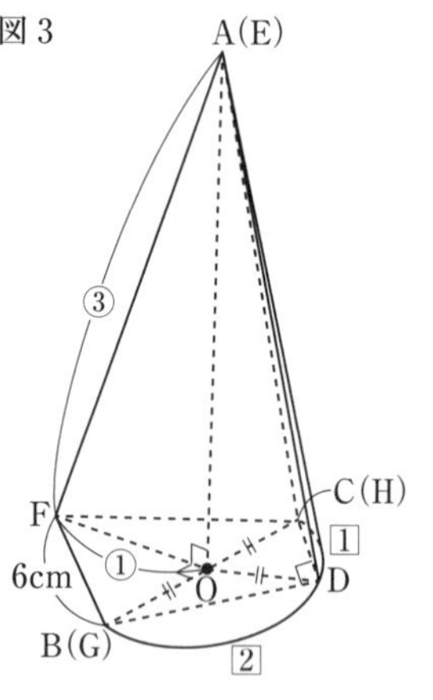

国語解答

一 (1) く (2) さいしょう (3) はんよう (4) そほうか (5) せいしょう

二 (1) 陸続 (2) 管見 (3) 資 (4) 策定 (5) 骨子

三 〔問1〕 エ 〔問2〕 ア 〔問3〕 ウ 〔問4〕 エ 〔問5〕 イ

〔問6〕 見事な襖絵を見て，長谷川の絵師としての才能を認めざるをえないと思うものの，狩野一門の頭領としてのプライドから，そのことを素直に認めることには抵抗を感じる気持ち。(80字)

四 〔問1〕 ア 〔問2〕 ウ 〔問3〕 ア 〔問4〕 イ 〔問5〕 ウ

〔問6〕 (例)桂離宮を見た時，自然の風情そのものと思われた庭が，実は人為を感じさせぬ形で整えられたものであることに気づき驚いた。幾何学的に配置され樹木も円錐形に整えられた西洋庭園との違いを感じ，日本人の自然観や文化の特質性がここに残されていると思った。／グローバル化の進展とともに，工業製品などの規格は統一化され，食文化や衣服などさまざまなものの均質化が進んでいる。共通化は社会に「便利さ」という恩恵をもたらすが，共通化の流れにあらがって残る個別性こそが，生活や文化の「豊かさ」の源にあるものではないだろうか。

(249字)

五 〔問1〕 エ 〔問2〕 イ 〔問3〕 ア 〔問4〕 ウ 〔問5〕 イ

一〔漢字〕

(1)「繰る」は，細長いものを少しずつ巻き取る，という意味。 (2)「宰相」は，王を補佐して政治を行う大臣のこと。また，内閣総理大臣のこと。 (3)「汎用」は，一つのものを広くさまざまな方面に用いること。 (4)「素封家」は，資産家のこと。 (5)「青松」は，青々とした松のこと。

二〔漢字〕

(1)「陸続」は，ひっきりなしに続くこと。 (2)「管見」は，管を通して見るような狭い見識のことで，自分の見識を謙遜していう語。 (3)「資する」は，助けとなる，役に立つ，という意味。 (4)「策定」は，あれこれと考えて決めていくこと。 (5)「骨子」は，物事を形づくる最も重要な点のこと。

三〔小説の読解〕出典；山本兼一『花鳥の夢』。

〔問1〕<文章内容>永徳は，長谷川信春が法堂で三門の天井画に取りかかっていると聞き，見たいと思ったが，破門した長谷川の絵を，自分から見に行くことをすんなりと決意することはできなかった。しかし，今朝は「思い切って」法堂の正面に回り，その石段を上がっていったのである。

〔問2〕<心情>長谷川信春は，絵を描きながらも，弟子たちと笑い合っていた。この光景は，永徳にとっては「信じられない光景」であった。永徳は，「絵を描くのは，厳しい修行と同じである」と思っていて，自分の身を慎んで描くものだと考えていたため，長谷川の描き方を見て，「そういう絵の描き方もあるのか」と驚き，「楽しく描いてもいいのか」と思った。永徳は，自分に厳しくして絵に向き合ってきたけれども，彼らが楽しそうに絵を描く姿を「うらやましい」とも感じたのである。

〔問３〕**＜心情＞**永徳の「うらやましいことです」という素直な言葉に長谷川は驚き，絵を描くのが「楽しくはないのですか」と永徳に「真正面から」尋ねた。返答に困っている永徳を見て，長谷川は，狩野一門を率いる永徳がいろいろなしがらみや重圧に耐えて絵を描いていることに気づき，永徳の気持ちを思いやろうとしたのである。

〔問４〕**＜文章内容＞**春屋和尚が留守の間に，長谷川は，和尚の部屋の三十六枚もの襖に無断で絵を描いたが，和尚はその無謀な行動にあきれ返るとともに，長谷川の奥深く味わいのある絵の出来ばえに驚いてもいた。和尚は，長谷川の絵に対する熱意と力を感じ取り，怒るに怒れずにいたのである。

〔問５〕**＜表現＞**永徳は，長谷川の襖絵は「ひたひたと魂に迫ってくる絵」であると感じた。それは，庭の油蟬のうるさいほどの鳴き声さえも「襖にしみ込み」，気にならなくなるほどの，山水画の奥深く風情のある世界を感じさせる襖絵であったのである。

〔問６〕**＜心情＞**永徳は，長谷川の襖絵が「ひたひたと魂に迫ってくる」ものだと心の中では認めていた。しかし，狩野一門を率いる自分の立場とそのプライドからは，とても手放しで褒めることなどできず，永徳は，やっとのことで「悪くない」と言うことしかできなかったのである。

四〔論説文の読解―哲学的分野―哲学〕出典；若林幹夫『地図の想像力』。

≪**本文の概要**≫地図は，私たちが生きる世界の空間的な形状を目に見える形で示す表現だが，そのような表現が成立するためには，見えない全域を空間的な像として可視化する人間の想像力が介在している。日常で直接には見ることも経験することもできない社会の「全域性」を「社会」や「世間」という言葉で表すことで，社会や世界は存在すると私たちは考える。地図も，「世界というテクスト」を読み解こうとする試みの一つである。世界や社会を可視化する地図的な視点には，他者とのコミュニケーションが内在している。他者たちとの潜在的なコミュニケーションの場を生きるということが，私たちが世界や社会に生きるということである。地図を媒介として人々が世界や社会と関わっていくあり方は，歴史的，社会的に一様ではない。社会が異なれば，そこで思考され，生きられる世界も異なる。私たちが自明なものとしている「近代的世界」も，一つのあり方である。現実的には，自分たちが経験する地理的経験や，それを人に伝える様式は，近代的で科学的な地図が表現する「客観的」な世界とは異なっており，私たちは，必ずしも近代的な地図のように世界を見ているわけではない。しかし，国家や地域，世界全体を考察するとき，私たちは，近代的な地図が描き出す像を概念的な枠組みとしていて，その中で，人々は行動し，多様な社会的事実を織り出して生きている。

〔問１〕**＜文章内容＞**「社会」や「世間」という言葉を用いることで，私たちは，直接見ることはできない全体像としての「社会」や「世間」という考え方をつくり出し，その中で起こることを社会的な事実としてとらえていくのである。

〔問２〕**＜文章内容＞**「この厚み」とは，地図が持つ社会的な厚みを指す。地図は，想像力によって社会や世界を思い描くだけのものではなく，そこに人間がはたらきかけ，他者とのコミュニケーションを通していろいろな関係を形成していき，社会的事実をつくり出す基礎になるものである。

〔問３〕**＜文章内容＞**地図を媒介として，人々が世界や社会をとらえていくあり方は，歴史的にも社会的にも一つではない。「水平的な広がり」を志向する社会もあれば，「垂直的な深さ」を志向する社会もある。社会が異なれば，そこで思考され，生きられる世界も違うので，社会的事実も多様なものになるのである。

〔問4〕<文章内容>人々の生きる社会は多様なものであったが,「近代的世界」が出現すると,それが「普遍的」な世界像となっていった。それには,ヨーロッパで成立した近代的な地図が大きな役割を果たしている。近代的な地図は,地球表面上のすみずみまでを描き,人々はその地図に合わせて世界を理解し行動するようになった。土着の世界像や前近代的な世界像が排除され,唯一の普遍的な世界があるかのようにとらえられたのである。

〔問5〕<要旨>近代的な地図は,「世界というテクスト」を読み解こうとする試みの一つであり,科学的なものの見方で制作されたものである。近代的な地図が示そうとしている「客観的な」世界のあり方は,普遍的に思えるが,私たちが生活している世界を必ずしも現実的な実感でとらえたものではない(ア・イ…×,ウ…○)。私たちは体験に即して世界をとらえようとする側面もあるが,近代的な世界を普遍的なものとも思っている(エ…×)。

〔問6〕<作文>グローバル化が進む現代社会において,「他との違いや個別性を保っていることがら」が自分の身の回りにあるか,「あなた自身が経験したことや見聞」を,具体的に考える。誤字に気をつけて,字数を守って書くこと。

五〔説明文の読解─芸術・文学・言語学的分野─文学〕出典;尼ヶ崎彬『花鳥の使』。

〔問1〕<品詞>「『すごく侍る』ばかりでなく」と「自分のことばかり」の「ばかり」は,限定を表す副助詞。「買ったばかり」の「ばかり」は,終わって間もない意味を表す副助詞。「とび上がらんばかりに」の「ばかり」は,そうしそうなことを表す副助詞。「寝坊したばかりに」の「ばかり」は,それがもとになって次の状態が生じたことを表す副助詞。

〔問2〕<文章内容>「当人」は,「和歌を知る人」のこと。和歌の世界では,ある題材が最も美しく,最も感動的に立ち現れるときの人々に訴えかける意味を「本意」とする。「本意」は,和歌の伝統によって定められ,人々に自然の見方を教える規範となるものであり,「和歌を知る人」は,その「本意」に基づいて現実の世界を見ることになる。したがって,現実の「秋の夕暮」を和歌世界に投影して物悲しさを見出そうとすることもありうるのである。

〔問3〕<文章内容>心敬は,和歌の世界の物の見方を受け継いでいるが,「仏法の教える本当の無常観の何たるかを知っていた」人である。「自然は無常の象徴として立現れる時こそ感動的である」と心敬は思っていたのであり,この世に常なるものはないことを表す自然を,歌によもうとしたのである。

〔問4〕<文章内容>心敬の求めた美とは,優美さや「いろどり巧み」である状態ではなく,「冷え」と呼ぶべき「『心の艶』なる状態」であった。「心の艶」とは,「自己の死を意識しつつ生きる者の,ある透明な心境」であり,「万象が無常であると見えてくるような,そして無常であるが故に『あはれ』と見えてくるような境地」である。

〔問5〕<要旨>「濃絵」の画家は,形と色の配置がもたらす効果の計算に巧みであればよい(エ…×)。心敬の求めるものは,無常観に基づいた世界のとらえ方であり,それをイメージとして表すならば,濃絵ではなく水墨画によって表されるものである(イ…○)。中世には「うつくし」と「冷え」という二つの美意識があり,「冷え」は中世に至って特に主張された美である(ウ…×)。心敬は,「冷え」たる和歌に重きを置いていたが,連歌においては,「太り暖かなる」句と「寒くやせたる」句を対置した(ア…×)。

Memo

●2023年度

東京都立高等学校

共　通　問　題

【社会・理科】

2023年度 東京都立高等学校（共通問題）

【社　会】（50分）〈満点：100点〉

1　次の各問に答えよ。

〔問１〕　次の発表用資料は，地域調査を行った神奈川県鎌倉市の亀ヶ谷坂切通周辺の様子をまとめたものである。発表用資料中の＜地形図を基に作成した**A**点→**B**点→**C**点の順に進んだ道の傾斜を模式的に示した図＞に当てはまるのは，次のページの**ア**～**エ**のうちではどれか。

発表用資料

鎌倉の切通を調査する（亀ヶ谷坂切通班）

○調査日　　　　　令和４年９月３日（土）　天候　晴れ

○集合場所・時間　北鎌倉駅・午前９時

○調査ルート　　　＜亀ヶ谷坂切通周辺の地形図＞に示したA点→B点→C点の順に進んだ。

＜亀ヶ谷坂切通の位置＞

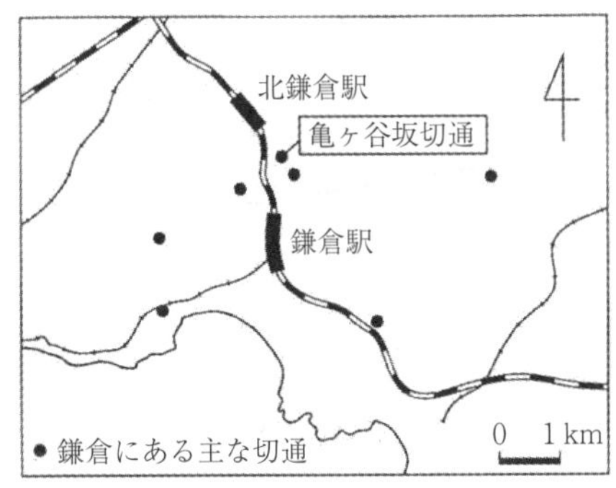

＜亀ヶ谷坂切通周辺の地形図＞

↖北鎌倉駅

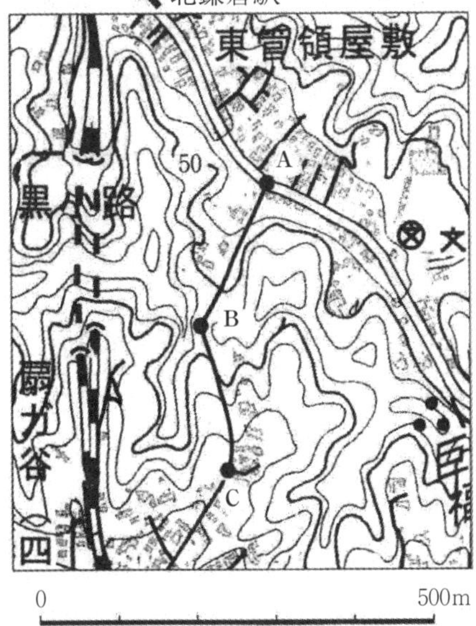

0　500m

（2016年の「国土地理院発行２万５千分の１地形図（鎌倉）」の一部を拡大して作成）

＜A点，B点，C点　それぞれの付近の様子＞

A点　亀ヶ谷坂切通の方向を示した案内板が設置されていた。

B点　切通と呼ばれる山を削って作られた道なので，地層を見ることができた。

C点　道の両側に住居が建ち並んでいた。

＜B点付近で撮影した写真＞

＜地形図を基に作成したA点→B点→C点の順に進んだ道の傾斜を模式的に示した図＞

＜調査を終えて＞
○切通は，谷を利用して作られた道で，削る部分を少なくする工夫をしていると感じた。
○道幅が狭かったり，坂道が急であったりしていて，守りが堅い鎌倉を実感することができた。
○徒歩や自転車で通る人が多く，現在でも生活道路として利用されていることが分かった。

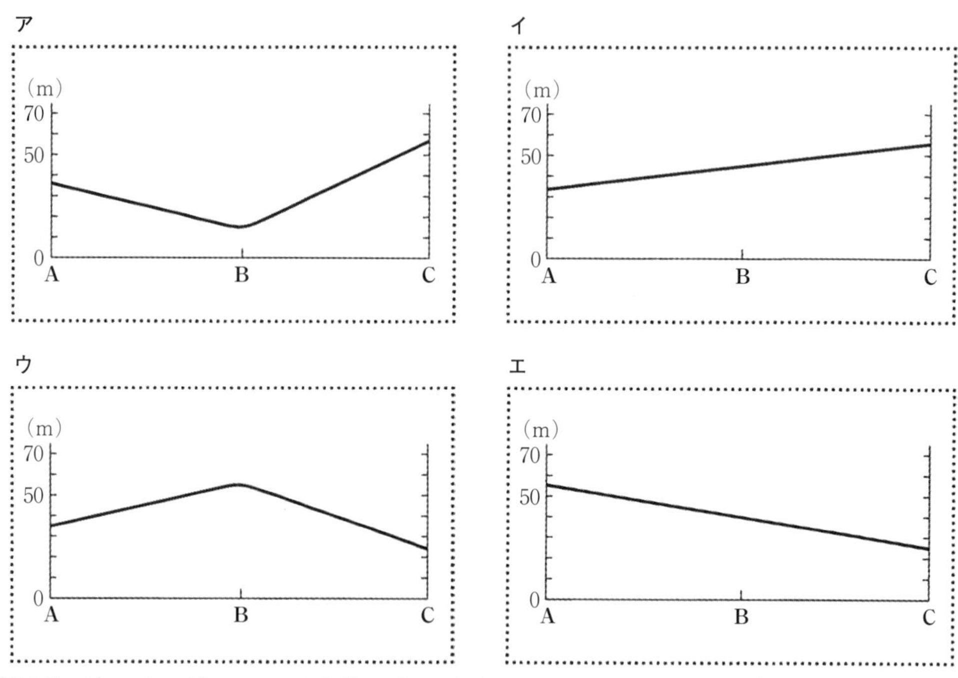

〔問２〕 次の文で述べている人物に当てはまるのは，下の**ア**～**エ**のうちのどれか。

> 大名や都市の豪商の気風を反映した壮大で豪華な文化が生み出される中で，堺（さかい）出身のこの人物は，全国統一を果たした武将に茶の湯の作法を指導するとともに，禅の影響を受けたわび茶を完成させた。

ア 喜多川歌麿（きたがわうたまろ）　**イ** 栄西（えいさい／ようさい）　**ウ** 尾形光琳（おがたこうりん）　**エ** 千利休（せんのりきゅう）

〔問３〕 2022年における国際連合の安全保障理事会を構成する国のうち，５か国の常任理事国を全て示しているのは，次の**ア**～**エ**のうちのどれか。

ア 中華人民共和国，フランス，ロシア連邦(ロシア)，イギリス，アメリカ合衆国
イ インド，フランス，ケニア，イギリス，アメリカ合衆国
ウ 中華人民共和国，ケニア，ノルウェー，ロシア連邦(ロシア)，アメリカ合衆国
エ ブラジル，インド，フランス，ノルウェー，ロシア連邦(ロシア)

2　次の略地図を見て，あとの各問に答えよ。

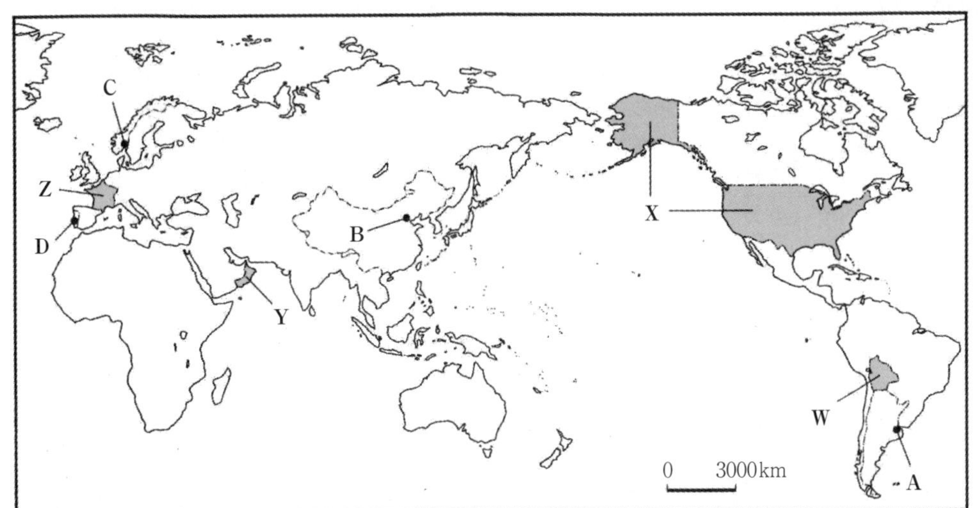

〔問1〕　次のⅠの文章は，略地図中に**A**～**D**で示した**いずれか**の都市の商業などの様子についてまとめたものである。Ⅱの**ア**～**エ**のグラフは，略地図中の**A**～**D**の**いずれか**の都市の，年平均気温と年降水量及び各月の平均気温と降水量を示したものである。Ⅰの文章で述べている都市に当てはまるのは，略地図中の**A**～**D**のうちのどれか，また，その都市のグラフに当てはまるのは，Ⅱの**ア**～**エ**のうちのどれか。

Ⅰ

> 夏季は高温で乾燥し，冬季は温暖で湿潤となる気候を生かして，ぶどうやオリーブが栽培されている。国産のぶどうやオリーブは加工品として販売され，飲食店では塩漬けにされたタラをオリーブ油で調理した料理などが提供されている。

Ⅱ

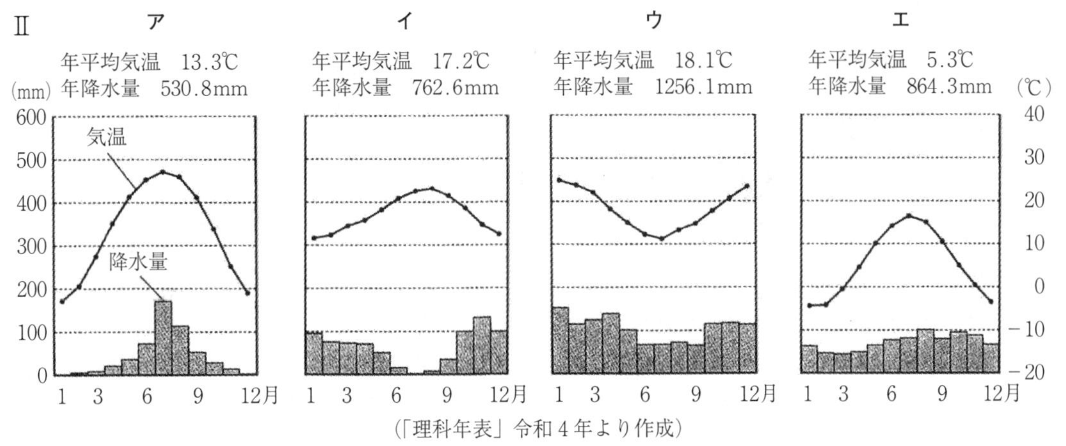

（「理科年表」令和4年より作成）

〔問2〕　次のページの表の**ア**～**エ**は，略地図中に[網掛け]で示した**W**～**Z**の**いずれか**の国の，2019年における一人当たりの国民総所得，小売業などの様子についてまとめたものである。略地図中の**W**～**Z**のそれぞれの国に当てはまるのは，次のページの表の**ア**～**エ**のうちではどれか。

	一人当たりの国民総所得（ドル）	小売業などの様子
ア	3520	○市場では，ポンチョや強い紫外線を防ぐ帽子，この地方が原産で傾斜地などで栽培された様々な種類のじゃがいもが販売されている。 ○キリスト教徒の割合が最も多く，先住民の伝統的な信仰との結び付きがあり，農耕儀礼などに用いる品々を扱う店舗が立ち並ぶ町並が見られる。
イ	42290	○キリスト教徒（カトリック）の割合が最も多く，基本的に日曜日は非労働日とされており，休業日としている店舗がある。 ○首都には，ガラス製のアーケードを備えた商店街（パサージュ）や，鞄（かばん）や洋服などの世界的なブランド店の本店が立ち並ぶ町並が見られる。
ウ	65910	○高速道路（フリーウエー）が整備されており，道路沿いの巨大なショッピングセンターでは，大量の商品が陳列され，販売されている。 ○多民族国家を形成し，同じ出身地の移民が集まる地域にはそれぞれの国の料理を扱う飲食店や物産品を扱う店舗が立ち並ぶ町並が見られる。
エ	14150	○スークと呼ばれる伝統的な市場では，日用品に加えて，なつめやし，伝統衣装，香料などが販売されている。 ○イスラム教徒の割合が最も多く，断食（だんじき）が行われる期間は，日没後に営業を始める飲食店が立ち並ぶ町並が見られる。

（注）　一人当たりの国民総所得とは，一つの国において新たに生み出された価値の総額を人口で割った数値のこと。

（「データブック　オブ・ザ・ワールド」2022年版より作成）

〔問３〕　次のⅠの略地図は，2021年における東南アジア諸国連合（ASEAN（アセアン））加盟国の2001年と比較した日本からの輸出額の増加の様子を数値で示したものである。Ⅱの略地図は，2021年における東南アジア諸国連合（ASEAN）加盟国の2001年と比較した進出日本企業の増加数を示したものである。Ⅲの文章で述べている国に当てはまるのは，下の**ア**〜**エ**のうちのどれか。

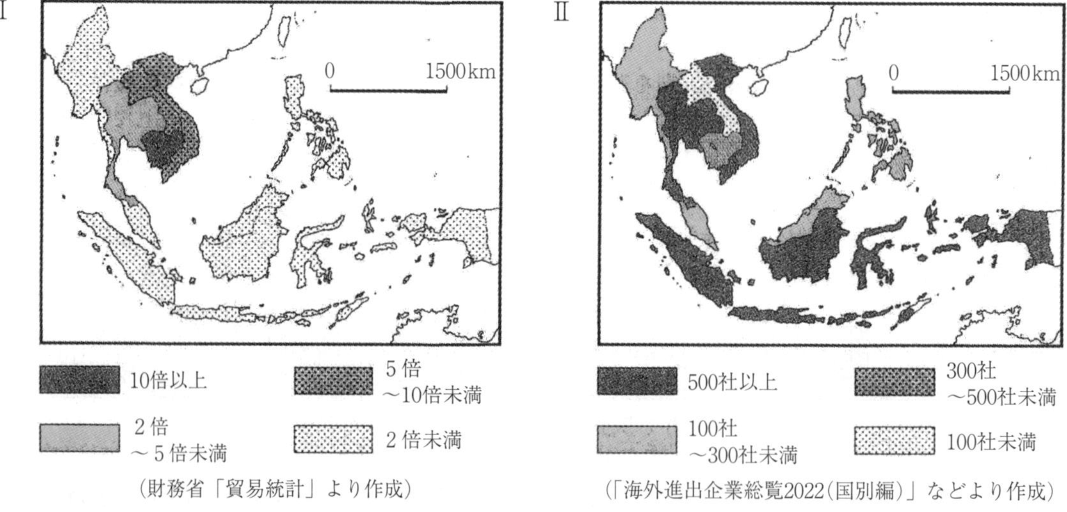

（財務省「貿易統計」より作成）

（「海外進出企業総覧2022（国別編）」などより作成）

Ⅲ

1945年の独立宣言後，国が南北に分離した時代を経て，1976年に統一された。国営企業中心の経済からの転換が図られ，現在では外国企業の進出や民間企業の設立が進んでいる。

2001年に約2164億円であった日本からの輸出額は，2021年には約２兆968億円となり，2001年に179社であった進出日本企業数は，2021年には1143社へと増加しており，日本との結び付きを強めている。首都の近郊には日系の自動車工場が見られ，最大の人口を有する南部の都市には，日系のコンビニエンスストアの出店が増加している。

ア インドネシア　**イ** ベトナム　**ウ** ラオス　**エ** タイ

3 次の略地図を見て，あとの各問に答えよ。

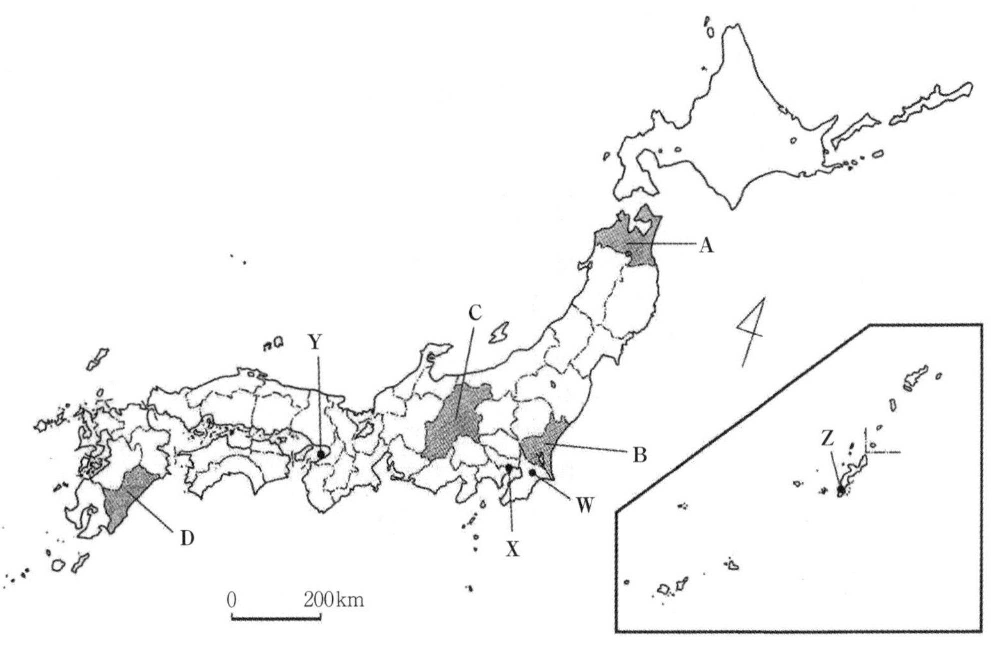

〔問1〕 次の表の**ア**～**エ**の文章は，略地図中に ▒ で示した，**A**～**D**の**いずれか**の県の，自然環境と農産物の東京への出荷の様子についてまとめたものである。**A**～**D**のそれぞれの県に当てはまるのは，次の表の**ア**～**エ**のうちではどれか。

	自然環境と農産物の東京への出荷の様子
ア	○平均標高は1132mで，山脈が南北方向に連なり，フォッサマグナなどの影響によって形成された盆地が複数見られる。 ○東部の高原で他県と比べ時期を遅らせて栽培されるレタスは，明け方に収穫後，その日の正午頃に出荷され，東京まで約5時間かけて主に保冷トラックで輸送されている。
イ	○平均標高は100mで，北西部には山地が位置し，中央部から南西部にかけては河川により形成された平野が見られ，砂丘が広がる南東部には，水はけのよい土壌が分布している。 ○南東部で施設栽培により年間を通して栽培されるピーマンは，明け方に収穫後，その日の午後に出荷され，東京まで約3時間かけてトラックで輸送されている。
ウ	○平均標高は402mで，北西部に山地が位置し，中央部から南部にかけて海岸線に沿って平野が広がっている。 ○平野で施設栽培により年間を通して栽培されるきゅうりは，明け方に収穫後，翌日に出荷され，東京まで1日以上かけてフェリーなどで輸送されている。

エ	○平均標高は226mで，西部には平野が広がり，中央部に位置する火山の南側には水深が深い湖が見られ，東部の平坦な地域は夏季に吹く北東の風の影響で冷涼となることがある。 ○病害虫の影響が少ない東部で栽培されるごぼうは，収穫され冷蔵庫で保管後，発送日の午前中に出荷され，東京まで約10時間かけてトラックで輸送されている。

（国土地理院の資料より作成）

〔問２〕 次の表の**ア**～**エ**は，略地図中に**W**～**Z**で示した成田国際空港，東京国際空港，関西国際空港，那覇空港の**いずれか**の空港の，2019年における国内線貨物取扱量，輸出額及び輸出額の上位３位の品目と輸出額に占める割合，輸入額及び輸入額の上位３位の品目と輸入額に占める割合を示したものである。略地図中の**X**の空港に当てはまるのは，次の表の**ア**～**エ**のうちのどれか。

	国内線貨物取扱量（t）	輸出額（億円） 輸入額（億円）	輸出額の上位３位の品目と輸出額に占める割合（%） 輸入額の上位３位の品目と輸入額に占める割合（%）
ア	14905	51872	電気機器（44.4），一般機械（17.8），精密機器類（6.4）
		39695	電気機器（32.3），医薬品（23.2），一般機械（11.6）
イ	204695	42	肉類及び同調製品（16.8），果実及び野菜（7.5），魚介類及び同調製品（4.4）
		104	輸送用機器（40.1），一般機械（15.9），その他の雑製品（11.3）
ウ	22724	105256	電気機器（23.7），一般機械（15.1），精密機器類（7.0）
		129560	電気機器（33.9），一般機械（17.4），医薬品（12.3）
エ	645432	3453	金属製品（7.5），電気機器（5.0），医薬品（4.2）
		12163	輸送用機器（32.3），電気機器（18.2），一般機械（11.8）

（国土交通省「令和２年空港管理状況調書」などより作成）

〔問３〕 次のⅠの資料は，国土交通省が推進しているモーダルシフトについて分かりやすくまとめたものである。Ⅱのグラフは，2020年度における，重量１ｔの貨物を１km輸送する際に，営業用貨物自動車及び鉄道から排出される二酸化炭素の排出量を示したものである。Ⅲの略地図は，2020年における貨物鉄道の路線，主な貨物ターミナル駅，七地方区分の境界を示したものである。Ⅰ～Ⅲの資料から読み取れる，(1)「国がモーダルシフトを推進する目的」と(2)「国がモーダルシフトを推進する上で前提となる，七地方区分に着目した貨物鉄道の路線の敷設（ふせつ）状況及び貨物ターミナル駅の設置状況」の二点について，それぞれ簡単に述べよ。

Ⅰ

○モーダルシフトとは，トラックなどの営業用貨物自動車で行われている貨物輸送を，貨物鉄道などの利用へと転換することをいう。転換拠点は，貨物ターミナル駅などである。

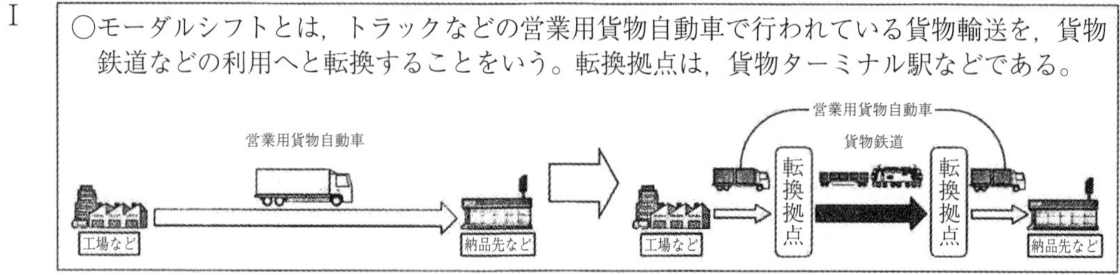

（国土交通省の資料より作成）

Ⅱ

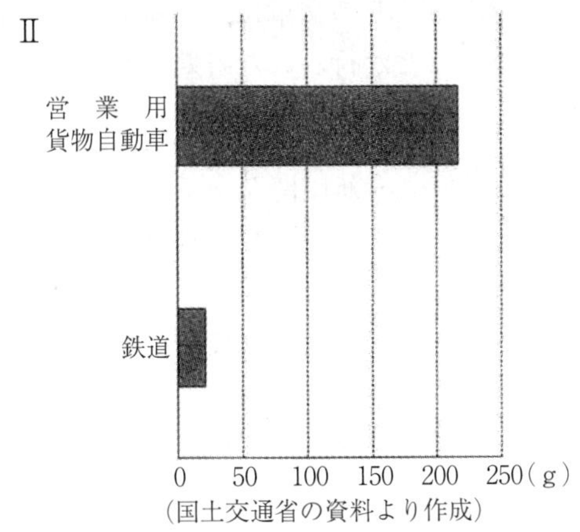

（国土交通省の資料より作成）

Ⅲ

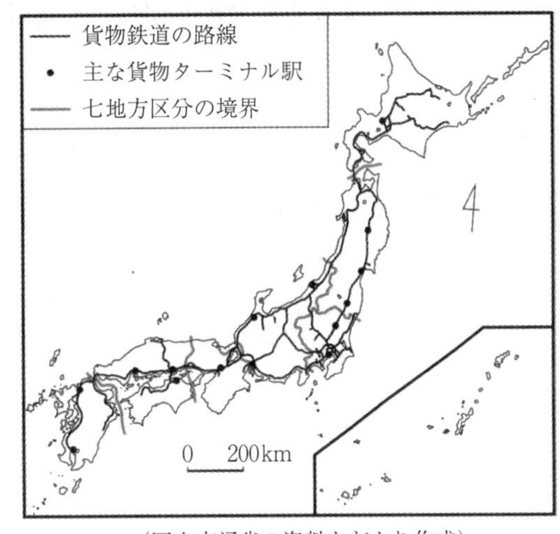

（国土交通省の資料などより作成）

4 次の文章を読み，あとの各問に答えよ。

私たちは，いつの時代も最新の知識に基づいて生産技術を向上させ，新たな技術を生み出すことで，社会を発展させてきた。

古代から，各時代の権力者は，(1)統治を継続することなどを目的に，高度な技術を有する人材に組織の中で役割を与え，寺院などを築いてきた。

中世から近世にかけて，農業においても新しい技術が導入されることで生産力が向上し，各地で特産物が生産されるようになった。また，(2)財政再建を行う目的で，これまで培（つちか）ってきた技術を生かし，新田開発などの経済政策を実施してきた。

近代以降は，政府により，(3)欧米諸国に対抗するため，外国から技術を学んで工業化が進められた。昭和時代以降は，(4)飛躍的に進歩した技術を活用し，社会の変化に対応した新たな製品を作り出す企業が現れ，私たちの生活をより豊かにしてきた。

〔問1〕 (1)統治を継続することなどを目的に，高度な技術を有する人材に組織の中で役割を与え，寺院などを築いてきた。とあるが，次の**ア**～**エ**は，飛鳥（あすか）時代から室町時代にかけて，各時代の権力者が築いた寺院などについて述べたものである。時期の古いものから順に記号を並べよ。

ア 公家（くげ）の山荘を譲り受け，寝殿造（しんでんづくり）や禅宗様（ぜんしゅうよう）の様式を用いた三層からなる金閣（きんかく）を京都の北山（きたやま）に築いた。

イ 仏教の力により，社会の不安を取り除き，国家の安泰を目指して，3か年8回にわたる鋳造の末，銅製の大仏を奈良の東大寺（とうだいじ）に造立（ぞうりゅう）した。

ウ 仏教や儒教の考え方を取り入れ，役人の心構えを示すとともに，金堂（こんどう）などからなる法隆寺（ほうりゅうじ）を斑鳩（いかるが）に建立（こんりゅう）した。

エ 産出された金や交易によって得た財を利用し，金ぱく，象牙や宝石で装飾し，極楽浄土を表現した中尊寺金色堂（ちゅうそんじこんじきどう）を平泉（ひらいずみ）に建立した。

〔問2〕 (2)財政再建を行う目的で，これまで培（つちか）ってきた技術を生かし，新田開発などの経済政策を実施してきた。とあるが，次のⅠの略年表は，安土（あづち）・桃山（ももやま）時代から江戸時代にかけての，経済政策などに関する主な出来事についてまとめたものである。Ⅱの文章は，ある時期に行われた経済政策などについて述べたものである。Ⅱの経済政策などが行われた時期に当てはまるのは，Ⅰの略年表中の**ア**～**エ**の時期のうちではどれか。

Ⅰ

西暦	経済政策などに関する主な出来事	
1577	●織田信長（おだのぶなが）は，安土の城下を楽市とし，一切の役や負担を免除した。	
		ア
1619	●徳川秀忠（とくがわひでただ）は，大阪を幕府の直轄地とし，諸大名に大阪城の再建を命じた。	
		イ
1695	●徳川綱吉（とくがわつなよし）は，幕府の財政を補うため，貨幣の改鋳を命じた。	
		ウ
1778	●田沼意次（たぬまおきつぐ）は，長崎貿易の輸出品である俵物（たわらもの）の生産を奨励した。	
		エ
1841	●水野忠邦（みずのただくに）は，物価の上昇を抑えるため，株仲間（かぶなかま）の解散を命じた。	

Ⅱ

○新田開発を奨励し，開発に当たり商人に出資を促し，将軍と同じく，紀伊（きい）藩出身の役人に技術指導を担（にな）わせた。

○キリスト教に関係しない，漢文に翻訳された科学技術に関係する洋書の輸入制限を緩和した。

〔問３〕 (3)欧米諸国に対抗するため，外国から技術を学んで工業化が進められた。とあるが，次の**ア**～**ウ**は，明治時代に操業を開始した工場について述べたものである。略地図中の**A**～**C**は，**ア**～**ウ**の**いずれか**の工場の所在地を示したものである。**ア**～**ウ**について，操業を開始した時期の古いものから順に記号を並べよ。また，略地図中の**B**に当てはまるのは，次の**ア**～**ウ**のうちではどれか。

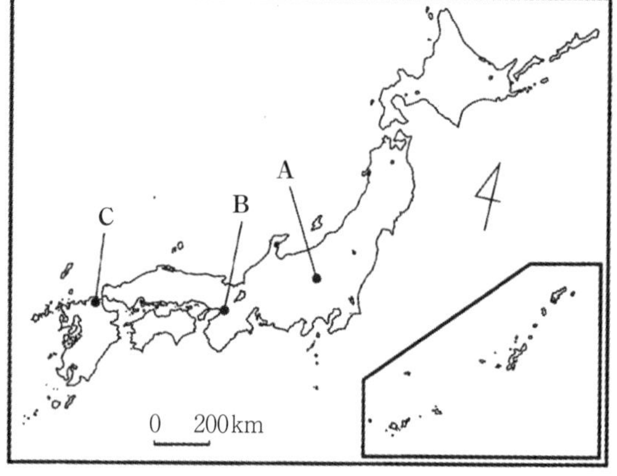

ア　実業家が発起人となり，イギリスの技術を導入し設立され，我が国における産業革命の契機となった民間の紡績会社で，綿糸の生産が開始された。

イ　国産生糸の増産や品質の向上を図ることを目的に設立された官営模範製糸場で，フランスの技術を導入し生糸の生産が開始された。

ウ　鉄鋼の増産を図ることを目的に設立された官営の製鉄所で，国内産の石炭と輸入された鉄鉱石を原材料に，外国人技術者の援助を受けて鉄鋼の生産が開始された。

〔問４〕 (4)飛躍的に進歩した技術を活用し，社会の変化に対応した新たな製品を作り出す企業が現れ，私たちの生活をより豊かにしてきた。とあるが，次の略年表は，昭和時代から平成時代にかけて，東京に本社を置く企業の技術開発に関する主な出来事についてまとめたものである。略年表中の**A**～**D**のそれぞれの時期に当てはまるのは，下の**ア**～**エ**のうちではどれか。

西暦	東京に本社を置く企業の技術開発に関する主な出来事	
1945	●造船会社により製造されたジェットエンジンを搭載した飛行機が，初飛行に成功した。	
1952	●顕微鏡・カメラ製造会社が，医師からの依頼を受け，日本初の胃カメラの実用化に成功した。	A
1955	●通信機器会社が，小型軽量で持ち運び可能なトランジスタラジオを販売した。	
		B
1972	●計算機会社が，大規模集積回路を利用した電子式卓上計算機を開発した。	
		C
1989	●フィルム製造会社が，家電製造会社と共同開発したデジタルカメラを世界で初めて販売した。	
		D
2003	●建築会社が，独立行政法人と共同して，不整地歩行などを実現するロボットを開発した。	

ア　地価や株価が上がり続けるバブル経済が終わり，構造改革を迫られ，インターネットの普及が急速に進み，撮影した写真を送信できるカメラ付き携帯電話が初めて販売された。

イ　連合国軍最高司令官総司令部(GHQ)の指令に基づき日本政府による民主化政策が実施され，素材，機器，測定器に至る全てを国産化した移動無線機が初めて製作された。

ウ　石油危機により，省エネルギー化が進められ，運動用品等に利用されていた我が国の炭素素材が，航空機の部材として初めて使用された。

エ　政府により国民所得倍増計画が掲げられ，社会資本の拡充の一環として，速度を自動的に調整するシステムを導入した東海道新幹線が開業した。

5　次の文章を読み，あとの各問に答えよ。

企業は，私たちが消費している財(もの)やサービスを提供している。企業には，国や地方公共団体が経営する公企業と民間が経営する私企業がある。(1)私企業は，株式の発行や銀行からの融資などにより調達した資金で，生産に必要な土地，設備，労働力などを用意し，利潤を得ることを目的に生産活動を行っている。こうして得た財やサービスの価格は，需要量と供給量との関係で変動するものや，(2)政府や地方公共団体により料金の決定や改定が行われるものなどがある。

私企業は，自社の利潤を追求するだけでなく，(3)国や地方公共団体に税を納めることで，社会を支えている。また，社会貢献活動を行い，社会的責任を果たすことが求められている。

(4)日本経済が発展するためには，私企業の経済活動は欠かすことができず，今後，国内外からの信頼を一層高めていく必要がある。

〔問1〕　(1)私企業は，株式の発行や銀行からの融資などにより調達した資金で，生産に必要な土地，設備，労働力などを用意し，利潤を得ることを目的に生産活動を行っている。とあるが，経済活動の自由を保障する日本国憲法の条文は，次の**ア**～**エ**のうちではどれか。

ア　すべて国民は，法の下に平等であつて，人種，信条，性別，社会的身分又は門地により，政治的，経済的又は社会的関係において，差別されない。

イ　何人も，法律の定める手続によらなければ，その生命若しくは自由を奪はれ，又はその他の刑罰を科せられない。

ウ　すべて国民は，法律の定めるところにより，その能力に応じて，ひとしく教育を受ける権利を有する。

エ　何人も，公共の福祉に反しない限り，居住，移転及び職業選択の自由を有する。

〔問２〕 (2)政府や地方公共団体により料金の決定や改定が行われるものなどがある。とあるが，次の文章は，令和２年から令和３年にかけて，ある公共料金が改定されるまでの経過について示したものである。この文章で示している公共料金に当てはまるのは，下の**ア**～**エ**のうちではどれか。

○所管省庁の審議会分科会が公共料金の改定に関する審議を開始した。（令和２年３月16日）
○所管省庁の審議会分科会が審議会に公共料金の改定に関する審議の報告を行った。（令和２年12月23日）
○所管省庁の大臣が審議会に公共料金の改定に関する諮問を行った。（令和３年１月18日）
○所管省庁の審議会が公共料金の改定に関する答申を公表した。（令和３年１月18日）
○所管省庁の大臣が公共料金の改定に関する基準を告示した。（令和３年３月15日）

ア　鉄道運賃　　**イ**　介護報酬　　**ウ**　公営水道料金　　**エ**　郵便料金（手紙・はがきなど）

〔問３〕 (3)国や地方公共団体に税を納めることで，社会を支えている。とあるが，次の表は，企業の経済活動において，課税する主体が，国であるか，地方公共団体であるかを，国である場合は「国」，地方公共団体である場合は「地」で示そうとしたものである。表の**A**と**B**に入る記号を正しく組み合わせているのは，次の**ア**～**エ**のうちのどれか。

	課税する主体
企業が提供した財やサービスの売上金から経費を引いた利潤にかかる法人税	**A**
土地や建物にかかる固定資産税	**B**

	ア	**イ**	**ウ**	**エ**
A	地	地	国	国
B	国	地	地	国

〔問４〕 (4)日本経済が発展するためには，私企業の経済活動は欠かすことができず，今後，国内外からの信頼を一層高めていく必要がある。とあるが，次のⅠの文章は，2010年に開催された法制審議会会社法制部会第１回会議における資料の一部を分かりやすく書き改めたものである。Ⅱの文は，2014年に改正された会社法の一部を分かりやすく書き改めたものである。Ⅲのグラフは，2010年から2020年までの東京証券取引所に上場する会社における，具体的な経営方針等を決定する取締役会（とりしまりやくかい）に占める，会社と利害関係を有しない独立性を備えた社外取締役の人数別の会社数の割合を示したものである。Ⅰ～Ⅲの資料を活用し，2014年に改正された会社法によりもたらされた取締役会の変化について，社外取締役の役割及び取締役会における社外取締役の人数に着目して，簡単に述べよ。

Ⅰ

○現行の会社法では，外部の意見を取り入れる仕組を備える適正な企業統治を実現するシステムが担保されていない。
○我が国の上場会社等の企業統治については，内外の投資者等から強い懸念（けねん）が示されている。

Ⅱ

これまでの会社法では，社外取締役の要件は，自社又は子会社の出身者等でないことであったが，親会社の全ての取締役等，兄弟会社の業務執行取締役等，自社の取締役等及びその配偶者の近親者等でないことを追加する。

Ⅲ

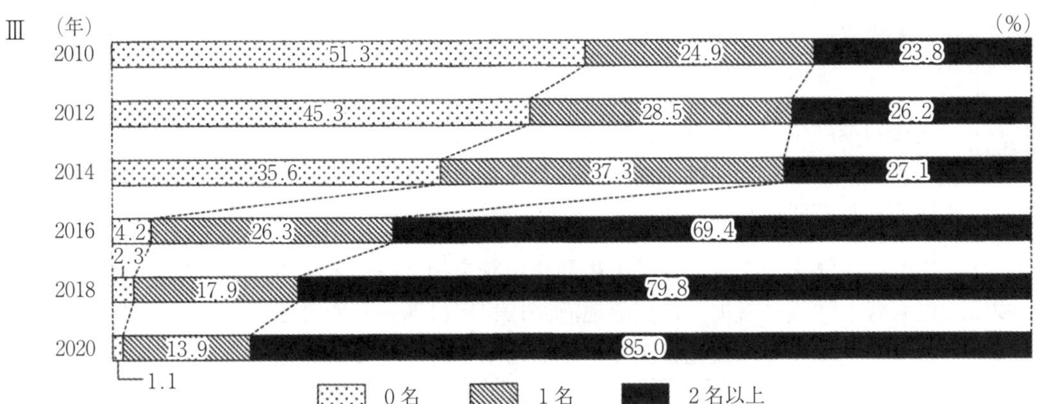

（注） 四捨五入をしているため，社外取締役の人数別の会社数の割合を合計したものは，100％にならない場合がある。

（東京証券取引所の資料より作成）

6 次の文章を読み，下の略地図を見て，あとの各問に答えよ。

(1)1851年に開催された世界初の万国博覧会は，蒸気機関車などの最新技術が展示され，鉄道の発展のきっかけとなった。1928年には，国際博覧会条約が35か国により締結され，(2)テーマを明確にした国際博覧会が開催されるようになった。

2025年に大阪において「いのち輝く未来社会のデザイン」をテーマとした万国博覧会の開催が予定されており，(3)我が国で最初の万国博覧会が大阪で開催された時代と比べ，社会の様子も大きく変化してきた。

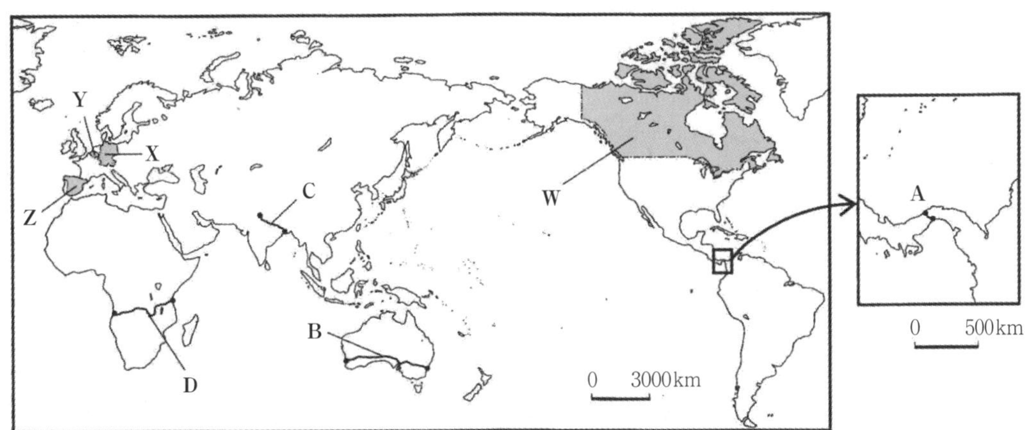

〔問１〕 (1)1851年に開催された世界初の万国博覧会は，蒸気機関車などの最新技術が展示され，鉄道の発展のきっかけとなった。とあるが，略地図中に ●—● で示した**A**～**D**は，世界各地の主な鉄道の路線を示したものである。次の表の**ア**～**エ**は，略地図中に**A**～**D**で示した**いずれか**

の鉄道の路線の様子についてまとめたものである。略地図中の**A**～**D**のそれぞれの鉄道の路線に当てはまるのは，次の表の**ア**～**エ**のうちではどれか。

	鉄道の路線の様子
ア	植民地時代に建設された鉄道は，地域ごとにレールの幅が異なっていた。1901年の連邦国家成立後，一部の区間でレールの幅が統一され，州を越えての鉄道の乗り入れが可能となり，東西の州都を結ぶ鉄道として1970年に開業した。
イ	綿花の輸出や内陸部への支配の拡大を目的に建設が計画され，外国の支配に不満をもつ人々が起こした大反乱が鎮圧された９年後の1867年に，主要港湾都市と内陸都市を結ぶ鉄道として開通した。
ウ	二つの大洋をつなぎ，貿易上重要な役割を担(にな)う鉄道として，1855年に開業した。日本人技術者も建設に参加した国際運河が1914年に開通したことにより，貿易上の役割は低下したが，現在では観光資源としても活用されている。
エ	1929年に内陸部から西側の港へ銅を輸送する鉄道が開通した。この鉄道は内戦により使用できなくなり，1976年からは内陸部と東側の港とを結ぶ新たに作られた鉄道がこの地域の主要な銅の輸送路となった。2019年にこの二本の鉄道が結ばれ，大陸横断鉄道となった。

〔問２〕 (2)テーマを明確にした国際博覧会が開催されるようになった。とあるが，次のⅠの略年表は，1958年から2015年までの，国際博覧会に関する主な出来事についてまとめたものである。Ⅱの文章は，Ⅰの略年表中の**A**～**D**の**いずれか**の国際博覧会とその開催国の環境問題について述べたものである。Ⅱの文章で述べている国際博覧会に当てはまるのは，Ⅰの略年表中の**A**～**D**のうちのどれか，また，その開催国に当てはまるのは，略地図中に ▒ で示した**W**～**Z**のうちのどれか。

Ⅰ

西暦	国際博覧会に関する主な出来事
1958	●「科学文明とヒューマニズム」をテーマとした万国博覧会が開催された。……………………A
1967	●「人間とその世界」をテーマとした万国博覧会が開催された。……………………………B
1974	●「汚染なき進歩」をテーマとした国際環境博覧会が開催された。
1988	●「技術時代のレジャー」をテーマとした国際レジャー博覧会が開催された。
1992	●「発見の時代」をテーマとした万国博覧会が開催された。…………………………………C
2000	●「人間・自然・技術」をテーマとした万国博覧会が開催された。…………………………D
2015	●「地球に食料を，生命にエネルギーを」をテーマとした万国博覧会が開催された。

Ⅱ

この博覧会は，「環境と開発に関するリオ宣言」などに基づいたテーマが設定され，リオデジャネイロでの地球サミットから８年後に開催された。この当時，国境の一部となっている北流する国際河川の東側に位置する森林(シュヴァルツヴァルト)で生じた木々の立ち枯れは，偏西風などにより運ばれた有害物質による酸性雨が原因であると考えられていた。

〔問3〕 (3)我が国で最初の万国博覧会が大阪で開催された時代と比べ，社会の様子も大きく変化してきた。とあるが，次のⅠの**ア**～**エ**のグラフは，1950年，1970年，2000年，2020年の**いずれか**の我が国における人口ピラミッドを示したものである。Ⅱの文章で述べている年の人口ピラミッドに当てはまるのは，Ⅰの**ア**～**エ**のうちのどれか。

Ⅰ

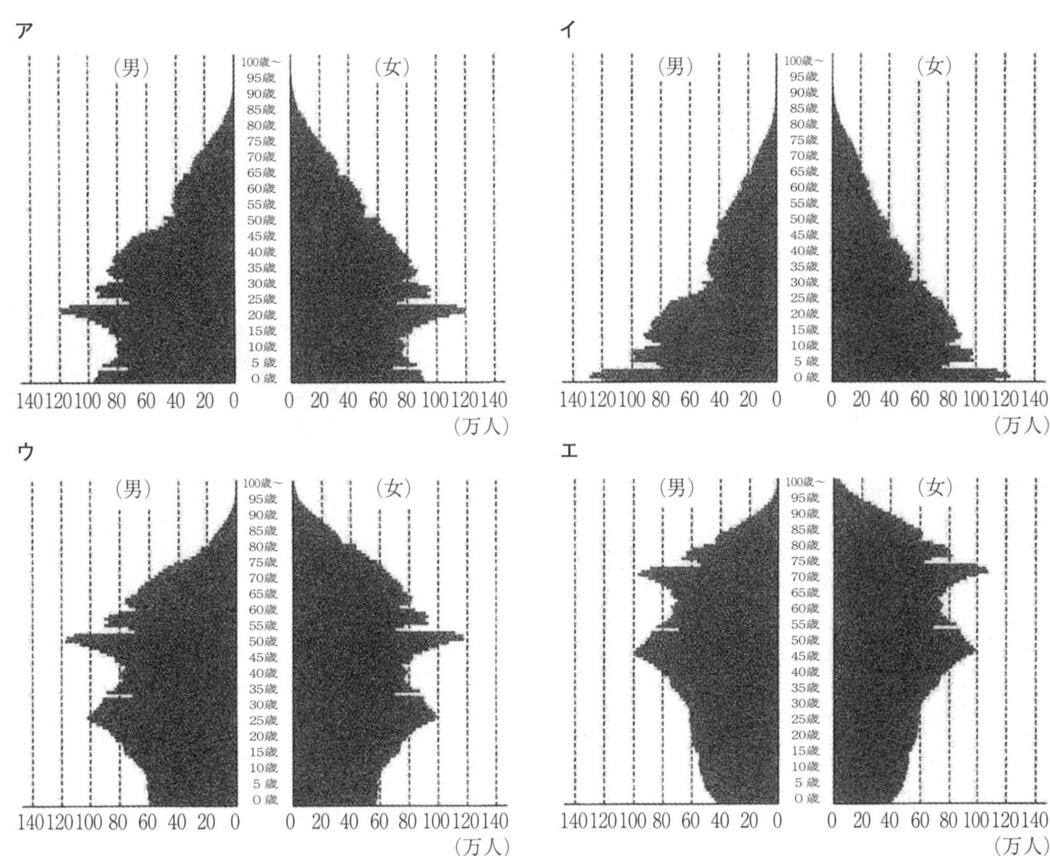

（2020年国勢調査などより作成）

Ⅱ

○我が国の人口が1億人を突破して3年後のこの年は，65歳以上の割合は7％を超え，高齢化社会の段階に入っている。

○地方から都市への人口移動が見られ，郊外にニュータウンが建設され，大阪では「人類の進歩と調和」をテーマに万国博覧会が開催された。

【理　科】（50分）〈満点：100点〉

1　次の各問に答えよ。

〔問１〕 次のＡ～Ｆの生物を生産者と消費者とに分類したものとして適切なのは，下の表の**ア**～**エ**のうちではどれか。

Ａ　エンドウ　　Ｂ　サツマイモ　　Ｃ　タカ　　Ｄ　ツツジ　　Ｅ　バッタ　　Ｆ　ミミズ

	生産者	消費者
ア	Ａ，Ｂ，Ｄ	Ｃ，Ｅ，Ｆ
イ	Ａ，Ｄ，Ｆ	Ｂ，Ｃ，Ｅ
ウ	Ａ，Ｂ，Ｅ	Ｃ，Ｄ，Ｆ
エ	Ｂ，Ｃ，Ｄ	Ａ，Ｅ，Ｆ

〔問２〕 図１の岩石Ａと岩石Ｂのスケッチは，一方が玄武岩であり，もう一方が花こう岩である。岩石Ａは岩石Ｂより全体的に白っぽく，岩石Ｂは岩石Ａより全体的に黒っぽい色をしていた。岩石Ａと岩石Ｂのうち玄武岩であるものと，玄武岩のでき方とを組み合わせたものとして適切なのは，次の表の**ア**～**エ**のうちではどれか。

図１

岩石Ａ

岩石Ｂ

	玄武岩	玄武岩のでき方
ア	岩石Ａ	マグマがゆっくりと冷えて固まってできた。
イ	岩石Ａ	マグマが急激に冷えて固まってできた。
ウ	岩石Ｂ	マグマがゆっくりと冷えて固まってできた。
エ	岩石Ｂ	マグマが急激に冷えて固まってできた。

〔問３〕 図２のガスバーナーに点火し，適正な炎の大きさに調整したが，炎の色から空気が不足していることが分かった。炎の色を青色の適正な状態にする操作として適切なのは，下の**ア**～**エ**のうちではどれか。

図２

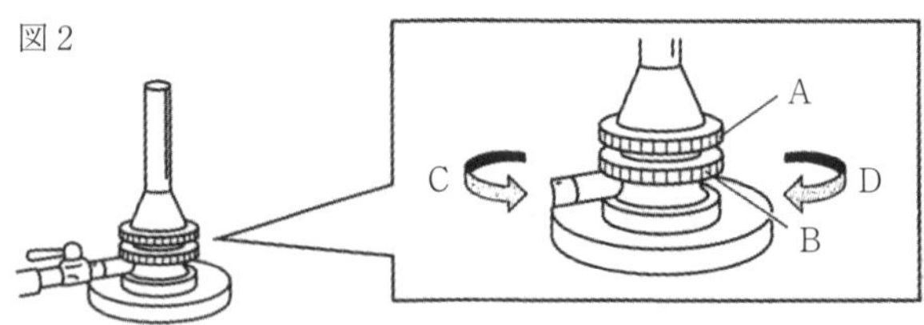

ア　Ａのねじを押さえながら，Ｂのねじを Ｃの向きに回す。
イ　Ａのねじを押さえながら，Ｂのねじを Ｄの向きに回す。
ウ　Ｂのねじを押さえながら，Ａのねじを Ｃの向きに回す。
エ　Ｂのねじを押さえながら，Ａのねじを Ｄの向きに回す。

〔問４〕　図３のように，凸レンズの二つの焦点を通る一直線上に，物体(光源付き)，凸レンズ，スクリーンを置いた。

凸レンズの二つの焦点を通る一直線上で，スクリーンを矢印の向きに動かし，凸レンズに達する前にはっきりと像が映る位置に調整した。図３のＡ点，Ｂ点のうちはっきりと像が映るときのスクリーンの位置と，このときスクリーンに映った像の大きさについて述べたものとを組み合わせたものとして適切なのは，下の表の**ア**～**エ**のうちではどれか。

図３
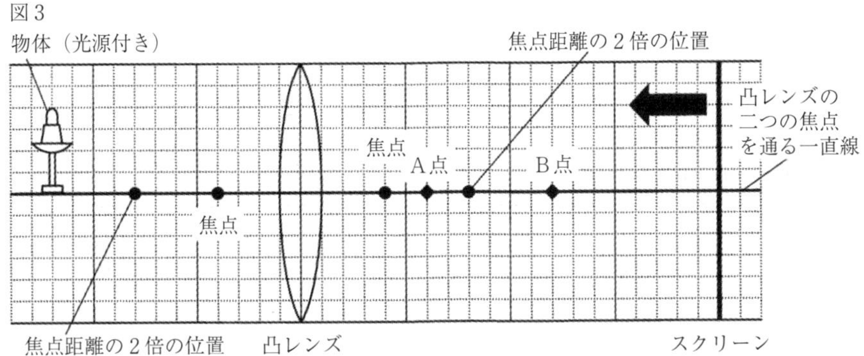

	スクリーンの位置	スクリーンに映った像の大きさについて述べたもの
ア	Ａ点	物体の大きさと比べて，スクリーンに映った像の方が大きい。
イ	Ａ点	物体の大きさと比べて，スクリーンに映った像の方が小さい。
ウ	Ｂ点	物体の大きさと比べて，スクリーンに映った像の方が大きい。
エ	Ｂ点	物体の大きさと比べて，スクリーンに映った像の方が小さい。

〔問５〕　次のＡ～Ｄの物質を化合物と単体とに分類したものとして適切なのは，下の表の**ア**～**エ**のうちではどれか。

Ａ　二酸化炭素　　Ｂ　水　　Ｃ　アンモニア　　Ｄ　酸素

	化合物	単体
ア	Ａ，Ｂ，Ｃ	Ｄ
イ	Ａ，Ｂ	Ｃ，Ｄ
ウ	Ｃ，Ｄ	Ａ，Ｂ
エ	Ｄ	Ａ，Ｂ，Ｃ

〔問６〕　図４はアブラナの花の各部分を外側にあるものからピンセットではがし，スケッチしたものである。図４のＡ～Ｄの名称を組み合わせたものとして適切なのは，次の表の**ア**～**エ**のうちではどれか。

図４
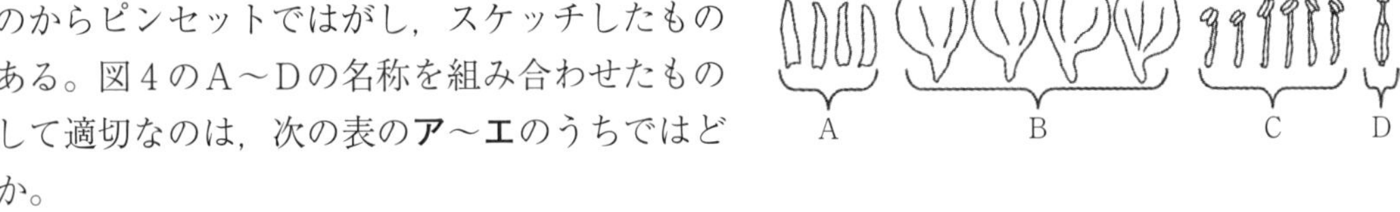

	Ａ	Ｂ	Ｃ	Ｄ
ア	がく	花弁	めしべ	おしべ
イ	がく	花弁	おしべ	めしべ
ウ	花弁	がく	おしべ	めしべ
エ	花弁	がく	めしべ	おしべ

2　生徒が，南極や北極に関して科学的に探究しようと考え，自由研究に取り組んだ。生徒が書いたレポートの一部を読み，次の各問に答えよ。

＜レポート１＞　雪上車について

雪上での移動手段について調べたところ，南極用に設計され，－60℃でも使用できる雪上車があることが分かった。その雪上車に興味をもち，大きさが約40分の１の模型を作った。

図１のように，速さを調べるために模型に旗（◀）を付け，１ｍごとに目盛りを付けた７ｍの直線コースを走らせた。旗（◀）をスタート地点に合わせ，模型がスタート地点を出発してから旗（◀）が各目盛りを通過するまでの時間を記録し，表１にまとめた。

図１

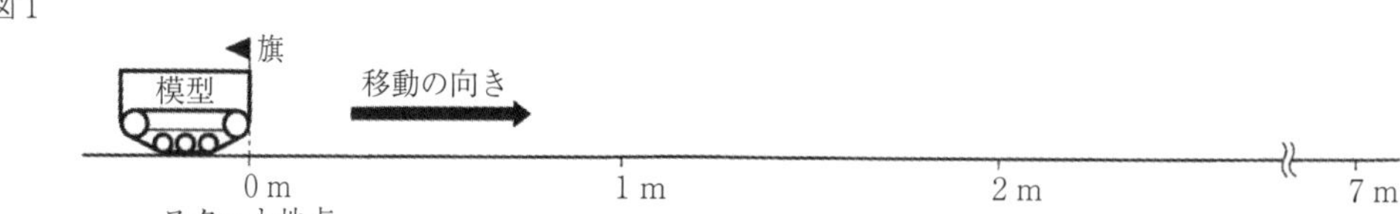

表１

移動した距離〔ｍ〕	0	1	2	3	4	5	6	7
通過するまでの時間〔秒〕	0	19.8	40.4	61.0	81.6	101.7	122.2	143.0

〔問１〕　**＜レポート１＞**から，模型の旗（◀）が２ｍ地点を通過してから６ｍ地点を通過するまでの平均の速さを計算し，小数第三位を四捨五入したものとして適切なのは，次のうちではどれか。

ア　0.02m/s　　**イ**　0.05m/s　　**ウ**　0.17m/s　　**エ**　0.29m/s

＜レポート２＞　海氷について

北極圏の海氷について調べたところ，海水が凍ることで生じる海氷は，海面に浮いた状態で存在していることや，海水よりも塩分の濃度が低いことが分かった。海氷ができる過程に興味をもち，食塩水を用いて次のようなモデル実験を行った。

図２のように，３％の食塩水をコップに入れ，液面上部から冷却し凍らせた。凍った部分を取り出し，その表面を取り除き残った部分を二つに分けた。その一つを溶かし食塩の濃度を測定したところ，0.84％であった。また，もう一つを３％の食塩水に入れたところ浮いた。

図２

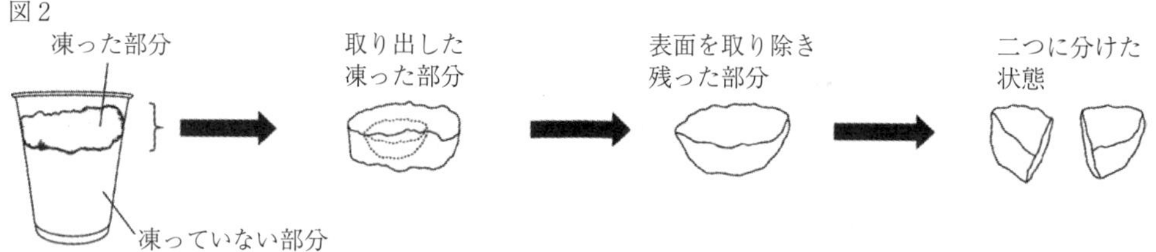

〔問２〕　**＜レポート２＞**から，「３％の食塩水100ｇに含まれる食塩の量」に対する「凍った部分の表面を取り除き残った部分100ｇに含まれる食塩の量」の割合として適切なのは，下の［①］の**ア**と**イ**のうちではどれか。また，「３％の食塩水の密度」と「凍った部分の表面を取り除き残った部分の密度」を比べたときに，密度が大きいものとして適切なのは，下の［②］の**ア**と**イ**のうちではどれか。ただし，凍った部分の表面を取り除き残った部分の食塩の濃度は均一で

あるものとする。

①	**ア** 約13%	**イ** 約28%
②	**ア** 3%の食塩水	**イ** 凍った部分の表面を取り除き残った部分

<レポート3>　生物の発生について

水族館で，南極海に生息している図3のようなナンキョクオキアミの発生に関する展示を見て，生物の発生に興味をもった。発生の観察に適した生物を探していると，近所の池で図4の模式図のようなカエル(ニホンアマガエル)の受精卵を見付けたので持ち帰り，発生の様子をルーペで継続して観察したところ，図5や図6の模式図のように，細胞分裂により細胞数が増えていく様子を観察することができた。なお，図5は細胞数が2個になった直後の胚(はい)を示しており，図6は細胞数が4個になった直後の胚を示している。

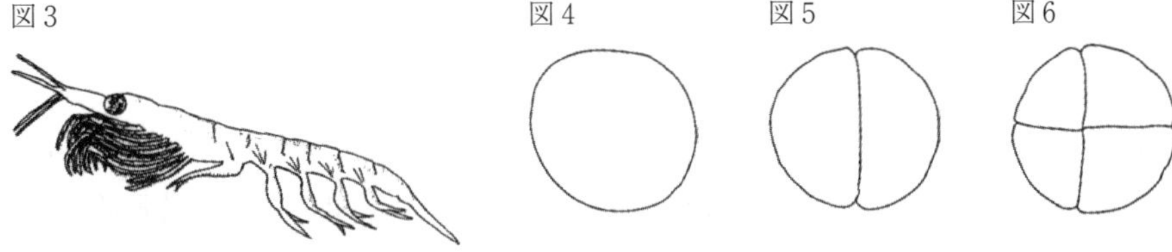
図3　図4　図5　図6

〔問3〕 **<レポート3>**の図4の受精卵の染色体の数を24本とした場合，図5及び図6の胚に含まれる合計の染色体の数として適切なのは，次の表の**ア**～**エ**のうちではどれか。

	図5の胚に含まれる合計の染色体の数	図6の胚に含まれる合計の染色体の数
ア	12本	6本
イ	12本	12本
ウ	48本	48本
エ	48本	96本

<レポート4>　北極付近での太陽の動きについて

北極付近での天体に関する現象について調べたところ，1日中太陽が沈まない現象が起きることが分かった。1日中太陽が沈まない日に北の空を撮影した連続写真には，図7のような様子が記録されていた。

地球の公転軌道を図8のように模式的に表した場合，図7のように記録された連続写真は，図8のAの位置に地球があるときに撮影されたことが分かった。

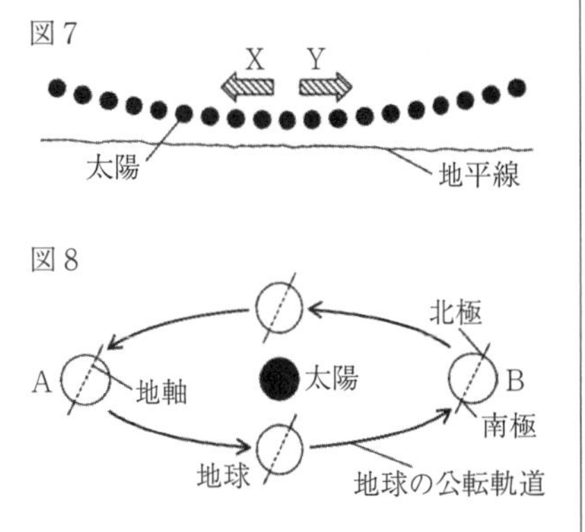

〔問4〕 **<レポート4>**から，図7のXとYのうち太陽が見かけ上動いた向きと，図8のAとBのうち日本で夏至となる地球の位置とを組み合わせたものとして適切なのは，次の表の**ア**～**エ**のうちではどれか。

	図７のＸとＹのうち太陽が見かけ上動いた向き	図８のＡとＢのうち日本で夏至となる地球の位置
ア	Ｘ	Ａ
イ	Ｘ	Ｂ
ウ	Ｙ	Ａ
エ	Ｙ	Ｂ

3　露点及び雲の発生に関する実験について，次の各問に答えよ。

＜**実験１**＞を行ったところ，＜**結果１**＞のようになった。

＜**実験１**＞

⑴　ある日の午前10時に，あらかじめ実験室の室温と同じ水温にしておいた水を金属製のコップの半分くらいまで入れ，温度計で金属製のコップ内の水温を測定した。

⑵　図１のように，金属製のコップの中に氷水を少しずつ加え，水温が一様になるようにガラス棒でかき混ぜながら，金属製のコップの表面の温度が少しずつ下がるようにした。

⑶　金属製のコップの表面に水滴が付き始めたときの金属製のコップ内の水温を測定した。

⑷　＜**実験１**＞の⑴〜⑶の操作を同じ日の午後６時にも行った。

図１

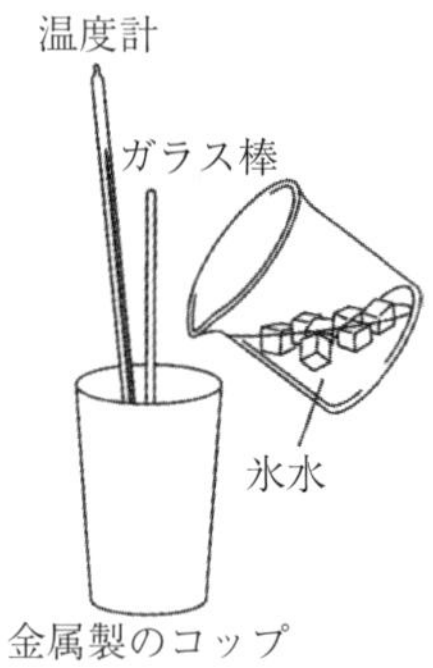

温度計
ガラス棒
氷水
金属製のコップ

なお，この実験において，金属製のコップ内の水温とコップの表面付近の空気の温度は等しいものとし，同じ時刻における実験室内の湿度は均一であるものとする。

＜**結果１**＞

	午前10時	午後６時
＜**実験１**＞の⑴で測定した水温〔℃〕	17.0	17.0
＜**実験１**＞の⑶で測定した水温〔℃〕	16.2	12.8

〔問１〕　＜**実験１**＞の⑵で，金属製のコップの表面の温度が少しずつ下がるようにしたのはなぜか。簡単に書け。

〔問２〕　図２は，気温と飽和水蒸気量の関係をグラフに表したものである。

図２

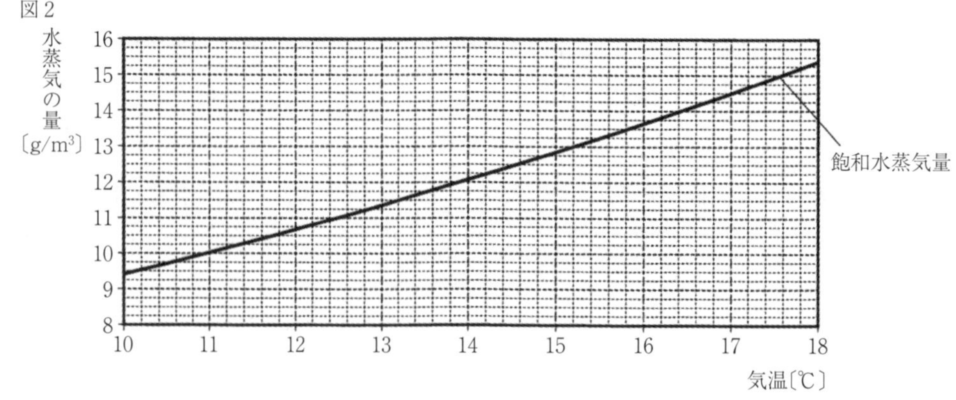

＜**結果１**＞から，午前10時の湿度として適切なのは，下の ① の**ア**と**イ**のうちではどれか。また，午前10時と午後６時の実験室内の空気のうち，$1\,m^3$に含まれる水蒸気の量が多い空気として適切なのは，下の ② の**ア**と**イ**のうちではどれか。

① **ア** 約76％ **イ** 約95％

② **ア** 午前10時の実験室内の空気 **イ** 午後６時の実験室内の空気

次に＜**実験２**＞を行ったところ，＜**結果２**＞のようになった。

＜**実験２**＞

(1) 丸底フラスコの内部をぬるま湯でぬらし，線香のけむりを少量入れた。

(2) 図３のように，ピストンを押し込んだ状態の大型注射器とデジタル温度計を丸底フラスコに空気がもれないようにつなぎ，装置を組み立てた。

(3) 大型注射器のピストンをすばやく引き，すぐに丸底フラスコ内の様子と丸底フラスコ内の温度の変化を調べた。

(4) ＜**実験２**＞の(3)の直後，大型注射器のピストンを元の位置まですばやく押し込み，すぐに丸底フラスコ内の様子と丸底フラスコ内の温度の変化を調べた。

図３

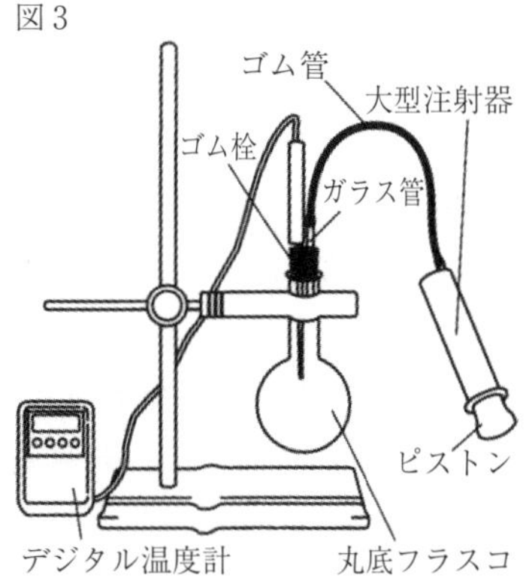

＜**結果２**＞

	＜**実験２**＞の(3)の結果	＜**実験２**＞の(4)の結果
丸底フラスコ内の様子	くもった。	くもりは消えた。
丸底フラスコ内の温度	26.9℃から26.7℃に変化した。	26.7℃から26.9℃に変化した。

〔問３〕 ＜**結果２**＞から分かることをまとめた次の文章の ① ～ ④ にそれぞれ当てはまるものとして適切なのは，下の**ア**と**イ**のうちではどれか。

> ピストンをすばやく引くと，丸底フラスコ内の空気は ① し丸底フラスコ内の気圧は ② 。その結果，丸底フラスコ内の空気の温度が ③ ，丸底フラスコ内の ④ に変化した。

① **ア** 膨張 **イ** 収縮

② **ア** 上がる **イ** 下がる

③ **ア** 上がり **イ** 下がり

④ **ア** 水蒸気が水滴 **イ** 水滴が水蒸気

さらに，自然界で雲が生じる要因の一つである前線について調べ，＜**資料**＞を得た。

＜**資料**＞

次の文章は，日本のある場所で寒冷前線が通過したときの気象観測の記録について述べたものである。

> 午前６時から午前９時までの間に，雨が降り始めるとともに気温が急激に下がった。この間，風向は南寄りから北寄りに変わった。

〔問４〕 ＜**資料**＞から，通過した前線の説明と，前線付近で発達した雲の説明とを組み合わせたものとして適切なのは，次の表の**ア**～**エ**のうちではどれか。

	通過した前線の説明	前線付近で発達した雲の説明
ア	暖気が寒気の上をはい上がる。	広い範囲に長く雨を降らせる雲
イ	暖気が寒気の上をはい上がる。	短時間に強い雨を降らせる雲
ウ	寒気が暖気を押し上げる。	広い範囲に長く雨を降らせる雲
エ	寒気が暖気を押し上げる。	短時間に強い雨を降らせる雲

4 ヒトの体内の消化に関する実験について，次の各問に答えよ。
<**実験**>を行ったところ，<**結果**>のようになった。

<**実験**>

(1) 図１のように，試験管A，試験管B，試験管C，試験管Dに0.5％のデンプン溶液を$5\,cm^3$ずつ入れた。また，試験管A，試験管Cには唾液を$1\,cm^3$ずつ入れ，試験管B，試験管Dには水を$1\,cm^3$ずつ入れた。

(2) 図２のように，試験管A，試験管B，試験管C，試験管Dを約40℃に保った水に10分間つけた。

(3) 図３のように，試験管A，試験管Bにヨウ素液を入れ，10分後，溶液の色の変化を観察した。

(4) 図４のように，試験管C，試験管Dにベネジクト液と沸騰石を入れ，その後，加熱し，１分後，溶液の色の変化を観察した。

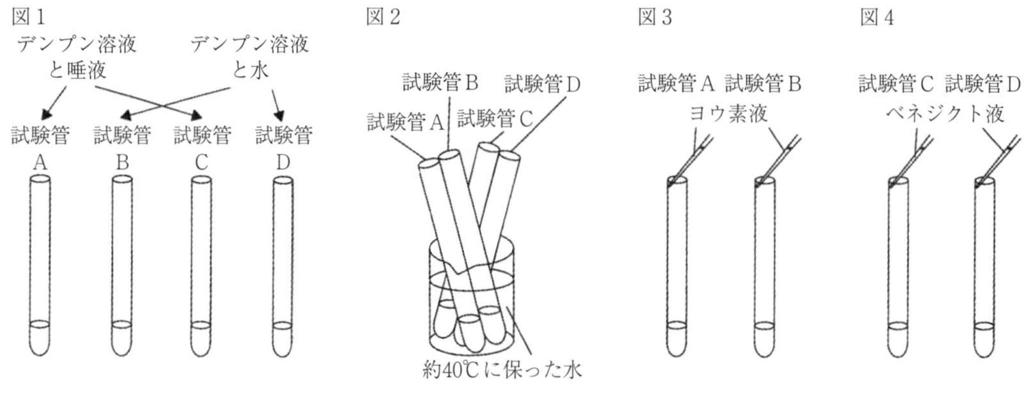

<**結果**>

	試験管A	試験管B	試験管C	試験管D
色の変化	変化しなかった。	青紫色になった。	赤褐色になった。	変化しなかった。

〔問１〕 <**結果**>から分かる唾液のはたらきについて述べたものとして適切なのは，次のうちではどれか。

ア 試験管Aと試験管Bの比較から，唾液にはデンプンをデンプンではないものにするはたらきがあることが分かり，試験管Cと試験管Dの比較から，唾液にはデンプンをアミノ酸にするはたらきがあることが分かる。

イ 試験管Aと試験管Dの比較から，唾液にはデンプンをデンプンではないものにするはたらきがあることが分かり，試験管Bと試験管Cの比較から，唾液にはデンプンをアミノ酸にするはたらきがあることが分かる。

ウ　試験管Aと試験管Bの比較から，唾液にはデンプンをデンプンではないものにするはたらきがあることが分かり，試験管Cと試験管Dの比較から，唾液にはデンプンをブドウ糖がいくつか結合した糖にするはたらきがあることが分かる。

エ　試験管Aと試験管Dの比較から，唾液にはデンプンをデンプンではないものにするはたらきがあることが分かり，試験管Bと試験管Cの比較から，唾液にはデンプンをブドウ糖がいくつか結合した糖にするはたらきがあることが分かる。

〔問2〕　消化酵素により分解されることで作られた，ブドウ糖，アミノ酸，脂肪酸，モノグリセリドが，ヒトの小腸の柔毛で吸収される様子について述べたものとして適切なのは，次のうちではどれか。

ア　アミノ酸とモノグリセリドはヒトの小腸の柔毛で吸収されて毛細血管に入り，ブドウ糖と脂肪酸はヒトの小腸の柔毛で吸収された後に結合してリンパ管に入る。

イ　ブドウ糖と脂肪酸はヒトの小腸の柔毛で吸収されて毛細血管に入り，アミノ酸とモノグリセリドはヒトの小腸の柔毛で吸収された後に結合してリンパ管に入る。

ウ　脂肪酸とモノグリセリドはヒトの小腸の柔毛で吸収されて毛細血管に入り，ブドウ糖とアミノ酸はヒトの小腸の柔毛で吸収された後に結合してリンパ管に入る。

エ　ブドウ糖とアミノ酸はヒトの小腸の柔毛で吸収されて毛細血管に入り，脂肪酸とモノグリセリドはヒトの小腸の柔毛で吸収された後に結合してリンパ管に入る。

〔問3〕　図5は，ヒトの体内における血液の循環の経路を模式的に表したものである。図5のAとBの場所のうち，ヒトの小腸の毛細血管から吸収された栄養分の濃度が高い場所と，細胞に取り込まれた栄養分からエネルギーを取り出す際に使う物質とを組み合わせたものとして適切なのは，次の表の**ア**～**エ**のうちではどれか。

図5

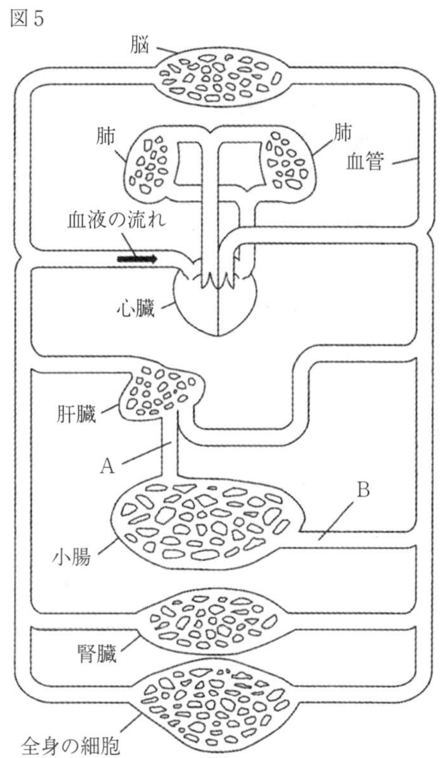

	栄養分の濃度が高い場所	栄養分からエネルギーを取り出す際に使う物質
ア	A	酸素
イ	A	二酸化炭素
ウ	B	酸素
エ	B	二酸化炭素

5　水溶液の実験について，次の各問に答えよ。

＜**実験１**＞を行ったところ，＜**結果１**＞のようになった。

＜**実験１**＞

(1)　図１のように，炭素棒，電源装置をつないで装置を作り，ビーカーの中に５％の塩化銅水溶液を入れ，3.5Vの電圧を加えて，３分間電流を流した。

　電流を流している間に，電極Ａ，電極Ｂ付近の様子などを観察した。

(2)　＜**実験１**＞の(1)の後に，それぞれの電極を蒸留水（精製水）で洗い，電極の様子を観察した。

　電極Ａに付着した物質をはがし，その物質を薬さじでこすった。

図１

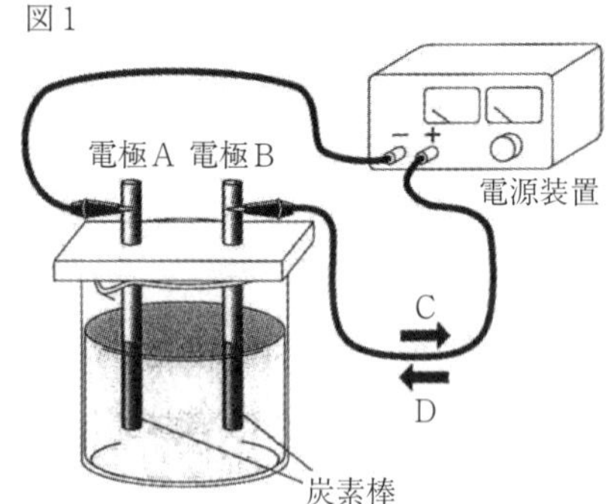

＜**結果１**＞

(1)　＜**実験１**＞の(1)では，電極Ａに物質が付着し，電極Ｂ付近から気体が発生し，刺激臭がした。

(2)　＜**実験１**＞の(2)では，電極Ａに赤い物質の付着が見られ，電極Ｂに変化は見られなかった。その後，電極Ａからはがした赤い物質を薬さじでこすると，金属光沢が見られた。

次に＜**実験２**＞を行ったところ，＜**結果２**＞のようになった。

＜**実験２**＞

(1)　図１のように，炭素棒，電源装置をつないで装置を作り，ビーカーの中に５％の水酸化ナトリウム水溶液を入れ，3.5Vの電圧を加えて，３分間電流を流した。

　電流を流している間に，電極Ａとその付近，電極Ｂとその付近の様子を観察した。

(2)　＜**実験２**＞の(1)の後，それぞれの電極を蒸留水で洗い，電極の様子を観察した。

＜**結果２**＞

(1)　＜**実験２**＞の(1)では，電流を流している間に，電極Ａ付近，電極Ｂ付近からそれぞれ気体が発生した。

(2)　＜**実験２**＞の(2)では，電極Ａ，電極Ｂ共に変化は見られなかった。

〔問１〕　塩化銅が蒸留水に溶けて陽イオンと陰イオンに分かれた様子を表したモデルとして適切なのは，下の**ア**～**オ**のうちではどれか。

ただし，モデルの●は陽イオン１個，○は陰イオン１個とする。

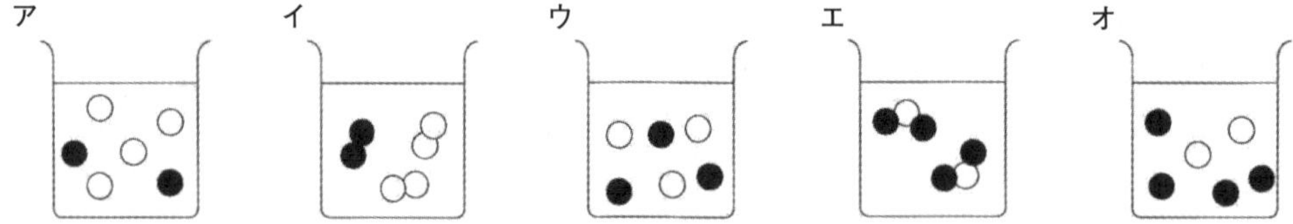

〔問２〕　＜**結果１**＞から，電極Ａは陽極と陰極のどちらか，また，回路に流れる電流の向きはＣとＤのどちらかを組み合わせたものとして適切なのは，次の表の**ア**～**エ**のうちではどれか。

	電極A	回路に流れる電流の向き
ア	陽極	C
イ	陽極	D
ウ	陰極	C
エ	陰極	D

〔問3〕 <**結果1**>の(1)から，電極B付近で生成された物質が発生する仕組みを述べた次の文の ① と ② にそれぞれ当てはまるものを組み合わせたものとして適切なのは，下の表の**ア**～**エ**のうちではどれか。

> 塩化物イオンが電子を ① ，塩素原子になり，塩素原子が ② ，気体として発生した。

	①	②
ア	放出し(失い)	原子1個で
イ	放出し(失い)	2個結び付き，分子になり
ウ	受け取り	原子1個で
エ	受け取り	2個結び付き，分子になり

〔問4〕 <**結果1**>から，電流を流した時間と水溶液中の銅イオンの数の変化の関係を模式的に示した図として適切なのは，下の ① の**ア**～**ウ**のうちではどれか。また，<**結果2**>から，電流を流した時間と水溶液中のナトリウムイオンの数の変化の関係を模式的に示した図として適切なのは，下の ② の**ア**～**ウ**のうちではどれか。

①

ア

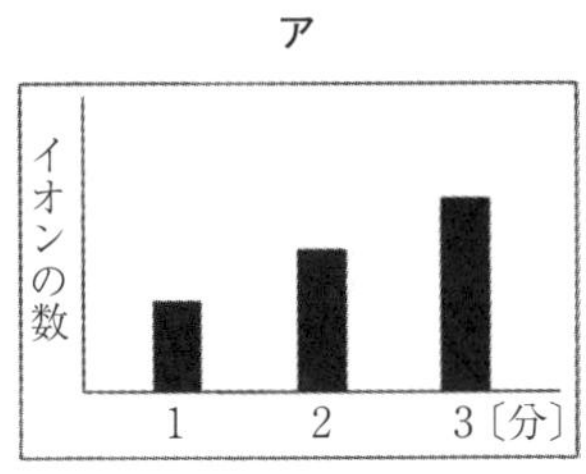

イ

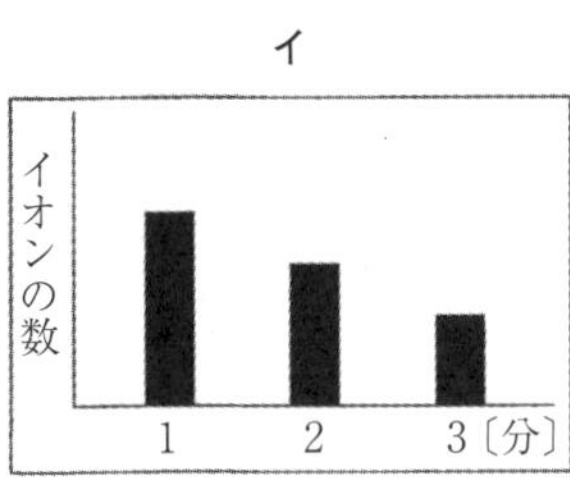

ウ

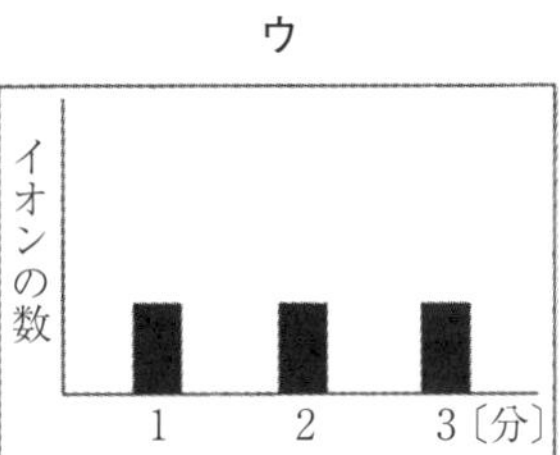

②

ア

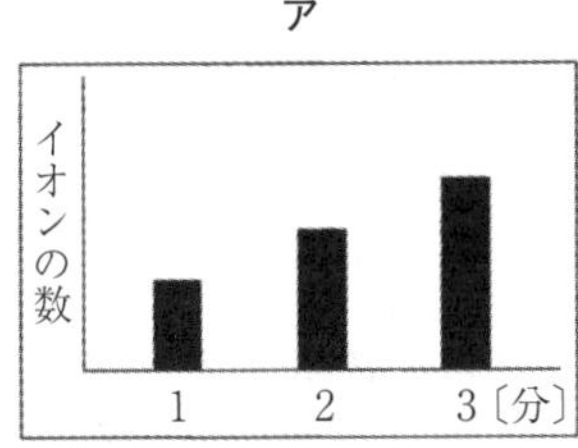

イ

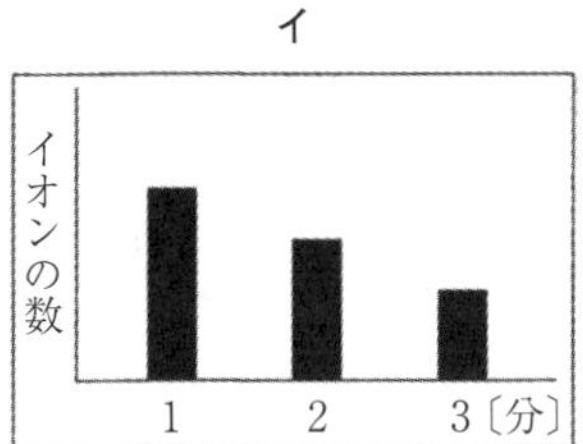

ウ

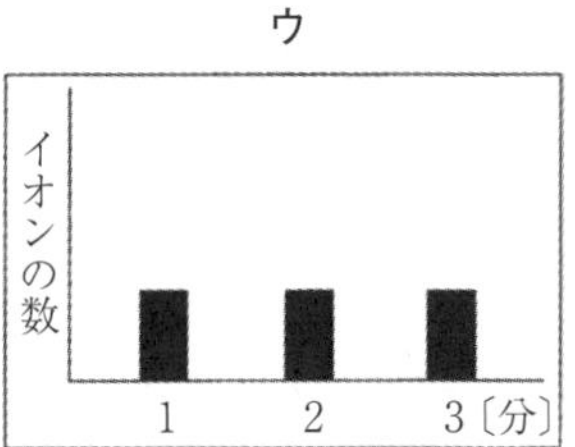

6 電流の実験について，次の各問に答えよ。

<**実験**>を行ったところ，<**結果**>のようになった。

<**実験**>

(1) 電気抵抗の大きさが5Ωの抵抗器Xと20Ωの抵抗器Y，電源装置，導線，スイッチ，端子，電流計，電圧計を用意した。

(2) 図1のように回路を作った。電圧計で測った電圧の大きさが1.0V，2.0V，3.0V，4.0V，5.0Vになるように電源装置の電圧を変え，回路を流れる電流の大きさを電流計で測定した。

(3) 図2のように回路を作った。電圧計で測った電圧の大きさが1.0V，2.0V，3.0V，4.0V，5.0Vになるように電源装置の電圧を変え，回路を流れる電流の大きさを電流計で測定した。

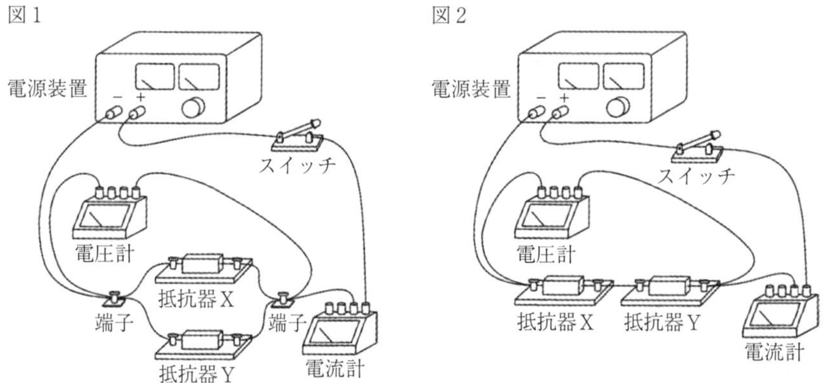

<**結果**>

<**実験**>の(2)と<**実験**>の(3)で測定した電圧と電流の関係をグラフに表したところ，図3のようになった。

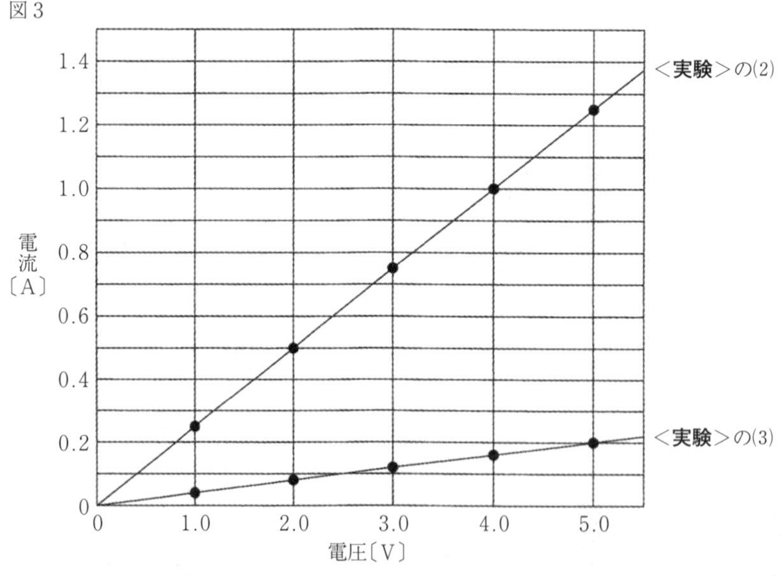

〔問1〕 <**結果**>から，図1の回路の抵抗器Xと抵抗器Yのうち，「電圧の大きさが等しいとき，流れる電流の大きさが大きい方の抵抗器」と，<**結果**>から，図1の回路と図2の回路のうち，「電圧の大きさが等しいとき，流れる電流の大きさが大きい方の回路」とを組み合わせたものとして適切なのは，次の表の**ア**～**エ**のうちではどれか。

	電圧の大きさが等しいとき，流れる電流の大きさが大きい方の抵抗器	電圧の大きさが等しいとき，流れる電流の大きさが大きい方の回路
ア	抵抗器X	図１の回路
イ	抵抗器X	図２の回路
ウ	抵抗器Y	図１の回路
エ	抵抗器Y	図２の回路

〔問２〕 ＜**結果**＞から，次のA，B，Cの抵抗の値の関係を表したものとして適切なのは，下の**ア**～**カ**のうちではどれか。

A　抵抗器Xの抵抗の値

B　抵抗器Xと抵抗器Yを並列につないだ回路全体の抵抗の値

C　抵抗器Xと抵抗器Yを直列につないだ回路全体の抵抗の値

ア　A＜B＜C　　**イ**　A＜C＜B　　**ウ**　B＜A＜C

エ　B＜C＜A　　**オ**　C＜A＜B　　**カ**　C＜B＜A

〔問３〕 ＜**結果**＞から，＜**実験**＞の(2)において抵抗器Xと抵抗器Yで消費される電力と，＜**実験**＞の(3)において抵抗器Xと抵抗器Yで消費される電力が等しいときの，図１の回路の抵抗器Xに加わる電圧の大きさをS，図２の回路の抵抗器Xに加わる電圧の大きさをTとしたときに，最も簡単な整数の比でS：Tを表したものとして適切なのは，次の**ア**～**オ**のうちではどれか。

ア　1：1　　**イ**　1：2　　**ウ**　2：1　　**エ**　2：5　　**オ**　4：1

〔問４〕 図２の回路の電力と電力量の関係について述べた次の文の［　　］に当てはまるものとして適切なのは，下の**ア**～**エ**のうちではどれか。

> 回路全体の電力を９Wとし，電圧を加え電流を２分間流したときの電力量と，回路全体の電力を４Wとし，電圧を加え電流を［　　　］間流したときの電力量は等しい。

ア　２分　　**イ**　４分30秒　　**ウ**　４分50秒　　**エ**　７分

社会解答

1〔問1〕ウ　〔問2〕エ
〔問3〕ア

2〔問1〕略地図中のA～D…D
Ⅱのア～エ…イ
〔問2〕W…ア　X…ウ　Y…エ
Z…イ
〔問3〕イ

3〔問1〕A…エ　B…イ　C…ア
D…ウ
〔問2〕エ
〔問3〕(1)（例）貨物輸送で生じる二酸化炭素の排出量を減少させるため。
(2)（例）全ての地方に貨物鉄道の路線と貨物ターミナル駅がある。

4〔問1〕ウ→イ→エ→ア　〔問2〕ウ
〔問3〕時期…イ→ア→ウ　略地図…ア
〔問4〕A…イ　B…エ　C…ウ
D…ア

5〔問1〕エ　〔問2〕イ
〔問3〕ウ
〔問4〕（例）適正な企業統治を実現する役割をになう社外取締役の要件が追加され，取締役会に外部の意見がより反映されるよう，社外取締役を２名以上置く会社数の割合が増加した。

6〔問1〕A…ウ　B…ア　C…イ
D…エ
〔問2〕Ⅰの略年表中のA～D…D
略地図中のW～Z…X
〔問3〕ア

1〔三分野総合―小問集合問題〕

〔問1〕＜地形図の読み取り＞付近の様子についての文からはB点付近が山になっていることが，写真からはB点付近の道の両側が道よりも標高が高くなっていることがそれぞれわかる。これをふまえて地形図を見ると，この地形図の縮尺は２万５千分の１であり，等高線（主曲線）が10mごとに引かれていることから，B点の標高は50mと60mの間であると読み取れる。また，A点の標高は40mよりもやや低く，C点の標高は20mと30mの間となる。

〔問2〕＜千利休＞「大名や都市の豪商の気風を反映した壮大で豪華な文化」とは，安土桃山時代に栄えた桃山文化である。堺の商人であった千利休は，この時代に全国統一を果たした豊臣秀吉に茶の湯の作法を指導するなど重く用いられ，禅の影響を受けた質素なわび茶の作法を完成させた。なお，喜多川歌麿は江戸時代の化政文化が栄えた頃に美人画などを描いた浮世絵画家，栄西は鎌倉時代に宋（中国）で学び日本に臨済宗を伝えた僧，尾形光琳は江戸時代の元禄文化が栄えた頃に華やかな装飾画を完成させた画家である。

〔問3〕＜安全保障理事会の常任理事国＞国際連合の主要機関の１つである安全保障理事会は，国際社会の平和と安全を維持する役割を持ち，常任理事国５か国と，任期が２年の非常任理事国10か国で構成されている。2022年現在の常任理事国は，アメリカ合衆国〔アメリカ〕，ロシア連邦〔ロシア〕，イギリス，フランス，中華人民共和国〔中国〕の５か国である。常任理事国は拒否権を持ち，重要な問題については常任理事国のうち１か国でも反対すると決議できない。

2〔世界地理―世界の諸地域〕

〔問1〕＜世界の気候と暮らし＞略地図中のA～D．Ⅰの文章中の「夏季は高温で乾燥し，冬季は温暖で湿潤となる気候」「ぶどうやオリーブが栽培されている」などの記述から，これは温帯の地中海性気候に属する地域について述べたものであり，当てはまる都市はDであるとわかる。　Ⅱのア～エ．Dの都市の気候を示したグラフは，夏の降水量が少なく，冬は降水量が多く比較的温暖なイとなる。なお，Aは温帯の温暖湿潤気候に属する都市でウのグラフ（南半球に位置するため，北半球とは季節が逆になっている），Bは乾燥帯のステップ気候に属する都市でアのグラフ，Cは冷帯〔亜寒帯〕気候に属する都市でエのグラフとなる。

〔問２〕＜世界の国々の特徴＞略地図中のＷはボリビア，Ｘはアメリカ，Ｙはオマーン，Ｚはフランスである。アは，「ポンチョや強い紫外線を防ぐ帽子」が見られることや，じゃがいもの栽培が盛んであることなどから，国土の西部にアンデス山脈が分布しているボリビアである。イは，一人当たりの国民総所得がウに次いで大きいこと，キリスト教のカトリックを信仰する人が多いこと，「鞄や洋服などの世界的なブランド店の本店が立ち並ぶ」ことなどから，ヨーロッパに位置しファッション関連産業が盛んなフランスである。ウは，一人当たりの国民総所得が最も大きいこと，高速道路(フリーウエー)や巨大なショッピングセンターが発達していること，多民族国家であることなどから，アメリカである。エは，乾燥地域で生産されるなつめやしが見られること，イスラム教徒の割合が最も多いことなどから，西アジアに位置するオマーンである。

〔問３〕＜ベトナムの特徴と資料の読み取り＞Ⅲの文章中の「2001年に約2164億円であった日本からの輸出額は，2021年には約２兆968億円となり」という記述から，2021年の日本からの輸出額は2001年の約9.7倍であることがわかる。これは，Ⅰの略地図中では「５倍～10倍未満」に該当し，ベトナムとラオスが当てはまる。また，Ⅲの文章中の「2001年に179社であった進出日本企業数は，2021年には1143社へと増加」という記述から，2021年の進出日本企業数は2001年よりも964社増加していることがわかる。これは，Ⅱの略地図中では「500社以上」に該当し，ベトナム，タイ，インドネシアが当てはまる。以上から，Ⅲの文章で述べている国はベトナムとなる。これらのほか，Ⅲの文章の１段落目にある「国が南北に分離した時代を経て，1976年に統一された」こと，「国営企業中心の経済」であったことなどの記述からベトナムと判断することもできる。ベトナムは，冷戦下で北ベトナムと南ベトナムに分断され，ベトナム戦争を経て1976年に社会主義国として統一された。

３〔日本地理―日本の諸地域〕

〔問１〕＜都道府県の自然と農産物の東京への出荷＞ア．Ｃの長野県である。日本アルプスなどの険しい山脈・山地が多く分布するため平均標高が高く，また，日本列島を東西に分ける溝状の地形であるフォッサマグナなどの影響によって形成された松本盆地や諏訪盆地などの盆地が見られる。東部の八ケ岳や浅間山のふもとの高原では，夏でも冷涼な気候を生かしてレタスなどを栽培し，高原野菜として出荷している。　イ．Ｂの茨城県である。利根川などの河川によって形成された平野が広がり，平均標高は４県中で最も低い。大消費地である東京までトラックで約３時間と近いことから，都市向けに野菜などを出荷する近郊農業が盛んである。　ウ．Ｄの宮崎県である。北西部には九州山地が分布し，中央部から南部にかけての海岸沿いには宮崎平野が広がる。宮崎平野では，温暖な気候を生かし，ビニールハウスなどの施設を利用して野菜の促成栽培を行っている。東京までは長距離となるため，フェリーなどを利用して農産物を輸送している。　エ．Ａの青森県である。西部には津軽平野が広がり，中央部に位置する八甲田山の南側には，カルデラ湖で水深が深い十和田湖がある。東部の太平洋側は，北東から吹くやませの影響を受けて夏季に冷涼となることがある。東京へ出荷する農産物は，トラックによる長距離輸送を行っている。

〔問２〕＜空港の特徴＞略地図中のＷは成田国際空港，Ｘは東京国際空港〔羽田空港〕，Ｙは関西国際空港，Ｚは那覇空港である。４つの空港のうち，成田国際空港と関西国際空港は，外国との間を結ぶ航空機が主に発着する国際空港であることから，他の２つの空港に比べて輸出額・輸入額が大きいと考えられる。したがって，輸出額・輸入額が最も大きいウがＷの成田国際空港，２番目に大きいアがＹの関西国際空港と判断できる。成田国際空港は，日本の貿易港(港や空港)の中で貿易額が最大となっている(2020年)。次に，イとエを比べると，エの方が国内線貨物取扱量や輸出額・輸入額が大きく，またイの主な輸出品が農畜産物や水産物であるのに対し，エの主な輸出品は工業製品であることから，エがＸの東京国際空港，イがＺの那覇空港と判断できる。

〔問３〕＜モーダルシフト＞⑴Ⅰに示されているように，モーダルシフトとは，貨物輸送の手段を営業用貨物自動車(トラックなど)から貨物鉄道などへ転換することである。Ⅱを見ると，貨物を輸送する際に排出される二酸化炭素の排出量は，鉄道に比べて営業用貨物自動車が非常に多いことがわかる。したがって，国がモーダルシフトを推進する目的は，貨物輸送で生じる二酸化炭素の排出量を減少させるためであると考えられる。　(2)モーダルシフトを推進するためには，貨物鉄道の路線が敷設されていることと，営業用貨物自動車から貨物鉄道に積みかえる転換拠点となる貨物ターミナル駅が整備されていることが必要となる。Ⅲを見ると，七地方区分(北海道，東北，関東，中部，近畿，中国・四国，九州)の全てに貨物鉄道の路線と貨物ターミナル駅があり，全国的にモーダルシフトを推進するための前提条件が整っていることがわかる。

4〔歴史―古代～現代の日本と世界〕

〔問1〕**＜年代整序＞**年代の古い順に，ウ(十七条の憲法の制定，法隆寺の建立―飛鳥時代)，イ(東大寺の大仏の造立―奈良時代)，エ(中尊寺金色堂の建立―平安時代)，ア(金閣の建立―室町時代)となる。

〔問2〕**＜享保の改革＞**Ⅱは，江戸幕府の第8代将軍徳川吉宗が行った享保の改革について述べたものである。吉宗が政治を行ったのは，Ⅰの年表中のウの時期にあたる18世紀前半である。

〔問3〕**＜年代整序，明治時代の工業＞**年代の古い順に，イ(富岡製糸場―1872年)，ア(大阪紡績会社―1883年)，ウ(八幡製鉄所―1901年)となる。富岡製糸場は群馬県のA，大阪紡績会社は大阪府のB，八幡製鉄所は福岡県のCに位置する。

〔問4〕**＜昭和～平成時代の出来事＞**アのバブル経済が終わったのは1990年代初め(D)，イの連合国軍最高司令官総司令部〔GHQ〕の指令に基づく民主化政策が行われたのは太平洋戦争が終結した1945年以降(A)，ウの石油危機が起こったのは1973年(C)，エの東海道新幹線が開業したのは1964年(B)のことである。

5〔公民―総合〕

〔問1〕**＜経済活動の自由＞**日本国憲法は，自由権として精神の自由，身体の自由，経済活動の自由を保障している。このうち経済活動の自由には，エの居住・移転・職業選択の自由(第22条)と財産権の保障(第29条)が含まれる。なお，アは平等権，イは身体の自由，ウは社会権に含まれる。

〔問2〕**＜公共料金＞**公共料金には，国が決定するもの(介護報酬，社会保険診療報酬など)，国が認可や上限認可するもの(電気料金，都市ガス料金，鉄道運賃など)，国に届け出るもの(手紙・はがきなどの郵便料金，固定電話の通話料金など)，地方公共団体が決定するもの(公営水道料金，公立学校授業料など)がある。問題中の文章を見ると，所管省庁の審議分科会・審議会・大臣の間で料金の改定に関する審議から決定までが行われており，国が決定する公共料金であると考えられる。ア～エの中でこれに該当するのは，イの介護報酬である。文章中の「所管省庁」とは厚生労働省である。

〔問3〕**＜国税と地方税＞**課税する主体が国である税(国に納める税)を国税，課税する主体が地方公共団体である税(地方公共団体に納める税)を地方税という。国税には，法人税のほか，所得税や相続税，消費税や酒税などがある。地方税には，固定資産税のほか，事業税や住民税(道府県民税や市町村民税)，自動車税や地方消費税などがある。

〔問4〕**＜資料の読み取り＞**「2014年に改正された会社法によりもたらされた取締役会の変化」について，①「社外取締役の役割」と②「取締役会における社外取締役の人数」に着目して述べる問題である。まず，2010年に出されたⅠでは，当時の会社法には「外部の意見を取り入れる仕組を備える適正な企業統治を実現するシステム」が欠けていることの問題点が指摘されている。その後2014年に改正された会社法の内容であるⅡでは，社外取締役の要件が追加され，会社と利害関係がない独立性の高い人物を社外取締役とすることが定められている。これらから，①「社外取締役の役割」について，社外取締役の役割は，会社に外部の意見を反映させ，適正な企業統治を実現することである。次に，②「取締役会における社外取締役の人数」について，Ⅲを見ると，会社法が改正された2014年以降，社外取締役を2名以上置く会社数の割合が大きく増加していることがわかる。

6〔三分野総合―万国博覧会を題材とする問題〕

〔問1〕**＜世界の諸地域と歴史＞**ア．「1901年の連邦国家成立」「東西の州都を結ぶ鉄道」などの記述から，路線全体が１つの国に位置していると考えられ，Ｂの路線が当てはまる。　イ．「外国の支配に不満をもつ人々が起こした大反乱」とは，インド大反乱(1857～58年)と考えられる。また，「綿花」の産地に近い地域であることや，「港湾都市と内陸都市を結ぶ鉄道」という記述から，Ｃの路線が当てはまる。インドでは，内陸部のデカン高原などで綿花の生産が盛んである。　ウ．「二つの大洋をつなぎ」という記述にはＡとＤのどちらも当てはまるが，「国際運河が1914年に開通した」とあることから，パナマ運河に近い場所にあるＡの路線となる。　エ．「銅」の産地に近い地域であることや，内陸部と西側，東側それぞれの港を結ぶ「大陸横断鉄道となった」という記述から，Ｄの路線が当てはまる。アフリカ大陸の中南部のコンゴ民主共和国やザンビアでは，銅の産出が盛んである。

〔問２〕<地球サミットとドイツの環境問題>Ⅰの略年表中のＡ～Ｄ．Ⅱの文章で述べている国際博覧会は，1992年のリオデジャネイロでの地球サミット〔国連環境開発会議〕から８年後に開催されたとあることから，略年表中のＤが当てはまる。　**略地図中のＷ～Ｚ．**Ⅱの文中のシュヴァルツヴァルトはドイツ(Ｘ)に位置する森林山地であり，「国境の一部となっている北流する国際河川」とはライン川を指す。ドイツでは，偏西風などによって運ばれた有害物質による酸性雨により，森林の立ち枯れなどの被害が早くから発生しており，環境問題への取り組みが盛んとなっている。なお，Ｗはカナダで1967年(Ｂ)に，Ｙはベルギーで1958年(Ａ)に，Ｚはスペインで1992年(Ｃ)にそれぞれ万国博覧会が開催された。

〔問３〕<人口ピラミッドと1970年の日本>人口ピラミッドには，年齢が低いほど割合が高い「富士山型」，子どもと高齢者の割合の差が富士山型よりも小さい「つりがね型」，高齢者の割合が高く子どもの割合が低い「つぼ型」などがある。一般に国の人口ピラミッドは，経済が発展するにつれて「富士山型」から「つりがね型」へと推移し，さらに少子高齢化が進むと「つぼ型」へと推移する。日本の人口ピラミッドもこのような推移をたどってきている。したがって，Ⅰのア～エの人口ピラミッドは，イ(1950年)→ア(1970年)→ウ(2000年)→エ(2020年)の順に推移している。次にⅡを見ると，大阪で万国博覧会が開催されたとあることから，これは1970年について述べた文章であることがわかる。高度経済成長期であったこの頃には，日本の人口が１億人を突破し，地方からの人口移動によって過密となった都市の周辺ではニュータウンの建設が進められた。

理科解答

1〔問１〕ア　〔問２〕エ
〔問３〕ウ　〔問４〕イ
〔問５〕ア　〔問６〕イ

2〔問１〕イ　〔問２〕①…イ　②…ア
〔問３〕エ　〔問４〕ウ

3〔問１〕(例)水滴がつき始める瞬間の温度を正確に読み取るため。
〔問２〕①…イ　②…ア
〔問３〕①…ア　②…イ　③…イ
④…ア
〔問４〕エ

4〔問１〕ウ　〔問２〕エ
〔問３〕ア

5〔問１〕ア　〔問２〕エ
〔問３〕イ　〔問４〕①…イ　②…ウ

6〔問１〕ア　〔問２〕ウ
〔問３〕ウ　〔問４〕イ

1〔小問集合〕

〔問１〕<**生産者と消費者**>Ａ～Ｆのうち，生産者は光合成を行う生物だから，エンドウ，サツマイモ，ツツジの植物が生産者である。また，消費者は他の生物から有機物を得る生物だから，タカ，バッタ，ミミズの動物が消費者である。

〔問２〕<**火山岩**>図１で，玄武岩は黒っぽい色をしていて，花こう岩は白っぽい色をしているので，玄武岩は岩石Ｂ，花こう岩は岩石Ａである。また，玄武岩は火山岩で，マグマが地表や地表近くで急激に冷えて固まってできるため，そのつくりは斑状組織であり，花こう岩は深成岩で，マグマが地下深くでゆっくりと冷えて固まってできるため，そのつくりは等粒状組織である。

〔問３〕<**ガスバーナー**>空気の量が不足している炎のときは，図２のＢのガス調節ねじを押さえながら，Ａの空気調節ねじをＣの向きに回して開き，空気の量を増やして青色の適正な炎にする。

〔問４〕<**凸レンズの像**>右図のように，物体の先端から出る光のうち，凸レンズの２つの焦点を通る一直線(光軸)に平行な光は凸レンズで反対側の焦点を通るように屈折し，凸レンズの中心を通る光は直進する。この２つの光が集まる位置に実像はできる。よって，上図より，スクリーンにはっきりした像が映るのは，２つの光が１点で集まるように，スクリーンをＡ点に動かしたときで，このときスクリーンに映った像(実像)の大きさは，物体の大きさよりも小さい。

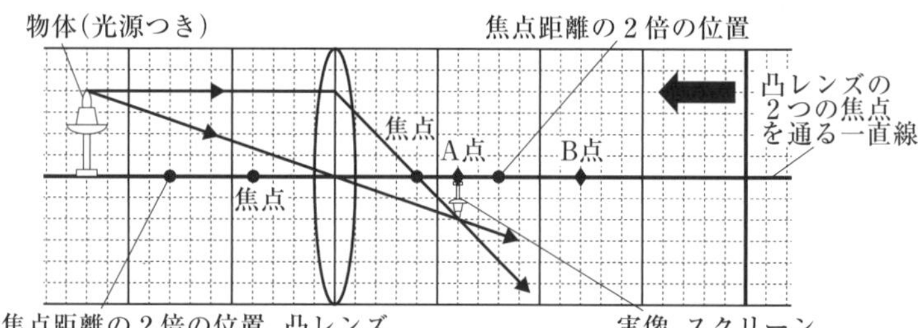

〔問５〕<**化合物と単体**>Ａ～Ｄのうち，化合物は２種類以上の元素からできている物質だから，二酸化炭素(CO_2)，水(H_2O)，アンモニア(NH_3)であり，単体は１種類の元素でできている物質だから，酸素(O_2)である。

〔問６〕<**花のつくり**>アブラナの花のつくりは外側から，がく(Ａ)，花弁(Ｂ)，おしべ(Ｃ)，めしべ(Ｄ)の順である。

2〔小問集合〕

〔問１〕<**速さ**>模型の旗が２ｍ地点を通過してから６ｍ地点を通過するまでに，移動した距離は，$6-2=4$(m)，移動にかかった時間は，表１より，$122.2-40.4=81.8$(秒)である。よって，平均の速さは，$4\div81.8=0.048\cdots$より，約0.05m/sとなる。

〔問２〕＜濃度，密度＞①〔質量パーセント濃度(%)〕＝$\dfrac{〔溶質の質量(\mathrm{g})〕}{〔水溶液の質量(\mathrm{g})〕}$×100より，〔溶質の質量(g)〕＝〔水溶液の質量(g)〕×$\dfrac{〔質量パーセント濃度(\%)〕}{100}$となる。これより，３%の食塩水100gに含まれる食塩の量は，$100\times\dfrac{3}{100}=3$(g)である。また，凍った部分の表面を取り除き残った部分を溶かして得た食塩水の食塩の濃度を測定すると0.84%だったから，その食塩水100gに含まれる食塩の量は，100×(0.84÷100)＝0.84(g)である。よって，求める食塩３gに対する食塩0.84gの割合は，0.84÷3×100＝28(%)となる。　②固体が液体に浮くのは，固体の密度より液体の密度の方が大きい場合である。凍った部分の表面を取り除き残った部分を３%の食塩水に入れると浮いたことから，密度が大きいのは３%の食塩水である。

〔問３〕＜細胞分裂＞受精卵は体細胞分裂により細胞数を増やし，体細胞分裂では細胞の染色体の数は変わらない。そのため，受精卵の染色体の数が24本の場合，分裂後の胚の細胞の染色体の数は全て24本である。よって，図５の細胞数が２個の胚に含まれる合計の染色体の数は，24×2＝48(本)で，図６の細胞数が４個の胚に含まれる合計の染色体の数は，24×4＝96(本)である。

〔問４〕＜太陽の動き＞図７は北の空を撮影しているので，正面が北で，右側が東，左側が西，後側が南になる。北極付近(北半球)では，太陽は東の空から南の空に向かって高くなるように動くから，太陽が動いた向きはＹである。また，図８で，日本で夏至となるのは，地軸の北極側が太陽の方に傾いているときだから，地球の位置はＡである。

３〔気象と天気の変化〕

〔問１〕＜実験操作＞コップの表面の温度が少しずつ下がるようにしたのは，水滴がつき始める瞬間の温度(露点)を正確に読み取るためである。急激に温度を下げると，水滴がつき始める瞬間の温度の読み取りが露点以下になるおそれがある。

〔問２〕＜湿度＞①(1)で測定した水温が実験室の室温で，(3)で測定した水温が実験室内の空気の露点である。結果１より，午前10時の気温は17.0℃，露点は16.2℃で，露点における飽和水蒸気量はその空気が含む水蒸気の量に等しい。よって，図２より，気温17.0℃での飽和水蒸気量は14.5g/m^{3}であり，このときの空気が含む水蒸気の量は，気温16.2℃での飽和水蒸気量で13.8g/m^{3}である。したがって，〔湿度(%)〕＝$\dfrac{〔空気1\,\mathrm{m}^3中に含まれる水蒸気の量(\mathrm{g/m}^3)〕}{〔その気温での飽和水蒸気量(\mathrm{g/m}^3)〕}$×100より，13.8÷14.5×100＝95.1…となるから，約95%である。　②午後６時の露点は，結果１より，12.8℃である。露点における飽和水蒸気量がその空気が含む水蒸気の量に等しく，図２より，飽和水蒸気量は気温が高いほど大きいから，1m^{3}に含まれる水蒸気の量が多いのは，露点が高い午前10時の実験室内の空気である。

〔問３〕＜雲のでき方＞結果２で，ピストンを引くとフラスコ内がくもって温度が下がっている。これは，ピストンをすばやく引くと，丸底フラスコ内の空気が膨張して気圧が下がり，その結果，温度が下がって露点以下になり，空気中に含みきれなくなった水蒸気の一部が水滴に変化するためである。なお，ピストンを押すと，丸底フラスコ内の空気が圧縮されて気圧が上がり，温度が上がるので，水滴が再び水蒸気になってくもりは消える。

〔問４〕＜寒冷前線＞寒冷前線は寒気が暖気の下にもぐり込み，暖気を押し上げながら進む前線である。寒冷前線付近では暖気が急激に押し上げられるので積乱雲などのように垂直方向に発達した雲ができ，狭い範囲に強い雨が短時間降る。なお，温暖前線では，暖気が寒気の上をはい上がり，前線付近では乱層雲や高層雲などの層状の雲ができて広い範囲に弱い雨が長時間降る。

４〔生物の体のつくりとはたらき〕

〔問１〕＜唾液のはたらき＞結果からわかる唾液のはたらきについての考察なので，唾液のあるものとないもので，それ以外の条件が同じ試験管の結果を比較する(対照実験)。まず，ヨウ素液を入れた試験管Aと試験管Bの結果を比較する。ヨウ素液をデンプンのある溶液に入れると青紫色になるので，唾液を入れた試験管Aの溶液にはデンプンがないが，水を入れた試験管Bの溶液にはデンプンがある。これより，唾液にはデンプンをデンプンでないものにするはたらきがあることがわかる。次に，ベネジクト液を入れた試験管Cと試験管Dの結果を比較する。ベネジクト液をブドウ糖がいくつか結合した糖を含む溶液に入れて加熱すると赤褐色になる。よって，ブドウ糖がいくつか結合した糖は，唾液を入れた試験管Cの溶液にはあるが，水を入れた試験管Dの溶液にはないので，唾液にはデンプンをブドウ糖がいくつか結合した糖にするはたらきがあることがわかる。なお，アミノ酸の存在については，この実験からはわからない。

〔問2〕＜吸収＞ブドウ糖はデンプンが分解されたもの，アミノ酸はタンパク質が分解されたもの，脂肪酸とモノグリセリドは脂肪が分解されたものである。このうち，ブドウ糖とアミノ酸は柔毛で吸収されて毛細血管に入り，脂肪酸とモノグリセリドは柔毛で吸収された後に再び脂肪になってリンパ管に入る。

〔問3〕＜血液循環＞栄養分は小腸で吸収され，血液によって肝臓に運ばれるから，図5で，小腸の毛細血管から吸収された栄養分の濃度が高い場所は，小腸から肝臓に向かう血液が流れるAである。また，細胞では，栄養分と酸素を反応させることで，活動するためのエネルギーを取り出している(細胞の呼吸)。なお，このとき二酸化炭素ができる。

5 〔化学変化とイオン〕

〔問1〕＜塩化銅の電離＞塩化銅($CuCl_2$)が電離すると，陽イオンである銅イオン(Cu^{2+})と陰イオンである塩化物イオン(Cl^-)が1：2の個数の比で生じる。よって，塩化銅水溶液中に存在する陽イオンと陰イオンの数の比は，1：2となる。

〔問2〕＜電気分解＞陽極には陰イオンが引きつけられ，陰極には陽イオンが引きつけられる。よって，結果1より，電極Aに付着した赤い物質は銅で，陽イオン(Cu^{2+})が引きつけられたので，電極Aは陰極であり，電極B付近から発生した刺激臭がある気体は塩素で，陰イオン(Cl^-)が引きつけられたので，電極Bは陽極である。また，電流は＋極から－極に向かって流れるから，図1で，回路に流れる電流の向きはDである。なお，電源装置の＋極につながった電極が陽極，－極につながった電極が陰極である。

〔問3〕＜塩化銅の電気分解＞塩化銅を電気分解したときに，陽極付近で生成された刺激臭のある気体は塩素である。塩化物イオン(Cl^-)は1価の陰イオンなので，電子を1個放出し(失い)，塩素原子(Cl)になる。塩素原子は2個結びついて塩素分子(Cl_2)となり，気体として発生する。

〔問4〕＜電気分解＞①塩化銅水溶液を電気分解したときに，陰極に付着した赤い物質は銅である。これは，塩化銅水溶液中の銅イオン(Cu^{2+})が，陰極から電子を受け取って銅原子(Cu)になって陰極に付着したものである。つまり，水溶液中の銅イオンの数は，時間とともに減少していく。　②水酸化ナトリウム水溶液を電気分解すると，陽極から酸素，陰極から水素が発生する。このとき，ナトリウムイオン(Na^+)はイオンのまま水溶液中に存在するので，数は変化しない。

6 〔電流とその利用〕

〔問1〕＜回路＞図1のように，抵抗器Xと抵抗器Yを並列につないだ回路では，それぞれの抵抗器には電源と等しい大きさの電圧が加わる。電気抵抗が大きいほど，電流は流れにくいから，電気抵抗の大きさが5Ωの抵抗器Xと20Ωの抵抗器Yでは，加えた電圧の大きさが等しいとき，流れる電流の大きさが大きいのは，電気抵抗の小さい抵抗器Xの方である。また，図3より，加えた電圧の大きさが等しいとき，流れる電流の大きさが大きいのは，実験の(2)の図1の回路である。

〔問２〕＜**抵抗**＞Aの抵抗器Xの抵抗の値は５Ωである。Bは図１の回路全体の抵抗の値，Cは図２の回路全体の抵抗の値だから，図３より，Bは2.0÷0.5＝4(Ω)，Cは5.0÷0.2＝25(Ω)となる。よって，B＜A＜Cである。

≪別解≫並列回路では回路全体の電気抵抗の大きさは，各抵抗の電気抵抗より小さくなり，直列回路では回路全体の電気抵抗の大きさは各抵抗の和になる。そのため，図１の並列回路全体の抵抗の値は，抵抗器Xの抵抗の値より小さく，図２の直列回路全体の抵抗の値は，抵抗器Xの抵抗の値より大きい。よって，B＜A＜Cとなる。

〔問３〕＜**電力**＞電力は，〔電力(W)〕＝〔電圧(V)〕×〔電流(A)〕で求められるから，図３より，実験の(2)と(3)で，電力が等しくなるときを求める。実験の(2)では電圧が2.0V，電流が0.5Aのときの電力が，2.0×0.5＝1.0(W)であり，実験の(3)では電圧が5.0V，電流が0.2Aのときの電力が，5.0×0.2＝1.0(W)となり等しくなる。実験の(2)は図１の並列回路だから，抵抗器Xに加わる電圧の大きさSは電源の電圧2.0Vである。一方，実験の(3)は図２の直列回路で，抵抗器Xに流れる電流は0.2Aだから，５Ωの抵抗器Xに加わる電圧の大きさTは，5×0.2＝1.0(V)である。よって，S：T＝２：１となる。

〔問４〕＜**電力量**＞電力量は，〔電力量(J)〕＝〔電力(W)〕×〔時間(s)〕で求められる。回路全体の電力が９Wで，電流を２分間流したときの電力量は，9×(60×2)＝1080(J)である。一方，回路全体の電力が４Wで，電流をx秒間流したときの電力量は，$4\times x=4x$(J)と表せる。よって，これらの電力量が等しいとき，$4x=1080$が成り立ち，これを解くと，$x=270$(s)となる。したがって，270÷60＝4.5より，求める時間は４分30秒である。

Memo

●2022年度

都立日比谷高等学校

独自問題

【英語・数学・国語】

2022年度 都立日比谷高等学校

【英　語】（50分）〈満点：100点〉

1　リスニングテスト（**放送**による**指示**に従って答えなさい。）

〔**問題A**〕 次の**ア**～**エ**の中から適するものをそれぞれ**一つずつ**選びなさい。

＜対話文 1 ＞

ア　This afternoon.　　**イ**　This morning.

ウ　Tomorrow morning.　　**エ**　This evening.

＜対話文 2 ＞

ア　To the teacher's room.　　**イ**　To the music room.

ウ　To the library.　　**エ**　To the art room.

＜対話文 3 ＞

ア　One hundred years old.　　**イ**　Ninety-nine years old.

ウ　Seventy-two years old.　　**エ**　Sixty years old.

〔**問題B**〕 ＜Question 1 ＞ では，下の**ア**～**エ**の中から適するものを**一つ**選びなさい。
＜Question 2 ＞ では，質問に対する答えを英語で書きなさい。

＜Question 1 ＞

ア　Walking.　　**イ**　Swimming.

ウ　Basketball.　　**エ**　Skiing.

＜Question 2 ＞

（15 秒程度，答えを書く時間があります。）

※（編集部注）＜**英語学力検査リスニングテスト台本**＞を英語の問題の終わりに掲載しています。

2 次の対話の文章を読んで，あとの各問に答えなさい。
（＊印の付いている単語・語句には，本文のあとに〔注〕がある。）

*Rina, Hana, Yuta, and Oliver are in the classroom after school. Oliver is a student from *Norway. Hana is sitting in her seat by herself and she looks like she has something on her mind.*

Rina: What's wrong, Hana?

Hana: I was thinking about my group science project. Things aren't going well.

Yuta: You're the leader of the project, right?

Hana: Yeah, we have to make a presentation in two weeks but we aren't ready at all.

Oliver: I often see you getting together after school, so I thought it was going well.

Hana: We often get together, but only a few members express their opinions. Yesterday, some didn't even come to the meeting because they said they had other things to do! I don't think that everyone is serious about the project.

Rina: Being the leader is hard, right?

Hana: I sometimes think to myself, I want our group to be like a *flock of *pigeons.

Yuta: What?

Hana: (1)<u>A flock of pigeons.</u> You've seen pigeons flying in the sky, right? I'm always surprised when I see a big group of pigeons suddenly turn in the same *direction at the same time.

Oliver: Why do you want to be like them?

Hana: I want everyone in my group to be able to do things together as one team. I want to know how the leader of the flock can make the other pigeons follow along.

Rina: Is there actually a leader? I thought they were just doing the same thing that the pigeon next to them is doing.

Hana: People thought so before. But according to scientists, pigeons change direction by following the leader, and not any member of the flock.

Oliver: I've heard about that from my grandpa. He loves bird watching.

Yuta: How did they find that out?

Hana: By putting tiny GPSs on pigeons and checking where they are every 0.2 *seconds.

Yuta: How do pigeons decide who the leader is?

Oliver: I heard that the fastest pigeon is usually the leader. However, my grandpa told me an interesting fact. Sometimes slower pigeons also lead the flock, so in that case, the leader is not the same even during one flight.

Rina: Really? That's surprising. I thought that in the animal world, usually the strongest *male becomes the leader.

Yuta: I thought so, too. But sometimes that is not true. For example, elephants. I saw a TV program last week and it said that the leader is the oldest *female. By the way, have you heard of the expression, "to have a memory like an elephant"?

Hana: Never. What does it mean?

Yuta: It means that if you have a memory like an elephant, [(2)]. In the program, they talked about an elephant leader that saved her group from a *drought because she had a good memory. In her group, many of the elephants survived, but in a different group, almost half of them lost their lives.

Rina: What was the difference between them?

Yuta: Both groups had a leader that had a lot of experience. However, the second group had a younger leader that did not experience the *previous drought 35 years ago. According to researchers, the first group was able to survive because of the leader's memory about the previous drought.

Oliver: (3)<u>That sounds similar</u> to *killer whale leaders. I often went to see killer whales in Norway.

Rina: You can see them in Norway?

Oliver: Yeah, especially in the winter season. Hey, did you know that for killer whales, living with their [(4)–a] is the key to a long life? According to research, when young killer whales lost a [(4)–b], their lives were *more likely to be in danger.

Yuta: Why not [(4)–c]?

Oliver: You see, male killer whales usually live until they are 35 years old, but females often live until they are 60.

Rina: I can't believe that there is such a big difference!

Oliver: They live longer, so they have more experience and know where they can find food.

Hana: So for some animals, it is important to follow the one that has the *knowledge to help them live longer.

Oliver: That's right.

Yuta: And there are *chimpanzees. Even the smallest one can become the leader.

Hana: Really? How?

Yuta: Some use their *strength, but others use their brain to climb to the top.

Hana: And how do they do that?

Yuta: When chimpanzees want to become leaders, they think about others instead of themselves and then take action. For example, they share their food easily. And after they become leaders, when other chimpanzees are having a fight, they support the one that doesn't have a chance of winning.

Rina: Why do they do that?

Yuta: They do that to get supporters. When other chimpanzees see such *behavior, they feel safe and show respect to the leader.

Oliver: Chimpanzees are so smart!

Hana: Now I know why things weren't going well with the science project.

Oliver: You do?

Hana: The reason is me. I'm not a good leader.

Rina: Oh, don't say that. You're always working so hard.

Hana: Talking about the behavior of animal leaders has given me some hints about how to become a good leader.

Yuta: Like what?

Hana: From chimpanzees, I learned that if I want to become a good leader, [(5)]. By doing so, we can build good *relationships and learn to trust each other.

Yuta: Was there anything else you learned?

Hana: Leaders with a lot of knowledge can make good decisions for the group.

Oliver: Like elephants and killer whales?

Hana: Yes. As you know, I don't have the experience that those leaders have, but it's OK because I can *make up for that.

Yuta: How?

Hana: With the help of my group members. We humans are able to communicate with language, so we can share our knowledge that we got through experience.

Yuta: That's true! Was there anything you learned from pigeons?

Hana: I learned that sometimes a different member of the group can lead the group. The important thing is to reach the goal as a team.

Oliver: Everyone is an important part of the group and we should all share the *responsibility.

Hana: You're right! Thank you. I think our science presentation is going to go well.

Rina: I'm so happy to hear that!

Hana: There are a lot of things that I can do to become a good leader, but (6)I think the first thing to do is to get to know my group members better.

Oliver: That sounds like a good place to start!

Yuta: Good luck with your science project!

〔注〕

Norway　ノルウェー	flock　群れ
pigeon　ハト	direction　方向
second　秒	male　雄
female　雌	drought　干ばつ
previous　以前の	killer whale　シャチ
more likely to ～　より～しそうな	knowledge　知識
chimpanzee　チンパンジー	strength　力
behavior　行動	relationship　関係
make up for ～　～を補う	responsibility　責任

〔問1〕 (1)A flock of pigeons. とあるが，Hana が会話を通して理解したこととして，最も適切なものは次の中ではどれか。

ア　Only the fastest pigeon can become the leader of the flock.

イ　The leader of the flock checks where they are every 0.2 seconds.

ウ　The leader of the flock may change during one flight.

エ　Pigeons fly together in flocks by watching the pigeon next to them.

〔問２〕 会話の流れに合うように，本文中の空所 [(2)] に英語を入れるとき，最も適切なものは次の中ではどれか。

ア elephants give you a lot of good memories
イ elephants remind you of good times
ウ you like things from the past like elephants
エ you are good at remembering things like elephants

〔問３〕 (3)<u>That sounds similar</u> とあるが，次の〔質問〕に対する答えとして，本文の内容と合う最も適切なものは下の中ではどれか。

〔質問〕 According to the passage, how are elephants and killer whales similar?

ア It is hard to find them in nature during the winter.
イ The leader of the group has a lot of experience.
ウ Males can hunt so they live longer than females.
エ The leader of the group is the strongest female.

〔問４〕 会話の流れに合うように，本文中の空所 [(4)-a] ～ [(4)-c] の中に英語を入れるとき，最も適切な組み合わせは次の**ア**～**エ**の中ではどれか。

	(4)-a	(4)-b	(4)-c
ア	grandmothers	grandfather	grandmothers
イ	grandmothers	grandmother	grandfathers
ウ	grandfathers	grandfather	grandmothers
エ	grandfathers	grandmother	grandfathers

〔問５〕 会話の流れに合うように，本文中の空所 [(5)] に入る発言を **15 語以上の英語**で書きなさい。英文は**二つ以上**にしてもよい。なお，「,」「.」「!」「?」などは語数に含めないものとする。また，I'll のような「'」を使った語や e-mail のような「-」で結ばれた語はそれぞれ１語と扱うこととする。

〔問６〕 (6)I think the first thing to do is to get to know my group members better. とあるが，そのためにHanaがとる行動として，最も適切なものは次の中ではどれか。

ア　She will spend the day together with her group members outside of school and develop a good relationship.

イ　She will read books about animals in the library and learn more about how to become a good leader.

ウ　She will stop depending on her group members too much and show them that she is the leader.

エ　She will put information about her science project on the Internet and tell her group members about it.

〔問７〕 本文の内容と合っているものを，次のア～クの中から二つ選びなさい。

ア　Hana feels that things are not going well in the science project though everyone comes to all the meetings.

イ　Many elephants did not survive in one of the groups because they experienced the previous drought.

ウ　Hana is like killer whale leaders because she has the knowledge to make good decisions for the group.

エ　Chimpanzees that want to become leaders think about themselves instead of others and share food.

オ　The behavior of chimpanzee leaders affects their group members, so it is important for them to support their members.

カ　Hana learned from pigeons that leaders need to show their power by leading the flock all the time.

キ　After talking with her friends, Hana realized everyone should share the responsibility, so she will make someone else the leader.

ク　Hana learned many things from animals and thought she could be a better leader than before.

3 次の文章を読んで，あとの各問に答えなさい。
（＊印の付いている単語・語句には，本文のあとに〔注〕がある。）

"Hello, this is Anderson."

Jaden's dad was just leaving his office when he got a phone call from Mr. Anderson, Jaden's basketball coach. Instead of driving home, he hurried to the school to see his son. He felt *uneasy though Mr. Anderson said there's no need to worry. He just tried to *focus on driving.

When he arrived at the school, Jaden was sitting on a bench and Mr. Anderson was standing by him. Mr. Anderson explained what happened during practice to Jaden's dad. Jaden and his teammate Eric both jumped at the ball, and they *bumped into each other in the air. Jaden didn't want to fall on Eric, and instead landed on his own ankle.

"The team doctor says it's nothing serious," Mr. Anderson said, "but he recommends that Jaden should not practice until it gets better, maybe for about two weeks."

Jaden was biting his lip.

"It's only two weeks, son," he tried to cheer him up, but it wasn't successful.

"You don't understand! *The semi-finals of *the state championship are in two weeks and I can't practice all that time. [(1)]"

Mr. Anderson didn't know what to say. All he knew was it was very difficult to win the next game without Jaden, the best player on the team. The team practiced hard to win the championship, but now it wasn't going to happen.

If he wasn't going to play in the state championship, (2)<u>what was school for?</u> Jaden stopped listening in class. He stopped talking about school at home. He even stopped going to basketball practice. Ben and Eric, his teammates, called him several times, but he didn't answer them.

A few days later, he was sitting on the bench in a park. He knew his friends were practicing now. The park had a small basketball court, and *as usual, there were some kids playing basketball. The kids in front of him missed a lot of *shots, but they all looked really happy. "Look at the ball more carefully!" "Nice!" "Ahh…not yet!" He was saying those things about each of their plays without realizing it. The next moment, he was standing by the kids and speaking to them.

"Hey, I can show you how to be better at those shots!"

"Can you?"

The kids stopped playing.

"But how?" said one of the kids looking at the *bandage on Jaden's ankle.

"Give me the ball."

The ball was passed to him. When Jaden threw it, it flew in a beautiful *arc into the *hoop. Suddenly, their eyes began to shine and smiles were all over their faces. When it was time to go home, they asked Jaden to come back the next day. Jaden agreed. He didn't have any plans for tomorrow, or for the day after.

The next morning, he was surprised that he was looking forward to seeing the kids after school. When school was over, he went to the park as soon as possible and taught them many things: where to look, how to hold the ball, when to let it go. It was amazing that they improved so quickly. (3)【① they ② the same ③ could ④ who ⑤ were ⑥ realize ⑦ kids ⑧ playing】 a few days ago? Later that night, he remembered that the kids looked so excited when they learned new skills. He felt happy he could help them. Then an idea came to him: maybe this is something I can do for my team.

The next day after school, Jaden went to the park to find the kids. [(4)-ア] He told them he had something very important to do, but he promised to teach them again soon. The kids understood him. Then he went back to school for practice. [(4)-イ]

"I'm sorry Mr. Anderson. I'm so sorry, everyone, that I didn't come to practice."

Mr. Anderson looked *relieved that he came back. [(4)-ウ] But his teammates didn't look happy. Jaden thought they had a good reason to feel that way. [(4)-エ]

"I realized I can help the team in some way, even with this ankle."

It would take some time, but he believed that they would trust him again. During practice, he just watched his teammates carefully and gave them advice. Mr. Anderson looked very happy to see that. He never thought that Jaden would support them. For Jaden, being the best player on the team was the only thing he wanted. But now he was helping his team and he was an important part of the team. From that day, he came to practice every day and tried to support his team.

On the day of the semi-finals, though Jaden didn't actually practice for two weeks,

Mr. Anderson told him that he should play for just a few minutes. He thought for a while, and said no.

His teammates realized that he wasn't in his uniform and looked at each other with a *puzzled look. At last, Ben took the courage to ask the very difficult question.

"Jaden, does your ankle still hurt? You said you'd be better in two weeks."

"Oh, my ankle is fine. I just thought that it's better without me because I haven't actually played with you for a while, and teamwork is important, right?"

During the game, Jaden cheered loudly from the bench. First, his team was leading, and then the other team *caught up. They *went back and forth. Finally, they only had one minute on the clock. His team was two points behind. Just before the *buzzer, Eric got the ball. He was standing behind the three-point line. He jumped and let the ball go. The ball flew in a perfect arc into the hoop. It was the winning shot.

Jaden jumped out of his seat. They won! All the boys were laughing and giving each other *high-fives.

When Jaden was waiting for the team at the bus back to school, Eric and Ben came out and ran to him. After celebrating their win with each other, Eric said, "We really wanted to play with you in *the finals, so we all kept running and didn't give up!"

"I ran and ran until I couldn't run anymore!" said Ben too.

A big smile appeared on Jaden's face.

"I believed you would win!"

"Maybe we depended too much on you and stopped making an effort," answered Ben.

"We couldn't win without you, Jaden. I made that winning shot thanks to your advice!" said Eric.

"This whole experience taught me something important too," said Jaden, "I'm sure that we will be a better team in the finals!"

The three boys were very excited.

That night, when Jaden told his mom about the win, she just kept quiet.

He stopped. "Is something wrong, Mom?"

"No," answered his mom. "I was just thinking how much you wanted to play and share the win with your teammates."

"Oh, you don't understand, Mom," Jaden said with the biggest smile of his life. "Though I didn't play today, (5)this win is a big win for me!"

〔注〕

uneasy	落ち着かない	focus on ～	～に集中する
bump into ～	～にぶつかる	the semi-finals	準決勝
the state championship	州選手権	as usual	普段通り
shot	シュート	bandage	包帯
arc	弧	hoop	バスケットボールのゴール
relieved	ほっとした	puzzled look	困惑した表情
catch up	追いつく	go back and forth	一進一退する
buzzer	ブザー	high-five	ハイタッチ
the finals	決勝		

〔問1〕 会話の流れに合うように，本文中の空所 [(1)] に英文を入れるとき，最も適切なものは次の中ではどれか。

ア So I won't give up playing.
イ Then I won't be ready to play.
ウ But I will give up playing.
エ And I will be ready to play.

〔問2〕 (2)what was school for? の意味を表すものとして，最も適切なものは次の中ではどれか。

ア He didn't understand what he could do for the school.
イ He was thinking about how to go to school.
ウ He didn't know why he should go to school.
エ He was wondering when to go back to school.

〔問３〕 (3)【① they ② the same ③ could ④ who ⑤ were ⑥ realize ⑦ kids ⑧ playing】a few days ago? の語句を，前後の内容とのつながりを考えて並べかえ，正しい文を作るとき，①～⑧の中で**１番目**，**４番目**，**７番目**にくる選択肢の組み合わせとして正しいものは，次の**ア**～**カ**の中ではどれか。なお，文頭にくる語も小文字になっている。

	１番目		４番目		７番目
ア	③	－	②	－	⑤
イ	③	－	④	－	⑦
ウ	④	－	①	－	⑦
エ	④	－	⑦	－	⑥
オ	⑤	－	②	－	③
カ	⑤	－	⑧	－	①

〔問４〕 次の文が入る場所として最も適切な箇所は，本文中の［(4)-**ア**］～［(4)-**エ**］の中ではどれか。

He didn't tell them why he didn't come or answer the calls.

〔問５〕 (5)this win is a big win for me! とあるが，以下は Jaden が書いた「練習ノート」の内容である。物語の内容を踏まえて，文章の流れに合うように［　　］の中に，書き出しに続けて**30語以上の英語**を書きなさい。

英文は**二つ以上**にしてもよい。なお，「,」「.」「!」「?」などは語数に含めないものとする。また，I'll のような「'」を使った語や e-mail のような「-」で結ばれた語はそれぞれ１語と扱うこととする。

My Big Win

Today, our team had the state championship semi-finals. We won! I didn't play, but this win means more than just a win to me.

I feel this way because…

This is something I learned through this experience, and I'm a different person because of it. Now I am really excited to play with my teammates in the finals next week!

〔問６〕 本文の内容と合っているものを，次の**ア**～**ク**の中から**二つ**選びなさい。

ア Eric and Jaden both jumped at the same ball, and Eric stepped on Jaden's foot when he landed.

イ Jaden did not take part in the semi-finals because he thought his ankle was not good enough to play.

ウ By spending time with the kids in the park, Jaden realized that he could help his team in some way.

エ After Jaden said sorry to the teammates, they soon accepted it because they understood how he felt.

オ Mr. Anderson thought Jaden changed a lot and became a good player, so he made Jaden play in the game.

カ Eric thought they were able to win the semi-finals because the teammates depended on Jaden so much.

キ Eric and Ben tried their best because they wanted to play in the championship with Jaden one more time.

ク Jaden's mom was quiet while Jaden was talking to her because she knew why he didn't play in the game.

4 Hibiya 市では，市民が余暇を過ごすための新しい公共施設の建設を計画している。**資料 1** を参考にして，**資料 2** にイラストで示された施設の「良い点」と「問題となる点」を**一つずつ**あげ，それぞれの理由を，合わせて **50 語以上の英語**で説明しなさい。

英文は**二つ以上**にしてもよい。なお，「,」「.」「!」「?」などは語数に含めないものとする。また，I'll のような「'」を使った語や e-mail のような「-」で結ばれた語はそれぞれ 1 語と扱うこととする。

資料 1：Chart

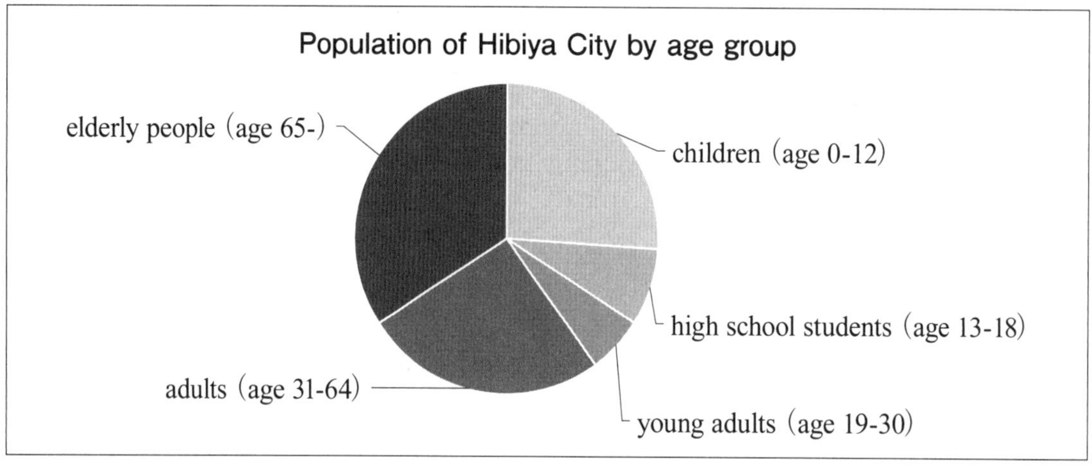

資料 2：Plan

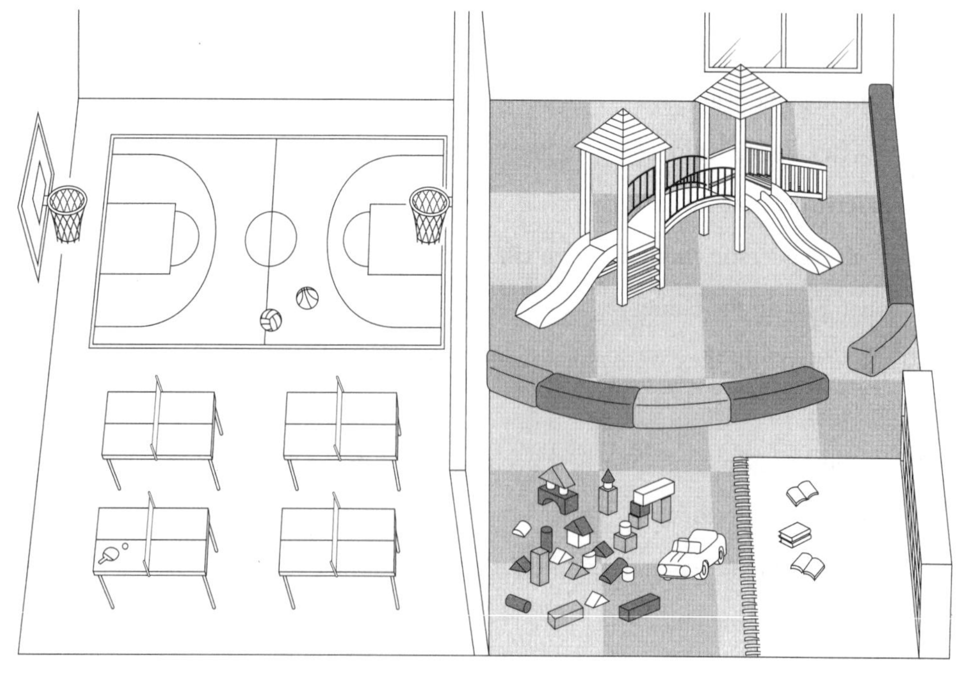

2022 年度　英語学力検査リスニングテスト台本

開始時の説明

これから，リスニングテストを行います。

問題用紙の１ページを見なさい。リスニングテストは，全て放送による指示で行います。リスニングテストの問題には，問題Ａと問題Ｂの二つがあります。問題Ａと，問題Ｂの ＜Question 1＞ では，質問に対する答えを選んで，その記号を答えなさい。問題Ｂの ＜Question 2＞ では，質問に対する答えを英語で書きなさい。

英文とそのあとに出題される質問が，それぞれ全体を通して二回ずつ読まれます。問題用紙の余白にメモをとってもかまいません。答えは全て解答用紙に書きなさい。

（２秒の間）

〔問題Ａ〕

問題Ａは，英語による対話文を聞いて，英語の質問に答えるものです。ここで話される対話文は全部で三つあり，それぞれ質問が一つずつ出題されます。質問に対する答えを選んで，その記号を答えなさい。

では，＜対話文１＞を始めます。

（３秒の間）

Sakura: Hi, Tom, do you think it's going to rain this afternoon?

Tom: Hi, Sakura. I don't think so.

Sakura: Really? It was sunny this morning, but it's cloudy now. If it rains, we will have to change our plan to practice tennis this afternoon.

Tom: Don't worry. We won't have to do that. The weather news says it will rain tomorrow morning, but not today.

Sakura: I'm glad to hear that.

Tom: Let's talk about today's practice on the phone this evening.

Sakura: Sure.

（３秒の間）

Question : When will Sakura and Tom practice tennis?

（５秒の間）

繰り返します。

（２秒の間）

（対話文１の繰り返し）

（３秒の間）

Question : When will Sakura and Tom practice tennis?

（10秒の間）

<対話文２>を始めます。

（３秒の間）

Jane: Excuse me. I'm Jane. I'm a new student. Can you help me?

Bob: Hi, Jane. I'm Bob. What's the problem?

Jane: I want to see Ms. Brown. Can you tell me the way to the teacher's room?

Bob: Well, she is usually in the music room.

Jane: I see. So, where is the music room?

Bob: Can you see the library? Turn right at the library and you'll see the music room next to the art room. Also, she sometimes reads some books in the library.

Jane: Thanks. I will go to the library first.

Bob: I hope you find her.

（３秒の間）

Question : Where will Jane go first?

（５秒の間）

繰り返します。

（２秒の間）

（対話文２の繰り返し）

（３秒の間）

Question : Where will Jane go first?

（10秒の間）

<対話文３>を始めます。

（３秒の間）

Girl: My school looks new, but it has a long history.

Boy: What do you mean?

Girl: The building is new, but my school will be one hundred years old next year.

Boy: Really?

Girl: Yes. My grandfather was a student of the same school sixty years ago.

Boy: Oh, how old is your grandfather?

Girl: He will be seventy-two years old this year.

Boy: Oh, is that right?

Girl: Yes. We sometimes sing our school song together.

Boy: Sounds nice!

（３秒の間）

Question : How old is the school now?

（5秒の間）

繰り返します。

（2秒の間）

（対話文3の繰り返し）

（3秒の間）

Question： How old is the school now?

（10秒の間）

これで問題Aを終わり，問題Bに入ります。

〔問題B〕

（3秒の間）

これから聞く英語は，カナダの中学生の Cathy が，日本の中学生とのオンライン交流で行ったスピーチです。内容に注意して聞きなさい。

あとから，英語による質問が二つ出題されます。＜Question 1＞ では，質問に対する答えを選んで，その記号を答えなさい。＜Question 2＞ では，質問に対する答えを英語で書きなさい。

なお，＜Question 2＞ のあとに，15秒程度，答えを書く時間があります。

では，始めます。（2秒の間）

Hello, everyone! My name is Cathy. I'm fifteen years old. I'm happy to meet you on the Internet today.

First, I will talk about my country. In summer, many people enjoy walking and bird watching in the mountains. I often go to a swimming pool during summer vacation. In winter, many people enjoy watching basketball games. They are very exciting, and I like to watch them, too. Also, people enjoy skiing. The mountains are beautiful with snow. I go skiing with my family every year. I like skiing the best of all sports. I have learned that there are a lot of places for skiing in Japan. Do you like winter sports?

Next, I will tell you about things I want to know about Japan. I'm very interested in Japanese movies. I think the stories are interesting. I want you to tell me about some popular Japanese movies. I'm looking for a new one to enjoy watching. Let's have fun on the Internet today.

（3秒の間）

＜Question 1＞ What sport does Cathy like the best?

（5秒の間）

＜Question 2＞ What does Cathy think about the stories in Japanese movies?

（15秒の間）

繰り返します。

（2秒の間）

(問題Bの英文の繰り返し)

(3秒の間)

＜Question 1＞ What sport does Cathy like the best?

(5秒の間)

＜Question 2＞ What does Cathy think about the stories in Japanese movies?

(15秒の間)

以上で，リスニングテストを終わります。2ページ以降の問題に答えなさい。

【数　学】 (50分) 〈満点：100点〉

1 次の各問に答えよ。

〔問1〕 $(\sqrt{3}+\sqrt{2})^2-(\sqrt{3}-\sqrt{2})^2+\frac{1}{\sqrt{3}}\times\frac{1}{\sqrt{2}}$ を計算せよ。

〔問2〕 二次方程式 $(2x-6)^2+4x(x-3)=0$ を解け。

〔問3〕 一次関数 $y=ax+4$ において，x の変域が $-3\leqq x\leqq 6$ のとき，y の変域は $2\leqq y\leqq 5$ である。定数 a の値を求めよ。

〔問4〕 1枚の硬貨を投げるとき，表が出たら得点1，裏が出たら得点2とする。
この硬貨を3回投げ，1回目の得点を a，2回目の得点を b，3回目の得点を c とするとき，$b=ac$ となる確率を求めよ。
ただし，硬貨の表と裏の出ることは同様に確からしいものとする。

〔問5〕 右の図で，点Oは線分ABを直径とする半円の中心である。
点Cは線分OA上にあり，$\overset{\frown}{AB}$ 上の点をPとする。
解答欄に示した図をもとにして，
$\angle CPB=30^\circ$ となる点Pを，定規とコンパスを用いて作図によって求め，点Pの位置を示す文字Pも書け。
ただし，作図に用いた線は消さないでおくこと。

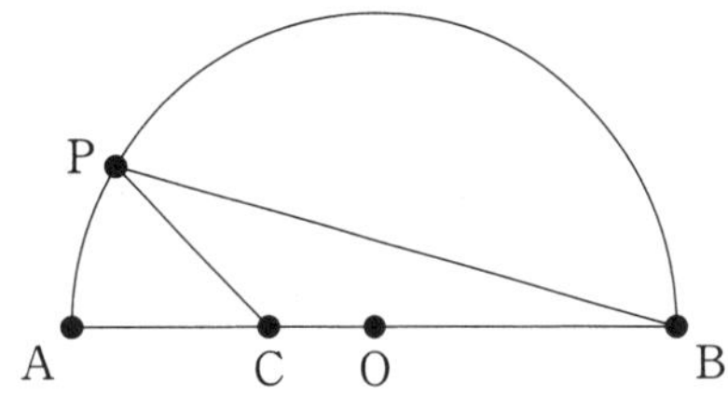

2 右の図で，点Oは原点，曲線 f は $y=x^2$ のグラフ，曲線 g は $y=ax^2\ (a>1)$ のグラフを表している。

点Aは曲線 f 上にあり，x 座標は $p\ (p<0)$ である。

点Aを通り x 軸に平行な直線を引き，曲線 f との交点のうち，点Aと異なる点をBとする。

点Bを通り y 軸に平行な直線を引き，曲線 g との交点をCとする。

点Aを通り y 軸に平行な直線を引き，曲線 g との交点をDとする。

2点C，Dを通る直線を引き，曲線 f との交点のうち，x 座標が負の数である点をE，x 座標が正の数である点をFとする。

点Oから点(1，0)までの距離，および点Oから点(0，1)までの距離をそれぞれ1cmとして，次の各問に答えよ。

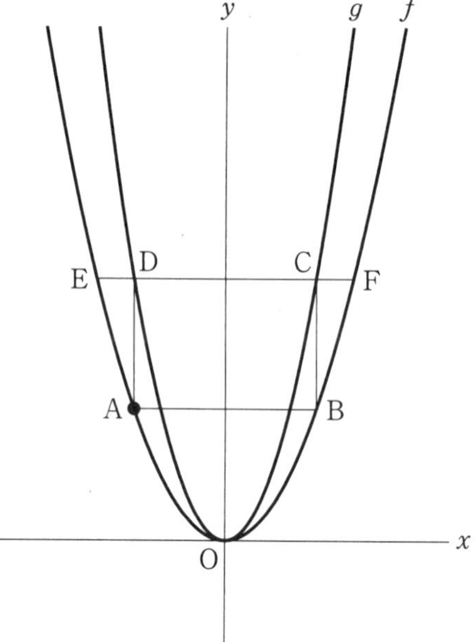

〔問1〕 $a=2$ のとき，点Fの座標を p を用いて表せ。

〔問2〕 2点A，Fを通る直線と2点B，Dを通る直線との交点をGとした場合を考える。
$a=4$，$p=-1$ のとき，点Gの座標を求めよ。
ただし，答えだけでなく，答えを求める過程が分かるように，途中の式や計算なども書け。

〔問3〕 点Aと点C，点Aと点O，点Cと点Oをそれぞれ結んだ場合を考える。
$p=-2$ のとき，△AOCの面積は何 cm^2 か。a を用いた式で表せ。

3 右の**図 1** で，点 O は線分 AB を直径とする半円の中心である。

点 C は $\overset{\frown}{AB}$ 上にある点で，点 A，点 B のいずれにも一致しない。

点 D は $\overset{\frown}{AC}$ 上にある点で，$\overset{\frown}{AD}=\overset{\frown}{DC}$ である。

点 A と点 C，点 D と点 O，点 C と点 O をそれぞれ結ぶ。

線分 AC と線分 DO との交点を E，点 D から線分 CO に垂線を引き，線分 CO との交点を F，線分 DF と線分 AC との交点を G とする。

次の各問に答えよ。

図 1

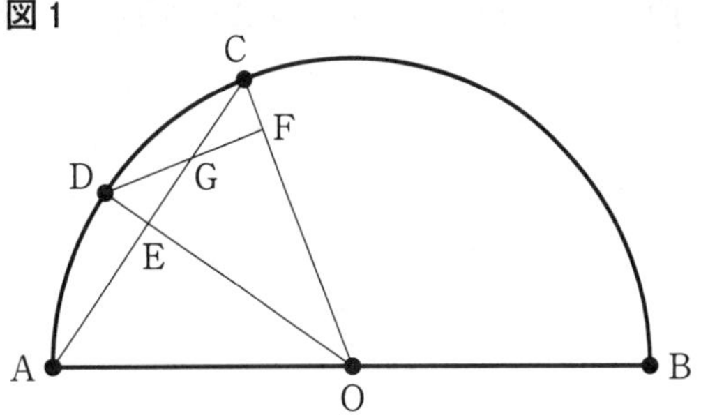

〔問 1〕 点 B と点 D を結んだ場合を考える。

$\angle$AOC = 88° のとき，$\angle$ODB の大きさは何度か。

〔問 2〕 右の**図 2** は，**図 1** において，点 B と点 C を結んだ場合を表している。

△ABC ∽ △DGE であることを証明せよ。

図 2

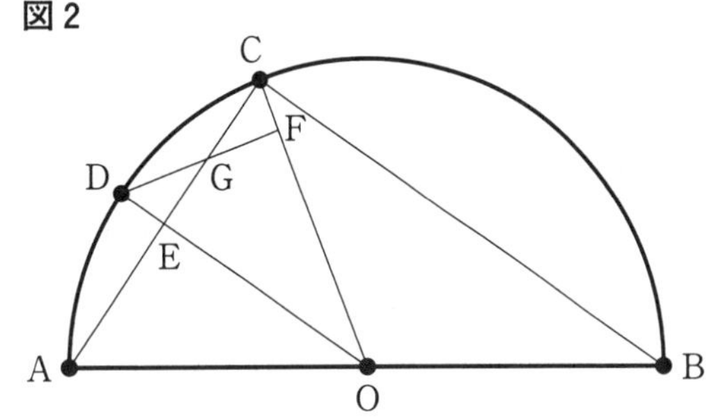

〔問 3〕 AO = 6 cm，DE = 4 cm のとき，線分 DG の長さと線分 GF の長さの比 DG：GF を最も簡単な整数の比で表せ。

4　右の**図1**に示した立体A－BCDEは，底面BCDEがひし形で，AC＝AE＝BC＝8cm，AB＝ADの四角すいである。

四角形BCDEの対角線BD，CEを引き，交点をOとし，頂点Aと点Oを結んだとき，∠AOB＝90°である。

四角形BCDEの面積をScm^{2}とする。

次の各問に答えよ。

図1

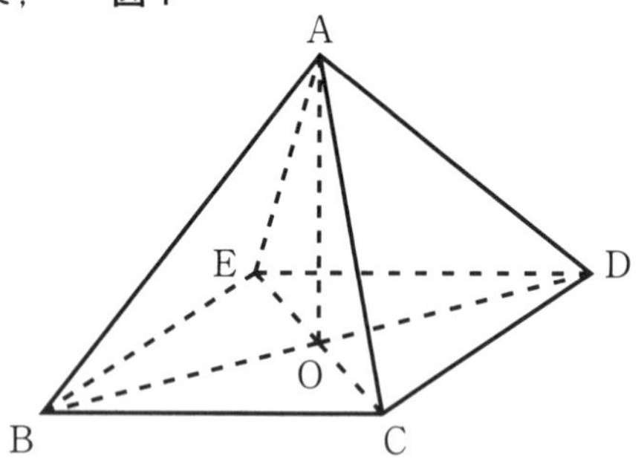

〔問1〕　右の**図2**は，**図1**において，頂点Eから辺ACに垂線を引き，辺ACとの交点をHとした場合を表している。

線分EHの長さは何cmか。Sを用いた式で表せ。

図2

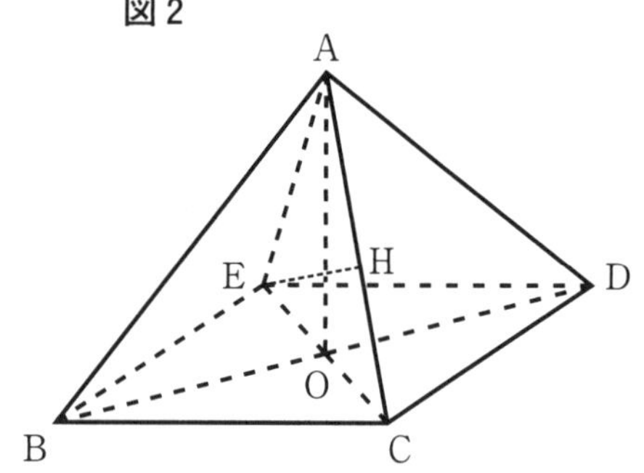

〔問2〕　右の**図3**は，**図1**において，辺AB上の点をPとし，点Pと頂点C，点Pと頂点D，点Pと頂点Eをそれぞれ結んだ場合を表している。

次の(1)，(2)に答えよ。

図3

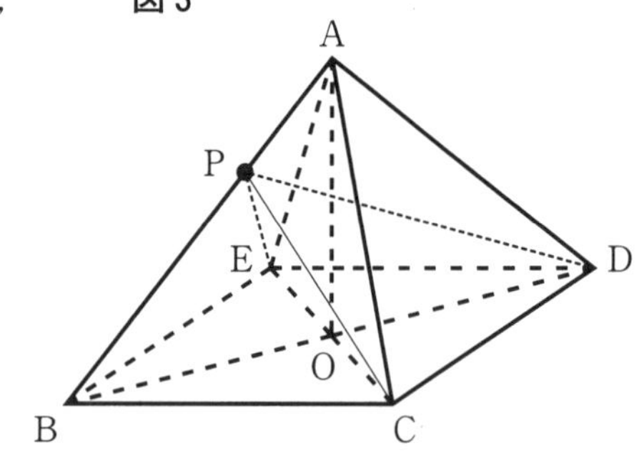

(1)　AP：PB＝1：2，BD＝12cmのとき，立体P－BCDEの体積は何cm^{3}か。
ただし，答えだけでなく，答えを求める過程が分かるように，途中の式や計算なども書け。

(2)　AP：PB＝1：1のとき，△CEPの面積は何cm^{2}か。Sを用いた式で表せ。

〔問3〕(3)しのぐと同じ意味・用法のものを、次の各文の‖をつけた「しのぐ」のうちから選べ。

ア　前作をしのぐ秀逸な作品。

イ　雲をしのぐほどの高さの山。

ウ　その場をしのぐとっさの機転。

エ　プロの選手をしのぐ実力の持ち主。

〔問4〕(4)これこそが、正真正銘の「第三の道」である。とあるが、この理由を説明したものとして最も適切なのは、次のうちではどれか。

ア　芭蕉が旅することで求道に徹したのに対し、蕪村は宗教の道への強い思いをもちながらも実現することができず、その断ち切れない思いを詠むことで、文人として大成することができたから。

イ　芭蕉が俗世を捨てて旅に出たのに対し、蕪村は求道の旅に憧れつつも断念し、空想によって創られた狭い世界に閉じこもることで現実のしがらみにとらわれた苦しい思いから逃れようとしたから。

ウ　芭蕉が旅する中で求道とともに風雅の道を求めたのに対し、蕪村は俗世にとどまったまま、想像力と見立てによって夢のような世界を紡ぎ出す文人としてのあり方を貫いたから。

エ　芭蕉が文人としての自己を否定し、厳しい旅の中で宗教者としての自己を極めようとしたのに対し、蕪村は文人としてのあり方を誇りとして風雅の道を究めようとしたから。

〔問5〕本文のA・Bは漢詩を書き下したものだが、その説明として最も適切なのは、次のうちではどれか。

ア　漢詩Aでは、「何ぞ能く爾るや」という表現によって、隠者の好む山奥ではなく人里を選んだのはなぜかということを作者が自問する体裁がとられている。

イ　漢詩Aでは、巷が文人のかくれ家となり人里近くに住みながらも世俗から離れた境地を楽しむための条件が、「心遠ければ」という言葉で表現されている。

ウ　漢詩Bでは、「但だ人語の響くを聞く」という言葉によって、深山の静寂が突然現れた人々の声によって破られてしまうことを惜しむ心情が描かれている。

エ　漢詩Bでは、文人の好んだ深林も外部世界とのつながりをもつものであることが、「返景深林に入りて」という言葉によって象徴的に表現されている。

〔注〕蕪村――与謝蕪村。江戸時代の俳人。
幽居――俗世間を離れた物静かな住居。
蔣詡――漢の文人。
陶淵明――魏晋南北朝時代の詩人。
三逕――三径に同じ。
『聯珠詩格』――元の作詩法の書。
逍遥――ぶらぶらと歩くこと。散歩。
別乾坤――別天地。
冒頭の蕪村の句――「三径の十歩に尽て蓼の花」の句をさす。
陋巷――狭くて汚い路地。または、貧しくてうらぶれた町。
隠棲――俗世を避けて静かに暮らすこと。
ホイジンガ――オランダの歴史家。
「ほと、ぎす自由自在にきく里は酒屋へ三里豆腐やへ二里」――花鳥風月を楽しめる風流な土地は、酒屋からも豆腐屋からも遠く離れた場所であるということ。
輞川――輞水という川がある土地の名。
彼岸――悟りの境地。
求道――仏法への正しい道を求めること。
渇仰――強くあこがれること。

〔問1〕(1)「三逕」は、まことによく文人の世界を象徴している。とあるが、「三逕」という空間について説明したものとして最も適切なのは、次のうちではどれか。

ア 限られた空間だが周囲の大自然とつながる道を設けることで、現実を超えた理想的な世界への思いを羽ばたかせることができる空間。

イ 限られた小さな庭に過ぎないが、想像力によってその向こうにはるかに広がる自然の世界を創造し風情を楽しむことができる空間。

ウ 俗世から隔絶された土地に自然の美を再現した庭を造営し、その空間だけで完結した自然美を堪能することができる空間。

エ 趣向を凝らし豊かな風情を備えた庭園を造り散策することで、現実の束縛から解放された自由を味わうことができる空間。

〔問2〕(2)どうも両者の区別がはっきりしていない。とあるが、これを説明したものとして最も適切なのは、次のうちではどれか。

ア 隠者が完全に俗を断ち切ってひたすら宗教の道に救いを求めるのではなく、俗世間とのつながりを残したまま暮らし、風雅の道を求める文人の精神性も兼ね備えていたということ。

イ 隠者と文人は求道を選ぶか風雅の道を選ぶかで生き方が異なるものなのに、隠者も文人のように風雅を重んじるあまり、修行に励むことがなかったということ。

ウ 隠者がきっぱりと俗世を切り捨てて山奥に住まうのではなく、文人たちと同じく人里に住み、人々との日常的なつながりを大切にしながら宗教者としての精進に励んだということ。

エ 隠者が修行によって宗教者としての高みに達しようとするのではなく、人々から文人としての教養と才覚を評価されることをなにより重視したということ。

彼は、こう、うたう。

B

空山人を見ず　〔静まりかえった山の中に人影はない。〕
但だ人語の響くを聞く　〔わずかに人の声が聞こえるだけである。〕
返景深林に入りて　〔夕日の光が深い林の中に差し込み、〕
復た青苔の上を照らす　〔緑の苔を色鮮やかに照らし出している。〕

（中略）

東洋において、隠者と文人との区別がさだかでないのは、おそらく、第一の道、すなわち現世を否定して*彼岸に生きようとする宗教者の道が、西洋ほど徹底的ではなく、その道が、いつしか第三の道に通じているという点にあるのではなかろうか。つまり、この二径は平行しているのではなく、あたかも武蔵野の道のように相別れ、相通じているのだ。一直線にいずれかへ通じているような道を、日本人はけっして好まなかった。そう考えると、明治の文人、国木田独歩が記した『武蔵野』の一節は、期せずしてホイジンガが説いた人生の三つの道の日本的なあり方を示しているように思えてならない。

彼はこう書いている。

——されば君若し、一の小径を往き、忽ち三条に分るゝ処に出たなら困るに及ばない、君の杖を立て、其倒れた方に往き玉へ。或は其路が君を小さな林に導く。林の中ごろに到て又た二つに分れたら、其小なる路を撰んで見玉へ。或は其路が君を妙な処に導く。これは林の奥の古い墓地で苔むす墓が四つ五つ並で其前に少し計りの空地があつて、其横の方に女郎花など咲て居ることもあらう。頭の上の梢で小鳥が鳴て居たら君の幸福である。すぐ引きかへして左の路を進んで見玉へ。忽ち林が尽て君の前に見わたしの広い野が開ける。

このように、日本では、彼岸へ至る宗教的な道は、いたるところで文人の道、風雅の道と交わっており、もし引きかえそうと思えば、いとも容易に引きかえすことができ、第三の道をたどることができるのだ。

それは、「一たびは仏籬祖室の扉に入らむとせしも、たどりなき風雲に身を責め、花鳥に情を労して」〔ある時は仏門にはいって僧侶になろうかと思いもしたけれど、ただゆくえ定めぬ旅の風雲に身を苦しめ、花鳥風月に心を費やして〕ついに一筋の道につながった芭蕉の道そのままではないか。

だが、芭蕉は第三の道を歩みながらも、つねにそれを*求道的な第一の道に重ねあわせつつ、ひたぶるに旅を続けた。それに比べ、蕪村はどうだろう。彼もまた、芭蕉のような生き方を*渇仰しながらも、「家にのみありて浮世のわざに苦しみ」ながら、第一の道をきっぱり捨てて、第三の道を行く。

「此道や行人なしに秋の暮」と芭蕉は「一筋」を吟じた。だが、蕪村は「門を出れば我も行人秋のくれ」と詠む。

(4)これこそが、正真正銘の「第三の道」である。芭蕉が「此道や行人なしに」と誇らかに詠んだ秋の暮れ、蕪村も、ふと、わが家を立ち出てみる。むろん、そのまま求道の旅に出られるわけもない。けれど、一歩、門を出れば、自分もまた「行人」のように見立てられるではないか、というのだから。そして、ここから蕪村の世界が夢のように広がっていくのである。

むろん、その道は「十歩に尽て」しまう。しかし、その先には、蓼の花の咲き乱れる野が、どこまでもつづいているのだ。

（森本哲郎『月は東に―蕪村の夢　漱石の幻―』による）

※　実際の問題文では「前漢」。

誠斎奄有す三三逕
　一逕に花開けば一逕に行く

三逕を初めて開いたのは蔣詡だが、それに倣って陶淵明もまた、園田の居に三つの小道をしつらえた。だが、わたし誠斎は、わが庭に三三逕、すなわち九逕をつくった。そして、一逕に花が咲くと、その小道を*逍遥する――というわけである。

彼はその九つの径に九種の花木を植え、「三三逕」と呼んで、それぞれの小道を歩むのを、このうえなく愉しんだのだった。

こうした(1)「三逕」は、まことによく文人の世界を象徴している。庭は狭くともよい。わずか十歩で尽きてしまうほどでもかまわない。その庭に三つの径さえつくれば、そこに*別乾坤が、おのずと生まれるではないか。

*冒頭の蕪村の句は、そうした文人のユートピアをそのまま描いている。十歩に尽きる彼の狭い庭、そのすぐ先は、もう野原で、蓼の花が咲き乱れている、というのだ。

しかし、そのような幽居、わび住まいは、かならずしも人里離れた場所である必要はない。*陋巷のなかでも充分に成立する。いや、むしろ巷こそが文人のかくれ家なのである。文人は隠者ではなく、どんな巷にあっても、そこに別天地を創造し、別乾坤を想像し得る人間だからである。文人とは、芭蕉流にいえば、高く悟りて俗に帰る、そういう人士のことであり、蕪村ふうにいうなら、俗を離れて俗を用いる、そのような生き方を選ぶ人間なのだ。

じっさい、そうではないか。人里を遠く離れて*隠棲してしまったら、どうして俗に帰ったり、俗を用いたりすることができよう。隠者が、*ホイジンガのいう第一の道を歩む人であるのに対して、文人は第三の道をえらぶ人間であり、だから彼らにとっては、「三径」をしつらえた庭だけでこと足りるのである。

このように、(2)隠者と文人とは、もともと、その生き方を異にするのだが、日本では、どうも両者の区別がはっきりしていない。たとえば、中世の隠者たちは俗世をきらって山中に庵を結び、そこで念仏や読経に明け暮れたのだが、さりとて、中世ヨーロッパの修道者のように、俗をいっさい断ち切ったわけではなかった。

たしかに草庵は雨露を(3)しのぐだけの粗末なものではあったが、けっして人里を遠く離れたものではなく、むしろ都に近かった。江戸の狂歌にもあるように、「*ほとゝぎす自由自在にきく里は酒屋へ三里豆腐やへ二里」では、あまりに不便だし、淋しすぎる。つまり、人里への距離が文人であるか、隠者であるかをきめた、といってもよかろう。

そんなわけで、文人の園は、やはり淵明の詩境となる。淵明の庵はつぎのような場所だったのであるから。

A
廬を結んで人境に在り
而も車馬の喧しきなし
君に問う何ぞ能く爾るやと
心遠ければ地自ら偏なり

庵を結んだのは、けっして人里離れた場所ではなく、巷のなかである。けれど車馬の騒音はきこえない。どうしてそうなのか、と人は問うが、なに、かんたんなことだ。心が俗から遠く離れていれば、まわりもおのずから、そんなふうに俗に遠ざかるのさ、というのである。

唐の詩人、王維にしてもそうだ。彼は長安の都の東南にある*輞川のほとりに別荘を設け、世を逃れ住んだのだが、その「輞川荘」も人跡まれな場所ではなかった。あたりはひっそりとしていながら、人の話し声が聞こえてくる。

〔問6〕 一つの「伝統」のなかで当然のこととして受け入れられていることが、他の伝統との比較のなかで、初めて「当然」なことではなく、「一つの選択」である、ということが理解される。とあるが、このような体験がもつ意味や価値について、次の〔**条件**〕1～5に従って**二百五十字以内**で書け。

〔**条件**〕

1 、や。や「などのほか、書き出しや改行の際の空欄もそれぞれ字数に数えること。

2 二段落構成にして、第一段落の終わりで改行すること。

3 第一段落では、あなた自身が経験したことや見聞など、具体的な事例を挙げること。

4 第二段落では、3で挙げた具体例について、あなたが考えたことを記述すること。

5 二つの段落が論理的につながり、全体として一つの文章として完結するように書くこと。

五

次の文章は、「三径の十歩に尽て蓼の花」という*蕪村の句をもとに書かれたものである。これを読んで、あとの各問に答えよ。なお、〔 〕内は現代語訳である。（*印の付いている言葉には、本文のあとに〔**注**〕がある。）

文人の境とは、どういう世界なのか。

たとえば、「三径」のささやかな*幽居である。「三径」というのは、三筋の小さな道のことである。※後漢の*蔣詡は官を辞して幽居に引きこもったとき、その庭に三筋の小道をつくった。荊棘門を塞ぎ、八重葎茂るにまかせた庭につけられたその三筋の小道を、彼は心を許した友と連れ立って歩んだという。この故事から「三径」は隠者の庵を意味するようになった。

蔣詡とおなじように役人生活を投げうって園田の居に帰った*陶淵明は、「帰去来の辞」のなかで、「*三逕荒に就けども、松菊猶存す」とうたった。わが庭の三径は荒れ果ててしまっているが、それでも自分の愛する松と菊は、まだ残っている、というのである。

おそらく、この「帰去来の辞」からであろう、三逕とは、松の道、菊の道、竹の道、といわれるようになった。それに対して、三径とは、門に通じる道、裏口へ行く道、そして、井戸への道、とする説もあるようだが、それではあまりに散文的のような気がする。「三逕」は、やはり三筋の道それぞれに好きな樹木や草花が植えられているほうが風雅でいい。

たとえば*『聯珠詩格』には、「三三逕」と題した宋の詩人、楊誠斎のつぎのような詩が見える。

三逕初めて開きしは是れ蔣詡
再び三逕を開けるは淵明に有り

西欧近代社会全体に共通するものだと誤認している点。

エ　自分たちが属す共同体の価値観やものの見方を普遍的なものと考え、特定の枠組みから他の文化を見つめていることに無自覚である点。

〔問2〕(2)ファイヤアーベントは、英語における《the tradition》と《a tradition》を使い分ける。とあるが、二つの英語表現を使い分けることによってファイヤアーベントが示そうとした考えを説明したものとして最も適切なのは、次のうちではどれか。

ア　自分たちの共同体の伝統に固執すること自体は許されるが、それを絶対化して他の伝統を否定することは許されないという考え。

イ　すべての共同体に共通する価値体系を構築し、そのもとで伝統の多元性を保証していくべきだという考え。

ウ　共同体にはそれぞれ固有の歴史や文化があり価値体系も異なるので、共通点や違いを比較し確認することは意味がないという考え。

エ　豊かな文化を築くためには自分たちの共同体の伝統に固執せず、他の伝統を積極的に取り入れるべきだという考え。

〔問3〕(3)しかし、そこには三つの要素が加わることを忘れるべきでない。とあるが、その理由として最も適切なものは、次のうちではどれか。

ア　自分が生まれ育った共同体の規矩は存在の基盤とさえいえるものだが、人として成長するためには、新たなものの見方を学び規矩にとらわれない生き方をしていくことが必要とされるから。

イ　共同体の規矩は固定化された不変のものではなく、他の共同体との交渉を通して絶え間なく解体と再構築を繰り返す流動的で定まった形のないものと考えるべきだから。

ウ　共同体の規矩なしに社会的な存在としての人間は存在しえないが、人はそれに縛られているだけの存在ではなく、その時の状況に合わせて規矩自体を自由自在に作り変えていく存在だから。

エ　共同体の規矩は人の生を規定する強力な枠組みとなるものだが、それは多様化、多元化しうるものであるとともに、個人が意志的に別の規矩を選択していくことにも可能性が開かれているから。

〔問4〕(4)しかし、次のような例は、この可能性には当てはまらないように思われる。とあるが、本文で述べられている「次のような例」の説明として最も適切なものは、次のうちではどれか。

ア　自分たちとは異なる文化伝統の存在を予期していたにもかかわらず、想定を超えたものであったことに驚きを感じ、そのことが異なる文化伝統についての深い理解に発展しうる例。

イ　自分たちとは異なる文化伝統の存在を簡単に予期しえたはずなのに、予期できなかったこと自体が大きな意味をもち、そのことが自己のあり方についての認識を深める契機にもなりうる例。

ウ　自分たちとは異なる文化伝統の存在を予期できなかったばかりではなく、その存在を前にしても認識すらできず、異文化理解の機会として生かすことができなかった例。

エ　自分たちとは異なる文化伝統の存在を予期することが不可能だっただけに、それを目の当(ま)たりにした時に強いショックを感じ、そのことが自身の属する文化伝統の良さを理解することに結びついた例。

〔問5〕(5)自己の相対化の始まりである。とあるが、「自己の相対化」とはどのようなあり方をいうのか、**八十字以内**で書け。

あると考えていたはずである。そして自分たちが太陽を男性と考えているのなら、地球上のどこかには、太陽を女性と考える文化伝統がある、ということは、ごく単純に明白ではないか。その予想がつけば、日本でそのことを発見したとしても、それは、欧米では家に入るとき靴を脱ぐ必要はないが、日本ではそれが求められる、といった事柄と全く同じで、別段ショックを受けるには当たらないではないか。

この疑問に答えることは、私には重要に思われる。推測に過ぎないが、彼女がショックを受けたのは、日本では太陽の性は女性である、という事実を知ったからではない。その事実の認識とともに、自分たちが太陽の性として男性を「選択し」ていたという事実に気付いたからではないか。太陽の性を選択するのであれば、当然男性と女性という二つの選択肢があることは、ほとんど自明である。しかし、自分たちが、あるいは自分が、太陽を男性として「選択」している、という意識が、彼女のなかになかったことが、問題の核心ではないか。ある判断が、自分にはそれと意識されない、その意味では無前提的な前提に基づいた選択によって行われている、ということに気付かされたとき、人はある種のショックを受けるのではないか。一つの「伝統」のなかで当然のこととして受け入れられていることが、他の伝統との比較のなかで、初めて「当然」なことではなく、「一つの選択」である、ということが理解される。それは、少なくとも私自身の経験に照らしても、ある種のショックを与える出来事である。それが「当然」であればあるほど、あるいは「当然」であるとの意識さえ自らのなかにないとき、そのショックはより大きくなる。

そうした体験は、自らが多くの伝統のなかの一つを選んで（たとえ、自らの意志による選択ではなかったとはいえ）生きている、ということの自覚の発生であり、自己の無自覚的な構造のなかでの「当然」なことが、一つの選択の結果であることの認識を通じての、(5)自己の相対化の始まりである。このような経験を積み重ねることによって、人間は、自らの伝統を相対化し、場合によっては、それを捨てて、他の選択肢をあらためて意図的に選択することも可能になる。

「寛容」とは、こうした事態に対して与えられた言葉ではあるまいか。第一に、自己が一つの選択肢としての、ある伝統に依拠していることを自覚することができ、それに基づいて、第二には、伝統に関して他の選択肢の可能性を認め、かつそれに依拠する他者の存在を認め、また、その可能性を自ら検討できる、という二つの能力を有するとき、その個人、あるいは共同体は、「寛容」であると定義できるのではないか。

（村上陽一郎『文明の死／文化の再生』による。原文を大幅に改変したものです）

〔注〕 ファイヤアーベント――オーストリア出身の哲学者。
ノモス――習慣、規則、法律などさまざまな制度の総称。
規矩――基準とするもの。手本。規則。

〔問1〕(1)このことを弁えないで、あたかもすべての伝統を平等に評価できるような、「純粋客観的観察者」の立場があるかのように振る舞う近代主義者や科学主義者に対して、反省を促す、という点で、この主張は極めて有効である。とあるが、どのような点で「反省を促す」のか。それを説明したものとして最も適切なのは、次のうちではどれか。

ア 自分たちとは異なる共同体の固有性や様々な特性について、客観的に見つめ評価する必要性があることを認識できずにいる点。

イ 自分たちの帰属する共同体の文化や伝統を高く評価するあまり、他の共同体の文化伝統の方が優れていることを理解できずにいる点。

ウ 自分たちが判断の拠り所としている価値基準は、自分たちだけでなくとができるからである。

伝統に絡むファイヤアーベントのもう一つの論点は、英語表現によって見事に実体化されるものである。(2)ファイヤアーベントは、英語における《the tradition》と《a tradition》を使い分ける。ある共同体のなかで、ある伝統が「一つの伝統」《a tradition》として働いている間は、それが如何なるものであっても、許容されなければならない。しかし、それが一旦「唯一の伝統」《the tradition》となったり、あるいはそうなろうとしたとき、共同体の成員は、それを拒否することができる。

純粋な「観察者」の目で、諸伝統の間に優劣を付けることができない、言い換えれば、価値判断には常に何らかの伝統の価値体系が関与する、という価値多元主義の立場をとる限り、ある伝統の存在を、他の伝統の立場から拒否することは不可能である。拒否できるとすれば、それが一つの共同体のなかで、他のすべての伝統の可能性を抹殺して、唯一絶対の伝統であることを主張したとき、つまりそれが《the tradition》であることを主張したとき、如何なる伝統に帰属する人間も、声を上げて「ノー」と言える。多元主義、あるいは相対主義において、伝統同士の優劣の争いは、決着をつけるための論理的な手段がない。この方法は、一方において、伝統の多元性を保証するという意味で「寛容」に繋がり、他方において、ある特定の伝統が、複数のなかの一つとして、つまりは《a tradition》として存在する限り、それに人間が固執することを保証することになる。それによって、多元主義が破られ、共同体が、唯一の伝統に絶対的に統御された場合への、合理的な反論を形造ることも可能になる。

共同体の持つ「＊規矩」によって、ヒトは人間になるという前提からすれば、共同体内部に、複数の多元的なノモスが存在すること自体が奇妙なことにならないだろうか。たしかに、ヒトが生まれたときに、彼・彼女は、自らの育つ共同体のノモスを選択することはできない。それは、そのヒトにとって決定的であり、絶対的である。(3)しかし、そこには三つの要素が加わることを忘れるべきではない。第一に、共同体の規模にもよるが、小さな共同体でさえ、唯一のノモスによって支配され、統御されているとは限らない。むしろ、もしそうであれば、すでに述べたような多元化へのエネルギーが働く。第二には、通常如何なる共同体も、完全に孤立しているわけではない。隣接する、あるいは場合によっては遠方の、他の共同体との接触によって、ノモスは常に複数化する傾向にある。第三に、ヒトは第一義的なノモスを選択することはできないが、しかし同時に人間は、学習された新たなノモスを、自ら選択することができる。

この第三の点は、人間にとってとくに重要なものである。世にカルチャー・ショックという言葉がある。通常、ある文化伝統に帰属している人間が、別の文化伝統に出会ったときに起こる現象として理解されている。それはそうには違いないが、しかし、自分の帰属する伝統とは異なる文化伝統があることは、当然知識としては理解されているはずである。その理解に基づけば、自分たちの行動様式やパターンとは異なるものにそこで出会う可能性もまた、当然予期しているはずであろう。にも拘らず異文化に出会ったときに何故ショックを受けるのだろうか。予期を遥かに超えた違いにぶつかったときにそれが起こる、というのも一つの可能性であろう。(4)しかし、次のような例は、この可能性には当てはまらないように思われる。

アメリカで予め日本のことについて相当の知識を蓄えて来日した日本文化研究者がいた。彼女がある雑誌のインタヴューに答えているのだが、日本に来てカルチャー・ショックを受けたのは、日本の古代神話を読んでいて、日本では太陽が女性として扱われていることに気付いたときであった、と言う。これは考えてみると、いささか奇妙な話である。太陽が女性であることに驚いた以上は、自分たちは、太陽の性は男性で

ア　鐘ヶ江の話を聞き、平静を装った鐘ヶ江が時代の流れに敗北した無念の気持ちを隠していることを理解したということ。

イ　鐘ヶ江から直接話を聞くことで、予想していたことが現実になるという確証を得ることができたということ。

ウ　鐘ヶ江から映画界を退く決意を固めたことを伝えられ、指導者でもあり目標でもあった人物を失う寂しさを感じたということ。

エ　鐘ヶ江の話を聞き、確信はもてないものの鐘ヶ江が今後どうしようとしているのかを感じ取ることはできたということ。

〔問6〕　本文の内容を説明したものとして最も適切なのは、次のうちではどれか。

ア　鐘ヶ江は「心の問題」に焦点を当て映画制作にとって大切なものは何かを尚吾に語っているが、そこには後輩に対する思いとともに自身の心を見つめ確認しようとする気持ちを見ることができる。

イ　鐘ヶ江の言葉には断定的で激しい言葉が含まれているが、そこには自身の考えに確信をもつことができず、強く表現することでなんとか自分自身を納得させようとする不安な気持ちを見ることができる。

ウ　鐘ヶ江は尚吾が祖父と過ごした過去の体験の価値までを否定しているが、そこには育ててくれた人物の考えから脱却し、一人前の自立した制作者となってほしいという気持ちを見ることができる。

エ　鐘ヶ江の言葉は自身の頑なさといたらなさを責める厳しい表現に満ちているが、そこには自分と同じ愚かな失敗を繰り返さないでほしいという尚吾に対するあたたかな励ましの気持ちを見ることができる。

四

次の文章を読んで、あとの各問に答えよ。（＊印の付いている言葉には、本文のあとに〔注〕がある。）

ファイヤアーベント[*]は、人間が共同体から受けるノモス[*]的な枠組みを「伝統」という言葉で表現している。哺乳動物としての人間はもともと、共同体のなかで育てられる。つまり、何らかの共同体に帰属することによって、人間はヒトから人間になる。言い換えれば、ヒトが人間になるためには、共同体の成員同士で、明示的、暗黙的に共有されているノモスを身につけなければならない。

そのことを前提にしながら、ファイヤアーベントは、伝統に対する人間の関わり方として、二つの場合を区別する。その一つは、今述べたように「帰属者」という形式である。ある伝統に帰属者として関わる、というのが一つの方途である。それに対して、もう一つの伝統への関わり方を指摘する。ファイヤアーベントは、「観察者」という、ファイヤアーベントの主張の一つは、人間は、自らの帰属する伝統以外のものに対したときには、常に「観察者」であらざるを得ない、というところにある。「観察者」は、自らの帰属する伝統の枠組みを働かせて、他の伝統を観察する、という宿命を免れない。(1)このことを弁えないで、あたかもすべての伝統を平等に評価できるような、「純粋客観的観察者」の立場があるかのように振る舞う近代主義者や科学主義者に対して、反省を促す、という点で、この主張は極めて有効である。言い換えれば、「西欧近代」の価値的枠組みが、あるいは「科学」の唱えるところが、純粋に人類普遍であって、他の如何なる伝統も、これに比べて劣るところが多い、という判断が、しばしば彼らによってなされるが、ファイヤアーベントの立場からすれば、それはまさしく彼らが帰属する「西欧近代」や「科学」の伝統のなかで共有される価値的枠組みに依拠した判断である、つまりは「単なる自己合理化」の行いである、という結論を導き出すこ

ウ　これから自分がどうするかについて気持ちの整理がつきかけてはいるものの、映画をめぐる状況の変化が映画作りの大切な部分を失わせてしまうことに強い不安を感じている。

エ　映画は本来映画館という空間の中で鑑賞してこそすばらしいものなのに、人々がそのことを理解せず、多くの映画館が経営の困難を抱えてしまっている現状に激しい憤(いきどお)りを感じている。

〔問2〕 (2)尚吾は一瞬で、自分の顔の温度が上がったのがわかった。とあるが、ここでの尚吾の心情を説明したものとして最も適切なのは、次のうちではどれか。

ア　社会の変化に合わせて映画制作の速度を上げることを心掛けてきたが、速度を上げることで映画の質を下げてしまった自分の浅はかさを情けないことだと感じている。

イ　世に自分の作品がどのように評価されるのかを意識するあまり、作り手としての自分の考えや感性を突き詰めていくことが十分ではなかった自身の甘さを恥ずかしく思っている。

ウ　鐘ヶ江がオリジナルの脚本を認めてくれなかったことに不満を感じてきたが、映画監督としての将来を考えてくれた上での判断だったことを知り鐘ヶ江の深い配慮に驚いている。

エ　鐘ヶ江のいう「心」の問題が他人(ひと)ごとではなく自分自身の課題なのだということに気づき、映画の鑑賞者一人一人の「心」に響くものを届けようとする気持ちが希薄だったことを反省している。

〔問3〕 (3)防音設備が整っている編集室には、針の音がするような時計は置かれていない。とあるが、この表現について説明したものとして最も適切なのは、次のうちではどれか。

ア　針の音がする時計があったならその音が大きく聞こえるだろうと暗示することで、二人のいる空間の静寂を印象的に表現している。

イ　静かな空間に響く時計の音を想起させることで、息詰まるような緊張感の中で会話が進められていることを効果的に表現している。

ウ　時計の音さえしないことを描くことで、二人が防音設備までも備えた理想的な映画制作の場にいることを強調して表現している。

エ　外部から隔てられた密室空間を描くことで、二人が現実的な問題を忘れて映画について語り合っていることを印象深く表現している。

〔問4〕 (4)でも、質や価値を測る物差しなんて、一番変わりやすい。とあるが、このことを通して鐘ヶ江が尚吾に伝えようとした内容を説明したものとして最も適切なのは、次のうちではどれか。

ア　作品の価値は人々の評価とは関わりないものなので、時代を越える良質の作品を創作するためには、鑑賞者の評価に左右されない信念をもつことが大切だということ。

イ　世の価値観や判断基準は定まったものではなく常に変化し続けるものなので、一つの事にこだわるべきではなく、柔軟に世の変化に合わせて自分自身の考え方を変えていくべきだということ。

ウ　質や価値を評価する基準は時代や社会状況とともに変わらざるをえないものだが、だからこそ自分の心を見つめ、映画の作り手として譲ることができないものは何かをつかむことが必要だということ。

エ　尊敬する人物の言葉に耳を傾けることは必要だが、その人物の判断や考えはあてにできるものでも役立つものでもないので、自分が体験の中でつかんだものだけを信じていくのが正しいということ。

〔問5〕 (5)尚吾は、雨が上がったことを傘の下から出した掌(てのひら)で確かめるように、そう思った。とあるが、これを説明したものとして最も適切なのは、次のうちではどれか。

色んなことを感じ、自分の感性を積み上げたはずだ。」
　鐘ヶ江は、コーヒーの入った紙コップに手を添える。だけどやっぱり、持ち上げるわけではない。
「今となっては、君のおじいさんの言葉が本当だったかどうかはわからない。おじいさんが君に観せた映画たちが本当に良質なものばかりだったかどうかもわからない。だけど、君がおじいさんの言葉をきっかけとして沢山の映画を観て過ごした時間は、紛れもなく本当なんだ。」
　鐘ヶ江は、編集室のモニターを見つめたまま、
「だから、とにかく沢山撮りなさい。」
と、呟いた。
「私はもう古い人間だ。劇場以外での公開を固辞するなんて、もう自分で自分が嫌になるよ。どこまで昔の考え方なんだとうんざりするね。だから君は。」
　編集室のモニター画面は、もう、ブラックアウトしている。
「私の言葉を信じるのではなくて、私の言葉をきっかけに始まった自分の時間を信じなさい。その時間で積み上げた感性を信じなさい。」
　鐘ヶ江は今、黒い画面に映る自分の顔を見ている。
「沢山撮りながら、色んなことを考えながら、自分の心が見えるようになってくるはずだから。」
　真っ暗な画面に浮かび上がる自分の顔に語り掛けるように、鐘ヶ江は続ける。
「そうすれば、どんなことが起きても、自分の価値観を揺るがすような世の中の変化があっても、ここにこだわって何の意味があるのか、なんて迷わなくなる。逆に、ここはこだわらなくていい、と、捨てるものも選べる。だから。」
　鐘ヶ江は再び、その顔を尚吾のほうに向けた。
「これからも沢山映画を観て、沢山撮りなさい。この部屋を出た一秒後から始まる時間で、できるだけ沢山のものを積み上げて、私の言葉でなくそちらのほうを信じなさい。」
　鐘ヶ江の二つの瞳に、自分が映っている。
「そうすれば、いつか寂しいなんて子どもみたいな理由で次の時代に踏み出せない自分を、心の底からは嗤わないで済むかもしれないから。」
　閉じていくつもりなのかもしれない。
　(5)尚吾は、雨が上がったことを傘の下から出した掌で確かめるように、そう思った。
　このまま業績が伸びなければ、鐘ヶ江は、監督業を閉じていくつもりなのかもしれない。
　当の鐘ヶ江は、不意に腕時計に視線を落とすと、「おお、そろそろ行かないと。」と大袈裟に目を見開いている。

（朝井リョウ『スター』による）

〔注〕ハガキ――祖父に連れられて通ったなじみの映画館からの、休館を告げるハガキ。
浅沼――尚吾が勤務する会社の同僚。

〔問1〕(1)鐘ヶ江のかすかに揺れる低い声は、触れればポロポロと崩れてしまいそうだ。とあるが、ここでの鐘ヶ江の心情を説明したものとして最も適切なのは、次のうちではどれか。

ア　時代の流れは抗しがたいものであることは理解するものの、世間の人々が正当に映画の価値を理解せず、単に娯楽のためのメディアの一つと考え始めていることにいらだちを感じている。

イ　映画の良し悪しを決める尺度が時代の流れの中で変わってしまい、長年映画監督として積み上げてきた実績や評価が崩れ落ちていくことに寂しさを感じている。

を作れっていうことじゃない。どんな状況であれ、作り手は、自分の感性を自分で把握する作業を怠ってはいけないということだ。」

　雑音のない空間の中にいると、まるで時が止まっているように感じられる。

「作品を提供する速度と自分を把握する時間が反比例していくなんて、そんなの本来はおかしいはずなんだ。どれだけ今はそういう時代じゃないって言われようと、それをおかしいと思う気持ちは譲れない。」

　鐘ヶ江はそう言うと、

「話がズレたかな。」

　再び、声の調子を軽い雰囲気に戻した。そのまま、「ジジィだなーって感じか?」と笑い、脚を組む。

「思い出の場所がなくなって寂しい、ごちゃごちゃ言ったけどとにかく映画館以外で上映したくない……完全にわがままジジィだよ。どんな情報でも外に出していったほうがいいような今、俺の考えが古くて話にならないなんてこと、わかってるんだ。」

　そんなことないです、と言ってみたものの、

「でも、心の問題なんだから、仕方ないんだ。」

　鐘ヶ江は、特にその中身を口に含むでもなく、コーヒーの入った紙コップを一度持ち上げ、また置いた。

「この三十年間で、本当に何もかもが変わった。これからの変化はもっと目まぐるしいだろう。君はその中で、この先何十年と撮り続けることになる。」

　何十年、という言葉が、時計の針の音もない静寂の底に落ちる。

「さっきの言葉、嬉（うれ）しかったよ。」

　鐘ヶ江作品はどこで公開されても質や価値は変わらない――尚吾は、思い当たる節を反芻（はんすう）する。

「(4)<u>でも、質や価値を測る物差しなんて、一番変わりやすい。</u>」

　鐘ヶ江の口から発せられた、一番、という言葉が、さらなる底へと落ちていく。

「例えば君は、おじいさんの影響で映画を観るようになったと言っていたね。よく名画座（めいがざ）に連れて行ってもらったと。」

「はい。」尚吾は頷く。「口酸（す）っぱく、質のいいものに触れろ、と言われてきました。実際、祖父が色んな名作を観に行かせてくれたおかげで、自分が今ここにいると思っています。」

「そのおじいさんの言うことを信じていたのは、何故（なぜ）だ?」

　いつの間にか鐘ヶ江は、組んでいた脚をほどき、こちらを見ている。

「おじいさんの言葉に価値があると信じて疑わなかったのは、何故?」

　二つの足の裏がしっかりと地に着いた状態で、再び、そう尋ねられる。

　そんなの。尚吾は唾を飲み込む。

　そんなの、もう――

「わからない。そうだよな。それは当然のことだと思う。そういう理由を考えずに生きているときに聞いた言葉だったから、としか言いようがないよな。」

　鐘ヶ江は言葉を切ると、また、脚を組んだ。

「そういうものなんだ。自分が信じ続けているものだって、元を辿（たど）れば質も価値もどれくらいのものなのか、本当のところはわからない。でも。」

　鐘ヶ江は、先ほどまで観ていたモニターへ向き直る。

「君が、おじいさんと沢山の映画を観た時間は確かに存在する。それは絶対に変わらない本当のことなんだ。」

　右隣には、尊敬する人。目の前には、様々な映像が写し出される場所。

　尚吾は思う。今の状況はまるで、祖父と名画座に通っていたころのようだ、と。

「沢山の映画を観る中で、君は、自分はどんなものが好きなのか、どんなものを素晴らしいと思うのか、どんなものを苦々しく思うのか、心で

「いつでもどこでも作品を楽しめる環境がもっと浸透すれば、受け手が作品を欲する頻度は上がる。そうすると、作品がこの世界を循環する速度が上がる。だけど、だからといって、一つ一つの作品を完成させる速度も上げられるわけじゃない。」

上げられない速度があることは、今回の制作で、この身をもって実感した。鐘ヶ江の話に、尚吾は心から頷く。

「だけどいつの間にか、作り手側もその速度に呑み込まれていく。作り方が変わっていく。自分も知らないうちに。」

鐘ヶ江の瞳に、一瞬、翳が差す。

「さっきも言ったように、作品の向こう側にはいつだって人がいて、心がある。だけどそれは、作品を受け取る側だけじゃなくて作り出す側にもいえることだ。こちら側にも人がいて、心がある。そのことを忘れて、受け手の変化に順応することを優先していたら、全員で速度を上げ続ける波に呑み込まれることになる。」

(1)鐘ヶ江のかすかに揺れる低い声は、触れればポロポロと崩れてしまいそうだ。

「波はいつだって生まれている。作品を取り巻く環境はどんどん変わる。時代と共に、映画の良し悪しを決める物差しすら、何もかもが容赦なく変わっていく。」

内容より制作過程の新しさが評価され、完成度より社会を反映しているかが問われる――身に覚えのある例が、いくつも、尚吾の脳内を流れていく。

「その中で、変わらないように努力することができるものは。」

鐘ヶ江はそこまで言うと、誰に対してということもなく、一度だけ頷いた。

「心。自分の感性。それしかないんだ。」

心。何度も聞いた言葉なのに、聞くたび新鮮に響く不思議な言葉。

「君は、世間の風向きに合わせて書くものを変える傾向がある。それが君自身の変化によるものなのかただ世間に合わせているだけなのか判断するためにはもう少し時間と数が必要だと思ったから、オリジナルの脚本にはＯＫを出さなかった。世間の風潮が変わり続ける中でも、君の中にある譲れないものを見極めて、それを理解するまで待つ時間が必要だと思った。」

(2)尚吾は一瞬で、自分の顔の温度が上がったのがわかった。初雪の日に、誰もいないオフィスで＊浅沼に言われたことが蘇る。すべて図星だった。

「待つ。ただそれだけのことが、俺たちは、どんどん下手になっている。」

尚吾の赤面に構うことなく、鐘ヶ江は話し続ける。

「いつでもどこでも作品を楽しめる環境が浸透して、受け手は次の新作を待てなくなって、作り手も自分の心や感性を把握する過程を待てなくなって、作品を世に放ったところですぐに結果が出ないと不安になって……どんどん待てないものが増えていく。客足、リターン、適した公開時期、そのうち。」

鐘ヶ江が唾を飲み込む。

「最終的に、自分を待てなくなる。すぐに評価されない自分自身を信じてあげられなくなって、作品の中身以外のところで認められようとし始める。」

(3)防音設備が整っている編集室には、針の音がするような時計は置かれていない。

「受け手が作品に触れやすくなるならば、その分、作り手は表現を磨くべきだ。自分自身の見栄えや、自分がどう見えるかというところに心を砕くべきではない。どんな立場、背景の人にも簡単に届くようになるからこそ、どんな意図の下その表現を選び取ったのか説明できるほど考え尽くすくらいがちょうどいい。それは多方面に配慮して品行方正なもの

二〇二二年度 都立日比谷高等学校

【国　語】（五〇分）〈満点：一〇〇点〉

一

次の各文の――を付けた漢字の読みがなを書け。

(1) 人格の陶冶を重視する教育。

(2) 篤実な人柄で慕われる。

(3) 蓋然性が高い仮説。

(4) 意匠を凝らした作品。

(5) 恣意的な解釈を排除する。

二

次の各文の――を付けたかたかなの部分に当たる漢字を楷書で書け。

(1) 改革案をグシンする。

(2) 受賞は長年の努力のショサンである。

(3) 選手のキョシュウに注目が集まる。

(4) 説明を聞いてトクシンがいく。

(5) 彼は常に泰然ジジャクとしている。

三

次の文章を読んで、あとの各問に答えよ。（＊印の付いている言葉には、本文のあとに〔注〕がある。）

映画好きの祖父の影響もあり、学生時代から映画制作に携わってきた主人公（尚吾）は、著名な映画監督である鐘ヶ江のもとで映画制作の仕事をしている。しかし、映画の配給、配信と享受方法が多様化する中で、映画館での上映にこだわる鐘ヶ江の映画制作はしだいに苦境に陥っていく。

「社内の人間がどれだけもどかしく思っているかも、有料配信を許可すれば立て直せる何かがあるということも頭ではわかってるんだ。」

確かに、実家から＊ハガキが転送されてきていたのに。映画を全く観に行かなくなったにも拘らず、現状を報せてくれていたのに。気にしていなかった。心が反応していなかった。

「だけど。」

音が、尚吾の耳に戻ってくる。

「さっきの君の話じゃないけど、どれだけ環境が変わっても、心は動いてくれないんだ。映画館が潰れるのが寂しい。俺はただずっと、そう思ってる。」

鐘ヶ江が、どこか清々しい表情で続ける。

「ものを創って世に送り出すっていうのは、結局は、心の問題なんだと思う。」

心の問題、という、先ほども聞いた言葉が、純度の高い密室空間にぽんと浮かび上がる。

「いつだって、作品の向こう側には人がいるんだ。その人だけの心を大切に抱えた人間がいる。」

映画館への影響だけじゃない、と、鐘ヶ江の表情が強張る。

英語解答

1 A ＜対話文１＞ ア
＜対話文２＞ ウ
＜対話文３＞ イ
B Q１ エ
Q２ They are interesting.

2 〔問１〕 ウ 〔問２〕 エ
〔問３〕 イ 〔問４〕 イ
〔問５〕 (例) I should think about my group members more and do things to get their support. (15語)
〔問６〕 ア 〔問７〕 オ，ク

3 〔問１〕 イ 〔問２〕 ウ
〔問３〕 ウ 〔問４〕 (4)－エ
〔問５〕 (例) I realized there is always something that I can do for my team. I gave my teammates advice and they became better players. Before, I was only thinking about myself, but now I know that teamwork is important. (38語)
〔問６〕 ウ，キ

4 (例) The chart shows that there are many children and elderly people in Hibiya City. This plan is great for children because small children can play in the kids' play area and older children can enjoy sports or books. However, although the population of elderly people is larger, this plan is not attractive to them. Only those who like sports can have fun. (62語)

1 〔放送問題〕

〔問題A〕＜対話文１＞≪全訳≫サクラ(S)：こんにちは，トム，今日の午後は雨が降ると思う？／トム(T)：やあ，サクラ。降らないと思うよ。／S：ほんと？　今朝は晴れてたのに，今は曇ってるでしょ。もし雨なら，今日の午後にテニスを練習する予定を変更しないといけないわ。／T：心配しないで。その必要はないさ。天気予報では，明日の朝は雨が降るけど，今日は降らないって。／S：それならよかった。／T：今日の練習について，今夜電話で話そうよ。／S：ええ。

Q：「サクラとトムはいつテニスの練習をするか」―ア．「今日の午後」

＜対話文２＞≪全訳≫ジェーン(J)：すみません。私はジェーンといいます。新入生です。手伝っていただけますか？／ボブ(B)：こんにちは，ジェーン。僕はボブです。何に困ってるんですか？／J：ブラウン先生にお会いしたいんです。職員室への行き方を教えてもらえますか？／B：ええっと，彼女はたいてい音楽室にいますよ。／J：そうなんですか。じゃあ，音楽室はどこですか？／B：図書室が見えますか？　図書室を右に曲がると，美術室の隣に音楽室があります。あと，先生はときどき図書室で本を読んでることもありますよ。／J：ありがとうございます。まずは図書室に行ってみます。／B：先生が見つかるといいですね。

Q：「ジェーンは最初にどこへ行くだろうか」―ウ．「図書室」

＜対話文３＞≪全訳≫女子(G)：うちの学校は新しく見えるけど，長い歴史があるのよ。／男子(B)：どういうこと？／G：建物は新しいけど，うちの学校は来年で創立100周年になるの。／B：ほんとに？／G：ええ。私のおじいちゃんは60年前にこの同じ学校の生徒だったのよ。／B：へえ，君のおじいちゃんは何歳なの？／G：今年で72歳になるわ。／B：へえ，そうなの？／G：ええ。私たちはときどき一緒に校歌を歌うの。／B：それはいいね！

Q：「この学校は現在，創立何年目か」―イ．「99年」

〔問題B〕≪全訳≫こんにちは，皆さん！　私はキャシーです。15歳です。今日はインターネット上で皆さんとお会いできてうれしいです。／まず，私の国についてお話しします。夏には，たくさんの人が山でウォーキングや野鳥観察を楽しみます。私はよく，夏休み中にプールに行きます。冬には，多くの人がバスケットボールの試合を見て楽しみます。バスケットボールの試合はとても盛り上がるので，私もそれを観戦するのが好きです。また，人々はスキーも楽しみます。雪の積もった山々は美しいです。私は毎年，家族と一緒にスキーに行きます。私は全てのスポーツの中でスキーが一番好きです。日本にはスキーができる場所がたくさんあるということを知りました。皆さんはウインタースポーツが好きですか？／次に，私が日本について知りたいと思っていることについてお話しします。私は日本の映画にとても興味があります。ストーリーがおもしろいと思います。皆さんに，人気のある日本の映画について教えてほしいです。楽しんで見られるような新しい映画を探しています。今日はインターネット上で楽しく過ごしましょう。

Q1：「キャシーが一番好きなスポーツは何か」―エ．「スキー」

Q2：「キャシーは日本の映画のストーリーについてどう考えているか」―「それらはおもしろい」

2 〔長文読解総合―会話文〕

≪全訳≫**1**リナ，ハナ，ユウタ，オリバーは放課後の教室にいる。オリバーはノルウェー出身の留学生だ。ハナは1人で席に座っていて，何か考えているようである。**2**リナ(R)：どうしたの，ハナ？**3**ハナ(H)：理科のグループ研究のことを考えていたの。うまくいってないんだ。**4**ユウタ(Y)：ハナはグループのリーダーだよね？**5**H：うん。2週間後に発表しなければいけないんだけど，準備が全然できてなくて。**6**オリバー(O)：放課後に集まっているのをよく見かけるから，うまくいっていると思ってたよ。**7**H：よく集まりはするけど，意見を言うのは数人だけ。昨日は他に用事があると言って来なかった人もいたんだよ！　みんながグループ研究に真剣なわけではないんだなと思って。**8**R：リーダーは大変だよね。**9**H：私は自分たちのグループがハトの群れのようになってほしいと思うことがあるの。**10**Y：何て言った？**11**H：ハトの群れよ。ハトが空を飛んでいるのを見たことあるでしょう？　ハトの大きな群れが突然，同時に同じ方向へ向きを変えるのを見ていつも驚くの。**12**O：どうしてハトの群れのようになりたいの？**13**H：グループのみんなには1つのチームとして，一緒に取り組めるようになってほしいの。私はハトの群れのリーダーがどうやって他のハトを従わせるのかを知りたいんだ。**14**R：実際にリーダーはいるのかな？　私は隣のハトがやっているのと同じことをやっているだけだと思ってたわ。**15**H：以前はそう思われていたの。でも科学者によると，ハトは群れのどの仲間でもなく，リーダーに従って方向を変えるんだって。**16**O：僕も祖父からそう聞いたことがあるよ。祖父は野鳥観察が大好きなんだ。**17**Y：どうやってそれがわかったんだろう？**18**H：ハトに小さなGPSをつけて，0.2秒ごとに居場所を確認するの。**19**Y：ハトはどうやってリーダーを決めているの？**20**O：たいていは一番速く飛べるハトがリーダーになるんだって。でも，祖父が興味深い事実を教えてくれたよ。遅いハトも群れを率いることがあって，その場合は1回の飛行中でもリーダーが同じというわけではないんだ。**21**R：本当に？　それは意外だわ。動物の世界では普通，一番強い雄がリーダーになると思ってた。**22**Y：僕もそう思ってた。でも，そうでない場合もあるんだ。例えばゾウ。先週見たテレビ番組では，リーダーは最年長の雌だと言っていたよ。ところで，「ゾウのような記憶力を持つ」という表現を聞いたことがある？**23**H：一度もないわ。どういう意味なの？**24**Y：ゾウのような記憶力を持つというのは，(2)ゾウのようにものを覚えるのが得意という意味なんだ。その番組では，あるゾウのリーダーが記憶力の良さによって干ばつから自分のグループを救ったという話をしていたよ。そのグループでは多くのゾウが生き残ったんだけど，別のグループでは半数近くが命を落としてしまったんだ。25R：その違いは何だったの？26Y：どちらのグループも経験豊富なリーダーがいたんだ。でも２番目のグループは，35年前の干ばつを経験していない若いリーダーだった。研究者によると，１番目のグループが生き残れたのは，リーダーが前回の干ばつのことを覚えていたからだそうだよ。27O：それはシャチのリーダーに似ているね。僕はノルウェーでよくシャチを見に行ったんだ。28R：ノルウェーでシャチが見られるの？29O：ああ，特に冬の時期にね。そうだ，シャチにとって，おばあさんシャチと一緒に暮らすのが長生きの秘けつだって知ってた？　研究によると，若いシャチがおばあさんシャチを亡くすと，彼らの命が危険にさらされる可能性が高くなるそうだよ。30Y：どうしておじいさんシャチじゃないの？31O：あのね，雄のシャチは普通35歳まで生きるんだけど，雌は60歳まで生きることが多いんだ。32R：そんなに大きな差があるなんて信じられない！33O：雌は長生きだから，より多くの経験を積んでいて，どこでエサを見つけられるかを知っているんだ。34H：だから動物によっては，長生きするのに役立つ知識を持っている者に従うことが大切なんだね。35O：そのとおり。36Y：それとチンパンジーがいるね。最も小柄なチンパンジーでもリーダーになれるんだ。37H：そうなの？　どうやって？38Y：力を使うのもいるけど，頭を使ってトップにのぼりつめるのもいるよ。39H：どうやってそうするの？40Y：チンパンジーはリーダーになりたいとき，自分のことではなく他の仲間のことを考えて，それから行動を起こすんだ。例えば，食べ物を気軽に他の仲間に分け与えたりする。リーダーになった後は，他のチンパンジーがけんかをしていたら，勝つ見込みのない方を応援するんだよ。41R：なぜそんなことをするの？42Y：支持者を得るためにそうするんだよ。他のチンパンジーがそういう行動を見ると，彼らは安心して，リーダーに敬意を示すんだ。43O：チンパンジーはとても賢いね！44H：理科のグループ研究がうまくいかなかった原因が今わかったわ。45O：わかったの？46H：原因は私なんだ。私が優秀なリーダーじゃないからよ。47R：そんなこと言わないで。ハナはいつもすごくがんばってるじゃない。48H：動物のリーダーの行動についての話から，良いリーダーになるためのヒントがもらえたわ。49Y：例えばどんな？50H：チンパンジーからは，優秀なリーダーになりたいなら，(例)グループの仲間たちのことをもっと考え，支持してもらえることをするべきだってことがわかったわ。そうすることで良い人間関係が築けるし，お互いを信頼できるようになるのよね。51Y：他にも学んだことはある？52H：知識が豊富なリーダーは，グループのために適切な決断を下せる。53O：ゾウやシャチのように？54H：ええ。みんなも知ってのとおり，私にはそういうリーダーのような経験はないけど，それを補うことができるから大丈夫。55Y：どうやって？56H：グループの仲間に助けてもらうの。私たち人間は言葉で意思疎通ができるから，経験から得た知識を共有することができるよね。57Y：そのとおりだね！　ハトから学んだことはある？58H：ときには違う仲間がグループを率いることができるということを学んだわ。大切なのはチームとしてゴールを目指すこと。59O：誰もがグループの重要な一員だし，みんなが責任を分かち合うべきだよね。60H：そうだね！　ありがとう。私たちの理科の発表はうまくいくと思う。61R：それを聞いて，とてもうれしい！62H：優秀なリーダーになるためにできることはたくさんあるけど，まずはグループの仲間のことをもっとよく知ろうと思う。63O：そこから始めるのが良さそうだね！64Y：理科のグループ研究，がんばって！

〔問１〕＜要旨把握＞第20段落参照。オリバーが祖父から聞いた話として，遅いハトがリーダーになると，飛行中にリーダーが変わることもあると述べている。ウ.「１回の飛行中に群れのリーダーが変わるかもしれない」はこの内容に一致する。

〔問２〕＜適文選択＞ユウタは「ゾウのような記憶力を持つ」という表現について尋ねられ，空所でその意味を答えている。直後の文でゾウのリーダーが記憶力の良さを生かして仲間を救ったとあるので，この表現は記憶力の良さを表すとわかる。　be good at ～ing「～することが得意である」

〔問３〕＜**英問英答**＞「本文によれば，ゾウとシャチはどう似ているか」―イ．「グループのリーダーは経験豊富である」　直前の段落でユウタがテレビ番組で見た，経験豊富なゾウが率いるグループが干ばつを生き抜いた話をしている。また，オリバーはこの後，シャチは経験豊富なおばあさんシャチと暮らすことが長生きする秘けつであると述べている(問４の解説参照)。

〔問４〕＜**適語選択**＞(4)-a．長生きの秘けつとなる部分。第31，33段落参照。より長生きする雌のシャチは経験豊富でエサが捕れる場所をよく知っているのだから，雌のおばあさんシャチと一緒に暮らすことが長生きの秘けつだとわかる。　(4)-b．命が危険にさらされる可能性が高くなると考えられるのは，そうした経験豊富なおばあさんシャチを失ったとき。　(4)-c．直後のオリバーの返答より，なぜリーダーは「雄のおじいさんシャチ」ではないのかと尋ねたと判断できる。

〔問５〕＜**条件作文**＞第40，42段落で，ユウタがリーダーになりたいチンパンジーが取る行動を説明している。他の仲間のことを考え，仲間から支持を得られるようになることをするとあるので，これに合った内容を書く。

〔問６〕＜**要旨把握**＞get to know ～ で「～をよく知るようになる」という意味。よって，グループの仲間をよく知るためにハナが取る行動と考えられるのは，ア．「彼女は学校外でグループの仲間と１日一緒に過ごし，良好な人間関係を築く」。

〔問７〕＜**内容真偽**＞ア．「毎回全員が打ち合わせに出席しているにもかかわらず，ハナは理科の研究がうまくいっていないと感じている」…×　第７段落参照。打ち合わせに出席しなかった人もいる。イ．「前回の干ばつを経験したので，あるグループでは多くのゾウが生き残れなかった」…×　第24～26段落参照。前回の干ばつの経験がなかったので，多くのゾウが命を落とした。　ウ．「ハナはグループにとって適切な決断を下す知識があるので，シャチのリーダーのようである」…×　第52～54段落参照。ハナはそのような経験を持っていないと述べている。　エ．「リーダーになりたいチンパンジーは，他の仲間のことより自分のことを考え，食べ物を分け合う」…×　第40段落第１文参照。他の仲間を優先する。　instead of ～「～の代わりに，～ではなく」　オ．「チンパンジーのリーダーの行動はグループの仲間に影響を及ぼすので，リーダーは仲間を支援することが大切だ」…○　第40～42段落の内容に一致する。　カ．「ハナはハトから，リーダーは常に群れを率いることで力を示す必要があることを学んだ」…×　第58段落第１文参照。ハナがハトから学んだのは，ときには違う仲間がグループを率いることがあるということ。　キ．「友達と話した後，ハナはみんなが責任を分担すべきだと気づいたので，他の誰かをリーダーにするつもりだ」…×　第54，62段落参照。ハナはもっと良いリーダーになろうと考えている。　ク．「ハナは動物からさまざまなことを学び，前よりも良いリーダーになれると思った」…○　第48段落以降の内容に一致する。

３ 〔長文読解総合―物語〕

≪**全訳**≫❶「もしもし，アンダーソンと申します」❷ジェイデンの父はちょうど会社を出ようとしていたところで，ジェイデンのバスケットボールのコーチであるアンダーソン先生から電話を受けた。彼は車で家に向かう代わりに，息子に会うために学校へ急いだ。アンダーソン先生は心配する必要はないと言ったが，彼は落ち着かなかった。ただ運転に集中しようとした。❸学校に着いたとき，ジェイデンはベンチに座っていて，アンダーソン先生がそばに立っていた。アンダーソン先生は練習中に起きたことをジェイデンの父に説明した。ジェイデンとチームメイトのエリックがボールをめがけてジャンプしたところ，２人がぶつかったのだ。ジェイデンはエリックの上に落ちないようにしたので，代わりに自分の足首の上に着地してしまった。❹「チームドクターは，大したことないと言っています」とアンダーソン先生は言った。「しかしジェイデンは足首が良くなるまで，おそらく２週間くらいは練習しないようチームドクターは勧めています」❺ジェイデンは唇をかんでいた。❻「たった２週間だよ」　父は息子を励まそうとしたが，うまくいかなかった。❼「父さんはわかってない！　２週間後には州選手権の準決勝があるのに，その間ずっと練習できないんだよ。(1)そうなれば試合に出る準備ができないじゃないか」❽アンダーソン先生は，なんと言っていいかわからなかった。ただチーム一の選手であるジェイデンを欠いては，次の試合に勝つのは非常に難しいことだけはわかっていた。チームは優勝するために一生懸命練習してきたが，その見込みはなくなってきた。❾州選手権に出場できないのなら，何のために学校があるのだろう？　ジェイデンは授業に耳を傾けなくなった。家では学校の話をしなくなった。バスケットボールの練習にさえ行かなくなった。チームメイトのベンやエリックが何度も電話をかけてきたが，ジェイデンは出なかった。❿数日後，ジェイデンは公園のベンチに座っていた。友達が今練習しているのはわかっていた。公園には小さなバスケットコートがあり，いつものようにバスケットボールをする子どもたちがいた。彼の前にいる子どもたちは何度もシュートを外していたが，みんなとても楽しそうだった。「ボールをもっとよく見て！」「ナイス！」「ああ…まだだよ！」　彼は我知らず，子どもたちのプレーの一つ一つに対し，そんなことを言っていた。次の瞬間，彼は子どもたちのそばに立ち，話しかけていた。⓫「ねえ，シュートがもっと良くなる方法を教えてあげるよ！」⓬「できるの？」⓭子どもたちはプレーをやめた。⓮「でも，どうやって？」　子どもたちの１人がジェイデンの足首の包帯を見ながら言った。⓯「ボールを貸して」⓰彼にボールが渡された。ジェイデンがボールを投げると，それは美しい弧を描いてゴールに入った。突然，子どもたちの目が輝き始め，みんなが笑顔になった。家に帰る時間になったので，子どもたちはジェイデンに次の日も来てくれるように頼んだ。ジェイデンは承諾した。翌日もその翌日も彼には予定がなかった。⓱翌朝，ジェイデンは自分が放課後に子どもたちに会いに行くのを楽しみにしていることに驚いた。学校が終わると彼はすぐさま公園に行き，子どもたちにどこを見ればよいかや，ボールの持ち方，投げるタイミングなど，さまざまなことを教えた。驚くべきことに，子どもたちはあっという間に上達した。(3)彼らが数日前にプレーしていたのと同じ子どもたちであると誰が気づくことができただろうか。夜になって，ジェイデンは子どもたちが新しい技術を覚えたときに，とても興奮しているように見えたことを思い出した。彼は子どもたちの役に立ててうれしかった。そのとき，ある考えが浮かんだ。自分がチームのためにできることはこれかもしれないと。⓲次の日の放課後，ジェイデンは子どもたちを探しに公園に行った。彼は子どもたちにとても大事な用事ができたけど，またすぐに教えてあげると約束した。子どもたちはわかってくれた。そしてジェイデンは練習のために学校へ戻った。⓳「アンダーソン先生，すみませんでした。みんな，練習に来なくて本当にすまなかった」⓴アンダーソン先生はジェイデンが戻ってきてほっとしているようだった。しかし，チームメイトはうれしそうではなかった。ジェイデンは彼らがそう感じるのはもっともだと思った。(4)−エ彼は練習に来なかったり，電話に出なかったりした理由をチームメイトに話していなかったのだ。㉑「足首がこんな状態でも，何らかの形でチームの力になれると気づいたんだ」㉒時間はいくらかかかるだろうが，チームメイトはまた自分のことを信頼してくれるとジェイデンは信じていた。練習中，彼はとにかくチームメイトをよく観察して，アドバイスをした。アンダーソン先生はそれを見て，とてもうれしそうだった。彼はジェイデンがチームメイトを応援するとは思ってもみなかった。ジェイデンにとっては，チームで一番の選手でいることが唯一の望みだった。しかし今や彼はチームを助けながら，チームの重要な一員になっていた。その日からジェイデンは毎日練習に来て，チームの力になろうと努めた。㉓準決勝の日，ジェイデンは実際２週間も練習していなかったのに，アンダーソン先生は彼にほんの数分でいいので出場するように言った。彼はしばらく考え，いいえと言った。㉔チームメイトは彼がユニフォーム姿でないのに気づき，困惑した表情で顔を見合わせた。ついにベンが勇気を出して，とてもききにくい質問をした。㉕「ジェイデン，足首はまだ痛むの？　2週間で良くなると言ったよね」㉖「ああ，足首は大丈夫だよ。でも僕はしばらくみんなとプレーしていないから，いない方がいいと思っただけなんだ。チームワークは大事だろ？」㉗試合中，ジェイデンはベンチから大声で応援した。序盤，ジェイデンのチームはリードしていたが，相手チームが追いついた。一進一退だった。ついに残り時間1分となった。チームは2点リードされていた。ブザーの直前で，エリックがボールを受けた。彼はスリーポイントラインの後ろに立っていた。彼はジャンプしてボールを放った。ボールは完璧な弧を描いてゴールに入った。このシュートが決勝点になった。㉘ジェイデンはベンチ席から飛び出した。勝ったのだ！　彼らは皆笑いながら，お互いにハイタッチをしていた。㉙学校に戻るバスのところでジェイデンがチームのみんなを待っていると，エリックとベンが出てきて彼に走り寄った。互いに勝利を喜び合った後，エリックが言った。「僕らは決勝戦で君と一緒にプレーしたかったから，走り続けて諦めなかったんだよ！」㉚ベンも言った。「もうこれ以上走れなくなるまで走ったんだ！」㉛ジェイデンは満面の笑みを浮かべた。㉜「勝つと信じていたよ！」㉝「僕たちは君に頼りすぎて，努力するのをやめてしまっていたのかもしれない」とベンは答えた。㉞エリックは言った。「ジェイデン，君がいなければ勝てなかったよ。君のアドバイスのおかげであの決勝ゴールが決められたんだ！」㉟「僕も今回経験したこと全てで大切なことを学んだよ」とジェイデンは言った。「きっと決勝戦ではもっと強いチームになっているさ！」㊱3人の少年はとても興奮していた。㊲その夜，ジェイデンが母に勝利を報告すると，彼女はただ黙って聞いていた。㊳彼は話すのをやめた。「母さん，どうかしたの？」㊴「いいえ」と母は答えた。「私はただあなたがどれほどチームメイトと一緒にプレーして勝利を分かち合いたかったかを考えていたの」㊵「わかってないね，母さんは」　ジェイデンはかつてないほどの最高の笑みを浮かべて言った。「今日は出場しなかったけど，これは僕にとって大きな勝利なんだ！」

〔問1〕＜**適文選択**＞ジェイデンは足首のけがによって2週間後の試合に向けて練習ができなくなってしまった。そのことの影響を考える。2週間ずっと練習できなければ，試合に向けた準備はできなくなる。ここでの then は「それなら，その場合は」という意味。

〔問2〕＜**英文解釈**＞直後の3文の内容から，ジェイデンが学校に行く理由を見失ってしまったことが読み取れる。彼にとって「学校＝バスケットボール」だったので，その練習ができなくなり，学校に行く意味がなくなってしまったのである。この内容に一致するのは，ウ．「彼はなぜ学校に行かなくてはならないのかわからなかった」。

〔問3〕＜**整序結合**＞who があることと，一般動詞 realize があるが did がないので，who が主語の疑問文と考え，Who could realize とする。realize の目的語は名詞節になると考え(接続詞の that は省略されている)，they were the same kids とまとめる。この後に残った playing を置いて，the same kids playing a few days ago という‘名詞＋現在分詞＋語句’の形(現在分詞の形容詞的用法)をつくる。　Who could realize they were the same kids playing a few days ago?　なお，この文は「誰が気づいただろうか」→「誰も気づかなかった」という‘反語’表現である。

〔問4〕＜**適所選択**＞脱落文の「来なかったり電話に出なかったりした理由を話さなかった」ことによって引き起こされることを考える。これは，チームメイトが不満に思う理由となると同時に，ジェイデンが，チームメイトが怒っているのも無理はないと思う理由にもなっている。

〔問5〕＜**条件作文**＞≪全訳≫自分にとっての大きな勝利／今日，僕たちのチームは州選手権の準決勝に出場した。僕たちは勝った！　僕は試合に出なかったが，この勝利は僕にとって単なる勝利以上の意味がある。／このように感じるのは，(例)チームのためにできることは常に何かしらあるということに気づいたからだ。チームメイトにアドバイスをし，彼らは上達した。以前は自分のことしか考えていなかったが，今はチームワークが大切だとわかる。／これがこの経験を通して学んだことであり，そのおかげで僕は変わった。今は，来週の決勝戦でチームメイトと一緒にプレーするのがとても楽しみだ！

<**解説**>第21～22および26段落より，この勝利がジェイデンにとって大きな意味を持つのは，以前は自分のことしか考えていなかったが，チームを支える大切さに気づいた結果だからということがわかる。自分がプレーしようがしまいがいつだって自分にできることはあり，チームの力になることができるということを今回の経験を通じてジェイデンは知ったのである。こうした内容を30語以上でまとめる。

〔問6〕<内容真偽>ア.「エリックとジェイデンが同じボールをめがけてジャンプして，エリックが着地したときにジェイデンの足を踏んでしまった」…×　第３段落最終文参照。ジェイデンは自分の足首に着地してしまった。　イ.「ジェイデンはプレーできるほど足首の状態は良くないと思い，準決勝に出なかった」…×　第26段落参照。足首は良くなっていたが，チームワークを優先して出なかった。　ウ.「公園で子どもたちと一緒に過ごすことで，ジェイデンは自分が何らかの形でチームの役に立てることに気づいた」…○　第17段落最後の２文の内容に一致する。　エ.「ジェイデンがチームメイトに謝った後，チームメイトは彼の気持ちを理解していたので，すぐに許してくれた」…×　第19～20段落第２文参照。　オ.「アンダーソン先生はジェイデンが大きく変わり，良い選手になったと思ったので，ジェイデンを試合に出場させた」…×　第23段落参照。ジェイデンは試合に出場しなかった。また，第８段落第２文より，ジェイデンはもともと優秀な選手であることがわかる。　カ.「準決勝で勝てたのは，チームメイトがジェイデンをとても頼りにしていたからだとエリックは思った」…×　第33段落参照。みんながジェイデンに頼りすぎていたというのは，過去の反省である。　キ.「エリックとベンはもう１度ジェイデンと一緒に決勝戦でプレーをしたかったので全力を尽くした」…○　第29段落最終文の内容に一致する。　ク.「ジェイデンの母親は，ジェイデンが試合に出場しなかった理由を知っているので，彼が話している間，黙っていた」…×　第37～39段落参照。

4〔**テーマ作文**〕

資料１の図にはヒビヤ市の年齢層別の人口が示されている。「高齢者」の割合が最も高く，次いで「大人」と「子ども」が同じぐらいであることがわかる。資料２では，子ども向けの遊び場のほか，バスケットコートと卓球台があるので，子どもや大人が楽しめるのは「良い点」だが，スポーツをしない高齢者はあまり楽しめないということが「問題となる点」として考えられる。

数学解答

1 〔問1〕 $\frac{25\sqrt{6}}{6}$ 〔問2〕 $x=3$，$\frac{3}{2}$

〔問3〕 $-\frac{1}{3}$ 〔問4〕 $\frac{3}{8}$

〔問5〕 (例)

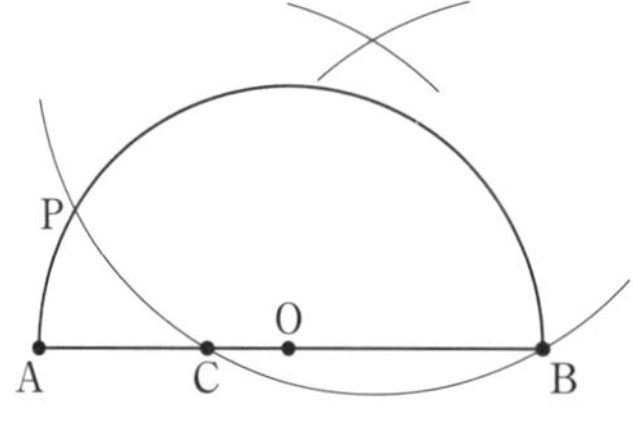

2 〔問1〕 $(-\sqrt{2}p,\ 2p^2)$

〔問2〕 $\left(\frac{1}{5},\ \frac{11}{5}\right)$

〔問3〕 $4a+4\text{cm}^2$

3 〔問1〕 22°

〔問2〕 (例)線分ABが半円の直径だから，∠ACB＝90° $\overset{\frown}{AD}=\overset{\frown}{DC}$ より，∠AOD＝∠COD 二等辺三角形の頂角の二等分線は底辺を垂直に2等分するから，∠DEG＝90° よって，∠ACB＝∠DEG……① $\overset{\frown}{AC}$ に対する中心角は円周角の2倍だから，∠COD＝$\frac{1}{2}$∠COA＝∠CBA ∠FOD＝∠CBA……② 一方，△DFOと△DEGにおいて，∠DFO＝∠DEG＝90° 共通な角より，∠FDO＝∠EDG ∠FOD＝180°－∠DFO－∠FDO ∠EGD＝180°－∠DEG－∠EDG よって，∠FOD＝∠EGD……③ ②，③より，∠CBA＝∠EGD……④ ①，④より，2組の角がそれぞれ等しいから，△ABC∽△DGE

〔問3〕 3：1

4 〔問1〕 $\frac{1}{8}S\text{cm}$

〔問2〕 (1) $32\sqrt{7}\text{cm}^3$ (2) $\frac{\sqrt{2}}{4}S\text{cm}^2$

1 〔独立小問集合題〕

〔問1〕＜数の計算＞与式＝$(3+2\sqrt{6}+2)-(3-2\sqrt{6}+2)+\frac{1}{\sqrt{6}}=(5+2\sqrt{6})-(5-2\sqrt{6})+\frac{1\times\sqrt{6}}{\sqrt{6}\times\sqrt{6}}=5+2\sqrt{6}-5+2\sqrt{6}+\frac{\sqrt{6}}{6}=\frac{12\sqrt{6}}{6}+\frac{12\sqrt{6}}{6}+\frac{\sqrt{6}}{6}=\frac{25\sqrt{6}}{6}$

〔問2〕＜二次方程式＞$4x^2-24x+36+4x^2-12x=0$，$8x^2-36x+36=0$，$2x^2-9x+9=0$ となるから，解の公式より，$x=\frac{-(-9)\pm\sqrt{(-9)^2-4\times2\times9}}{2\times2}=\frac{9\pm\sqrt{9}}{4}=\frac{9\pm3}{4}$ である。よって，$x=\frac{9+3}{4}=3$，$x=\frac{9-3}{4}=\frac{3}{2}$ となる。

〔問3〕＜関数―傾き＞一次関数 $y=ax+4$ において，$a>0$ のとき，x の値が増加すると y の値も増加するので，x の変域が $-3\leqq x\leqq6$ のときの y の変域が $2\leqq y\leqq5$ より，$x=-3$ のとき最小の $y=2$ となり，$x=6$ のとき最大の $y=5$ となる。$x=-3$，$y=2$ を代入すると，$2=a\times(-3)+4$ より，$3a=2$，$a=\frac{2}{3}$ となり，一次関数は $y=\frac{2}{3}x+4$ となる。$x=6$ のとき，$y=\frac{2}{3}\times6+4=8$ となり，$y=5$ でないから，適さない。また，$a<0$ のとき，x の値が増加すると y の値は減少するので，$x=-3$ のとき最大の $y=5$ となり，$x=6$ のとき最小の $y=2$ となる。$x=-3$，$y=5$ を代入すると，$5=a\times(-3)+4$ より，$3a=-1$，$a=-\frac{1}{3}$ となり，一次関数は $y=-\frac{1}{3}x+4$ となる。$x=6$ のとき，$y=-\frac{1}{3}\times6+4=2$ となるので，適する。よって，$a=-\frac{1}{3}$ である。

〔問４〕＜確率―硬貨＞１枚の硬貨を３回投げるとき，表裏の出方は全部で $2\times2\times2=8$(通り)ある。このうち，$b=ac$ となるのは，$b=1$ のとき $(a,\ c)=(1,\ 1)$ の１通り，$b=2$ のとき $(a,\ c)=(1,\ 2)$，$(2,\ 1)$ の２通りだから，$1+2=3$(通り)ある。よって，求める確率は $\frac{3}{8}$ である。

〔問５〕＜平面図形―作図＞右図のように，３点P，C，Bを通る円の中心をDとし，点Dと２点C，Bを結ぶ。$\overset{\frown}{CB}$ に対する円周角と中心角の関係より，$\angle CDB=2\angle CPB=2\times30^\circ=60^\circ$ であり，DC＝DB だから，△DCB は正三角形である。よって，点Dは，２点C，Bを中心とする半径が線分 CB の長さと等しい円の弧の交点として求められる。点Pは，点Dを中心とする半径が線分 DB の長さと等しい円の弧と $\overset{\frown}{AB}$ との交点である。解答参照。

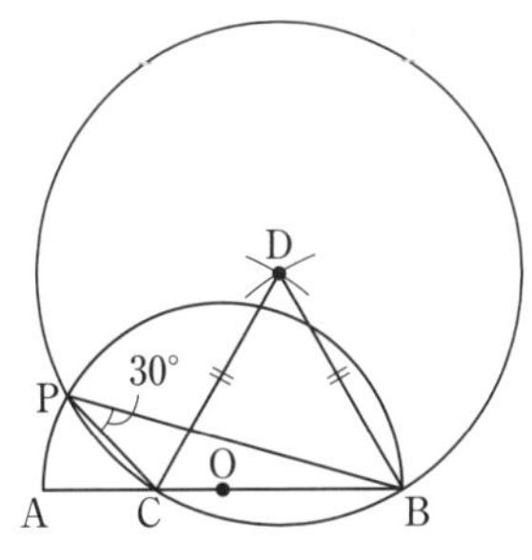

２〔関数―関数 $y=ax^2$ と一次関数のグラフ〕

≪基本方針の決定≫〔問１〕 $p<0$ であることに注意する。　〔問３〕 y 軸で２つの三角形に分ける。

〔問１〕＜座標＞右図１で，２点A，Bは関数 $y=x^2$ のグラフ上にあり，AB は x 軸に平行だから，２点A，Bは y 軸について対称な点である。AD，BC は y 軸に平行で，２点D，Cは関数 $y=2x^2$ のグラフ上にあるから，２点D，Cも y 軸について対称な点となる。よって，CD は x 軸に平行な直線である。点Aの x 座標が p より，点Dの x 座標も p だから，$y=2p^2$ となり，$D(p,\ 2p^2)$ である。点Fの y 座標は $2p^2$ と表せ，点Fは関数 $y=x^2$ のグラフ上にあるから，$2p^2=x^2$ より，$x=\pm\sqrt{2}p$ となる。$p<0$ で，点Fの x 座標は正だから，$x=-\sqrt{2}p$ であり，$F(-\sqrt{2}p,\ 2p^2)$ である。

図１

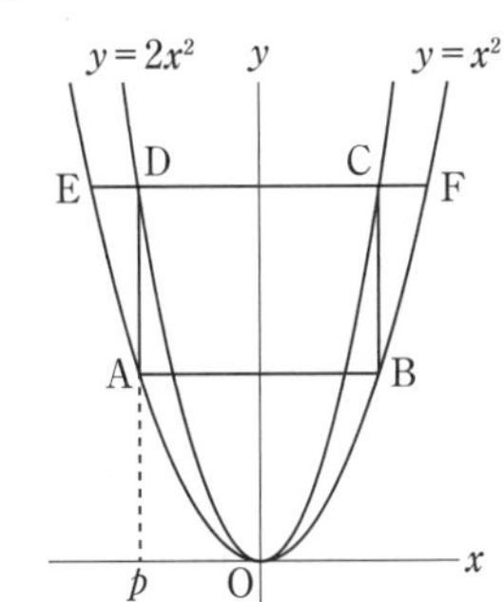

〔問２〕＜座標＞右図２で，点Aの x 座標は -1 だから，$y=(-1)^2=1$ より，$A(-1,\ 1)$ となり，$B(1,\ 1)$ となる。点Dは関数 $y=4x^2$ のグラフ上にあり，x 座標が -1 だから，$y=4\times(-1)^2=4$ より，$D(-1,\ 4)$ となる。これより，点Fの y 座標は４だから，$4=x^2$，$x=\pm2$ より，$x=2$ であり，$F(2,\ 4)$ となる。直線 AF の傾きは $\frac{4-1}{2-(-1)}=1$ だから，その式は $y=x+m$ とおけ，点Aを通ることより，$1=-1+m$，$m=2$ となるから，直線 AF の式は $y=x+2$ である。同様にして，直線 BD の傾きは $\frac{1-4}{1-(-1)}=-\frac{3}{2}$ だから，その式は $y=-\frac{3}{2}x+n$ とおけ，点Bを通ることより，$1=-\frac{3}{2}\times1+n$，$n=\frac{5}{2}$ となるから，直線 BD の式は $y=-\frac{3}{2}x+\frac{5}{2}$ となる。点Gは２直線 AF，BD の交点だから，$x+2=-\frac{3}{2}x+\frac{5}{2}$ より，$\frac{5}{2}x=\frac{1}{2}$，$x=\frac{1}{5}$ となり，$y=\frac{1}{5}+2$，$y=\frac{11}{5}$ となる。よって，$G\left(\frac{1}{5},\ \frac{11}{5}\right)$ である。

図２

図３

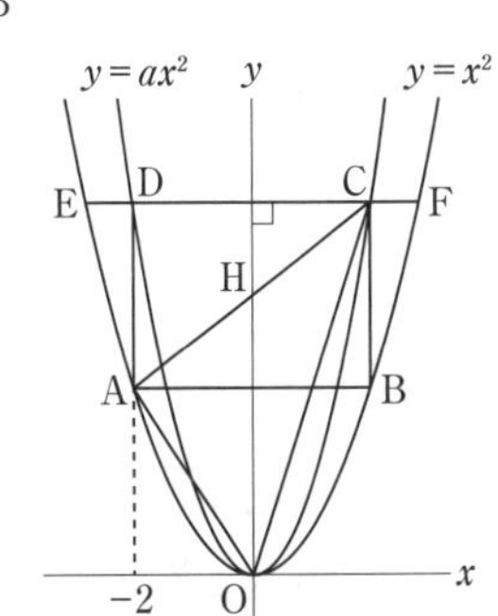

〔問３〕＜面積＞右図３で，AC と y 軸との交点をHとすると，△AOC＝△AOH＋△COH である。点Aの x 座標が -2 だから，$y=(-2)^2$

$=4$ より，A$(-2,\ 4)$である。点Cの x 座標は2だから，$y=a\times2^2=4a$ より，C$(2,\ 4a)$である。直線ACの傾きは $\dfrac{4a-4}{2-(-2)}=a-1$ となるから，その式は $y=(a-1)x+k$ とおけ，点Aを通ることから，$4=(a-1)\times(-2)+k$，$4=-2a+2+k$，$k=2a+2$ となる。切片が $2a+2$ より，H$(0,\ 2a+2)$だから，OH$=2a+2$ である。OHを底辺と見ると，△AOHの高さは2，△COHの高さは2だから，△AOC$=\dfrac{1}{2}\times(2a+2)\times2+\dfrac{1}{2}\times(2a+2)\times2=4a+4$(cm²)となる。

3 〔平面図形―半円〕

図1

〔問1〕＜角度＞右図1で，$\overset{\frown}{AD}=\overset{\frown}{DC}$ より，∠AOD＝∠DOC$=\dfrac{1}{2}$∠AOC$=\dfrac{1}{2}\times88°=44°$ である。$\overset{\frown}{AD}$ に対する円周角と中心角の関係より，∠OBD$=\dfrac{1}{2}$∠AOD$=\dfrac{1}{2}\times44°=22°$ となり，△OBDはOB＝ODの二等辺三角形だから，∠ODB＝∠OBD$=22°$ となる。

図2

〔問2〕＜証明＞右図2の△ABCと△DGEで，2組の角がそれぞれ等しいことを示す。線分ABが半円の直径より，∠ACB$=90°$ であり，△OCAが二等辺三角形で，線分ODは頂角の二等分線だから，∠DEG$=90°$ となる。解答参照。

図3

〔問3〕＜長さの比＞右図3で，DO＝AO＝6，∠DFO＝∠AEO$=90°$，∠DOF＝∠AOEだから，△DOF≡△AOEである。よって，OF＝OE＝DO－DE＝6－4＝2となる。△DOFで三平方の定理より，DF$=\sqrt{\mathrm{DO}^2-\mathrm{OF}^2}=\sqrt{6^2-2^2}=\sqrt{32}=4\sqrt{2}$ となる。また，∠DEG＝∠DFO$=90°$，∠EDG＝∠FDOだから，△DGE∽△DOFである。これより，DG：DO＝DE：DFだから，DG：6＝4：$4\sqrt{2}$ が成り立ち，DG×$4\sqrt{2}=6\times4$，DG$=3\sqrt{2}$ となる。したがって，GF＝DF－DG$=4\sqrt{2}-3\sqrt{2}=\sqrt{2}$ となるから，DG：GF$=3\sqrt{2}:\sqrt{2}=3:1$ である。

4 〔空間図形―四角錐〕

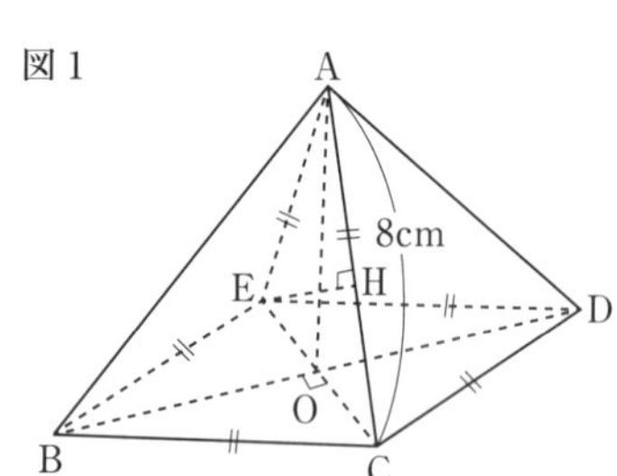

〔問1〕＜長さ＞右図1で，線分EHは，△ACEの底辺を辺ACと見たときの高さである。AC＝BC＝8，AE＝BE＝8，CE＝CEだから，△ACE≡△BCEである。四角形BCDEはひし形だから，△BCE$=\dfrac{1}{2}$〔四角形BCDE〕$=\dfrac{1}{2}S$ であり，△ACE$=\dfrac{1}{2}S$ となる。よって，$\dfrac{1}{2}\times8\times$EH$=\dfrac{1}{2}S$ が成り立ち，EH$=\dfrac{1}{8}S$(cm)となる。

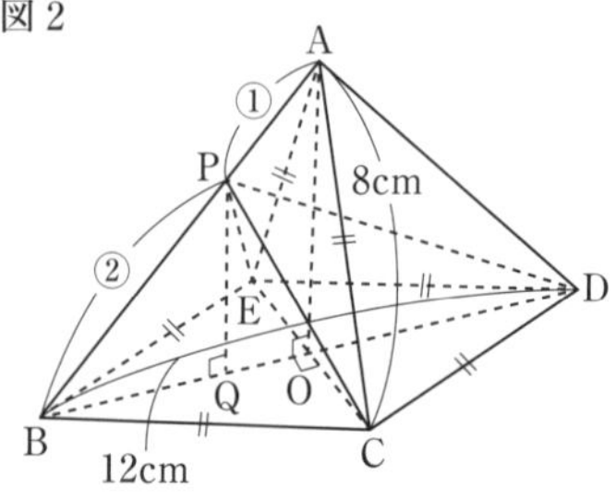

〔問2〕＜体積，面積＞(1)右図2で，点Pから面BCDEに垂線PQを引く。AO⊥BDであり，AC＝AE，CO＝EOより，AO⊥CEだから，AO⊥〔面BCDE〕である。これより，面ABDと面BCDEは垂直だから，点Qは線分BD上の点となる。△ACE≡△BCEだから，AO＝BO$=\dfrac{1}{2}$BD$=\dfrac{1}{2}\times12=6$ となる。△ABO∽△PBQとなるから，AO：PQ＝AB：PB＝(1＋2)：2＝3：2となり，PQ$=\dfrac{2}{3}$AO$=\dfrac{2}{3}\times6=4$ である。また，BD⊥CEだから，△BCOで三平方の定理より，CO$=\sqrt{\mathrm{BC}^2-\mathrm{BO}^2}$

$=\sqrt{8^2-6^2}=\sqrt{28}=2\sqrt{7}$ となり，$CE=2CO=2\times2\sqrt{7}=4\sqrt{7}$ である。

よって，〔立体 P-BCDE〕$=\dfrac{1}{3}\times$〔四角形 BCDE〕$\times PQ=\dfrac{1}{3}\times\left(\dfrac{1}{2}\times12\times4\sqrt{7}\right)\times4=32\sqrt{7}$ (cm³)となる。　(2)右図3で，$\angle AOB=90°$，$AO=BO$ だから，△ABO は直角二等辺三角形である。AP：PB＝1：1より，点Pは辺 AB の中点だから，△PBO も直角二等辺三角形となり，$OP=\dfrac{1}{\sqrt{2}}BO=\dfrac{\sqrt{2}}{2}BO$ である。よって，

図3

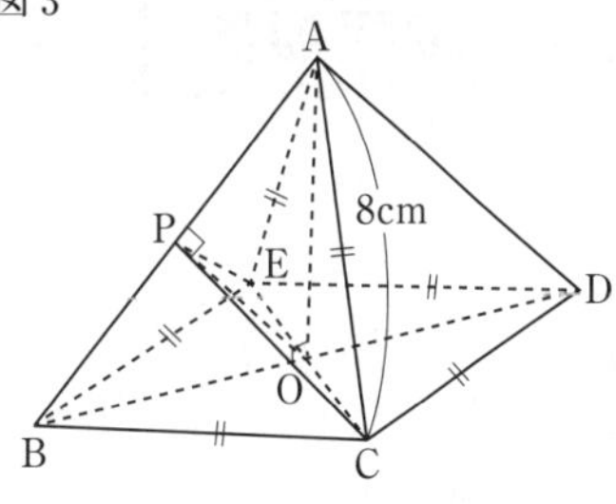

$\triangle CEP:\triangle BCE=\dfrac{1}{2}\times CE\times OP:\dfrac{1}{2}\times CE\times BO=\dfrac{1}{2}\times CE\times\dfrac{\sqrt{2}}{2}BO:\dfrac{1}{2}\times CE\times BO=\sqrt{2}:2$ となるから，$\triangle CEP=\dfrac{\sqrt{2}}{2}\triangle BCE=\dfrac{\sqrt{2}}{2}\times\dfrac{1}{2}S=\dfrac{\sqrt{2}}{4}S$ (cm²)となる。

＝読者へのメッセージ＝

問題の図の長さの比率などが正しくないとき，条件に合った図をかくことが，解決の糸口になることがあります。大まかでも，まずは条件に合った図をかくようにしましょう。

国語解答

一 (1) とうや　(2) とくじつ
(3) がいぜん　(4) いしょう
(5) しい

二 (1) 具申　(2) 所産　(3) 去就
(4) 得心　(5) 自若

三 〔問1〕 ウ　〔問2〕 イ
〔問3〕 ア　〔問4〕 ウ
〔問5〕 エ　〔問6〕 ア

四 〔問1〕 エ　〔問2〕 ア
〔問3〕 エ　〔問4〕 イ
〔問5〕 自分がより所とする価値観やものの見方が全ての文化に当てはまるものではないことを理解し，自己を絶対化せず，他の共同体の価値体系や判断を認めていこうとするあり方。(79字)
〔問6〕 (例)海外からの旅行者が，日本では電車が時間どおり来るので驚いたという話を聞いたことがある。日本では時間厳守が重視されるが，世界全体ではむしろ例外的なものだという。／自分たちの価値観やものの見方を当然だと思うことは，異なる文化だけでなく，自身についての認識を妨げる面もある。だから，自分たちの「当たり前」を疑い，別の見方の可能性を探ることも必要だ。厳密な時間規律は他に誇れるものだが，実は私たちが必要以上に時間に縛られているという面もあるのかもしれない。時には，よさの裏面で失われるものにも目を向けたい。
(250字)

五 〔問1〕 イ　〔問2〕 ア
〔問3〕 ウ　〔問4〕 ウ
〔問5〕 イ

一 〔漢字〕
(1)「陶冶」は，才能や性質を円満に育てあげること。　(2)「篤実」は，人情に厚く誠実なこと。　(3)「蓋然性」は，物事の起こる度合いや見込みのこと。　(4)「意匠」は，物を美しく見せるための形や色や模様などの工夫のこと。　(5)「恣意」は，自分勝手な考えのこと。

二 〔漢字〕
(1)「具申」は，上役に意見や希望などを詳しく申し述べること。　(2)「所産」は，つくり出されるもの。　(3)「去就」は，あることに対する身の処し方のこと。　(4)「得心」は，納得すること。　(5)「泰然自若」は，落ち着いていて少しも慌てないこと。

三 〔小説の読解〕出典；朝井リョウ『スター』。
〔問1〕<心情>鐘ヶ江は，映画の配給や配信，享受の方法が変わっていく現状を頭では理解している。しかし，作品の「受け手の変化に順応」していけば，作り手側も自分の知らないうちに映画のつくり方が変わって，映画の大切な部分をなくしてしまうのではないかと，鐘ヶ江は心配しているのである。
〔問2〕<心情>世の中が変わっていっても，「変わらないように努力することができるもの」は自分の感性や心であると，鐘ヶ江は言う。尚吾は，「世間の風向きに合わせて書くもの」を変え，自分の中の「譲れないものを見極めて」いなかったと気づかされ，作り手として恥ずかしいと思ったのである。

〔問３〕＜表現＞防音設備が整っている編集室はとても静かであり，もし「針の音がするような」時計が置かれていたら，その音が聞こえてくるくらいに他の物音がないということが，表されている。

〔問４〕＜文章内容＞質や価値を測る基準は変わっていくものであり，尚吾が祖父と見た映画も本当に良質なものばかりだったかはわからないが，尚吾が祖父の言葉をきっかけにたくさんの映画を見た時間は変わらない本当のことであり，その中で尚吾は「自分の感性を積み上げ」たはずである。だから，たくさんの映画を撮り，「その時間で積み上げた感性」を信じて，「自分の価値観を揺るがすような世の中の変化」があっても譲れないものを見つけることが大事だと，鐘ヶ江は尚吾に伝えたいと思っているのである。

〔問５〕＜文章内容＞尚吾は，はっきりとした確信はないものの，鐘ヶ江が自分のつくった映画の業績が伸びなければ，「監督業を閉じていくつもりなのかもしれない」と感じ取ったのである。

〔問６〕＜要旨＞鐘ヶ江は，自分の映画づくりの際に譲れないと思っているものは「自分の感性」であると，尚吾に話している。そして，尚吾に自分なりの感性や価値観を見つけなさいと励ますと同時に，鐘ヶ江は，自分の気持ちを話すことで，自分の考えを見つめ，明確にしようと思っている面もあるのである。

四〔**論説文の読解―哲学的分野―哲学**〕出典；村上陽一郎『文明の死／文化の再生』。

≪**本文の概要**≫ファイヤアーベントは，伝統に対する人の関わり方を，共同体で共有されている習慣や規則を身につける「帰属者」と，自らの帰属する伝統以外のものを観察する「観察者」の二つに区別した。このように考えると，全ての伝統を平等に評価できるような「純粋客観的観察者」の立場はないと，ファイヤアーベントは主張する。また，ファイヤアーベントは，ある共同体で，ある伝統が「一つの伝統」である場合は許容されるが，それが「唯一の伝統」となるならば，共同体の成員はそれを拒否できると考えている。共同体の規矩は，多様化，多元化する可能性があり，個人が自分の意志で規矩を選択する可能性もある。人間は，自分がある規矩を無自覚に選択していたことに気づかされたとき，ある種のショックを受ける。そうした体験によって，当然だと思っていたことが無自覚による一つの選択だと気づけば，そこから自己の相対化がはかれ，人間は他の選択肢を改めて意図的に選択することもできる。そのときに「寛容」という言葉を使うことができる。

〔問１〕＜文章内容＞人間は，「何らかの共同体に帰属」していて，「自らの帰属する伝統以外」に対しては「観察者」である。しかし，近代主義者や科学主義者の一部は，自らが「帰属する『西欧近代』や『科学』の伝統のなかで共有される価値的枠組み」から物事を判断しているという自覚がなく，「すべての伝統を平等に評価できる」と考えているのである。

〔問２〕＜文章内容＞ある共同体の中で，「ある伝統が『一つの伝統』《a tradition》として働いている間」は，その伝統は「許容」されるし，人間がそれに「固執すること」も保証される。しかし，その伝統が《the tradition》として「唯一絶対の伝統」だと主張された場合，「如何なる伝統に帰属する人間も，声を上げて『ノー』と言える」のである。

〔問３〕＜文章内容＞ヒトは，生まれ育つ共同体の「ノモスを選択することはできない」が，共同体のノモスは唯一絶対ではなく，他の共同体との接触によって「常に複数化」し，人間は学習したノモスを「自ら選択することができる」という重要な要素が加わるのである。つまり，規矩は，唯一絶対ではなく多元化する可能性があり，人間も規矩を選択する可能性を持っているのである。

〔問4〕<文章内容>あるアメリカ人の日本文化研究者のように，自分たちとは違う文化伝統があり，違う文化と出会う可能性は予期できるはずなのに，予期すること自体ができないということが，ショックを受ける問題の核心である。ある判断が，「無前提的な前提に基づいた選択によって行われている」と気づいたとき，人間は「ある種のショックを受け」，自分を見つめ直すことができるのである。

〔問5〕<文章内容>「相対」は，「絶対」に対する語で，あるものが他との関係で存在するということ。「自己の無自覚的な構造のなかでの『当然』なことが，一つの選択の結果であることの認識」を通じて，人間は，自分のものの見方が絶対的なものではなく，他の価値観や伝統によるものの見方が存在することを認めて，自分のものの見方を見直していこうとするのである。

〔問6〕<作文>自分の身の回りで，自分が当たり前だと思っていたことが一つの考え方にすぎないと気づいたことはないかを考えてみる。どんなときに，あるいはどんな場面で気づいたか，具体的な体験を通して，自分の考えを書いていこう。誤字に気をつけて，字数を守って書いていくこと。

五〔説明文の読解─芸術・文学・言語学的分野─文学〕出典；森本哲郎『月は東に─蕪村の夢　漱石の幻─』。

〔問1〕<文章内容>「三逕」は，たとえ「わずか十歩で尽きてしまうほど」でも，文人にとっては別天地が生まれると想像できて風情を感じられるような「文人のユートピア」なのである。

〔問2〕<文章内容>日本における隠者は，「俗世をきらって山中に庵を結び，そこで念仏や読経に明け暮れた」が，「俗をいっさい断ち切ったわけでは」なく，住居も都の近くであった。文人との違いは「人里への距離」くらいではっきりしなかった。

〔問3〕<語句>「雨露をしのぐ」と「その場をしのぐ」の「しのぐ」は，我慢して切り抜ける，という意味。「前作をしのぐ」「雲をしのぐ」「プロの選手をしのぐ」の「しのぐ」は，他のものより優位に立つ，という意味。

〔問4〕<文章内容>芭蕉は，旅を通して仏法の道を求めつつ，風雅の道も求めていたが，蕪村は，俗世にとどまり，自らを「行人」と見立て想像することで，夢のような自分の求める世界を味わうという文人の道を生きたのである。

〔問5〕<漢詩の内容理解>漢詩Aの「何ぞ能く爾るや」は，人が作者に人里を選んでも車馬の騒音が聞こえないのはどうしてか，と尋ねている(ア…×)。漢詩Aの「心遠ければ」は，町中にいても世俗から離れることができるのは心が俗から遠く離れているからであることが，表されている(イ…○)。漢詩Bの「但だ人語の響くを聞く」は，人の話し声が聞こえる場所ではあるが，深山の静寂を楽しむ気持ちは変わらないということを表している(ウ…×)。漢詩Bの「返景深林に入りて」は，外部世界からそれほど離れていなくても，夕日の光が深い林にさし込んでいる風情を楽しめることが，表されている(エ…×)。

●2022年度

東京都立高等学校

共通問題

【社会・理科】

2022年度 東京都立高等学校（共通問題）

【社　会】（50分）〈満点：100点〉

1　次の各問に答えよ。

〔問１〕　次の資料は，ある地域の様子を地域調査の発表用としてまとめたものの一部である。下の**ア**～**エ**の地形図は，「国土地理院発行２万５千分の１地形図」の一部を拡大して作成した地形図上に●で示したA点から，B点を経て，C点まで移動した経路を太線（━━）で示したものである。資料で示された地域に当てはまるのは，下の**ア**～**エ**のうちではどれか。

漁師町の痕跡を巡る　　調査日　令和３年10月２日（土）　天候　晴れ

複数の文献等に共通した地域の特徴

○A点付近の様子
ベカ舟がつながれていた川，漁業を営む家，町役場

○B点付近の様子
にぎやかな商店街，細い路地

〔ベカ舟〕
長さ約4.8m，幅約1.0m，高さ約0.6m

漁師町の痕跡を巡った様子

A点で川に架かる橋から東を見ると，漁業に使うベカ舟がつながれていた川が曲がっている様子が見えた。その橋を渡ると，水準点がある場所に旧町役場の跡の碑があった。南へ約50m歩いて南東に曲がった道路のB点では，明治時代初期の商家の建物や細い路地がいくつか見られた。川に並行した道路を約450m歩き，北東に曲がって川に架かる橋を渡り，少し歩いて北西に曲がって川に並行した道路を約250m直進し，曲がりくねった道を進み，東へ曲がると，学校の前のC点に着いた。

A点（漁業に使うベカ舟がつながれていた川）

B点（明治時代初期の商家の建物が見られる道路）

ア

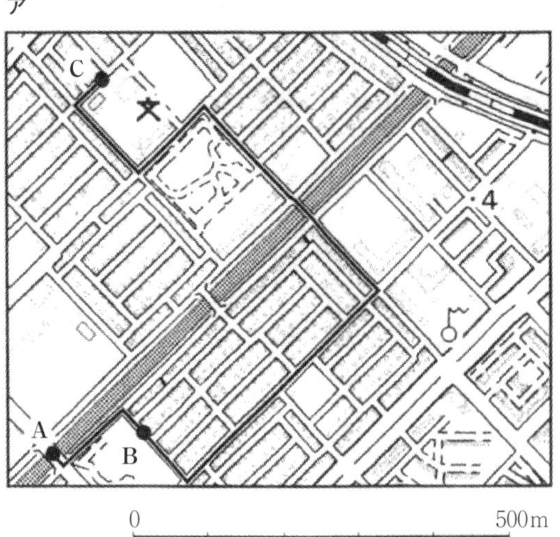

(2019年の「国土地理院発行２万５千分の１地形図(千葉西部)」の一部を拡大して作成)

イ

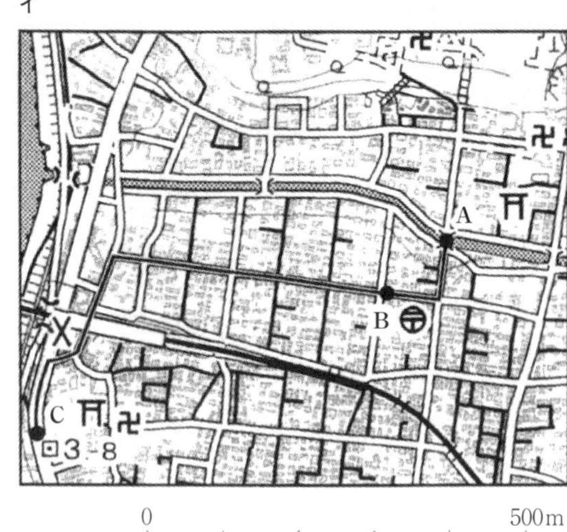

(2019年の「国土地理院発行２万５千分の１地形図(船橋(ふなばし))」の一部を拡大して作成)

ウ

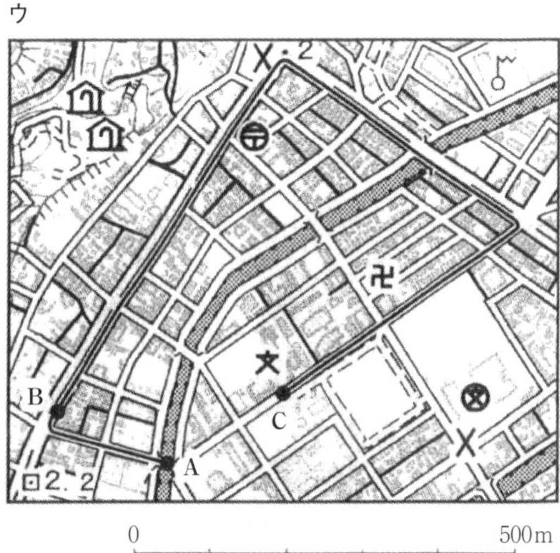

(2020年の「国土地理院発行２万５千分の１地形図(横浜西部)」の一部を拡大して作成)

エ

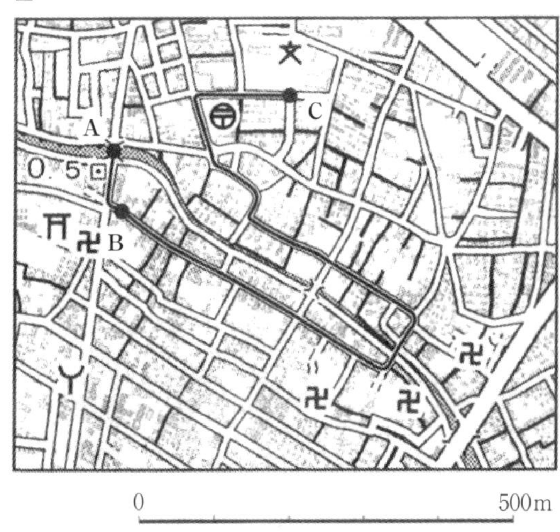

(2015年の「国土地理院発行２万５千分の１地形図(浦安(うらやす))」の一部を拡大して作成)

〔問２〕　次のⅠの略地図中の**ア**～**エ**は，世界遺産に登録されている我が国の主な歴史的文化財の所在地を示したものである。Ⅱの文章で述べている歴史的文化財の所在地に当てはまるのは，略地図中の**ア**～**エ**のうちのどれか。

Ⅰ

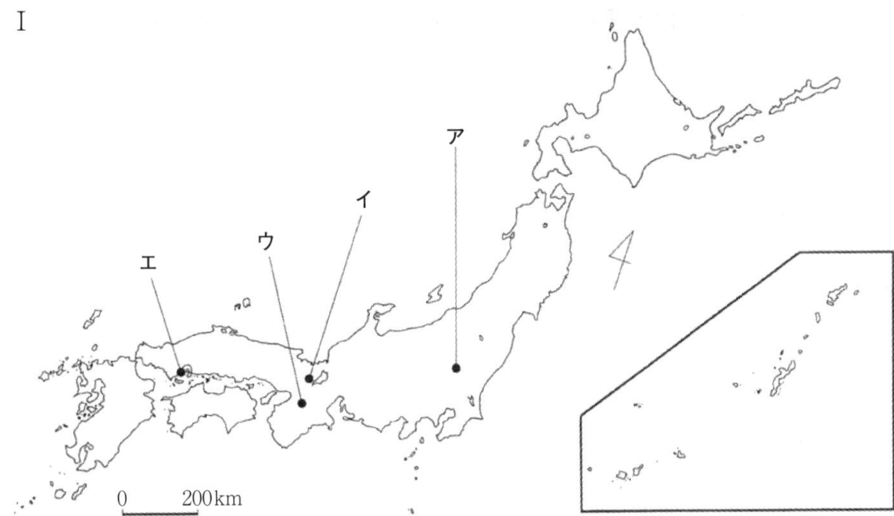

Ⅱ

> 鑑真によって伝えられた戒律を重んじる律宗の中心となる寺院は，中央に朱雀大路が通り，碁盤の目状に整備された都に建立された。金堂や講堂などが立ち並び，鑑真和上坐像が御影堂に納められており，1998年に世界遺産に登録された。

〔問３〕　次の文章で述べている司法機関に当てはまるのは，下の**ア**～**エ**のうちのどれか。

> 都府県に各１か所，北海道に４か所の合計50か所に設置され，開かれる裁判は，原則，第一審となり，民事裁判，行政裁判，刑事裁判を扱う。重大な犯罪に関わる刑事事件の第一審では，国民から選ばれた裁判員による裁判が行われる。

ア　地方裁判所　　**イ**　家庭裁判所　　**ウ**　高等裁判所　　**エ**　簡易裁判所

2　次の略地図を見て，あとの各問に答えよ。

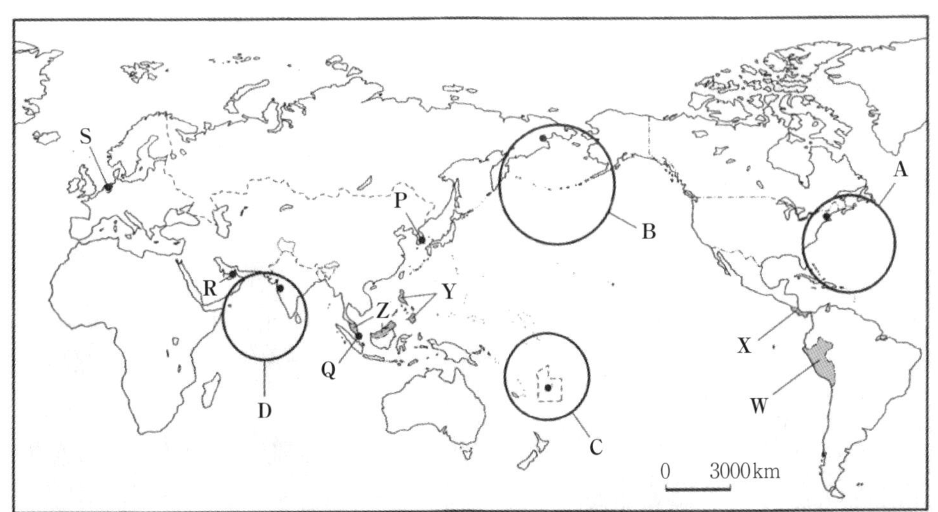

〔問１〕　次のⅠの文章は，略地図中に ◯ で示した**A**～**D**の**いずれか**の範囲の海域と都市の様子についてまとめたものである。Ⅱの**ア**～**エ**のグラフは，略地図中の**A**～**D**の**いずれか**の範囲内

に●で示した都市の，年平均気温と年降水量及び各月の平均気温と降水量を示したものである。Ⅰの文章で述べている海域と都市に当てはまるのは，略地図中の**A**～**D**のうちのどれか，また，その範囲内に位置する都市のグラフに当てはまるのは，Ⅱの**ア**～**エ**のうちのどれか。

Ⅰ

> イスラム商人が，往路は夏季に発生する南西の風とその風の影響による海流を，復路は冬季に発生する北東の風とその風の影響による海流を利用して，三角帆のダウ船で航海をしていた。●で示した都市では，季節風(モンスーン)による雨の到来を祝う文化が見られ，降水量が物価動向にも影響するため，気象局が「モンスーン入り」を発表している。

Ⅱ

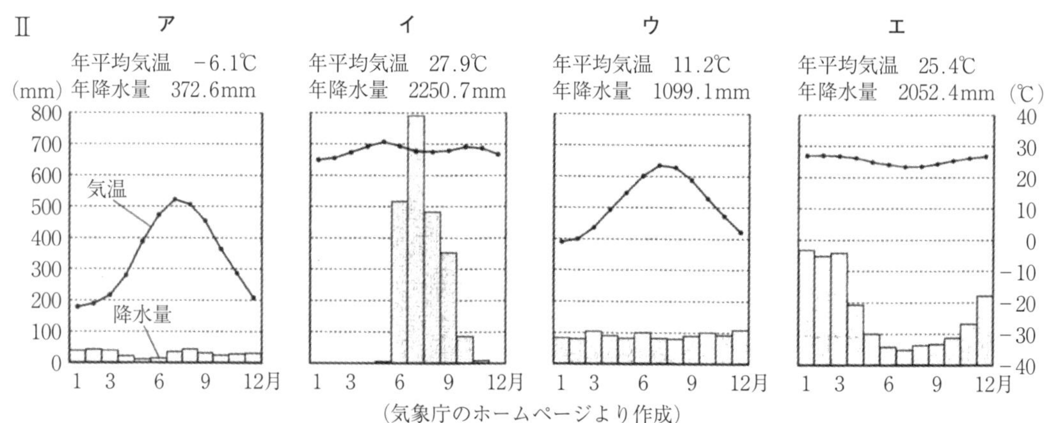

(気象庁のホームページより作成)

〔問2〕 次の表の**ア**～**エ**は，コンテナ埠頭(ふとう)が整備された港湾が位置する都市のうち，略地図中に**P**～**S**で示した，釜山(ブサン)，シンガポール，ドバイ，ロッテルダムの**いずれか**の都市に位置する港湾の，2018年における総取扱貨物量と様子についてまとめたものである。略地図中の**P**～**S**のそれぞれの都市に位置する港湾に当てはまるのは，次の表の**ア**～**エ**のうちではどれか。

	総取扱貨物量(百万t)	港湾の様子
ア	461	経済大国を最短距離で結ぶ大圏航路上付近に位置する利点を生かし，国際貨物の物流拠点となるべく，国家事業として港湾整備が進められ，2018年にはコンテナ取扱量は世界第6位となっている。
イ	174	石油の輸送路となる海峡付近に位置し，石油依存の経済からの脱却を図る一環として，この地域の物流を担(にな)う目的で港湾が整備され，2018年にはコンテナ取扱量は世界第10位となっている。
ウ	469	複数の国を流れる河川の河口に位置し，2020年では域内の国の人口の合計が約4億5000万人，国内総生産(GDP)の合計が約15兆2000億ドルの単一市場となる地域の中心的な貿易港で，2018年にはコンテナ取扱量は世界第11位となっている。
エ	630	人口密度約8000人/km^2を超える国の南部に位置し，地域の安定と発展を目的に1967年に5か国で設立され現在10か国が加盟する組織において，ハブ港としての役割を果たし，2018年にはコンテナ取扱量は世界第2位となっている。

(注) 国内総生産とは，一つの国において新たに生み出された価値の総額を示した数値のことである。

(「データブック オブ・ザ・ワールド」2021年版などより作成)

〔問3〕 次のⅠとⅡの表の**ア**～**エ**は，略地図中に ▒▒ で示した**W**～**Z**の**いずれか**の国に当てはまる。Ⅰの表は，1999年と2019年における日本の輸入総額，日本の主な輸入品目と輸入額を示したものである。Ⅱの表は，1999年と2019年における輸出総額，輸出額が多い上位3位までの貿易相手国を示したものである。Ⅲの文章は，略地図中の**W**～**Z**の**いずれか**の国について述べたものである。Ⅲの文章で述べている国に当てはまるのは，略地図中の**W**～**Z**のうちのどれか，また，ⅠとⅡの表の**ア**～**エ**のうちのどれか。

Ⅰ

		日本の輸入総額（億円）	日本の主な輸入品目と輸入額（億円）		
ア	1999年	12414	電気機器 3708	一般機械 2242	液化天然ガス 1749
	2019年	19263	電気機器 5537	液化天然ガス 4920	一般機械 755
イ	1999年	331	金属鉱及びくず 112	非鉄金属 88	飼料 54
	2019年	2683	金属鉱及びくず 1590	液化天然ガス 365	揮発油 205
ウ	1999年	93	一般機械 51	コーヒー 14	植物性原材料 6
	2019年	459	精密機器類 300	電気機器 109	果実 15
エ	1999年	6034	一般機械 1837	電気機器 1779	果実 533
	2019年	11561	電気機器 4228	金属鉱及びくず 1217	一般機械 1105

（「データブック オブ・ザ・ワールド」2021年版などより作成）

Ⅱ

		輸出総額（億ドル）	輸出額が多い上位3位までの貿易相手国		
			1位	2位	3位
ア	1999年	845	アメリカ合衆国	シンガポール	日本
	2019年	2381	中華人民共和国	シンガポール	アメリカ合衆国
イ	1999年	59	アメリカ合衆国	スイス	イギリス
	2019年	461	中華人民共和国	アメリカ合衆国	カナダ
ウ	1999年	63	アメリカ合衆国	オランダ	イギリス
	2019年	115	アメリカ合衆国	オランダ	ベルギー
エ	1999年	350	アメリカ合衆国	日本	オランダ
	2019年	709	アメリカ合衆国	日本	中華人民共和国

（国際連合貿易統計データベースより作成）

Ⅲ

1946年に独立したこの国では，軽工業に加え電気機器関連の工業に力を注ぎ，外国企業によるバナナ栽培などの一次産品中心の経済から脱却を図ってきた。1989年にはアジア太平洋経済協力会議（APEC（エイペック））に参加し，1999年と比較して2019年では，日本の輸入総額は2倍に届かないものの増加し，貿易相手国としての中華人民共和国の重要性が増している。1960年代から日本企業の進出が見られ，近年では，人口が1億人を超え，英語を公用語としていることからコールセンターなどのサービス産業も発展している。

3　次の略地図を見て，あとの各問に答えよ。

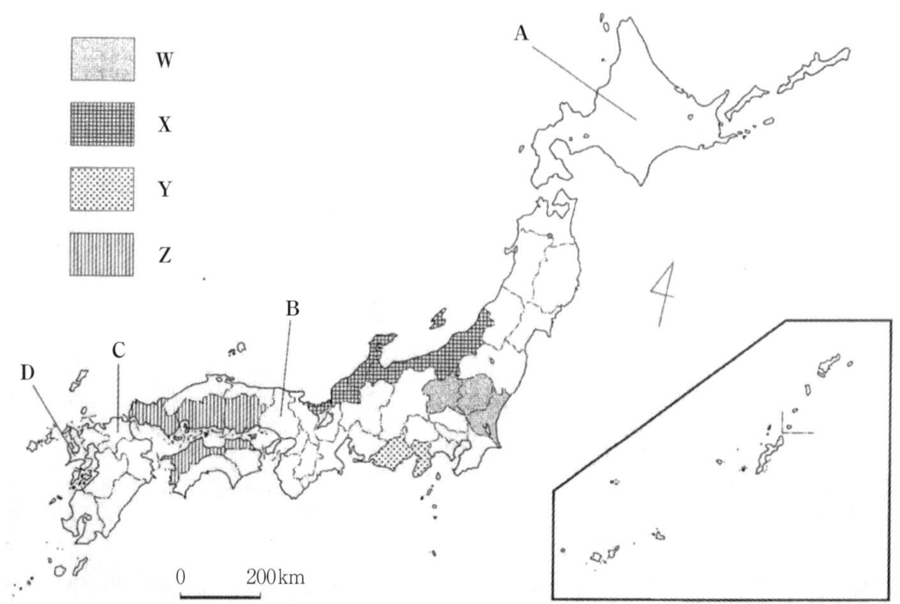

〔問１〕　次の表の**ア**～**エ**は，略地図中に**A**～**D**で示した**いずれか**の道県の，2019年における鉄鋼業と造船業の製造品出荷額等，海岸線と臨海部の工業の様子についてまとめたものである。**A**～**D**のそれぞれの道県に当てはまるのは，次の表の**ア**～**エ**のうちではどれか。

	製造品出荷額等(億円)		海岸線と臨海部の工業の様子
	鉄鋼	造船	
ア	9769	193	○678kmの海岸線には，干潟や陸と島をつなぐ砂州が見られ，北東部にある東西20km，南北２kmの湾に，工業用地として埋め立て地が造成された。 ○国内炭と中国産の鉄鉱石を原料に鉄鋼を生産していた製鉄所では，現在は輸入原料を使用し，自動車用の鋼板を生産している。
イ	19603	2503	○855kmの海岸線には，北部に国立公園に指定されたリアス海岸が見られ，南部に工業用地や商業用地として埋め立て地が造成された。 ○南部の海岸には，高度経済成長期に輸入原料を使用する製鉄所が立地し，国際貿易港に隣接する岬には，造船所が立地している。
ウ	3954	310	○4445kmの海岸線には，砂嘴(さし)や砂州，陸繋島(りくけいとう)，プレート運動の力が複雑に加わり形成された半島などが見られる。 ○国内炭と周辺で産出される砂鉄を原料に鉄鋼を生産していた製鉄所では，現在は輸入原料を使用し，自動車の部品に使われる特殊鋼を生産している。
エ	336	2323	○4170kmの海岸線には，多くの島や半島，岬によって複雑に入り組んだリアス海岸が見られる。 ○人口が集中している都市の臨海部に，カーフェリーなどを建造する造船所が立地し，周辺にはボイラーの製造などの関連産業が集積している。

（「日本国勢図会」2020/21年版などより作成）

〔問２〕　次のⅠの**ア**〜**エ**のグラフは，略地図中に**W**〜**Z**で示した**いずれか**の地域の1971年と2019年における製造品出荷額等と産業別の製造品出荷額等の割合を示したものである。Ⅱの文章は，Ⅰの**ア**〜**エ**の**いずれか**の地域について述べたものである。Ⅱの文章で述べている地域に当てはまるのは，Ⅰの**ア**〜**エ**のうちのどれか，また，略地図中の**W**〜**Z**のうちのどれか。

Ⅰ

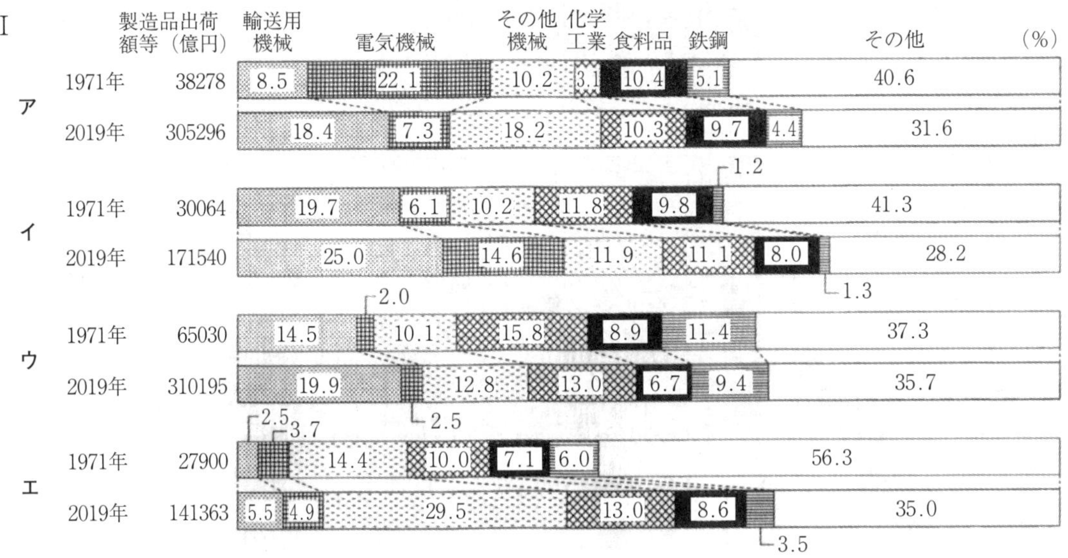

（注）　四捨五入をしているため，産業別の製造品出荷額等の割合を合計したものは，100%にならない場合がある。
（2019年工業統計表などより作成）

Ⅱ

> 絹織物や航空機産業を基礎として，電気機械等の製造業が発展した。高速道路網の整備に伴い，1980年に西部が，1987年に中部が東京とつながり，2011年には1998年開港の港湾と結ばれた。西部の高速道路沿いには，未来技術遺産に登録された製品を生み出す高度な技術をもつ企業の工場が立地している。2019年には電気機械の出荷額等は約２兆円となる一方で，自動車関連の輸送用機械の出荷額等が増加し，５兆円を超えるようになった。

〔問３〕　次のⅠ⑴とⅡ⑴の文は，1984年に示された福島市と1997年に示された岡山市の太線（━━）で囲まれた範囲を含む地域に関する地区計画の一部を分かりやすく書き改めたものである。Ⅰ⑵は1984年・1985年の，Ⅰ⑶は2018年の「２万５千分の１地形図（福島北部・福島南部）」の一部を拡大して作成したものである。Ⅱ⑵は1988年の，Ⅱ⑶は2017年の「２万５千分の１地形図（岡山南部）」の一部を拡大して作成したものである。ⅠとⅡの資料から読み取れる，太線で囲まれた範囲に共通した土地利用の変化について，簡単に述べよ。また，ⅠとⅡの資料から読み取れる，その変化を可能にした要因について，それぞれの県内において乗降客数が多い駅の一つである福島駅と岡山駅に着目して，簡単に述べよ。

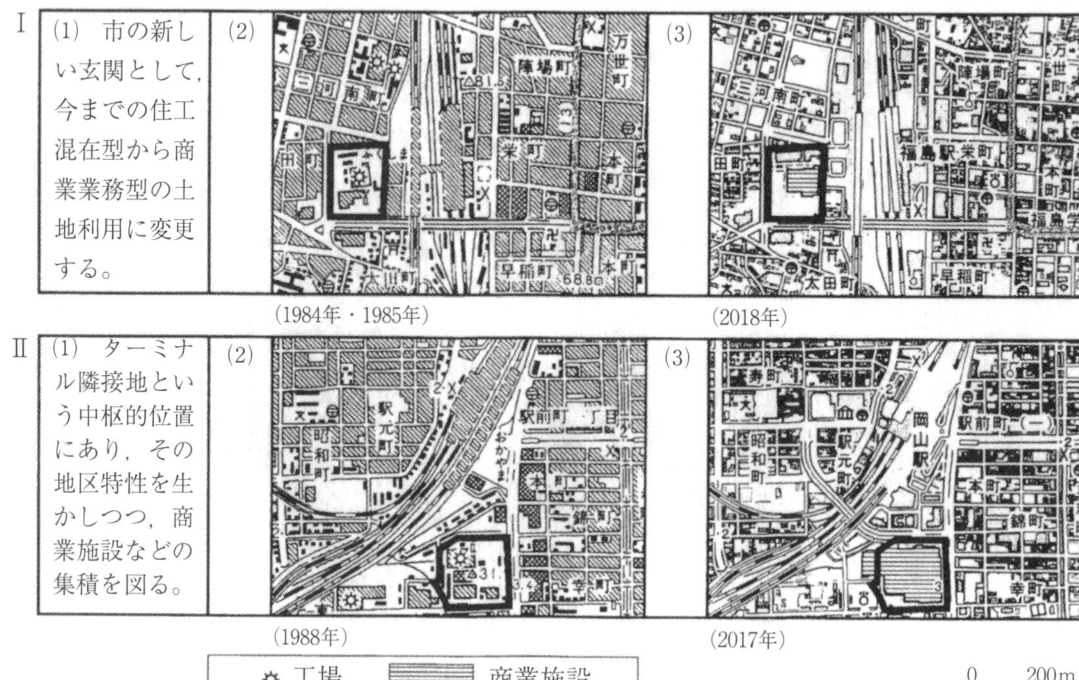

Ⅰ
(1) 市の新しい玄関として，今までの住工混在型から商業業務型の土地利用に変更する。
(2)
(3)
(1984年・1985年)
(2018年)
Ⅱ
(1) ターミナル隣接地という中枢的位置にあり，その地区特性を生かしつつ，商業施設などの集積を図る。
(2)
(3)
(1988年)
(2017年)
工場
商業施設
0 200m

4 次の文章を読み，あとの各問に答えよ。

> 私たちは，身の回りの土地やものについて面積や重量などを道具を用いて計測し，その結果を暮らしに役立ててきた。
>
> 古代から，各時代の権力者は，(1)財政基盤を固めるため，土地の面積を基に税を徴収するなどの政策を行ってきた。時代が進み，(2)地域により異なっていた長さや面積などの基準が統一された。
>
> (3)江戸時代に入ると，天文学や数学なども発展を遂げ，明治時代以降，我が国の科学技術の研究水準も向上し，独自の計測技術も開発されるようになった。
>
> 第二次世界大戦後になると，従来は計測することができなかった距離や大きさなどが，新たに開発された機器を通して計測することができるようになり，(4)環境問題などの解決のために生かされてきた。

〔問1〕 (1)財政基盤を固めるため，土地の面積を基に税を徴収するなどの政策を行ってきた。とあるが，次の**ア**～**エ**は，権力者が財政基盤を固めるために行った政策の様子について述べたものである。時期の古いものから順に記号を並べよ。

ア 朝廷は，人口増加に伴う土地不足に対応するため，墾田永年私財法を制定し，新しく開墾した土地であれば，永久に私有地とすることを認めた。

イ 朝廷は，財政基盤を強化するため，摂関政治を主導した有力貴族や寺社に集中していた荘園を整理するとともに，大きさの異なる枡の統一を図った。

ウ 朝廷は，元号を建武に改め，天皇中心の政治を推進するため，全国の田畑について調査させ，年貢などの一部を徴収し貢納させた。

エ 二度にわたる元軍の襲来を退けた幕府は，租税を全国に課すため，諸国の守護に対して，田地面積や領有関係などを記した文書の提出を命じた。

〔問2〕 (2)地域により異なっていた長さや面積などの基準が統一された。とあるが，次のⅠの略年表は，室町時代から江戸時代にかけての，政治に関する主な出来事についてまとめたものである。Ⅱの文章は，ある人物が示した検地における実施命令書の一部と計測基準の一部を分かりやすく書き改めたものである。Ⅱの文章が出された時期に当てはまるのは，Ⅰの略年表中の**ア**～**エ**の時期のうちではどれか。

Ⅰ

西暦	政治に関する主な出来事	
1560	●駿河国(静岡県)・遠江国(静岡県)などを支配していた人物が，桶狭間において倒された。	ア
1582	●全国統一を目指していた人物が，京都の本能寺において倒された。	イ
1600	●関ヶ原の戦いに勝利した人物が，全国支配の実権をにぎった。	ウ
1615	●全国の大名が守るべき事柄をまとめた武家諸法度が定められた。	エ
1635	●全国の大名が，国元と江戸とを1年交代で往復する制度が定められた。	

Ⅱ

【実施命令書の一部】
○日本全国に厳しく申し付けられている上は，おろそかに実施してはならない。

【計測基準の一部】
○田畑・屋敷地は長さ6尺3寸を1間とする竿を用い，5間かける60間の300歩を，1反として面積を調査すること。
○上田の石盛は1石5斗，中田は1石3斗，下田は1石1斗，下々田は状況で決定すること。
○升は京升に定める。必要な京升を準備し渡すようにすること。

〔問3〕 (3)江戸時代に入ると，天文学や数学なども発展を遂げ，明治時代以降，我が国の科学技術の研究水準も向上し，独自の計測技術も開発されるようになった。とあるが，次の**ア**～**エ**は，江戸時代から昭和時代にかけての我が国独自の計測技術について述べたものである。時期の古いものから順に記号を並べよ。

ア　後にレーダー技術に応用される超短波式アンテナが開発された頃，我が国最初の常設映画館が開館した浅草と，上野との間で地下鉄の運行が開始された。

イ　正確な暦を作るために浅草に天文台が設置された後，寛政の改革の一環として，幕府直轄の昌平坂学問所や薬の調合などを行う医官養成機関の医学館が設立された。

ウ　西洋時計と和時計の技術を生かして，時刻や曜日などを指し示す機能を有する万年自鳴鐘が開発された頃，黒船来航に備えて台場に砲台を築造するため，水深の計測が実施された。

エ　中部地方で発生した地震の研究に基づいて大森式地震計が開発された頃，日英同盟の締結を契機に，イギリスの無線技術を基にした無線電信機が開発された。

〔問4〕 (4)環境問題などの解決のために生かされてきた。とあるが，次のⅠのグラフは，1965年から2013年までの，東京のある地点から富士山が見えた日数と，大気汚染の一因となる二酸化硫黄の東京における濃度の変化を示したものである。Ⅱの文章は，Ⅰのグラフの**ア**～**エ**の**いずれか**の時期における国際情勢と，我が国や東京の環境対策などについてまとめたものである。Ⅱの文章で述べている時期に当てはまるのは，Ⅰのグラフの**ア**～**エ**の時期のうちではどれか。

Ⅰ

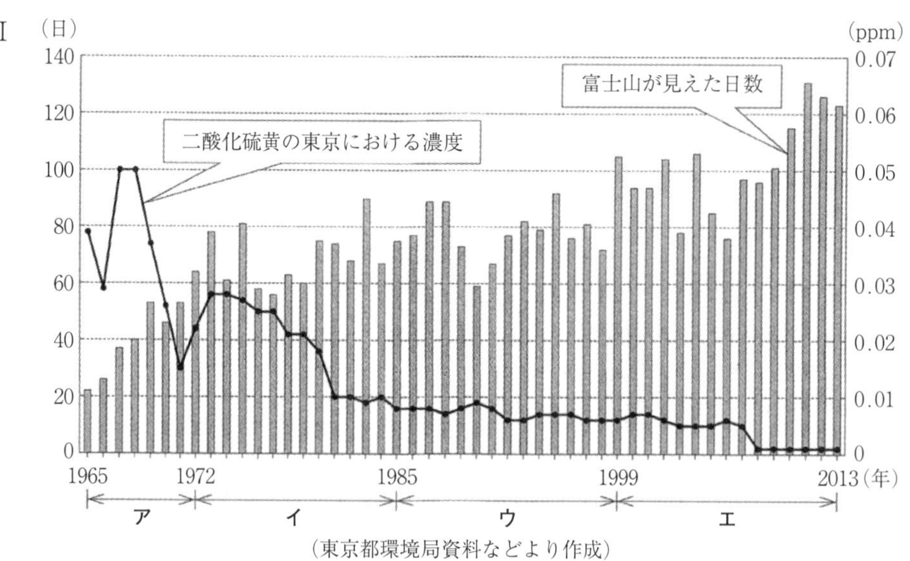

(東京都環境局資料などより作成)

Ⅱ

東ヨーロッパ諸国で民主化運動が高まり，東西ドイツが統一されるなど国際協調の動きが強まる中で，国際連合を中心に地球温暖化防止策が協議され，温室効果ガスの排出量の削減について数値目標を設定した京都議定書が採択された。長野県では，施設建設において極力既存の施設を活用し，自然環境の改変が必要な場合は大会後復元を図った，オリンピック・パラリンピック冬季競技大会が開催され，東京都においては，「地球環境保全東京アクションプラン」を策定し，大気汚染の状況は改善された。この時期には，Ⅰのグラフの観測地点から平均して週１回は富士山を見ることができた。

5 次の文章を読み，あとの各問に答えよ。

明治時代に作られた情報という言葉は，ある事柄の内容について文字などで伝達する知らせを表す意味として現在は用いられている。天気予報や経済成長率などの情報は，私たちの日々の暮らしに役立っている。

日本国憲法の中では，(1)自分の意見を形成し他者に伝える権利が，一定の決まり(ルール)の下で保障されている。

現代の社会は(2)情報が大きな役割を担(にな)うようになり，情報化社会とも呼ばれるようになった。その後，インターネットの普及は，私たちと情報との関わり方を変えることとなった。

(3)情報が新たな価値を生み出す社会では，企業の中で，情報化を推進し，課題の解決策を示したり，ソフトウェアを開発したりする，デジタル技術を活用できる人材を確保していくことの重要性が増している。また，(4)情報の活用を進め，社会の様々な課題を解決していくためには，新たな決まり(ルール)を定める必要がある。

〔問１〕 (1)自分の意見を形成し他者に伝える権利が，一定の決まり(ルール)の下で保障されている。とあるが，精神(活動)の自由のうち，個人の心の中にある，意思，感情などを外部に明らかにすることを保障する日本国憲法の条文は，次の**ア**～**エ**のうちではどれか。

ア　何人も，いかなる奴隷的拘束も受けない。又，犯罪に因る処罰の場合を除いては，その意に反する苦役に服させられない。

イ　思想及び良心の自由は，これを侵してはならない。

ウ　何人も，公共の福祉に反しない限り，居住，移転及び職業選択の自由を有する。

エ　集会，結社及び言論，出版その他一切の表現の自由は，これを保障する。

〔問２〕 (2)情報が大きな役割を担うようになり，情報化社会とも呼ばれるようになった。とあるが，次のⅠの略年表は，1938年から1998年までの，我が国の情報に関する主な出来事をまとめたものである。Ⅱの文章は，Ⅰの略年表中の**ア**～**エ**の**いずれか**の時期における社会の様子について，①は通信白書の，②は国民生活白書の一部をそれぞれ分かりやすく書き改めたものである。Ⅱの文章で述べている時期に当てはまるのは，Ⅰの略年表中の**ア**～**エ**の時期のうちではどれか。

Ⅰ

西暦	我が国の情報に関する主な出来事	
1938	●標準放送局型ラジオ受信機が発表された。	ア
1945	●人が意見を述べる参加型ラジオ番組の放送が開始された。	ア
1953	●白黒テレビ放送が開始された。	イ
1960	●カラーテレビ放送が開始された。	イ
1964	●東京オリンピック女子バレーボール決勝の平均視聴率が関東地区で66.8％を記録した。	イ
1972	●札幌オリンピック閉会式の平均視聴率が札幌で59.5％を記録した。	ウ
1974	●テレビの深夜放送が一時的に休止された。	ウ
1985	●テレビで文字多重放送が開始された。	エ
1989	●衛星テレビ放送が開始された。	エ
1998	●ニュースなどを英語で発信するワールドテレビ放送が開始された。	

Ⅱ

①　私たちの社会は，情報に対する依存を強めており，情報の流通は食料品や工業製品などの流通，つまり物流と同等あるいはそれ以上の重要性をもつようになった。

②　社会的な出来事を同時に知ることができるようになり，テレビやラジオを通じて人々の消費生活も均質化している。また，節約の経験により，本当に必要でなければ買わないで今持っているものの使用期間を長くする傾向が，中東で起きた戦争の影響を受けた石油危機から３年後の現在も見られる。

〔問３〕 (3)情報が新たな価値を生み出す社会では，企業の中で，情報化を推進し，課題の解決策を示したり，ソフトウェアを開発したりする，デジタル技術を活用できる人材を確保していくことの重要性が増している。とあるが，次のⅠの文章は，2019年の情報通信白書の一部を分かりやすく書き改めたものである。Ⅱのグラフは，2015年の我が国とアメリカ合衆国における情報処理・通信に携わる人材の業種別割合を示したものである。Ⅱのグラフから読み取れる，Ⅰの文章が示された背景となる我が国の現状について，我が国より取り組みが進んでいるアメリカ合衆国と比較して，情報通信技術を提供する業種と利用する業種の構成比の違いに着目し，簡単に述べよ。

Ⅰ

○今後，情報通信技術により，企業は新しい製品やサービスを市場に提供することが可能となる。
○新たな製品やサービスを次々と迅速に開発・提供していくために，情報通信技術を利用する業種に十分な情報通信技術をもった人材が必要である。

Ⅱ

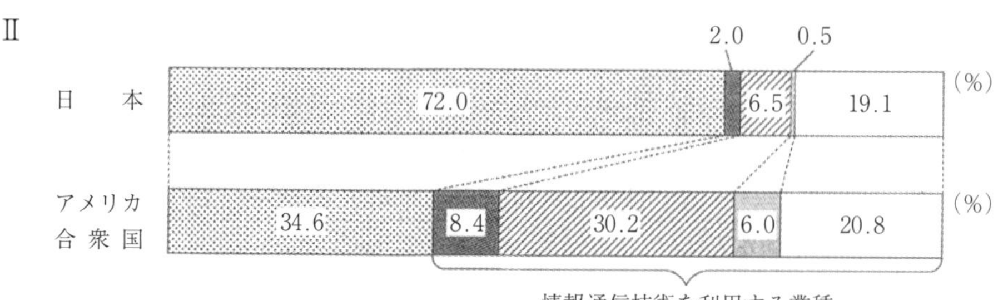

（注）四捨五入をしているため，情報処理・通信に携わる人材の業種別割合を合計したものは，100％にならない場合がある。

（独立行政法人情報処理推進機構資料より作成）

〔問４〕 (4)情報の活用を進め，社会の様々な課題を解決していくためには，新たな決まり（ルール）を定める必要がある。とあるが，次のⅠのＡ～Ｅは，令和３年の第204回通常国会で，情報通信技術を用いて多様で大量の情報を適正かつ効果的に活用することであらゆる分野における創造的かつ活力ある発展が可能となる社会の形成について定めた「デジタル社会形成基本法」が成立し，その後，公布されるまでの経過について示したものである。Ⅱの文で述べていることが行われたのは，下の**ア**～**エ**のうちではどれか。

Ⅰ

Ａ　第204回通常国会が開会される。（１月18日）
Ｂ　法律案が内閣で閣議決定され，国会に提出される。（２月９日）
Ｃ　衆議院の本会議で法律案が可決される。（４月６日）
Ｄ　参議院の本会議で法律案が可決される。（５月12日）
Ｅ　内閣の助言と承認により，天皇が法律を公布する。（５月19日）

（衆議院，参議院のホームページより作成）

Ⅱ

衆議院の内閣委員会で法律案の説明と質疑があり，障害の有無などの心身の状態による情報の活用に関する機会の格差の是正を着実に図ることや，国や地方公共団体が公正な給付と負担の確保のための環境整備を中心とした施策を行うことを，原案に追加した修正案が可決される。

ア　**Ａ**と**Ｂ**の間　　**イ**　**Ｂ**と**Ｃ**の間　　**ウ**　**Ｃ**と**Ｄ**の間　　**エ**　**Ｄ**と**Ｅ**の間

6 次の文章を読み，下の略地図を見て，あとの各問に答えよ。

> 都市には，小さな家屋から超高層建築まで多様な建物が見られ，(1)人々が快適な生活を送るために様々な社会資本が整備されてきた。また，(2)政治の中心としての役割を果たす首都には，新たに建設された都市や，既存の都市に政府機関を設置する例が見られる。
> 都市への人口集中は，経済を成長させ新たな文化を創造する一方で，(3)交通渋滞などの都市問題を深刻化させ，我が国は多くの国々の都市問題の解決に協力している。

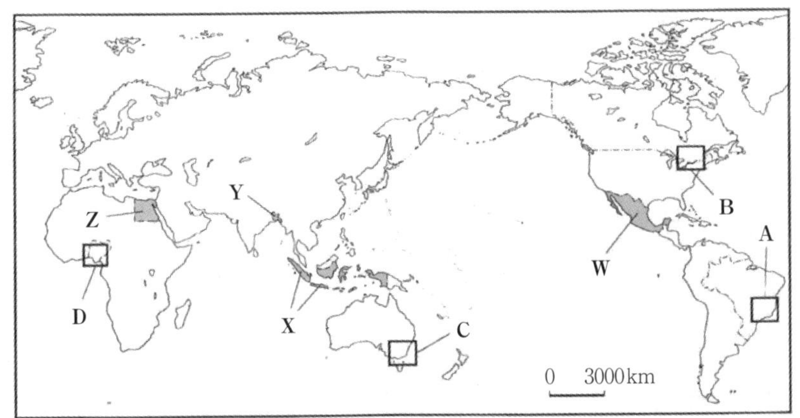

〔問１〕 (1)人々が快適な生活を送るために様々な社会資本が整備されてきた。とあるが，次の**ア**～**エ**の文は，それぞれの時代の都市の様子について述べたものである。時期の古いものから順に記号を並べよ。

ア ドイツ帝国の首都ベルリンでは，ビスマルクの宰相（さいしょう）任期中に，工業の発展により人口の流入が起き，上下水道が整備され，世界で初めて路面電車の定期運行が開始された。

イ イギリスの首都ロンドンでは，冷戦（冷たい戦争）と呼ばれる東西の対立が起き緊張が高まる中で，ジェット旅客機が就航し，翌年，空港に新滑走路が建設された。

ウ アメリカ合衆国の都市ニューヨークでは，300mを超える超高層ビルが建設され，フランクリン・ルーズベルト大統領によるニューディール政策の一環で公園建設なども行われた。

エ オーストリアの首都ウィーンでは，フランス同様に国王が強い政治権力をもつ専制政治（絶対王政）が行われ，マリア・テレジアが住んでいた郊外の宮殿の一角に動物園がつくられた。

〔問２〕 (2)政治の中心としての役割を果たす首都には，新たに建設された都市や，既存の都市に政府機関を設置する例が見られる。とあるが，次のⅠの**A**～**D**は，略地図中の**A**～**D**の□で示した部分を拡大し，主な都市の位置を**ア**～**ウ**で示したものである。下のⅡの文章は，略地図中の**A**～**D**の中に首都が位置する**いずれか**の国とその国の首都の様子について述べたものである。Ⅱの文章で述べているのは，Ⅰの**A**～**D**のうちのどれか，また，首都に当てはまるのは，選択したⅠの**A**～**D**の**ア**～**ウ**のうちのどれか。

Ⅰ

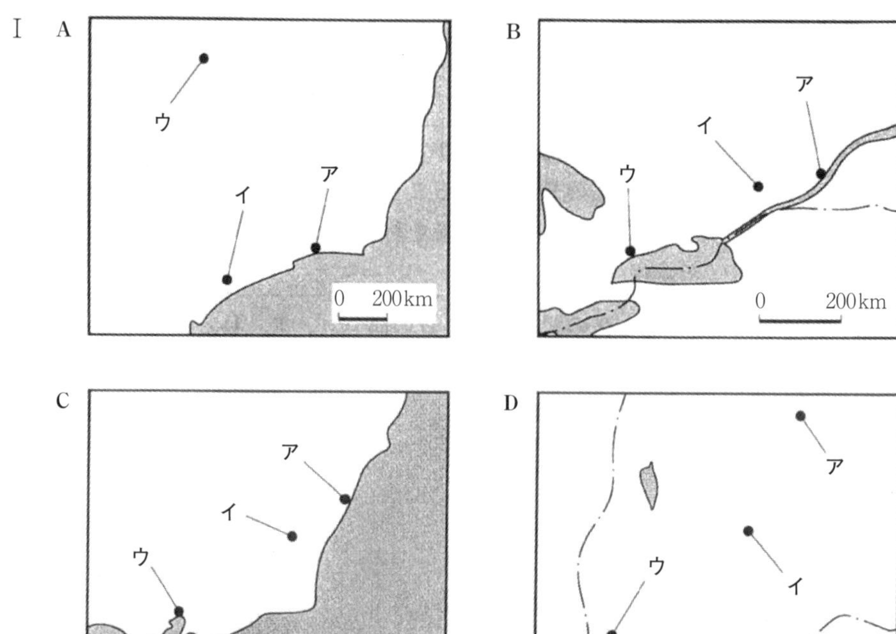

Ⅱ

16世紀にフランスがこの国の東部に進出し，隣国からイギリス人がフランス人の定住地を避けて移住したことで二つの文化圏が形成されたため，立憲君主である国王により文化圏の境界に位置する都市が首都と定められた。首都から約350km離れイギリス系住民が多い都市は，自動車産業などで隣国との結び付きが見られ，首都から約160km離れフランス系住民が多い都市は，フランス語のみで示されている道路標識などが見られる。

〔問３〕 (3)交通渋滞などの都市問題を深刻化させ，我が国は多くの国々の都市問題の解決に協力している。とあるが，次のⅠの**W**～**Z**のグラフは，略地図中に ▒ で示した**W**～**Z**のそれぞれの国の，1950年から2015年までの第１位の都市圏と第２位の都市圏の人口の推移を示したものである。Ⅱの文章で述べている国に当てはまるのは，略地図中の**W**～**Z**のうちのどれか。

Ⅰ

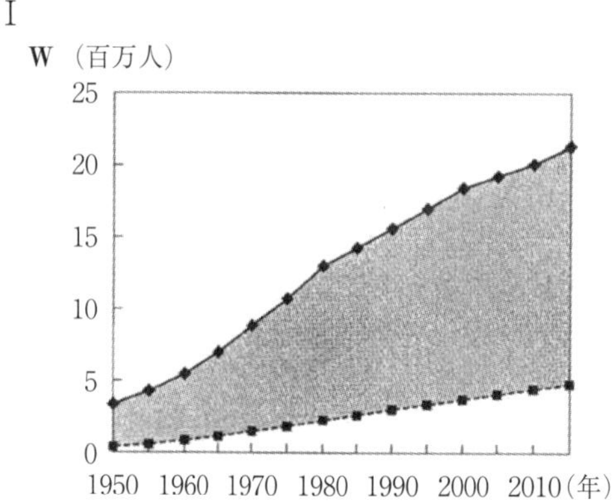

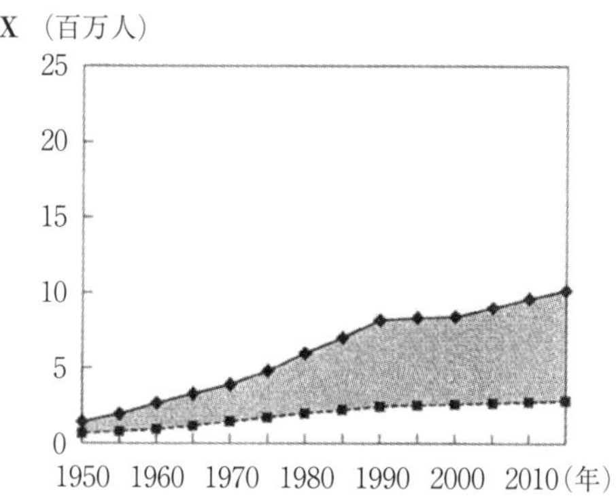

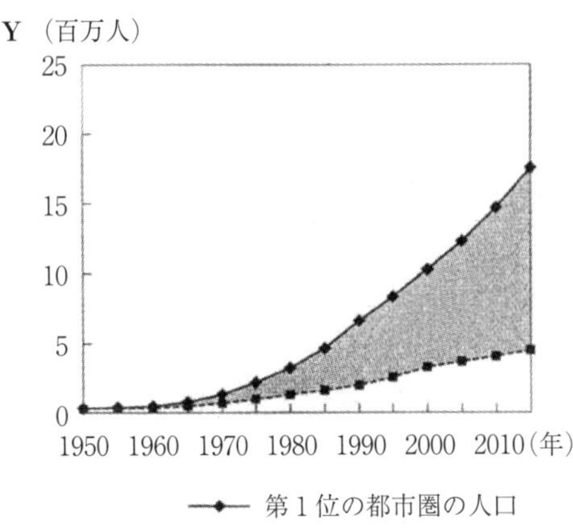

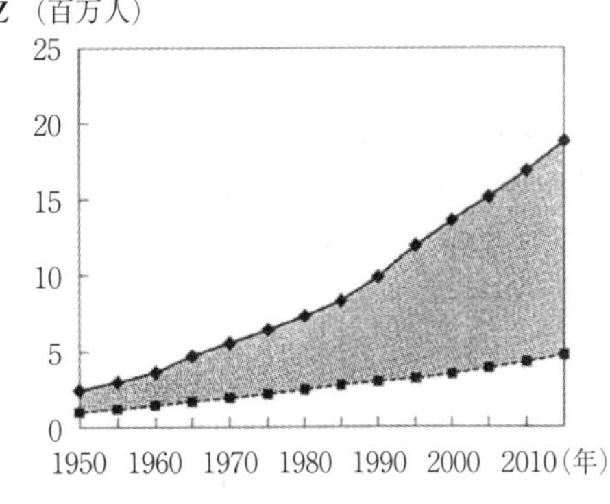

第１位の都市圏の人口　第２位の都市圏の人口

（国際連合資料より作成）

Ⅱ

○1949年にオランダから独立し，イスラム教徒が８割を超えるこの国では，第１位の都市圏と第２位の都市圏の人口差は，1950年に100万人を下回っていたが，1990年には人口差は約７倍と急激に拡大しており，その後緩やかな拡大傾向が続いた。
○深刻化した交通渋滞や大気汚染などの都市問題を解決するため，日本の技術や運営の支援を受け，都市の中心部と住宅地をつなぐ国内初の地下鉄が2019年に開通した。

【理　科】（50分）〈満点：100点〉

1　次の各問に答えよ。

〔問1〕　図1は，質量を測定した木片に火をつけ，酸素で満たした集気びんPに入れ，ふたをして燃焼させた後の様子を示したものである。図2は，質量を測定したスチールウールに火をつけ，酸素で満たした集気びんQに入れ，ふたをして燃焼させた後の様子を示したものである。

燃焼させた後の木片と，燃焼させた後のスチールウールを取り出し質量を測定するとともに，それぞれの集気びんに石灰水を入れ，ふたをして振った。

燃焼させた後に質量が大きくなった物体と，石灰水が白くにごった集気びんとを組み合わせたものとして適切なのは，下の表の**ア**～**エ**のうちではどれか。

	燃焼させた後に質量が大きくなった物体	石灰水が白くにごった集気びん
ア	木片	集気びんP
イ	スチールウール	集気びんP
ウ	木片	集気びんQ
エ	スチールウール	集気びんQ

〔問2〕　図3は，ヒトの心臓を正面から見て，心臓から送り出された血液が流れる血管と心臓に戻ってくる血液が流れる血管を模式的に表したものである。また，図中の矢印（➡）は全身から右心房に戻る血液の流れを示している。

血管A～血管Dのうち，動脈と，動脈血が流れる血管とを組み合わせたものとして適切なのは，次の表の**ア**～**エ**のうちではどれか。

図3

血管A　血管B　血管C　血管D

	動脈	動脈血が流れる血管
ア	血管Aと血管B	血管Bと血管D
イ	血管Aと血管B	血管Aと血管C
ウ	血管Cと血管D	血管Bと血管D
エ	血管Cと血管D	血管Aと血管C

〔問3〕　図4は，平らな底に「A」の文字が書かれた容器に水を入れた状態を模式的に表したものである。水中から空気中へ進む光の屈折に関する説明と，観察者と容器の位置を変えずに内側の「A」の文字の形が全て見えるようにするときに行う操作とを組み合わせたものとして適

切なのは，下の表の**ア**～**エ**のうちではどれか。

	水中から空気中へ進む光の屈折に関する説明	「Ａ」の文字の形が全て見えるようにするときに行う操作
ア	屈折角より入射角の方が大きい。	容器の中の水の量を減らす。
イ	屈折角より入射角の方が大きい。	容器の中の水の量を増やす。
ウ	入射角より屈折角の方が大きい。	容器の中の水の量を減らす。
エ	入射角より屈折角の方が大きい。	容器の中の水の量を増やす。

〔問４〕　前線が形成されるときの暖気と寒気の動きを矢印(⇨)で模式的に表したものがＡ，Ｂである。温暖前線付近の暖気と寒気の動きを次のＡ，Ｂから一つ，できた直後の温暖前線付近の暖気と寒気を比較したときに，密度が小さいものを下のＣ，Ｄから一つ，それぞれ選び，組み合わせたものとして適切なのは，下の**ア**～**エ**のうちではどれか。

暖気と寒気の動き

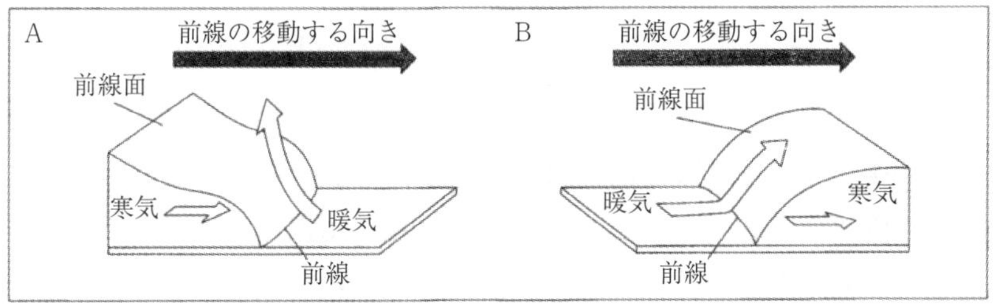

密度が小さいもの

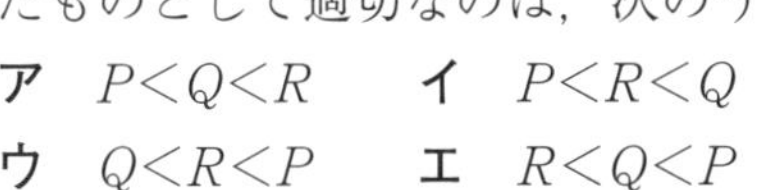

ア　Ａ，Ｃ　　**イ**　Ａ，Ｄ　　**ウ**　Ｂ，Ｃ　　**エ**　Ｂ，Ｄ

〔問５〕　図５は，12Vの電源装置と1.2Ωの抵抗器Ａ，２Ωの抵抗器Ｂ，３Ωの抵抗器Ｃをつないだ回路図である。この回路に電圧を加えたときの，回路上の点ｐ，点ｑ，点ｒを流れる電流の大きさを，それぞれP〔A〕，Q〔A〕，R〔A〕とした。このとき，P，Q，Rの関係を表したものとして適切なのは，次のうちではどれか。

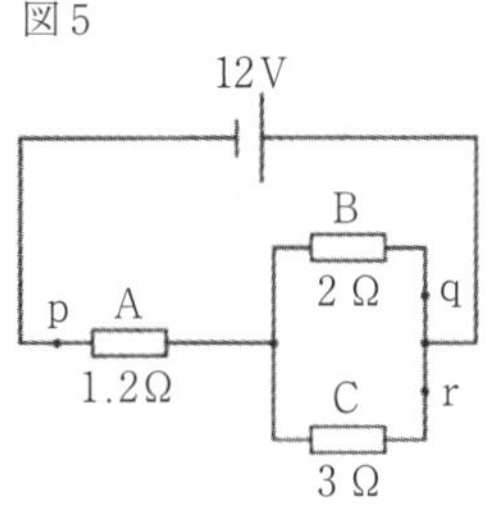

ア　$P<Q<R$　　**イ**　$P<R<Q$

ウ　$Q<R<P$　　**エ**　$R<Q<P$

2 　生徒が，国際宇宙ステーションに興味をもち，科学的に探究しようと考え，自由研究に取り組んだ。生徒が書いたレポートの一部を読み，次の各問に答えよ。

＜レポート１＞　日食について

　金環日食が観察された日の地球にできた月の影を，国際宇宙ステーションから撮影した画像が紹介されていた。

　日食が生じるときの北極星側から見た太陽，月，地球の位置関係を模式的に示すと，図１のようになっていた。さらに，日本にある観測地点Ａは，地球と月と太陽を一直線に結んだ線上に位置していた。

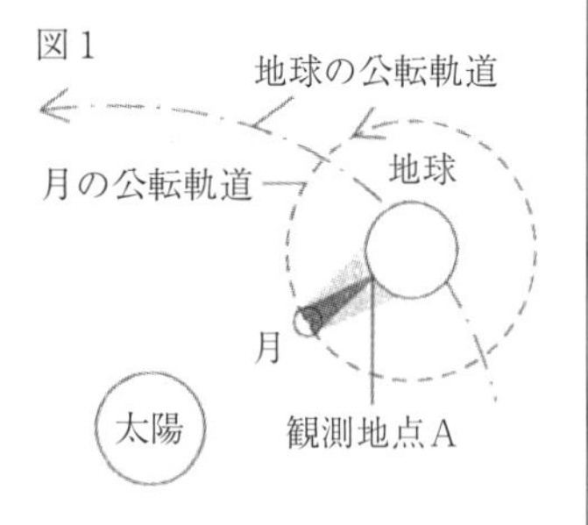

〔問１〕　**＜レポート１＞**から，図１の位置関係において，観測地点Ａで月を観測したときに月が真南の空に位置する時刻と，この日から１週間後に観察できる月の見え方に最も近いものとを組み合わせたものとして適切なのは，次の表の**ア**～**エ**のうちではどれか。

	真南の空に位置する時刻	１週間後に観察できる月の見え方
ア	12時	上弦の月
イ	18時	上弦の月
ウ	12時	下弦の月
エ	18時	下弦の月

＜レポート２＞　国際宇宙ステーションでの飲料水の精製について

　国際宇宙ステーション内の生活環境に関して調べたところ，2018年では，生活排水をタンクに一時的にため，蒸留や殺菌を行うことできれいな水にしていたことが紹介されていた。

　蒸留により液体をきれいな水にすることに興味をもち，液体の混合物から水を分離するモデル実験を行った。図２のように，塩化ナトリウムを精製水(蒸留水)に溶かして５％の塩化ナトリウム水溶液を作り，実験装置で蒸留した。蒸留して出てきた液体が試験管に約１cmたまったところで蒸留を止めた。枝付きフラスコに残った水溶液Ａと蒸留して出てきた液体Ｂをそれぞれ少量とり，蒸発させて観察し，結果を表１にまとめた。

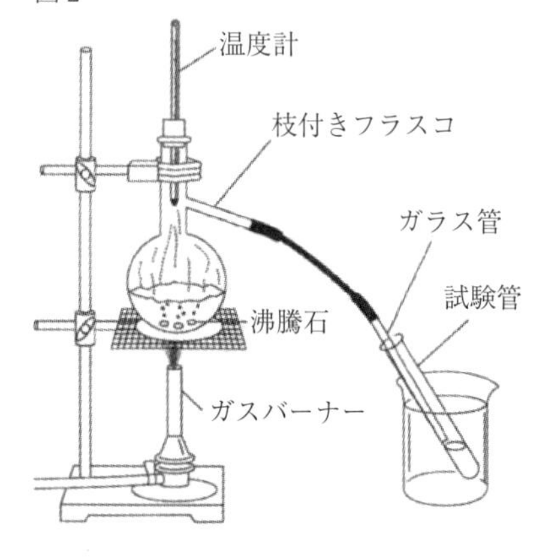

表１

蒸発させた液体	観察した結果
水溶液Ａ	結晶が見られた。
液体Ｂ	結晶が見られなかった。

〔問２〕　**＜レポート２＞**から，結晶になった物質の分類と，水溶液Ａの濃度について述べたものとを組み合わせたものとして適切なのは，次の表の**ア**～**エ**のうちではどれか。

	結晶になった物質の分類	水溶液Aの濃度
ア	混合物	5％より高い。
イ	化合物	5％より高い。
ウ	混合物	5％より低い。
エ	化合物	5％より低い。

＜レポート3＞　国際宇宙ステーションでの植物の栽培について

国際宇宙ステーションでは，宇宙でも効率よく成長する植物を探すため，図3のような装置の中で植物を発芽させ，実験を行っていることが紹介されていた。植物が光に向かって成長することから，装置の上側に光源を設置してあることが分かった。

植物の成長に興味をもち，植物を真上から観察すると，上下にある葉が互いに重ならないようにつき，成長していくことが分かった。

図3

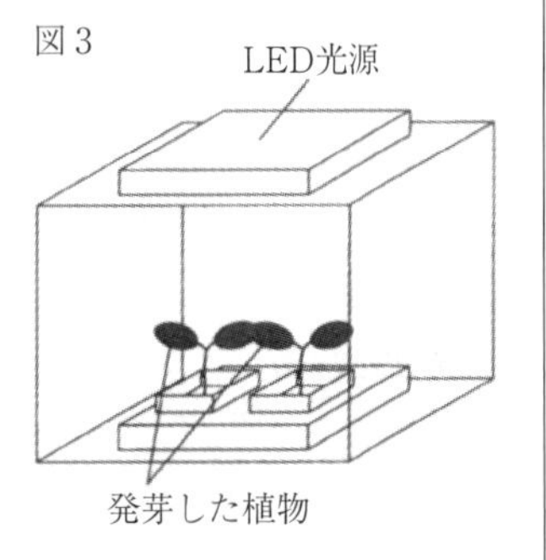

〔問3〕　**＜レポート3＞**から，上下にある葉が互いに重ならないようにつく利点と，葉で光合成でつくられた養分(栄養分)が通る管の名称とを組み合わせたものとして適切なのは，次の表の**ア**～**エ**のうちではどれか。

	上下にある葉が互いに重ならないようにつく利点	光合成でつくられた養分(栄養分)が通る管の名称
ア	光が当たる面積が小さくなる。	道管
イ	光が当たる面積が小さくなる。	師管
ウ	光が当たる面積が大きくなる。	道管
エ	光が当たる面積が大きくなる。	師管

＜レポート4＞　月面での質量と重さの関係について

国際宇宙ステーション内では，見かけ上，物体に重力が働かない状態になるため，てんびんや地球上で使っている体重計では質量を測定できない。そのため，宇宙飛行士は質量を測る際に特別な装置で行っていることが紹介されていた。

地球上でなくても質量が測定できることに興味をもち調べたところ，重力が変化しても物体そのものの量は，地球上と変わらないということが分かった。

また，重力の大きさは場所によって変わり，月面では同じ質量の物体に働く重力の大きさが地球上と比べて約6分の1であることも分かった。

図4のような測定を月面で行った場合，質量300gの物体Aを上皿てんびんに載せたときにつり合う分銅の種類と，物体Aをはかりに載せたときの目盛りの値について考えた。

図4

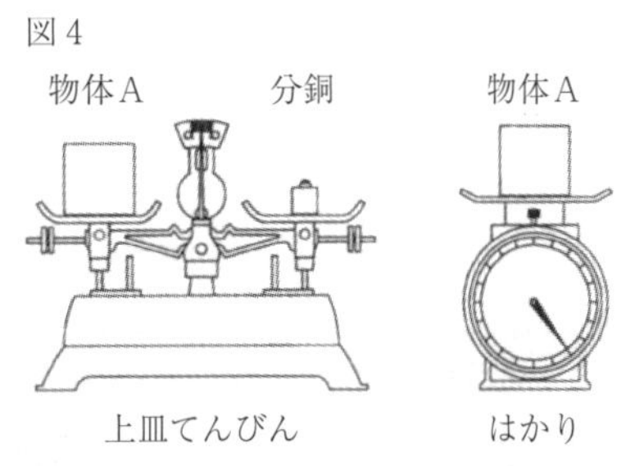

〔問4〕　**＜レポート4＞**から，図4のような測定を月面で行った場合，質量300gの物体Aを上

皿てんびんに載せたときにつり合う分銅の種類と，物体Aをはかりに載せたときの目盛りの値とを組み合わせたものとして適切なのは，次の表の**ア**～**エ**のうちではどれか。

	上皿てんびんに載せたときにつり合う分銅の種類	はかりに載せたときの目盛りの値
ア	50 g の分銅	約50 g
イ	50 g の分銅	約300 g
ウ	300 g の分銅	約50 g
エ	300 g の分銅	約300 g

3　岩石や地層について，次の各問に答えよ。

＜**観察**＞を行ったところ，＜**結果**＞のようになった。

＜**観察**＞

図1は，岩石の観察を行った地域Aと，ボーリング調査の記録が得られた地域Bとを示した地図である。

(1)　地域Aでは，特徴的な岩石Pと岩石Qを採取後，ルーペで観察し，スケッチを行い特徴を記録した。

(2)　岩石Pと岩石Qの，それぞれの岩石の中に含まれているものを教科書や岩石に関する資料を用いて調べた。

(3)　地域BにあるX点とY点でのボーリング調査の記録と，この地域で起きた過去の堆積の様子についてインターネットで調べた。

なお，X点の標高は40.3m，Y点の標高は36.8mである。

図1

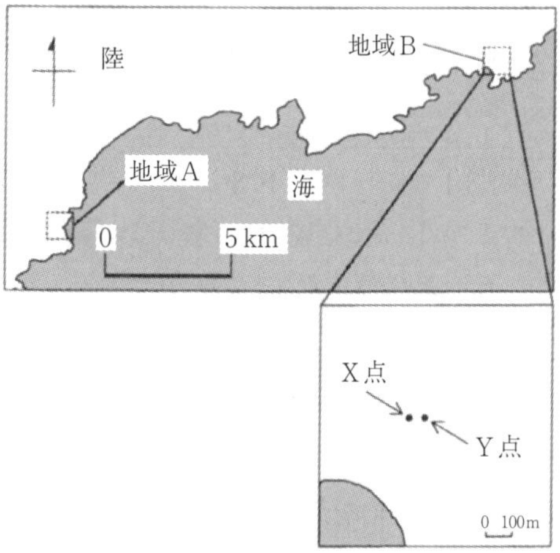

＜**結果**＞

(1)　＜**観察**＞の(1)と(2)を，表1のように，岩石Pと岩石Qについてまとめた。

表1

	岩石P	岩石Q
スケッチ		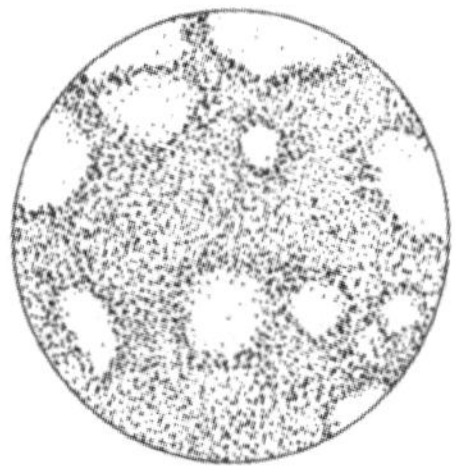
特徴	全体的に黒っぽい色で，小さな鉱物の間に，やや大きな鉱物が散らばっていた。	全体的に灰色で，白く丸いものが多数散らばっていた。
教科書や資料から分かったこと	無色鉱物である長石や，有色鉱物である輝石が含まれていた。	丸いものはフズリナの化石であった。

(2)　図2は＜**観察**＞の(3)で調べた地域BにあるX点とY点のそれぞれのボーリング調査の記録

(柱状図)である。凝灰岩の層は同じ時期に堆積している。また，地域Bの地層では上下の入れ替わりは起きていないことが分かった。

図2

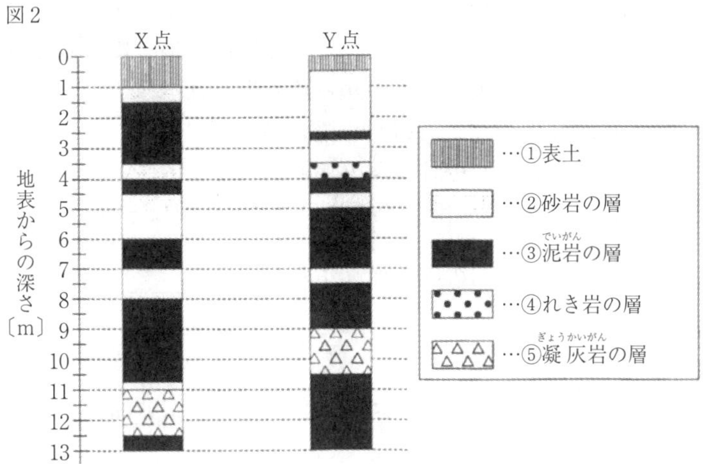

〔問1〕 <**結果**>の(1)の岩石Pと<**結果**>の(2)の④の層に含まれるれき岩の，それぞれのでき方と，れき岩を構成する粒の特徴とを組み合わせたものとして適切なのは，次の表の**ア**～**エ**のうちではどれか。

	岩石Pとれき岩のそれぞれのでき方	れき岩を構成する粒の特徴
ア	岩石Pは土砂が押し固められてできたもので，れき岩はマグマが冷えてできたものである。	角が取れて丸みを帯びた粒が多い。
イ	岩石Pは土砂が押し固められてできたもので，れき岩はマグマが冷えてできたものである。	角ばった粒が多い。
ウ	岩石Pはマグマが冷えてできたもので，れき岩は土砂が押し固められてできたものである。	角が取れて丸みを帯びた粒が多い。
エ	岩石Pはマグマが冷えてできたもので，れき岩は土砂が押し固められてできたものである。	角ばった粒が多い。

〔問2〕 <**結果**>の(1)で，岩石Qが堆積した地質年代に起きた出来事と，岩石Qが堆積した地質年代と同じ地質年代に生息していた生物とを組み合わせたものとして適切なのは，次の表の**ア**～**エ**のうちではどれか。

	岩石Qが堆積した地質年代に起きた出来事	同じ地質年代に生息していた生物
ア	魚類と両生類が出現した。	アンモナイト
イ	魚類と両生類が出現した。	三葉虫(サンヨウチュウ)
ウ	鳥類が出現した。	アンモナイト
エ	鳥類が出現した。	三葉虫(サンヨウチュウ)

〔問3〕 <**結果**>の(2)にある泥岩の層が堆積した時代の地域B周辺の環境について述べたものとして適切なのは，次の**ア**～**エ**のうちではどれか。

ア 流水で運搬され海に流れた土砂は，粒の小さなものから陸の近くに堆積する。このことから，泥岩の層が堆積した時代の地域B周辺は，河口から近い浅い海であったと考えられる。

イ　流水で運搬され海に流れた土砂は，粒の大きなものから陸の近くに堆積する。このことから，泥岩の層が堆積した時代の地域Ｂ周辺は，河口から近い浅い海であったと考えられる。

ウ　流水で運搬され海に流れた土砂は，粒の小さなものから陸の近くに堆積する。このことから，泥岩の層が堆積した時代の地域Ｂ周辺は，河口から遠い深い海であったと考えられる。

エ　流水で運搬され海に流れた土砂は，粒の大きなものから陸の近くに堆積する。このことから，泥岩の層が堆積した時代の地域Ｂ周辺は，河口から遠い深い海であったと考えられる。

〔問４〕　＜**結果**＞の(2)から，地域ＢのＸ点とＹ点の柱状図の比較から分かることについて述べた次の文の［　　］に当てはまるものとして適切なのは，下の**ア**～**エ**のうちではどれか。

Ｘ点の凝灰岩の層の標高は，Ｙ点の凝灰岩の層の標高より［　　　　］なっている。

ア　1.5m高く　　**イ**　1.5m低く　　**ウ**　3.5m高く　　**エ**　3.5m低く

4　植物の花のつくりの観察と，遺伝の規則性を調べる実験について，次の各問に答えよ。

＜**観察**＞を行ったところ，＜**結果１**＞のようになった。

＜**観察**＞

(1)　メンデルの実験で用いられた品種と同じエンドウを校庭で育てた。

(2)　(1)から花を１個採取後，分解しセロハンテープに並べて貼り付けた。

(3)　(1)からさらに花をもう１個採取後，花の内側にある花弁が２枚合わさるように重なっている部分（図１の点線）をカッターナイフで切り，断面を観察して，スケッチした。

図１

＜**結果１**＞

(1)　＜**観察**＞の(2)から，図２のようにエンドウの花弁は５枚あり，その１枚１枚が離れていた。

(2)　＜**観察**＞の(3)から，図３のように，おしべとめしべは内側の２枚の花弁で包まれていた。また，子房の中には，胚珠（はいしゅ）が見られた。

図２

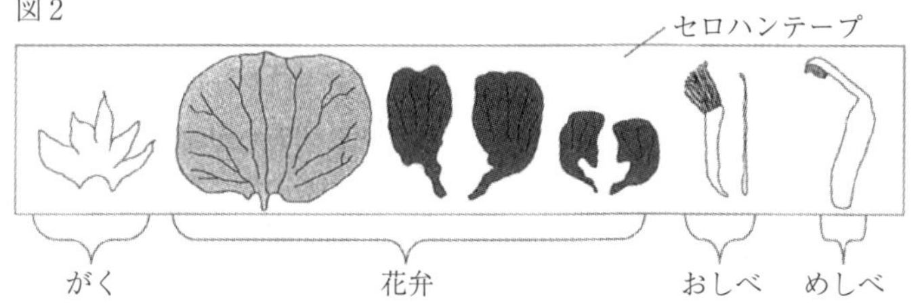

図３

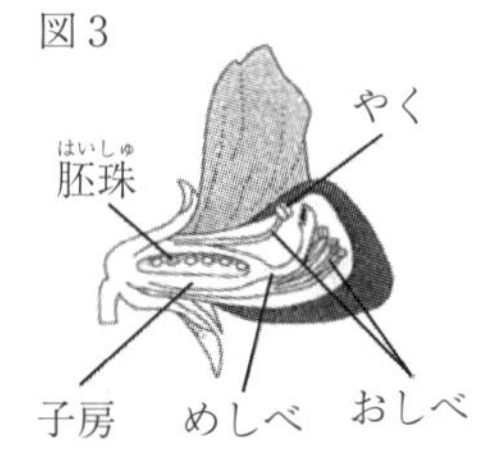

次に，＜**実験**＞を行ったところ，＜**結果２**＞のようになった。

＜**実験**＞

(1)　校庭で育てたエンドウには，草たけ（茎の長さ）の高い個体と低い個体がそれぞれあった。

(2)　草たけが高い個体を１本選び，エンドウが自家受粉し，受精後にできた種子を採取した。

(3)　草たけが低い個体を１本選び，エンドウが自家受粉し，受精後にできた種子を採取した。

(4)　(2)で採取した種子をまいて育て，成長したエンドウの草たけを調べた。

(5)　(3)で採取した種子をまいて育て，成長したエンドウの草たけを調べた。

(6)　(4)で調べたエンドウの花で，花粉がつくられる前に，やくを全て取り除いた。

(7)　(6)のエンドウの花の柱頭に，(5)で調べたエンドウの花のやくから採取した花粉を付け，受精した後にできた種子を採取した。

(8) (7)で採取した種子をまいて育て，成長したエンドウの草たけを調べた。

＜**結果２**＞

(1) ＜**実験**＞の(4)から，全て草たけの高い個体(図４のＰ)であった。

(2) ＜**実験**＞の(5)から，全て草たけの低い個体(図４のＱ)であった。

(3) ＜**実験**＞の(8)から，全て草たけの高い個体(図４のＲ)であった。

図４　＜**実験**＞の模式図

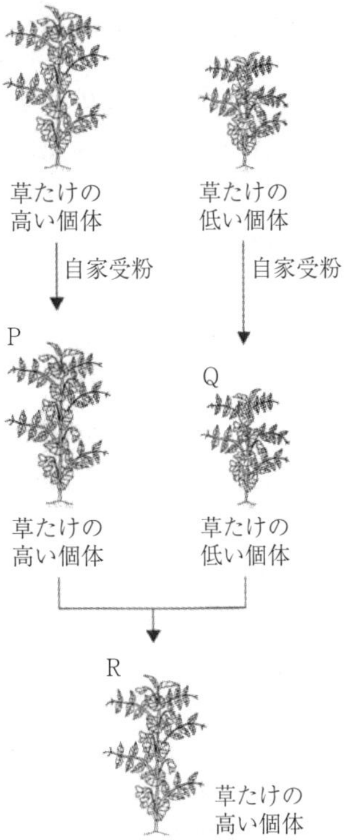

〔問１〕 ＜**結果１**＞の(1)の花のつくりをもつ植物の子葉の枚数と，＜**結果１**＞の(2)のように胚珠が子房の中にある植物のなかまの名称とを組み合わせたものとして適切なのは，次の表の**ア**～**エ**のうちではどれか。

	子葉の枚数	胚珠が子房の中にある植物のなかまの名称
ア	１枚	被子植物
イ	１枚	裸子植物
ウ	２枚	被子植物
エ	２枚	裸子植物

〔問２〕 ＜**実験**＞の(7)では，花粉から花粉管が伸長し，その中を移動する生殖細胞１個の染色体数は７本である。花粉管の中を移動する生殖細胞のうち１個と合体する細胞と，受精卵１個に含まれる染色体数とを組み合わせたものとして適切なのは，次の表の**ア**～**エ**のうちではどれか。

	花粉管の中を移動する生殖細胞のうち１個と合体する細胞	受精卵１個に含まれる染色体数
ア	卵	７本
イ	卵	14本
ウ	卵細胞	７本
エ	卵細胞	14本

〔問３〕 ＜**結果２**＞の(3)の個体で，花粉がつくられる前にやくを全て取り除き，柱頭に＜**結果２**＞の(2)の個体のやくから採取した花粉を付け受精させ，種子を採取した。その種子をまいて育て，成長したエンドウの草たけを調べたときの結果として適切なのは，次のうちではどれか。

ア　草たけの高い個体数と草たけの低い個体数のおよその比は１：１であった。

イ　草たけの高い個体数と草たけの低い個体数のおよその比は１：３であった。

ウ　全て草たけの高い個体であった。

エ　全て草たけの低い個体であった。

〔問４〕 メンデルが行ったエンドウの種子の形の遺伝に関する実験では，顕性形質の丸形と，潜性形質のしわ形があることが分かった。遺伝子の組み合わせが分からない丸形の種子を２個まき，育てた個体どうしをかけ合わせる＜**モデル実験の結果**＞から，＜**考察**＞をまとめた。

ただし，エンドウの種子が丸形になる遺伝子をA，しわ形になる遺伝子をaとし，子や孫の代で得られた種子は，遺伝の規則性のとおりに現れるものとする。

> <**モデル実験の結果**>
>
> (1) 親の代で，遺伝子の組み合わせが分からない丸形の種子を2個まき，育てた個体どうしをかけ合わせたところ，子の代では丸形の種子だけが得られた。
>
> (2) 子の代として得られた丸形の種子を全てまき，育てた個体をそれぞれ自家受粉させたところ，孫の代として，丸形の種子だけが得られた個体と丸形・しわ形の種子が得られた個体の両方があった。
>
> <**考察**>
>
> <**モデル実験の結果**>の(1)で，子の代として得られた丸形の種子の遺伝子の組み合わせは，<**モデル実験の結果**>の(2)から，2種類あることが分かる。このことから，親の代としてまいた2個の丸形の種子の遺伝子の組み合わせを示すと［　　　］であることが分かる。

<**考察**>の［　　］に当てはまるものとして適切なのは，下の**ア**～**ウ**のうちではどれか。

ア　AAとAA　**イ**　AaとAa　**ウ**　AAとAa

5　イオンの性質を調べる実験について，次の各問に答えよ。

<**実験1**>を行ったところ，<**結果1**>のようになった。

<**実験1**>

(1) 図1のように，ビーカー①に硫酸亜鉛水溶液を入れ，亜鉛板Pを設置した。次に，ビーカー①に硫酸銅水溶液を入れたセロハンの袋を入れ，セロハンの袋の中に銅板Qを設置した。プロペラ付きモーターに亜鉛板Pと銅板Qを導線でつないだ後に金属板の表面の様子を観察した。

(2) 図2のように，簡易型電気分解装置に薄い水酸化ナトリウム水溶液を入れ，電極Rと電極Sを導線で電源装置につなぎ，電圧を加えて電流を流した後に電極の様子を観察した。

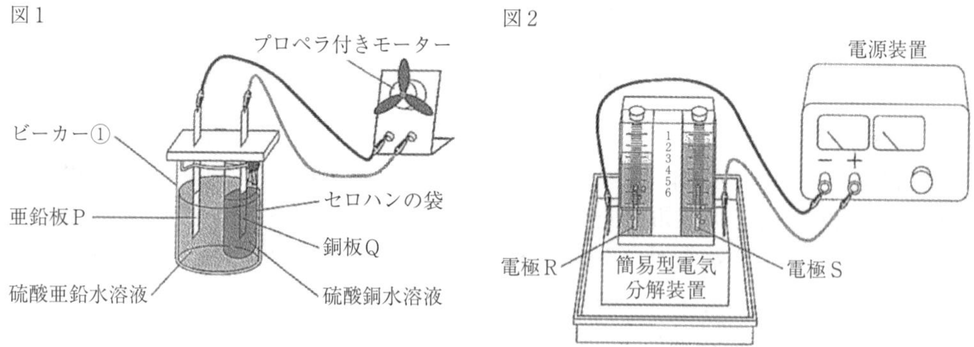

<**結果1**>

(1) <**実験1**>の(1)でプロペラは回転した。亜鉛板Pは溶け，銅板Qには赤茶色の物質が付着した。

(2) <**実験1**>の(2)で電極Rと電極Sからそれぞれ気体が発生した。

〔問1〕　<**結果1**>の(1)から，水溶液中の亜鉛板Pと銅板Qの表面で起こる化学変化について，亜鉛原子1個を ●，亜鉛イオン1個を $●^{2+}$，銅原子1個を ◉，銅イオン1個を $◉^{2+}$，電子1個を ● というモデルで表したとき，亜鉛板Pの様子をA，Bから一つ，銅板Qの様子をC，Dから一つ，それぞれ選び，組み合わせたものとして適切なのは，下の**ア**～**エ**のうちではどれか。

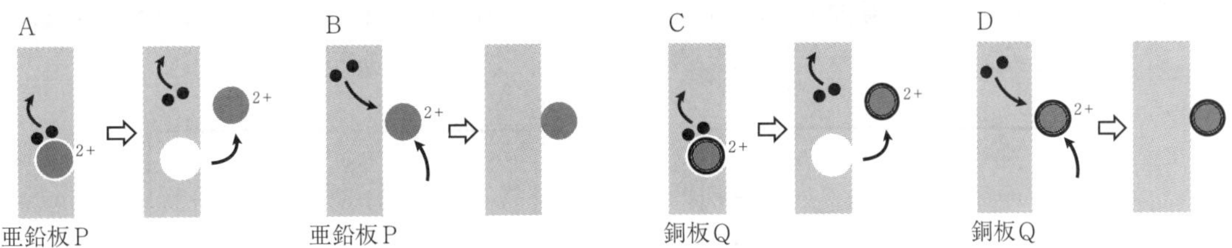

ア A，C　**イ** A，D　**ウ** B，C　**エ** B，D

〔問2〕 <**結果1**>の(1)と(2)から，ビーカー①内の硫酸亜鉛水溶液と硫酸銅水溶液を合わせた水溶液中に含まれる Zn^{2+} の数と Cu^{2+} の数のそれぞれの増減と，電極Rと電極Sでそれぞれ発生する気体の性質とを組み合わせたものとして適切なのは，次の表の**ア**～**カ**のうちではどれか。

	合わせた水溶液に含まれる Zn^{2+} の数	合わせた水溶液に含まれる Cu^{2+} の数	電極Rで発生する気体の性質	電極Sで発生する気体の性質
ア	増える。	減る。	空気より軽い。	水に溶けにくい。
イ	増える。	増える。	空気より軽い。	水に溶けやすい。
ウ	増える。	減る。	空気より重い。	水に溶けにくい。
エ	減る。	増える。	空気より軽い。	水に溶けやすい。
オ	減る。	減る。	空気より重い。	水に溶けやすい。
カ	減る。	増える。	空気より重い。	水に溶けにくい。

次に，<**実験2**>を行ったところ，<**結果2**>のようになった。

<**実験2**>

(1) ビーカー②に薄い塩酸を$12cm^3$入れ，BTB溶液を5滴加えてよく混ぜた。図3は，水溶液中の陽イオンを ○，陰イオンを ⊗ というモデルで表したものである。

(2) 水酸化ナトリウム水溶液を$10cm^3$用意した。

(3) (2)の水酸化ナトリウム水溶液をビーカー②に少しずつ加え，ガラス棒でかき混ぜ水溶液の様子を観察した。

(4) (3)の操作を繰り返し，水酸化ナトリウム水溶液を合計$6\,cm^3$加えると，水溶液は緑色になった。

(5) 緑色になった水溶液をスライドガラスに1滴取り，水を蒸発させた後，観察した。

図3

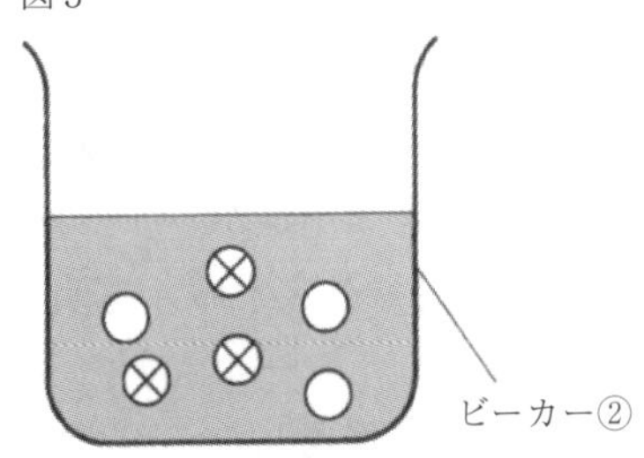

<**結果2**>

スライドガラスには，塩化ナトリウムの結晶が見られた。

〔問3〕 <**実験2**>の(4)のビーカー②の水溶液中で起きた化学変化を下の点線で囲まれた<**化学反応式**>で表すとき，下線部にそれぞれ当てはまる化学式を一つずつ書け。

ただし，<**化学反応式**>において酸の性質をもつ物質の化学式は(酸)の上の＿＿に，アルカリの性質をもつ物質の化学式は(アルカリ)の上の＿＿に，塩は(塩)の上の＿＿に書くこと。

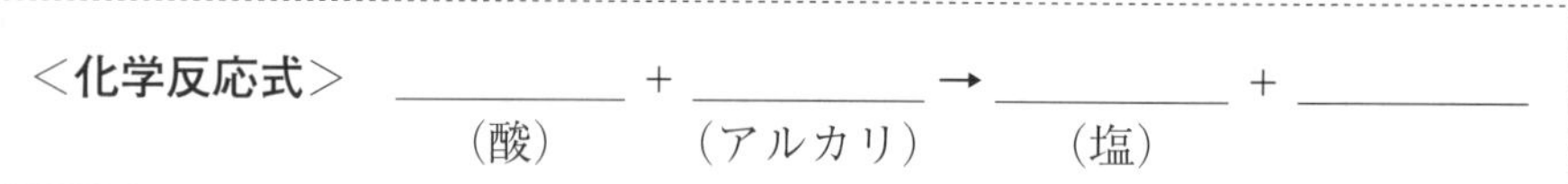

〔問４〕 ＜**実験２**＞の(5)の後，＜**実験２**＞の(3)の操作を繰り返し，用意した水酸化ナトリウム水溶液を全て加えた。＜**実験２**＞の(1)のビーカー②に含まれるイオンの総数の変化を表したグラフとして適切なのは，次のうちではどれか。

ア

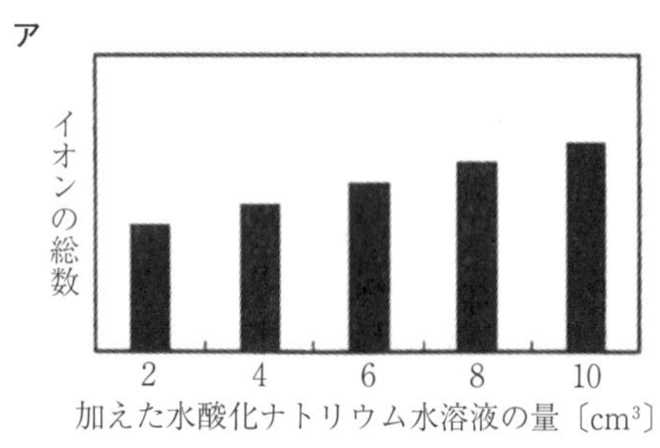

イ

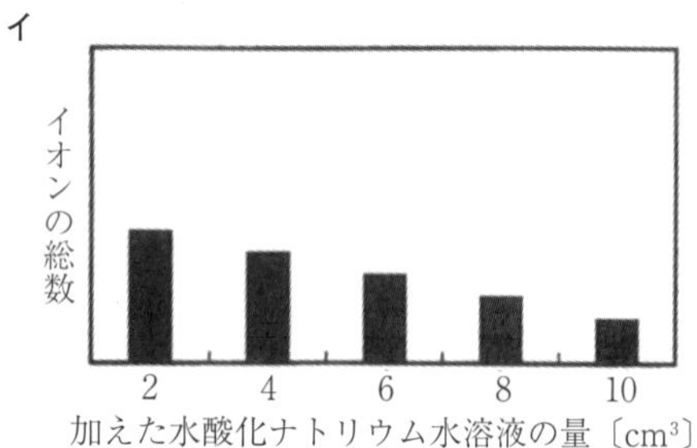

ウ

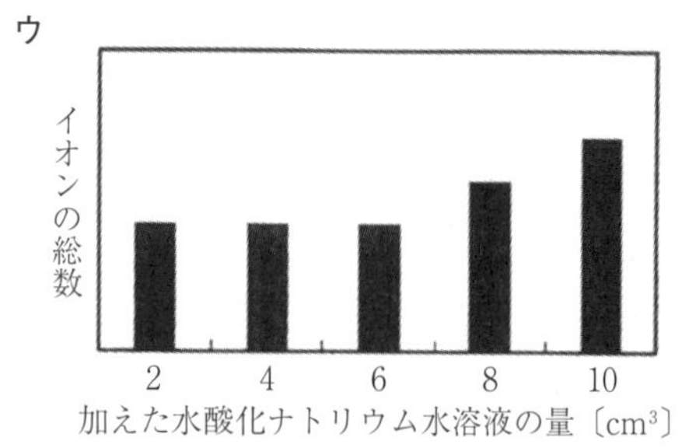

エ

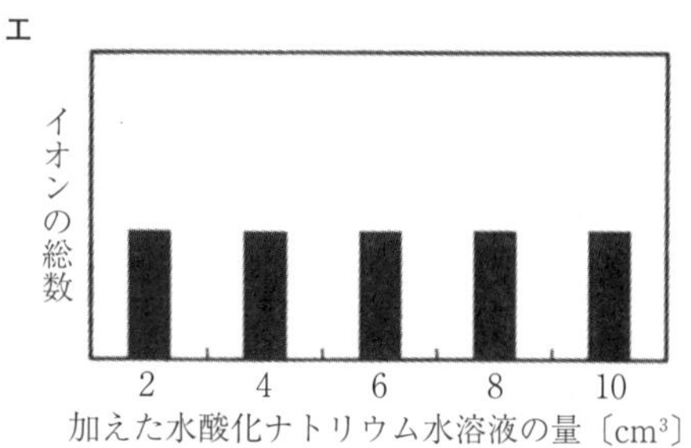

6 物体の運動に関する実験について，次の各問に答えよ。
＜**実験**＞を行ったところ，＜**結果**＞のようになった。

＜**実験**＞

(1) 形が異なるレールＡとレールＢを用意し，それぞれに目盛りを付け，図１のように水平な床に固定した。

(2) レールＡ上の水平な部分から９cm の高さの点ａに小球を静かに置き，手を放して小球を転がし，小球がレールＡ上を運動する様子を，小球が最初に一瞬静止するまで，発光時間間隔0.1秒のストロボ写真で記録した。レールＡ上の水平な部分からの高さが４cm となる点を点ｂ，レールＡ上の水平な部分に達した点を点ｃとした。

(3) (2)で使用した小球をレールＢ上の水平な部分から９cm の高さの点ｄに静かに置き，(2)と同様の実験をレールＢ上で行った。レールＢ上の水平な部分からの高さが5.2cm となる点を点ｅ，レールＢ上の水平な部分に達した点を点ｆとした。

(4) ストロボ写真に記録された結果から，小球がレールＡ上の点ａから運動を始め，最初に一瞬静止するまでの0.1秒ごとの位置を模式的に表すと図２のようになった。さらに，0.1秒ごとに①から⑪まで，順に区間番号を付けた。

(5) レールＢについて，(4)と同様に模式的に表し，0.1秒ごとに①から⑪まで，順に区間番号を付けた。

(6) レールＡとレールＢにおいて，①から⑪までの各区間における小球の移動距離を測定した。

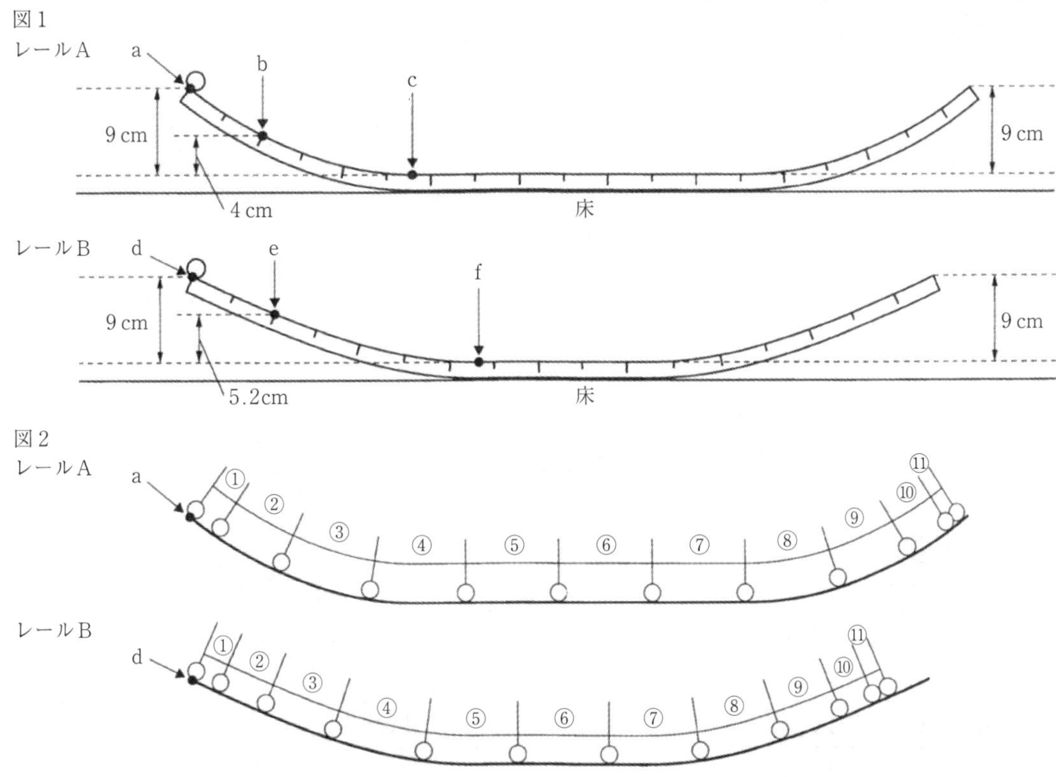

＜**結果**＞

区間番号	①	②	③	④	⑤	⑥	⑦	⑧	⑨	⑩	⑪
時間〔s〕	0～0.1	0.1～0.2	0.2～0.3	0.3～0.4	0.4～0.5	0.5～0.6	0.6～0.7	0.7～0.8	0.8～0.9	0.9～1.0	1.0～1.1
レールAにおける移動距離〔cm〕	3.6	7.9	10.4	10.9	10.9	10.9	10.8	10.6	9.0	5.6	1.7
レールBにおける移動距離〔cm〕	3.2	5.6	8.0	10.5	10.9	10.9	10.6	9.5	6.7	4.2	1.8

〔問1〕 ＜**結果**＞から，レールA上の⑧から⑩までの小球の平均の速さとして適切なのは，次のうちではどれか。

ア 0.84m/s　**イ** 0.95m/s

ウ 1.01m/s　**エ** 1.06m/s

〔問2〕 ＜**結果**＞から，小球がレールB上の①から③まで運動しているとき，小球が運動する向きに働く力の大きさと小球の速さについて述べたものとして適切なのは，次のうちではどれか。

ア 力の大きさがほぼ一定であり，速さもほぼ一定である。

イ 力の大きさがほぼ一定であり，速さはほぼ一定の割合で増加する。

ウ 力の大きさがほぼ一定の割合で増加し，速さはほぼ一定である。

エ 力の大きさがほぼ一定の割合で増加し，速さもほぼ一定の割合で増加する。

〔問３〕 図３の矢印は，小球がレールＢ上の⑨から⑪までの斜面上にあるときの小球に働く重力を表したものである。小球が斜面上にあるとき，小球に働く重力の斜面に平行な分力と，斜面に垂直な分力を解答用紙の方眼を入れた図にそれぞれ矢印でかけ。

図３

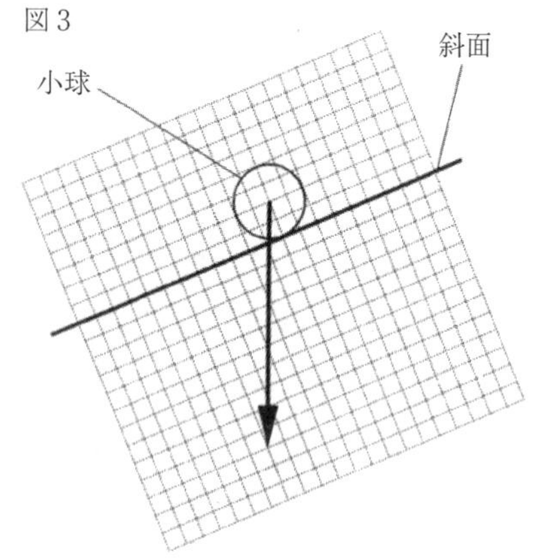

〔問４〕 ＜**実験**＞の(2)，(3)において，点ｂと点ｅを小球がそれぞれ通過するときの小球がもつ運動エネルギーの大きさの関係について述べたものと，点ｃと点ｆを小球がそれぞれ通過するときの小球がもつ運動エネルギーの大きさの関係について述べたものとを組み合わせたものとして適切なのは，次の表の**ア**～**エ**のうちではどれか。

	点ｂと点ｅを小球がそれぞれ通過するときの小球がもつ運動エネルギーの大きさの関係	点ｃと点ｆを小球がそれぞれ通過するときの小球がもつ運動エネルギーの大きさの関係
ア	点ｂの方が大きい。	点ｆの方が大きい。
イ	点ｂの方が大きい。	ほぼ等しい。
ウ	ほぼ等しい。	点ｆの方が大きい。
エ	ほぼ等しい。	ほぼ等しい。

社会解答

1 〔問1〕 エ 〔問2〕 ウ
〔問3〕 ア

2 〔問1〕 略地図中のA～D…D
Ⅱのア～エ…イ
〔問2〕 P…ア Q…エ R…イ
S…ウ
〔問3〕 略地図中のW～Z…Y
ⅠとⅡの表のア～エ…エ

3 〔問1〕 A…ウ B…イ C…ア
D…エ
〔問2〕 Ⅰのア～エ…ア
略地図中のW～Z…W
〔問3〕 変化 (例)地区計画により，工場であった土地に，商業施設が建てられた。
要因 (例)多くの人が集まる駅に近いこと。

4 〔問1〕 ア→イ→エ→ウ 〔問2〕 イ
〔問3〕 イ→ウ→エ→ア 〔問4〕 ウ

5 〔問1〕 エ 〔問2〕 ウ
〔問3〕 (例)情報処理・通信に携わる人材は，アメリカ合衆国では，情報通信技術を利用する業種についている割合が高いが，我が国では，情報通信技術を提供する業種についている割合が高い。
〔問4〕 イ

6 〔問1〕 エ→ア→ウ→イ
〔問2〕 ⅠのA～D…B
ⅠのA～Dのア～ウ…イ
〔問3〕 X

1 〔三分野総合―小問集合問題〕

〔問1〕<地形図と資料の読み取り>特にことわりのないかぎり，地形図上では上が北となる。A～C点に関する資料の説明や写真と，ア～エの地形図を照らし合わせながら考える。まずA点について，資料ではA点から東を見ると川が曲がっている様子が見えること，A点がある橋を渡った先に水準点(⊡)があることが書かれている。この2つに当てはまるのはエの地形図である。アの川は直線状であり，イではA点から東の川は曲がっておらず，ウではA点の東に川はない。次にB点からC点までの道のりについて，資料では，川に並行した道路(約450m)→北東へ曲がって橋を渡る→北西に曲がる→川に並行した道路(約250m)，という順路が書かれている。これに当てはまるのもエであり，ア～ウは曲がる方向や歩く距離(地形図の下に示された目盛りを目安に大まかな距離をつかむ)などが違っている。最後にC点について学校の前にあると書かれており，これに当てはまるのは付近に小・中学校(文)が見られるア，ウ，エとなる。以上から，資料はエの地形図についてのものである。

〔問2〕<唐招提寺の所在地>Ⅱの文章は，奈良時代に鑑真が建立した唐招提寺について述べたものである。文中の「都」は，現在の奈良市に位置する平城京を指す。唐招提寺は，周辺の東大寺などとともに「古都奈良の文化財」としてユネスコ〔国連教育科学文化機関〕の世界文化遺産に登録されている。

〔問3〕<地方裁判所>地方裁判所は，各都府県に1か所と北海道に4か所の計50か所に設置されている。地方裁判所では，刑事裁判と行政裁判(国民が原告，国や地方公共団体が被告となる裁判のことで，日本では民事裁判と同じ仕組みで行われる)の第一審，民事裁判の第一審または第二審(簡易裁判所で第一審が行われたもの)が行われる。なお，家庭裁判所は家庭内の争いや少年事件を扱う裁判所(地方裁判所と同数)，高等裁判所は主に第二審の裁判を行う裁判所(8か所)，簡易裁判所は比較的軽微な事件を扱う裁判所(全国438か所)である。

2〔世界地理―世界の諸地域〕

〔問1〕<世界の気候と歴史>略地図中のA～D．季節風(モンスーン)の影響を受ける気候に属すること，イスラム商人が活動していたことから，アジアに位置するDと判断する。東アジア，東南アジア，南アジアなどの気候に大きな影響を与える季節風は，Dの地域では夏季にインド洋から大陸に向かう南西の風，冬季に大陸からインド洋に向かう北東の風となる。西アジアのイスラム商人は，季節風や海流を利用しながら東南アジアなどと行き来した。　**Ⅱのア～エ**．Dの範囲内に●で示した都市は，インドの西岸に位置する。この地域は熱帯のサバナ気候に属し，海からの季節風が吹く季節には雨季，大陸からの季節風が吹く季節には乾季となる。したがって，一年中高温で，降水量が多い時期と非常に少ない時期があるイが当てはまる。なお，冷帯〔亜寒帯〕と温帯の境界付近に位置するAの範囲内の都市はウ，寒帯と冷帯の境界付近に位置するBの範囲内の都市はア，南半球にあり熱帯に属するCの範囲内の都市はエに当てはまる。

〔問2〕<世界の国々と港湾都市>略地図中のP～Sの都市は，それぞれPが釜山(韓国)，Qがシンガポール，Rがドバイ(アラブ首長国連邦)，Sがロッテルダム(オランダ)である。　**P**．釜山は，日本と中国という2つの経済大国を最短距離で結ぶ大圏航路上付近に位置しており，東アジアの物流の拠点となっているのでアが当てはまる。　**Q**．シンガポールは，人口密度が8000人/km²を超え，東南アジアの国々で構成される東南アジア諸国連合〔ASEAN〕に加盟している。早くから経済が発展し，世界有数の貿易港となっているのでエが当てはまる。　**R**．ドバイは，石油の輸送路となるホルムズ海峡付近に位置している。近年は，石油で得た資金を使って港湾など交通・通信網の整備や新たな産業への進出なども行われているのでイが当てはまる。　**S**．ロッテルダムは，国際河川であるライン川の河口に位置し，EU〔ヨーロッパ連合〕域内の中心的な貿易港となっているのでウが当てはまる。

〔問3〕<フィリピンの産業と貿易>略地図中のW～Z．Wはペルー，Xはコスタリカ，Yはフィリピン，Zはマレーシアである。Ⅲの文章のうち，バナナ栽培が盛んであること，人口が1億人を超えていること，英語が公用語であることなどに注目し，フィリピンについて述べた文と判断する。アジア太平洋経済協力会議〔APEC〕には，W～Zの4か国中，コスタリカをのぞく3か国が参加している。　**ⅠとⅡの表のア～エ**．アとエは，Ⅰの表より日本の輸入総額が他の2か国に比べて大きく，Ⅱの表より輸出相手国の上位に日本やアジアの国が多く見られることから，アジアに位置するフィリピンかマレーシアであると考えられる。このうち，隣国のシンガポールへの輸出額が大きいアがマレーシアであり，1999年の日本の主な輸入品目に果実が見られるエが，バナナの生産・輸出が盛んなフィリピンである。また，イとウのうち，日本の輸入総額がより大きいイがペルーであり，ウがコスタリカとなる。ここでⅢの文中の「1999年と比較して2019年では，…中華人民共和国の重要性が増している。」の部分を見ると，Ⅱの表のエに合致する内容であることが確認できる。

3〔日本地理―日本の諸地域，地形図〕

〔問1〕<都道府県の自然と工業>Aは北海道，Bは兵庫県，Cは福岡県，Dは長崎県である。　**A**．北海道は面積が大きいため海岸線が最も長い。室蘭の製鉄所で鉄鋼が生産されており，造船に比べて鉄鋼の生産額が多いのでウが当てはまる。　**B**．「南部」の工業用地には阪神工業地帯の一部が形成され，鉄鋼と造船の製造品出荷額等が4道県中で最も大きいのは兵庫県である。また，「国際貿易港」とは神戸港であるのでイが当てはまる。　**C**．「北東部」の湾の埋め立て地に北九州工業地域があるのは福岡県で，「国内炭と中国産の鉄鉱石を原料に鉄鋼を生産していた製鉄所」とは八幡製鉄所であるのでアが当てはまる。　**D**．島が多くリアス海岸などの入り組んだ地形が見られるため，北海道に次いで海岸線が長いのは長崎県である。長崎や佐世保などで造船業が盛んであり，鉄鋼に比べて造船の生産額が多いのでエが当てはまる。

〔問２〕＜工業地域の特徴＞略地図中のW～Z．Wは北関東工業地域，Xは北陸工業地域，Yは東海工業地域，Zは瀬戸内工業地域が分布する県を示している。まず，Ⅱの文章はどの地域について述べたものかを考える。絹織物業や航空機産業が早くから発達し，現在は輸送用機械や電気機械の製造が盛んであることなどから，北関東工業地域に当てはまる。群馬県や栃木県では古くから絹織物の生産が盛んで，群馬県では大正時代から航空機の製造が行われた。1980年には関越自動車道によって西部(群馬県)が，1987年には東北自動車道によって中部(栃木県)が東京とつながり，2011年には北関東自動車道によって北関東工業地域と常陸那珂港(茨城県)が結ばれた。　Ⅰのア～エ．2019年の製造品出荷額等が大きいアとウは，瀬戸内工業地域と北関東工業地域のいずれかであると考えられる。このうち，機械工業(輸送用機械，電気機械，その他機械)の割合が高いアが内陸に位置する北関東工業地域であり，化学工業の割合が高いウが臨海部に位置する瀬戸内工業地域である。残るイとエのうち，輸送用機械の割合が高いイは浜松市周辺などでオートバイや自動車の生産が盛んな東海工業地域であり，エが北陸工業地域となる。ここでⅡの文中で「2019年には電気機械の出荷額等は約２兆円…輸送用機械の出荷額等が…５兆円を超える」の部分をⅠの表のアのグラフから算出すると，305296億×0.073≒22287億＝２兆円，305296億×0.184≒56174億＝5.6兆円となり，合致する内容であることが確認できる。

〔問３〕＜地形図と資料の読み取り＞変化．太線で囲まれた地域には，Ⅰの(2)とⅡの(2)では工場が見られ，Ⅰの(3)とⅡの(3)では商業施設が見られる。つまり，ⅠとⅡのどちらも，1980年代には工場であった場所が現在(2017・2018年)は商業施設となっていることがわかる。その理由は，Ⅰ，Ⅱの(1)の地区計画において，この地域を商業地域とする方針が示されたためである。　要因．Ⅰ，Ⅱの太線で囲まれた地域は，それぞれ福島駅，岡山駅の近くに位置する。乗降客数の多いこれらの駅の周辺には多くの人が集まってくることから，商業施設をつくるのに適していると考えられる。

4〔歴史―古代～現代の日本と世界〕

〔問１〕＜年代整序＞年代の古い順に，ア(奈良時代―墾田永年私財法)，イ(平安時代―摂関政治)，エ(鎌倉時代―元寇)，ウ(南北朝時代―建武の新政)となる。

〔問２〕＜太閤検地＞Ⅱは，安土桃山時代に豊臣秀吉が行った太閤検地について述べたものである。太閤検地では，統一的な基準で全国の田畑の面積や土地のよしあしなどを調べ，予想収穫量を「石」で表した。秀吉が政治を行ったのは，Ⅰの略年表中のイの時期である。なお，1560年に桶狭間の戦いで織田信長によって倒されたのは今川義元，1582年に本能寺の変によって倒されたのは織田信長，1600年に関ヶ原の戦いに勝利して全国支配の実権をにぎったのは徳川家康である。

〔問３〕＜年代整序＞年代の古い順に，イ(18世紀後半―寛政の改革)，ウ(19世紀半ば―黒船来航)，エ(1902年―日英同盟)，ア(1920年代―地下鉄の運行開始)となる。

〔問４〕＜昭和～平成時代の出来事＞東西ドイツが統一されたのは1990年，京都議定書が採択されたのは1997年，長野でオリンピック・パラリンピック冬季競技大会が開催されたのは1998年である。したがって，Ⅱの文章で述べている時期はⅠのグラフ中のウの時期に当てはまる。

5〔公民・歴史総合―情報を題材とする問題〕

〔問１〕＜精神の自由＞「集会・結社及び言論，出版その他一切の表現の自由」(日本国憲法第21条)は，自由権の１つである精神の自由のうち，自分の意見や感情などを外部に発表する権利である。なお，イの「思想及び良心の自由」も精神の自由に含まれるが，これは心の中で自由に物事を考えたり判断したりする権利である。アは身体の自由，ウは経済活動の自由に含まれる。

〔問２〕＜昭和時代の出来事＞Ⅱの文章中に「石油危機から３年後の現在」とある。石油危機が起こったのは1973年で，その３年後は1976年となる。これは，Ｉの略年表中のウの時期に当てはまる。

〔問３〕**＜資料の読み取り＞**Ⅱのグラフから読み取れることを整理すると，次の２つにまとめられる。まず，日本では，情報処理・通信に携わる人材のうち，情報通信技術を提供する業種についている人の割合が高く，情報通信技術を利用する業種についている人の割合は低いことがⅡの日本のグラフからわかり，次に，アメリカ合衆国では，情報処理・通信に携わる人材のうち，情報通信技術を利用する業種についている人の割合が高く，情報通信技術を提供する業種についている人の割合は低いことがⅡのアメリカ合衆国のグラフから読み取れる。このような現状を受けて，今後は「情報通信技術を利用する業種に十分な情報通信技術をもった人材が必要である」とするＩの文章が示されたことがわかる。解答の際には，「アメリカ合衆国と比較して，情報通信技術を提供する業種と利用する業種の構成比の違いに着目」するという設問の条件に注意しながらまとめる。

〔問４〕**＜法律案の審議＞**内閣や議員によって国会に提出された法律案は，数十人の議員で構成される委員会でまず審議される。その後，議員全員が参加する本会議で審議・議決が行われる。可決された法律案はもう一方の議院へ送られ，同様の過程で審議・議決される。衆参両議院で可決された法律案は法律となり，内閣の助言と承認に基づいて天皇が公布する。Ⅱの文中に「衆議院の内閣委員会」とあることから，Ⅱは衆議院の委員会での審議について述べたものである。したがって，ＩのＢとＣの間に行われたことになる。

6〔**三分野総合―都市を題材とする問題**〕

〔問１〕**＜年代整序＞**年代の古い順に，エ(18世紀―絶対王政とマリア・テレジア)，ア(19世紀―ビスマルクとドイツ帝国)，ウ(1930年代―ニューディール政策)，イ(20世紀後半―冷戦)となる。

〔問２〕**＜オタワ＞ＩのＡ～Ｄ．**地図中のＡはブラジル，Ｂはカナダ，Ｃはオーストラリア，Ｄはナイジェリアの首都周辺の地域を示している。Ⅱの文章は，カナダの首都オタワについて述べたものである。カナダはかつてイギリスの植民地であった国だが，東部のケベック州を中心とする地域は最初にフランスが進出した。そのため，国内にはイギリスとフランスの２つの文化圏が形成され，現在も英語とフランス語が公用語となっている。文中の「首都から約350km離れイギリス系住民が多い都市」はトロント，「首都から約160km離れフランス系住民が多い都市」はモントリオールである。　**ＩのＡ～Ｄのア～ウ．**オタワは，Ｂの地図中のイに位置する。なお，同じ地図中のアはモントリオール，ウはトロントである。トロントが面している湖は五大湖の１つであるオンタリオ湖であり，オンタリオ湖から北東に流れ出ている川はセントローレンス川である。

〔問３〕**＜インドネシアと資料の読み取り＞**地図中のＷはメキシコ，Ｘはインドネシア，Ｙはバングラデシュ，Ｚはエジプトである。Ⅱの文章は，オランダから独立したこと，イスラム教徒が８割を超えることなどからインドネシアについて述べた文と判断できる。また，ＩのＸのグラフをⅡの文章と照らし合わせると，第１位の都市圏と第２位の都市圏の人口差は，1950年に100万人を下回っており，1990年には1950年の約７倍になっていることや，1990年以降は拡大傾向が緩やかであることが確認できる。

理科解答

1 〔問1〕 イ　〔問2〕 ア
〔問3〕 エ　〔問4〕 ウ
〔問5〕 エ

2 〔問1〕 ア　〔問2〕 イ
〔問3〕 エ　〔問4〕 ウ

3 〔問1〕 ウ　〔問2〕 イ
〔問3〕 エ　〔問4〕 ア

4 〔問1〕 ウ　〔問2〕 エ
〔問3〕 ア　〔問4〕 ウ

5 〔問1〕 イ　〔問2〕 ア
〔問3〕 $\underset{(酸)}{HCl} + \underset{(アルカリ)}{NaOH} \longrightarrow \underset{(塩)}{NaCl} + H_2O$
〔問4〕 ウ

6 〔問1〕 ア
〔問2〕 イ
〔問3〕 右図
〔問4〕 イ

1 〔小問集合〕

〔問1〕＜燃焼＞木片を燃焼させると，木片に含まれる炭素が空気中の酸素と結びついて二酸化炭素になり，空気中に出ていく。そのため，燃焼させた後の木片の質量は小さくなり，石灰水が白くにごる。一方，スチールウール(鉄)を燃焼させると，鉄と空気中の酸素が結びついて酸化鉄ができるため，燃焼させた後のスチールウールの質量は大きくなる。なお，二酸化炭素は発生しないので，石灰水は変化しない。

〔問2〕＜心臓＞図3で，全身から血管C(大静脈)を通って右心房に戻った血液は，右心室に入り，右心室から血管A(肺動脈)を通って肺へ送り出される。肺で酸素を取り入れた血液は，血管D(肺静脈)から左心房に入り，左心室へ移動し，血管B(大動脈)を通って全身に送り出される。動脈は心臓から送り出された血液が流れる血管だから，血管Aと血管Bである。また，動脈血は酸素を多く含む血液だから，血管Dと血管Bに流れる。なお，静脈は心臓に戻る血液が流れる血管だから，血管Cと血管Dで，静脈血は血管Cと血管Aに流れる。

〔問3〕＜光の屈折＞右図1のように，光が水中から空気中へ進むときは，入射角より屈折角の方が大きくなり，水面に近づくように屈折する。また，図1では，「A」の文字の下端から出て水面で屈折した光は目に届かないが，右図2のように，容器の中の水の量を増やすと，下端から出た光も目に届くようになり，文字の形が全て見えるようになる。

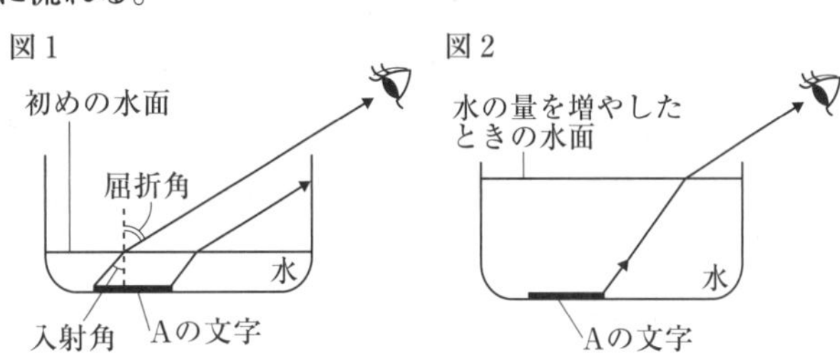

〔問4〕＜温暖前線＞温暖前線は暖気が寒気の上にはい上がりながら寒気を押して進む前線であるから，温暖前線付近の暖気と寒気の動きを表しているのはBである。また，空気はあたたまると膨張して，体積が大きくなる。このとき，質量は変わらないから，$〔密度(g/cm^3)〕=\frac{〔質量(g)〕}{〔体積(cm^3)〕}$より，密度は小さくなる。よって，密度が小さいのは暖気である。なお，Aは寒冷前線付近の暖気と寒気の動きを表している。また，密度が小さい空気は上昇するため，A，Bで上昇している暖気の方が密度が小さいことがわかる。

〔問5〕＜回路と電流＞図5で，抵抗器Bと抵抗器Cは並列につながれているので，どちらにも同じ大きさの電圧が加わる。よって，オームの法則$〔電流〕=\frac{〔電圧〕}{〔抵抗〕}$より，抵抗が小さいほど流れる電流は大きくなるので，$Q>R$である。また，点pを流れる電流の大きさは，点q，rを流れる電流の大きさの和になるから，$P=Q+R$となる。以上より，$R<Q<P$である。

2〔小問集合〕

〔問1〕<月の見え方>図1のとき，観測地点Aでは，月は太陽と同じ方向に見えるから，月が真南の空に位置する時刻は，太陽が真南の空に位置する時刻で，12時である。また，図1のとき，月は新月である。月は，およそ1週間ごとに新月から上弦の月，満月，下弦の月と変化して，約29.5日で再び新月に戻る。したがって，図1の日から1週間後に観察できる月は，上弦の月である。

〔問2〕<蒸留>水溶液Aから水を蒸発させると，塩化ナトリウム(食塩)の結晶が現れる。塩化ナトリウムは，塩素とナトリウムの化合物である。また，塩化ナトリウム水溶液を加熱すると水が気体となって出てくる。よって，加熱により水溶液Aの質量は減少するが，溶質である塩化ナトリウムの質量は変わらないので，〔質量パーセント濃度(%)〕$=\frac{〔溶質の質量(g)〕}{〔水溶液の質量(g)〕}\times100$より，水溶液の質量が小さくなると質量パーセント濃度は大きくなるから，濃度は5%より高くなる。

〔問3〕<植物の体のつくり>上下にある葉が互いに重ならないようにつくことで，光が当たる面積が大きくなり，光合成によって多くの養分をつくり出すことができる。また，光合成でつくられた養分が通る管は師管である。なお，道管は根から吸収した水や水に溶けた養分が通る管である。

〔問4〕<重さと質量>上皿てんびんではかることができるのは物体の質量で，物体そのものの量だから場所が変わっても変化しない。そのため，質量300gの物体Aは月面でも300gの分銅とつり合う。一方，はかりではかることができるのは物体の重さで，物体にはたらく重力の大きさだから場所によって変化し，月面では，質量300gの物体Aにはたらく重力の大きさは地球上の約$\frac{1}{6}$になる。よって，質量300gの物体Aを月面ではかりに載せたときの目盛りの値は$300\times\frac{1}{6}=50$より，約50gになる。

3〔大地の変化〕

〔問1〕<岩石>表1より，岩石Pは長石や輝石を含み，小さな鉱物(石基)の間にやや大きな鉱物(斑晶)が散らばっている斑状組織なので，マグマが冷えてできた火成岩の火山岩と考えられる。また，れき岩は，粒の直径が2mm以上のれきを含む土砂が押し固められてできた堆積岩である。れき岩などの堆積岩を構成する粒は，流水によって運ばれる間に角がけずられ，丸みを帯びているものが多い。

〔問2〕<地質年代>岩石Qに見られるフズリナの化石は古生代の示準化石である。古生代には，魚類や両生類が出現し，三葉虫が生息していた。なお，鳥類が出現し，アンモナイトが生息していたのは中生代である。

〔問3〕<泥岩>泥岩を構成する粒は，直径が0.06mm以下である。流水によって海まで運搬された土砂は，粒の大きなものほど沈みやすいので，陸の近くに堆積し，粒の小さなものほど沈みにくいので，河口から遠い深い海に堆積する。よって，泥岩の層が堆積した時代の地域B周辺は，河口から遠い深い海であったと考えられる。

〔問4〕<地層の広がり>X点の標高は40.3m，Y点の標高は36.8mであり，図2より，凝灰岩の層の上面の地表からの深さは，X点では11.0m，Y点では9.0mなので，凝灰岩の層の上面の標高は，X点では$40.3-11.0=29.3$(m)，Y点では$36.8-9.0=27.8$(m)である。よって，X点の方が，Y点より，$29.3-27.8=1.5$(m)高くなっている。

4〔生物の世界，生命・自然界のつながり〕

〔問１〕＜植物の分類＞〈結果１〉の(1)より，花弁が１枚１枚離れていたので，エンドウは離弁花類である。離弁花類は双子葉類に分類されるから，子葉の枚数は２枚である。また，胚珠が子房の中にある植物を被子植物という。なお，子葉の枚数が１枚なのは単子葉類で，裸子植物は子房がなく，胚珠はむき出しである。

〔問２〕＜受精＞花粉の中を移動する生殖細胞は精細胞である。花粉管が胚珠に達すると，精細胞は胚珠の中の卵細胞と受精して受精卵ができる。精細胞や卵細胞などの生殖細胞は減数分裂によってつくられ，染色体数は体細胞の半分である。よって，卵細胞に含まれる染色体数は，精細胞と同じ７本で，精細胞と卵細胞の受精によってできる受精卵１個に含まれる染色体数は$7+7=14$(本)になる。なお，卵は動物の雌がつくる生殖細胞で，雄がつくる生殖細胞である精子と受精する。

〔問３〕＜遺伝の規則性＞〈実験〉の(2)，(4)で，草たけの高い個体を自家受粉してできた種子を育てると，〈結果２〉の(1)より，全て草たけの高い個体になったことから，図４のＰは草たけの高い純系である。一方，〈実験〉の(3)，(5)で，草たけの低い個体を自家受粉してできた種子を育てると，〈結果２〉の(2)より，全て草たけの低い個体になったことから，図４のＱは草たけの低い純系である。また，〈実験〉の(7)，(8)で，ＰとＱをかけ合わせると，〈結果２〉の(3)より，全て草たけの高い個体になったことから，草たけの高さは，高いが顕性形質，低いが潜性形質である。ここで，草たけを高くする遺伝子をＢ，低くする遺伝子をｂとすると，草たけの高い純系のＰの遺伝子の組み合わせはBB，草たけの低い純系のＱの遺伝子の組み合わせはbbになる。草たけの高い純系と低い純系のエンドウがつくる生殖細胞には，それぞれＢとｂだけが含まれるから，これらをかけ合わせてできた子である図４のＲの遺伝子の組み合わせは全てBbになる。よって，ＲとＱをかけ合わせてできた種子の遺伝子の組み合わせと個数の比は，右表のように，Bb：bb＝２：２＝１：１となる。Bbは草たけの高い個体，bbは草たけの低い個体になるので，これらの個体数のおよその比は１：１である。

	B	b
b	Bb	bb
b	Bb	bb

〔問４〕＜遺伝の規則性＞エンドウの種子の形は，丸形が顕性形質，しわ形が潜性形質だから，親の代の丸形の種子の遺伝子の組み合わせはAAかAaであり，〈モデル実験の結果〉の(1)で，子の代では丸形の種子だけが得られたことから，両親がともにａを持つことはないのがわかる。また，〈モデル実験の結果〉の(2)で，子の代の種子を自家受粉させると，孫の代には丸形の種子だけが得られた個体と丸形・しわ形の種子が得られた個体があったことから，孫の代に丸形の種子だけが得られた個体の遺伝子の組み合わせはAA，丸形・しわ形の種子が得られた個体の遺伝子の組み合わせはAaとなる。これより，親の代の種子の一方はａを持つので，親の代の遺伝子の組み合わせはAAとAaである。

5〔化学変化とイオン〕

〔問１〕＜ダニエル電池＞亜鉛板Ｐは溶けたので，亜鉛板Ｐの表面では，亜鉛原子(Zn)が電子を２個放出して亜鉛イオン(Zn^{2+})となって水溶液中に溶け出している。また，銅板Ｑには赤茶色の物質が付着したので，銅板Ｑの表面では，水溶液中の銅イオン(Cu^{2+})が電子２個を受け取って銅原子(Cu)になって付着する。よって，亜鉛板Ｐの様子はＡ，銅板Ｑの様子はＤである。

〔問２〕＜ダニエル電池，水の電気分解＞図１のダニエル電池では，亜鉛板Ｐから亜鉛原子(Zn)が亜鉛イオン(Zn^{2+})となって溶け出すので，水溶液中のZn^{2+}の数は増える。一方，銅板Ｑでは，銅イオン(Cu^{2+})が銅原子(Cu)になって付着するので，水溶液中のCu^{2+}の数は減る。また，図２では水の電気分解が起こり，電源装置の－極につながれた電極Ｒは陰極，＋極につながれた電極Ｓは陽極で，電極Ｒでは水分子(H_2O)が電子を受け取り水素が発生し，電極Ｓでは，水酸化物イオン(OH^-)が電子を渡し，水と酸素ができる。水素は最も軽い気体で，空気より軽く，酸素は水に溶けにくい気体である。

〔問3〕＜**中和**＞〈実験2〉で，酸の性質を持つ物質は，薄い塩酸中に溶けている塩化水素(HCl)であり，アルカリの性質を持つ物質は水酸化ナトリウム水溶液中に溶けている水酸化ナトリウム(NaOH)である。HClとNaOHが中和すると，水(H_2O)と，塩(えん)として塩化ナトリウム(NaCl)ができる。

〔問4〕＜**中和とイオン**＞薄い塩酸中には，塩化水素(HCl)が電離して生じた水素イオン(H^+)と塩化物イオン(Cl^-)が同数含まれ，水酸化ナトリウム水溶液中には，水酸化ナトリウム(NaOH)が電離して生じたナトリウムイオン(Na^+)と水酸化物イオン(OH^-)が同数含まれる。また，薄い塩酸に水酸化ナトリウム水溶液を加えると，H^+とOH^-が結びついて水(H_2O)になり，Cl^-とNa^+が結びついて塩として塩化ナトリウム(NaCl)になるが，NaClは溶液中で電離しているため，イオンのままCl^-とNa^+として含まれる。〈実験2〉の(4)より，薄い塩酸12cm^3と水酸化ナトリウム水溶液6cm^3がちょうど中和するので，水酸化ナトリウム水溶液を6cm^3加えるまでは，加えたOH^-はH^+と結びつき，減ったH^+と同数のNa^+が増えるので，イオンの総数は変わらない。さらに，水酸化ナトリウム水溶液を加えると，H^+の数は0のままで，加えたNa^+とOH^-が増えていくので，イオンの総数は増加していく。なお，Cl^-の数は変化しない。

6 〔運動とエネルギー〕

〔問1〕＜**速さ**＞〈結果〉より，レールAにおける⑧から⑩までの移動距離は，10.6＋9.0＋5.6＝25.2(cm)で，25.2cmは25.2÷100＝0.252(m)である。また，かかった時間は，1.0－0.7＝0.3(秒)である。よって，このときの小球の平均の速さは，〔平均の速さ(m/s)〕＝〔移動した距離(m)〕÷〔移動にかかった時間(s)〕より，0.252÷0.3＝0.84(m/s)となる。

〔問2〕＜**運動と力**＞斜面上にある小球には，重力の斜面に平行な方向の分力が運動の方向にはたらく。また，小球に一定の力がはたらくとき，小球の速さは一定の割合で増加する。よって，図2で，レールB上の①から③までは斜面の傾きがほぼ一定なので，小球には，重力の斜面に平行な方向の分力がほぼ一定の大きさではたらき続け，速さはほぼ一定の割合で増加する。なお，〈結果〉より，レールB上の①から③まで，0.1秒ごとの移動距離は，5.6－3.2＝2.4(cm)，8.0－5.6＝2.4(cm)と等しいから，速さは一定の割合で増加していることがわかる。

〔問3〕＜**力の分解**＞重力の矢印を対角線として，斜面に平行な方向と斜面に垂直な方向を2辺とする平行四辺形(この場合は長方形)をかくと，2辺がそれぞれ分力になる。解答参照。

〔問4〕＜**運動エネルギー**＞小球が斜面上を下るとき，小球が点aと点dで持っていた位置エネルギーは運動エネルギーに移り変わる。図1で，点aと点dは高さが等しいから，それぞれの点で小球が持つ位置エネルギーの大きさは等しく，点bは点eより高さが低いから，小球が持つ位置エネルギーの大きさは点bの方が点eより小さい。よって，位置エネルギーが移り変わった運動エネルギーの大きさは，点bの方が点eより大きい。また，点cと点fは高さが等しく，位置エネルギーの大きさは等しいから，運動エネルギーの大きさも等しい。

Memo

Memo

●2021年度

都立日比谷高等学校

独自問題

【英語・数学・国語】

2021年度 都立日比谷高等学校

【英　語】（50分）〈満点：100点〉

1 リスニングテスト（**放送**による**指示**に従って答えなさい。）

〔**問題A**〕 次の**ア**～**エ**の中から適するものをそれぞれ**一つずつ**選びなさい。

＜対話文 1 ＞

ア On the highest floor of a building.

イ At a temple.

ウ At their school.

エ On the seventh floor of a building.

＜対話文 2 ＞

ア To see Mr. Smith.　　**イ** To return a dictionary.

ウ To borrow a book.　　**エ** To help Taro.

＜対話文 3 ＞

ア At eleven fifteen.　　**イ** At eleven twenty.

ウ At eleven thirty.　　**エ** At eleven fifty-five.

〔**問題B**〕 ＜Question 1 ＞ では，下の**ア**～**エ**の中から適するものを**一つ**選びなさい。
＜Question 2 ＞ では，質問に対する答えを英語で書きなさい。

＜Question 1 ＞

ア For six years.　　**イ** For three years.

ウ For two years.　　**エ** For one year.

＜Question 2 ＞

（15 秒程度，答えを書く時間があります。）

※（編集部注）＜**英語学力検査リスニングテスト台本**＞を英語の問題の終わりに掲載しています。

2 次の対話の文章を読んで，あとの各問に答えなさい。
（＊印の付いている単語には，本文のあとに〔注〕がある。）

Takeru, Reiko, Cathy, and Koji are high school students. Cathy is from Australia. They are in the same class. They are talking about the homework for earth science after school.

Takeru: What should we do our research about? Do you have any ideas?

Reiko: How about sand? Cathy, I remember you showed us some beautiful pictures of your city. Can I see them again?

Cathy: Sure, Reiko. Here you are. This is a beach near my house.

Reiko: Thanks. Look at these pictures. It's beautiful white sand.

Cathy: I heard that you also have white sand beaches in Japan. I saw them on TV before I came to Japan.

Koji: You mean Okinawa? I've never been there, but yes, Okinawa is famous for its white sand beaches. But around here, the beaches have black sand.

Reiko: I wonder why some beaches have white sand like this and others black.

Cathy: [(1)-a] That's interesting.

Reiko: Takeru, what do you think about doing our research about sand?

Takeru: Yeah, sounds interesting. OK, first, let's look for information at home and then we'll talk about it tomorrow.

The next day in the PC room.

Takeru: OK, everybody is here. Who wants to start?

Koji: Well, I did my research about the colors of sand because I'm interested in it. Around the world, there is sand of many different colors. White, black, red, pink and even green.

Cathy: Pink and green? Amazing.

Koji: I'll explain white sand. Some white sand beaches are made in a different way from most beaches. They are actually broken pieces of *coral. Also, there are some fish with strong teeth and they eat food on the coral but at the same time, they eat the coral itself, too. The fish cannot *digest the coral so the *grains of coral come out of their bodies as white sand.

Cathy: Wow. I didn't know that fish played an important part in making white sand.

Reiko: How about black sand beaches? How are they made?

Koji: They are made from pieces of rock from *volcanoes.

Cathy: Does Japan have many volcanoes?

Koji: Yes, Japan has more than 100 volcanoes, so there are many black sand beaches in Japan.

Cathy: Um…, can anyone tell me the difference between a rock and sand?

Takeru: I can. The difference is the size. If the *diameter is between 2mm and 0.06mm, it is called sand.

Koji: So when a rock becomes smaller, it becomes sand, right? How long does it take?

Takeru: It's hard to say. It takes a long, long time. By the way, I found out something interesting about sand.

Koji: What is it?

Takeru: Some sand dunes make sound.

Reiko: Sand dunes?

Cathy: Do you have them in Japan?

Takeru: Yes. One of the most famous sand dunes in Japan is in Tottori.

Cathy: We also have some beautiful sand dunes in Australia. But what do you mean some sand dunes make sound?

Takeru: When you walk on the sand or *slide down the sand dunes, you can hear some sounds.

Cathy: What kind of sounds?

Koji: Do all sand dunes and beaches make sound?

Takeru: One question at a time! Well, Cathy, they make different kinds of sound depending on the size and the speed of the sand grains. Some make *squeaking sounds and some make low, long sounds like a Japanese drum. And Koji, [(2)]. You see, clean sand is the key.

Koji: What do you mean?

Takeru: Clean sand is needed to make sound. When clean, round grains of sand *rub against each other, it makes a sound. When you wash a glass cup and rub it with your finger, it makes a squeaking sound. [(1)-b]

Koji: How many sand dunes and beaches make sound in Japan?

Takeru: In Japan, we only have singing beaches. About 50 years ago, there were about 60 beaches, but now there are about 20.

Cathy: Why?

Takeru: Because of environmental reasons. Now, the sand is not so clean anymore.

Cathy: It's so sad to know that there are less singing sand beaches.

Reiko: I agree. This is one of the problems about sand, and actually, I've found another one.

Koji: Another one? There's more?

Reiko: Did you know that sand is an important *resource in our daily lives?

Takeru: Are you serious? I don't use any sand. Of course, when I was little, I used to play with my sister at the park and make sand balls.

Reiko: A sand ball? [(1)-c] I made lots of them. I really enjoyed it. Anyway, during my research I read (3)a United Nations report.

Koji: There's a United Nations report on sand?

Takeru: What did it say?

Reiko: It said that sand is the second most used natural resource on earth after fresh water.

Koji: I know that water is important for people all over the world. Water is used for drinking, cooking, washing, and growing plants. But what do we use sand for?

Reiko: You see, sand is necessary for *concrete.

Cathy: And you need concrete to build houses, buildings, roads, bridges and things like that.

Reiko: Not only that. Sand is used to make PC screens, glasses, smartphones, *toothpaste and many other things.

Takeru: I didn't know that sand was used in so many things.

Cathy: I also read that United Nations report. It said that around the world, each person uses about 18kg of sand every day.

Takeru: That's a lot!

Koji: I understand that we use sand a lot but I still don't get what the problem is.

Reiko: The problem is that people all over the world use too much sand, so there is not enough sand.

Takeru: But there are sand dunes and *deserts all over the world, so I think there is a lot of sand.

Reiko: I thought so too. But only some types of sand can be used in the *construction *industry.

Koji: Do you mean that you cannot use desert sand for construction?

Reiko: That's right.

Takeru: Why?

Reiko: Because the grains of sand in deserts are too small.

Takeru: Then, where do people get sand for construction?

Cathy: It is usually taken from *quarries. However, people took so much sand from these areas that the sand is almost gone. Now, people are taking more sand from seas and rivers.

Koji: Is it OK to do that?

Reiko: [(1)-d] For one thing, it influences the beaches themselves.

Takeru: In what way?

Reiko: When you take sand from sea floors, sand on the beaches slides into the ocean. Because of this, we are losing our beautiful beaches. Also, it influences living things, such as animals and birds.

Cathy: If we lose the beaches, what will happen to them?

Reiko: [(4)]

Koji: That's too bad.

Cathy: People are beginning to realize the sand problem, so they are trying to do something about it.

Reiko: Right. Some people came up with the idea to make sand from glass bottles.

Koji: How?

Reiko: They made a sand machine. When people put a bottle in the machine, the machine breaks the bottle and it becomes sand.

Koji: What? Why?

Reiko: Because a glass bottle is originally made from sand. You can say it's recycling.

Cathy: Many scientists are trying to think of things to use other than sand, such as *ash. They are also thinking of other ways to recycle concrete.

Takeru: I've learned a lot today. Many people talk about the importance of water, trees, and clean air, but nobody says, "Save sand." What should we do about problems like this?

Reiko: I really feel that the earth's resources are limited. I think it is important to think about the environment.

Koji: I agree, and we should pay more attention to the problems around the world.

Cathy: We have to make the world a better place for our future.

Takeru: That's right. Let's share this in class tomorrow.

〔注〕

coral　サンゴ	digest　消化する
grain　粒（つぶ）	volcano　火山
diameter　直径	slide　滑る
squeak　きしむ	rub　こする
resource　資源	concrete　コンクリート
toothpaste　歯磨き粉	desert　砂漠（さばく）
construction　建設	industry　産業
quarry　石切り場	ash　灰

〔問1〕 会話の流れに合うように，本文中の空所 (1)-a ～ (1)-d の中に，英文を入れるとき，最も適切なものを次のア～クの中からそれぞれ**一つ**ずつ選びなさい。ただし，同じものは二度使えません。

ア　It's like that.
イ　I hope so.
ウ　That's not true.
エ　But I know how it works.
オ　I remember that.
カ　Of course it is.
キ　I have never thought about that.
ク　Of course not.

〔問2〕 会話の流れに合うように，本文中の空所 (2) に英語を入れるとき，最も適切なものは次の中ではどれか。

ア　I don't know the answer
イ　the answer is the same
ウ　the answer is no
エ　the answer is yes

〔問3〕 (3)a United Nations report の内容として，最も適切なものは次の中ではどれか。

ア There are many black sand beaches in Japan, because Japan has more than 100 volcanoes.

イ People all over the world use more fresh water than sand as a natural resource.

ウ Both fresh water and sand are used for the same purpose but people use fresh water more.

エ Everyone in the world can only use 18kg of sand a day because we are using too much sand.

〔問4〕 会話の流れに合うように，本文中の空所 [(4)] に入る発言を自分で考えて**15語以上の英語**で書きなさい。英文は**二つ以上**にしてもよい。なお，「,」「.」「!」「?」などは語数に含めないものとする。また，I'll のような「'」を使った語や e-mail のような「-」で結ばれた語はそれぞれ1語と扱うこととする。

〔問5〕 次の〔質問〕に対する答えとして，本文の内容と合う最も適切なものは下の中ではどれか。

〔質問〕 Why is it important to save sand?

ア Because there were about 20 beaches 50 years ago, but now there are about 60 beaches.

イ Because we need sand to make concrete and things in our daily lives, but there is not enough sand.

ウ Because there are not enough sand dunes and deserts all over the world.

エ Because glass bottles are originally made from sand and we need sand to use sand machines.

〔問６〕 本文の内容と合っているものを，次の**ア**～**ク**の中から**二つ**選びなさい。

ア Cathy lives close to a white sand beach in Australia and she has visited some white sand beaches in Japan.

イ Reiko is interested in the white color of sand in Australia, so she asked Koji to do some research about it.

ウ Takeru, Reiko, Cathy, and Koji looked for information about sand in the PC room together before going home.

エ Some white sand beaches are made from broken pieces of coral, and some kinds of fish play an important part in making white sand.

オ There is a clear difference between a rock and sand, and the difference is the color and the diameter.

カ In some beaches and sand dunes, people can hear sound when they rub sand on a clean glass cup.

キ We cannot use desert sand for construction because the grains of sand in deserts are too large.

ク Some people think that the sand problem is serious, and many scientists are trying to think of using other things instead of sand.

3 次の文章を読んで，あとの各問に答えなさい。

（＊印の付いている単語・語句には，本文のあとに〔**注**〕がある。）

Just imagine. You have just arrived at the nearest station from your school. It starts raining suddenly. You realize you forgot to bring your umbrella. If you wait here until it stops raining, you'll be late for school! So you decide to go to school in the rain. Then a question comes to mind. "I don't want to get wet. Is it better to walk in the rain, or run?" Maybe some people have thought about this question, but how many of you have tried to find out the answer?

You can find questions like this in your daily life. To find out an answer, you need to make a *hypothesis and *prove that it is right. First, you collect information about your question by reading books. Then, you make a hypothesis from the information. Next, you collect more information and do some *experiments to check the hypothesis. Of course, your first hypothesis is often wrong. [(1)-a] In this way, you will be able to make a better hypothesis and get closer to the answer.

It sounds like a difficult *process, but you usually follow these steps in your daily life without knowing it. For example, imagine you want to get better grades in math. First, you should check how long you study math for in a week. You find out that the time for studying math is shorter than for other subjects. So your hypothesis goes like this. (2) ① You find out their way of studying math is different from yours. ② So you decide that time spent studying is not important and that you may get better grades for a different reason. ③ If you study math for a longer time, your grades will be higher. ④ However, though you do that, your grade doesn't get better. ⑤ In your class, some students are good at math, and you ask them how they study it. First, they try solving the problem. If they cannot answer the question, they look at the answer and try to understand how to solve it. Next, they try to answer the same question one more time. If they can't answer it again, they try to know what they do not understand by checking the answer. They repeat this process until they are able to answer the question by themselves. Here you realize that, until now, you have just written the answers to questions in your notebook before you have understood how to solve them. (3) <u>So you think that if you change how you study math, your grades will get better.</u> In this way, you can get closer to your goal.

One scientist said, "Humans are weak, so we often give up when we try to do something. [(1)-b]" In the past, *light bulbs didn't work for a long time, so the scientist decided to make better light bulbs. He thought about what to use for the *filament of the light bulbs, and tried almost everything. He even tried using *cotton thread and his friend's *beard! Of course, they burned easily and didn't work at all. One day, he found a *folding fan and used the bamboo of it for the filament. (4) <u>【① to ② was ③ working for ④ kept ⑤ that ⑥ about ⑦ the light ⑧ he ⑨ surprised ⑩ learn】</u> two hundred hours. After about six thousand tries, he finally found the right one. When his friend asked him, "Why were you able to keep trying though you *failed so many times?" He answered, "I have not failed. I have just found that six thousand things don't work well."

Even now, scientists are trying to find the answer to many questions. Have you ever wondered why *zebras have *stripes? Scientists have worked on this question for over 150 years. They had a lot of ideas, but they couldn't find a way to prove it. However, some scientists have recently found out that *horseflies can't *land on zebras. When horseflies try to land on horses, they slow down before landing. [(1)-c] The scientists thought that this happens because of the stripes and they have done some experiments to prove that their hypothesis is right. They covered the bodies of some horses in coats with zebra stripes, and they learned that horseflies only landed on the parts without the coats. They found out that horseflies can see the horse but can't see the stripes until they get close to them. Because of that, they lose their *sense of distance and fail to slow down. Scientists are still working on this question, but maybe the zebras have stripes to protect them from horseflies. Now farmers are actually using this finding to keep horseflies away from their animals.

(5)Another scientist made *lithium-ion batteries and won the Nobel Prize. He was able to do so because he not only kept studying but also thought about the needs of society. When he was in elementary school, his teacher introduced him to an old book about science. The book taught him many things, such as why *candles burn. After that, he became interested in science and at university he decided to study *petrochemistry, a popular subject at that time. A university teacher there said it is important to learn *the fundamentals to come up with a unique idea. Later he realized the most important thing is to be *curious about everything and think about "why." After graduating from university, he started working at a company. He did a lot of research and experienced a lot of difficulties. For example, in the first 10 years working at the company, he came up with three ideas but they were not successful. In addition, even after making the lithium-ion battery, it was many years until people started using it. People were afraid that it was not safe so they didn't want to use it at first. However, he never gave up. After working on lithium-ion batteries for about 40 years, he finally won the Nobel Prize for improving the lives of many people.

From these stories we learn that it is important to be interested in something and to keep trying to reach your goals without giving up. So, the next time a question like the one about the rain comes to mind, what will you do? Here are two choices: you stop thinking about the question or you keep wondering and try to find the answer. The decision is yours.

〔注〕 hypothesis　仮説　　prove　証明する
experiment　実験　　process　過程
light bulb　電球　　filament　フィラメント

cotton thread 木綿糸(もめんいと)
folding fan 扇子
zebra シマウマ
horsefly アブ
sense of distance 距離感(きょりかん)
candle ろうそく
the fundamentals 基本
beard あごひげ
fail 失敗する
stripe しま模様
land 着地する
lithium-ion battery リチウムイオン電池
petrochemistry 石油化学
curious 好奇心がある

〔問1〕 本文の流れに合うように，[(1)-a] ～ [(1)-c] に次の①～⑥の英文を入れるとき，最も適切な組み合わせは，下の**ア**～**カ**の中ではどれか。

① But you should not give up and should do the same question one more time.
② But you can learn something from it and you can make another one.
③ When they try to land on a zebra, they slow down in the same way.
④ You have to be strong when you decide to give up your dream.
⑤ The best way to be successful is to always try one more time.
⑥ But when they go near a zebra, they don't slow down at all.

	(1)-a	(1)-b	(1)-c
ア	①	②	③
イ	①	⑤	⑥
ウ	②	④	③
エ	②	⑤	⑥
オ	④	①	③
カ	④	②	⑥

〔問２〕 (2)[　　　] の①〜⑤の文を，本文の流れに合うように，正しく並べかえたとき，**２番目**と**４番目**にくるものの組み合わせとして最も適切なものは，次の**ア〜カ**の中ではどれか。

	２番目	**４番目**
ア	①	③
イ	②	④
ウ	②	⑤
エ	④	①
オ	④	⑤
カ	⑤	④

〔問３〕 (3)So you think that if you change how you study math, your grades will get better. とあるが，あなたがこれまでにやり方を変えたことでうまくいったことと，その結果について具体的に**30語以上の英語**で書きなさい。ただし，本文に出てきた方法は除く。英文は**二つ以上**にしてもよい。なお，「,」「.」「!」「?」などは語数に含(ふく)めないものとする。また，I'll のような「'」を使った語や e-mail のような「-」で結ばれた語はそれぞれ１語と扱うこととする。

〔問４〕 (4)【① to ② was ③ working for ④ kept ⑤ that ⑥ about ⑦ the light ⑧ he ⑨ surprised ⑩ learn】 とあるが，本文の流れに合うように，【　】内の単語・語句を正しく並べかえたとき，①〜⑩の中で**２番目**と**５番目**と**８番目**にくるものの組み合わせとして最も適切なものは，次の**ア〜カ**の中ではどれか。なお，文頭にくる語も小文字になっている。

	２番目	**５番目**	**８番目**
ア	②	⑧	①
イ	②	⑩	④
ウ	②	⑩	⑤
エ	④	⑤	①
オ	④	⑧	⑩
カ	④	⑩	②

〔問５〕 (5)Another scientist に関する説明として，最も適切なものは次の中ではどれか。

ア The scientist came up with the idea of making the lithium-ion battery soon after he started working at the company.

イ The university teacher said that the most important thing is to be interested in everything.

ウ People didn't use the lithium-ion battery for a long time because they were worried about using it.

エ The scientist became interested in science because a university teacher said that petrochemistry was a popular subject.

〔問６〕 本文の内容と合っているものを，次のア〜クの中から**二つ**選びなさい。

ア Many people have thought about the question about the rain and have tried to find out the answer.

イ Before you make a hypothesis, you have to gather a lot of information and do many experiments.

ウ Only scientists can make a hypothesis to find out answers to questions because you have to follow some difficult steps.

エ The light bulb only worked for a short period, so the scientist wanted to think of a way to change the situation.

オ The scientist tried using cotton thread and his friend's beard, and he found that they worked better than bamboo.

カ Some scientists did experiments on horses and realized that horseflies cannot see the stripes from far away.

キ People are hoping that one day they can think of a way to use the idea of zebra stripes on other animals.

ク The scientist won the Nobel Prize because he worked on lithium-ion batteries without thinking about people's needs.

4 次のイラストに描かれた状況を説明したうえで，それについてあなたの考えを **50 語以上の英語**で書きなさい。英文は**二つ以上**にしてもよい。なお，「,」「.」「!」「?」などは語数に含(ふく)めないものとする。また，I'll のような「'」を使った語や e-mail のような「-」で結ばれた語はそれぞれ 1 語と扱うこととする。

2021 年度　英語学力検査リスニングテスト台本

開始時の説明

これから，リスニングテストを行います。

問題用紙の１ページを見なさい。リスニングテストは，全て放送による指示で行います。リスニングテストの問題には，問題Ａと問題Ｂの二つがあります。問題Ａと，問題Ｂの <Question 1> では，質問に対する答えを選んで，その記号を答えなさい。問題Ｂの <Question 2> では，質問に対する答えを英語で書きなさい。

英文とそのあとに出題される質問が，それぞれ全体を通して二回ずつ読まれます。問題用紙の余白にメモをとってもかまいません。答えは全て解答用紙に書きなさい。

（２秒の間）

〔問題Ａ〕

問題Ａは，英語による対話文を聞いて，英語の質問に答えるものです。ここで話される対話文は全部で三つあり，それぞれ質問が一つずつ出題されます。質問に対する答えを選んで，その記号を答えなさい。

では，<対話文１>を始めます。

（３秒の間）

Yumi: David, we are on the highest floor of this building. The view from here is beautiful.

David: I can see some temples, Yumi.

Yumi: Look! We can see our school over there.

David: Where?

Yumi: Can you see that park? It's by the park.

David: Oh, I see it. This is a very nice view.

Yumi: I'm glad you like it. It's almost noon. Let's go down to the seventh floor. There are nice restaurants there.

（３秒の間）

Question： Where are Yumi and David talking?

（５秒の間）

繰り返します。

（２秒の間）

（対話文１の繰り返し）

（3秒の間）

Question： Where are Yumi and David talking?

（10秒の間）

<対話文2>を始めます。

（3秒の間）

Taro: Hi, Jane. Will you help me with my homework? It's difficult for me.

Jane: OK, Taro. But I have to go to the teachers' room now. I have to see Mr. Smith to give this dictionary back to him.

Taro: I see. Then, I'll go to the library. I have a book to return, and I'll borrow a new one for my homework.

Jane: I'll go there later and help you.

Taro: Thank you.

（3秒の間）

Question： Why will Jane go to the library?

（5秒の間）

繰り返します。

（2秒の間）

（対話文2の繰り返し）

（3秒の間）

Question： Why will Jane go to the library?

（10秒の間）

<対話文3>を始めます。

（3秒の間）

Woman: Excuse me. I'd like to go to Minami Station. What time will the next train leave?

Man: Well, it's eleven o'clock. The next train will leave at eleven fifteen.

Woman: My mother hasn't come yet. I think she will get here at about eleven twenty.

Man: OK. Then you can take a train leaving at eleven thirty. You will arrive at Minami Station at eleven fifty-five.

Woman: Thank you. We'll take that train.

（3秒の間）

Question： When will the woman take a train?

（５秒の間）

繰り返します。

（２秒の間）

（対話文３の繰り返し）

（３秒の間）

Question： When will the woman take a train?

（10秒の間）

これで問題Ａを終わり，問題Ｂに入ります。

〔問題Ｂ〕

（３秒の間）

これから聞く英語は，ある外国人の英語の先生が，新しく着任した中学校の生徒に対して行った自己紹介です。内容に注意して聞きなさい。

あとから，英語による質問が二つ出題されます。<Question 1> では，質問に対する答えを選んで，その記号を答えなさい。<Question 2> では，質問に対する答えを英語で書きなさい。

なお，<Question 2> のあとに，15秒程度，答えを書く時間があります。

では，始めます。（２秒の間）

Good morning, everyone. My name is Margaret Green. I'm from Australia. Australia is a very large country. Have you ever been there? Many Japanese people visit my country every year. Before coming to Japan, I taught English for five years in China. I had a good time there.

I have lived in Japan for six years. After coming to Japan, I enjoyed traveling around the country for one year. I visited many famous places. Then I went to school to study Japanese for two years. I have taught English now for three years. This school is my second school as an English teacher in Japan. Please tell me about your school. I want to know about it. I'm glad to become a teacher of this school. Thank you.

（３秒の間）

<Question 1> How long has Ms. Green taught English in Japan?

（５秒の間）

<Question 2> What does Ms. Green want the students to do?

（15秒の間）

繰り返します。

（２秒の間）

（問題Ｂの英文の繰り返し）

（３秒の間）

<Question 1>　How long has Ms. Green taught English in Japan?

（５秒の間）

<Question 2>　What does Ms. Green want the students to do?

（15秒の間）

以上で，リスニングテストを終わります。２ページ以降の問題に答えなさい。

【数　学】 (50分)〈満点：100点〉

1 次の各問に答えよ。

〔問1〕 $\left(\dfrac{1}{\sqrt{3}}+\dfrac{1}{\sqrt{6}}\right)(\sqrt{54}-5\sqrt{3})+2+\dfrac{\sqrt{2}}{6}$ を計算せよ。

〔問2〕 二次方程式 $7x(x-3)=(x+2)(x-5)$ を解け。

〔問3〕 一次関数 $y=-3x+p$ について，x の変域が $-2\leqq x\leqq 5$ のとき y の変域が $q\leqq y\leqq 8$ である。定数 p，q の値(あたい)を求めよ。

〔問4〕 1，2，3，4，5の数字が1つずつ書かれた同じ大きさの5枚のカード[1]，[2]，[3]，[4]，[5]が入っている袋Aと，1，2，3，4，5，6の数字が1つずつ書かれた同じ大きさの6枚のカード[1]，[2]，[3]，[4]，[5]，[6]が入っている袋Bがある。

2つの袋A，Bから同時にそれぞれ1枚のカードを取り出し，袋Aから取り出したカードに書かれた数を a，袋Bから取り出したカードに書かれた数を b とするとき，a と $3b$ の最大公約数が1となる確率を求めよ。

ただし，2つの袋A，Bそれぞれにおいて，どのカードが取り出されることも同様に確からしいものとする。

〔問5〕 右の図で，△ABCは鋭角三角形である。

点Pは辺BC上，点Qは辺AC上にそれぞれあり，∠APB＝∠CPQとなる点である。

解答欄(かいとうらん)に示した図をもとにして，辺AC上にあり，∠APB＝∠CPQとなる点Qを，定規とコンパスを用いて作図によって求め，点Qの位置を示す文字Qも書け。

ただし，作図に用いた線は消さないでおくこと。

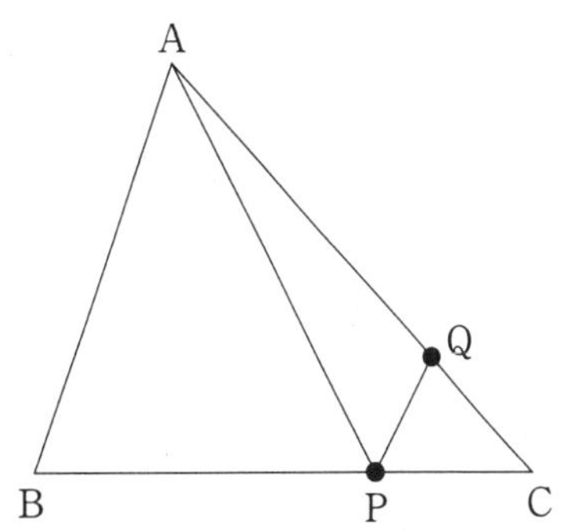

2 右の図で，点Oは原点，曲線 f は関数 $y=x^2$ のグラフを表している。

2点A，Bは，ともに曲線 f 上にあり，点Aの x 座標は負の数，点Bの x 座標は正の数である。

2点A，Bを通る直線を ℓ とし，直線 ℓ の傾きは正の数である。

点Aを通り x 軸に平行に引いた直線と，点Bを通り y 軸に平行に引いた直線との交点をCとする。

点Oから点(1，0)までの距離(きょり)，および点Oから点(0，1)までの距離をそれぞれ1cmとして，次の各問に答えよ。

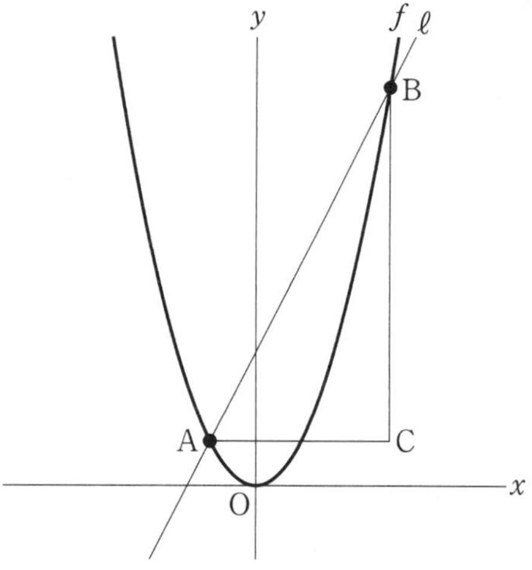

〔問1〕 直線 ℓ と y 軸との交点をD，線分ACと y 軸との交点をEとした場合を考える。
点Aの x 座標が -2，BC：DE＝5：1のとき，点Bの座標を求めよ。

〔問2〕 直線 ℓ の傾きが2であり，△ABCの面積が25cm^{2}のとき，直線 ℓ の式を求めよ。
ただし，答えだけでなく，答えを求める過程がわかるように，途中の式や計算なども書け。

〔問3〕 線分ACの中点を曲線 f が通り，AC＝BCとなるとき，点Aの座標を求めよ。

3 右の**図1**で，点Oは線分ABを直径とする円の中心である。

円Oの周上にあり，点A，点Bのいずれにも一致(いっち)しない点をCとする。

点Cと点Oを結んだ直線OCと円Oとの交点のうち，点Cと異なるものをDとする。

点Aを含(ふく)まない $\overset{\frown}{BC}$ 上にある点をEとする。

点Dと点Eを結んだ線分DEと，線分ABとの交点をFとする。

次の各問に答えよ。

図1

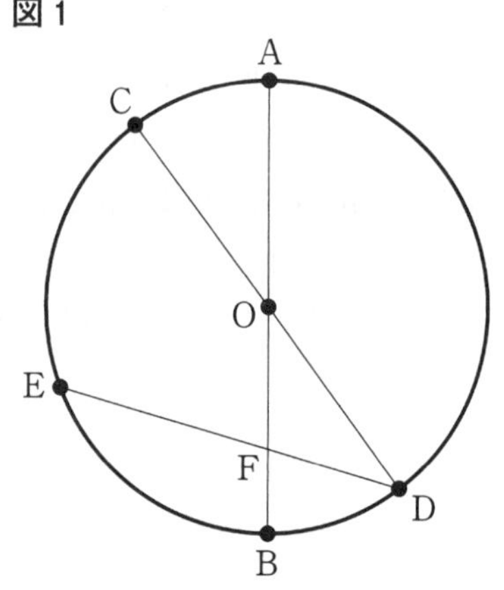

〔問1〕 点Aと点C，点Cと点Eをそれぞれ結んだ場合を考える。
$\angle OAC = 72°$，$\angle BFE = 113°$のとき，$\angle DCE$の大きさは何度か。

〔問2〕 右の**図2**は，**図1**において，$\overset{\frown}{CE} = 2\overset{\frown}{AC}$とし，点G，点Hはそれぞれ線分OA，線分OD上にあり，AG＝OHとなるような点で，点Bと点Hを結んだ線分BHをHの方向に延ばした直線上にあり，円Oの外部にあり，$\angle HIG = \angle AOC$となるような点をI，点Gと点Iを結んだ直線GIと線分OCとの交点をJとし，線分BIと線分DEとの交点をKとした場合を表している。

次の(1)，(2)に答えよ。

図2

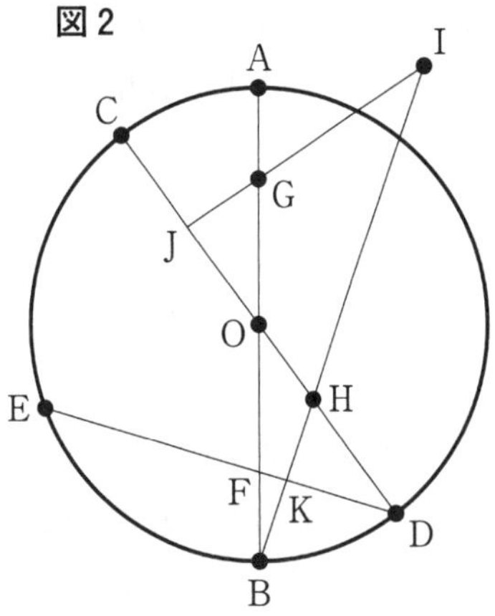

(1) △OGJ≡△DHKであることを証明せよ。

(2) OH：DH＝2：5，DH：DK＝3：2のとき，線分CJの長さと線分OHの長さの比CJ：OHを最も簡単な整数の比で表せ。

4 右の**図1**において，立体ABCD－EFGHはAE＝10cmの直方体である。

辺FGをGの方向に延ばした直線上にある点をI，辺EHをHの方向に延ばした直線上にある点をJとし，点Iと点Jを結んだ線分IJは辺GHに平行である。

次の各問に答えよ。

図1

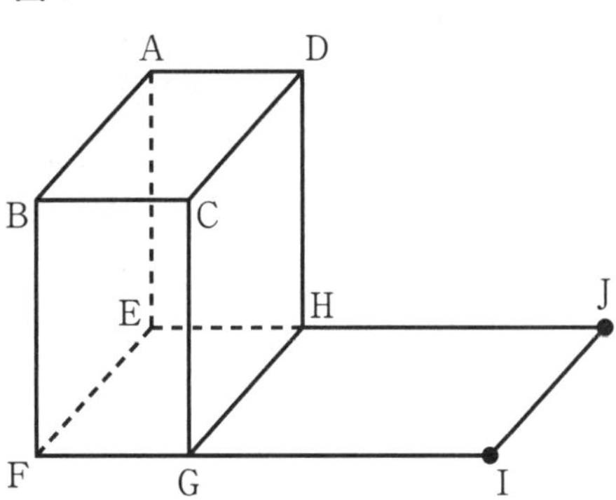

〔問1〕 右の**図2**は，**図1**において，頂点Aと点Jを結んだ線分AJと辺DHとの交点をK，辺CG上にある点をLとし，頂点Aと点L，点Jと点L，頂点Eと点Iをそれぞれ結んだ場合を表している。

AB＝10 cm，EI＝16 cm，CL＝DK のとき，△AJLの面積は何 cm^2 か。

図2

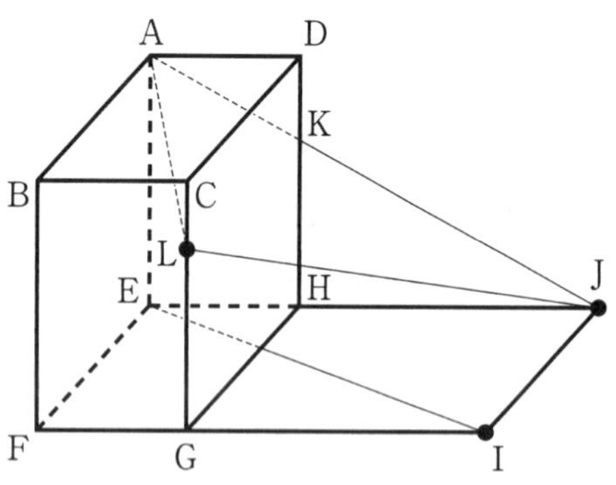

〔問2〕 右の**図3**は，**図1**において，辺FBをBの方向に延ばした直線上にある点をMとし，点Jと点Mを結んだ直線JMが辺CDと交わる場合を表している。

AB＝10 cm，EH＝5 cm，GI＝15 cm のとき，線分FMの長さは何cmか。

ただし，答えだけでなく，答えを求める過程がわかるように，途中の式や計算なども書け。

図3

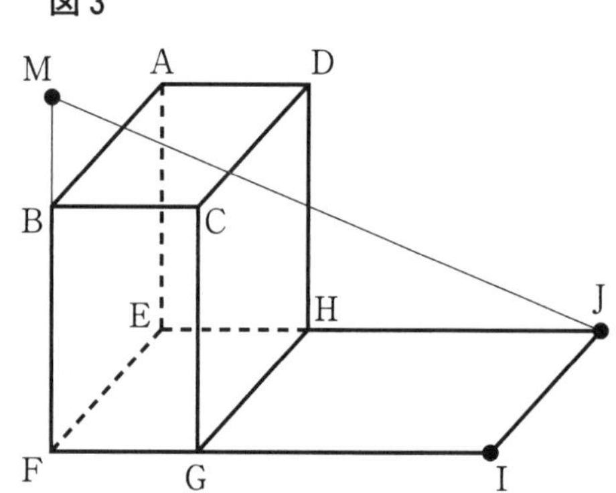

〔問3〕 右の**図4**は，**図1**において，辺IJ上にある点をPとし，頂点Aと頂点C，頂点Aと点P，頂点Cと点P，頂点Eと頂点G，頂点Eと点P，頂点Gと点Pをそれぞれ結んだ場合を表している。

∠EGF＝∠GPI＝60°，BC＝IP＝5 cm のとき，立体P－ACGEの体積は何 cm^3 か。

図4

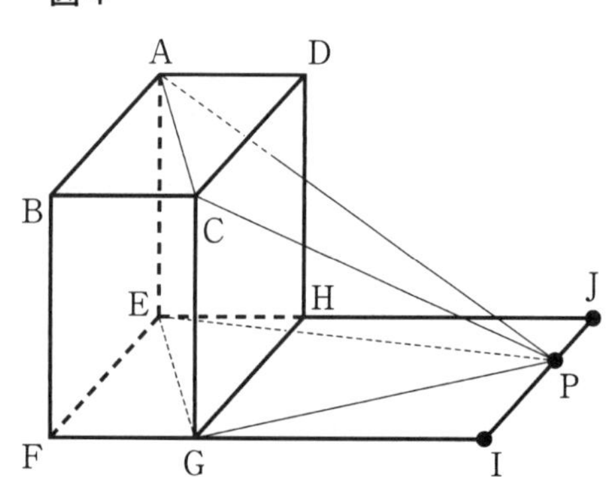

〔問2〕 (2)穏やかな温かさを感じる。とあるが、筆者がこのようにいう理由を説明したものとして最も適切なものは、次のうちではどれか。

ア 別れに際して、自己の感情を表に出さずに出発を見送り続けることで、去って行く「きみ」の未来の幸せを静かに心から願っている姿に、送る人の心の豊かさがあると感じさせてくれるから。

イ 別れに際して、去り行く「きみ」を待ち構える旅の厳しさに思いをはせて、降りしきる雪の中で門出をいつまでも見守ろうとする光景に、送る人の優しさがあるのだと感じさせてくれるから。

ウ 別れに際して、両者が一切の事実を引き受け、白一面の無の世界に立ち向かうことができるのは、確かにそこにお互いを信じ合う気持ちが存在しているからなのだと感じさせてくれるから。

エ 別れに際して、「きみ」は去り行くしかないのだという運命を受け入れて、降りしきる雪の中で静かに見送り続けられるのは、確かにそこに魂の交流があるからだと感じさせてくれるから。

〔問3〕 (3)修辞・(4)認識 とあるが、その関係を説明した筆者の考え方として最も適切なものは、次のうちではどれか。

ア 自然と人間の行動が一体であるという認識が、その認識から生まれた言葉を駆使した修辞を使うことで、さらに深められている。

イ 自然と人間行為の双方に通じる言葉を修辞に用いながら詠むことで、作者の内面を自然の情景として暗示的に認識させている。

ウ 自然と人間の認識を一体にする言葉を修辞として用いることで、伝統的な和歌の世界に描かれた認識へとそれとなく導いている。

エ 自然と人間が一体であるという伝統的な見方に基づいた修辞を用いることで、重層性を持った、情趣豊かな認識へと導いている。

〔問4〕 本文中の二首の和歌の内容を説明したものとして最も適切なものは、次のうちではどれか。

ア 藤原兼輔の和歌は、狭野弟上娘子の和歌と同じ初句で読み出し、同じ別れの思いを詠みながらも、印象や趣向を対比的にして様々な別れの形や心情があることを示している。

イ 藤原兼輔の和歌は、狭野弟上娘子の和歌の情感や情景や表現の趣向を引き継いで別れの思いを詠んでいるが、そこに詠まれた激情を奥に隠して、静かに詠み上げられている。

ウ 狭野弟上娘子の和歌は、非現実的な比喩を使用して、別れの激情を詠んでいるが、それは現実の風景に情感を寄せるという反転した形で藤原兼輔の和歌に引き継がれている。

エ 狭野弟上娘子の和歌は、別れという伝統的な主題を、率直な激情とともに詠んでいるが、藤原兼輔の和歌では洗練された表現によって複雑な心情の吐露として歌われている。

〔問5〕 (5)「行ってらっしゃい、お慕いしています」とあるが、この思いを筆者が読み取ったと思われる部分を、本文中の和歌から**十字以内**で抜き出して書け。

しの愛犬がいるにちがいない、と目を凝らした。切ない思いで見渡しながらも、わが老犬はこの雪のなかに抱かれているのだと思ったとき、ともに過ごした者を見失った哀切の念や悲しみが、いつのまにか静かな思いになっていくのを感じた。「雪のまにまに」、去り行くままに、雪にまかせて、わたしも老犬もともにこの同じ自然のなかにいる、と思った。見失ったこと、見失った老犬、そのすべてを受けとめ、朝日に輝く雪一面の世界にわたしは立ちつくしていた。

和歌は、自然のうつろいとそこに織りなされる人々の有情の機微と結びついている。わたしの住む地にも雪が降り積もり白一面の世界を見渡すとき、この歌を思い、失ったいくつもの「跡」を追う。炎暑の夏にはまた、*劫火(ごうか)に託(たく)するまでの激しい思いをよみがえらせるのである。

（篠田治美「和歌と日本語」による）

あなたが行く越の国の、雪深い白山を、私は知らないけれども、あなたの足どりのとおりに、その雪のなか、跡をたずねて参りましょう。

（「新潮日本古典集成　古今和歌集」による）

〔注〕藤原兼輔(ふじわらのかねすけ)――平安時代の歌人。
掛詞(かけことば)――和歌の修辞法の一つ。同音異義を利用して、一語に複数の意味を持たせる技法。
枕詞(まくらことば)――和歌の修辞法の一つ。特定の言葉を導く前置きの表現。
序詞(じょことば)――和歌の修辞法の一つ。ある言葉を導き出す前置きの表現。
越(こし)――北陸地方の古称(こしょう)。越前(えちぜん)も同じ。
白山(はくさん)――石川県と岐阜県(ぎふけん)にまたがる山。かつては「越白嶺」と書いて「こしのしらね」と呼ばれ、のち「しらやま」と変わり、現在に至る。
縁語――和歌の修辞法の一つ。関連の深い語を合わせ、用いることで、内容に深みを持たせる技法。
狭野弟上娘子(さののおとがみのおとめ)――奈良(なら)時代の女流歌人。
東尋坊(とうじんぼう)――福井県(ふくいけん)にある崖(がけ)の名勝。
本歌――古歌を元に和歌を作った場合のそのもとの歌。
措辞(そじ)――詩歌・文章における言葉の言い回しや配置。
劫火(ごうか)――全世界を焼き尽くすという猛火(もうか)。もとは仏教用語。

〔問1〕(1)和歌は世界を見ない。とあるが、どういうことか。これを説明したものとして最も適切なものは、次のうちではどれか。

ア　和歌は、視覚的に捉えた景色を読み手と共有しようとするのではなく、その景色の中で感じた感覚と個人的な思いを歌の中に具象化して表現しようとしたものだということ。

イ　和歌は、視覚的に捉えた対象を客体として描写しようとするのではなく、目を閉じた時に五感や身体全体で感知される抽象的(ちゅうしょうてき)感覚を形象化しようとしているのだということ。

ウ　和歌は、視覚的に捉えた対象を客体として詠(よ)みあらわそうとするのではなく、捉えた対象への思いとともにそこにある自分も含(ふく)めた世界を詠もうとしているのだということ。

エ　和歌は、視覚的に捉えた現実の景色を描写して詠まれるのではなく、対象と一体化することで感じる微妙な感覚を具体的な事象に仮託(かたく)して表現しようとしたものだということ。

み」を感じている。送る人と「きみ」とが、何にもない銀白色に包みこまれている。すべてが雪に覆われて何もない。あるのは、二人の魂のまじわりだけである。「雪のまにまに」、あなたの行くがままに、雪にまかせて見送る。あるがままに起こるがままに出来事を、人を、受けとめる。歌から浮かぶ景は、何もないただ真っ白な無。それでいて、その白一面の世界のなかに魂が交流する。あるがままにあるとするその受動性が、わたしを穏やかな気持ちにする。

　景と心は一つである。それが表れているのは、代表的には*掛詞である。「雪（ゆき）」は雪と行き、自然の相と人間の行動が表裏一体としてある。(3)修辞は単なる仕掛け、飾りではなく、ものの捉え方、(4)認識のありようそのものである。自然と人間が一体なのである。言葉がそうだから認識がそうなったのか、認識がそうだから言葉がそうなのか。日本語の同音異義語の多さは、景と心、自然と人間が一体としてあるという認識のありようにおいて生まれ、あるいは言葉がそれを育て、そのようにして世界はたち現れる。

　この歌の場合、第二句「こしのしら山」は自然の景だが、同音反復で「しらねども」と、あっという間に「知らない」という人間の行為を引き出す。*枕詞、*序詞のような役割を果たしている。「きみ」が雪のなかを行ったかどうか、ではない。「きみ」は*越に赴任する、越ならば*白山である。そこで「しら山」を中心にして「しら」「雪」「跡」という縁のある語が引き出される。*縁語によってまた、自然と人間行為は重層的になる。

君が行く道の長手を繰り畳ね焼き滅ぼさむ天の火もがも
（万葉集　*狭野弟上娘子）

初句「きみが行く」の言葉から、わたしは即座にこの歌を連想する。あなたが行く道の、その長い道のりをたぐり寄せて畳んで、焼き滅ぼしてしまう天の火が欲しい！　というものだ。恋人の中臣宅守が流罪になって越前に行くとき、「行かないで！」「私は、行かせない！」と叫ぶ激しい愛の絶唱である。

　舞台は同じく越の国だが、炎熱の夏を思わせる。草木生い茂る道がそれゆえに一層真っ赤に燃え上がり、炎がゆらめき立ちのぼる。男女の間の引き裂かれる別れ、生死の際にあるぎりぎりの別れが、真っ赤な炎を背景に激しく詠われる。

　兼輔の歌は真冬である。男同士の仕事上の派遣での抑制のきいたはなむけ、(5)「行ってらっしゃい、お慕いしています」である。万葉・狭野弟上娘子の方は、別れの悲しみが真夏の炎熱の赤のなかに動的にゆらめき、*東尋坊のようなそそり立つ絶壁に悲しみの波はたたきつけられまた砕ける。激しい情感である。

　兼輔の方は、赤に対して白、動に対して静、夏に対して冬、海に対して山と、はなむけのなかに淋しさをにじませ、いつまでも思いを寄せるという静かな情愛である。兼輔の歌を読むとき、他方で狭野弟上娘子の歌をわたしは思い浮かべ、別れのさまざまな相、人を送り出し見送るさまざまな局面の、さまざまな思いを感じ取る。兼輔の歌が狭野弟上娘子の歌を*本歌として取っているとは定義上言えないが、それでも、言葉と*措辞と主題を引き継ぎ、引き延ばし、加えている、と思える。一つの歌には、その歌が出現するまでの、歌の歴史と情感の歴史、言葉と感受の蓄積があり、その歴史・伝統がわたしたちの感受性を育てている。

　雪景色を見ると、わたしは兼輔の歌を思い、そうして飼っていた老犬がわたしの留守のうちにさまよい出て、何日も帰らなかったときのことを思い出す。捜しあぐねて数日後の朝、外は一面真っ白な雪景色に一変していた。朝日に照らし出された銀世界を眺め渡し、このどこかにわた

〔問3〕 (3)進化が進歩ではない とあるが、どのように違うというのか、**五十字以内**で説明せよ。

〔問4〕 (4)地球上の生物多様性は、「存在の偉大な連鎖」を超えたものなのだ。とあるが、どういうことか。これを説明したものとして最も適切なものは、次のうちではどれか。

ア 「存在の偉大な連鎖」を裏付けているのは近代の西洋的世界観だから、様々な思想の入り乱れている現代の社会を論ずるには不十分なものになっているということ。

イ 「存在の偉大な連鎖」は、中世までの様々な事物を説明することは可能でも、多様に進化した現在の地球上の生物のありようを捉えているものではないということ。

ウ 現在の安定した生態系を保っている生物の多様性は、進化を一直線の上にあると考える「存在の偉大な連鎖」の発想からは、決して説明し得ないものだということ。

エ 現在の地球上の生態系は様々な分野で起きた「存在の偉大な連鎖」の結果の集合体であるので、単一の進化論で説明できるものではなくなってきているということ。

〔問5〕 本文では生物の多様性を評価しているが、生物に限らず、自分の身の回りで「多様性」が必要であると感じることがあるか。本文の全体の内容とあなた自身が経験したことなどを踏まえて、このことについてのあなたの考えを**二百五十字以内**で書け。なお、、や。や「 などのほか、書き出しや改行の際の空欄もそれぞれ字数に数えること。

五

次の文章を読んで、あとの各問に答えよ。なお本文末の［　］で囲った文章は一首目の和歌の現代語訳である。（*印の付いている言葉には、本文のあとに〔注〕がある。）

(1)和歌は世界を見ない。「見る」のではなく、聞く、触れる、嗅ぐ。視覚ではなく聴覚、触覚、嗅覚また味覚で世界を受けとめる。感受する人と感受されるモノが、主体と客体としてあるのではなく、感受するモノのなかに人がいる。人のなかにそれが入り込んでいる。

和歌は多く夕暮れや夜を詠い、薄明、薄暮を好む。見えないものを身体で受けとめ、共振する。そのなかに住まい、包まれ抱かれる。絵の浮かぶ歌は多いが、それらもまた、こちらからあちらを見るという客観的な世界ではなく、そのなかに歌人が、人が、「私」がいる、と感じられる。人間が景色を見るのではなく、景色のなかに人間がいる。匂い、風、音などを感じるとき、身と世界が距離をとって立つのではなく、一体としてある。

きみが行くこしのしら山しらねども雪のまにまに跡はたづねむ
（古今集　*藤原兼輔）

たとえばこの歌を読むと、わたしには目の前に真っ白な世界が広がる。何にもない。あなたの行く先、行く道は、自分には分からない、知らない。あなたの姿がしだいに点景となって雪のなかに埋もれ、見えなくなる。それでもあなたの行く方向を、じっと目を凝らして見続けている。そんな光景が浮かぶ。

そうして、かけがえのない人を見送る淋しさとともに (2)穏やかな温かさを感じる。「きみ」の姿は景のなかに見出すことはできないが、「きみ」を懸命に見続ける人が雪景色のなかに立ち、白一面のなかに去り行く「きで、進化は進歩でないとダーウィンは気づいたのだろう。

地球には素晴らしい生物があふれている。小さな細菌から高さ一〇〇メートルを超す巨木、豊かな生態系をはぐくむ土壌を作る微生物、大海原を泳ぐクジラ、空を飛ぶ鳥、そして素晴らしい知能を持つ私たち。こんな多様な生物を方向性選択は作り上げることができるのだ。もしも進化が進歩だったり、世界が＊「存在の偉大な連鎖」だったりしたら、つまり一直線の流れしかなかったら、これほどみごとな生物多様性は実現していなかっただろう。私たちが目にしている(4)地球上の生物多様性は、「存在の偉大な連鎖」を超えたものなのだ。

（更科功「若い読者に贈る美しい生物学講義」による）

〔注〕ダーウィン――十九世紀の自然科学者。
チェンバース――十九世紀の進化論の考察者。
スペンサー――十九世紀のジャーナリスト。
『種の起源』――ダーウィンによる進化論についての著作。
「存在の偉大な連鎖」――中世から近代初期にかけてキリスト教を基礎にしたスコラ哲学の学者が、石ころから神まで、世界に存在するすべてのものを階級制度に組み込んだ考え方で、人間が生物のなかでは最上位にいる。

〔問1〕(1)【図】の系統樹Aと系統樹Bは、同じ系統関係を表している。とあるが、二つの系統樹の違いは何か。これを説明したものとして最も適切なものは、次のうちではどれか。

ア 系統樹Aは、陸上生活にどの程度熟達しているかを基準にして作られたものであり、系統樹Bは、水中生活から段階を追って進化してきた流れが分かりやすいようアレンジして図式化したものである。

イ 系統樹Aは、脳の進化を中心にしてそれと関係する要素を示して作られたものであり、系統樹Bは、「どこが分岐点か」という観点から進化の過程を時系列で理解できるように図式化したものである。

ウ 系統樹Aは、ダーウィン以前の進化論に基づいた自然選択の考え方で作られたものであり、系統樹Bは、ダーウィン以降の方向性選択の考え方を踏まえて捉え直された進化論を図式化したものである。

エ 系統樹Aは、人間が最も進化した生物であるというイメージを前提にして進化の流れを示したものであり、系統樹Bは、「陸上生活に適する」形での進化の流れが見えるように図式化したものである。

〔問2〕(2)計算が得意な生物は、空腹に弱い生物だ。とあるが、この例は、どのようなことを伝えようとして持ち出された具体例か。これを説明したものとして**適切でないもの**は、次のうちではどれか。

ア 知性的な要素で優れる者は、本能的な要素では劣っていることが一般的であるということ。

イ 脳の発達がそのまま進化ではない、つまり人間が最も進化しているのではないということ。

ウ 進化は様々な要素で見られ、その要素ごとに適応した種は異なっているものだということ。

エ 人間が種として優れているというのは、一部の機能を基準にしただけのものだということ。

そして、(2)計算が得意な生物は、空腹に弱い生物だ。脳は大量のエネルギーを使う器官である。私たちヒトの脳は体重の二パーセントしかないにもかかわらず、体全体で消費するエネルギーの二〇～二五パーセントも使ってしまう。大きな脳は、どんどんエネルギーを使うので、その分たくさん食べなくてはいけない。もしも飢饉（ききん）が起きて農作物が取れなくなり、食べ物がなくなれば、脳が大きい人から死んでいくだろう。だから食糧（しょくりょう）事情（じじょう）が悪い場合は、脳が小さい方が「優れた」状態なのだ。

実際、人類の進化を見ると、脳は一直線に大きくなってきたわけではない。ネアンデルタール人は私たちヒトより脳が大きかったけれど、ネアンデルタール人は絶滅し、私たちヒトは生き残った。その私たちヒトも、最近一万年ぐらいは脳が小さくなるように進化している。これらの事実が意味することは、脳は大きければ良いわけではないということだ。

「ある条件で優れている」ということは「別の条件では劣っている」ということだ。したがって、あらゆる条件で優れた生物というものは、理論的にありえない。そして、あらゆる条件で優れた生物がいない以上、進化は進歩とはいえない。生物は、そのときどきの環境に適応するように進化するだけなのだ。

生物が進化すると考えた人は＊ダーウィン以前にもたくさんいた。でも、＊チェンバースも＊スペンサーも、みんな進化は進歩だと思っていた。進化が進歩ではないことを、きちんと示したのは、ダーウィンが初めてなのだ。それではダーウィンは、なぜ進化は進歩でないと気づいたのだろう。

(3)進化が進歩ではないとダーウィンが気づいた理由は、生物が自然選択によって進化することを発見したからだ。ここで間違えやすいことは、自然選択を発見したのはダーウィンではないということだ。ダーウィンが発見したのは「自然選択」ではなくて「自然選択によって生物が進化すること」だ。

＊『種の起源』が出版される前から、生物に自然選択が働いていることは常識だった。当時、進化に興味がある人なら、誰だって知っていた。それなのに、どうしてダーウィンが自然選択を発見したように誤解されているのだろうか。

実は、自然選択はおもに二種類に分けられる。安定化選択と方向性選択だ。

安定化選択とは、平均的な変異を持つ個体が、子どもを一番多く残す場合だ。たとえば、背が高過ぎたり、反対に背が低過ぎたりすると、病気になりやすく子どもを多く残せない場合などだ。この場合は、中ぐらいの背の個体が、子どもを一番多く残すことになる。つまり安定化選択は、生物を変化させないように働くのである。

一方、方向性選択は、極端な変異を持つ個体が、子どもを多く残す場合だ。たとえば、背が高い個体は、ライオンを早く見つけられるので逃げのびる確率が高く、子どもを多く残せる場合などだ。この場合は、背の高い個体が増えていくことになる。このように方向性選択は、生物を変化させるように働くのである。

ダーウィンが『種の起源』を出版する前から、安定化選択が存在することは広く知られていた。つまり当時は、自然選択は生物を進化させない力だと考えられていたのである。ところが、ダーウィンはそれに加えて、自然選択には生物を進化させる力もあると考えた。ダーウィンは、方向性選択を発見したのである。

方向性選択が働けば、生物は自動的に、ただ環境に適応するように進化する。たとえば気候が暑くなったり寒くなったりを繰り返すとしよう。その場合、生物は、暑さへの適応と寒さへの適応を、何度でも繰り返すことだろう。生物の進化に目的地はない。目の前の環境に、自動的に適応するだけなのだ。こういう進化なら明らかに進歩とは無関係なのその工夫を進化させた卵が羊膜卵である（真ん中の黒い四角）。羊膜卵とは、簡単にいうと、羊膜で作った袋の中に水を入れ、その中に胚（発生初期の子ども）を入れた卵である。袋の中の水に、子どもをボチャンと入れておけば、乾燥しないからだ。さらに卵の外側に殻を作って、乾燥しにくくしている。この羊膜卵を進化させた動物は羊膜類と呼ばれ、水辺から離れて生活することができるようになった。この初期の羊膜類から、爬虫類や哺乳類が進化した（間違えやすいが、爬虫類から哺乳類が進化したわけではない）。そしてさらに、爬虫類の一部から鳥類が進化したのである。

爬虫類や鳥類にいたる系統では、さらに陸上生活に適した特徴が進化した。尿素を、尿酸に作り変えるような進化が起きたのである（一番上の黒い四角）。

尿酸も尿素のように毒性が低い。でも尿酸には、その他にもいいことがある。尿酸は水に溶けにくいので、捨てるときにほとんど水を使わなくていいのだ。

陸上にすんでいる動物にとって、水を手に入れるのは大変なことである。だから、水はなるべく捨てたくない。それなのに、私たちは結構たくさんの尿を出して、水をたくさん捨てている。もったいない話である。一方、ニワトリやトカゲは、尿をあまり出さない。ニワトリやトカゲが、イヌみたいに大量の尿を出している姿を見た人はいないはずだ。それは、尿素を尿酸に変える能力を進化させたからである。

つまり、哺乳類は両生類より陸上生活に適応しているが、爬虫類と鳥類は哺乳類よりもさらに陸上生活に適応しているのである。

ところで(1)【図】の系統樹Aと系統樹Bは、同じ系統関係を表している。しかし、見た目の印象はだいぶ違う。よく目にするのはAのような系統樹だ。これだと、ヒトは進化の最後に現れた種で、一番優れた生物であるかのような印象を受ける。

しかし陸上生活への適応という意味では、Bのような系統樹の方がわかりやすい。トカゲやニワトリの方がヒトより陸上生活に適応しているからだ。系統樹Bを見ると、ニワトリが進化の最後に現れた種で、一番優れた生物であるかのような印象を受ける。

もちろん、進化の最後に現れた種は、ヒトでもニワトリでもない。というか、コイもカエルもヒトもイヌもトカゲもニワトリも、すべて今生きている種だ。だから、みんな進化の最後に現れた種ともいえる。コイもカエルもヒトもイヌもトカゲもニワトリも、生命が誕生してからおよそ四十億年という同じ長さの時間を進化してきた生物なのだ。そして、陸上生活という点から見れば、この系統樹の中で一番優れた種はトカゲとニワトリなのである。

もしも「走るのが速い」ことを「優れた」というのなら、一番優れた生物はイヌだろう。「泳ぐのが速い」のはコイだろうし、「計算が速い」のはヒトだろう。何を「優れた」と考えるかによって、つまり何を「進歩」と考えるかによって、生物の順番は入れ替わるのだ。

さっきは「陸上生活に適した」ことを「優れた」と考えたが、「水中生活に適した」ことを「優れた」と考えれば、話は逆になる。トカゲは、陸上生活に適した特徴が発達したが、それは水中生活に適した特徴が退化したことを意味する（ちなみに「退化」の反対は、「進化」ではなく「発達」である。生物の持つ構造が小さくなったり単純になったりするのが退化で、大きくなったり複雑になったりするのが発達だ。「退化」も「発達」も進化の一種である）。「水中生活に適した」ことを「優れた」と考えれば、もちろん一番優れた生物はコイになる。

いろいろと考えてみると、客観的に優れた生物というものは、いないことがわかる。陸上生活に優れた生物は、水中生活に劣った生物だ。走るのに優れた生物は、力に劣った生物だ。チーターのように速く走るためには、ライオンのような力強さは諦めなくてはならないのだ。

り、対照的に描くことにより二人の性格の違いを明確にしている。

イ　未知の世界である射撃の試合に立ち向かう主人公の姿を淡々と描くことで、試合中の緊迫した臨場感を読者に味わわせようとしている。

ウ　主人公の言葉に「……」が多いのは、主人公と監督の話がかみ合っていないからで、世代を越えて話をすることの難しさを伝えている。

エ　自身の心の中を整理させるかたちを通して、主人公にこれまでの思いや状況を語らせ、今の思いをより鮮明に読者に感じ取らせている。

四

次の文章を読んで、あとの各問に答えよ。（＊印の付いている言葉には、本文のあとに〔注〕がある。）

私たちの祖先は海にすんでいた。何億年も前の私たちの祖先は、魚だったのだ。その魚の一部が陸上に進出して、私たちに進化した。もちろん陸上に進出するためには、体のいろいろな部分を変化させなくてはならなかった。

【図】の系統樹Aは、脊椎動物から六種（魚類のコイ、両生類のカエル、爬虫類のトカゲ、鳥類のニワトリ、哺乳類のイヌとヒト）を選んで、それらの進化の道すじを示した系統樹である。陸上生活に適応する進化的変化はたくさん起きたが、その中の三つを黒い四角で示してある。

脊椎動物の体はたくさんのタンパク質でできている。そして古くなったタンパク質は分解されて体の外に捨てられる。タンパク質が分解されると、どうしてもできてしまうのがアンモニアである。

アンモニアは有害な物質なので、体の外に捨てなければならない。でも、昔はとくに困らなかった。私たちの祖先は魚類であり、海や川にすんでいたからだ。体の周りに大量の水があるので、アンモニアを捨てるために水がいくらでも使えたからである。

しかし、陸に上がった両生類には、そういうことができない。陸上には水が少ないので、なかなかアンモニアを捨てられない。でも、アンモニアは有毒なので、あまり体の中に溜めておけない。そこで、とりあえずアンモニアを尿素に作り変えるように進化した。これが系統樹の中の一番下の黒い四角である。尿素も無毒ではないが、アンモニアよりは毒性が低いので、ある程度なら体の中に溜めておくことができるのだ。

それでも両生類は、水辺からあまり離れて生活することができない。その理由の一つは、卵が柔らかくて、すぐに乾燥してしまうからだ。だから、ほとんどのカエルは卵を水中に産む。水辺を離れて生活するためには、つまり、さらに陸上生活に適応するためには、卵が乾燥しない工夫をしなければならない。

【図】

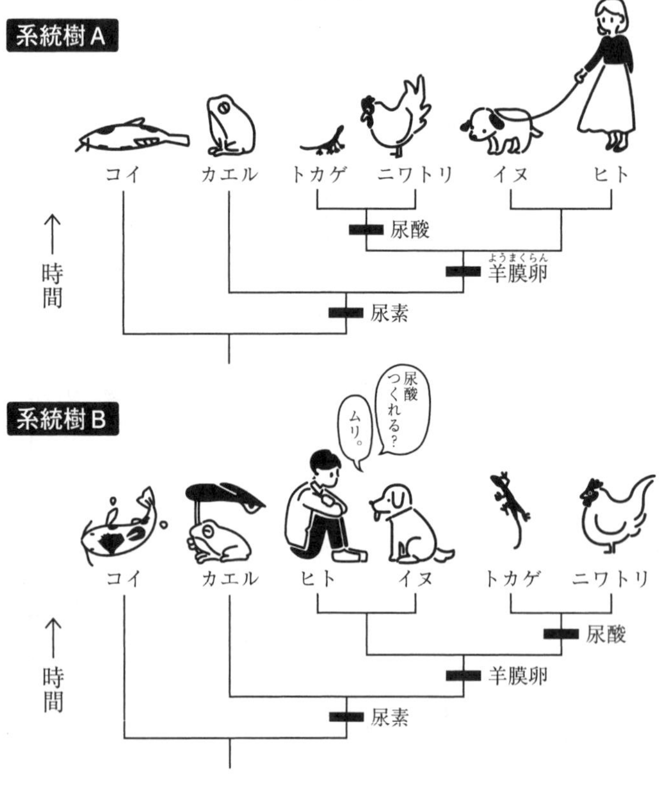

系統樹A

コイ　カエル　トカゲ　ニワトリ　イヌ　ヒト

尿酸　羊膜卵　尿素

↑時間

系統樹B

尿酸つくれる？

ムリ。

コイ　カエル　ヒト　イヌ　トカゲ　ニワトリ

尿酸　羊膜卵　尿素

↑時間

イ　思いもよらなかった質問や言葉を自分だけに投げかけられ、緊張しながらも、何とか落ち着こうとしている様子。

ウ　どう捉えていいのか分からない質問や言葉、状況に直面し、戸惑いながらも自分なりに受け止めようとする様子。

エ　どう答えていいのか分からない質問や言葉を言われたとき、閉口して、言葉選びに慎重になり身構えている様子。

〔問2〕(2)それで……怖かったです。とあるが、そのように感じた沙耶の心情の説明として最も適切なのは、次のうちではどれか。

ア　これまで経験したことのない世界に対する怖さを感じるとともに、久しぶりに試合前の感覚がよみがえったことで中学時代を思い出し、不安を感じている。

イ　これまで経験したことのない世界に対する怖さを感じながらも、あらゆる雑念がなくなって自分と標的だけしかないという、集中力の高まりを感じている。

ウ　これまで経験したことのない世界に対する怖さを感じるとともに、正しい姿勢を維持して結果を残さなければという雑念が払えず、焦燥感に駆られている。

エ　これまで経験したことのない世界に対する怖さを感じながらも、目の前の標的が大きく迫ってくるように見え、自分の力で立ち向かえるのだと感じている。

〔問3〕(3)わかる。とあるが、この時の沙耶の思いを表現したものとして最も適切なのは、次のうちではどれか。

ア　監督が言うように、考えたことを自分の言葉にしていけば最終的には自分にもわかるということ。

イ　監督は既に推測している沙耶の答えを、沙耶自身に確認したがっていることがわかるということ。

ウ　監督の物の言い方から、監督が沙耶自身に成長を気付かせようとしているのがわかるということ。

エ　監督の質問に対して自分の答えが説明不足であるということは、沙耶自身にもわかるということ。

〔問4〕(4)真面目なんかじゃない。とあるが、そのように考えるときの沙耶の思いとはどのようなものか、**七十字以内**で説明せよ。

〔問5〕(5)ぼそぼそとしゃべっていた。とあるが、この時の沙耶の心情を説明したものとして最も適切なのは、次のうちではどれか。

ア　監督の質問を受けるうちに、自分の考えをしっかりと持っていたことに気付き、話したいという衝動に駆られて次々と本音が口から出てしまっていたという思い。

イ　自分の考えはまとまっていなかったはずなのに、監督の質問に答えていくうちに、自分の心の動きや今の思いをほとんどそのまま話してしまっていたという思い。

ウ　自分から話したいわけではなかったのに、監督の質問につられてしまって、語るつもりではなかった自分の中学時代のことまでも話してしまっていたという思い。

エ　監督にコミュニケーション能力の必要性を説かれ、自分の思っていたことや考えたことをまとめていくうちに、自然と話すことができてしまっていたという思い。

〔問6〕本文の表現や内容を説明したものとして最も適切なのは、次のうちではどれか。

ア　言葉の数が少ない監督に対し、主人公には発話と心の内で語らせてお試合前の緊張感と昂ぶり、集中と弛緩のバランス、そして、恐れと興奮。

本当に久しぶりだ。久しく忘れていた。

一瞬、ほんの刹那、ハードルの並んだトラックが見えた。風が舞って、光が差す。競技場の風景は瞬き一つの間に霧散していった。

息を整える。

ライフルを構える。

二射、三射……。標的を見据え、*トリガーを引く。

やはり消えていく。

緊張も昂ぶりも久々だと震える心も、撃つたびに、トリガーに指をかけるたびに薄れて、消えていく。

沙耶とライフルと標的だけが残った。

「……陸上と射撃って、まるで違うのにとてもよく似ている。そんな風に感じて……。でも、陸上ではできなかったんです。」

「できなかった？」

「はい。あたし……中学のときに陸上部でハードルやってました。走るのも跳ぶのも好きでした。でも、試合のとき、ハードルだけを見ることができたかって言われると、ちょっと、よくわかりません。記録を伸ばさなきゃとか考えてたり、他の選手の調子が気になったり……、でも、今日はそんな風じゃなかったんです。まだ、*ビームライフルの試合がよくわかってないってのもあるとは思うんですけど……、思うんですけど、でも、あの……できたんです。他のこと考えないで、撃つことだけ考えられた気がして……。」

磯村監督はほとんど言葉を挟まず、時折、軽く頷きながら聞いていた。いつの間にか、心にあったこと、漠然と感じたこと、沙耶なりに考えたことをあらかた、(5)ぼそぼそとしゃべっていた。

「結城。」

しゃべり終えて口中の唾を呑み込んだとき、磯村監督に改めて呼ばれた。

「はい。」

「おまえは伸びるぞ。」

「え？」

「これから、どんどん強うなれる。オリンピック出場も夢じゃない。」

「はぁ？」

(6)我知らず顎を引いていた。

オリンピック？　どうして、そこまで話が飛んじゃうの？　冗談？　だとしたら、あまり上等じゃないと思う。もうちょっと現実味のあるジョークでないと笑えない。

（あさのあつこ「アスリーツ」による）

〔注〕ライフル——射撃競技用のライフル銃のこと。

花奈——沙耶の中学時代からの同級生。二人でこの高校の射撃部に入るために猛勉強して一緒に入学し、入部した。

ジャケット——射撃競技用のジャケットで、硬くて、装着すると姿勢が定まりやすくなる。

トリガー——銃の引き金。

ビームライフル——射撃競技用のライフル銃で、可視光線を発する光線銃。

〔問1〕(1)唇を結び顎を引いた。(6)我知らず顎を引いていた。とあるが、この沙耶のしぐさを通して、作者が表現しようとしたことの説明として最も適切なのは、次のうちではどれか。

ア　予想もしていなかったような質問や言葉に対し、すぐに答えられずためらって、答える気力をなくしている様子。

てもいないのだが、どことなく繋がってしまう。

「うん？　結城、何がおかしい。」

「あ、いえ。何も……。」

「そうか。笑ったみたいじゃったがな。で、標的が怖いってのは、どういうことだ。もう少し、きちんと説明できるか。」

「できません。」

「即答か。結城、もう少し言語力を磨け。自分の思うたこと、考えたことを言葉にして他人に伝える。いわゆるコミュニケーション能力は、これからますます必要になるんじゃぞ。」

「……はい。」

「端からできないなんて一言で片づけるなや。できる限り、言葉にしてみぃ。その努力はこれから先、必ずおまえのためになる。」

磯村監督は完全に教師の物言いになっていた。まるで口頭試問を受けているようだ。でも、わかる。

監督は本気であたしの答えを聞きたがっている。

(3)わかる。

沙耶もそっと下唇を舐めてみた。

「あの……練習のときは、ちゃんと撃つ、正しく撃つみたいなことをずっと考えてました。あたし、入部するまでライフルに触ったこともなかったので、余計にちゃんと正しく覚えなきゃって考えてました。周りより遅れている分、がんばらなくちゃって……。」

真面目だなと評されるかもと思ったが、磯村監督は何も言わなかった。促すような首肯を一度したきりだった。

ほっとする。

(4)真面目なんかじゃない。真剣に射撃と取り組む覚悟ができたわけでもない。まだまだ中途半端だと、自分自身が一番、わかっている。

あたしは中途半端だ。

でも逃げたくない。

今度逃げたら、心底から自分を許せなくなる。

ハードルに背を向けた沙耶を、*花奈は射撃という未知の世界に導いてくれた。足を踏み入れた世界をどう進むかは、沙耶しだいだ。

花奈に報いなくっちゃ。

そんな力みがあった。真面目ではなく力みだ。それが……。

「試合になったら、いつの間にか消えてたか。」

にやっ。磯村監督が笑う。

「はい、消えてました。」

誰かのため。自分のため。何かのため。そんな〝ため〟は知らぬ間に消えていた。

ただ、標的だけがある。

少し怖かった。

未知の世界が怖い。そして、昂ぶる。

知らない世界がここにある。

息を整え、標的に向かい合う。

重くて暑くて、身に着けたとたん自由が奪われるように感じた*ジャケットが、かちりと身体を支えてくれる。手のひらに伝わるライフルの重量も安定のための重石になってくれるようだ。ただ、構えが乱れれば、支えは脆く崩れてしまう。

そんな諸々が理論ではなく実感として、沙耶に迫ってきた。

沙耶は受け止める。

試合時間、三十分。その間、この安定を維持する。乱れず、崩れず、標的に挑み続ける。

ものすごく久しぶりだな。

最初の一射の後、沙耶は小さく息を吐き出した。

この感覚、久しぶりだ。

二〇二一年度 都立日比谷高等学校

【国語】〈五〇分〉〈満点：一〇〇点〉

一

次の各文の――を付けた漢字の読みがなを書け。

(1) 定石通りに攻(せ)める。

(2) 多大な恩恵を被った結果だ。

(3) 彼に賛仰のまなざしを送っていた。

(4) 居丈高なふるまいをする。

(5) 手練手管を尽くして説得する。

二

次の各文の――を付けたかたかなの部分に当たる漢字を楷書で書け。

(1) 君の意見にイゾンはない。

(2) みんなで様々な対策をコウじる。

(3) ナマハンカな心構えでは決してうまくいかない。

(4) 自己中心的な人が増えていることはカンシンにたえない。

(5) ウゾウムゾウの連中の言うことは全く気にしなくていい。

三

次の文章を読んで、あとの各問に答えよ。（＊印の付いている言葉には、本文のあとに〔注〕がある。）

練習試合が終わり、関谷(せきや)第一の選手たちが引き上げた後、沙耶(さや)は磯村(いそむら)監督(かんとく)に呼ばれた。

「結城(ゆうき)。」

「はい。」

「今日の結果に驚いとるか。」

「はい。」

正直に答える。

ものすごく驚いていた。

「まさか400点台を出せるなんて、考えてもいませんでした。」

「じゃ、何を考えとった。」

「え？」

質問の意味が解(げ)せない。沙耶は、(1)唇(くちびる)を結び顎(あご)を引いた。

「あの試合中、＊ライフルを構えて何を考えとったんだ。」

磯村監督はやや口調を緩(ゆる)め、問い直してきた。

それでも、すぐには答えられなかった。

「何を……。」

考えていただろうか。

「標的のこと、でしょうか。」

「うん？」

「標的です。練習のときとは違って……、どう違うか上手(うま)く説明できないんですが、違ってて、(2)それで……怖かったです。」

「怖い、か。」

磯村監督の目が細められた。無意識なのだろう、唇を軽く舐(な)める。その仕草が小学生の弟、直哉(なおや)を思い起こさせる。似ているわけがないし似

英語解答

1 A ＜対話文１＞ ア
＜対話文２＞ エ
＜対話文３＞ ウ
B Q１ イ
Q２ To tell her about their school.

2 〔問１〕 (1)-a…キ (1)-b…ア
(1)-c…オ (1)-d…ク
〔問２〕 ウ 〔問３〕 イ
〔問４〕 (例) Many animals and birds will have to move to different places because they will lose places to live.
(18語)
〔問５〕 イ 〔問６〕 エ，ク

3 〔問１〕 エ 〔問２〕 オ
〔問３〕 (例) I changed how I spend the weekend. I used to wake up late but now I wake up early in the morning and finish my homework before lunch. Now I have more free time.
(34語)
〔問４〕 イ 〔問５〕 ウ
〔問６〕 エ，カ

4 (例) There are three students walking next to each other. There is a man behind them and he wants to pass them because he is in a hurry. The students should stay on one side so other people can get through. It is important to think about other people when you are in public places. (54語)

1〔放送問題〕
〔問題Ａ〕＜対話文１＞≪全訳≫ユミ(Ｙ)：デービッド，私たちはこの建物の最上階にいるの。ここからの眺めはきれいね。／デービッド(Ｄ)：お寺がいくつか見えるね，ユミ。／Ｙ：見て！　向こうに私たちの学校が見えるわ。／Ｄ：どこ？／Ｙ：あの公園が見える？　その公園のそばよ。／Ｄ：ああ，見えた。これはすごくすてきな景色だね。／Ｙ：あなたが気に入ってくれてよかったわ。もうすぐ正午ね。７階まで降りましょう。そこにいいレストランがあるの。

Ｑ：「ユミとデービッドはどこで話しているか」―ア．「建物の最上階」

＜対話文２＞≪全訳≫タロウ(Ｔ)：やあ，ジェーン。宿題を手伝ってくれない？　僕には難しくて。／ジェーン(Ｊ)：いいわよ，タロウ。でも，今は職員室に行かなきゃならないの。スミス先生のところへ行ってこの辞書を返さないといけないのよ。／Ｔ：わかった。じゃあ，僕は図書館に行ってる。返す本があるし，宿題のために新しい本を借りるよ。／Ｊ：後でそこへ行ってあなたを手伝うわね。／Ｔ：ありがとう。

Ｑ：「なぜジェーンは図書館へ行くのか」―エ．「タロウを手伝うため」

＜対話文３＞≪全訳≫女性(Ｗ)：すみません。ミナミ駅へ行きたいんです。次の電車は何時に出ますか？／男性(Ｍ)：えっと，今は11時ですね。次の電車は11時15分に発車します。／Ｗ：母がまだ来ないんです。11時20分頃にはここに着くと思うんですが。／Ｍ：わかりました。それなら11時30分発の電車に乗れますよ。ミナミ駅には11時55分に到着します。／W：ありがとうございます。その電車に乗ることにします。

Q：「この女性はいつ電車に乗るか」―ウ．「11時30分」

〔問題B〕≪全訳≫皆さん，おはようございます。私の名前はマーガレット・グリーンです。オーストラリア出身です。オーストラリアはとても広い国です。皆さんはそこへ行ったことがありますか？毎年，大勢の日本人が私の国を訪れます。日本に来る前，私は中国で５年間英語を教えていました。そこで楽しく過ごしました。／私は日本に住んで６年になります。日本に来た後，１年間はこの国中を旅して楽しみました。数多くの有名な場所を訪れました。それから，２年間学校へ通って日本語を学びました。今は英語を教えて３年になります。この学校は私が日本で英語教師として勤める２つ目の学校となります。どうぞ皆さんの学校について私に教えてください。この学校のことを知りたいのです。この学校の先生になれてうれしく思います。ありがとうございます。

Q１：「グリーン先生はどのくらいの間，日本で英語を教えているか」―イ．「３年間」

Q２：「グリーン先生が生徒にしてほしいことは何か」―「彼らの学校について彼女に教えること」

2〔長文読解総合―会話文〕

≪全訳≫❶タケル，レイコ，キャシー，コウジは高校生だ。キャシーはオーストラリア出身だ。彼らは同じクラスにいる。彼らは放課後，地学の宿題について話している。❷タケル（T）：何について研究したらいいかな？　何か考えがある？❸レイコ（R）：砂はどう？　キャシー，あなたが自分の街の美しい写真を見せてくれたのを覚えているの。また見せてくれる？❹キャシー（C）：もちろんよ，レイコ。はい，どうぞ。これはうちの近くのビーチなの。❺R：ありがとう。この写真を見て。きれいな白い砂ね。❻C：日本にも白い砂浜があるそうね。日本に来る前にテレビで見たわ。❼コウジ（K）：沖縄のことかな？　行ったことはないけど，そう，沖縄は白い砂浜で有名だよ。でも，この辺の海岸は黒い砂なんだ。❽R：なんでこういう白い砂浜と黒い砂浜があるのかしら。❾C：(1)-aそんなこと考えたこともなかったわ。おもしろいわね。❿R：タケル，砂について研究するのはどう？⓫T：うん，おもしろそうだね。じゃあ，まずは家で情報を探して，明日それについて話し合おう。⓬翌日，PCルームで。⓭T：オーケー，みんな集まったね。誰から始める？⓮K：えっと，僕は砂の色に興味があるから，それを調べてみた。世界中には，さまざまな色の砂があるんだ。白，黒，赤，ピンク，さらには緑も。⓯C：ピンクに緑？　すごいわね。⓰K：白い砂について説明するよ。いくつかの白い砂浜はほとんどのビーチとは異なる方法でできている。それらは，実際にはサンゴの破片なんだ。あと，歯の丈夫な魚もいて，サンゴの上でエサを食べるんだけど，同時にサンゴそのものも食べてしまう。魚はサンゴを消化できないから，サンゴの粒は白い砂として体から出てくるんだ。⓱C：まあ。魚が白い砂をつくるのに重要な役割を果たしているなんて知らなかったわ。⓲R：黒い砂のビーチはどうなの？　それはどうやってつくられるのかしら？⓳K：火山から出た岩の破片でできてるんだ。⓴C：日本にはたくさんの火山があるの？㉑K：うん，日本には100以上の火山があるから，黒い砂のビーチがたくさんあるんだよ。㉒C：うーん…，誰か岩と砂の違いを教えてくれる？㉓T：いいよ。サイズが違うんだ。直径が２mmから0.06mmまでの場合は，砂って呼ばれる。㉔K：それで，岩が小さくなると砂になるんだよね？それにはどのくらいかかるの？㉕T：それに答えるのは難しいな。とにかく長い時間がかかるんだ。ところで，砂についておもしろいことを見つけたよ。㉖K：何？㉗T：砂丘の中には音がする所もあるんだ。28R：砂丘？29C：日本にあるの？30T：うん。日本で最も有名な砂丘の１つが，鳥取にある。31C：オーストラリアにも美しい砂丘があるわ。でも，砂丘が音を出すってどういうこと？32T：砂の上を歩いたり，砂丘を滑り降りたりすると，音が聞こえるんだ。33C：どんな音？34K：砂丘と砂浜は全部音を出すのかい？35T：質問は１度に１回にしてよ！　いいかい，キャシー，砂粒のサイズと動く速さに応じて異なる種類の音が出るんだ。きしむ音を出すものもあれば，日本の太鼓のように低く長い音を出すものもある。それから，コウジ，(2)答えはノーだ。ほら，きれいな砂が鍵だよ。36K：どういうこと？37T：音を出すにはきれいな砂が必要なんだ。きれいな丸い砂粒が擦れ合うと，音が出る。ガラスのコップを洗って指でこすると，きしむ音がするだろ。(1)-bそれと同じようなものさ。38K：日本には音の出る砂丘や砂浜はいくつあるの？39T：日本の砂浜は，音の出る所ばかりだよ。約50年前には約60の砂浜があったけど，今は20くらいしかないんだ。40C：なぜ？41T：環境上の理由からさ。今は，砂はもうそれほどきれいではないんだ。42C：音の出る砂浜が減っているっていうのはとても悲しいわ。43R：私も。これは砂についての問題の１つだけど，実は私，別の問題を見つけたの。44K：別の？まだあるの？45R：砂は私たちの日常生活における重要な資源だって知ってた？46T：本当かい？　僕は砂なんか使わないよ。もちろん，小さい頃は公園で姉〔妹〕と遊んだり，泥団子をつくったりしたけど。47R：泥団子？　(1)-cそれ覚えてるわ。たくさんつくったな。本当に楽しかった。とにかく，私，調べてて，国連の報告書を読んだの。48K：砂に関する国連の報告書なんてあるの？49T：そこには何て書いてあった？50R：砂は，淡水に次いで地球上で２番目にたくさん使われている天然資源なんだって。51K：水が世界中の人々にとって大切なのは知っているよ。水は，飲用，調理，洗浄，それに植物の栽培に使われるからね。でも，砂は何に使うんだろう？52R：ほら，コンクリートには砂が必要よね。53C：それに，コンクリートは家，ビル，道路，橋などをつくるのに必要よね。54R：それだけじゃないわ。砂は，パソコンのスクリーン，眼鏡，スマートフォン，歯磨き粉とか，たくさんの物をつくるのに使われてるのよ。55T：砂がそんなにたくさんの物に使われているなんて知らなかったな。56C：私もその国連の報告書を読んだわ。世界中で１人当たり毎日約18kgの砂を使ってるんだって。57T：多いね！58K：砂をたくさん使うことはわかったけど，何が問題なのかはまだわからないよ。59R：問題は，世界中の人が砂を使いすぎて，砂が足りなくなっていることなのよ。60T：でも，世界中に砂丘や砂漠があるから，砂はたくさんあると思うけど。61R：私もそう思ってた。でも，建設業で使えるのは，ある種の砂だけなのよ。62K：砂漠の砂は建設に使えないってこと？63R：そう。64T：なんで？65R：砂漠の砂は粒が小さすぎるからよ。66T：じゃあ，建設用の砂はどこで手に入るの？67C：それはたいてい採石場から取られるの。でも，人がこの地域からあまりにも多くの砂を取っちゃったから，砂がほとんどなくなっちゃったのよ。今は，海や川から取る砂の量の方が多いわ。68K：そんなことして大丈夫なの？69R：(1)-dもちろん大丈夫じゃないわ。１つには，海岸自体に影響を与えるの。70T：どんな？71R：海底の砂を取ると，浜辺の砂が海の中に滑り込むの。このせいで，美しい砂浜が失われているのよ。また，動物や鳥などの生き物にも影響を与えるわ。72C：砂浜が失われると生き物はどうなるの？73R：(例)多くの動物や鳥が住む場所を失うから，別の場所に移らなければならなくなるわね。74K：そりゃまずいね。75C：人々は砂の問題に気づき始めているから，それについて何かをしようとしているところよ。76R：そうね。ガラス瓶から砂をつくるというアイデアを思いついた人もいるわ。77K：どうやって？78R：砂をつくる機械をつくったの。機械の中に瓶を入れると，機械がそれを砕いて砂にするというわけ。79K：何だって？　どうして？80R：ガラス瓶はもともと砂でできてるからよ。リサイクルともいえるわね。81C：多くの科学者は，灰のような，砂以外に使えるものを考えようとしているわ。彼らは，コンクリートをリサイクルする他の方法も考えているのよ。82T：今日は多くのことを学んだよ。水，木々，そしてきれいな空気が大切だって言う人は多いけど，「砂を節約しよう」とは誰も言わないよね。こういう問題について，僕たちは何をするべきなのかな？83R：私は，地球の資源には限りがあるって実感してるわ。環境について考えることが大事なんじゃないかしら。84K：そうだね，世界中の問題にもっと注意を払うべきだよね。85C：私たちは，自分たちの未来のために世界をよりよい場所にしないといけないわね。86T：そのとおりだね。明日，クラスでこの問題を話し合おうよ。

〔問１〕＜適文選択＞(1)-a. なぜ白い砂浜と黒い砂浜があるのかというレイコの言葉を聞いたキャシーが「おもしろい」と言っていることから，キャシーはレイコが抱いた疑問について考えたことがなくレイコの考えが新鮮に聞こえたのだとわかる。　(1)-b. 砂が音を出す仕組みを，ガラスのコップを洗って指でこすると，きしむ音がするという類似の現象を挙げて説明した場面。この説明を結ぶ言葉として，「それとあれは同じだ」という内容のアが適切。　(1)-c. 泥団子の話を聞いたレイコは，小さかった頃のことを思い出し，泥団子で遊んだことを懐かしんでいるのである。(1)-d. 海底や川底から砂を取ることについて，「そんなことして大丈夫なの？」と問われたレイコの返事として，クが適切。Of course not. は，Of course it is not OK to do that. を省略したもの。

〔問２〕＜適文選択＞ここでタケルは，第34段落におけるコウジの「砂丘と砂浜は全部音を出すのかい？」という質問に答えようとしている。これについてタケルは，音を出すのはきれいな砂がある砂丘と砂浜に限られると説明している。

〔問３〕＜要旨把握＞「国連の報告書」の内容については，第50段落でレイコ自身が説明している。この内容は，イ.「世界中の人々は天然資源として砂よりも淡水の方を多く使用している」と一致する。

〔問４〕＜条件作文＞砂浜が失われると動物や鳥がどうなってしまうのかを書く。この後のコウジの「そりゃまずいね」という言葉と矛盾がない内容にする。

〔問５〕＜英問英答―適文選択＞「砂を節約することが重要なのはなぜか」―イ.「コンクリートや，日常生活で使う物をつくるのに砂が必要だが，砂が足りないから」　第59段落に「問題は，世界中の人が砂を使いすぎて，砂が足りなくなっていること」だとある。この背景や理由については，第52～67段落のやり取りの中で説明されている。

〔問６〕＜内容真偽＞ア.「キャシーはオーストラリアの白い砂浜の近くに住んでいて，日本のいくつかの白い砂浜を訪れた」…×　第６段落参照。実際に訪れた経験はないことが読み取れる。　イ.「レイコはオーストラリアの白い砂に興味を持っているので，コウジにそのことを調べてくれるように頼んだ」…×　第３～11段落参照。レイコがコウジに調べ物を頼んだというやり取りはない。ウ.「タケル，レイコ，キャシー，コウジは，家に帰る前に一緒にPCルームで砂に関する情報を探した」…×　第11段落参照。砂に関する情報は家で探し，翌日PCルームで話し合うことにした。エ.「サンゴの破片からつくられている白い砂浜もあり，白い砂をつくるのに重要な役割を果たす種類の魚もいる」…○　第16段落に一致する。　オ.「岩と砂には明らかな違いがあり，その違いは色と直径だ」…×　第23段落参照。色には言及していない。　カ.「砂浜や砂丘の中には，きれいなガラスのコップに砂をこすりつけると音が聞こえるものもある」…×　第37段落参照。ガラスのコップのきしむ音は，砂から音が出ることに似た例として挙げられているのであって，実際にガラスのコップに砂をこすりつけるわけではない。　キ.「砂漠の砂粒は大きすぎるため，砂漠の砂を建設に使用することはできない」…×　第65段落参照。砂漠の砂は，建設に使用するには粒が小さすぎると言っている。　ク.「砂の問題は深刻だと考える人もおり，多くの科学者は砂の代わりに他の物を使うことを考え出そうとしている」…○　第75，81段落に一致する。

3〔長文読解総合―説明文〕

≪全訳≫**1**想像してみよう。学校の最寄りの駅に到着した。突然雨が降り出す。あなたは傘を持ってくるのを忘れたことに気づく。雨がやむまでここで待つと，学校に遅刻してしまう！　そこであなたは雨の中，学校に向かうことにする。すると，１つの問題が思い浮かぶ。「ぬれたくない。雨の中，歩くのがいいのか，走るのがいいのか？」　この問題について考えたことのある人がいるかもしれないが，答えを見つけようとした人は何人いるだろうか。**2**あなたは，日常生活の中でこうした問題に直面する可能性がある。答えを見つけるには，仮説を立ててそれが正しいことを証明する必要がある。まず，本を読んでその問題に関する情報を収集する。それから，その情報から１つの仮説を立てる。次に，より多くの情報を収集し，いくつかの実験を行って仮説を検証する。もちろん，あなたが最初に立てた仮説が間違っていることはよくある。(1)-aしかし，あなたはそれから何かを学ぶことができ，別の仮説を立てることができる。このようにして，よりよい仮説を立て，答えに近づくことができるのだ。**3**これは難しい過程のように聞こえるが，あなたはたいてい，そうとも知らずに日常生活の中でこれらの手順を踏んでいる。例えば，数学でよりよい成績を取りたいと想像してみよう。まず，１週間のうち数学の勉強にあてている時間を調べる必要がある。数学を勉強する時間が他の科目よりも短いことがわかる。したがって，あなたの仮説は次のようなものになる。／→③もっと時間をかけて数学を勉強すれば，成績はよくなる。／→④しかし，そうしてみても，成績はよくならない。／→②したがって，勉強に費やす時間は重要ではなく，別の理由でよりよい成績をとることができるかもしれないと判断する。／→⑤あなたのクラスには，数学が得意な生徒がいるので，どのように数学を勉強しているかを尋ねる。／→①あなたは，彼らの数学の勉強の仕方が自分のやり方とは違うことに気づく。彼らはまず，問題を解いてみる。その問題に答えられない場合は，解答を見て，それを解く方法を理解しようとする。次に，彼らはもう１度同じ問題に答えようとする。再び答えられない場合は，解答をチェックして，どこを理解していないのかを知ろうとする。彼らは自分でその問題に答えられるようになるまで，この手順を繰り返す。ここに至ってあなたは，自分がこれまで，問題の解き方を理解する前に，問題の答えをノートにただ書き込んでいたことに気づく。こうして，数学の勉強方法を変えれば成績が上がるのだと考える。このようにして，あなたは目標に近づくことができる。**4**ある科学者は，「人間は弱いものであり，何かをしようとしても諦めることがよくある。(1)-b成功するための最良の方法は，常にもう１度挑戦することだ」と語った。昔，電球が長持ちしなかったので，その科学者はよりよい電球をつくろうと決めた。彼は電球のフィラメントに何を使うべきかを考え，ほとんど全ての物を試した。彼は，木綿糸や友人のあごひげさえ試してみた。もちろん，それらはすぐに燃えてしまい，全く役に立たなかった。ある日，彼は扇子を見つけ，その竹をフィラメントに使った。彼は電球が約200時間発光し続けることがわかって驚いた。約6000回の試行の後，彼はついにこれだという物を見つけたのだ。友人が彼に，「君はあんなに何回も失敗したのに，なぜ挑戦し続けることができたのか」と尋ねると，彼は「私は失敗したのではない。6000の物が役に立たないことに気づいただけなのだ」と答えた。❺今でも，科学者たちは多くの問題に対する答えを見つけようと努力している。シマウマにしま模様があるのはなぜだろうと思ったことがあるだろうか。科学者は150年以上にわたってこの問題に取り組んできた。彼らはたくさんの考えを出してきたが，それを証明する方法を見つけることができなかった。しかし，最近，何人かの科学者が，アブはシマウマの体にとまることができないことを発見した。アブは馬にとまろうとすると，その前に減速する。(1)-cしかし，アブはシマウマに近づくときは全く減速しない。科学者たちはこのことがしま模様のせいで起こると考え，その仮説が正しいことを証明するためにいくつかの実験を行った。彼らは何頭かの馬の体をシマウマのしま模様のついたコートで覆い，そしてアブはコートに覆われていない部分にしかとまらないことがわかった。彼らが発見したのは，アブは馬を見ることはできるものの，馬に近づくまでしま模様を見ることはできないということだった。そのため，アブは距離感を失い，減速することができないのだ。科学者たちは今もまだこの問題に取り組んでいるが，おそらくシマウマにしま模様があるのはアブから身を守るためだろう。現在，農家は実際にこの発見を利用して，アブを動物から遠ざけている。❻別の科学者はリチウムイオン電池をつくり，ノーベル賞を受賞した。彼がそのようなことをなしえたのは，研究を続けるだけでなく，社会のニーズについても考えたからだ。彼は小学生のとき，先生が彼に科学に関する古い本を紹介してくれた。その本は，ろうそくはなぜ燃えるのかなど，多くのことを彼に教えてくれた。その後，彼は科学に興味を持ち，当時の人気科目だった石油化学を大学で勉強しようと決心した。その大学の先生は，ユニークなアイデアを考え出すためには基礎を学ぶことが重要だと言った。後に彼は，最も大切なのは，全ての物事について好奇心を持ち，「なぜ」と考えることだということに気づいた。大学を出た後，彼は会社で働き始めた。多くの研究を行い，多くの困難を経験した。例えば，会社で働いた最初の10年間で，彼は３つのアイデアを思いついたが，それらは成功しなかった。また，リチウムイオン電池をつくってからも，人がそれを使い始めるまで何年もかかった。人はそれが安全ではないことを恐れ，最初それを使いたがらなかったのだ。しかし，彼は決して諦めなかった。リチウムイオン電池に約40年間取り組んだ後，多くの人の生活を向上させたことによって，ついに彼はノーベル賞を受賞した。❼これらの話から，何かに興味を持ち，諦めずに目標に到達しようとすることが大切だとわかる。では，先ほどの雨の問題のようなものに今度出くわしたら，あなたはどうするだろうか。ここに２つの選択肢がある。この問題について考えるのをやめるか，疑問を持ち続けて答えを見つけようとするか。それを決めるのはあなただ。

〔問１〕＜適文選択＞(1)-a.「もちろん，あなたが最初に立てた仮説が間違っていることはよくある」と述べた後の文として，仮説が間違っていてもそれを検証する過程で何か得るものがあり別の仮説を立てることができると述べる②が適切。‘Of course ～ but …’「もちろん～だが…」は‘譲歩’の表現。　(1)-b.「人間は弱いものであり，何かをしようとしても諦めることがよくある」という内容に続くものとして，諦めずに何度もやってみることの大切さを伝える⑤が適切。この科学者が6000回の試みの後に成功にたどり着いたということも，手がかりとなる。　(1)-c. とまる直前の馬の場合と対比し，シマウマの場合はどうなるかを説明する⑥が適切。

〔問2〕＜文整序＞まず，最初の仮説となる③を置き，その仮説を打ち消す④を続ける。この後，２番目の仮説となる②，その検証方法を述べる⑤，検証してわかったことを述べる①と並べる。

〔問3〕＜条件作文＞何をどう変えたかを，変える前と後を比較するなどして説明すればよい。「やり方を変えた」の部分は‘changed how＋主語＋動詞...’や‘changed the way＋of＋動名詞(～ing)〔the way＋to不定詞〕’などの形が使える。

〔問4〕＜整序結合＞He を主語にし，この後には，‘be surprised＋to不定詞’「～して驚く」，‘learn that＋主語＋動詞...’の形を用いる。that 以下には keep ～ing「～し続ける」を使う。 He was surprised to learn that the light kept working for about two hundred hours.

〔問5〕＜要旨把握＞第６段落最後から３，４文目より，ウ．「人々はリチウムイオン電池を長い間使わなかった，というのも彼らはそれを使うのが不安だったからだ」が適する。

〔問6〕＜内容真偽＞ア．「多くの人が雨についての問題を考え，答えを見つけようとした」…×　第１段落最終文参照。答えを見つけようとした人が少ないことが読み取れる。　イ．「仮説を立てる前に，たくさんの情報を集め，たくさんの実験をしなければならない」…×　第２段落参照。実験を行うのは仮説を立てた後のこと。　ウ．「いくつかの難しい手順を踏まなければならないので，科学者だけが問題への答えを見つけるために仮説を立てることができる」…×　第３段落第１文参照。仮説を立てて検証するのは難しい過程のように聞こえるが，人々は知らないうちにこれらの手順を踏んでいるとある。　エ．「電球は短い時間しかつかなかったので，その科学者は状況を変える方法を考え出したいと思った」…○　第４段落前半に一致する。　オ．「その科学者は木綿糸と友人のあごひげを使ってみて，それらが竹よりもうまくいくことを発見した」…×　第４段落第５，６文参照。木綿糸とあごひげはすぐに燃えてしまい，全く役に立たなかった。　カ．「何人かの科学者は馬で実験を行い，アブは遠くからしま模様を見ることができないと気づいた」…○　第５段落最後から６～４文目に一致する。　キ．「人々はいつの日か，シマウマのしま模様のアイデアを他の動物に適用する方法を考えつくことができると思っている」…×　第５段落最終文参照。シマウマのしま模様のアイデアは，すでに家畜に適用されている。　ク．「その科学者は，人々のニーズを考えずにリチウムイオン電池に取り組んだため，ノーベル賞を受賞した」…×　第６段落第１，２文参照。

4〔条件作文〕

道幅いっぱいに広がって話に夢中になっている学生と，先を急いでいるのに道をふさがれている男性の姿を述べ，それに対する考えを述べればよい。

数学解答

1 〔問１〕 $\frac{2\sqrt{2}}{3}$ 〔問２〕 $x=\frac{9\pm\sqrt{21}}{6}$

〔問３〕 $p=2$，$q=-13$ 〔問４〕 $\frac{17}{30}$

〔問５〕 右下図

2 〔問１〕 (8，64)

〔問２〕 $y=2x+\frac{21}{4}$

〔問３〕 $\left(-\frac{1}{2},\ \frac{1}{4}\right)$

3 〔問１〕 59°

〔問２〕

(1) (例)△OGJ と△DHK において，AG＝OH，OA＝OD より，OA－AG＝OD－OH すなわち，OG＝DH……① $\overset{\frown}{AC}$ に対する円周角と中心角の関係より，∠AOC＝2∠CDA……② $\overset{\frown}{CE}=2\overset{\frown}{AC}$ より，∠CDE＝2∠CDA……③ ②，③より，∠AOC＝∠CDE すなわち，∠JOG＝∠KDH……④ また，∠HIG＝∠AOC，すなわち，∠HIJ＝∠JOG だから，④より，∠HIJ＝∠KDH さらに，対頂角より，∠IHJ＝∠DHK よって，180°－(∠HIJ＋∠IHJ)＝180°－(∠KDH＋∠DHK) ゆえに，∠IJH＝∠DKH すなわち，∠GJO＝∠HKD……⑤ よって，④，⑤より，180°－(∠JOG＋∠GJO)＝180°－(∠KDH＋∠HKD) すなわち，∠OGJ＝∠DHK……⑥ ①，④，⑥より，１組の辺とその両端の角がそれぞれ等しいから，△OGJ≡△DHK

(2) 11：6

4 〔問１〕 80cm² 〔問２〕 $\frac{40}{3}$cm

〔問３〕 $\frac{1000}{3}$cm³

(例)

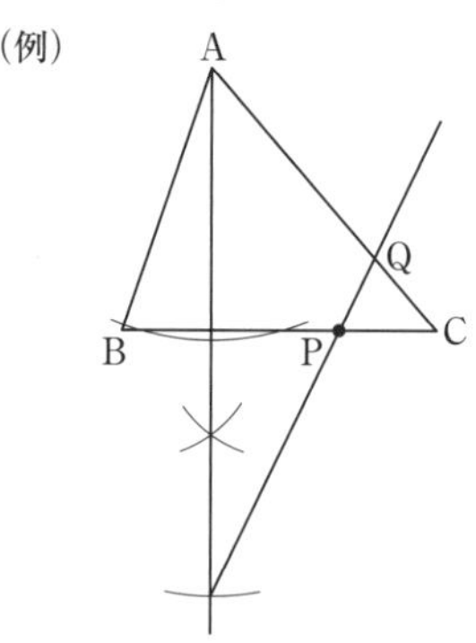

1 〔独立小問集合題〕

〔問１〕＜平方根の計算＞与式＝$\left(\frac{1}{\sqrt{3}}+\frac{1}{\sqrt{6}}\right)(3\sqrt{6}-5\sqrt{3})+2+\frac{\sqrt{2}}{6}=3\sqrt{2}-5+3-\frac{5}{\sqrt{2}}+2+\frac{\sqrt{2}}{6}=3\sqrt{2}-\frac{5\times\sqrt{2}}{\sqrt{2}\times\sqrt{2}}+\frac{\sqrt{2}}{6}=3\sqrt{2}-\frac{5\sqrt{2}}{2}+\frac{\sqrt{2}}{6}=\frac{18\sqrt{2}}{6}-\frac{15\sqrt{2}}{6}+\frac{\sqrt{2}}{6}=\frac{4\sqrt{2}}{6}=\frac{2\sqrt{2}}{3}$

〔問２〕＜二次方程式＞$7x^2-21x=x^2-3x-10$，$6x^2-18x+10=0$，$3x^2-9x+5=0$ となるから，解の公式より，$x=\frac{-(-9)\pm\sqrt{(-9)^2-4\times3\times5}}{2\times3}=\frac{9\pm\sqrt{21}}{6}$ である。

〔問３〕＜関数―p，qの値＞一次関数 $y=-3x+p$ は，x の値が増加すると y の値は減少する関数である。よって，x の変域が $-2\leqq x\leqq 5$ においては，$x=-2$ のとき y の値は最大，$x=5$ のとき y の値は最小である。y の変域が $q\leqq y\leqq 8$ だから，$x=-2$ のとき $y=8$，$x=5$ のとき $y=q$ となる。$x=-2$ のとき $y=8$ より，$8=-3\times(-2)+p$，$p=2$ となる。これより，一次関数は $y=-3x+2$ となり，$x=5$ のとき $y=q$ だから，$q=-3\times5+2$ より，$q=-13$ となる。

〔問４〕＜確率―カード＞袋Aには５枚，袋Bには６枚のカードが入っているから，袋A，袋Bから１枚ずつカードを取り出すとき，取り出し方は全部で $5\times6=30$(通り)あり，a，b の組は30通りある。このうち，a と $3b$ の最大公約数が１となる場合は，$a=1$ のとき，$b=1$，2，3，4，5，6の６通りある。$a=2$ のとき，$3b$ は2の倍数以外だから，$b=1$，3，5の3通りある。$a=3$ のときはない。$a=4$ のとき，$a=2$ のときと同様に3通りある。$a=5$ のとき，$3b$ は5の倍数以外だから，$b=1$，2，3，4，6の5通りある。よって，a と $3b$ の最大公約数が1となる a，b の組は $6+3+3+5=17$(通り)あるから，求める確率は $\frac{17}{30}$ である。

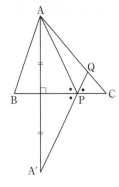

〔問5〕＜図形―作図＞右図のように，辺BCについて点Aと対称な点をA′とし，2点A′，Pを結ぶと，∠A′PB＝∠APBとなる。また，∠APB＝∠CPQだから，∠CPQ＝∠A′PBとなる。よって，3点A′，P，Qは一直線上にある。解答参照。

2〔関数―関数 $y=ax^2$ と直線〕

≪基本方針の決定≫〔問1〕△ABC∽△ADEである。　〔問2〕辺ACと辺BCの長さの比に着目する。

〔問1〕＜座標―相似＞右図1で，BC∥DEより，△ABC∽△ADEだから，BC：DE＝5：1のとき，AC：AE＝5：1である。点Aの x 座標が -2 より，AE＝2だから，AC＝5AE＝5×2＝10となり，点Cの x 座標は $-2+10=8$ となる。これより，点Bの x 座標は8である。点Bは放物線 $y=x^2$ 上にあるから，$y=8^2=64$ となり，B(8，64)である。

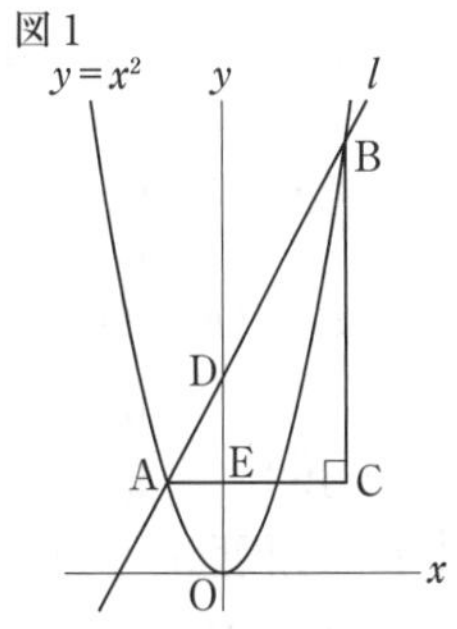

〔問2〕＜直線の式＞右図1で，AC＝t(cm)とする。直線 l の傾きが2より，$\frac{\mathrm{BC}}{\mathrm{AC}}=2$ だから，BC＝2AC＝$2t$ である。よって，△ABCの面積が25cm^2 より，$\frac{1}{2}\times t\times 2t=25$ が成り立ち，$t^2=25$　$\therefore t=\pm5$　$t>0$ だから，$t=5$ である。よって，AC＝$t=5$，BC＝$2t=2\times5=10$ である。次に，点Aの x 座標を u とおく。点Aは放物線 $y=x^2$ 上にあるので，A(u，u^2)となり，点Cの x 座標は $u+5$ となるので，C($u+5$，u^2)である。点Bは，x 座標が $u+5$ で，放物線 $y=x^2$ 上にあるから，B($u+5$，$(u+5)^2$)となる。よって，BC＝$(u+5)^2-u^2=10u+25$ だから，$10u+25=10$ が成り立つ。これを解くと，$u=-\frac{3}{2}$ となるので，$u^2=\left(-\frac{3}{2}\right)^2=\frac{9}{4}$ より，A$\left(-\frac{3}{2},\ \frac{9}{4}\right)$である。直線 l の式を $y=2x+b$ とおくと，点Aを通ることより，$\frac{9}{4}=2\times\left(-\frac{3}{2}\right)+b$，$b=\frac{21}{4}$ となるから，直線 l の式は $y=2x+\frac{21}{4}$ である。

〔問3〕＜座標＞右図2で，線分ACの中点をFとする。2点A，Fは放物線 $y=x^2$ 上にあって，AF∥〔x 軸〕だから，y 軸について対称である。よって，A($-m$，m^2)，F(m，m^2)とおける。このとき，FC＝AF＝$m-(-m)=2m$ だから，EC＝EF＋FC＝$m+2m=3m$ となり，点Cの x 座標は $3m$ となる。これより，C($3m$，m^2)である。点Bの y 座標は $y=(3m)^2=9m^2$ だから，B($3m$，$9m^2$)である。したがって，AC＝$3m-(-m)=4m$，BC＝$9m^2-m^2=8m^2$ だから，AC＝BCより，$4m=8m^2$ が成り立つ。これを解くと，$2m^2-m=0$，$m(2m-1)=0$　$\therefore m=0,\ \frac{1}{2}$　$m>0$ だから，$m=\frac{1}{2}$ であり，$-m=-\frac{1}{2}$，$m^2=\left(\frac{1}{2}\right)^2=\frac{1}{4}$ だから，A$\left(-\frac{1}{2},\ \frac{1}{4}\right)$である。

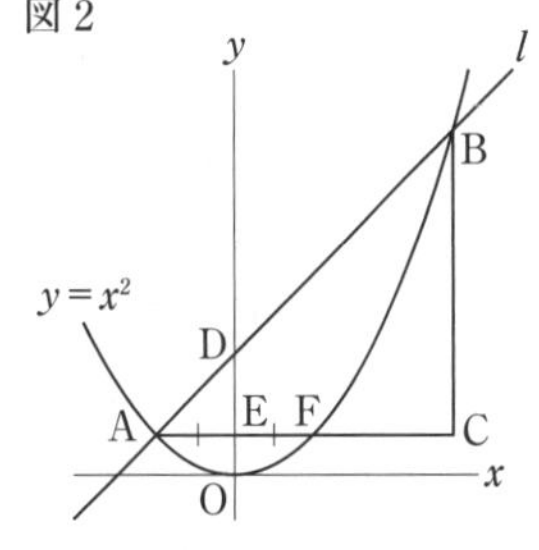

3 〔平面図形―円〕

〔問１〕＜角度―円周角＞右図１で，線分 CD は円Oの直径だから，∠CED $=90^\circ$ である。また，△OAC は OA＝OC の二等辺三角形だから，∠ACO＝∠OAC＝72° であり，$\overset{\frown}{AD}$ に対する円周角と中心角の関係より，∠AOD＝2∠ACO＝$2\times72^\circ=144^\circ$ となる。対頂角より，∠OFD＝∠BFE＝113° だから，△OFD で内角と外角の関係より，∠ODF＝∠AOD－∠OFD＝$144^\circ-113^\circ=31^\circ$ である。よって，△CED で，∠DCE＝$180^\circ-90^\circ-31^\circ=59^\circ$ となる。

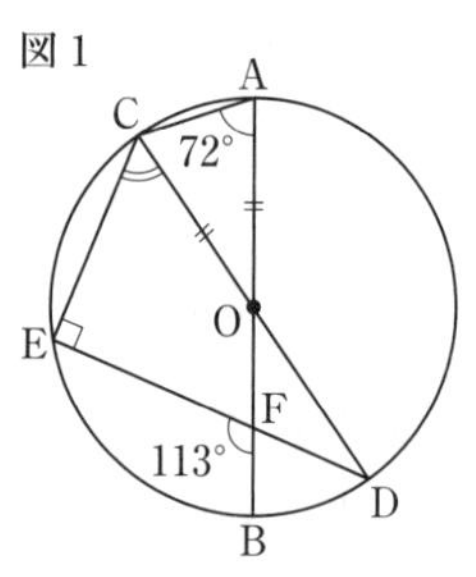

〔問２〕＜論証，長さの比―合同＞(1)右図２で，OG＝OA－AG，DH＝OD－OH である。また，$\overset{\frown}{CE}=2\overset{\frown}{AC}$ より，∠CDE＝2∠CDA であり，∠JOG＝2∠CDA だから，∠JOG＝∠KDH がいえる。解答参照。　(2)図２で，OH：DH＝2：5 より，OH＝$\frac{2}{5}$DH である。また，(1)より△OGJ≡△DHK だから，OJ＝DK である。DH：DK＝3：2 より，DK＝$\frac{2}{3}$DH だから，OJ＝$\frac{2}{3}$DH となる。OC＝OD＝OH＋DH＝$\frac{2}{5}$DH＋DH＝$\frac{7}{5}$DH だから，CJ＝OC－OJ＝$\frac{7}{5}$DH－$\frac{2}{3}$DH＝$\frac{11}{15}$DH である。以上より，CJ：OH＝$\frac{11}{15}$DH：$\frac{2}{5}$DH＝11：6 となる。

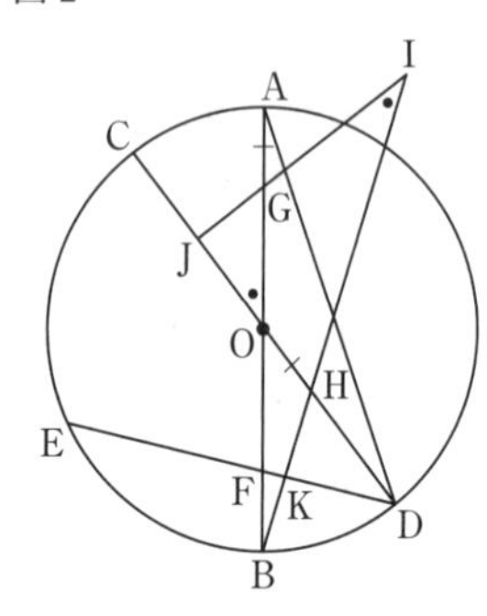

4 〔空間図形―直方体〕

≪基本方針の決定≫〔問１〕　線分 LK と線分 AJ の位置関係に着目する。　〔問３〕　線分 PG と面 ACGE の位置関係に着目する。

〔問１〕＜面積―合同＞右図１で，２点Ｌ，Ｋを結ぶ。CL＝DK より，CD∥LK となる。BA∥CD だから，BA∥LK となり，BA⊥AJ より，LK⊥AJ である。よって，△AJL＝$\frac{1}{2}$×AJ×LK である。四角形 HGIJ は長方形だから，IJ＝GH＝10，∠IJE＝90° である。AE＝IJ＝10，EJ＝JE，∠AEJ＝∠IJE＝90° より，△AEJ≡△IJE となるから，AJ＝IE＝16 である。また，LK＝AB＝10 だから，△AJL＝$\frac{1}{2}\times16\times10=80$(cm²)となる。

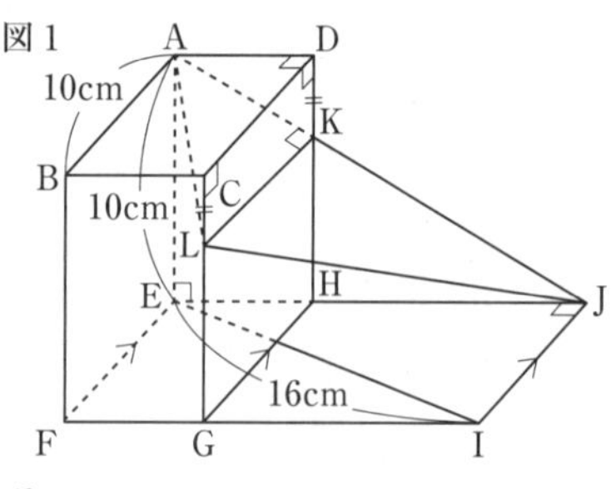

〔問２〕＜長さ―相似＞右図２で，直線 MJ と辺 CD の交点をＮ，直線 FJ と辺 GH の交点をＯとする。〔面 ABFE〕∥〔面 DCGH〕より，FM∥ON だから，△MFJ∽△NOJ であり，FM：ON＝FJ：OJ である。また，EF∥HG だから，FJ：OJ＝EJ：HJ である。HJ＝GI＝15 だから，EJ＝EH＋HJ＝5＋15＝20 となり，EJ：HJ＝20：15＝4：3 である。これより，FM：ON＝FJ：OJ＝EJ：HJ＝4：3 である。ON＝GC＝10 なので，FM＝$\frac{4}{3}$ON＝$\frac{4}{3}\times10=\frac{40}{3}$(cm)となる。

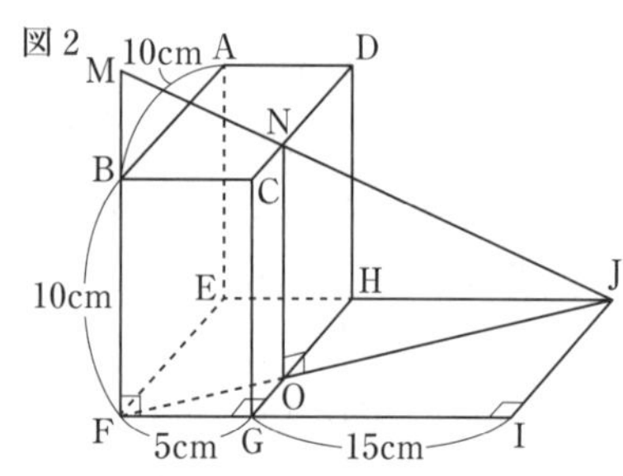

〔問３〕＜体積―特別な直角三角形＞次ページの図３で，∠GIP＝90°，∠GPI＝60° だから，△GIP で，

$\angle IGP=180°-90°-60°=30°$である。よって，$\angle EGF=60°$より，$\angle PGE=180°-30°-60°=90°$である。また，$\angle PGC=90°$だから，PG⊥〔面ACGE〕となる。これより，〔立体P-ACGE〕$=\dfrac{1}{3}\times$〔四角形ACGE〕×PGである。四角形ACGEは長方形であり，△EFG，△GIPは3辺の比が$1:2:\sqrt{3}$の直角三角形だから，$EG=2FG=2\times5=10$，$GP=2IP=2\times5=10$である。したがって，〔立体P-ACGE〕$=\dfrac{1}{3}\times(10\times10)\times10=\dfrac{1000}{3}(cm^3)$となる。

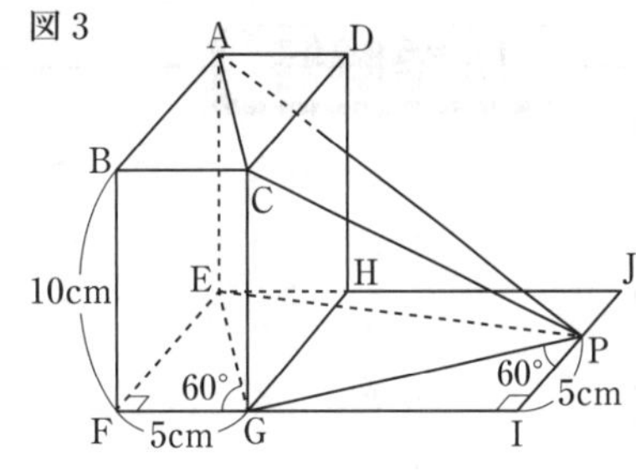

＝読者へのメッセージ＝

3〔問1〕では，半円の弧に対する円周角は90°であることを利用しました。この定理を発見したのは古代ギリシアのタレスですが，タレスは図形の研究に証明を導入したことから，「幾何(きか)学の開祖」と呼ばれています。

国語解答

一 (1) じょうせき (2) こうむ
(3) さんぎょう (4) いたけだか
(5) てれんてくだ

二 (1) 異存 (2) 講 (3) 生半可
(4) 寒心 (5) 有象無象

三 〔問1〕 ウ 〔問2〕 イ
〔問3〕 ア
〔問4〕 真剣に射撃に取り組む覚悟を決めたのではなく，この道に導いてくれた友人に報いたいという思いが力みとなり，それが真面目に見えただけだという思い。(70字)
〔問5〕 イ 〔問6〕 エ

四 〔問1〕 エ 〔問2〕 ア
〔問3〕 進化は，生物が環境に適応するための変化だが，それが必ずしも他より優れることにはならないということ。(49字)
〔問4〕 ウ
〔問5〕 (例)私はサッカーを見るのもするのも好きだ。特にメッシが大好きだ。彼はサッカーの申し子としか言いようがない。しかし，サッカー部に入り，実際にやり始めて気づいた。メッシばかりいても駄目なのだ。／チーム内に，誰よりも足の速い者，ドリブル抜群の者，ゆったり構えているようで一対一では絶対抜かれない者，いつでも冷静に適切な指示がしっかり出せる者など，多様な者がそろって初めて，チームは強くなる。／世の中も同じで，いろいろな人がいて，その時々で人が替わっても，健全な社会が保たれるのがいいのだ。(249字)

五 〔問1〕 ウ 〔問2〕 エ
〔問3〕 ア 〔問4〕 イ
〔問5〕 跡はたづねむ

一 〔漢字〕

(1)「定石」は，物事を処理するときの，最善とされる決まったやり方。 (2)音読みは「被害」などの「ヒ」。 (3)「賛仰」は，ほめたたえて尊ぶこと。 (4)「居丈高」は，人を威圧するような態度のこと。 (5)「手練手管」は，人を自分の思いのままに操ろうとすること。「手練」も「手管」も，人を巧みに欺く手段のこと。

二 〔漢字〕

(1)「異存」は，反対の意見のこと。 (2)「講じる」は，いろいろと考えをめぐらす，という意味。 (3)「生半可」は，どちらともつかず中途半端なこと。 (4)「寒心」は，ぞっとするほど非常に心配なこと。 (5)「有象無象」は，世の中にいくらでもいる雑多なつまらない人たちのこと。

三 〔小説の読解〕出典；あさのあつこ『アスリーツ』。

〔問1〕<文章内容>沙耶は，監督の「何を考えとった」という質問や，「オリンピック出場も夢じゃない」という言葉の意味がわからず戸惑っていたが，監督の言葉を自分なりに受けとめようと「顎を引いて」いるのである。

〔問2〕<心情>沙耶は，試合が始まると，練習のときに考えていた「ちゃんと撃つ，正しく撃つ」ということや「何かのため」というような力みが消え，目の前に標的があるとしか思わなかった。その標的に向かってライフルを構え，トリガーを引くだけという，「未知の世界」に怖さを感じるとともに，標的に集中する気持ちの高ぶりや興奮を感じたのである。

〔問3〕<心情>監督は，自分の思いや考えをできるだけ言葉にして他人に伝えることが大切だと沙耶に言った。監督は，本気で「答えを聞きたがって」おり，自分もできるだけ自分の気持ちを言葉にしていくべきであることが，沙耶にもわかったのである。

〔問4〕<心情>沙耶は「真剣に射撃と取り組む覚悟ができた」わけではなかった。ただ，自分を射撃の世界に導いてくれた花奈に報いたいという「力み」が確かにあって，その力みが真面目に見えていたかもしれないが，実際は中途半端だと，沙耶は思っていたのである。

〔問5〕<心情>沙耶は，ライフルを構えて標的に向かっていたときの気持ちを，できるかぎり言葉で表現しようと小さな声で話していくうちに，自分の思いを自分なりにしゃべっていたのだと気づいたのである。

〔問6〕<表現>監督の指示で，自分の気持ちを言葉で表現しようとしている沙耶は，心の中を整理するように話すうちに自分の思いを確認していくが，その沙耶の姿を通して，読者も沙耶の気持ちを感じ取れるように描かれている(エ…○)。監督と沙耶は対照的に描かれていないし，二人の性格の違いも示されてはいない(ア…×)。沙耶が標的に向かい，淡々とトリガーを引く様子は，試合前の緊張や高ぶりが消えていく沙耶の心理状態を表している(イ…×)。沙耶の言葉の「……」は，沙耶が戸惑いながら自分の思いを言葉にするときに用いられている(ウ…×)。

四〔論説文の読解―自然科学的分野―自然〕出典；更科功『若い読者に贈る美しい生物学講義』。

≪本文の概要≫何億年も前の私たちの祖先は魚であり，その魚の一部が陸上に進出して，私たちに進化した。陸上に進出するためには，体のいろいろな部分を変化させる必要があった。そこでまず，アンモニアを尿素につくり変えるように進化し，両生類が登場した。さらに陸上生活に適応するため，卵を乾燥させないようにした工夫が羊膜卵である。この進化の系統が爬虫類と哺乳類である。そしてさらに陸上生活に適するように，尿素を尿酸につくり変える進化が起き，これが爬虫類と爬虫類の一部から進化した鳥類である。陸上生活への適応から考えれば，ヒトは進化の最後に現れた種ではなく，トカゲやニワトリの方がヒトより優れている。何を「優れた」と考えるかによって，つまり何を「進歩」と考えるかによって，生物の順番は入れ替わる。ある条件で優れているということは，別の条件では劣っているということだから，あらゆる条件で優れた生物というのはありえない。進化は進歩ではなく，生物はそのときどきの環境に適応するように進化するだけである。ダーウィンは，方向性選択によって生物が進化することを発見し，進化は進歩ではないことを示した。進化が進歩であり，世界が一直線の方向にしか流れなかったら，生物の多様性は実現していなかったのである。

〔問1〕<文章内容>系統樹Aは，ヒトが「進化の最後に現れた種で，一番優れた生物であるかのような印象」を与えるものである。系統樹Bは，「陸上生活への適応」という点から見た進化の流れをわかりやすく示したものである。

〔問2〕<文章内容>脳は大量のエネルギーを使うので，脳の大きな生物はたくさん食べる必要があり，食糧がなくなれば，脳の小さい方が生き残るともいえるから，脳が大きいほど「優れた」状態だとは必ずしもいえず，脳の発達が進化とはいえないのであり，ヒトが最も進化したともいえない(イ…○)。「ある条件で優れている」ということは「別の条件では劣っている」ともいえるので，「あらゆる条件で優れた生物」は「理論的にありえない」から，人間が優れているというのも，一部の機能を基準にしたときだけである(エ…○)。生物は，「そのときどきの環境に適応するように進化するだけ」なのである(ウ…○)。

〔問３〕＜文章内容＞生物は，「そのときどきの環境に適応するように進化するだけ」である。「ある条件で優れている」ということは，条件が変われば「劣っている」ことにもなる。「あらゆる条件で優れた生物」がいない以上，進化は，より「優れた」状態になるという進歩ではないのである。

〔問４〕＜文章内容＞進化が進歩だと考えると，生物は一直線の方向にしか進まないし，人間が生物の中で最上位にいるとする「存在の偉大な連鎖」という考え方も一直線の方向しか示さない。しかし，生物は，ただ「環境に適応するように進化する」だけであり，進化は進歩とは無関係である。いろいろな環境に適応するよう進化することで，「地球上の生物多様性」が生まれたのである。

〔問５〕＜作文＞自分の身の周りで，どんなときに，あるいはどんな場所で「多様性」を感じるかを考えてみる。具体的な体験を通して，自分の考えを書いていこう。誤字に気をつけて，字数を守って書いていくこと。

五〔説明文の読解―芸術・文学・言語学的分野―文学〕出典；篠田治美『和歌と日本語』。

〔問１〕＜文章内容＞和歌は，「視覚ではなく聴覚，触覚，嗅覚また味覚で」世界を受けとめてよまれるものである。歌人は，見たものをとらえるのではなく，「見えないものを身体で受けとめ」，その中にいる自分も含めて，「一体としてある」世界をよもうとしているのである。

〔問２〕＜文章内容＞かけがえのない人を，どこまでも見続ける人がいて，見送る人は「きみ」を雪景色の中にずっと感じ取っている。「あるがままにある」こと，つまり友が行くことを，見送る人は受け入れていて，そこには確かに「二人の魂のまじわり」があると感じられるから，「わたし」は「穏やかな温かさを感じる」のである。

〔問３〕＜文章内容＞「景と心，自然と人間が一体としてあるという認識のありよう」から掛詞のような「修辞」が生まれ，その言葉がまた「認識」のありようを育てて，世界は表現されていくのである。

〔問４〕＜文章内容＞狭野弟上娘子の歌は，恋人を行かせまいとする激しい情感をよみ込んだものである。藤原兼輔の歌は，狭野弟上娘子の歌の「言葉と措辞と主題を引き継ぎ，引き延ばし，加えて」別れの思いを，「静かな情愛」としてよみ込んでいるのである。

〔問５〕＜和歌の内容理解＞藤原兼輔の歌は，「あなたの足どりのとおりに，その雪のなか，跡をたずねて参りましょう」とよんでおり，「跡をたづねむ」に，相手を慕う思いが表れている。

＝読者へのメッセージ＝

藤原兼輔は，三十六歌仙の一人であり，醍醐天皇の寵(ちょう)愛を受けたといわれています。勅撰和歌集に五十五首も採録されています。百人一首には「みかの原わきて流るるいづみ川いつ見きとてか恋しかるらむ」がとられています。紫式部の曾祖父でもある人です。

●2021年度

東京都立高等学校

共　通　問　題

【社会・理科】

2021年度 東京都立高等学校（共通問題）

【社　会】（50分）〈満点：100点〉

1　次の各問に答えよ。

〔問１〕　次のページのⅠの地形図は，2006年と2008年の「国土地理院発行２万５千分の１地形図（川越南部・川越北部）」の一部を拡大して作成したものである。３ページのⅡの図は，埼玉県川越市中心部の地域調査で確認できる城下町の痕跡を示したものである。Ⅰの**ア**～**エ**の経路は，地域調査で地形図上に●で示した地点を起点に矢印（ ➡ ）の方向に移動した様子を ━━ で示したものである。Ⅱの図で示された痕跡を確認することができる経路に当てはまるのは，Ⅰの**ア**～**エ**のうちではどれか。

I

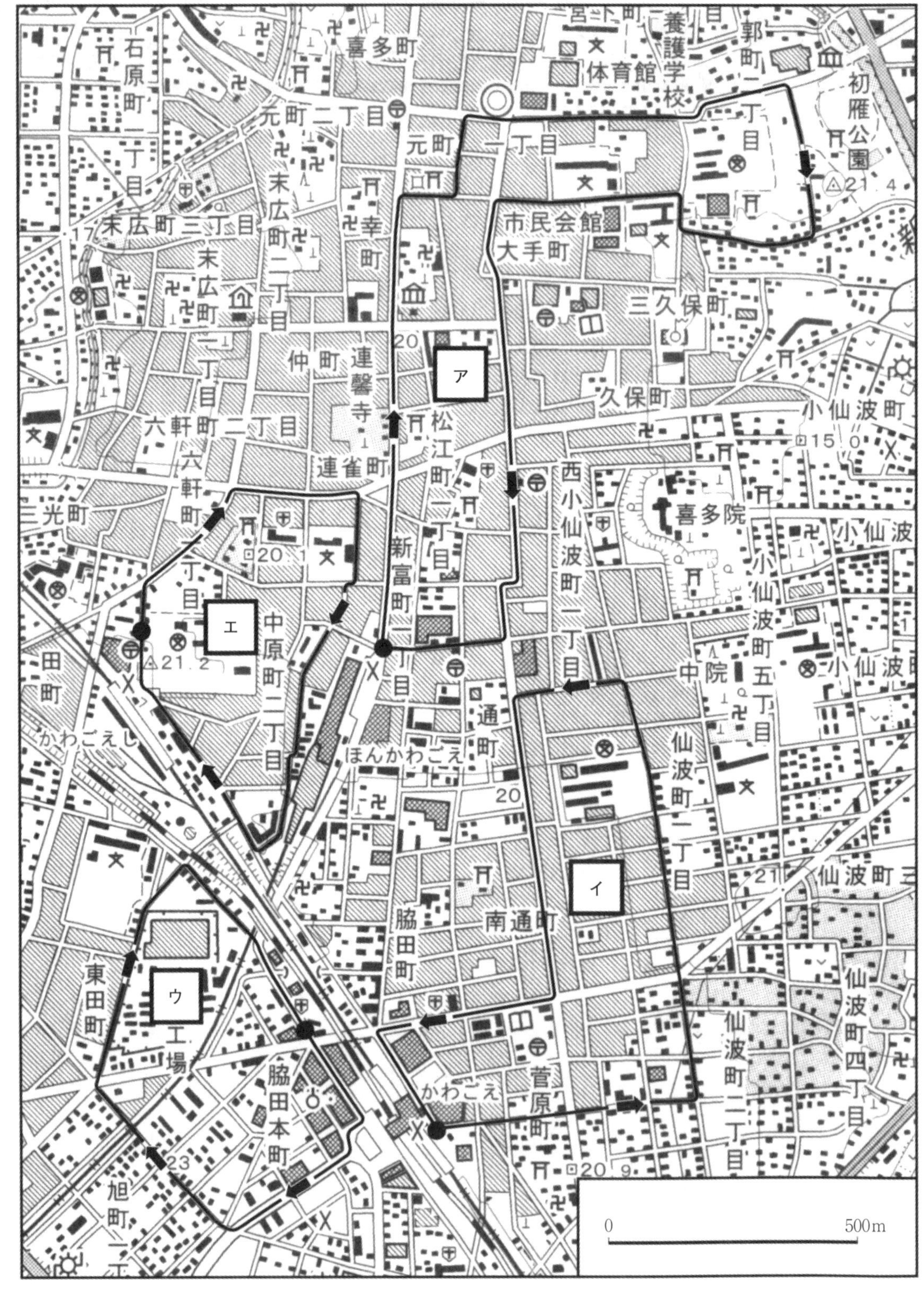

Ⅱ

城下町の痕跡を探そう

調 査 日　令和２年10月３日(土)　　集合時刻　午前９時

集合場所　駅前交番前

移動距離（きょり）　約4.1km

痕跡１　城に由来するものが，現在の町名に残っている。

郭町（くるわまち）　城の周囲にめぐらした郭に由来する。

大手町（おおてまち）　川越城の西大手門に由来する。

痕跡２　城下に「時」を告げてきた鐘つき堂

地形図上では，「高塔」の地図記号で示されている。

痕跡３　見通しを悪くし，敵が城に侵入（しんにゅう）しづらくなるようにした鍵型（かぎがた）の道路

通行しやすくするために，鍵型の道路は直線的に結ばれている。

（↓は写真を撮った向きを示す。）

〔問２〕　次の文章で述べている我が国の歴史的文化財は，下の**ア**～**エ**のうちのどれか。

平安時代中期の貴族によって建立（こんりゅう）された，阿弥陀如来坐像（あみだにょらいざぞう）を安置する阿弥陀堂であり，極楽浄土（ごくらくじょうど）の世界を表現している。1994年に世界遺産に登録された。

ア　法隆寺（ほうりゅうじ）　**イ**　金閣　**ウ**　平等院鳳凰堂（びょうどういんほうおうどう）　**エ**　東大寺

〔問３〕　次の文章で述べている人物は，下の**ア**～**エ**のうちのどれか。

この人物は，江戸（えど）を中心として町人文化が発展する中で，波間から富士山を垣間（かいま）見る構図の作品に代表される「富嶽三十六景（ふがくさんじゅうろっけい）」などの風景画の作品を残した。大胆（だいたん）な構図や色彩（しきさい）はヨーロッパの印象派の画家に影響を与えた。

ア　雪舟　**イ**　葛飾北斎（かつしかほくさい）　**ウ**　菱川師宣（ひしかわもろのぶ）　**エ**　狩野永徳（かのうえいとく）

〔問４〕 次の条文がある法律の名称は，下のア～エのうちのどれか。

○労働条件は，労働者と使用者が，対等の立場において決定すべきものである。 ○使用者は，労働者に，休憩時間を除き一週間について四十時間を超えて，労働させてはならない。

ア 男女共同参画社会基本法　　**イ** 労働組合法
ウ 男女雇用機会均等法　　**エ** 労働基準法

2 次の略地図を見て，あとの各問に答えよ。

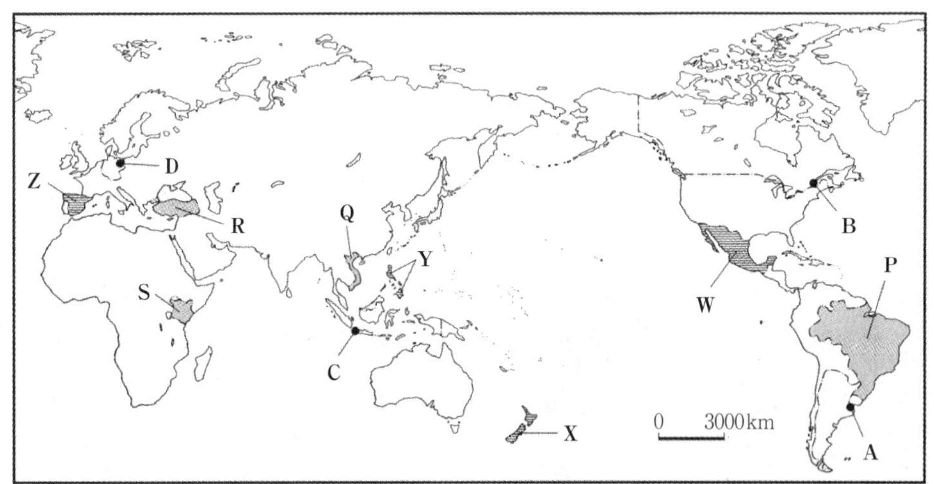

〔問１〕 次のⅠのア～エのグラフは，略地図中にA～Dで示した**いずれか**の都市の，年平均気温と年降水量及び各月の平均気温と降水量を示したものである。Ⅱの表のア～エは，略地図中にA～Dで示した**いずれか**の都市を含む国の，2017年における米，小麦，とうもろこし，じゃがいもの生産量を示したものである。略地図中のDの都市のグラフに当てはまるのは，Ⅰのア～エのうちのどれか，また，その都市を含む国の，2017年における米，小麦，とうもろこし，じゃがいもの生産量に当てはまるのは，Ⅱの表のア～エのうちのどれか。

Ⅰ
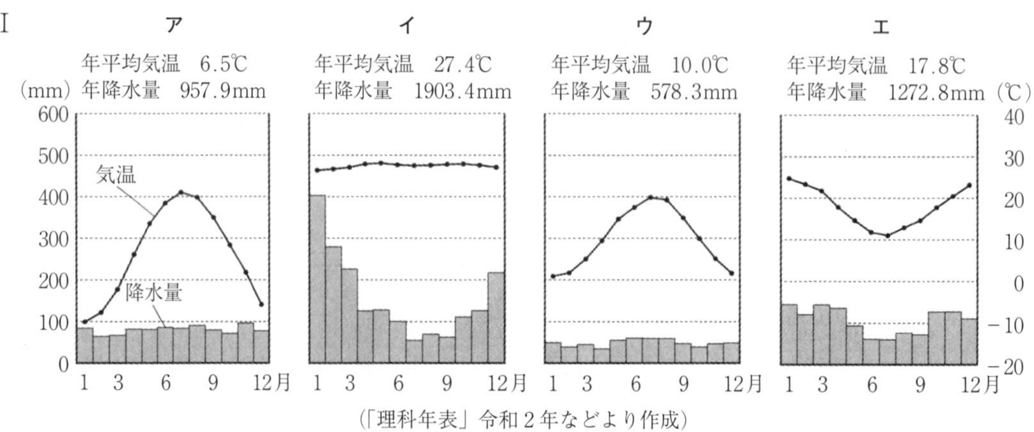

（「理科年表」令和２年などより作成）

Ⅱ

	米(万ｔ)	小麦(万ｔ)	とうもろこし(万ｔ)	じゃがいも(万ｔ)
ア	8138	―	2795	116
イ	133	1840	4948	245
ウ	―	2998	1410	441
エ	―	2448	455	1172

（注）―は，生産量が不明であることを示す。（「データブック オブ・ザ・ワールド」2020年版などより作成）

〔問２〕 次の表の**ア**～**エ**は，略地図中に ▒▒ で示した**P**～**S**の**いずれか**の国の，2017年におけるコーヒー豆と茶の生産量，国土と食文化の様子についてまとめたものである。略地図中の**P**～**S**のそれぞれの国に当てはまるのは，次の表の**ア**～**エ**のうちではどれか。

	コーヒー豆(百ｔ)	茶(百ｔ)	国土と食文化の様子
ア	―	2340	○北西部には二つの州を隔てる海峡が位置し，北部と南部も海に面し，中央部には首都が位置する高原が広がっている。 ○帝国時代からコーヒーが飲まれ，共和国時代に入り紅茶の消費量も増え，トマトや羊肉のスープを用いた料理などが食べられている。
イ	26845	5	○北部の盆地には流域面積約700万km^{2}の河川が東流し，南部にはコーヒー栽培に適した土壌が分布し，首都が位置する高原が広がっている。 ○ヨーロッパ風に，小さなカップで砂糖入りの甘いコーヒーが飲まれ，豆と牛や豚の肉を煮込んだ料理などが食べられている。
ウ	15424	2600	○南北方向に国境を形成する山脈が走り，北部には首都が位置する平野が，南部には国内最大の稲作地域である三角州が広がっている。 ○練乳入りコーヒーや主に輸入小麦で作られたフランス風のパンが見られ，スープに米粉の麺と野菜を入れた料理などが食べられている。
エ	386	4399	○中央部には標高5000ｍを超える火山が位置し，西部には茶の栽培に適した土壌が分布し，首都が位置する高原が広がっている。 ○イギリス風に紅茶を飲む習慣が見られ，とうもろこしの粉を湯で練った主食と，野菜を炒め塩で味付けした料理などが食べられている。

（注）―は，生産量が不明であることを示す。（「データブック オブ・ザ・ワールド」2020年版などより作成）

〔問３〕 次のⅠとⅡの表の**ア**～**エ**は，略地図中に ▒▒ で示した**W**～**Z**の**いずれか**の国に当てはまる。Ⅰの表は，1999年と2019年における日本の輸入総額，農産物の日本の主な輸入品目と輸入額を示したものである。Ⅱの表は，1999年と2019年における輸出総額，輸出額が多い上位３位までの貿易相手国を示したものである。Ⅲの文章は，ⅠとⅡの表における**ア**～**エ**の**いずれか**の国について述べたものである。Ⅲの文章で述べている国に当てはまるのは，ⅠとⅡの表の**ア**～**エ**のうちのどれか，また，略地図中の**W**～**Z**のうちのどれか。

Ⅰ

		日本の輸入総額(億円)	農産物の日本の主な輸入品目と輸入額(億円)					
ア	1999年	2160	野菜	154	チーズ	140	果実	122
	2019年	2918	果実	459	チーズ	306	牛肉	134
イ	1999年	6034	果実	533	野菜	34	麻類	6
	2019年	11561	果実	1033	野菜	21	植物性原材料	8
ウ	1999年	1546	アルコール飲料	44	果実	31	植物性原材料	11
	2019年	3714	豚肉	648	アルコール飲料	148	野菜	50
エ	1999年	1878	豚肉	199	果実	98	野菜	70
	2019年	6440	豚肉	536	果実	410	野菜	102

（財務省「貿易統計」より作成）

Ⅱ

		輸出総額（億ドル）	輸出額が多い上位3位までの貿易相手国		
			1位	2位	3位
ア	1999年	125	オーストラリア	アメリカ合衆国	日本
	2019年	395	中華人民共和国	オーストラリア	アメリカ合衆国
イ	1999年	350	アメリカ合衆国	日本	オランダ
	2019年	709	アメリカ合衆国	日本	中華人民共和国
ウ	1999年	1115	フランス	ドイツ	ポルトガル
	2019年	3372	フランス	ドイツ	イタリア
エ	1999年	1363	アメリカ合衆国	カナダ	ドイツ
	2019年	4723	アメリカ合衆国	カナダ	ドイツ

（国際連合貿易統計データベースより作成）

Ⅲ

現在も活動を続ける造山帯に位置しており，南部には氷河に削られてできた複雑に入り組んだ海岸線が見られる。偏西風の影響を受け，湿潤な西部に対し，東部の降水量が少ない地域では，牧羊が行われている。一次産品が主要な輸出品となっており，1999年と比べて2019年では，日本の果実の輸入額は3倍以上に増加し，果実は外貨獲得のための貴重な資源となっている。貿易の自由化を進め，2018年には，日本を含む6か国による多角的な経済連携協定が発効したことなどにより，貿易相手国の順位にも変化が見られる。

3 次の略地図を見て，あとの各問に答えよ。

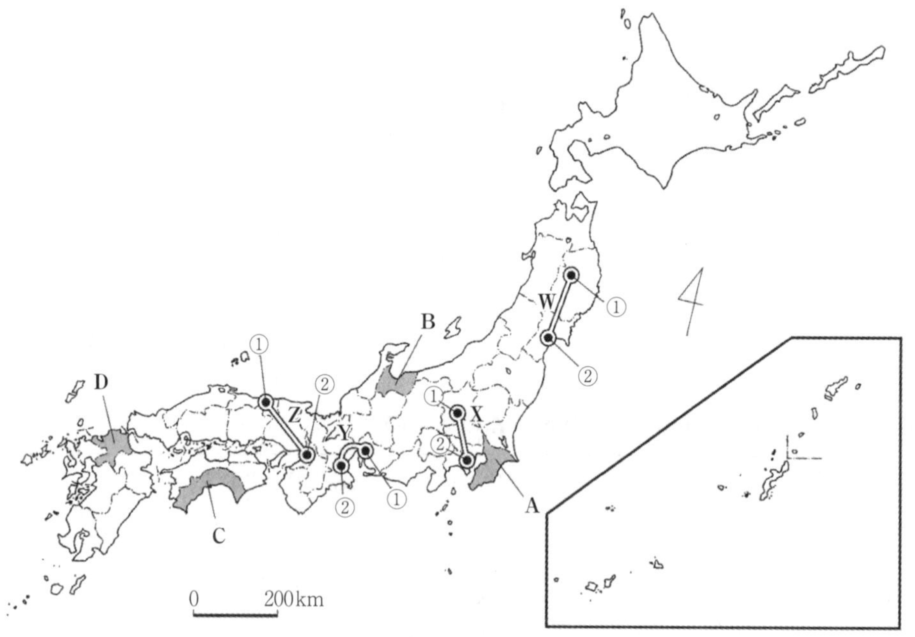

〔問1〕 次の表の**ア**～**エ**は，略地図中に ▒ で示した，**A**～**D**の**いずれか**の県の，2019年における人口，県庁所在地（市）の人口，県内の自然環境と情報通信産業などの様子についてまとめたものである。**A**～**D**のそれぞれの県に当てはまるのは，次の表の**ア**～**エ**のうちではどれか。

	人口（万人） 県庁所在地（市）の人口（万人）	県内の自然環境と情報通信産業などの様子
ア	70	○北部には山地が位置し，中央部には南流する複数の河川により形成された平野が見られ，沖合を流れる暖流の影響で，気候が温暖である。
	33	○県庁が所在する平野部には，園芸農業を行う施設内の環境を自動制御するためのシステムを開発する企業が立地している。
イ	510	○北西部に広がる平野の沖合には暖流が流れ，北東部には潮流が速い海峡が見られ，南西部に広がる平野は干満差の大きい干潟のある海に面している。
	154	○県庁所在地の沿岸部には，住宅地開発を目的に埋め立てられた地域に，報道機関やソフトウェア設計の企業などが集積している。
ウ	104	○冬季に降水が多い南部の山々を源流とし，北流する複数の河川が形成する平野が中央部に見られ，東部には下流に扇状地を形成する河川が見られる。
	42	○県庁が所在する平野部には，豊富な水を利用した医薬品製造拠点があり，生産管理のための情報技術などを開発する企業が立地している。
エ	626	○平均標高は約40mで，北部にはローム層が堆積する台地があり，西部には大都市が立地し，南部には温暖な気候の丘陵地帯が広がっている。
	97	○県庁所在地に近い台地には，安定した地盤であることを生かして金融関係などの情報を処理する電算センターが立地している。

（「日本国勢図会」2020/21年版などより作成）

〔問２〕 略地図中に①◉══◉②で示した**W**～**Z**は，それぞれの①の府県の府県庁所在地と②の府県の府県庁所在地が，鉄道と自動車で結び付く様子を模式的に示したものである。次の表の**ア**～**エ**は，**W**～**Z**の**いずれか**の府県庁所在地間の直線距離，2017年における，府県相互間の鉄道輸送量，自動車輸送量，起点となる府県の産業の様子を示したものである。略地図中の**W**～**Z**のそれぞれに当てはまるのは，次の表の**ア**～**エ**のうちではどれか。

	起点→終点	直線距離（km）	鉄道（百ｔ）	自動車（百ｔ）	起点となる府県の産業の様子
ア	①→②	117.1	1078	32172	輸送用機械関連企業が南部の工業団地に立地し，都市部では食品加工業が見られる。
	②→①		10492	25968	沿岸部では鉄鋼業や石油化学コンビナートが，内陸部では電子機械工業が見られる。
イ	①→②	161.1	334	41609	中山間部には畜産業や林業，木材加工業が，南北に走る高速道路周辺には電子工業が見られる。
	②→①		3437	70931	平野部には稲作地帯が広がり，沿岸部では石油精製業が見られる。
ウ	①→②	147.9	209	11885	漁港周辺には水産加工業が，砂丘が広がる沿岸部には果樹栽培が見られる。
	②→①		33	9145	沿岸部には鉄鋼業が，都市中心部には中小工場が，内陸部には電気機械工業が見られる。
エ	①→②	61.8	1452	79201	世界を代表する輸送用機械関連企業が内陸部に位置し，沿岸部には鉄鋼業などが見られる。
	②→①		1777	95592	石油化学コンビナートや，岬と入り江が入り組んだ地形を生かした養殖業が見られる。

（国土交通省「貨物地域流動調査」などより作成）

〔問3〕 次のⅠとⅡの地形図は，千葉県八千代市の1983年と2009年の「国土地理院発行2万5千分の1地形図(習志野)」の一部である。Ⅲの略年表は，1980年から1996年までの，八千代市(萱田)に関する主な出来事についてまとめたものである。ⅠとⅡの地形図を比較して読み取れる，◯で示した地域の変容について，宅地に着目して，簡単に述べよ。また，Ⅰ～Ⅲの資料から読み取れる，◯で示した地域の変容を支えた要因について，八千代中央駅と東京都(大手町)までの所要時間に着目して，簡単に述べよ。

Ⅰ

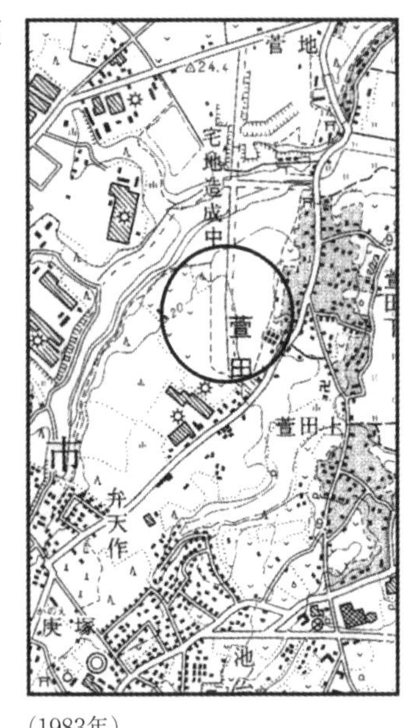

(1983年)

Ⅱ

(2009年)

Ⅲ

西暦	八千代市(萱田)に関する主な出来事
1980	●萱田の土地区画整理事業が始まった。
1985	●東葉高速鉄道建設工事が始まった。
1996	●東葉高速鉄道が開通した。 ●八千代中央駅が開業した。 ●東京都(大手町)までの所要時間は60分から46分に，乗換回数は3回から0回になった。

(注) 所要時間に乗換時間は含まない。

(「八千代市統計書」などより作成)

4 次の文章を読み，あとの各問に答えよ。

政治や行政の在り方は，時代とともにそれぞれ変化してきた。

古代では，クニと呼ばれるまとまりが生まれ，政治の中心地が，やがて都となり，行政を行う役所が設けられるようになった。さらに，(1)<u>都から各地に役人を派遣し，土地や人々を治める役所を設け，中央集権体制を整えた。</u>

中世になると，武家が行政の中心を担うようになり，(2)<u>支配を確実なものにするために，独自の行政の仕組みを整え，新たな課題に対応してきた。</u>

明治時代に入ると，近代化政策が推進され，欧米諸国を模範として，(3)<u>新たな役割を担う行政機関が設置され，</u>地方自治の制度も整備された。そして，社会の変化に対応した政策を実現するため，(4)<u>様々な法律が整備され，行政が重要な役割を果たすようになった。</u>

〔問1〕 (1)<u>都から各地に役人を派遣し，土地や人々を治める役所を設け，中央集権体制を整えた。</u>とあるが，次の**ア**～**エ**は，飛鳥時代から室町時代にかけて，各地に設置された行政機関について述べたものである。時期の古いものから順に記号を並べよ。

ア 足利尊氏は，関東への支配を確立する目的で，関東8か国と伊豆・甲斐の2か国を支配する機関として，鎌倉府を設置した。

イ 桓武天皇は，支配地域を拡大する目的で，東北地方に派遣した征夷大将軍に胆沢城や志波城を設置させた。

ウ　中大兄皇子は，白村江の戦いに敗北した後，大陸からの防御を固めるため，水城や山城を築き，大宰府を整備した。

エ　北条義時を中心とする幕府は，承久の乱後の京都の治安維持，西国で発生した訴訟の処理，朝廷の監視等を行う機関として，六波羅探題を設置した。

〔問2〕　(2)支配を確実なものにするために，独自の行政の仕組みを整え，新たな課題に対応してきた。とあるが，次のⅠの略年表は，室町時代から江戸時代にかけての，外国人に関する主な出来事をまとめたものである。Ⅱの略地図中の**A**～**D**は，幕府が設置した奉行所の所在地を示したものである。Ⅲの文章は，幕府直轄地の奉行への命令の一部を分かりやすく書き改めたものである。Ⅲの文章が出されたのは，Ⅰの略年表中の**ア**～**エ**の時期のうちではどれか。また，Ⅲの文章の命令を主に実行する奉行所の所在地に当てはまるのは，Ⅱの略地図中の**A**～**D**のうちのどれか。

Ⅰ

西暦	外国人に関する主な出来事	
1549	●フランシスコ・ザビエルが，キリスト教を伝えるため来航した。	
		ア
1600	●漂着したイギリス人ウィリアム・アダムスが徳川家康と会見した。	
		イ
1641	●幕府は，オランダ商館長によるオランダ風説書の提出を義務付けた。	
		ウ
1709	●密入国したイタリア人宣教師シドッチを新井白石が尋問した。	
		エ
1792	●ロシア使節のラクスマンが来航し，通商を求めた。	

Ⅱ

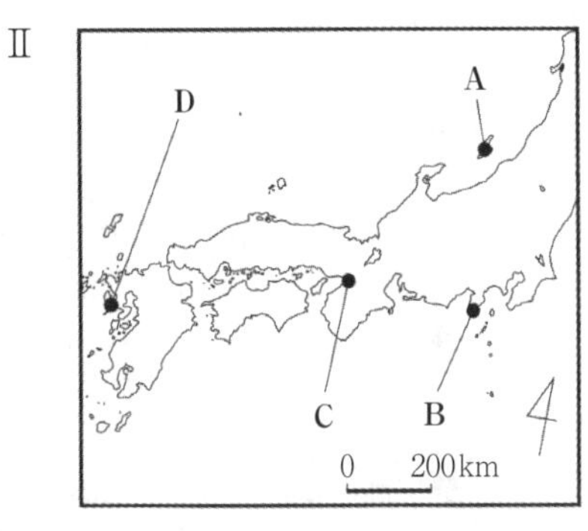

Ⅲ

○外国へ日本の船を行かせることを厳禁とする。
○日本人を外国へ渡航させてはならない。

〔問3〕　(3)新たな役割を担う行政機関が設置され，とあるが，次の文章は，帝都復興院総裁を務めることになる後藤新平が，1923年9月6日に，閣議に文書を提出する際に記した決意の一部を分かりやすく書き改めたものである。この決意をした時期の東京の様子について述べているのは，下の**ア**～**エ**のうちではどれか。

○大変災は突如として帝都を震え上がらせた。
○火災に包まれる帝都を目撃し，自分の任務が極めて重要であることを自覚すると同時に，復興の計画を策定することが急務であることを痛感した。
○第一に救護，第二に復旧，第三に復興の方針を執るべきである。

ア　新橋・横浜間に鉄道が開通するなど，欧米の文化が取り入れられ始め，現在の銀座通りに洋風れんが造りの2階建ての建物が建設された。

イ　我が国の国際的な地位を高めるために，イギリスと同盟を結び，我が国最初の国立図書館である帝国図書館が上野公園内に建設された。

ウ　大日本帝国憲法が制定され，近代的な政治制度が整えられ，東京では，都市の整備が進み，我が国最初のエレベーターを備える凌雲閣が浅草に建設された。

エ　東京駅が開業し，都市で働くサラリーマンや工場労働者の人口が大きく伸び，バスの車掌やタイピストなどの新しい職業に就く女性が増え，丸の内ビルヂング(丸ビル)が建設された。

〔問4〕 (4)様々な法律が整備され，行政が重要な役割を果たすようになった。とあるが，次の略年表は，大正時代から昭和時代にかけての，我が国の法律の整備に関する主な出来事についてまとめたものである。略年表中の**A**～**D**のそれぞれの時期に当てはまるのは，下の**ア**～**エ**のうちではどれか。

西暦	我が国の法律の整備に関する主な出来事	
1921	●工業品規格の統一を図るため，度量衡法が改正され，メートル法への統一が行われた。	
		A
1931	●国家による電力の管理体制を確立するため，電気事業法が改正され，国家経済の基礎となる産業への優先的な電力供給が始まった。	
		B
1945	●我が国の民主化を進めるため，衆議院議員選挙法が改正され，女性に選挙権が与えられた。	
1950	●我が国の文化財の保護・活用のため，文化財保護法が公布され，新たに無形文化財や埋蔵文化財が保存の対象として取り入れられた。	C
1961	●所得格差の改善を図るため，農業基本法が公布され，農業の生産性向上及び農業総生産の増大などが国の施策として義務付けられた。	
		D
1973	●物価の急激な上昇と混乱に対処するため，国民生活安定緊急措置法が公布され，政府は国民生活に必要な物資の確保と価格の安定に努めることを示した。	

ア　普通選挙などを求める運動が広がり，連立内閣が成立し，全ての満25歳以上の男子に選挙権を認める普通選挙法が制定され，国民の意向が政治に反映される道が開かれた。

イ　急速な経済成長をとげる一方で，公害が深刻化し，国民の健康と生活環境を守るため，公害対策基本法が制定され，環境保全に関する施策が展開された。

ウ　農地改革などが行われ，日本国憲法の精神に基づく教育の基本を確立するため，教育基本法が制定され，教育の機会均等，男女共学などが定められた。

エ　日中戦争が長期化し，国家総動員法が制定され，政府の裁量により，経済，国民生活，労務，言論などへの広範な統制が可能となった。

5　次の文章を読み，あとの各問に答えよ。

地方自治は，民主政治を支える基盤である。地方自治を担う地方公共団体は，住民が安心した生活を送ることができるように，地域の課題と向き合い，その課題を解決する重要な役割を担っている。(1)日本国憲法では，我が国における地方自治の基本原則や地方公共団体の仕組みなどについて規定している。

地方自治は，住民の身近な生活に直接関わることから，(2)住民の意思がより反映できるように，直接民主制の要素を取り入れた仕組みになっている。

国は，民主主義の仕組みを一層充実させ，住民サービスを向上させるなどの目的で，(3)1999年に地方分権一括法を成立させ，国と地方が，「対等・協力」の関係で仕事を分担できることを目指して，地方公共団体に多くの権限を移譲してきた。現在では，全国の地方公共団体が地域の課題に応じた新たな取り組みを推進できるように，国に対して地方分権改革に関する提案を行うことができる仕組みが整えられている。

〔問1〕 (1)日本国憲法では，我が国における地方自治の基本原則や地方公共団体の仕組みなどについて規定している。とあるが，日本国憲法が規定している地方公共団体の仕事について述べているのは，次の**ア**～**エ**のうちではどれか。

ア 条約を承認する。

イ 憲法及び法律の規定を実施するために，政令を制定する。

ウ 条例を制定する。

エ 一切の法律，命令，規則又は処分が憲法に適合するかしないかを決定する。

〔問2〕 (2)住民の意思がより反映できるように，直接民主制の要素を取り入れた仕組みになっている。とあるが，住民が地方公共団体に対して行使できる権利について述べているのは，次の**ア**～**エ**のうちではどれか。

ア 有権者の一定数以上の署名を集めることで，議会の解散や，首長及び議員の解職，事務の監査などを請求することができる。

イ 最高裁判所の裁判官を，任命後初めて行われる衆議院議員総選挙の際に，直接投票によって適任かどうかを審査することができる。

ウ 予算の決定などの事項について，審議して議決を行ったり，首長に対して不信任決議を行ったりすることができる。

エ 国政に関する調査を行い，これに関して，証人の出頭及び証言，記録の提出を要求することができる。

〔問3〕 (3)1999年に地方分権一括法を成立させ，国と地方が，「対等・協力」の関係で仕事を分担できることを目指して，地方公共団体に多くの権限を移譲してきた。とあるが，次のⅠのグラフは，1995年から2019年までの我が国の地方公共団体への事務・権限の移譲を目的とした法律改正数を示したものである。Ⅱの文章は，2014年に地方公共団体への事務・権限の移譲を目的とした法律改正が行われた後の，2014年6月24日に地方分権改革有識者会議が取りまとめた「個性を活かし自立した地方をつくる～地方分権改革の総括と展望～」の一部を分かりやすく書き改めたものである。ⅠとⅡの資料を活用し，1995年から2014年までの期間と比較した，2015年から2019年までの期間の法律改正数の動きについて，地方分権改革の推進手法と，毎年の法律改正の有無及び毎年の法律改正数に着目して，簡単に述べよ。

Ⅰ

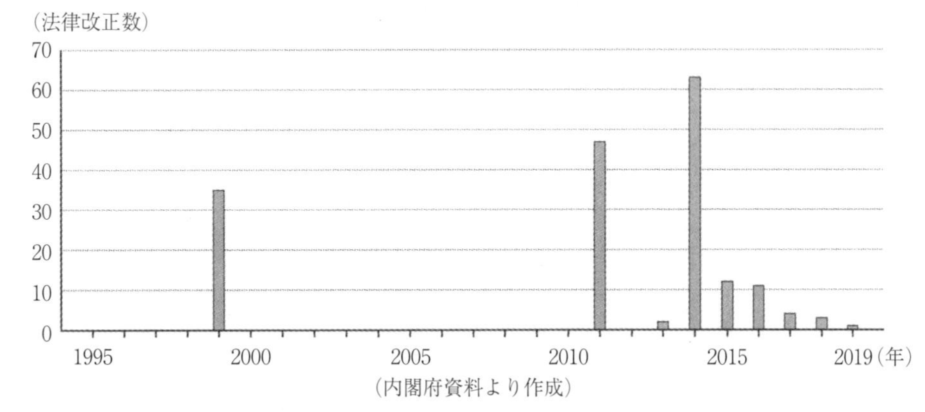

(内閣府資料より作成)

Ⅱ

○これまでの地方分権改革の推進手法は，国が主導する短期集中型の方式であり，この取組を実施することで一定の成果を得ることができた。
○今後は，これまでの改革の理念を継承し，更(さら)に発展させていくことが重要である。
○今後の地方分権改革の推進手法については，地域における実情や課題を把握(はあく)している地方公共団体が考え提案する長期継続型の方式を導入する。

6 次の文章を読み，あとの各問に答えよ。

世界各国では，株式会社や国営企業(こくえいきぎょう)などが，(1)<u>利潤(りじゅん)を追求するなどの目的で誕生してきた。</u>

人口が集中し，物資が集積する交通の要衝に設立された企業や，地域の自然環境や地下資源を生かしながら発展してきた企業など，(2)<u>企業は立地条件に合わせ多様な発展を見せてきた。</u>

(3)<u>我が国の企業は，世界経済の中で，高度な技術を生み出して競争力を高め，我が国の経済成長を支えてきた。</u>今後は，国際社会において，地球的規模で社会的責任を果たしていくことが，一層求められている。

〔問1〕 (1)<u>利潤(りじゅん)を追求するなどの目的で誕生してきた。</u>とあるが，次の**ア**～**エ**は，それぞれの時代に設立された企業について述べたものである。時期の古いものから順に記号を並べよ。

ア 綿織物を大量に生産するために産業革命が起こったイギリスでは，動力となる機械の改良が進み，世界最初の蒸気機関製造会社が設立された。

イ 南部と北部の対立が深まるアメリカ合衆国では，南北戦争が起こり，西部開拓(せいぶかいたく)を進めるために大陸を横断する鉄道路線を敷設(ふせつ)する会社が設立された。

ウ 第一次世界大戦の休戦条約が結ばれ，ベルサイユ条約が締結されるまでのドイツでは，旅客(りょかく)輸送機の製造と販売(はんばい)を行う会社が新たに設立された。

エ スペインの支配に対する反乱が起こり，ヨーロッパの貿易で経済力を高めたオランダでは，アジアへの進出を目的とした東インド会社が設立された。

〔問2〕 (2)<u>企業は立地条件に合わせ多様な発展を見せてきた。</u>とあるが，下の表の**ア**～**エ**の文章は，略地図中に示した**A**～**D**の**いずれか**の都市の歴史と，この都市に立地する企業の様子についてまとめたものである。**A**～**D**のそれぞれの都市に当てはまるのは，下の表の**ア**～**エ**のうちではどれか。

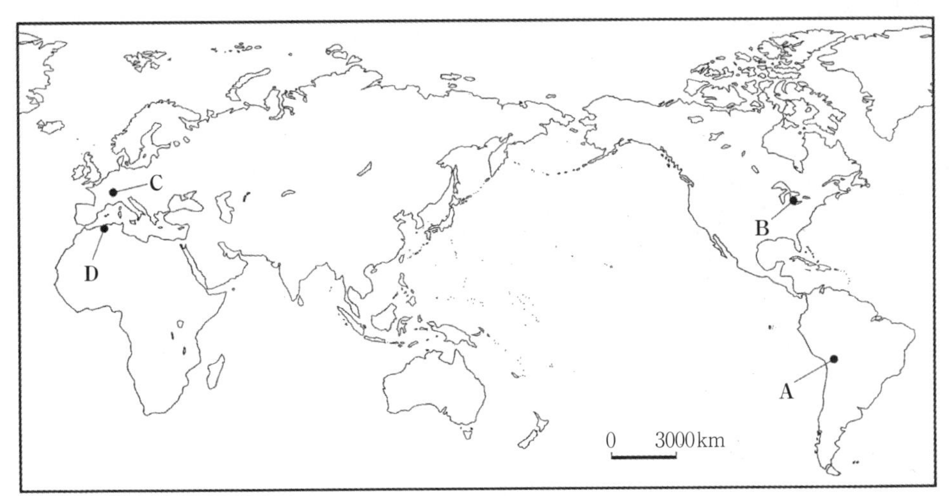

	都市の歴史と，この都市に立地する企業の様子
ア	○この都市は，標高3000mを超え，強風を遮（さえぎ）るすり鉢（ばち）状の地形に位置する首都で，1548年にスペイン人により建設され，金鉱もあったことから発展し，政治と経済の拠点となった。 ○国営企業が，銀，亜鉛（あえん）などの鉱山開発を行っており，近年では，新たに国営企業が設立され，塩湖でのリチウムイオン電池の原料の採取を複数の外国企業と共同で行っている。
イ	○この都市は，標高3000mを超える山脈の北側に位置する首都で，内陸部にはイスラム風の旧市街地が，沿岸部にはフランスの影響を受けた建物が見られる港湾都市となっている。 ○独立後に設立された，砂漠（さばく）地帯で採掘（さいくつ）される天然ガスや石油などを扱う国営企業は，近年，石油の増産と輸出の拡大に向けて外国企業との共同開発を一層進めている。
ウ	○この都市は，1701年にフランス人により砦（とりで）が築かれ，毛皮の交易が始まり，水運の拠点となり，1825年に東部との間に運河が整備され，20世紀に入り海洋とつながった。 ○19世紀後半には自動車の生産が始まり，20世紀に入ると大量生産方式の導入により，自動車工業の中心地へと成長し，現在でも巨大自動車会社が本社を置いている。
エ	○この都市は，20世紀に入り，湖の南西部に広がる市街地に国際連盟の本部が置かれ，第二次世界大戦後は200を超える国際機関が集まる都市となった。 ○16世紀後半に小型時計製造の技術が伝わったことにより精密機械関連企業が立地し，近年では生産の合理化や販売網の拡大などを行い，高価格帯腕時計の輸出量を伸ばしている。

〔問３〕 (3)我が国の企業は，世界経済の中で，高度な技術を生み出して競争力を高め，我が国の経済成長を支えてきた。とあるが，次のⅠのグラフは，1970年度から2018年度までの我が国の経済成長率と法人企業の営業利益の推移を示したものである。Ⅱの文章は，Ⅰのグラフの**ア**～**エ**の**いずれか**の時期における我が国の経済成長率と法人企業の営業利益などについてまとめたものである。Ⅱの文章で述べている時期に当てはまるのは，Ⅰのグラフの**ア**～**エ**の時期のうち

ではどれか。

Ⅰ

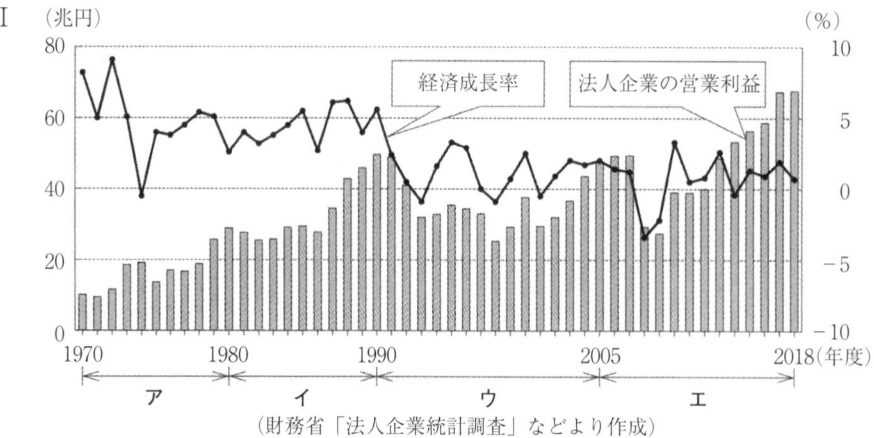

(財務省「法人企業統計調査」などより作成)

Ⅱ

○この時期の前半は，アメリカ合衆国の経済政策によって円安・ドル高が進行し，自動車などの輸送用機械や電気機械の輸出量が増えたことで，我が国の貿易収支は大幅な黒字となり，経済成長率は上昇傾向を示した。

○この時期の後半は，国際社会において貿易収支の不均衡(ふきんこう)を是正(ぜせい)するために為替相場(かわせそうば)を円高・ドル安へ誘導(ゆうどう)する合意がなされ，輸出量と輸出額が減少し，我が国の経済成長率は一時的に下降した。その後，日本銀行が貸付のための金利を下げたことなどで，自動車や住宅の購入(こうにゅう)，株式や土地への投資が増え，株価や地価が高騰(こうとう)する好景気となり，法人企業の営業利益は増加し続けた。

【理　科】 (50分) 〈満点：100点〉

1 　次の各問に答えよ。

〔問１〕 図１は，ヒトのからだの器官を模式的に表したものである。消化された養分を吸収する器官を図１のＡ，Ｂから一つ，アンモニアを尿素に変える器官を図１のＣ，Ｄから一つ，それぞれ選び，組み合わせたものとして適切なのは，次のうちではどれか。

図１

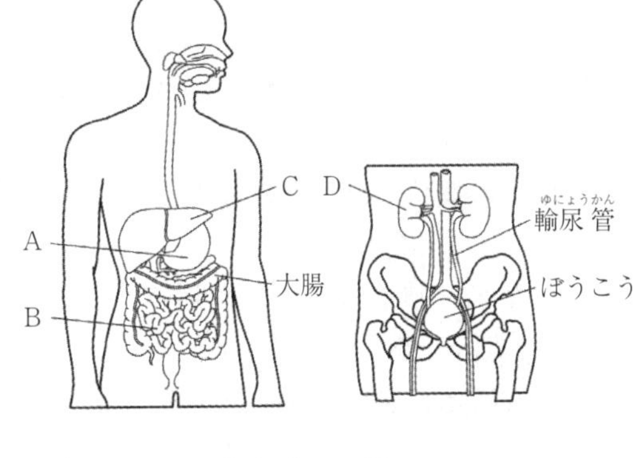

ア　Ａ，Ｃ
イ　Ａ，Ｄ
ウ　Ｂ，Ｃ
エ　Ｂ，Ｄ

〔問２〕 音さＸと音さＹの二つの音さがある。音さＸをたたいて出た音をオシロスコープで表した波形は，図２のようになった。図中のＡは１回の振動にかかる時間を，Ｂは振幅を表している。音さＹをたたいて出た音は，図２で表された音よりも高くて大きかった。この音をオシロスコープで表した波形を図２と比べたとき，波形の違いとして適切なのは，次のうちではどれか。

図２

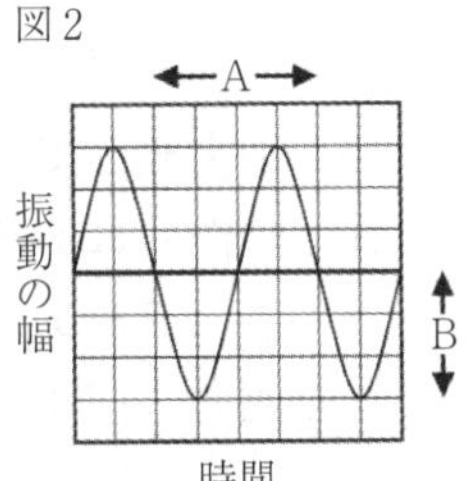

ア　Ａは短く，Ｂは大きい。　　**イ**　Ａは短く，Ｂは小さい。
ウ　Ａは長く，Ｂは大きい。　　**エ**　Ａは長く，Ｂは小さい。

〔問３〕 表１は，ある場所で起きた震源が浅い地震の記録のうち，観測地点Ａ～Ｃの記録をまとめたものである。この地震において，震源からの距離が90kmの地点で初期微動の始まった時刻は10時10分27秒であった。震源からの距離が90kmの地点で主要動の始まった時刻として適切なのは，下の**ア**～**エ**のうちではどれか。

　ただし，地震の揺れを伝える２種類の波は，それぞれ一定の速さで伝わるものとする。

表１

観測地点	震源からの距離	初期微動の始まった時刻	主要動の始まった時刻
Ａ	36km	10時10分18秒	10時10分20秒
Ｂ	54km	10時10分21秒	10時10分24秒
Ｃ	108km	10時10分30秒	10時10分36秒

ア　10時10分28秒　　**イ**　10時10分30秒
ウ　10時10分31秒　　**エ**　10時10分32秒

〔問４〕 スライドガラスの上に溶液Ａをしみ込ませたろ紙を置き，図３のように，中央に ✕ 印を付けた２枚の青色リトマス紙を重ね，両端をクリップで留めた。薄い塩酸と薄い水酸化ナトリウム水溶液を青色リトマス紙のそれぞれの ✕ 印に少量付けたところ，一方が赤色に変色した。両端のクリップ

図３

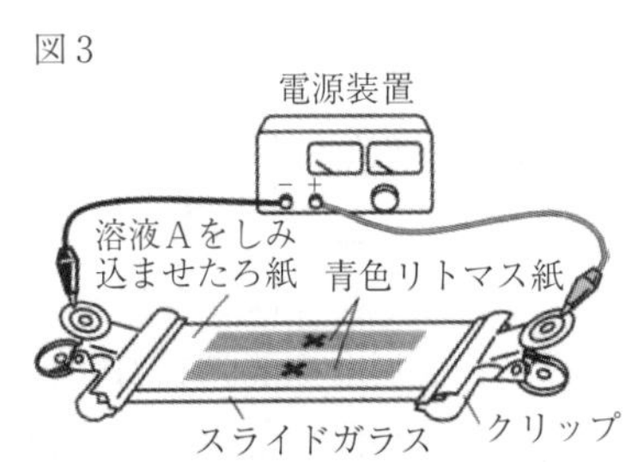

を電源装置につないで電流を流したところ，赤色に変色した部分は陰極側に広がった。このとき溶液Aとして適切なのは，下の［①］のア～エのうちではどれか。また，青色リトマス紙を赤色に変色させたイオンとして適切なのは，下の［②］のア～エのうちではどれか。

［①］ **ア** エタノール水溶液 **イ** 砂糖水 **ウ** 食塩水 **エ** 精製水(蒸留水)

［②］ **ア** H^+ **イ** Cl^- **ウ** Na^+ **エ** OH^-

〔問5〕 エンドウの丸い種子の個体とエンドウのしわのある種子の個体とをかけ合わせたところ，得られた種子は丸い種子としわのある種子であった。かけ合わせた丸い種子の個体としわのある種子の個体のそれぞれの遺伝子の組み合わせとして適切なのは，下の**ア**～**エ**のうちではどれか。

ただし，種子の形の優性形質(丸)の遺伝子をA，劣性形質(しわ)の遺伝子をaとする。

ア AAとAa **イ** AAとaa

ウ AaとAa **エ** Aaとaa

〔問6〕 図4のA～Cは，机の上に物体を置いたとき，机と物体に働く力を表している。力のつり合いの関係にある2力と作用・反作用の関係にある2力とを組み合わせたものとして適切なのは，下の表の**ア**～**エ**のうちではどれか。

ただし，図4ではA～Cの力は重ならないように少しずらして示している。

図4

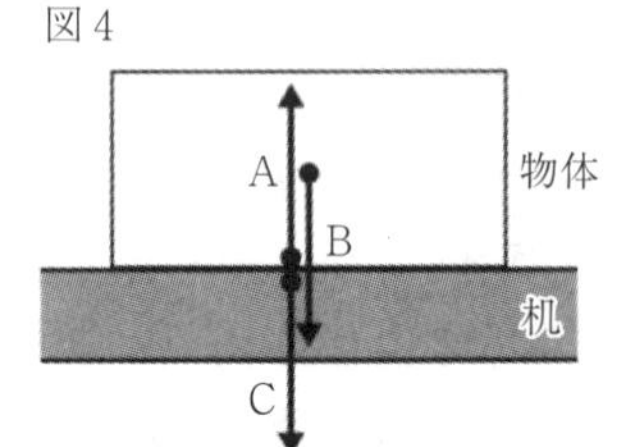

A：机が物体を押す力
B：物体に働く重力
C：物体が机を押す力

	力のつり合いの関係にある2力	作用・反作用の関係にある2力
ア	AとB	AとB
イ	AとB	AとC
ウ	AとC	AとB
エ	AとC	AとC

2 生徒が，毎日の暮らしの中で気付いたことを，科学的に探究しようと考え，自由研究に取り組んだ。生徒が書いたレポートの一部を読み，次の各問に答えよ。

<レポート1> しらす干しに混じる生物について

食事の準備をしていると，しらす干しの中にはイワシの稚魚だけではなく，エビのなかまやタコのなかまが混じっていることに気付いた。しらす干しは，製造する過程でイワシの稚魚以外の生物を除去していることが分かった。そこで，除去する前にどのような生物が混じっているのかを確かめることにした。

しらす漁の際に捕れた，しらす以外の生物が多く混じっているものを購入(こうにゅう)し，それぞれの生物の特徴を観察し，表1のように4グループに分類した。

表1

グループ	生物
A	イワシ・アジのなかま
B	エビ・カニのなかま
C	タコ・イカのなかま
D	二枚貝のなかま

〔問1〕 **<レポート1>**から，生物の分類について述べた次の文章の［①］と［②］にそれぞれ当てはまるものとして適切なのは，下の**ア**～**エ**のうちではどれか。

表1の4グループを，セキツイ動物とそれ以外の生物で二つに分類すると，セキツイ動物のグループは，［ ① ］である。また，軟体動物（なんたいどうぶつ）とそれ以外の生物で二つに分類すると，軟体動物のグループは，［ ② ］である。

［①］ **ア** A　**イ** AとB　**ウ** AとC　**エ** AとBとD

［②］ **ア** C　**イ** D　**ウ** CとD　**エ** BとCとD

<レポート2>　おもちゃの自動車の速さについて

ぜんまいで動くおもちゃの自動車で弟と遊んでいたときに，本物の自動車の速さとの違いに興味をもった。そこで，おもちゃの自動車が運動する様子をビデオカメラで撮影し，速さを確かめることにした。

ストップウォッチのスタートボタンを押すと同時におもちゃの自動車を走らせて，方眼紙の上を運動する様子を，ビデオカメラの位置を固定して撮影した。おもちゃの自動車が運動を始めてから0.4秒後，0.5秒後及び0.6秒後の画像は，図1のように記録されていた。

図1

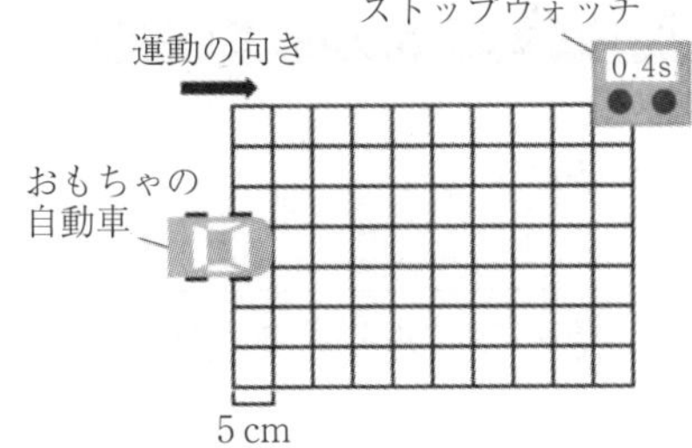

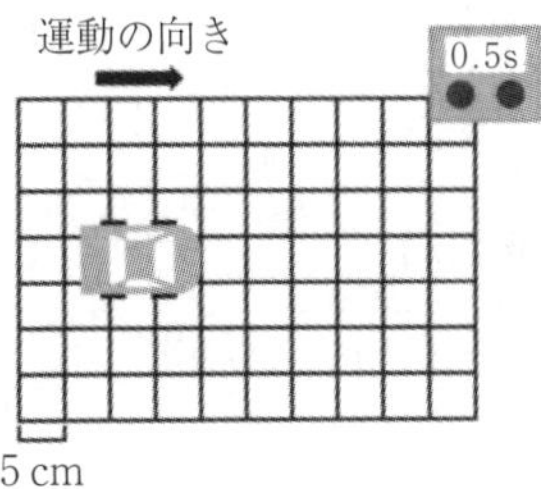

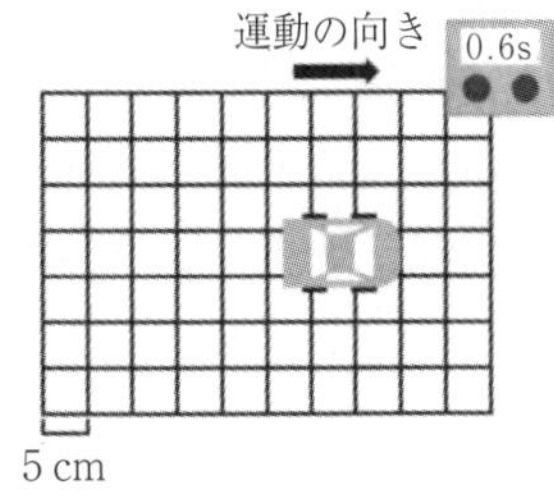

〔問2〕 **<レポート2>**から，おもちゃの自動車が運動を始めて0.4秒後から0.6秒後までの平均の速さとして適切なのは，次のうちではどれか。

ア 2.7km/h　**イ** 5.4km/h　**ウ** 6.3km/h　**エ** 12.6km/h

<レポート3>　プラスチックごみの分別について

ペットボトルを資源ごみとして分別するため，ボトル，ラベル，キャップに分けて水を入れた洗いおけの中に入れた。すると，水で満たされたボトルとラベルは水に沈み，キャップは水に浮くことに気付いた。ボトルには，図2の表示があったのでプラスチックの種類はPETであることが分かったが，ラベルには，プラスチックの種類の表示がなかったため分からなかった。そこで，ラベルのプラスチックの種類を調べるため食塩水を作り，食塩水への浮き沈みを確かめることにした。

図2

水50cm^{3}に食塩15gを加え，体積を調べたところ55cm^{3}であった。この食塩水に小さく切ったラベルを，空気の泡が付かないように全て沈めてから静かに手を放した。すると，小さく切ったラベルは食塩水に浮いた。

また，ペットボトルに使われているプラスチックの種類を調べたところ，表2のうちの，いずれかであることが分かった。

表2

プラスチックの種類	密度〔g/cm^3〕
ポリエチレンテレフタラート	1.38～1.40
ポリスチレン	1.05～1.07
ポリエチレン	0.92～0.97
ポリプロピレン	0.90～0.92

〔問３〕 ＜**レポート３**＞から，食塩水に浮いたラベルのプラスチックの種類として適切なのは，下の**ア**～**エ**のうちではどれか。

ただし，ラベルは１種類のプラスチックからできているものとする。

ア ポリエチレンテレフタラート
イ ポリスチレン
ウ ポリエチレン
エ ポリプロピレン

＜レポート４＞ 夜空に見える星座について

毎日同じ時刻に戸じまりをしていると，空に見える星座の位置が少しずつ移動して見えることに気付いた。そこで，南の空に見られるオリオン座の位置を，同じ時刻に観察して確かめることにした。

方位磁針を使って東西南北を確認（かくにん）した後，午後10時に地上の景色と共にオリオン座の位置を記録した。11月15日から１か月ごとに記録した結果は，図３のようになり，１月15日のオリオン座は真南に見えた。

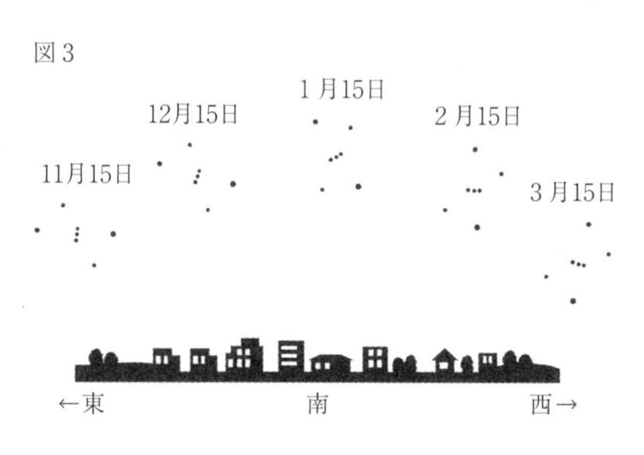

〔問４〕 ＜**レポート４**＞から，２月15日にオリオン座が真南に見える時刻として適切なのは，次のうちではどれか。

ア 午前０時頃（ごろ）
イ 午前２時頃
ウ 午後６時頃
エ 午後８時頃

3 天気の変化と気象観測について，次の各問に答えよ。

＜**観測**＞を行ったところ，＜**結果**＞のようになった。

＜**観測**＞

天気の変化について調べるために，ある年の３月31日から連続した３日間，観測地点Ｐにおいて，気象観測を行った。気温，湿度，気圧は自動記録計により測定し，天気，風向，風力，天気図はインターネットで調べた。図１は観測地点Ｐにおける１時間ごとの気温，湿度，気圧の気象データを基に作成したグラフと，３時間ごとの天気，風向，風力の気象データを基に作成した天気図記号を組み合わせたものである。図２，図３，図４はそれぞれ３月31日から４月２日までの12時における日本付近の天気図であり，前線Ｘ（ ▼▼ ）は観測を行った期間に観測地点Ｐを通過した。

＜結果＞

図1

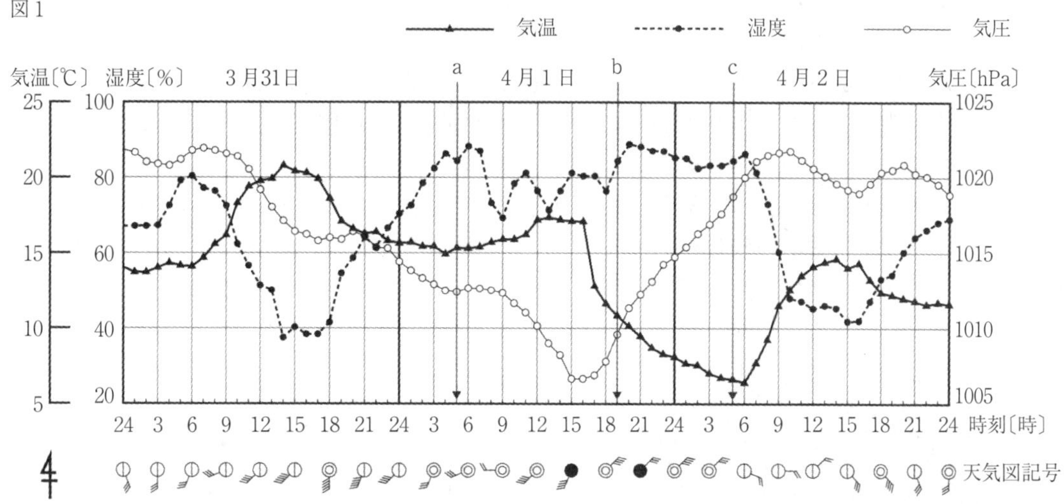

図2　3月31日12時の天気図

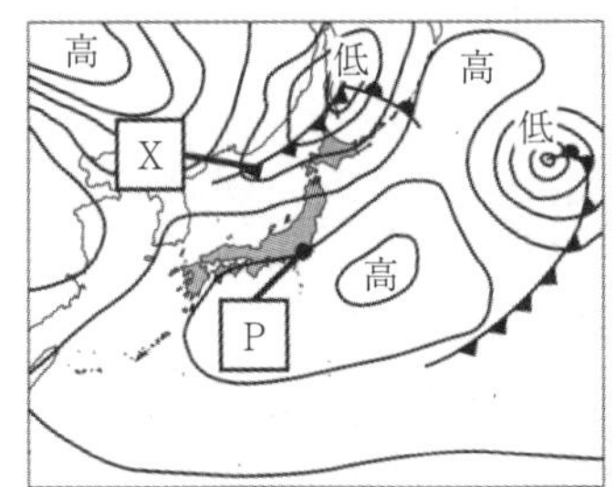

図3　4月1日12時の天気図

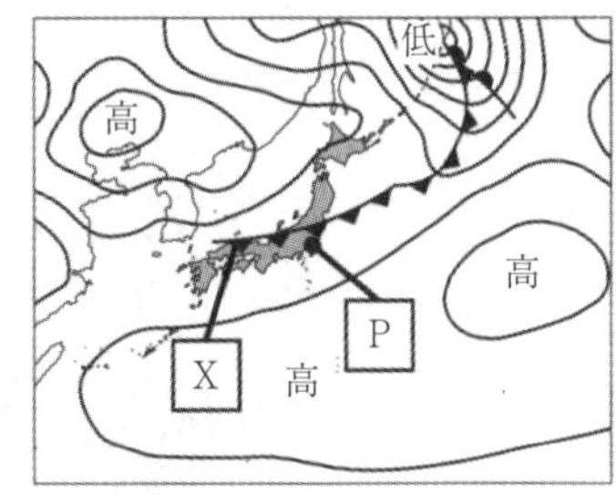

図4　4月2日12時の天気図

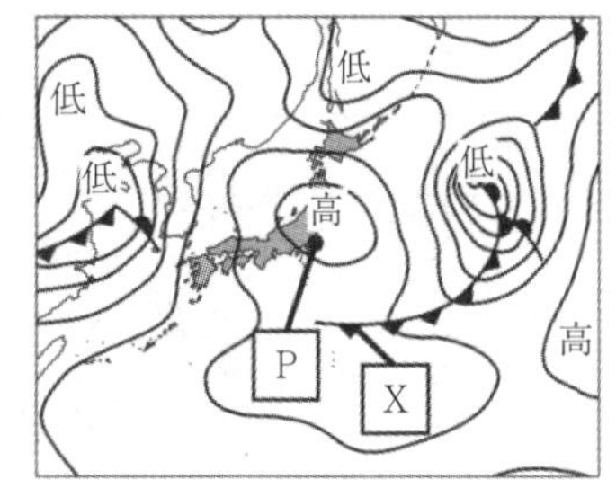

〔問1〕　＜**結果**＞の図1のa，b，cの時刻における湿度は全て84%であった。a，b，cの時刻における空気中の水蒸気の量をそれぞれA〔g/m^3〕，B〔g/m^3〕，C〔g/m^3〕としたとき，A，B，Cの関係を適切に表したものは，次のうちではどれか。

ア　A＝B＝C　　**イ**　A＜B＜C　　**ウ**　B＜A＜C　　**エ**　C＜B＜A

〔問2〕　＜**結果**＞の図1から分かる，3月31日の天気の概況について述べた次の文章の ① ～ ③ にそれぞれ当てはまるものとして適切なのは，下の**ア**～**ウ**のうちではどれか。

日中の天気はおおむね ① で， ② が吹く。 ③ は日が昇るとともに上がり始め，昼過ぎに最も高くなり，その後しだいに下がる。

① **ア**　快晴　　**イ**　晴れ　　**ウ**　くもり

② **ア**　東寄りの風　　**イ**　北寄りの風　　**ウ**　南寄りの風

③ **ア**　気温　　**イ**　湿度　　**ウ**　気圧

〔問3〕　＜**結果**＞から，4月1日の15時～18時の間に前線Xが観測地点Pを通過したと考えられる。前線Xが通過したときの観測地点Pの様子として適切なのは，下の ① の**ア**～**エ**のうちではどれか。また，図4において，観測地点Pを覆う高気圧の中心付近での空気の流れについて述べたものとして適切なのは，下の ② の**ア**～**エ**のうちではどれか。

① **ア**　気温が上がり，風向は北寄りに変化した。

イ　気温が上がり，風向は南寄りに変化した。

ウ　気温が下がり，風向は北寄りに変化した。

エ　気温が下がり，風向は南寄りに変化した。

② **ア**　地上から上空へ空気が流れ，地上では周辺から中心部へ向かって風が吹き込む。

イ　地上から上空へ空気が流れ，地上では中心部から周辺へ向かって風が吹き出す。

ウ　上空から地上へ空気が流れ，地上では周辺から中心部へ向かって風が吹き込む。

エ　上空から地上へ空気が流れ，地上では中心部から周辺へ向かって風が吹き出す。

〔問４〕 日本には，季節の変化があり，それぞれの時期において典型的な気圧配置が見られる。次の**ア**～**エ**は，つゆ(６月)，夏(８月)，秋(11月)，冬(２月)のいずれかの典型的な気圧配置を表した天気図である。つゆ，夏，秋，冬の順に記号を並べよ。

ア

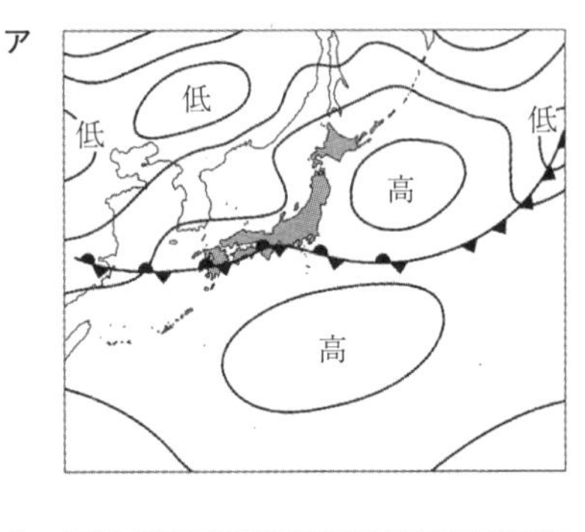

イ

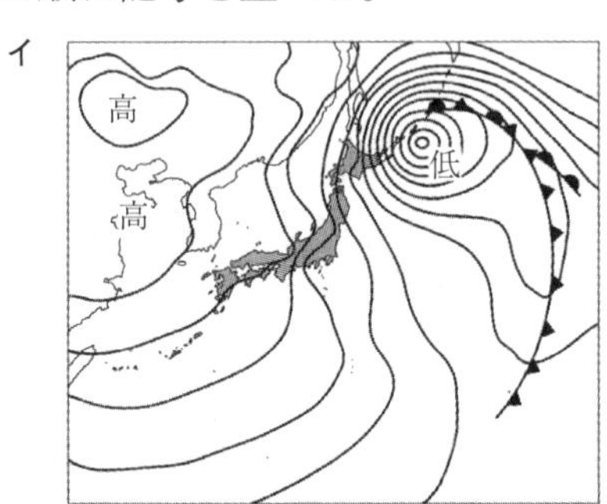

ウ

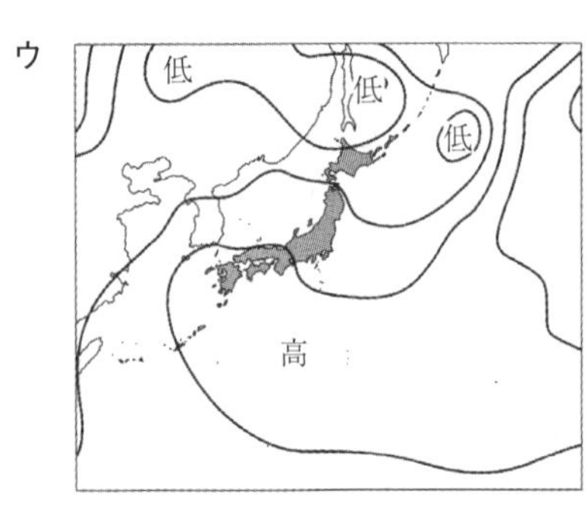

エ

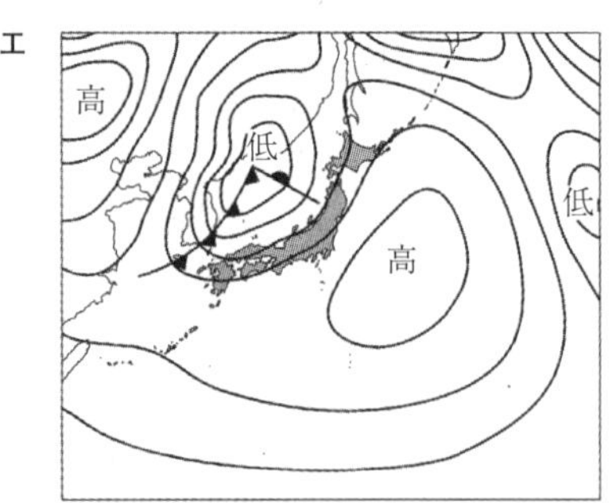

4　ツユクサを用いた観察，実験について，次の各問に答えよ。

＜**観察**＞を行ったところ，＜**結果１**＞のようになった。

＜**観察**＞

(1)　ツユクサの葉の裏側の表皮をはがし，スライドガラスの上に載せ，水を１滴落とし，プレパラートを作った。

(2)　(1)のプレパラートを顕微鏡で観察した。

(3)　(1)の表皮を温めたエタノールに入れ，脱色されたことを顕微鏡で確認した後，スライドガラスの上に載せ，ヨウ素液を１滴落とし，プレパラートを作った。

(4)　(3)のプレパラートを顕微鏡で観察した。

図１

A　B

＜**結果１**＞

(1)　＜**観察**＞の(2)では，図１のAのような２個の三日月形の細胞で囲まれた隙間が観察された。三日月形の細胞にはBのような緑色の粒が複数見られた。

(2)　＜**観察**＞の(4)では，＜**結果１**＞の(1)のＢが青紫色に変化した。

〔問１〕　＜**結果１**＞で観察されたＡについて述べたものと，Ｂについて述べたものとを組み合わせたものとして適切なのは，次の表の**ア**～**エ**のうちではどれか。

	Ａについて述べたもの	Ｂについて述べたもの
ア	酸素，二酸化炭素などの気体の出入り口である。	植物の細胞に見られ，酸素を作る。
イ	酸素，二酸化炭素などの気体の出入り口である。	植物の細胞の形を維持する。
ウ	細胞の活動により生じた物質を蓄えている。	植物の細胞に見られ，酸素を作る。
エ	細胞の活動により生じた物質を蓄えている。	植物の細胞の形を維持する。

次に，＜**実験１**＞を行ったところ，＜**結果２**＞のようになった。

＜**実験１**＞

(1)　無色透明なポリエチレンの袋４枚と，ツユクサの鉢植えを１鉢用意した。大きさがほぼ同じ４枚の葉を選び，葉Ｃ，葉Ｄ，葉Ｅ，葉Ｆとした。

(2)　図２のように，葉Ｄ，葉Ｆは，それぞれアルミニウムはくで葉の両面を覆った。葉Ｃ，葉Ｄは，それぞれ袋で覆い，紙ストローで息を吹き込み密封した。葉Ｅ，葉Ｆは，それぞれ袋で覆い，紙ストローで息を吹き込んだ後，二酸化炭素を吸収する性質のある水酸化ナトリウム水溶液をしみ込ませたろ紙を，葉に触れないように入れて密封した。

図２

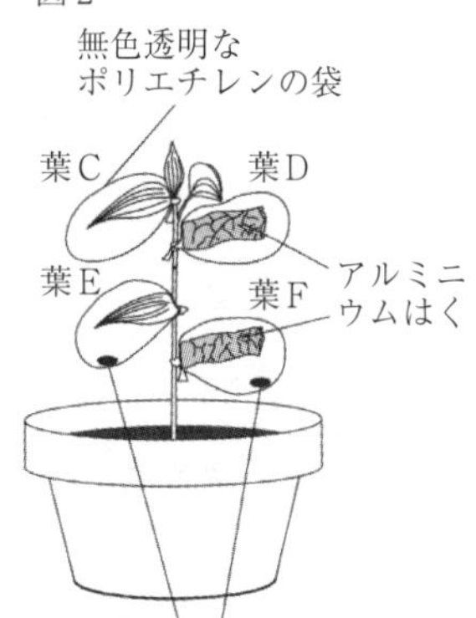

(3)　＜**実験１**＞の(2)のツユクサの鉢植えを暗室に24時間置いた。

(4)　＜**実験１**＞の(3)の鉢植えを明るい場所に３時間置いた後，葉Ｃ～Ｆをそれぞれ切り取った。

(5)　切り取った葉Ｃ～Ｆを温めたエタノールに入れて脱色し，ヨウ素液に浸して色の変化を調べた。

＜**結果２**＞

	色の変化
葉Ｃ	青紫色に変化した。
葉Ｄ	変化しなかった。
葉Ｅ	変化しなかった。
葉Ｆ	変化しなかった。

〔問２〕　＜**実験１**＞の(3)の下線部のように操作する理由として適切なのは，下の ① の**ア**～**ウ**のうちではどれか。また，＜**結果２**＞から，光合成には二酸化炭素が必要であることを確かめるための葉の組合せとして適切なのは，下の ② の**ア**～**ウ**のうちではどれか。

① **ア**　葉にある水を全て消費させるため。
イ　葉にある二酸化炭素を全て消費させるため。
ウ　葉にあるデンプンを全て消費させるため。

② **ア**　葉Ｃと葉Ｄ　　**イ**　葉Ｃと葉Ｅ　　**ウ**　葉Ｄと葉Ｆ

次に，＜**実験２**＞を行ったところ，＜**結果３**＞のようになった。

＜**実験２**＞

(1)　明るさの度合いを１，２の順に明るくすることができる照明器具を用意した。葉の枚数や大きさ，色が同程度のツユクサを入れた同じ大きさの無色透明なポリエチレンの袋を３袋用意し，袋Ｇ，袋Ｈ，袋Ｉとした。

(2)　袋Ｇ～Ｉのそれぞれの袋に，紙ストローで息を十分に吹き込み，二酸化炭素の割合を気体検知管で測定した後，密封した。

図３

照明器具

ツユクサを入れた無色透明なポリエチレンの袋

1ｍ

(3)　袋Ｇは，暗室に５時間置いた後，袋の中の二酸化炭素の割合を気体検知管で測定した。

(4)　袋Ｈは，図３のように，照明器具から１ｍ離れたところに置き，明るさの度合いを１にして５時間光を当てた後，袋の中の二酸化炭素の割合を気体検知管で測定した。

(5)　袋Ｉは，図３のように，照明器具から１ｍ離れたところに置き，明るさの度合いを２にして５時間光を当てた後，袋の中の二酸化炭素の割合を気体検知管で測定した。

＜**結果３**＞

		暗い → 明るい		
		袋Ｇ 暗室	袋Ｈ 明るさの度合い１	袋Ｉ 明るさの度合い２
二酸化炭素の割合〔％〕	実験前	4.0	4.0	4.0
	実験後	7.6	5.6	1.5

〔問３〕　＜**結果３**＞から，袋Ｈと袋Ｉのそれぞれに含（ふく）まれる二酸化炭素の量の関係について述べたものとして適切なのは，下の ① の**ア**～**ウ**のうちではどれか。また，＜**結果２**＞と＜**結果３**＞から，袋Ｈと袋Ｉのそれぞれのツユクサでできるデンプンなどの養分の量の関係について述べたものとして適切なのは，下の ② の**ア**～**ウ**のうちではどれか。

①　**ア**　呼吸によって出される二酸化炭素の量よりも，光合成によって使われた二酸化炭素の量の方が多いのは，袋Ｈである。

イ　呼吸によって出される二酸化炭素の量よりも，光合成によって使われた二酸化炭素の量の方が多いのは，袋Ｉである。

ウ　袋Ｈも袋Ｉも呼吸によって出される二酸化炭素の量と光合成によって使われた二酸化炭素の量は，同じである。

②　**ア**　デンプンなどの養分のできる量が多いのは，袋Ｈである。

イ　デンプンなどの養分のできる量が多いのは，袋Ｉである。

ウ　袋Ｈと袋Ｉでできるデンプンなどの養分の量は，同じである。

5　物質の変化やその量的な関係を調べる実験について，次の各問に答えよ。

＜**実験１**＞を行ったところ，＜**結果１**＞のようになった。

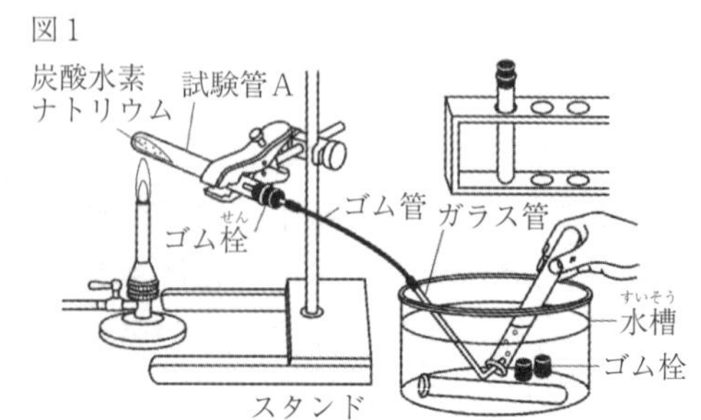

＜**実験１**＞

(1)　乾いた試験管Ａに炭酸水素ナトリウム2.00ｇを入れ，ガラス管をつなげたゴム栓（せん）をして，試験管Ａの口を少し下げ，スタンドに固定した。

(2)　図１のように，試験管Ａを加熱したところ，ガラス管の先から気体が出てきたことと，試験管Ａの内側に液体が付いたことが確認できた。出てきた気体を３本の試験管に集めた。

(3)　<u>ガラス管を水槽の水の中から取り出した後，試験管Ａの加熱をやめ，</u>試験管Ａが十分に冷めてから試験管Ａの内側に付いた液体に青色の塩化コバルト紙を付けた。

(4)　気体を集めた３本の試験管のうち，１本目の試験管には火のついた線香を入れ，２本目の試験管には火のついたマッチを近付け，３本目の試験管には石灰水を入れてよく振った。

(5)　加熱後の試験管Ａの中に残った物質の質量を測定した。

(6)　水5.0cm^{3}を入れた試験管を２本用意し，一方の試験管には炭酸水素ナトリウムを，もう一方の試験管には<**実験１**>の(5)の物質をそれぞれ1.00ｇ入れ，水への溶け方を観察した。

<**結果１**>

塩化コバルト紙の色の変化	火のついた線香の変化	火のついたマッチの変化	石灰水の変化	加熱後の物質の質量	水への溶け方
青色から赤色(桃色)に変化した。	線香の火が消えた。	変化しなかった。	白く濁った。	1.26ｇ	炭酸水素ナトリウムは溶け残り，加熱後の物質は全て溶けた。

〔問１〕　<**実験１**>の(3)の下線部のように操作する理由として適切なのは，下の ① の**ア**～**エ**のうちではどれか。また，<**実験１**>の(6)の炭酸水素ナトリウム水溶液と加熱後の物質の水溶液のpHの値について述べたものとして適切なのは，下の ② の**ア**～**ウ**のうちではどれか。

① **ア**　試験管Ａ内の気圧が上がるので，試験管Ａのゴム栓が飛び出すことを防ぐため。
　イ　試験管Ａ内の気圧が上がるので，水槽の水が試験管Ａに流れ込むことを防ぐため。
　ウ　試験管Ａ内の気圧が下がるので，試験管Ａのゴム栓が飛び出すことを防ぐため。
　エ　試験管Ａ内の気圧が下がるので，水槽の水が試験管Ａに流れ込むことを防ぐため。

② **ア**　炭酸水素ナトリウム水溶液よりも加熱後の物質の水溶液の方がpHの値が小さい。
　イ　炭酸水素ナトリウム水溶液よりも加熱後の物質の水溶液の方がpHの値が大きい。
　ウ　炭酸水素ナトリウム水溶液と加熱後の物質の水溶液のpHの値は同じである。

〔問２〕　<**実験１**>の(2)で試験管Ａ内で起きている化学変化と同じ種類の化学変化として適切なのは，下の ① の**ア**～**エ**のうちではどれか。また，<**実験１**>の(2)で試験管Ａ内で起きている化学変化をモデルで表した図２のうち，ナトリウム原子１個を表したものとして適切なのは，下の ② の**ア**～**エ**のうちではどれか。

① **ア**　酸化銀を加熱したときに起こる化学変化
　イ　マグネシウムを加熱したときに起こる化学変化
　ウ　鉄と硫黄の混合物を加熱したときに起こる化学変化
　エ　鉄粉と活性炭の混合物に食塩水を数滴加えたときに起こる化学変化

図２

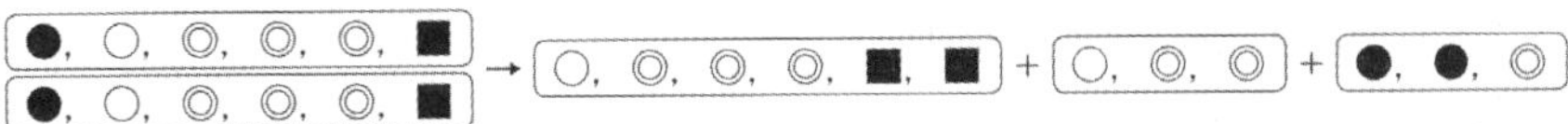

② **ア**　●　　**イ**　○　　**ウ**　◎　　**エ**　■

次に，<**実験２**>を行ったところ，<**結果２**>のようになった。

＜**実験２**＞

図３

薄い塩酸

79.50g

電子てんびん

(1)　乾いたビーカーに薄い塩酸10.0cm^{3}を入れ，図３のようにビーカーごと質量を測定し，反応前の質量とした。

(2)　炭酸水素ナトリウム0.50ｇを，＜**実験２**＞の(1)の薄い塩酸の入っているビーカーに少しずつ入れたところ，気体が発生した。気体の発生が止まった後，ビーカーごと質量を測定し，反応後の質量とした。

(3)　＜**実験２**＞の(2)で，ビーカーに入れる炭酸水素ナトリウムの質量を，1.00ｇ，1.50ｇ，2.00ｇ，2.50ｇ，3.00ｇに変え，それぞれについて＜**実験２**＞の(1)，(2)と同様の実験を行った。

＜**結果２**＞

反応前の質量〔ｇ〕	79.50	79.50	79.50	79.50	79.50	79.50
炭酸水素ナトリウムの質量〔ｇ〕	0.50	1.00	1.50	2.00	2.50	3.00
反応後の質量〔ｇ〕	79.74	79.98	80.22	80.46	80.83	81.33

〔問３〕　＜**結果２**＞から，炭酸水素ナトリウムの質量と発生した気体の質量との関係を表したグラフとして適切なのは，次のうちではどれか。

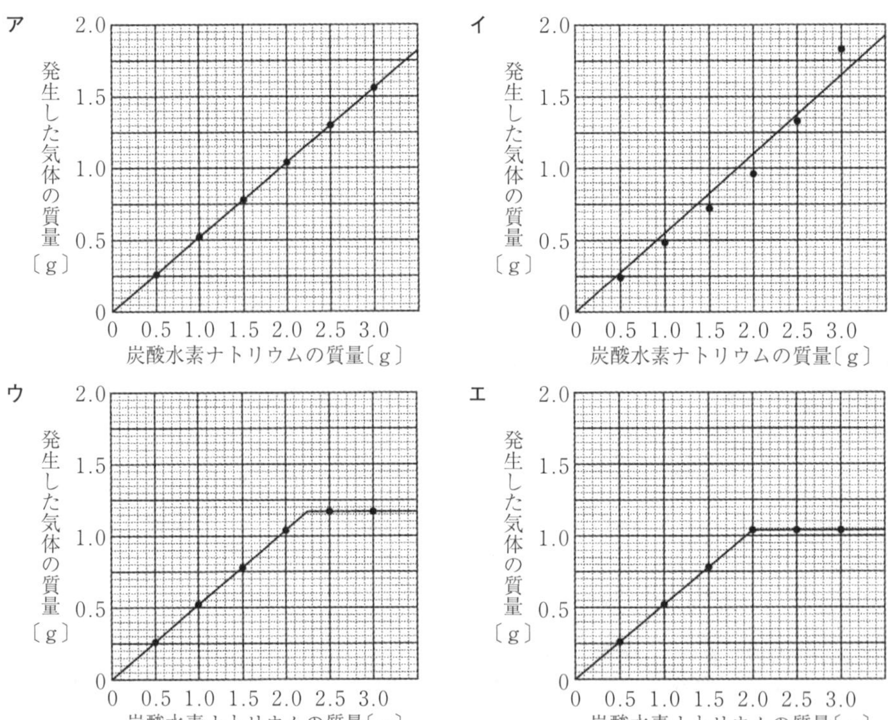

〔問４〕　＜**実験２**＞で用いた塩酸と同じ濃度（のうど）の塩酸10.0cm^{3}に，炭酸水素ナトリウムが含（ふく）まれているベーキングパウダー4.00ｇを入れたところ，0.65ｇの気体が発生した。ベーキングパウダーに含まれている炭酸水素ナトリウムは何％か。答えは，小数第一位を四捨五入して整数で求めよ。

ただし，発生した気体はベーキングパウダーに含まれている炭酸水素ナトリウムのみが反応して発生したものとする。

6 電流と磁界に関する実験について，次の各問に答えよ。

＜**実験１**＞を行ったところ，＜**結果１**＞のようになった。

＜**実験１**＞

(1) 木の棒を固定したスタンドを水平な机の上に置き，図１のように電源装置，導線，スイッチ，20Ωの抵抗器，電流計，コイルAを用いて回路を作った。

(2) コイルAの下にN極が黒く塗られた方位磁針を置いた。

(3) 電源装置の電圧を５Vに設定し，回路のスイッチを入れた。

(4) ＜**実験１**＞の(1)の回路に図２のようにU字型磁石をN極を上にして置き，＜**実験１**＞の(3)の操作を行った。

＜**結果１**＞

(1) ＜**実験１**＞の(3)では，磁針は図３で示した向きに動いた。

(2) ＜**実験１**＞の(4)では，コイルAは図２のHの向きに動いた。

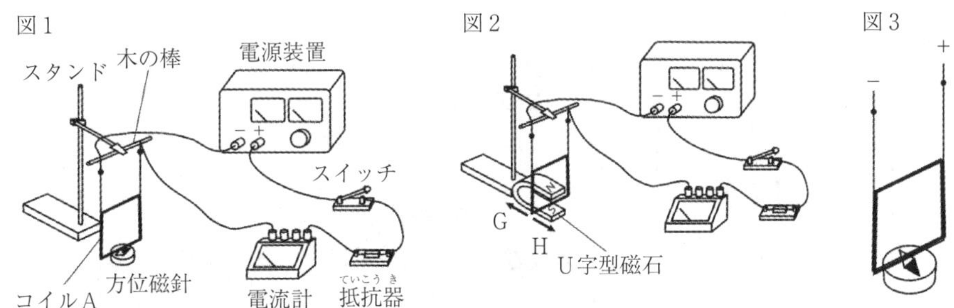

〔問１〕 ＜**実験１**＞の(1)の回路と木の棒を固定したスタンドに図４のようにアクリル板２枚を取り付け，方位磁針２個をコイルAの内部と上部に設置し，＜**実験１**＞の(3)の操作を行った。このときの磁針の向きとして適切なのは，次のうちではどれか。

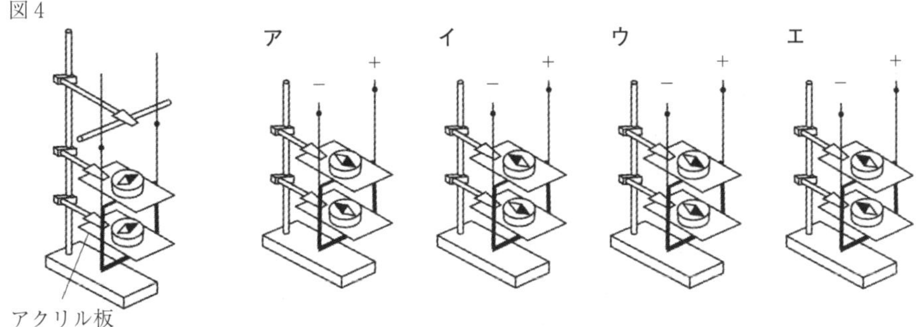

次に，＜**実験２**＞を行ったところ，＜**結果２**＞のようになった。

＜**実験２**＞

(1) 図５のようにコイルAに導線で検流計をつないだ。

(2) コイルAを手でGとHの向きに交互に動かし，検流計の針の動きを観察した。

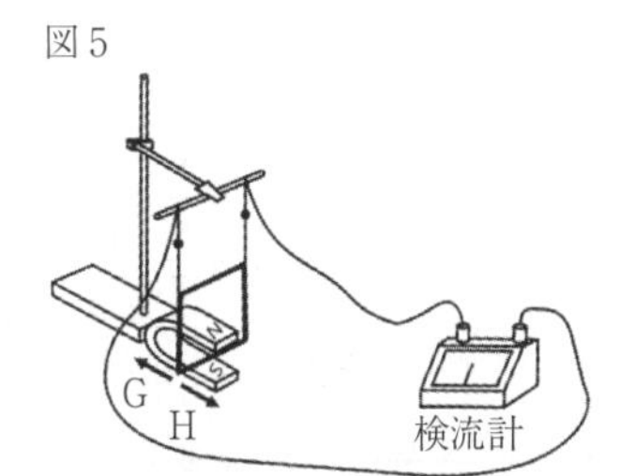

＜**結果２**＞

コイルAを動かすと，検流計の針は左右に振れた。

〔問２〕 ＜**結果２**＞から，コイルAに電圧が生じていることが分かる。コイルAに電圧が生じる理由を簡単に書け。

次に，＜**実験3**＞を行ったところ，＜**結果3**＞のようになった。

＜**実験3**＞

(1) 図6において，電流をeからfに流すとき，a→b→c→dの向きに電流が流れるようエナメル線を巻き，左右に軸を出した。e側の軸のエナメルを下半分，f側の軸のエナメルを全てはがしたコイルBを作った。

なお，図6のエナメル線の白い部分はエナメルをはがした部分を表している。

(2) 図7のように，磁石のS極を上にして置き，その上にコイルBをabの部分が上になるように金属製の軸受けに載せた。電源装置，導線，スイッチ，20Ωの抵抗器，電流計，軸受けを用いて回路を作り，＜**実験1**＞の(3)の操作を行った。

＜**結果3**＞

コイルBは，同じ向きに回転し続けた。

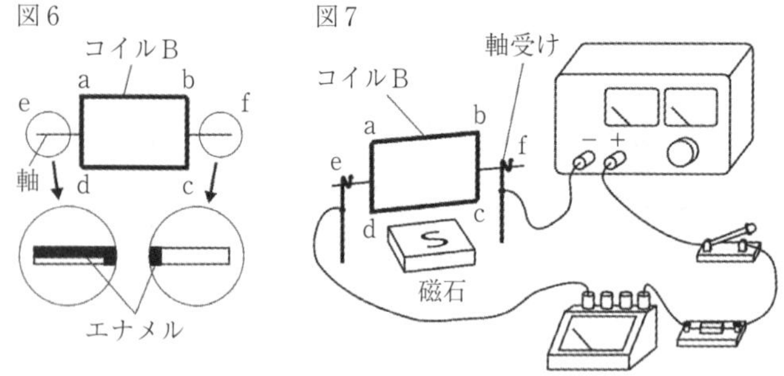

〔問3〕 ＜**実験3**＞の(2)において，コイルBを流れる電流を大きくするとコイルの回転が速くなる。次の**ア**～**エ**は，図7の回路の抵抗器にもう一つ抵抗器をつなぐ際の操作を示したものである。＜**実験1**＞の(3)の操作を行うとき，コイルBが速く回転するつなぎ方の順に記号を並べよ。

ア 5Ωの抵抗器を直列につなぐ。　　**イ** 5Ωの抵抗器を並列(へいれつ)につなぐ。

ウ 10Ωの抵抗器を直列につなぐ。　　**エ** 10Ωの抵抗器を並列につなぐ。

〔問4〕 ＜**結果3**＞において，図8と図9はコイルBが回転しているときのある瞬間の様子を表したものである。下の文章は，コイルBが同じ向きに回転し続けた理由を述べたものである。文章中の［①］～［④］にそれぞれ当てはまるものとして適切なのは，下の**ア**～**ウ**のうちではどれか。

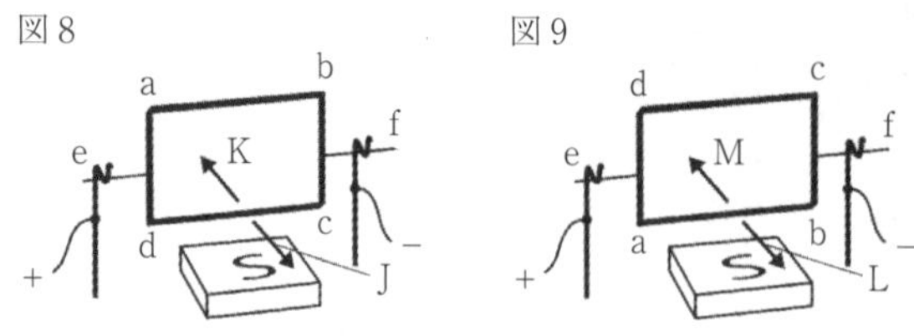

> 図8の状態になったときには，コイルBのcdの部分には［　①　］ため，磁界から［　②　］。半回転して図9の状態になったときには，コイルBのabの部分には［　③　］ため，磁界から［　④　］。そのため，同じ向きの回転を続け，さらに半回転して再び図8の状態になるから。

①　ア　c→dの向きに電流が流れる
　　イ　d→cの向きに電流が流れる
　　ウ　電流が流れない

②　ア　Jの向きに力を受ける
　　イ　Kの向きに力を受ける
　　ウ　力を受けない

③　ア　a→bの向きに電流が流れる
　　イ　b→aの向きに電流が流れる
　　ウ　電流が流れない

④　ア　Lの向きに力を受ける
　　イ　Mの向きに力を受ける
　　ウ　力を受けない

社会解答

1 〔問1〕 ア 〔問2〕 ウ
〔問3〕 イ 〔問4〕 エ

2 〔問1〕 Ⅰのア～エ…ウ
Ⅱの表のア～エ…エ
〔問2〕 P…イ Q…ウ R…ア
S…エ
〔問3〕 ⅠとⅡの表のア～エ…ア
略地図中のW～Z…X

3 〔問1〕 A…エ B…ウ C…ア
D…イ
〔問2〕 W…イ X…ア Y…エ
Z…ウ
〔問3〕 変容 (例)畑や造成中だった土地に，住宅がつくられた。
要因 (例)八千代中央駅が開業し，東京都(大手町)までの所要時間が短くなり，移動が便利になった。

4 〔問1〕 ウ→イ→エ→ア
〔問2〕 Ⅰの略年表中のア～エ…イ
Ⅱの略地図中のA～D…D
〔問3〕 エ
〔問4〕 A…ア B…エ C…ウ
D…イ

5 〔問1〕 ウ 〔問2〕 ア
〔問3〕 (例)国が主導する短期集中型の方式から地方公共団体が考え提案する長期継続型の方式となり，毎年ではなく特定の年に多く見られていた法律改正数は，数は少なくなったものの毎年見られるようになった。

6 〔問1〕 エ→ア→イ→ウ
〔問2〕 A…ア B…ウ C…エ
D…イ
〔問3〕 イ

1 〔三分野総合―小問集合問題〕

〔問1〕＜地形図の読み取り＞特にことわりのないかぎり，地形図上では上が北となる。Ⅱの図中の痕跡1～3に書かれた内容が，Ⅰの地形図中のア～エのどの経路で見られるかを読み取る。痕跡1については，アの経路の北東端付近に「郭町二丁目」，そこから矢印(➡)の向きに経路を進んだ先に「大手町」の地名が見られる。痕跡2については，アの経路沿いの「元町」付近に「高塔」の地図記号(□)があり，これが鐘つき堂だと考えられる。痕跡3については，「大手町」のすぐ西側に鍵型の道路が見られる。以上から，Ⅱの図はアの経路についてのものである。

〔問2〕＜平等院鳳凰堂＞平安時代には，阿弥陀如来にすがって死後に極楽浄土に生まれ変わることを願う浄土信仰が広まり，阿弥陀如来像とそれを納める阿弥陀堂が各地につくられた。平等院鳳凰堂は，1053年に藤原頼通が京都の宇治に建てた阿弥陀堂であり，世界文化遺産に登録されている。なお，法隆寺は飛鳥時代に聖徳太子が建てた寺院，金閣は室町時代に足利義満が建てた建物，東大寺は奈良時代に聖武天皇が建てた寺院である。

〔問3〕＜葛飾北斎＞葛飾北斎は，江戸時代後期に栄えた化政文化を代表する浮世絵画家で，「富嶽三十六景」などの作品を残した。北斎などによる浮世絵は，幕末に始まった貿易を通じて欧米諸国に広まり，印象派の画家などに影響を与えた。なお，雪舟は室町時代に日本の水墨画を大成した人物，菱川師宣は江戸時代前期に栄えた元禄文化の頃に「見返り美人図」などの浮世絵を描いた人物，狩野永徳は安土桃山時代に「唐獅子図屏風」などの屏風絵やふすま絵を描いた人物である。

〔問4〕＜労働基準法＞労働基準法は，労働条件の最低基準を定めた法律である。労働条件は労働者と使用者が対等の立場で決定するものとし，労働時間を週40時間以内，1日8時間以内とすること，毎週少なくとも1日を休日とすること，男女同一賃金とすることなどを定めている。なお，男女共同参画社会基本法は男女が個人として尊厳を重んじられ対等な立場で能力を発揮しながら活動できる社会を目指すための法律，労働組合法は労働者の団結権や労働組合の活動を守るための法律，男女雇用機会均等法は雇用における男女平等を目指すための法律である。

2〔世界地理―世界の諸地域〕

〔問1〕<世界の気候と農業>Ⅰのア～エ．Dの都市はベルリン(ドイツ)で，温帯の西岸海洋性気候に属する。したがって，温暖で季節による気温の変化があり，年間を通して少しずつ雨が降るウがDの気候を示したグラフである。なお，Aの都市はブエノスアイレス(アルゼンチン)で，温暖で夏の降水量が多い温帯の温帯〔温暖〕湿潤気候(エ)，Bの都市はモントリオール(カナダ)で，夏と冬の気温差が大きく冬の寒さが厳しい冷帯〔亜寒帯〕気候(ア)，Cの都市はジャカルタ(インドネシア)で，1年中高温で降水量が多い熱帯の熱帯雨林気候(イ)に属する。　**Ⅱの表のア～エ**．A～Dの都市を含む国とは，アルゼンチン(A)，カナダ(B)，インドネシア(C)，ドイツ(D)である。ドイツは，じゃがいもの生産量が世界有数であり，また混合農業などによる小麦の生産も盛んである。したがって，Ⅱの表中でじゃがいもの生産量が最も多く，小麦の生産量も2番目に多いエがドイツとなる。なお，米の生産量が最も多いアはインドネシア，とうもろこしの生産量が最も多いイはアルゼンチン，小麦の生産量が最も多いウはカナダである。

〔問2〕<国々の特徴>Pはブラジル，Qはベトナム，Rはトルコ，Sはケニアである。　ア．「二つの州を隔てる海峡」とは，トルコにあるボスポラス海峡であり，アジア州とヨーロッパ州の境界となっている。北部が黒海，南部が地中海に面しているトルコでは，20世紀初めまでおよそ600年にわたってオスマン帝国が存続したが，第一次世界大戦後に現在のトルコ共和国が成立した。
イ．ブラジルの北部には，世界最大の流域面積を持つアマゾン川がおよそ西から東へ流れている。ブラジル南東部に位置するブラジル高原の南部ではコーヒーの栽培が盛んに行われ，内陸には首都のブラジリアが位置している。　ウ．ベトナムは，国土が南北に細長く，西側に位置するラオスとの国境地帯には山脈(アンナン山脈)が走っている。北部には首都のハノイがあり，メコン川の三角州が広がる南部では稲作が盛んである。ベトナムコーヒーと呼ばれる練乳入りのコーヒーがよく知られているほか，かつてこの地域を植民地としていたフランスの影響を受けた食生活も見られる。
エ．ケニアは，中央部に標高5000mを超えるケニア〔キリニャガ〕山がそびえ，首都のナイロビをはじめ国土の大部分が高原になっている。高原の気候や土壌が茶の栽培に適しており，茶の生産量は世界有数となっている。

〔問3〕<ニュージーランドの特徴と各国の貿易>Wはメキシコ，Xはニュージーランド，Yはフィリピン，Zはスペインである。まず，Ⅲの文章がどの国について述べたものかを考える。「南部には氷河に削られてできた複雑に入り組んだ海岸線が見られる」という記述に注目すると，高緯度地域に分布するフィヨルドが国土の南部に見られることから，南半球に位置するニュージーランドであると推測できる。また，偏西風の影響を受けた気候(温帯の西岸海洋性気候)であること，牧羊が盛んであることもニュージーランドの特徴に当てはまる。なお，2018年に発効した「日本を含む6か国による多角的な経済連携協定」とは環太平洋経済連携協定〔TPP〕を指す。次にⅠとⅡの表を見ると，アは，日本の主な輸入品目にチーズが含まれていること，貿易相手国の上位にオーストラリアが含まれていることからニュージーランドである。また，Ⅲの文章中には「1999年と比べて2019年では，日本の果実の輸入額は3倍以上に増加し」とあり，Ⅰの表中のアで日本の果実の輸入額を見ると，2019年(459億円)は1999年(122億円)の3倍以上であることが確認できる。なお，イは，1999年，2019年とも日本の最大の輸入品目が果実であることから，日本がバナナを多く輸入しているフィリピンである。ウは，日本の主な輸入品目にアルコール飲料(ワインなど)が含まれていること，貿易相手国の上位がヨーロッパの国々であることからスペインである。エは貿易相手国の上位にアメリカ合衆国とカナダが含まれていることから，これらの国と自由貿易協定を結んでいるメキシコである。

3〔日本地理―日本の諸地域，地形図〕

〔問１〕**＜都道府県の特徴＞**Ａは千葉県，Ｂは富山県，Ｃは高知県，Ｄは福岡県である。　ア．４県の中で最も人口が少ないのは高知県である。高知県は，北部に四国山地，中央部に高知平野が分布し，沖合を流れる黒潮〔日本海流〕の影響で温暖な気候である。高知平野では，ビニールハウスなどを用いて野菜の促成栽培を行う施設園芸農業が行われている。　イ．県の北東部に海峡が見られるのは福岡県である。福岡県の北西部には福岡平野が広がり，沖合には暖流の対馬海流が流れる。北東部の海峡は，山口県との県境である関門海峡である。また，南西部の筑紫平野は，干潟のある有明海に面する。県庁所在地の福岡市は九州地方の中心都市であり，報道機関や大企業，政府の出先機関などが集中している。　ウ．冬季に降水(雪)が多いのは北陸地方に位置する富山県である。富山県では，南部の山地から神通川などの河川が北へ向かって流れ，富山平野を通って日本海へ注いでいる。また，東部を流れる黒部川の下流には扇状地が見られる。地場産業として古くから製薬・売薬が行われており，また豊富な雪解け水を利用した産業が盛んである。　エ．４県の中で最も人口が多いのは千葉県である。千葉県は，北部に関東ロームと呼ばれる赤土におおわれた下総台地が広がり，南部の房総半島は温暖な丘陵地帯となっている。県庁所在地の千葉市をはじめとする大都市は東京湾沿いの西部に集まっている。

〔問２〕**＜都道府県の産業や交通＞**ア．②→①の鉄道輸送量が最も多く，②は，沿岸部に重化学工業が発達していることから神奈川県横浜市である。よって，Ｘが当てはまる。なお，①は，県の南部で輸送用機械工業(自動車工業)などが発達している群馬県前橋市である。　イ．２地点間の直線距離が最も長く，①は，畜産業や林業が盛んで，南北に走る高速道路周辺で電子工業が見られることから岩手県盛岡市である。よって，Ｗが当てはまる。なお，②は，仙台平野で稲作が盛んな宮城県仙台市である。　ウ．２地点間の直線距離が２番目に長く，①は，水産加工業が盛んで砂丘が広がることから鳥取県鳥取市である。よって，Ｚが当てはまる。なお，②は，都市中心部に中小工場が密集する大阪府大阪市である。　エ．２地点間の直線距離が最も短く，①は，輸送用機械工業(自動車工業)が特に盛んであることから愛知県名古屋市である。よって，Ｙが当てはまる。なお，②は，石油化学コンビナートが見られ，リアス海岸が広がることなどから三重県津市である。

〔問３〕**＜地形図と資料の読み取り＞変容**．Ⅰの地形図では，◯で示した地域には畑(∨)が広がり，付近一帯は「宅地造成中」となっている。Ⅱの地形図では，同じ地域に小規模な建物(▪▪)が多く見られ，住宅地が形成されていることがわかる。　**要因**．Ⅱの地形図中には，Ⅰの地形図中にはなかった鉄道線路と「やちよちゅうおう」駅が見られる。Ⅲの資料から，八千代中央駅は1996年に開業し，これにより東京都(大手町)までの所要時間が短縮されたことがわかる。そのため，東京への通勤通学が便利になったこの地域で宅地開発が進んだと考えられる。

4 〔歴史―古代～現代の日本〕

〔問１〕**＜年代整序＞**年代の古い順に，ウ(飛鳥時代)，イ(平安時代)，エ(鎌倉時代)，ア(室町時代)となる。

〔問２〕**＜鎖国政策＞**江戸幕府は，キリスト教の禁止や貿易の統制を徹底するため，外国船の来航や日本人の海外渡航などを段階的に禁止していった。Ⅲは，この過程で1635年に出されたものであり，日本人の海外渡航と帰国を全面的に禁止した。同年，外国船の来航地が平戸と長崎のみに制限され，1641年にはオランダ商館が平戸から出島(どちらも現在の長崎県)に移されて，以後は中国とオランダのみが長崎での貿易を許されることになった。したがって，Ⅲの命令を主に実行したのは，略地図中のＤに置かれた長崎奉行所であったと考えられる。

〔問３〕**＜大正時代の様子＞**問題中の文章は，1923年９月１日に発生した関東大震災に関する内容である。大正時代にあたるこの時期には，工業の発展とともに都市人口が増え，職業について働く女性も見られるようになった。また，東京駅が開業し，鉄筋コンクリートの丸の内ビルヂングが建設された。なお，新橋・横浜間に日本初の鉄道が開通したのは1872年，イギリスとの間に日英同盟を結んだのは1902年，大日本帝国憲法が制定されたのは1889年であり，いずれも明治時代のことである。

〔問４〕＜大正時代～昭和時代の出来事＞ア．第二次護憲運動の結果，1924年に連立内閣である加藤高明内閣が成立し，翌1925年に満25歳以上の全ての男子に選挙権を認める普通選挙法が制定された（Ａ）。　イ．高度経済成長期に公害が深刻化し，1967年に公害対策基本法が制定された（Ｄ）。　ウ．第二次世界大戦が終結した1945年から日本の民主化が進められ，農地改革や教育基本法の制定などが行われた（Ｃ）。　エ．1937年に始まった日中戦争が長期化する中，1938年に国家総動員法が制定された（Ｂ）。

5〔公民―地方自治〕

〔問１〕＜地方公共団体の仕事＞日本国憲法第94条では，地方公共団体は「法律の範囲内で条例を制定することができる」と定めている。なお，アの条約の承認は国会，イの政令の制定は内閣，エの違憲審査は裁判所の仕事である。

〔問２〕＜直接請求権＞住民は，一定数以上の署名を集めることにより，地方公共団体に政治上の請求を行うことが認められている。これを直接請求権といい，条例の制定・改廃，議会の解散，首長・議員などの解職，事務の監査を請求することができる。なお，イの最高裁判所の裁判官に対する国民審査は地方公共団体に対して行使する権利ではない。ウは地方議会が持つ権限，エは国会が持つ権限である。

〔問３〕＜資料の読み取り＞この問題で求められているのは，「1995年から2014年までの期間と比較した，2015年から2019年までの期間の法律改正数の動き」について，①「地方分権改革の推進手法」と②「毎年の法律改正の有無及び毎年の法律改正数」に着目して述べることである。これをふまえて，Ⅰ，Ⅱからわかることを整理する。まず，Ⅰのグラフから，1995年から2014年までは法律改正が毎年ではなく特定の年に多く行われており，2015年から2019年までは法律改正が毎年行われているが，年ごとの改正数は少ないことがわかる（着目点②）。次に，Ⅱの文章から，2014年までは国が主導する短期集中型の推進手法が行われており，2014年より後は地方公共団体が考え提案する長期継続型の推進手法が導入されたことがわかる。以上の内容を組み合わせ，「1995年から2014年まで」と「2015年から2019年まで」の特徴を比較する形で説明する。

6〔三分野総合―企業を題材とする問題〕

〔問１〕＜年代整序＞年代の古い順に，エ（オランダ東インド会社の設立―1602年），ア（ワットによる蒸気機関の改良―1765～69年），イ（アメリカ南北戦争―1861～65年），ウ（ベルサイユ条約の締結―1919年）となる。

〔問２〕＜世界の都市＞ア．標高3000ｍを超えること，16世紀にスペイン人が進出していることから，アンデス山脈中に位置するＡのラパス（ボリビア）である。ボリビアでは，銀や亜鉛などの鉱産資源が豊富に産出する。　イ．山脈の北側に位置する港湾都市であること，イスラム教とフランスの影響が見られること，砂漠地帯があることから，アトラス山脈の北側に位置するＤのアルジェ（アルジェリア）である。アルジェリアは，天然ガスや石油の産出量が多い。　ウ．水運の拠点であったこと，20世紀に自動車工業の中心地となったことから，五大湖沿岸に位置するＢのデトロイト（アメリカ合衆国）である。　エ．国際連盟の本部が置かれたこと，時計などの精密機械工業が盛んであることから，Ｃのジュネーブ（スイス）である。

〔問３〕＜1980年代の日本経済＞Ⅱの文章の内容と，Ⅰのグラフのア～エの時期を照らし合わせて考える。Ⅱの文中には，この時期の前半は，「経済成長率は上昇傾向を示した」とあり，またこの時期の後半は，「経済成長率は一時的に下降した。その後，（中略）法人企業の営業利益は増加し続けた」とまとめられている。これらをもとにⅠのグラフを確認すると，当てはまる期間はイとなる。Ⅱの文中の「株価や地価が高騰する好景気」とは，1980年代後半から1990年代初めに見られたバブル経済のことである。

理科解答

1 〔問1〕 ウ　〔問2〕 ア
〔問3〕 エ　〔問4〕 ①…ウ　②…ア
〔問5〕 エ　〔問6〕 イ

2 〔問1〕 ①…ア　②…ウ　〔問2〕 ウ
〔問3〕 イ　〔問4〕 エ

3 〔問1〕 エ
〔問2〕 ①…イ　②…ウ　③…ア
〔問3〕 ①…ウ　②…エ
〔問4〕 ア→ウ→エ→イ

4 〔問1〕 ア　〔問2〕 ①…ウ　②…イ
〔問3〕 ①…イ　②…イ

5 〔問1〕 ①…エ　②…イ
〔問2〕 ①…ア　②…エ
〔問3〕 ウ　〔問4〕 31％

6 〔問1〕 ア
〔問2〕 (例)コイルAの中の磁界が変化するから。
〔問3〕 イ→エ→ア→ウ
〔問4〕 ①…ア　②…ア　③…ウ　④…ウ

1 〔小問集合〕

〔問1〕＜**吸収，排出**＞図1で，消化された養分を吸収するのはBの小腸，アンモニアを尿素に変えるのはCの肝臓である。なお，Aは胃で，タンパク質が消化され，Dはじん臓で，血液中から尿素などがこし取られて尿がつくられる。

〔問2〕＜**音**＞音が高くなると振動数が大きくなり，音が大きくなると振幅が大きくなる。よって，図2のときと比べて，音が高くなると振動数が大きくなり，振動数は1秒間に振動する回数なので，Aは短くなる。また，音が大きくなると，Bは大きくなる。

〔問3〕＜**地震**＞初期微動はP波によって伝えられ，主要動はS波によって伝えられる。地震の揺れを伝えるP波とS波はそれぞれ一定の速さで伝わるから，2種類の波の到着時刻の差である初期微動継続時間は，震源からの距離に比例する。震源からの距離が36kmの観測地点Aでの初期微動継続時間は，10時10分20秒－10時10分18秒＝2秒だから，震源からの距離が90kmの地点での初期微動継続時間をx秒とすると，36：90＝2：xが成り立つ。これを解くと，36×x＝90×2より，x＝5(秒)となるから，主要動が始まった時刻は，初期微動が始まった10時10分27秒の5秒後で，10時10分32秒である。

〔問4〕＜**酸・アルカリ**＞溶液Aには，電流を流れやすくし，結果に影響を与えない中性の電解質の水溶液である食塩水を使う。なお，エタノール水溶液や砂糖水，精製水には電流が流れない。また，青色リトマス紙を赤色に変色させる酸性の性質を示すイオンは，水素イオン(H^+)である。薄い塩酸は塩化水素(HCl)の水溶液で，水溶液中でH^+と塩化物イオン(Cl^-)に電離している。このうち，＋の電気を帯びたH^+が陰極側に引かれるため，青色リトマス紙の赤色に変色した部分が陰極側に広がる。なお，薄い水酸化ナトリウム水溶液には，アルカリ性の性質を示す水酸化物イオン(OH^-)が含まれ，赤色リトマス紙を青色に変色させる。

〔問5〕＜**遺伝の規則性**＞エンドウの種子の形は丸が優性(顕性)形質だから，丸い種子の遺伝子の組み合わせはAAかAa，しわのある種子の遺伝子の組み合わせはaaである。まず，AAとaaをかけ合わせた場合，AAがつくる生殖細胞の遺伝子はAのみ，aaがつくる生殖細胞の遺伝子はaのみだから，かけ合わせてできる子の遺伝子の組み合わせは全てAaで，丸い種子しか得られない。一方，Aaとaaをかけ合わせた場合，Aaがつくる生殖細胞の遺伝子はAとaだから，aaとかけ合わせてできる子の遺伝子の組み合わせはAaとaaになり，丸い種子(Aa)としわのある種子(aa)ができる。よって，かけ合わせたエンドウの遺伝子の組み合わせは，Aaとaaである。

〔問6〕＜**力**＞力のつり合いの関係にある2力は，1つの物体にはたらくので，図4では，机が物体を押す力(垂直抗力)Aと物体にはたらく重力Bである。また，作用・反作用の関係にある2力は，2

つの物体の間で互いにはたらくので，図４では，机が物体を押す力Ａと物体が机を押す力Ｃである。

２〔小問集合〕

〔**問１**〕＜**動物の分類**＞表１で，セキツイ動物のグループはＡの魚類である。また，ＢとＣ，Ｄは無セキツイ動物のグループで，このうち，軟体動物のグループはＣとＤで，Ｂは節足動物の甲殻類のグループである。

〔**問２**〕＜**速さ**＞おもちゃの自動車は，0.6－0.4＝0.2(秒)で，図１より，5×7＝35(cm)運動している。よって，平均の速さは，35÷0.2＝175(cm/s)である。これより，１秒間に175cm運動するので，１時間，つまり，60×60＝3600(秒)で運動する距離は，175×3600＝630000(cm)で，630000÷100÷1000＝6.3(km)となる。したがって，平均の速さは6.3km/hである。

〔**問３**〕＜**浮き沈み**＞水の密度を1.0g/cm^{3}とすると，液体の密度より密度が大きい物質は液体に沈み，密度が小さい物質は液体に浮くから，水に沈んだラベルの密度は1.0g/cm^{3}より大きいことがわかる。また，水50cm^{3}の質量は50gとなるから，食塩水の質量は50＋15＝65(g)で，体積が55cm^{3}より，食塩水の密度は，65÷55＝1.181…となり，約1.18g/cm^{3}である。よって，ラベルが食塩水に浮いたことから，ラベルの密度は，1.18g/cm^{3}より小さいことがわかる。したがって，ラベルは，表２で，密度が1.0g/cm^{3}より大きく，1.18g/cm^{3}より小さいポリスチレンである。

〔**問４**〕＜**星の動き**＞星の南中する時刻は１か月に約２時間ずつ早くなるので，１月15日午後10時に南中したオリオン座は，１か月後の２月15日には午後10時の２時間前の午後８時頃に南中する。なお，地球の公転により，南の空の星は東から西へ，１か月に360°÷12＝30°動いて見えるので，午後10時のオリオン座は，１月15日から２月15日までの１か月で約30°動いて見える。また，１日のうちでは，地球の自転により，南の空の星は東から西へ，１時間に360°÷24＝15°動いて見える。よって，２月15日午後10時のオリオン座が約30°東に見えていたのは，午後10時の30°÷15°＝2(時間)前の午後８時頃である。

３〔気象とその変化〕

〔**問１**〕＜**水蒸気量**＞湿度は，その気温での飽和水蒸気量に対する実際に含まれる水蒸気の量の割合である。よって，気温が高くなるほど飽和水蒸気量は大きくなるため，湿度が同じとき，気温が高いほど空気中の水蒸気の量は大きくなる。図１より，それぞれの時刻の気温は，大きい順にa＞b＞cだから，空気中の水蒸気の量は，Ａ＞Ｂ＞Ｃである。

〔**問２**〕＜**天気**＞図１で，３月31日の天気記号の⦶は晴れ，◎はくもりだから，日中の天気はおおむね晴れである。天気図の記号で風向は矢の向きで表されるから，日中は南寄りの風である。また，日が昇るとともに上がり始め，昼過ぎに最も高くなり，その後下がっているのは気温である。

〔**問３**〕＜**前線，高気圧**＞図１より，４月１日の15時から18時の間に前線Ｘ(寒冷前線)が通過したとき，気温は急激に下がり，風向は南寄りから北寄りに変化している。また，高気圧の中心付近では，上空から地上へ向かう空気の流れである下降気流が生じ，地上では中心部から周辺へ向かって風が吹き出している。なお，低気圧の中心付近では上昇気流が生じ，地上では周辺から中心部へ向かって風が吹き込んでいる。

〔**問４**〕＜**日本の気象**＞つゆ(６月)の天気図は，日本列島付近に東西にのびる停滞前線(梅雨前線)が見られるアである。夏(８月)の天気図は，日本の南側に高気圧，北側に低気圧がある南高北低の気圧配置のウである。秋(11月)の天気図は，日本付近を西から東へ移動性高気圧と温帯低気圧が交互に通過するエであり，冬(２月)の天気図は，日本の西側に高気圧(シベリア高気圧)，東側に低気圧がある西高東低の気圧配置のイである。

４〔植物の生活と種類〕

〔**問１**〕＜**葉のはたらき**＞図１のＡは気孔で，呼吸や光合成で吸収・放出する酸素や二酸化炭素の出入り口であり，蒸散で放出する水蒸気の出口である。また，Ｂは葉緑体で，水と二酸化炭素を原料に光のエネルギーを利用して光合成を行い，デンプンと酸素をつくる。なお，細胞の活動により生じた物質を蓄えているのは液胞であり，植物の細胞の形を維持するのは細胞壁である。

〔問2〕<**光合成**>実験1では，光合成に必要な条件を調べているので，実験前に葉にあったデンプンを全て消費しておく必要がある。暗室に24時間置くと，葉にあるデンプンは水に溶けやすい物質に変えられて，体全体に運ばれる。また，光合成に二酸化炭素が必要であることは，袋の中の二酸化炭素の有無だけが異なり，それ以外の光合成に必要な条件(光)は同じもので比較する。息には二酸化炭素が多く含まれているから，光が当たっている条件は同じで，二酸化炭素がある葉Cと，水酸化ナトリウム水溶液をしみ込ませたろ紙を入れたため，二酸化炭素が吸収され，ほとんど含まれていない葉Eで比較する。なお，結果2より，青紫色に変化した葉Cでは，デンプンがつくられたことから，光合成が行われ，変化しなかった葉Eでは，デンプンがつくられなかったことから，光合成が行われていない。よって，葉Cと葉Eの結果から，光合成には二酸化炭素が必要であることがわかる。

〔問3〕<**光合成と呼吸**>結果3より，実験後の二酸化炭素の割合は，袋Hでは増加し，袋Iでは減少している。二酸化炭素は，呼吸によって出され，光合成によって吸収されるから，呼吸によって出される二酸化炭素の量よりも，光合成によって使われた二酸化炭素の量の方が多いのは袋Iで，袋Iでは呼吸よりも光合成が盛んに行われたことになる。また，光合成によってデンプンなどの養分がつくられるので，デンプンなどの養分のできる量も多いのは，二酸化炭素を多く使った袋Iである。なお，二酸化炭素の割合が増加していた袋Hでは，光合成は行われたが，光の強さが弱かったため，呼吸よりも光合成のはたらきの方が小さかったと考えられる。

5 〔**化学変化と原子・分子**〕

〔問1〕<**炭酸水素ナトリウムの分解**>ガラス管を水槽の水の中に入れたまま試験管Aの加熱をやめると，試験管A内の気体が冷えて気圧が下がり，水槽の水が試験管Aに流れ込む。流れ込んだ水が，加熱部分に触れると，試験管Aが割れるおそれがあり，危険である。そのため，ガラス管を水槽の中から取り出してから加熱をやめる必要がある。また，加熱後の物質は炭酸ナトリウムで，炭酸水素ナトリウム水溶液は弱いアルカリ性を示すが，炭酸ナトリウム水溶液は強いアルカリ性を示す。pHの値は中性で7で，数値が大きいほどアルカリ性が強くなるので，炭酸水素ナトリウム水溶液よりも加熱後の物質(炭酸ナトリウム)の水溶液の方がpHの値は大きい。

〔問2〕<**分解**>試験管A内で起こっている化学変化は，1種類の物質が2種類以上の別の物質に分かれる分解である。①のア～エのうち，分解が起こっているのは，酸化銀を加熱したときで，酸化銀は銀と酸素に分解する。なお，イ，ウ，エで起こっている化学変化は，2種類以上の物質が結びついて別の新しい物質ができる化合である。また，炭酸水素ナトリウム($NaHCO_3$)は，加熱すると，炭酸ナトリウム(Na_2CO_3)と二酸化炭素(CO_2)と水(H_2O)に分解する。加熱後の3つの物質全てに酸素原子(O)が含まれているので，図2で酸素原子を表しているのは◎である。さらに，◎2個と○1個がCO_2を表しているから，○は炭素原子(C)で，◎1個と●2個がH_2Oを表しているから，●は水素原子(H)となる。よって，ナトリウム原子(Na)を表しているのは■である。

〔問3〕<**反応する物質の質量**>実験2で発生した気体は二酸化炭素だけで，空気中に逃げるから，発生した気体の質量は，結果2の反応前の質量と加えた炭酸水素ナトリウムの質量の和から，反応後の質量をひくことで求められる。よって，加えた炭酸水素ナトリウムの質量が0.50gのときに発生した気体の質量は，$79.50+0.50-79.74=0.26$(g)となる。以下同様に，発生した気体の質量を求めると，加えた炭酸水素ナトリウムの質量が1.00gのときは0.52g，1.50gのときは0.78g，2.00gのときは1.04g，2.50gのときは1.17g，3.00gのときは1.17gとなる。よって，グラフは，点(0.50，0.26)，(1.00，0.52)，(1.50，0.78)，(2.00，1.04)，(2.50，1.17)，(3.00，1.17)を通る。なお，この反応を化学反応式で表すと，$NaHCO_3+HCl \longrightarrow NaCl+H_2O+CO_2$となる。

〔問4〕＜反応する物質の質量＞〔問3〕で，ウより，発生した気体の質量が1.17g以下のとき，グラフは原点を通る直線なので，加えた炭酸水素ナトリウムの質量と発生した気体の質量は比例している。よって，炭酸水素ナトリウムの質量が1.00gのときに発生した気体の質量は0.52gより，発生した気体の質量が0.65gのときに反応した炭酸水素ナトリウムの質量を x gとすると，$1.00 : x = 0.52 : 0.65$ が成り立つ。これを解くと，$x \times 0.52 = 1.00 \times 0.65$ より，$x = 1.25$(g)となる。したがって，ベーキングパウダー4.00gに含まれている炭酸水素ナトリウムは1.25gなので，$1.25 \div 4.00 \times 100 = 31.25$ より，炭酸水素ナトリウムは約31%含まれている。

6 〔電流とその利用〕

〔問1〕＜電流と磁界＞右図のように，コイルの内側と外側には，逆向きの磁界ができる。よって，コイルAの内部に置いた方位磁針のN極は，コイルの下部に置いた方位磁針のN極と反対の向きに動き，コイルの上部に置いた方位磁針のN極は，コイルの下部に置いた方位磁針のN極と同じ向きに動く。

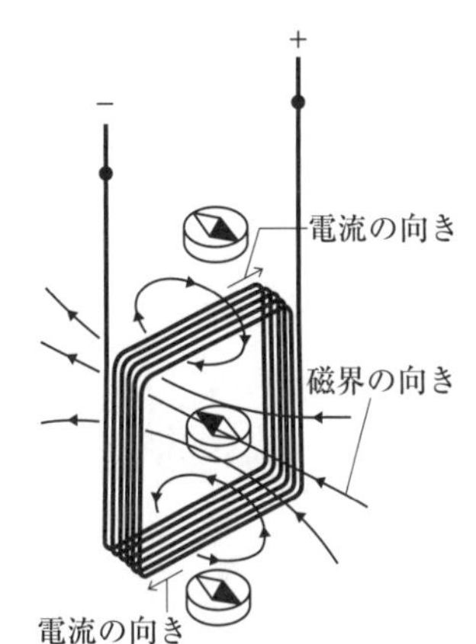

〔問2〕＜電磁誘導＞コイルAを動かして，コイルAの中の磁界が変化すると，コイルAに電圧が生じて電流が流れる。この現象を電磁誘導といい，流れる電流を誘導電流という。

〔問3〕＜回路と電流＞電源装置の電圧が同じとき，オームの法則$〔電流〕=\dfrac{〔電圧〕}{〔抵抗〕}$より，コイルBに流れる電流は，2つの抵抗器全体の抵抗(合成抵抗)が小さいほど大きくなり，コイルの回転が速くなる。まず，直列つなぎでも並列つなぎでも，抵抗の小さな抵抗器をつないだ方が合成抵抗は小さくなるから，合成抵抗は，ア＜ウ，イ＜エである。次に，抵抗器を直列につなぐと合成抵抗は各抵抗の和になるから，アの合成抵抗は$5+20=25(\Omega)$となる。また，抵抗器を並列につなぐと合成抵抗は各抵抗より小さくなるから，エの合成抵抗は10Ωより小さい。よって，合成抵抗は，エ＜アとなり，合成抵抗の大きさは，イ＜エ＜ア＜ウである。したがって，コイルが速く回転する順も，イ，エ，ア，ウとなる。

〔問4〕＜モーター＞図8の状態のとき，e側の軸はエナメルをはがした部分が軸受けに接していて，電流はeからfに流れるから，コイルBにはa→b→c→dの向きに電流が流れる。このとき，流れる電流の向きと，磁石からの磁界の向きは，実験1の(4)と同じだから，結果1の(2)より，図8ではコイルBは磁界からJの向きに力を受ける。次に，図9の状態のとき，e側の軸はエナメルをはがしていない部分が軸受けに接しているので，コイルBに電流は流れず，磁界から力を受けない。そのため，コイルBは慣性で回転し，再び図8の状態になって同じ向きに回転を続ける。

Memo

●2020年度

都立日比谷高等学校

独自問題

【英語・数学・国語】

2020年度 都立日比谷高等学校

【英　語】（50分）〈満点：100点〉

1 リスニングテスト（**放送**による**指示**に従って答えなさい。）

〔**問題A**〕 次の**ア**～**エ**の中から適するものをそれぞれ**一つずつ**選びなさい。

<対話文1>

ア Tomorrow.　　**イ** Next Monday.

ウ Next Saturday.　　**エ** Next Sunday.

<対話文2>

ア To call Ken later.　　**イ** To leave a message.

ウ To do Bob's homework.　　**エ** To bring his math notebook.

<対話文3>

ア Because David learned about *ukiyoe* pictures in an art class last weekend.

イ Because David said some museums in his country had *ukiyoe*.

ウ Because David didn't see *ukiyoe* in his country.

エ Because David went to the city art museum in Japan last weekend.

〔**問題B**〕 <Question 1> では，下の**ア**～**エ**の中から適するものを**一つ**選びなさい。
<Question 2> では，質問に対する答えを英語で書きなさい。

<Question 1>

ア In the gym.　　**イ** In the library.

ウ In the lunch room.　　**エ** In front of their school.

<Question 2>

（15秒程度，答えを書く時間があります。）

※（編集部注）<**英語学力検査リスニングテスト台本**>を英語の問題の終わりに掲載しています。

2 次の対話の文章を読んで，あとの各問に答えなさい。
（＊印の付いている単語・語句には，本文のあとに〔**注**〕がある。）

Kate and Aoi became friends when Aoi joined a homestay program and stayed with Kate's family in London for two weeks last summer. This winter Kate visited Aoi's in Tokyo and they are planning to celebrate the beginning of the new year together.

On December 31.

Kate: So, what are we going to do tomorrow?

Aoi: On New Year's Day, we usually go to a shrine or a temple to pray. It is called *hatsumoude*, the first visit to a shrine or a temple to celebrate the beginning of the new year.

Kate: I see.

Aoi: There we will see many people in *kimonos*, traditional Japanese clothes. Kate, why don't you try putting on a *kimono*?

Kate: I'd love to, but I don't have any.

Aoi: Don't worry. I'm sure there is some place we can *rent a *kimono* from. I will check it out on the Internet. Here it is. This shop has low prices. The lowest is ¥5,000. Also, the shop will give us a 10 % *discount with an online *reservation. It's open from 10 a.m. to 6 p.m., seven days a week through the year. It's only three stops from here by train. Oh, wait. It says we need to make reservations three days before or earlier.

Kate: Then it's too [(A)].

Aoi: How about this shop? It still looks OK. The price starts at ¥7,000, but most of their plans come with a hair set and *makeup.

Kate: That sounds good. Is this shop open until late at night?

Aoi: It's open from 9 a.m. to 6 p.m. every day.

Kate: So, on New Year's Day, we will have to get back there by then to return the *kimono*, right?

Aoi: Actually, it says we need to return it one hour before the closing time. Anyway we will not stay at the shrine that late, so it won't be a problem.

Kate: OK. Will you make a reservation for me?

Aoi: Of course. Oh, but wait a minute. Are you sure? Maybe [(B)] Sometimes things look different in pictures.

Kate: That's true. Can we go to the *kimono* shop now?

Aoi: Yes, let's.

Kate: Great! I'm so excited!

At the kimono shop.

Kate: Wow! They are all so beautiful! How will I pick just one out?

Aoi: Let's ask the man over there. I'm sure he can help us.

Kate: OK. Excuse me?

Clerk: How can I help you, Miss?

Kate: I would like to wear a *kimono* for a visit to a shrine tomorrow, but there are so many *kimonos* here. I don't know which one will be good for me.

Clerk: I see. Actually, if you learn a little about Japanese *kimono* *patterns, it will help you to decide which one you should wear.

Aoi: *Kimono* patterns?

Clerk: In the old days, people chose different *kimonos* for different situations.

Kate: Really? I want to know more about it.

Aoi: Me, too.

Clerk: OK. Three patterns are popular these days. The *Komon*, the *Tsukesage* and the *Houmongi* patterns. Some people say that the *Komon* is the most *casual.

Aoi: Which ones are the *Komon*?

Clerk: Something like this. The *Komon* usually has one *repeating pattern that covers the whole *kimono*.

Kate: OK. How do they make this kind of pattern?

Clerk: They use a stencil. A stencil is a sheet with a pattern cut out of it. They place the sheet on a cloth and put some ink through the holes. The cut design will come out on the cloth.

Aoi: I see. I think this is cute!

Kate: I like it, too. But is it OK to wear that type of *kimono* for the New Year's first visit to a shrine? I mean, I'm afraid it may be too casual.

Clerk: These days, not as many people care about its *formality as before. I'm sure the *Komon* is OK. But you may want to try something more *gorgeous.

Aoi: That's true. You've come all the way to Japan. You should wear something you would really like to show to your family and friends. Look, how about this one?

Kate: Wow, it's beautiful.

Aoi: Is this one the *Tsukesage* or the *Houmongi*?

Clerk: That is the *Tsukesage*. It is more *formal. It does not have a repeating pattern like the *Komon*, but it has designs that begin at the lower end of the cloth and go up to the top.

Kate: OK. How about the other type, *Hou*...?

Clerk: *Houmongi*. This is the most formal.

Aoi: Is that one the *Houmongi*?

Clerk: Yes, it is.

Kate: Hmm.... It looks almost the same as the *Tsukesage* to me.

Clerk: I know. It is difficult to (C)draw a clear line between the two. Usually, the *Houmongi* is much brighter and more colorful than the *Tsukesage*. Also, if you take a careful look, you can see that the pattern continues without a break at the *seams.

Kate: Wow.... I can tell producing this type of *kimono* takes a lot of steps.

Aoi: Right.

Kate: By the way, I see many *kimonos* with the design of this bird.

Aoi: Oh, those are cranes, Kate.

Kate: So, this is a popular design for a *kimono*, right?

Clerk: Yes, it is. Actually, the patterns on Japanese *kimono* often have many meanings. Do you know why cranes are so popular?

Aoi: I'm not sure.... Is it because they bring us something good?

Clerk: Yes. Since a long time ago, people have believed that cranes live for a thousand years and are a symbol of long life and good luck.

Kate: That's interesting. People choose a design to express their feelings or what is important in their life.

Clerk: It is also *related to seasons or events such as weddings and festivals.

Kate: Umm.... I thought this one with red and yellow leaves may look good on me, but it looks like a design for fall. What kind of design would be good for this time of year?

Clerk: Well, bamboo, *pine trees and *plum blossoms are among winter *kimono* patterns. They all mean *wealth and luck for the New Year.

Aoi: How about colors? Do the colors have some meanings as well?

Clerk: That is a very good question, Miss. Each color you see on a *kimono* carries some meaning related to our culture. For example, some people believed that a blue *kimono* would keep insects away. Can you guess why?

Aoi: We have no idea.

Clerk: This is because the blue color is made from a plant named *ai* or indigo, and indigos were used as a medicine for *bites.

Kate: I see.

Clerk: Colors also have romantic meanings. Purple, for example, means love that never changes. This is because the plant which is used to create the purple *dye has very long *roots.

Kate: How sweet! But I still don't know what color is good for me....

Clerk: Maybe the most popular color for a *kimono* is red. Its dye is made from *benibana* or safflower. Red is the symbol of being young and beautiful, so it's good for young women.

Kate: I see. Oh, I think I've just found the perfect one for me. Look at this *Tsukesage*. It has a design of both pine trees and plum blossoms. And the red of these plum blossoms is so beautiful.

Aoi: That's perfect. Now why don't we make a reservation? Would you like to have makeup, too, Kate?

Kate: I'd love to. This *kimono* experience will be one of my best memories of Japan! I cannot wait until tomorrow!

Aoi: I'm glad you've found one you really like. Let's go home now. My mom is making dinner for us.

〔注〕
rent　借りる
reservation　予約
pattern　模様
repeating　繰り返す
gorgeous　豪華な
seam　縫い目
pine　松
wealth　富
dye　染料
discount　値引き
makeup　化粧
casual　ふだん着の，カジュアルな
formality　形式
formal　形式ばった，フォーマルな
related to ～　～に関係がある
plum　梅
bite　（虫などの）刺し傷
root　根

〔問1〕 会話の流れに合うように，本文中の空所 (A) に英語を入れるとき，最も適切な語は次の中ではどれか。

ア expensive　　イ late　　ウ long　　エ soon

〔問2〕 会話の内容に合うように，次の空所 [　　　] に英語を入れるとき，最も適切なものは下の中ではどれか。

If Kate and Aoi rent a *kimono* at the second shop, [　　　　　　　　]

ア　they have to go back to the shop by 5 p.m.

イ　they have to return it by 6 p.m.

ウ　they will have to pay ¥4,500 for it.

エ　they will have to pay ¥2,000 for a hair set and makeup.

〔問3〕 会話の流れに合うように，本文中の空所 [　　(B)　　] に入る発言を自分で考えて **15語以上の英語**で書きなさい。解答欄には，直前の英語が示されているが，これは語数には含めない。英文は**二つ以上**にしてもよい。なお，「,」「.」「!」「?」などは語数に含めないものとする。また，I'll のような「'」を使った語や e-mail のような「-」で結ばれた語はそれぞれ1語と扱うこととする。

〔問4〕 (C)draw a clear line between the two の説明として，最も適切なものは次の中ではどれか。

ア　choose the better *kimono* out of the two

イ　draw a simple pattern for both *kimonos*

ウ　print one straight line on a *kimono*

エ　tell clearly which *kimono* is which

〔問5〕 次の〔質問〕に対する答えとして，本文の内容と合う最も適切なものは下の中ではどれか。

〔質問〕 Kate didn't choose the *kimono* with red and yellow leaves. Why?

ア　She didn't believe the *kimono* would bring good luck.

イ　She wanted to wear a *kimono* for young women.

ウ　The design of the *kimono* was for another season.

エ　The red and yellow *kimono* didn't look good on her.

〔問6〕 次の〔質問〕に対する答えとして，本文の内容と合う最も適切なものは下の中ではどれか。

〔質問〕 Which *kimono* is Kate going to wear?

〔問７〕 本文の内容と合っているものを，次の**ア**～**ク**の中から**二つ**選びなさい。

ア People in the past thought about the situation in choosing their *kimonos* and Kate thought it was interesting.

イ To make the *Komon*, people cut patterns out of a sheet, put some ink on the cut pieces, and print the design.

ウ Aoi thought Kate shouldn't choose the *Komon* because the clerk worried about its formality.

エ People can express their feelings clearly by choosing the *Tsukesage* with a popular color among them.

オ Kate and Aoi learned that cranes are a symbol of long life and good luck through the talk with the shop clerk.

カ The blue color is usually made from a plant named indigo because any blue *kimono* keeps insects away.

キ Kate decided on a red *kimono* because red is a symbol of love that never changes and she liked the idea.

ク Aoi made the reservation for Kate because they finally found a perfect *kimono* for everybody.

3 次の文章を読んで，あとの各問に答えなさい。
（＊印の付いている単語・語句には，本文のあとに〔注〕がある。）

Have you ever been to Hawaii? Hawaii is one of the most famous and popular tourist spots for Japanese people. Hawaii lies in the north-western area of *the Pacific Ocean and has a lot of islands. Maybe you have heard of *O'ahu island because famous Waikiki beach is there. If you are interested in the study of stars, you may know something about Big Island (Island of Hawaii). A big *telescope named *Subaru* is there. Many stars have been *discovered with it.

Today, there are more than one million people living in Hawaii and about ten million people visit Hawaii every year. [(1)-a] The old islands in the north of the area were *formed about five million years ago and the new ones in the south were formed only 500,000 years ago. For a very long time, (2)【① lived / ② no / ③ on / ④ or / ⑤ people / ⑥ there / ⑦ were / ⑧ who】 visited these islands. It is said that the first people who discovered Hawaii were *Polynesian people. Think of a big triangle in the Pacific Ocean. One corner is at New Zealand,

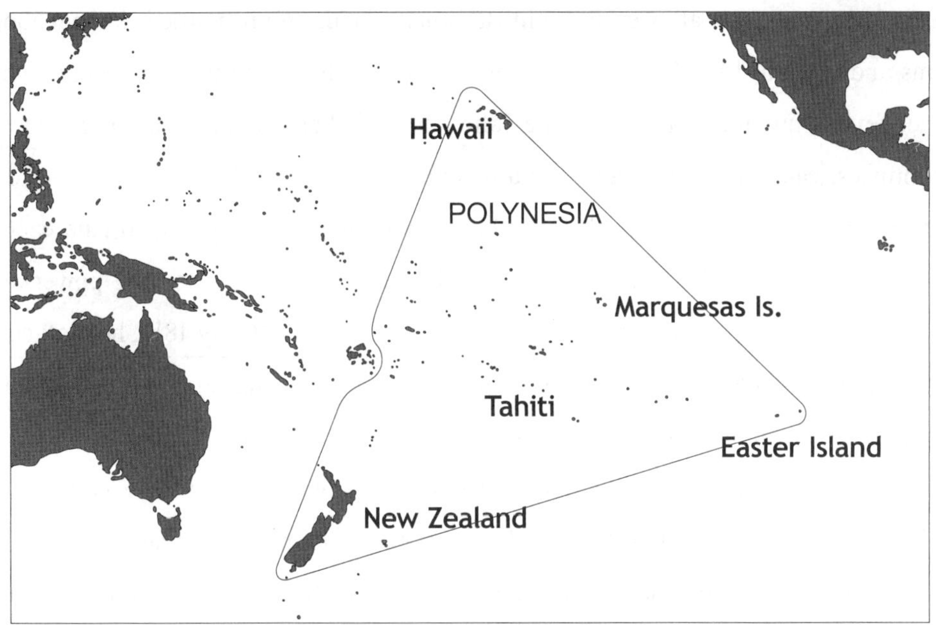

another is at Easter Island, and the other is Hawaii. This big triangle is called Polynesia. Of course, most of this area is ocean, but the Polynesian culture covers an area *three times wider than Europe. [(1)-b] This is as far as the *distance between London and Beijing, the capital of China. So, it sounds very difficult to find such small islands in the middle of this big ocean. A study says that the first people who discovered Hawaii came from the islands of

*Marquesas during the 5th century. They lived on the Marquesas Islands happily. However, they needed new land because their community grew large and their islands became too crowded. So, some of them decided to leave their home. They were very good at *sailing because they often left their island to get fish for food. They had simple but very good *canoes. The canoes were made of two boats joined with a wood stage. Usually, three or four canoes traveled together and, in each canoe, there were more than fifteen people. The group of people were large enough to start new life in a new place. When they started their trip, they thought carefully about the course. They also knew so much about stars that they could tell which way to go even at night. In the dark, they made a loud sound to show where each other was. [(1)-c] To find new land, they looked for hints. If they found flying birds in the sky or *floating leaves on the sea, they were almost there.

In this way, Polynesian people first landed on the new world and they called the place Hawaii. The name Hawaii came from the word "Havaiki." In the Polynesian culture, there was a place that all people came from and would go back to after death. That was "Havaiki." Over the years, they spread out all over the main Hawaiian islands. Only a little is known about their customs and ways of life. However, we now know that they were the only people who lived there for several hundred years until *the Tahitians landed around the year 1000. For the next few centuries, each island was ruled by a different *chief. (3) [ア They opened schools and taught the Hawaiians how to speak English. イ One by one he started to rule each of the islands. ウ In the late 1700s, one chief, Chief Kamehameha, began to have power. エ Ten years after that, some people from America arrived in Hawaii. オ By 1810, he took control of all those islands and became the first Hawaiian king.] They also created a writing system for the Hawaiian language because there was no written language in Hawaii until then.

In 1860, a Japanese ship called the *Kanrin-maru* came to Hawaii. It was on the way to America. This was the very first time for Japanese people to meet Hawaiian people *officially. Before this, there were some Japanese people who lost their ships because of terrible weather and came to Hawaii. So, Hawaiian people already knew about Japanese people and had a good impression of them. At that time, Hawaii was inviting people from other countries as workers. When the king of Hawaii met the people on the *Kanrin-maru*, he wrote (4)<u>a letter</u> and asked them to give it to the leaders of Japan. On the ship, there were some famous people such as *Katsu Kaishu*, the captain of the ship, and *Fukuzawa Yukichi*, his *follower, and *Nakahama Manjiro*, an *interpreter. For some reasons, *Manjiro* lived in America for many years when he was young, so he spoke English. When they returned to Japan, they handed the letter to the government. At that time, Japan was experiencing a great change. The Japanese leaders who received the letter were so busy that they didn't have enough time to think about what to do with the letter. However, in 1868, 153 Japanese people were sent to Hawaii to work in the *sugarcane fields. This was the beginning of Japanese people living in Hawaii. As many as 29,069 Japanese people moved to Hawaii by 1894, and almost 190,000 people followed over the next thirty years. *According to a report, in 1930, 42.7 % of all the people who lived in Hawaii were Japanese. Even today, more than 180,000 Japanese people live in Hawaii and they are the third largest group living there after white people and *Filipinos.

When the first Japanese people began their lives in Hawaii, they faced a lot of difficulties mainly because they could not speak English. However, they worked not only with each other but also with local Hawaiians and other foreign people in Hawaii. Thanks to their efforts, little by little, Japanese people became members of the Hawaiian community. Now (5)<u>you can see the fruits of their efforts in Hawaii</u>. For example, you can see Japanese temples and shrines in Hawaii. If you need lunch for the day, you can buy *bento* or *musubi* at any supermarket. So, we can say some Japanese traditions have become part of Hawaiian culture. You can feel not only Japanese culture but also other foreign cultures mixed in the Hawaiian community. This is because many kinds of people have come to these islands through its history. So, Hawaii is one of the most wonderful places in the world. There, different kinds of people live together in peace. In Hawaii, you can enjoy more than just beautiful beaches.

〔注〕
the Pacific Ocean　太平洋
telescope　望遠鏡
form　形成する
three times wider　3倍広い
Marquesas　マルケサス（地名）
canoe　カヌー
the Tahitians　タヒチ人
officially　公式に
interpreter　通訳者
according to ～　～によると
O'ahu island　オアフ島
discover　発見する
Polynesian　ポリネシアの
distance　距離
sailing　航海
float　漂う
chief　首長
follower　従者
sugarcane　サトウキビ
Filipino　フィリピン人

〔問１〕 本文の流れに合うように，[(1)-a] ～ [(1)-c] に次の①～⑥の英文を入れるとき，最も適切な組み合わせは，下の**ア**～**カ**の中ではどれか。

① As you know, Europe is a wide area with many countries.
② Do you know how many people visited Hawaii in the past?
③ Do you know who discovered such small islands in the middle of the ocean?
④ For example, it is about 8,000 kilometers between Hawaii and New Zealand.
⑤ Thanks to these skills, they could travel such a long distance.
⑥ They were so brave and full of hope that they could get out of the triangle.

	(1)-a	(1)-b	(1)-c
ア	②	①	⑤
イ	②	④	⑤
ウ	②	⑤	⑥
エ	③	①	⑥
オ	③	④	⑤
カ	③	⑤	⑥

〔問２〕 (2)【① lived / ② no / ③ on / ④ or / ⑤ people / ⑥ there / ⑦ were / ⑧ who】 とあるが，本文の流れに合うように，【　】内の単語を正しく並べ替えたとき，①～⑧の中で**２番目**と**４番目**と**６番目**にくるものの組み合わせとして最も適切なものは，次の**ア**～**カ**の中ではどれか。

	２番目	**４番目**	**６番目**
ア	①	④	⑦
イ	①	⑥	②
ウ	⑤	①	⑦
エ	⑤	⑦	①
オ	⑦	⑤	①
カ	⑦	⑧	③

〔問 3〕 (3)[　　] のア～オの文を，本文の流れに合うように，最も適切な順に並べ替えたとき，**2 番目**と **4 番目**にくる文の記号を，それぞれ書きなさい。

〔問 4〕 (4)a letter とあるが，本文の内容を踏まえて下の空所 [　　] に **25 語以上の英語**を書き，手紙を完成させなさい。英文は**二つ以上**にしてもよい。なお，「,」「.」「!」「?」などは語数に含めないものとする。また，I'll のような「'」を使った語や e-mail のような「-」で結ばれた語はそれぞれ 1 語と扱うこととする。

Dear Leaders of Japan,

I am very happy to meet Japanese people.

[　　　　　　　　　　]

I am looking forward to your letter.

Best wishes,
King of Hawaii

〔問5〕 (5)<u>you can see the fruits of their efforts in Hawaii</u> の説明として，**適切でないもの**は次の中ではどれか。

ア Japanese people have built up a new Hawaiian tradition all by themselves.

イ Japanese people have influenced Hawaiian culture and made it richer.

ウ Japanese people have spread their culture in Hawaii through its history.

エ Japanese people have worked very hard to live with other people in Hawaii.

〔問6〕 本文の内容と合っているものを，次の**ア**～**ク**の中から**二つ**選びなさい。

ア The people who know about Big Island are very interested in the study of stars because they can see a lot of stars there.

イ According to a study, the first people to discover Hawaii came all the way from another corner of the Polynesian triangle.

ウ The people on the Marquesas Islands left Polynesia when there were too many people in their community.

エ In most cases, when people left the Marquesas Islands, more than 45 people traveled together to start a new life in a new world.

オ During the trip, people in the canoes made a big sound to tell they were getting close to new land.

カ When Polynesian people discovered the new land, they gave it the name that came from their own culture.

キ Before the *Kanrin-maru* visited Hawaii, sometimes Japanese people came to Hawaii to take care of the people in Hawaii.

ク In 1930, more than 40 % of Japanese people lived in Hawaii because a lot of people moved from Japan to Hawaii.

4 次のイラストに描かれた状況を説明したうえで，それについてのあなたの考えを**50 語以上の英語**で書きなさい。ただし，左の人物が手にしているものは自動翻訳機である。英文は**二つ以上**にしてもよい。なお，「,」「.」「!」「?」などは語数に含めないものとする。また，I'll のような「'」を使った語や e-mail のような「-」で結ばれた語はそれぞれ1語と扱うこととする。

2020 年度　英語学力検査リスニングテスト台本

開始時の説明

これから，リスニングテストを行います。

問題用紙の１ページを見なさい。リスニングテストは，全て放送による指示で行います。リスニングテストの問題には，問題Ａと問題Ｂの二つがあります。問題Ａと，問題Ｂの <Question 1> では，質問に対する答えを選んで，その記号を答えなさい。問題Ｂの <Question 2> では，質問に対する答えを英語で書きなさい。

英文とそのあとに出題される質問が，それぞれ全体を通して二回ずつ読まれます。問題用紙の余白にメモをとってもかまいません。答えは全て解答用紙に書きなさい。

（２秒の間）

〔問題Ａ〕

問題Ａは，英語による対話文を聞いて，英語の質問に答えるものです。ここで話される対話文は全部で三つあり，それぞれ質問が一つずつ出題されます。質問に対する答えを選んで，その記号を答えなさい。

では，<対話文１>を始めます。

（３秒の間）

Tom: I am going to buy a birthday present for my sister. Lisa, can you go with me?
Lisa: Sure, Tom.
Tom: Are you free tomorrow?
Lisa: Sorry, I can't go tomorrow. When is her birthday?
Tom: Next Monday. Then, how about next Saturday or Sunday?
Lisa: Saturday is fine with me.
Tom: Thank you.
Lisa: What time and where shall we meet?
Tom: How about at eleven at the station?
Lisa: OK. See you then.

（３秒の間）

Question : When are Tom and Lisa going to buy a birthday present for his sister?

（５秒の間）

繰り返します。

（２秒の間）

（対話文１の繰り返し）

（３秒の間）

Question : When are Tom and Lisa going to buy a birthday present for his sister?

(10秒の間)

＜対話文２＞を始めます。

(３秒の間)

(呼び出し音)

Bob's mother: Hello?

Ken: Hello. This is Ken. Can I speak to Bob, please?

Bob's mother: Hi, Ken. I'm sorry, he is out now. Do you want him to call you later?

Ken: Thank you, but I have to go out now. Can I leave a message?

Bob's mother: Sure.

Ken: Tomorrow we are going to do our homework at my house. Could you ask him to bring his math notebook? I have some questions to ask him.

Bob's mother: OK, I will.

Ken: Thank you.

Bob's mother: You're welcome.

(３秒の間)

Question : What does Ken want Bob to do?

(５秒の間)

繰り返します。

(２秒の間)

(対話文２の繰り返し)

(３秒の間)

Question : What does Ken want Bob to do?

(10秒の間)

＜対話文３＞を始めます。

(３秒の間)

Yumi: Hi, David. What kind of book are you reading?

David: Hi, Yumi. It's about *ukiyoe* pictures. I learned about them last week in an art class.

Yumi: I see. I learned about them, too. You can see *ukiyoe* in the city art museum now.

David: Really? I want to visit there. In my country, there are some museums that have *ukiyoe*, too.

Yumi: Oh, really? I am surprised to hear that.

David: I have been there to see *ukiyoe* once. I want to see them in Japan, too.

Yumi: I went to the city art museum last weekend. It was very interesting. You should go there.

（3秒の間）

Question： Why was Yumi surprised?

（5秒の間）

繰り返します。

（2秒の間）

（対話文3の繰り返し）

（3秒の間）

Question： Why was Yumi surprised?

（10秒の間）

これで問題Aを終わり，問題Bに入ります。

〔**問題B**〕

（3秒の間）

これから聞く英語は，カナダの高校に留学している日本の生徒たちに向けて，留学先の生徒が行った留学初日の行動についての説明及び連絡です。内容に注意して聞きなさい。

あとから，英語による質問が二つ出題されます。＜Question 1＞では，質問に対する答えを選んで，その記号を答えなさい。＜Question 2＞では，質問に対する答えを英語で書きなさい。

なお，＜Question 2＞のあとに，15秒程度，答えを書く時間があります。

では，始めます。（2秒の間）

Welcome to our school. I am Linda, a second-year student of this school. We are going to show you around our school today.

Our school was built in 2015, so it's still new. Now we are in the gym. We will start with the library, and I will show you how to use it. Then we will look at classrooms and the music room, and we will finish at the lunch room. There, you will meet other students and teachers.

After that, we are going to have a welcome party.

There is something more I want to tell you. We took a group picture in front of our school. If you want one, you should tell a teacher tomorrow. Do you have any questions? Now let's start. Please come with me.

（3秒の間）

＜Question 1＞ Where will the Japanese students meet other students and teachers?

（5秒の間）

＜Question 2＞ If the Japanese students want a picture, what should they do tomorrow?

（15秒の間）

繰り返します。

（2秒の間）

(問題Bの英文の繰り返し)

(3 秒の間)

＜Question 1＞　Where will the Japanese students meet other students and teachers?

(5 秒の間)

＜Question 2＞　If the Japanese students want a picture, what should they do tomorrow?

(15 秒の間)

以上で，リスニングテストを終わります。2ページ以降の問題に答えなさい。

【数　学】 (50分) 〈満点：100点〉

1 次の各問に答えよ。

〔問1〕 $\left(\dfrac{\sqrt{7}-\sqrt{12}}{\sqrt{2}}\right)\left(\dfrac{\sqrt{7}}{2}+\sqrt{3}\right)+\sqrt{18}$ を計算せよ。

〔問2〕 $\dfrac{(2x-6)^2}{4}-5x+15$ を因数分解せよ。

〔問3〕 a を定数とする。2直線 $y=-x+a+3$，$y=4x+a-7$ の交点を関数 $y=x^2$ のグラフが通るとき，a の値を求めよ。

〔問4〕 1から6までの目が出る大小1つずつのさいころを同時に1回投げる。
大きいさいころの出た目の数を a，小さいさいころの出た目の数を b とする。
$(a+b)$ を a で割ったときの余りが1となる確率を求めよ。
ただし，大小2つのさいころはともに，1から6までのどの目が出ることも同様に確からしいものとする。

〔問5〕 右の図で，四角形ABCDは，AD∥BCの台形である。
点Pは辺BC上の点，点Qは辺AD上の点で，四角形APCQはひし形である。
解答欄に示した図をもとにして，ひし形APCQを定規とコンパスを用いて作図し，頂点P，Qの位置を表す文字P，Qも書け。
ただし，作図に用いた線は消さないでおくこと。

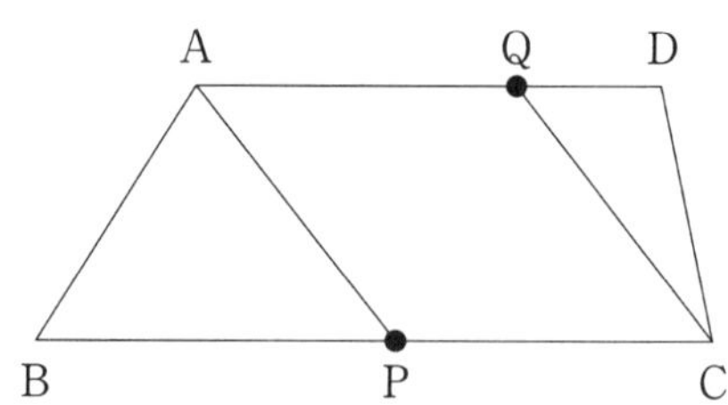

2 右の**図1**で，点Oは原点，曲線 f は関数 $y=x^2$ のグラフを表している。

x 軸上にあり，x 座標が正の数である点をAとする。

点Aを通り，傾きが負の数である直線を ℓ とする。

直線 ℓ と曲線 f との交点のうち，x 座標が正の数である点をB，x 座標が負の数である点をCとする。

点Oから点(1，0)までの距離，および点Oから点(0，1)までの距離をそれぞれ1cmとして，次の各問に答えよ。

図1

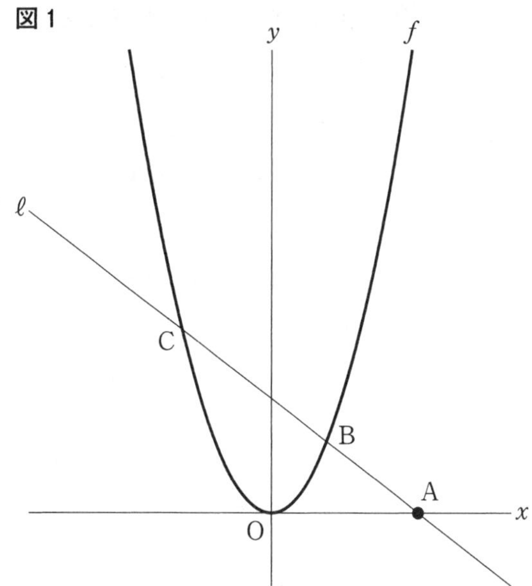

〔問1〕 線分ACと y 軸との交点をD，線分OAの中点をEとし，2点D，Eを通る直線の傾きが $-\frac{3}{2}$，点Bの x 座標が $\frac{5}{4}$ であるとき，直線 ℓ の式を求めよ。

〔問2〕 右の**図2**は，**図1**において，点Cを通り，x 軸に平行な直線 m を引き，曲線 f との交点のうち，点Cと異なる点をF，y 軸との交点をGとし，2点B，Gを通る直線 n を引き，曲線 f との交点のうち，点Bと異なる点をHとした場合を表している。

次の(1)，(2)に答えよ。

図2

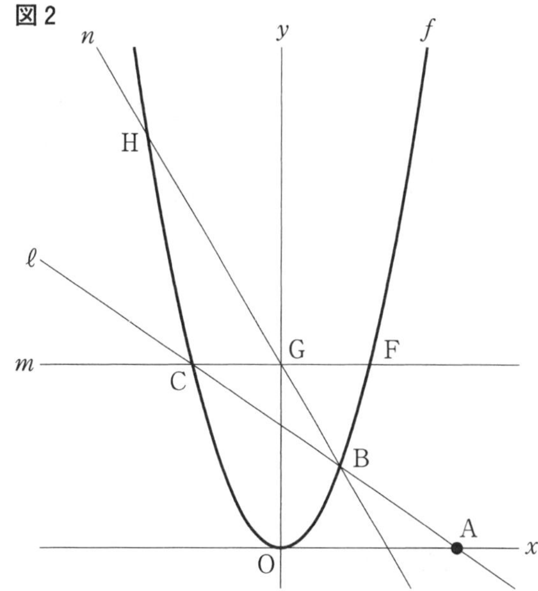

(1) 点Bと点F，点Cと点Hをそれぞれ結んだ場合を考える。

△BCHと△BFGの面積の比が13：4，直線nの傾きが$-\frac{5}{3}$のとき，点Bのx座標をtとして，tの値を求めよ。

ただし，答えだけでなく，答えを求める過程が分かるように，途中の式や計算なども書け。

(2) 右の**図3**は，**図2**において，直線nとx軸との交点をIとした場合を表している。

AB：BC＝4：5，AI＝$\frac{48}{35}$cmのとき，直線nの傾きを求めよ。

図3

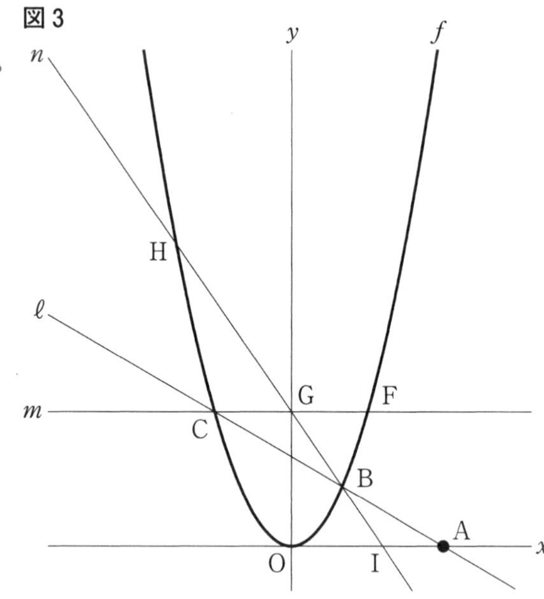

3 右の**図1**で，4点A，B，C，Dは，点Oを中心とする円の周上にある点で，A，D，B，Cの順に並んでおり，互いに一致しない。

点Aと点B，点Bと点D，点Cと点Dをそれぞれ結ぶ。

∠ABD＞∠CDBとする。

次の各問に答えよ。

図1

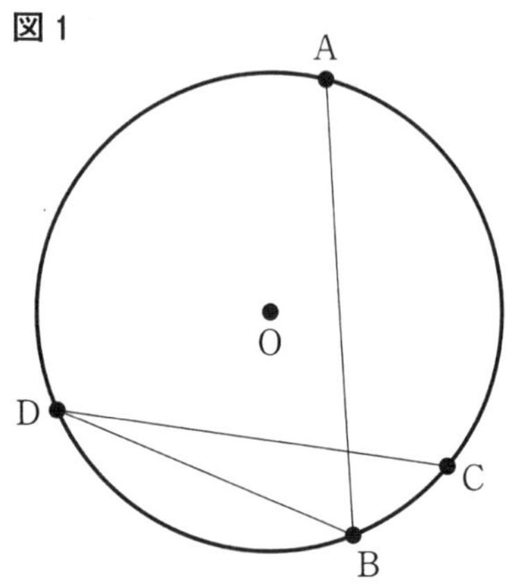

〔問1〕 AB＝DB，∠ABD＝60°，点Aを含まない$\overset{\frown}{BC}$と点Aを含まない$\overset{\frown}{BD}$の長さの比が$\overset{\frown}{BC}$：$\overset{\frown}{BD}$＝1：6のとき，∠BDCの大きさを求めよ。

〔問２〕 右の**図２**は，**図１**において，点Cを通り直線BDに平行な直線を引き，円Oとの交点のうち，点Cと異なる点をEとし，点Cを含まない$\overset{\frown}{AE}$上に点Fを，点Bを含まない$\overset{\frown}{AC}$上に点Gを，それぞれ弧の両端と一致しないようにとり，点Aと点F，点Dと点F，点Cと点G，点Fと点Gをそれぞれ結び，線分CEと線分DFとの交点をH，線分ABと線分FGとの交点をIとした場合を表している。

AB // GCのとき，次の(1)，(2)に答えよ。

図２

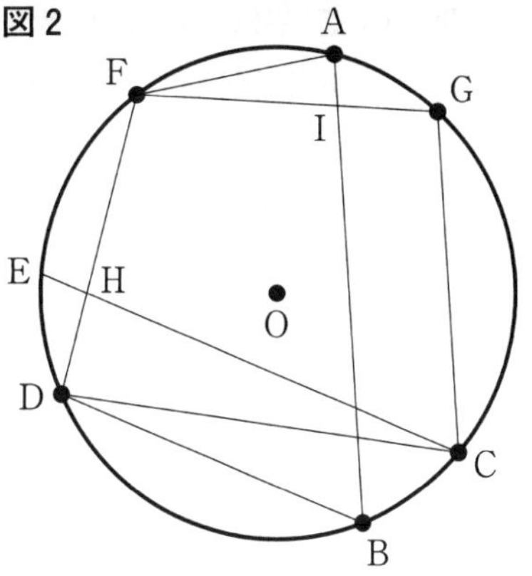

(1) △HCD ∽ △AFIであることを証明せよ。

(2) 右の**図３**は，**図２**において，直線CEが点Oを通る場合を表している。

OC＝5 cm，CD＝9 cm，AB＝9 cm，CE ⊥ DFのとき，線分FIの長さは何cmか。

図３

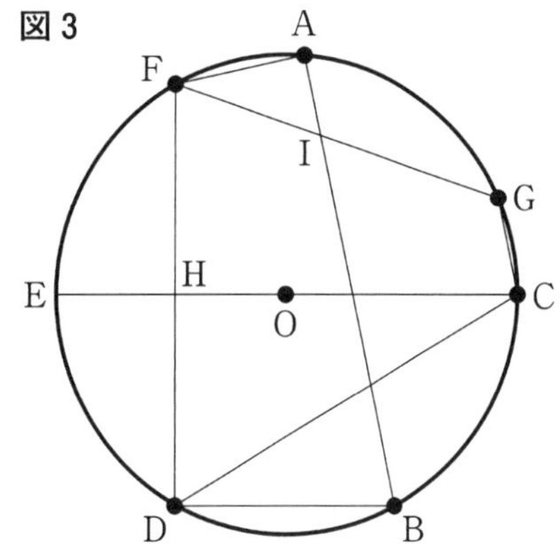

4 右の**図１**に示した立体OABCは，
OA ⊥ OB，OB ⊥ OC，OC ⊥ OA，
OA＝OB＝6 cm，OC＝8 cmの四面体である。
次の各問に答えよ。

図１

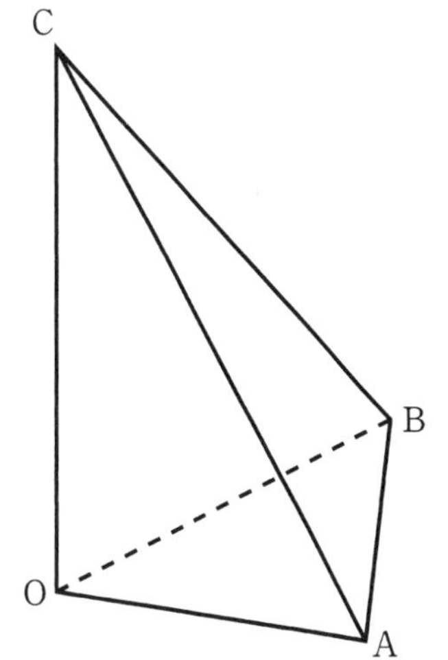

〔問１〕 辺 AB の中点を D とし，頂点 C と点 D を結び，線分 CD の中点を E とし，点 E から平面 OAB に垂直な直線を引き，平面 OAB との交点を F とし，頂点 O と点 F を結んだ場合を考える。

線分 OF の長さは何 cm か。

〔問２〕 右の**図２**は，**図１**において，辺 BC 上にある点を点 G とし，頂点 O と点 G，頂点 A と点 G をそれぞれ結んだ場合を表している。

△OAG の面積が最も小さくなる場合の面積は何 cm^2 か。

ただし，答えだけでなく，答えを求める過程が分かるように，途中の式や計算なども書け。

図２

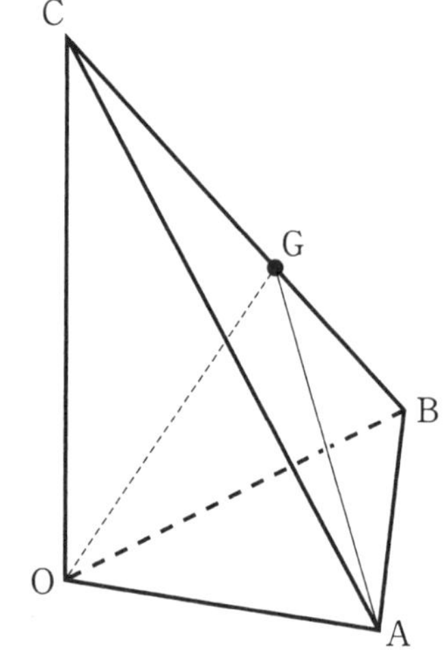

〔問３〕 右の**図３**は，**図１**において，辺 OA 上にある点を H，辺 OB 上にある点を I とした場合を表している。

OH＝2 cm，OI＝$\dfrac{5}{2}$ cm のとき，点 H を通り辺 OB に平行な直線と，点 I を通り辺 OA に平行な直線との交点を J とする。

点 J を通り，辺 OC に平行な直線と平面 ABC との交点を K とし，点 K と頂点 O，点 K と頂点 A，点 K と頂点 B，点 K と頂点 C をそれぞれ結ぶ。

四面体 KOAB の体積を V cm^3，四面体 KOAC の体積を W cm^3 とする。

このとき，V：W を最も簡単な整数の比で表せ。

図３

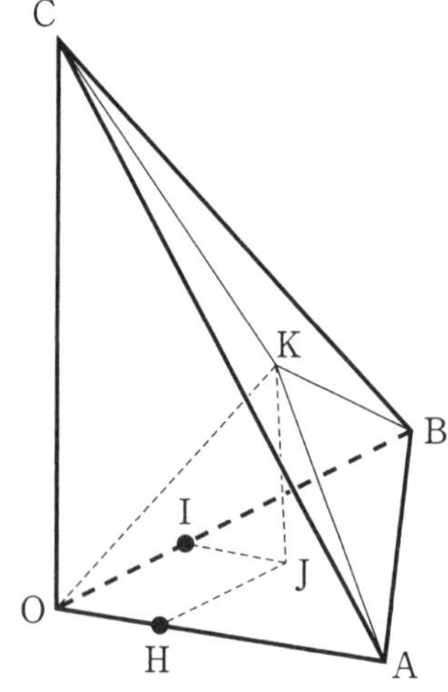

〔問5〕 次のそれぞれの和歌について説明したものとして最も適切なものは、次のうちではどれか。

ア Aの歌において、「われのみ友はなきかと思へば」と強調することで、同じ孤独を抱える松を気心の知れた友として表現し、歌う対象としての松に人間そのものを見て同化しようとしている。

イ Dの歌において、鴛鴦が自身の「かげ」を友とみなして孤独を乗り越えようとしていると表現することで、鴛鴦に感情移入し、自分もそうありたいと願う西行自身の姿が浮かび上がっている。

ウ Eの歌において、飛ぶ雁は旅を続ける西行自身と近しい存在であるはずなのだが、ここでは「つらならで」と逸脱している雁を詠みこむことで、西行自身との対照性を鮮やかに表現している。

エ Fの歌において、西行は歌う対象に自分を重ねようとはしないが、「おくゆかしくぞおもほゆる」と歌うことにより、外在的なものへも心を寄せていくもう一つの姿を思いがけず示している。

〔問1〕 (1)いうまでもなく、為家の歌では、遠い。とあるが、どういうことか。これを説明したものとして最も適切なものは、次のうちではどれか。

ア　一本松を歌う為家の歌は、視線を月に向かわせることで、孤独な松を見放して冷やかに扱おうとしているということ。

イ　淡々と物の配置を述べる為家の歌は、自分と松の間に距離を置くことで生じる美を提示しようとしているということ。

ウ　松を松として見る為家の歌は、遠くに立つ一本松を、自分とは無関係なものとして表現しようとしているということ。

エ　月に照らされる松を歌う為家の歌は、松を月に近づけることで、自分から離れた場所に置こうとしているということ。

〔問2〕 (2)西行が一方的な愛情を注ぐ存在とあるが、これはどういう存在か。これを説明したものとして最も適切なものは、次のうちではどれか。

ア　孤独を共有する友として呼び掛けながらも、西行自身が自分の孤独をより一層深めるようになるきっかけを与えるだけの存在。

イ　西行と同じように孤独であり、西行自身は強く感情移入し同化しようとするものの、さりげなくその同化を拒もうとする存在。

ウ　呼び掛けてきた西行に自身についての自覚を促す存在であるために、西行が興味と関心を抱き積極的に捉えようとする存在。

エ　感情のないものであるのに、孤独を抱える西行は、あたかも友人のようなものとして捉えつつ親しみを込めて呼び掛ける存在。

〔問3〕 (3)おぼつかないについて説明した次の文章の空欄にあてはまる適切な語を答えよ。ただし、この空欄に入る語は、Gの歌の現代語訳部分の空欄と同じ語である。

> 現代語「おぼつかない」の古語は「おぼつかなし」である。「おぼつかない」は、ここでは雁の飛翔が「うまくいきそうにない」という意味を持つ形容詞であるが、Gの歌の「おぼつかな」は「□なことだ」といった舟人への思いを表す意味として使われている。これは、「対象がおぼろで、つかみどころがない」ということの言葉の原義に、様々な意味合いが足されていったことを示している。

〔問4〕 次の和歌について説明した文章の空欄にあてはまる適切な語句を本文から**三十五字以内**で抜き出し、**最初の五字**を書け。

> H　恋しさや思ひ弱るとながむればいとど心をくだく月影
> （あの人を恋しく思う心が弱まるだろうかと思って月をながめていると、月はますます心を乱し、ものを思わせるよ。）
>
> I　思へどもなほぞあやしき逢ふことのなかりし昔いかでへつらむ
> （あなたに逢う前はどんな気持ちで過ごしていたか、いくら思い巡らしても一層不思議でなりませんよ。）
>
> ※Iの歌は村上天皇の歌である。
>
> ともに恋歌であるが、西行によってつくられたのはHの歌である。本文の内容と照らし合わせると、Hの歌には□が現れており、Iの歌にはそれがないことがわかる。

対象を自分に引きつけて見よう、聞こうとするそれである。対象に呼び掛け、対象を自己の内に取り込もうとする試みである。そして、それは結局不可能に終わるのだが、それを契機として、孤独な我への自覚は深まるのである。物を見る、あるいは聞くことによって、内へ内へととぐろを巻いてゆく思念――ここには、彼の恋歌のあるものに通ずる点が見出される。

　しかしながら、西行は、内へ内へと巻き込む、自己完結的な思念に終始していたのであろうか。そう考えると説明がつかない作品は、この作品群中にも見出される。

F　陸奥のおくゆかしくぞおもほゆる壺*のいしぶみ外*の浜風

（陸奥の更に奥の方は、行ってよく知りたいと思われることだよ。
　壺の碑とか、外の浜の浜風とか。）

　先に見てきた作品での対象と異なって、西行が自己との相似性を見出しうるようなものでは全くない。むしろ、西行とは余りにも遠い素材であり、存在である。それゆえ、彼はそれらの中に自己を見出そうというような愚挙には出ない。異質なものを異質なものとして、比較的客観的に歌っている。

　しかしながら、単に奇*をてらって詠んでいるのでないことは、「おくゆかしくぞおもほゆる」という表現にうかがえる。西行は、自己と異なった世界に、深い興味と関心を抱いているのである。このような興味や関心が進むと、

G　おぼつかな*伊吹颪の風先に*朝妻舟はあひやしぬらん

（□なことだ。伊吹颪の吹いて行く方向に、朝妻舟は出会ったのではなかろうか。）

のような、舟人を思いやるという発想がとられるが、しかし舟人の生業と自己の生とを重ね合わせようという試みは、ついになされない。これらの作品では、対象は終始外在的であって、作者もそれらを内に取り込もうとはしない。対象を歌うことを契機として、思念はいよいよ外へ向かう。視界も大きく開けてくるのである。「陸奥の」という歌は、そういう西行の浪漫的、行動的な一面がはしなくも告白されている作品であるといえる。

（久保田淳「西行　長明　兼好―草庵文学の系譜―」による）

〔注〕西行――平安末期の歌僧。
藤原為家――鎌倉中期の歌人。
白居易――中唐の詩人。
新楽府――民衆の詩を題に用いて作られた詩。
諷喩詩――遠回しな社会批判の詩。
見手――見る人。見物人。
捨象（する）――具体的な形や特徴を切り捨てる。
現在取り上げている作品群中――西行の「山家集」。
竿になり鉤になり――連れ立っていく雁の姿かたち。
しかるに――それなのに。
壺のいしぶみ――石碑。和歌などに詠まれる名所。
外の浜――陸奥湾沿岸を指す。和歌などに詠まれる名所。
奇をてら（う）――風変わりなことをして、人の関心を引く。
伊吹颪――冬季に吹く季節風。
朝妻舟――琵琶湖畔で航行された渡し船。

※和歌の現代語訳は「新潮日本古典集成」による。

B 浦遠き白洲の末の一つ松また影もなく澄める月かな

（浦から遠い白洲の末に立つ一本松は、他には物陰がなく、それをくっきりと照らす月であることよ。）

＊白居易の＊新楽府五十篇の中に、「澗底松」という詩がある。谷底の大木の松が人に知られないように、優れた人材が逆境に埋もれていることを歌った＊諷喩詩である。この松も一つ松に違いない。

一つ松という自然の中の対象が、それを見る人によって、さまざまに見えてくるのだということは、明らかであろう。ある人はそれに人間そのものを見る。ある人はそれに時間を見る。ある人はやはり松として見る。その見方によって、対象たる一つ松と見る人との距離（物理的距離ではない、心理的距離である）は、顔を接するほどになったり、遠望するほどになったりする。(1)いうまでもなく、為家の歌では、遠い。

西行の歌に立ち戻ろう。西行は松をどう見るのか。彼は、「谷の間にひとり」ぽつねんと立つ松に、友のない自身の姿を見る。そして、あたかも影を友とするように、その松を友と見ようとする。彼には、やはり松を歌った次のような作があるのである。

C わが園の岡辺に立てる一つ松を友と見つつも老いにけるかな

（我が庭の小高いところに立っている一本松を、友と見ながら年老いたことだな。）

すると、西行は松に自分の姿を見たことによって、松と同化できたのであろうか。松と西行との距離は零になったのであろうか。

そうではないであろう。孤独な我を顧みた時、ふと同じような孤独な存在である谷間の一つ松に気付いたのだから、それから松に対する親近感が生じても、結果的には松は我の孤独さを自覚させる働きをしたにすぎないのである。西行にあっても、やはり松は松なのである。ただ、その松は、西行に呼び掛けられ、それが契機となって、そういう行為の意味を、西行自身に改めて考えさせる松なのである。非情な存在でありながら、有情なもののように、(2)西行が一方的な愛情を注ぐ存在である。

為家の歌には、このような＊見手の感情は入りこまない。あたかも、望遠鏡を通して見た風景のように、音のない静寂な風景がぽっかりと切り取られている。見る者の感情はすっかり＊捨象されている。

この、対象への感情移入の強いことが、西行の和歌の特色の一つであることは、まず間違いないであろう。＊現在取り上げている作品群中からなお例を拾うと、

D 番はねどうつればかげを友として鴛鴦住みけりな山川の水

（雌雄二羽そろってはいないが、山川に自分の影がうつるとそれを友として、仲よくおしどりは住んでいることだなあ。）

E つらならで風に乱れて鳴く雁のしどろに声の聞こゆなるかな

（列をなすことなく、風のため乱れて鳴く雁の声が秩序なく聞こえてくるよ。）

という二首が見出される。これらはいずれもかなり特異な作であると思う。鴛鴦は番として詠まれてこそ、いかにも鴛鴦らしい。それなのに、西行はなぜ番放れた鴛鴦を歌うのか。そこに自らの姿を見ようとするからである。雁も、＊竿になり鉤になり、仲間と連れ立って飛んでゆく姿こそふさわしい。しかるに、仲間にはぐれ、風の中を(3)おぼつかない飛翔を続ける雁を歌うのは、そこに自身の境涯との相似を感じているからである。

これらの作品を通して知られる、西行の物を見る態度、聞く態度は、

優位性を示す理論であるから。

〔問3〕(3)社会がほとんど脳そのものになった　とあるが、どういうことか。これを説明したものとして最も適切なものは、次のうちではどれか。

ア　環境が全てデジタル情報によって構築されて、人の感覚に基づいた価値よりもデータとしての正しさが優先されているということ。

イ　社会のあり方が、人間の脳のあり方を意識して、あらゆる要素を関連づけて作られ、人の脳による支配が可能になったということ。

ウ　現実の環境が、コンピューター上の仮想空間において検証されたものを模範として作られ、現実感のないものになったということ。

エ　自分たちの身の回りの世界が、最も効率的に利用されるように、全ての物が意識的に作られ、配置されたものになったということ。

〔問4〕(4)どんどん「感覚をそぎ落としている」ということ　とあるが、どういうことか。これを説明したものとして最も適切なものは、次のうちではどれか。

ア　個々が感覚を研ぎ澄まして個性的な状態を競い合うのではなく、互いに同じであることを前提にして、同じ環境同じ条件で自由に競い合い、それが平等に認められるのが都市空間のあり方だということ。

イ　同じ快適さを求める都市空間では、不快をもたらすさまざまな要素を排除していくから、与えられる刺激によってそれぞれの人に呼び起こされるべき感覚が発生しない状況を作り出しているということ。

ウ　現代の都市での生活は、システムを含めて全て計算され尽くしてできあがっているので、個人個人がそれぞれの感覚でどう感じとったかということは、ほとんど問題にもされなくなっているということ。

エ　現代社会は、科学の発達と高度な技術によって環境が整えられているので、それぞれの個人がどう感じるかという感覚は否定されて全体でどう評価されるかが問題とされるようになっているということ。

〔問5〕(5)果たして「人間の情報化」の行き着く先に、人間が本当に求めている世界はあるのでしょうか。とあるが、このことについて、筆者の指摘する「人間の情報化」がどのようなものであるか、これに該当する具体的な例を示した上で、あなたの考えを二百五十字以内で書け。なお、、や。や「などのほか、書き出しや改行の際の空欄もそれぞれ字数に数えること。

五

次の文章を読んで、あとの各問に答えよ。（＊印の付いている言葉には、本文のあとに〔注〕がある。）

＊西行は、山里や旅路にあって、どのような自然を見、そこから何を感じ取っていたのか。この疑問に対しては、西行の全作品が回答であるという他ないが、その厖大な回答を、われわれなりに整理し、理解するのは、容易なことではない。そこで、ここではその一部を見本として取り上げてみよう。

A　谷の間にひとりぞ松も立てりけるわれのみ友はなきかと思へば

（谷の間に松も、一本だけで立っているよ、友がいないのは自分ひとりかと思っていたのに。）

一本松、和歌的な表現に従えば、「一つ松」は、それを見る人にかなり強い印象を与えるものだ。西行から見れば二世代後輩に当たる＊藤原為家は、次のような風景を描いてみせる。

てこないし、蚊だってハエだって飛んでいない。つまり、無意味なものが一切ないのです。

同じものが追求される都市化された社会の影響は、人間の行動にもあらわれています。

たとえば、医療現場では、患者の血圧を測っていても、医者は相手の表情や様子を見るのではなく、カルテやパソコンの画面ばかり見ている。要するに医者は、患者という生身の人間ではなく、「人体に関する情報」を読み取っているだけです。

五、六年前、「人間の情報化」について考えるきっかけになった出来事がありました。

銀行に行って手続きをしようとしたら、事務員に「本人確認の書類はお持ちですか？」と聞かれたのです。私は運転免許証を持っていないし、健康保険証も病院に来たわけじゃないから持ってきていませんでした。するとその事務員は、「困りましたね。養老(ようろう)先生ってわかっているんですけどね……。」と言いました。私本人が目の前に立っているのに、相手が必要なのは書類、つまり情報ということです。

私は、「はて、相手が言っている本人ってなんだろう」と悩んでしまった。だったら、うちで飼っている猫が、私の身分証明証をくわえて行けば、それでいいのでしょうか……。

このときのことがずっと頭の中にひっかかっていて、数年考え続けていたのですが、あるとき、「最近の新入社員は、同じ部屋で働いているのに、メールで報告してきやがる」と言う上司がいました。私は、「あっ！」と気付きました。「本人はいらないんだ！」と。

つまり、現代社会における「本人」というのは「ノイズ」でしかないということです。情報化されず、コンピューターシステムに取り込むことができない、身体を伴う「本人」は不要なものになっている。

要するにデジタル化を追求すると、関係のないものはそぎ落とされた「データ」だけが必要とされるようになるのです。

しかし、意味のあるものだけに囲まれていると、いつの間にか、意味のないものの存在が許せなくなってしまうということを忘れてはいけません。

(5)果たして「人間の情報化」の行き着く先に、人間が本当に求めている世界はあるのでしょうか。私は、デジタル的な理性一辺倒の世界は、本来の人間には合わないと感じています。

（養老孟司「AI無脳論」による）

〔注〕AI――Artificial Intelligence の略。人工知能。
感覚所与――感覚としてあらかじめ与えられるもの。

〔問1〕(1)人間とは「意識＝理性」によって、「同じ」という概念を獲得した生き物です。それによって「等価交換」ができるようになり、言葉やお金、民主主義を生み出しました。とあるが、人間は「言葉」をどのようにして生み出したのか。**五十字以内**で書け。

〔問2〕(2)認知科学では「心の理論」と名付けています。とあるが、認知科学で、これを「心の」とするのはなぜか。その理由を説明したものとして最も適切なものは、次のうちではどれか。

ア 人間が、感覚ではなく、「心」といえるものを具体的な実在として初めて実感する理論であるから。

イ 肉体的な成長によるものではなく、表面的には出てこない「心」の成長についての理論であるから。

ウ 単なる理解ではなく、他の人の「心」を推察する能力を身に付ける過程についての理論であるから。

エ 同じ人間の一部でありながら、身体を支配する主体としての「心」のろう」と言うと喜んだ〉という話です。

大きいほうの利益を先に得るということで、考えの浅い「短見」の例として挙げられますが、実は、動物には等価交換がわからないということを表していると言えます。

人間にとっては、どちらも「一日に七つ」で同じ数であっても、感覚を優先する動物にはイコールが理解できないということです。

しかし、実は生物学的に見ると、人間とチンパンジーの遺伝子は九八%同じです。

では、どこで両者の知能は分かれていくのか。

面白い研究があります。ある研究者が、自分の子どもと同じ頃に誕生したチンパンジーを探してきて、一緒に兄弟として育てました。そうすると、三歳くらいまではチンパンジーのほうがはるかに発育がよく、利口でした。ところが、三歳を過ぎて、四歳から五歳になってくると、ヒトはどんどん発育が進むのですが、チンパンジーは停滞しました。その頃にヒトとチンパンジーを分ける何かがあると言えます。

この分け隔てるものを、(2)認知科学では「心の理論」と名付けています。これは簡単な実験で確かめることができます。

三歳児と五歳児に舞台を見せておきます。舞台にはAとBの二つの箱を置いておく。そこへお姉ちゃんがやってきて、Aに人形を入れて、箱に蓋をしてからいなくなる。次にお母さんがやってきて、Aに入っている人形をBに移して、蓋をして、舞台からいなくなる。

次にお姉ちゃんが再登場し、このとき二人の子どもに「お姉ちゃんはどちらの箱を開ける?」と質問します。

すると、三歳児は人形がいまどちらに入っているかを知っているから「Bを開ける」と答える。三歳児にとっては、現在の自分の知識が全てであり、お姉ちゃんの頭の中がどうなっているかは考えないからです。

しかし、五歳児だと、「お姉ちゃんは、お母さんが人形をBに移したことを見ていなかったから、元のAに入ったままだと思っているだろう」ということで「Aを開ける」と正解するのです。

人間は成長するにつれて、「同じ」という概念を獲得し、相手の立場に立つことができるようになるというわけです。

私は、三十年前に『唯脳論』を書き、現代は脳の時代で「脳化社会」であると定義しました。脳化社会とは、脳の機能である「意識」が創り出す社会という意味で、情報化社会とは、(3)社会がほとんど脳そのものになったということです。

あらゆる人工物は、脳機能の表出、つまり脳の産物に他なりません。そこでは、植物や地面などの自然すら、人為的に配置されています。われわれは自然という現実を無視し、脳という御伽噺の世界に住むことになり、自然から自己を解放したと記しました。

この三十年で急速に進んだデジタル化によって、社会の「脳化」はますます鮮明になり、世界が究極的な理性主義になっています。理性・理論は、万国共通です。理性をもっとも牽引しているのはアメリカですが、これには必然的な理由があります。アメリカ社会というのは、多民族、多文化で構成されていますから、公の議論というのは、最終的に理性的にならざるを得ない。つまり、〝差異〟をともなったローカルルールは通用しません。

「理性」を突き詰めたのがコンピューターであり、その先にあるAIです。ゼロとイチだけでできたデジタル世界は、「同じ」の極致と言えます。

一方、わたしたちの身の回りの生活を見てみると、現代の都市というのは、「同じ」であることを突き詰め、(4)どんどん「感覚をそぎ落としている」ということがよくわかります。

オフィスを見れば、照明の明るさは変わらず、床は全部平面で同じ固さ。外の天気にも左右されることはありません。しかも、ゴキブリも出いられており、まだ小学生の朋樹が何度も迷いながらも、自分自身の考えを巡らせている様子を効果的に示している。

ウ　この文章では、戸川に出会って成長していく朋樹の様子を描いていく中で、科学的な用語を印象的に用いることにより、自身の知らない世界に憧れる朋樹の心情を示唆的に表現している。

エ　この文章では、朋樹と戸川の会話場面において、現代っ子風の朋樹の口調と頑固な年配者風の戸川の言い回しとが、両者の心の距離の揺れを感じさせつつ物語を緩やかに進展させている。

四

次の文章を読んで、あとの各問に答えよ。（＊印の付いている言葉には、本文のあとに〔注〕がある。）

最近、「AI＊が人間を超える」とさかんに言われるようになりました。しかし、そうした議論には、与（くみ）しません。

もちろん、特定のジャンルで人間を超えることはあります。私が最初にAIに興味を持ったのは将棋がきっかけでしたが、将棋や囲碁はゲームですから、一定のアルゴリズム（計算方法）で処理ができる。だから、あらゆる手を吟味できるAIの処理能力を大きくして、高速化すれば、AIが人間を負かすのは当たり前です。

そもそも、人間はコンピューターやAIと勝負する必要はありません。たとえば、百メートル走をオートバイと競う人がいるでしょうか。同様に、計算に特化したAIと人間が計算で争ったところで、AIが勝つに決まっているんですから。

また、AIが生物のようになる可能性はあり得ません。もちろん、コンピューターの世界のなかでなら既に実現しているし可能ですが、物質の世界で分子から組み立てていくことはできません。なぜなら、人工的に作れた細胞はないからです。

さらに言うと、脳の観点から見れば、人間とAIは全くの別物です。ゼロとイチの二進法のアルゴリズムで動くAIが、人間の脳を本質的に超えるということはないでしょう。

ただ、これからAIが発達するにつれて、大きな問題が起きるとも思っています。コンピューターやAIが行っているデジタル処理のあり方が、これまで以上に「人間の存在」を大きく規定していくことは間違いありません。つまり、人間が「情報化」されていくのです。人間の「情報化」とはどういうことか。人間の根本的な部分から説明していきたいと思います。

人間とAIの関係をみていくには、人間と動物の違いを考えることが有効です。

(1)人間とは「意識＝理性」によって、「同じ」という概念を獲得した生き物です。それによって「等価交換」ができるようになり、言葉やお金、民主主義を生み出しました。

反対に、動物は「同一である」ということが理解できません。「感覚＊所与＝現実、事実」に依拠しているため、「同じ」とは対立する「差異」によって、物事の判断を行っています。

たとえば、〝同じ〟コップがここに二個あるとします。しかし、別々のものとして、違う場所にあるわけですから、動物にとっては、それは〝違う〟コップです。

それを人間が〝同じ〟と認識するのは、脳が「意識＝理性」によって判断しているからです。

「同じである」、つまり「a＝bゆえにb＝a」という「交換の法則」にまつわる有名な故事があります。「朝三暮四」という四字熟語は、〈宋の狙公（そこう）が、飼っていたサルに「トチの実を朝に三つ、夜には四つやる」と言ったら、サルが「少ない」と怒った。「では、朝に四つ、夜三つや

〔問2〕 (1)怯（ひる）むような気持ちもあるが、この件について戸川本人の口からも何かを聞きたかった。とあるが、このときの朋樹の心情を説明したものとして最も適切なものは、次のうちではどれか。

ア　戸川からすれば怒りを覚える話かもしれないと思いながらも、展示室のパネルがはずされたことを教え、戸川の反応を知りたいという気持ち。

イ　戸川に怒られたらどうしようかと思いながらも、戸川のダム建設に対する思いを確認したうえで、自分の考えも伝えておきたいという気持ち。

ウ　戸川にとっては不愉快な話題であろうと思いながらも、戸川自身からもダム建設に関わる経緯を聞いて、自分なりに納得したいという気持ち。

エ　戸川に自分の身内の話をするのは気詰まりだと思いながらも、戸川と祖父との間で過去にどんなことがあったのか聞き出したいという気持ち。

〔問3〕 (2)もはや質問という形でしか、思いを口にできなかった。とあるが、その理由を説明したものとして最も適切なものは、次のうちではどれか。

ア　アンモナイトの発掘に対する戸川の誠実な態度に触れて、どうしてそこまでして研究者としての信念を貫こうとしているのかという疑問を、本人に直接聞いて解決したいと思ったから。

イ　博物館で得た驚きを戸川に伝えたいと思いながらも、自分の心が何に反応してしまったのか分からず、戸川に問いかけることでそれがなんとなく見えてくるのではないかと思ったから。

ウ　標本収蔵庫での衝撃的な光景を思い出し、自分がアンモナイトの研究に対して興味がどんどん強くなっていることを戸川に伝えたいが、率直に伝えることにためらいを感じているから。

エ　博物館裏の倉庫での経験と、戸川のアンモナイトへの思いに影響されて、戸川に強く心がひかれていると感じながらも、それが本人に伝わることが照れくさくてごまかそうとしたから。

〔問4〕 (3)ハンマーの音が止（や）んだ途端、やかましいセミの声が谷間に鳴りわたる。とあるが、この表現は朋樹のどのような様子を表したものか。**六十字以内**で書け。

〔問5〕 (4)ここへ来てわかったのは、ただ一つ。とあるが、ここでの朋樹の心情を説明したものとして最も適切なものは、次のうちではどれか。

ア　自分の本心を理解するには、一度立ち止まり何かに集中することが大切なのだと分かり、今を前向きにとらえる気持ち。

イ　結局自分の将来を決めることはできなかったが、将来を見据えて一つのことに取り組んでいこうと自分を励ます気持ち。

ウ　今は自分の意志が不明瞭でも、いずれアンモナイトが目の前に現れるように意志も明確になるはずだと期待する気持ち。

エ　自分の気持ちが分からないことを認めて、今はただ目の前のことに向かってとにかく行動していこうと決意する気持ち。

〔問6〕 本文の表現や内容を説明したものとして最も適切なものは、次のうちではどれか。

ア　本文全体において、朋樹の言葉の中に「……」や「——」を多用することで、朋樹がまだ自分自身の考えをきちんと確立しきれていない、精神的に幼い少年であることを強調している。

イ　本文の最後の場面では、「キンキンキン」という擬音語が繰り返し用去る。代わって頭を埋めつくすのは、いずれ目の前に現れる、見事なアンモナイトの姿――。

キンキンキン、キンキンキン。

暑い――。頭からキャップをもぎ取って、放り出す。

キンキンキン。腕がだるくなってきても、叩くリズムは緩めない。

戸川が近づいてくるのが視界の隅に見える。だが朋樹は、地面のキャップを拾おうとはしなかった。

「叩けるようになってきたじゃないか。」

そばで戸川が言ったが、顔も上げない。

キンキンキン。

「夢中だな。」戸川がにやりとする。

キンキンキン。

「ていうか、僕は――。」

朋樹はハンマーを振り下ろしながら、ノジュールに向かって言った。

「アンモナイトがほんとにイカやタコの仲間なのかどうか、この目で確かめてやろうと思ってるだけです。」

次の瞬間、ハンマーがめり込むような手応えとともに、鈍い音が響いた。

（伊与原新「アンモナイトの探し方」による）

〔注〕アンモナイト――化石として発見される、オウムガイの類縁種。最大直径二メートルに及ぶものが有る。

このパネル――戸川が作成した〈富美別の化石産出地とユーホロダム〉という展示パネル。ダム建設によって化石産出地が失われてしまったことが記されている。

静謐――静かで落ち着いているさま。

バックパック――リュックサックの少し大型のもの。

うちのじいちゃん――朋樹の祖父。ダム建設に賛成していた。

環境アセスメント――埋立てや工事などが、自然環境にどのような影響を与えるかを事前に調査すること。

湛水――水田やダムなどに、水をいっぱいに満ちたたえること。

白亜紀後期チューロニアン期――中生代。約九千五百万年前から九千万年前。

露頭――岩石・鉱脈が地表に現れている所。

コンプリート――全てを完備すること。

ノジュール――堆積岩中の珪酸や炭酸塩が化石などを核として化学的な凝集を受けて形成された塊。

〔問1〕(A)から(B)までの朋樹の描写部分にうかがえる、朋樹の心情の変化を説明したものとして最も適切なものは、次のうちではどれか。

ア それまでは戸川の博物館に対する思いがよく理解できなかったが、多くの学者が何十年にもわたって集め続けてきた大量のアンモナイトの化石を見て圧倒されている。

イ それまでは博物館に標本収蔵庫があることを知らなかったが、ヨシエに案内されて、自分だけが大量のアンモナイトの化石をこっそりと見られたことに感動している。

ウ それまでは博物館なんて古くさくて面白みがない場所だと思っていたが、驚くほど大量のアンモナイトの化石を目の当たりにして、博物館の魅力を感じはじめている。

エ それまでは戸川が博物館を大切に思う理由が分からなかったが、実に多くの学者がアンモナイトの研究に関わっていたことを知って、戸川への関心が強くなっている。

を口にできなかった。「仕事だからですか？　でも戸川さん、もう博物館はとっくに辞めてるし。」
　数秒間を置いて、戸川はふんと鼻を鳴らした。おもむろに腰を上げながら言う。
「ただ単に、中毒みたいなものさ。」
「中毒？」
「土を触って地層を調べ、ハンマーを振るって化石を採り、記録をつけて考える。それを毎日のように続けてるとな、病みつきになるんだよ。単なる肉体労働ではないし、机に向かってうんうん唸っているのとも違う。頭と体を同時に使うってことが、人間という動物の性に合ってるのかもしれん。」
「楽しいんですか。」
「やってみれば、誰にでもわかる。疲れまでが心地いいんだから、不思議なもんだよ。一度その味を知ってしまうと、歳をとったからといって、家でじっとなどしておれん。幸い――。」
　戸川は体を反転させ、崖のほうを見渡した。
「やることはまだいくらでもあるからな。」
「いくらでもって……。」朋樹もそちらに顔を向ける。「いい場所はもう水没しちゃったんでしょ？　それとも、ここは見込みがあるんですか？何かすごい発見がありそうとか。」
「そんなことは誰にもわからん。わからんからやるんだろうが。」戸川は渋い顔で言った。「やるのは誰でも構わんが、何年、何十年かけてでも散々やってみて、それでもダメなら、ここはダメということがわかる。そして、次の場所へいく。わかることではなく、わからないことを見つけていく作業の積み重ねだよ。」
　戸川は地面のハンマーを二本拾い上げると、一本を朋樹の目の前に差し出した。
「科学に限らず、うまくいくことだけを選んでいけるほど、物事は単純ではない。まずは手を動かすことだ。」
　コンビニ弁当をかきこむと、石を枕に寝そべる戸川を尻目に、崖へと戻る。
　不発に終わった午前中とはうって変わって、掘り始めて五分もしないうちにハンマーが目当てのものを引っかけた。今までで一番の大物。ドッジボールのような*ノジュールだ。
　両手で抱えて小石の上に据え、表面の土をはらう。その大きさと形からして、かなり手強そうだ。ゴーグルを装着し、ハンマーを握りしめた。
　キンキンキン、キンキンキン。
　ハンマーは勢いよく弾き返される。ノジュールには傷もつかない。手のマメが痛むが、もっと力を込める。
　キンキンキン。あごをつたう汗が、ノジュールの上に落ちた。いったん手を止め、Tシャツの袖で顔をぬぐう。
　(3)ハンマーの音が止んだ途端、やかましいセミの声が谷間に鳴りわたる。昨日スマホで調べてみた。エゾゼミというらしい。
　北の空に目をやると、絵に描いたような入道雲が見えた。今日も夕立があるかもしれない。急がないと――。
　キンキンキン、キンキンキン。
　ノジュールをにらみつけ、声にならない言葉とともに、力いっぱい打ちつける。
　わかんねーよ、何もかも。
　(4)志望校のことも、塾に行けるかどうかも、自分の本当の気持ちさえ。
　ここへ来てわかったのは、ただ一つ。このまま化石になってたまるかってことだ――。
　時おり浮かぶそんな思いも、ハンマーを振り続けているとすぐに消え

「念のために訊(き)くが、君は、家の人に行き先を伝えた上で、ここへ来てるんだろうな。」
「あー、昨日と今日は言ってません。」
「なんでだ。心配するじゃないか。」
「だから、化石が一個採れたら、もう来ません。ていうか、東京に帰ります。」
　戸川が手を止めた。何か言いたげにこちらを見つめてくる。
「コンビニで弁当も買ってきたし、今日中にケリをつけようと思って。イージーな――。」と口走って、すぐ言い換える。「いい化石が出る場所がダムに沈んじゃったのなら、ここでやるしかないし。」
「パネルを見たのか。」
「あのヨシエさんて人が見せてくれました。」わずかにためらって、言い添える。「博物館の裏の建物で。」
「裏の建物?」戸川が白い眉を持ち上げた。
「町長さんが――展示室からはずせって言ったって。」
(1)怯(ひる)むような気持ちもあるが、この件について戸川本人の口からも何かを聞きたかった。
「まったく――。」意外なことに、戸川はあきれた顔をした。「あの小心者の言いそうなことだ。もういい加減、堂々としていればいいものを。」
「怒ってないんですか?」
「何にだ。町長にか。」
「だって、町長のせいで館長をやめることになったって、ヨシエさんが。普通、許せないでしょ。町長のことも……*うちのじいちゃんのことも。」
「許すもくそもない。」戸川は静かに言って、その場にあぐらをかいた。
「化石の産出地を守りたいなどというのは、私のようなごく少数の人間のエゴだ。富美別の存続や、町の人々の暮らしとはとても比べられん。」
「だったらなんで――。」ダム建設反対に回ったのか――。

「君は*環境アセスメントというのを知っているか。」
　朋樹はうなずく。「何となくですけど。」
「私がまだ自分の行動を決めきれずにいたときのことだ。環境アセスメントの報告書が私のもとに回ってきた。そこには〈地質〉の項目があって、こう書かれていた。〈アンモナイトの化石産出地が一部消失するが、*湛水(たんすい)区域外にも広く分布しており、影響は限定的である〉――。」
　戸川はそこで息をつき、眉間のしわを深くした。
「さすがに読む手が震えたよ。〈一部消失〉などという言葉で片付けられるようなことではない。中でも、*白亜紀(はくあき)後期チューロニアン期の*露頭にいたっては、一つ残らず水没してしまったんだからな。四百万年にわたる一つの地質時代を丸ごと消し去っておいて、〈影響は限定的〉。そんな言われ方されて私が黙っていたら、彼らに申しわけが立たんじゃないか。」
「彼らって――。」昨日見た光景が浮かぶ。「昔の研究者の人たちですか。」
　戸川はかぶりを振った。「その時代のアンモナイトたちに決まっているだろう。」
「ああ……。」朋樹は低くもらし、告げる。「昨日、倉庫の奥も見せてもらいました。化石がいっぱいしまってある。何ていうか……ヤバいですよね、あそこ。」
　あのとき感じた驚きを伝えたいのだが、気恥ずかしさもあって、素直に言葉にできない。
「だって、どの引き出し開けても、アンモナイトばっか。全種類*コンプリートしたいのかと思ったら、同じ種類のやつがメッチャあるし。」
　言葉じりを軽くしようと必死な朋樹を、戸川は黙って見つめている。
「それが『研究』ってやつなんですか? それとも、埋まってる化石は全部見つけ出してやろう、みたいな? だいたい、なんでみんな必死になってアンモナイトなんか――。」
(2)もはや質問という形でしか、思い

ど。何列もの幅広の引き出しが、上から下までぎっしり詰まっている。棚が背中合わせになった細長い島は、部屋の奥まで十はあるだろう。静けさとも相まって、図書館の書庫を思わせるような雰囲気だ。
「ここは、標本収蔵庫なの。」ヨシエが言った。「戸川さんが言うにはね、博物館の本体は、むしろこっちなんだって。」
「これ全部、アンモナイトが入ってるんですか。」朋樹は中に一歩踏み入れた。
ヨシエは棚のほうにあごをしゃくり、いたずらっぽく口角を上げる。
「あたし、しばらくよそ見してるからさ。あ、標本に触ったりするのはダメだよ。」
朋樹は一番手前の棚に歩み寄った。十段以上ある引き出しには、〈BA20031～〉などと書かれたラベルが付いている。胸の高さの引き出しを、試しに開けてみた。握りこぶし大のアンモナイト化石が十数個、それぞれふたのない紙箱に入った状態で隙間なく詰め込まれている。完全な形のものから欠片(かけら)まで、状態はさまざまだ。
続けてその右どなりを開ける。やはり紙箱が並んでいるが、中のアンモナイトはどれもほんの三、四センチ。おかげで、箱の底に黄ばんだカードがしかれているのがよく見えた。青インクの手書き文字もあれば、タイプライターで印字されたものもある。英数字の試料番号の下に、アルファベットと片仮名の種名。地名と地層の情報らしき単語があとに続き、一番下に人名と年月日。化石が採れた場所と、採った人物だろう。
順に見ていって気がついた。この引き出しのアンモナイトはすべて同じ種類で、〈デスモセラス〉とかいうらしい。ただし、採取地や採取者が標本ごとに違うのだ。つまり、同じアンモナイトをいろんな場所でいろんな人が何十年も集め続けていることになる。
「一九四九年て……。」朋樹は思わず声に出した。もはや茶色くなったカードにある採取年だ。

「昭和二十四年だね。」ヨシエがうしろから言って、自分で笑う。「余計わかんないか。あたしが生まれるちょうど十年前。歳がバレちゃうけど。」
朋樹は引き出しをしまい、島の間をぬうようにして、部屋の奥へと進んだ。深海を思わせる静謐(＊せいひつ)に包まれて、背の高い棚がただ延々と、整然と続く。
どこで引き出しをのぞいても、螺旋状(らせんじょう)の化石ばかり。〈戸川康彦(やすひこ)〉と、館長の記名がある標本も一つ見つけた。島をいくつか過ぎると、棚のつくりが変わった。引き出しはなく、棚板に箱が置かれていて、その中にアンモナイトが入っている。どれも三、四十センチある大きなものだ。
いったいいくつあるのだろう。朋樹は静かに息をついた。千や二千ではとてもきかない。一万か、あるいはもっと――。(B)
入ってきたドアのほうへ戻ると、ヨシエが腕組みをして言った。
「まあ、これだけの化石を集めるのは、並大抵のことじゃないよ。」
うなずく朋樹に、ヨシエはどこかしんみりした口調で続ける。
「こんなカタツムリのお化けみたいなもん、何が面白いのかわかんないけどさ。大勢の学者さんが人生を懸けてきたんだってことだけは、よくわかるよね。」

＊

まだ昼前だというのに、ぐんぐん気温が上がっている。朝の情報番組では、今日はこの夏一番の暑さになりそうだと言っていた。
ここへ来るまでに大汗をかいたので、川を渡る冷たさがいつもより心地よい。向こう岸にいる戸川は、道具をリュックサックから取り出しているところだった。彼もまだ着いたばかりらしい。
「今日は早いじゃないか。」戸川は朋樹を一瞥(＊いちべつ)して言った。
「早いんです。」朋樹もその横でバックパックを下ろす。

二〇二〇年度 都立日比谷高等学校

【国語】（五〇分）〈満点：一〇〇点〉

一

次の各文の――を付けた漢字の読みがなを書け。

(1) 性懲りもなく挑戦し続けた。

(2) 彼女の挙措に強い感銘を受けた。

(3) 拙劣な政策に人々は驚きあきれた。

(4) 気にしていた仕事の進捗の具合を尋ねる。

(5) 自縄自縛に陥り、身動きが取れなくなってしまった。

二

次の各文の――を付けたかたかなの部分に当たる漢字を楷書で書け。

(1) おみくじを神社の木にユわえる。

(2) それは許しがたいハイシン行為だ。

(3) 彼女はイットウチを抜く秀才であった。

(4) 彼とはコンリンザイ話をしないことにした。

(5) あの方はまれに見るハクランキョウキの人である。

三

次の文章を読んで、あとの各問に答えよ。（＊印の付いている言葉には、本文のあとに〔注〕がある。）

主人公の朋樹（ともき）はこの冬に中学受験を控えていたが、受験に関してさまざまに思い悩み、気分転換のために北海道富美別（とみべつ）町にある祖父母の家に一人でやってきた。そこで、町立自然博物館の元館長であり、＊アンモナイトの研究をしている戸川（とがわ）に出会い、アンモナイトの発掘作業をすることになった。ある夕方、戸川に言われて気になっていた自然博物館に立ち寄った際、そこの職員であるヨシエに、戸川が作ったという展示パネルを見せてもらう。

「＊このパネル――。」すすけた戸川の置き土産を見つめて、朋樹は言った。「なんでこんなところにあるんですか。」

「以前はちゃんと展示室の壁にかかってたの。でも、二年ぐらい前かね、町長にはずさせられたのよ。館のイベントに来賓で来た町長が、たまたまこのパネルを見つけて、怒っちゃってさ。戸川さんはもう何年も館に来てないから、知らないんだよね。」

展示室から撤去され、裏の物置（ものおき）に捨て置かれたパネル。それに戸川の姿が重なった。朋樹はパネルを見つめたまま、訊（たず）ねるともなく「でも――。」とつぶやく。

「なんでそんなに、ここが……。」この古くて面白みのない博物館が、大切なのか――。

ヨシエは、そんな本音を見透かしたかのような目で、「ちょっとおいで。」と手招きした。物置の奥にあるもう一つのドアに近づくと、それを押し開けて照明をつける。

(A) 照らし出された光景に、朋樹は息をのんだ。展示室よりも広い空間に、同じ形の木製の棚がずらりと並んでいる。高さは大人の背丈ほ

英語解答

1 A ＜対話文１＞ ウ
＜対話文２＞ エ
＜対話文３＞ イ
B Q１ ウ
Q２ They should tell a teacher.

2 〔問１〕 イ 〔問２〕 ア
〔問３〕 (例) you should go to the shop first and look at some kimonos before you make a reservation.
〔問４〕 エ 〔問５〕 ウ
〔問６〕 イ 〔問７〕 ア，オ

3 〔問１〕 オ 〔問２〕 オ
〔問３〕 ２番目…イ ４番目…エ
〔問４〕 (例) I would really like to build a good relationship with you. We need people who work for the sugarcane field. Could you send people for us ?(26語)
〔問５〕 ア 〔問６〕 エ，カ

4 (例) The boy is using a machine that puts Japanese into English. He wants to tell the girl that it's raining, but the machine doesn't work well. The girl doesn't understand what he means at all. It's important to try to speak without using machines for good communication. You should not be afraid of making mistakes.
(55語)

1 〔放送問題〕

〔問題A〕＜対話文１＞≪全訳≫トム(T)：妹〔姉〕に誕生日プレゼントを買うつもりなんだ。リサ，僕と一緒に行ってくれる？／リサ(L)：もちろんよ，トム。／T：明日は空いてる？／L：ごめんなさい，明日は行けないの。妹〔お姉〕さんのお誕生日はいつ？／T：次の月曜日だよ。じゃあ，今度の土曜日か日曜日はどう？／L：私は土曜日がいいな。／T：ありがとう。／L：何時にどこで待ち合わせようか？／T：11時に駅でどう？／L：了解。じゃあそのときに。

Q：「トムとリサはいつ彼の妹〔姉〕の誕生日プレゼントを買いに行くつもりか」―ウ．「次の土曜日」

＜対話文２＞≪全訳≫ボブの母(B)：もしもし。／ケン(K)：もしもし。ケンです。ボブとお話しできますか？／B：こんにちは，ケン。ごめんなさい，ボブは今，出かけてるの。後であの子からかけ直させましょうか？／K：ありがとうございます，でも，僕も今から出かけないといけなくて。伝言をお願いできますか？／B：もちろんよ。／K：明日，僕の家で一緒に宿題をすることになってるんです。彼に数学のノートを持ってきてくれるよう頼んでおいてもらえますか？　彼にききたい質問がいくつかあるんです。／B：わかったわ，伝えておくわね。／K：ありがとうございます。／B：どういたしまして。

Q：「ケンがボブにしてほしいことは何か」―エ．「数学のノートを持ってくること」

＜対話文３＞≪全訳≫ユミ(Y)：こんにちは，デービッド。何の本を読んでるの？／デービッド(D)：やあ，ユミ。浮世絵に関する本だよ。先週，美術の授業で浮世絵について習ったんだ。／Y：なるほどね。私も浮世絵について習ったわ。今なら市の美術館で浮世絵が見られるわよ。／D：ほんと？　そこへ行ってみたいな。僕の国にも浮世絵を所蔵している美術館がいくつかあるんだ。／Y：えっ，ほんとに？　それはびっくりだな。／D：１度そこへ浮世絵を見に行ったことがあるんだ。日本でも見てみたいな。／Y：私は先週末，市の美術館に行ってきたわ。すごくおもしろかったな。あなたも行ってみるべきよ。

Q：「ユミが驚いたのはなぜか」―イ.「デービッドが自分の国にも浮世絵を所蔵する美術館があると言ったから」

〔問題B〕≪全訳≫私たちの学校へようこそ。私はリンダ，この学校の2年生です。今日は私たちが皆さんを連れてこの学校をご案内することになっています。／私たちの学校は2015年に建てられたので，まだ新しいです。今，私たちがいるのが体育館です。図書館からスタートして，図書館の利用の仕方を説明します。それから教室と音楽室を見て，最後に食堂へ行く予定です。そこで他の生徒や先生方と会うことになっています。／その後，歓迎会を開く予定です。／他にも皆さんにお伝えしたいことがあります。校舎の前で集合写真を撮影しましたよね。そのときの写真が欲しい方は，明日先生に申し出てください。何かご質問はありますか？　では出発しましょう。一緒に来てください。

Q１：「日本の生徒たちはどこで他の生徒や先生と会うか」―ウ.「食堂」

Q２：「日本の生徒たちは写真が欲しい場合，明日何をすればよいか」―「先生に伝えればよい」

2〔長文読解総合―会話文〕

≪全訳≫**1**ケイトとアオイは，今年の夏にアオイがホームステイプログラムに参加し，ロンドンのケイトの家に２週間滞在したときに友達になった。この冬，ケイトは東京のアオイを訪ね，一緒に新年の始まりを祝うことになっている。**2**12月31日。**3**ケイト(K)：それで，明日はどうするの？**4**アオイ(A)：元日は，たいてい神社やお寺に行ってお祈りをするの。初詣といって，新年の始まりを祝うために神社やお寺に初めて訪問するのよ。**5**K：なるほど。**6**A：日本の伝統的な衣服である着物を着た人がたくさんいるわ。ケイト，着物を着てみない？**7**K：着てみたいけど，持ってないわ。**8**A：大丈夫。着物を借りられるところがきっとあるわ。インターネットでチェックするわね。ほら，あったわ。この店は安いわね。一番安いので5000円。それに，オンライン予約だと10％割引よ。お店は午前10時から午後６時までやっていて，年中無休だって。ここから電車でたった３駅よ。あっ，ちょっと待って。３日前までに予約が必要なんだって。**9**K：じゃあ，もう間に合わないわね。**10**A：このお店は？　まだ大丈夫みたい。7000円からだけど，ほとんどのプランにヘアセットとお化粧がついてる。**11**K：いいわね。このお店は夜遅くまでやっているの？**12**A：毎日，午前９時から午後６時までだわ。**13**K：じゃあ，元日は着物を返すのにその時間までにそこに戻らないといけないのね？**14**A：実は，閉店の１時間前までに返さなくてはいけないんだって。どちらにしても，神社にそんなに遅くまでいないから，問題ないわ。**15**K：そうね。じゃあ，予約してくれる？**16**A：いいわ。あ，でもちょっと待って。大丈夫？　(B)予約する前に，まずお店に行って着物をいくつか見た方がいいかも。写真では違って見える場合があるから。**17**K：そうね。今から着物のお店に行けるかしら？**18**A：ええ，行きましょう。**19**K：やった！　とてもワクワクしてきたわ！**20**着物の店で。**21**K：わあ！　どれも本当にきれい！　１つだけ選ぶなんてできるかしら？**22**A：あそこの男の人にきいてみましょう。きっと手伝ってくれるわ。**23**K：そうね。すみません。**24**店員(C)：いかがされましたか，お客様？**25**K：明日，神社にお参りするのに着物を着たいんですけど，たくさんありすぎて。どれがいいかわからないんです。**26**C：そうですか。実は，日本の着物の模様を少し学ぶだけで，どれを着るかを決めるのに役立ちますよ。**27**A：着物の模様？**28**C：昔は，人は状況に応じて着物を選んだんですよ。**29**K：本当ですか？　もっと知りたいです。**30**A：私も。**31**C：わかりました。最近は３つの模様に人気があります。小紋，つけ下げと訪問着です。小紋が一番カジュアルだと言う人もいます。**32**A：どれが小紋ですか？**33**C：こういう感じのものです。小紋には普通，着物全体を覆う１つの繰り返しの模様がついています。**34**K：なるほど。どうやってこのような模様をつくるんですか？**35**C：ステンシルを使います。ステンシルというのは模様が切り抜かれたシートです。シートを生地の上に置き，穴から染料を入れます。すると，生地にカット模様が出てきます。36A：なるほど。かわいい！37K：私も好き。でも，初詣にそういう着物を着ていってもいいのかしら？　つまり，カジュアルすぎないかと思って。38C：最近は，前ほど形式を気にする人は多くないですよ。小紋で大丈夫だと思います。でも，もっと豪華なものを試してみたいのかもしれませんね。39A：そうなんです。あなたははるばる日本まで来たでしょう。家族や友達に本当に見せてあげたいものを着るべきよ。見て，これなんかどう？40K：うわあ，きれい。41A：これはつけ下げですか，それとも訪問着？42C：そちらはつけ下げです。よりフォーマルですね。小紋のように繰り返しの模様はありませんが，生地の下の端から上へと上がっていく模様があります。43K：わかりました。他のタイプのものはどうなんですか，たしか，ほう…？44C：訪問着ですね。これが最もフォーマルです。45A：それは訪問着ですか？46C：はい，そうです。47K：うーん…。私にはつけ下げとほとんど同じに見えます。48C：そうでしょうね。２つを明確に区別するのは難しいんです。普通，訪問着はつけ下げよりもずっと明るくてカラフルです。また，よく見ると，模様が縫い目で途切れることなく続いていることがわかります。49K：まあ…。このタイプの着物をつくるのに，多くの工程を踏んでいるのがわかるわ。50A：そうね。51K：ところで，この鳥をデザインした着物がたくさんあるのね。52A：ああ，鶴よ，ケイト。53K：じゃあ，これは人気のデザインなんですね？54C：はい，そうです。実は，日本の着物の模様には多くの意味があるんですよ。なぜ鶴がとても人気があるのかご存じですか？55A：よくわかりません…。何かいいことをもたらしてくれるからでしょうか？56C：そうです。昔から，鶴の寿命は千年で，長寿と幸運のしるしだと人々から思われているんです。57K：おもしろい。人は自分の気持ちとか自分の人生で大切なものを表現するためにデザインを選ぶんですね。58C：季節や，結婚式やお祭りのようなイベントにも関係していますね。59K：うーん…。赤と黄色の葉っぱのこれなんて私に似合いそうだけど，秋のデザインっぽくも見えちゃう。この時期にはどんなデザインがいいんですか？60C：そうですね，竹，松，梅の花は冬の着物の模様です。それらは全て，新年の富と幸運を意味します。61A：色はどうなんですか？　色にも意味があるのですか？62C：それはとてもいい質問ですね，お客様。着物に見られる色にはそれぞれ，私たちの文化に関係がある何かしらの意味があります。例えば，青い着物は虫を寄せつけないと信じている人もいます。なぜだと思いますか？63A：全然わからないです。64C：青は藍，つまりインディゴという植物からつくられているからで，インディゴは虫刺されの薬として使われていたんです。65K：なるほど。66C：色にはロマンチックな意味もあります。例えば，紫は変わることのない愛を意味します。これは，紫の染料をつくるために使われる植物が非常に長い根を持っているからです。67K：なんてすてきなんでしょう！　でも，まだどの色が私にとっていいのかわからないわ…。68C：着物で一番人気のある色はたぶん赤でしょう。その染料はベニバナ，つまりサフラワーからつくられています。赤は若さと美しさの象徴なので，若い女性にいいですよ。69K：なるほど。ああ，私，自分にぴったり合ったものを見つけたわ。このつけ下げを見て。松と梅の花のデザインよ。この梅の花の赤はすごくきれいね。70A：ばっちりね。じゃあ，予約しましょうよ。ケイト，お化粧もしてみる？71K：やってみたいわ。この着物体験は日本での最高の思い出の１つになるわね！明日が待ちきれない！72A：本当に好きなものが見つかってよかったわね。じゃあ，帰りましょう。お母さんが私たちのために晩ごはんをつくっているわ。

〔問１〕<適語選択>この日は12月31日で，着物は元日に着る予定である。直前の文から，３日前までに予約が必要だとわかるので，12月31日は too late「遅すぎる〔間に合わない〕」のである。

〔問２〕<要旨把握>「もしケイトとアオイが２番目の店で着物を借りたら，(　　)」―ア.「午後５時までに店に戻らなければならない」　第12段落および第14段落第１文参照。店は午後６時閉店で，その１時間前に着物を返さなくてはならない。

〔問３〕<文脈把握>直後に「写真では違って見える場合がある」とあることから，実際に店に行って借りる着物を見てから予約した方がよい，という内容の文が適する。

〔問４〕＜**英文解釈**＞下線部(C)は「(訪問着とつけ下げという)両者の間に明確な線を引く」という意味。「明確な線を引く」は「はっきり区別する」ということを意味しているので，エ.「どちらの着物がどちらなのかをはっきり区別する」が適切。この tell は「区別する」という意味。

〔問５〕＜**英問英答**＞「ケイトは赤と黄色の葉の着物を選ばなかった。なぜか？」―ウ.「着物のデザインが別の季節のものだったから」　第59段落第２文参照。

〔問６〕＜**要旨把握**＞「ケイトはどの着物を着るつもりか？」―イ．第69段落から，ケイトは松と梅の花のデザインのつけ下げを選んだことがわかる。また，第48段落より，縫い目で途切れることなく模様が続いているエが訪問着だとわかるので，つけ下げはイとわかる。

〔問７〕＜**内容真偽**＞ア.「昔の人々は，着物を選ぶ際の状況について考え，ケイトはそれをおもしろいと思った」…○　第28，29段落に一致する。　イ.「小紋をつくるため，人々はシートから模様を切り取り，切り取った部分に染料をつけ，デザインを印刷する」…×　第35段落参照。穴から染料を入れるのであり，切り取った部分に染料をつけるのではない。　ウ.「アオイは店員が小紋のフォーマルさを心配しているので，ケイトは小紋を選ぶべきではないと考えた」…×　第31段落最終文参照。店員は「小紋が一番カジュアルだと言う人もいる」と発言している。　エ.「人々は人気がある色のつけ下げを選ぶことで，自分の気持ちをはっきりと表現できる」…×　第57段落第２文参照。人々が自分の気持ちを表現できるのは，デザインを選ぶことによってである。オ.「ケイトとアオイは店員との話を通して，鶴が長寿と幸運の象徴であることを学んだ」…○　第56段落第２文に一致する。　カ.「どんな青い着物も昆虫を遠ざけるので，青い色は普通，インディゴという名前の植物からつくられる」…×　第64段落参照。因果関係が逆である。　キ.「赤は変わることのない愛の象徴で，ケイトはその考えが気に入ったので，赤い着物を選んだ」…×　第66段落第２文参照。変わることのない愛を象徴する色は紫である。　ク.「最後に皆にぴったり合った着物を見つけたので，アオイはケイトのために予約をした」…×　第69段落第２文参照。「皆」ではなくケイト自身である。

3〔**長文読解総合―説明文**〕

≪**全訳**≫❶皆さんはハワイに行ったことがあるだろうか。ハワイは日本人にとって最も有名で人気のある観光地の１つだ。ハワイは太平洋の北西部にあり，多くの島がある。有名なワイキキビーチがあるので，オアフ島のことを聞いたことがあるかもしれない。星の研究に興味があるなら，ビッグアイランド(ハワイ島)について何か知っているかもしれない。そこにはすばるという大型望遠鏡がある。それを使って多くの星が発見されている。❷今日，ハワイには100万人以上が住んでおり，毎年約1000万人がハワイを訪れる。(1)−a大海の真ん中にあるそんな小さな島々を誰が発見したのかご存じだろうか。この海域の北にある古い島々は約500万年前に形成され，南にある新しい島々はわずか50万年前に形成された。長い間，これらの島で暮らしたり，そこを訪れたりした人はいなかった。ハワイを発見した最初の人々はポリネシア人だったといわれている。太平洋の大きな三角形を考えてみよう。１つの角はニュージーランド，別の１つはイースター島，そして残りの１つはハワイだ。この大きな三角形はポリネシアと呼ばれる。もちろん，この場所のほとんどは海だが，ポリネシア文化圏はヨーロッパの３倍の広さだ。(1)−b例えば，ハワイとニュージーランドの間は約8000キロある。これは，ロンドンと，中国の首都ペキンとの間の距離に相当する。そのため，この大海の真ん中にそのような小さな島を見つけることは非常に難しいように思える。ある研究によると，ハワイを発見した最初の人々は，５世紀にマルケサス諸島から来たらしい。彼らはマルケサス諸島で幸せに暮らしていた。しかし，コミュニティが大きくなり，島が混み合ってきたため，新しい土地が必要になった。そこで，故郷を離れようと決心をした者がいた。

彼らはよく食料の魚を捕まえるために島を離れていたので，航海がとてもうまかった。彼らはシンプルだが非常にいいカヌーを持っていた。カヌーは平たい木の板でつながれた２つのボートでできていた。通常，３つか４つのカヌーが一緒に旅をし，各カヌーには15人以上が乗っていた。グループにそれだけいれば，新しい場所で新しい生活を始めるのに十分だった。彼らは旅を始めたとき，コースについて注意深く考えた。彼らは星についてもよく知っていたので，夜でもどの方向に行くべきかを知ることができた。暗闇の中で，彼らはお互いの居場所を知らせるために大きな音を立てた。(1)－cこれらの技量のおかげで，彼らはあれほどの長い距離を旅することができたのだ。新しい土地を見つけるために，彼らは手がかりを求めた。空を飛んでいる鳥や海に浮かぶ葉を見つけたら，すぐそこまで来ているとわかった。**3**こうして，ポリネシアの人々が最初に新しい世界に上陸し，そこをハワイと呼んだ。ハワイという名前は「ハヴァイキ」という言葉に由来している。ポリネシアの文化には，全ての人がそこから来て死後に戻るという場所があった。それが「ハヴァイキ」だった。その後長年をかけて，彼らはハワイの主な島全体に広がっていった。彼らの慣習や生活様式については，ほんの少ししか知られていない。しかし，現在，タヒチの人々が1000年頃に上陸するまでの数百年間，そこに住んでいたのは彼らだけだったことがわかっている。次の数世紀の間，各島は異なる首長によって統治された。／→ウ．1700年代後半，１人の首長，首長カメハメハが権力を持ち始めた。／→イ．一つ一つ，彼は各島を統治し始めた。／→オ．1810年までに，彼はそれら全ての島々を支配し，最初のハワイ王となった。／→エ．その10年後，何人かのアメリカ人がハワイにやってきた。／→ア．彼らは学校を開き，ハワイの人に英語の話し方を教えた。それまでハワイには文字がなかったので，彼らはハワイ語の文字体系もつくった。**4**1860年，日本船「咸臨丸」がハワイにやってきた。それはアメリカへ向かう途中だった。日本人がハワイの人々と公式に出会ったのは，まさにこれが初めてだった。それ以前，ひどい悪天候のために船を失い，ハワイに来た日本人がいた。だから，ハワイの人はすでに日本人のことを知っており，日本人に好印象を持っていた。当時，ハワイは他国の人々を労働者として招いていた。ハワイ王は咸臨丸の人々と出会うと手紙を書き，日本の指導者にそれを渡すように頼んだ。船には，艦長の勝海舟，従者の福沢諭吉，通訳の中浜万次郎などの有名人が乗っていた。万次郎は若い頃，ある事情で長年アメリカに住んでいたので，英語を話した。彼らは日本に戻ると，その手紙を政府に渡した。当時，日本は大きな変化を経験していた。手紙を受け取った日本の指導者たちはとても忙しかったので，その手紙をどう扱うかを考える十分な時間がなかった。しかし，1868年，153人の日本人がサトウキビ畑で働くためにハワイに送り込まれた。これがハワイに住む日本人の始まりだった。1894年までに29069人もの日本人がハワイに移住し，その後30年間で19万人近くがこれに続いた。ある報告によれば，1930年にハワイに住んでいた全ての人々の42.7％が日本人だった。今でも，ハワイには18万人以上の日本人が住んでおり，白人，フィリピン人に次いで３番目に大きなグループだ。**5**最初の日本人がハワイで生活し始めたとき，多くの困難に直面したが，その主な理由は英語が話せなかったからだ。しかし，彼らはお互いに協力しただけでなく，地元のハワイ人やハワイ在住の他の外国人とも協力した。彼らの努力のおかげで，日本人は少しずつハワイのコミュニティのメンバーになった。今，ハワイでの彼らの努力の成果を見ることができる。例えば，ハワイには日本のお寺や神社がある。その日の昼食が必要な場合，どのスーパーでも弁当やおむすびを買える。だから，いくつかの日本の伝統はハワイの文化の一部となっているといえる。ハワイのコミュニティには，日本だけでなく外国の文化も混ざり合っていることが感じられる。このことは，ハワイの歴史を通してさまざまな人々がこれらの島々にやってきたからだ。そんなわけで，ハワイは世界で最もすばらしい場所の１つなのである。そこでは，さまざまな人が平和に共存している。ハワイでは，美しいビーチ以上のものを楽しむことができるのである。

〔問１〕＜適文選択＞(1)－a．この３文後に，ハワイを最初に発見したのはポリネシア人だと述べられている。したがって，誰が島々を見つけたのかという問題提起が適する。　(1)－b．直後に「これは，ロンドンと，中国の首都ペキンとの間の距離に相当する」とあるので，具体的な距離がその直前に書かれていると判断できる。　(1)－c．この前には，コースを読み取ること，星の位置を利用して航海すること，暗闇の中で自分たちの居場所を伝えるために大きな音を立てることが述べられている。⑤の these skills「これらの技量」は，この３つの内容を受けている。

〔問２〕<整序結合>続く文と語群から，「それらの島で暮らしたり，島を訪れたりした人はいなかった」という内容になると推測できる。そこで，'there ～'「～がある」の形を用いて there were no people と始める。この後，no people を先行詞とする関係代名詞 who を置き，これに続けて lived on を置く。lived on or visited these islands は，lived on と visited が共通に these islands を目的語としている。　… there were no people who lived on or visited these islands「これらの島で暮らしたり，そこを訪れたりした人はいなかった」

〔問３〕<文整序>イとオの he はウの Chief Kamehameha を指すと考えられるので，ウはイとオに先行する。また，首長カメハメハは各島を統治し始めた後に全島を支配した，という順になるので，イの後にオがくる。アの They はエの some people from America を指すので，エ→アの順が確定する。また，起こった順番から，ウ→イ→オはエ→アに先行する。

〔問４〕<条件作文>その後，ハワイへの移住が始まったとあることや，日本人に好印象を持っていたとあることから，日本との友好的な関係を築きたいという内容が適する。

〔問５〕<要旨把握>下線部(5)の具体例は，前後で述べられている。ここには，イ．「日本人はハワイの文化に影響を与え，文化を豊かにしてきた」，ウ．「日本人はハワイの歴史を通して日本の文化を広めてきた」，エ．「日本人はハワイで他の人と暮らすために一生懸命(協力して)働いてきた」とあるが，ア．「日本人は自分たちだけで新しいハワイの伝統を築いてきた」とは書かれていない。

〔問６〕<内容真偽>ア．「ビッグアイランドでは星がたくさん見えるので，そこについて知っている人々は星の研究に非常に興味を持っている」…×　第１段落最後の３文参照。因果関係が逆である。　イ．「ある調査によると，ハワイを発見した最初の人々は，ポリネシアの三角形の別の角からはるばるやってきた」…×　第２段落の(1)－b の３文後と地図参照。マルケサス諸島は角にはない。　ウ．「マルケサス諸島の人々は，コミュニティの人数が多すぎるときポリネシアを離れた」…×　第２段落の(1)－b の２～４文前と３～５文後参照。ハワイもポリネシアに含まれている。　エ．「人々がマルケサス諸島を離れたとき，ほとんどの場合，45人を超える人々が一緒に旅行し，新しい世界で新しい生活を始めた」…○　第２段落の(1)－c の４，５文前に一致する。　オ．「航行中，カヌーに乗った人々は大きな音を立てて，新しい土地に近づいていることを知らせた」…×　第２段落の(1)－c の直前の文参照。大きな音を立てた理由は，暗闇の中で，お互いの居場所を知らせるためである。　カ．「ポリネシアの人々は新しい土地を発見したとき，そこに自分たちの文化に由来する名前をつけた」…○　第３段落第１～４文に一致する。　キ．「咸臨丸がハワイを訪れる前，日本人がハワイの人々の面倒をみるためにときどきハワイにやってきた」…×　「面倒をみるために」という記述はない。　ク．「1930年，多くの人々が日本からハワイに移ったため，日本人の40％以上がハワイに住んでいた」…×　第４段落最後から２番目の文参照。ハワイの人口の42.7％が日本人だったのである。

4〔条件作文〕

少年が自動翻訳機を使ったところ，「あめ(雨)」を「あめ(飴)」と訳され，少女が理解できないという状況。まずこの状況を説明したうえで，自動翻訳機を使うことのよしあしなどについての自分の考えを述べればよい。

数学解答

1 〔問１〕 $\frac{7\sqrt{2}}{4}$

〔問２〕 $(x-3)(x-8)$　〔問３〕 3

〔問４〕 $\frac{5}{18}$　〔問５〕 右下図

2 〔問１〕 $y=-\frac{3}{4}x+\frac{5}{2}$

〔問２〕 (1) $\frac{4}{3}$　(2) $-\frac{10}{7}$

3 〔問１〕 10°

〔問２〕

(1) (例)△HCDと△AFIにおいて，CH∥BDより，平行線の錯角は等しいので，∠HCD＝∠BDC……① 点Aと点Cを結ぶ。$\overset{\frown}{BC}$に対する円周角は等しいので，∠BDC＝∠BAC……② AB∥GCより，平行線の錯角は等しいので，∠BAC＝∠GCA……③ $\overset{\frown}{AG}$に対する円周角は等しいので，∠GCA＝∠AFG すなわち，∠GCA＝∠AFI……④ ①〜④より，∠HCD＝∠AFI……⑤ ここで，線分CGを，点Gの方向へ延長した直線上に点Jをとる。点Cと点F，点Dと点Gをそれぞれ結ぶ。$\overset{\frown}{CG}$に対する円周角は等しいので，∠CDG＝∠CFG $\overset{\frown}{FG}$に対する円周角は等しいので，∠FDG＝∠FCG よって，∠CDG＋∠FDG＝∠CFG＋∠FCG……⑥ ∠FGJは△CFGの外角であるから，∠CFG＋∠FCG＝∠FGJ……⑦ 一方，∠CDF＝∠CDG＋∠FDG……⑧ ⑥，⑦，⑧より，∠CDF＝∠FGJ すなわち，∠CDH＝∠FGJ……⑨ AB∥GCより，平行線の同位角は等しいので，∠FGJ＝∠FIA……⑩ ⑨，⑩より，∠CDH＝∠FIA……⑪ ⑤，⑪より，２組の角がそれぞれ等しいから，△HCD∽△AFI

(2) $\frac{10\sqrt{19}}{9}$cm

4 〔問１〕 $\frac{3\sqrt{2}}{2}$cm　〔問２〕 $\frac{72}{5}$cm²

〔問３〕 3：5

(例)

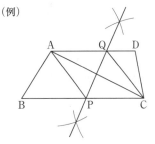

1 〔独立小問集合題〕

〔問１〕＜平方根の計算＞$\frac{\sqrt{7}-\sqrt{12}}{\sqrt{2}}=\frac{(\sqrt{7}-\sqrt{12})\times\sqrt{2}}{\sqrt{2}\times\sqrt{2}}=\frac{\sqrt{2}(\sqrt{7}-2\sqrt{3})}{2}=\sqrt{2}\left(\frac{\sqrt{7}}{2}-\sqrt{3}\right)$だから，与式$=\sqrt{2}\left(\frac{\sqrt{7}}{2}-\sqrt{3}\right)\left(\frac{\sqrt{7}}{2}+\sqrt{3}\right)+\sqrt{18}=\sqrt{2}\left(\frac{7}{4}-3\right)+3\sqrt{2}=\sqrt{2}\times\left(\frac{7}{4}-\frac{12}{4}\right)+3\sqrt{2}=\sqrt{2}\times\left(-\frac{5}{4}\right)+3\sqrt{2}=-\frac{5\sqrt{2}}{4}+\frac{12\sqrt{2}}{4}=\frac{7\sqrt{2}}{4}$となる。

〔問２〕＜因数分解＞与式$=\frac{4x^2-24x+36}{4}-5x+15=x^2-6x+9-5x+15=x^2-11x+24=(x-3)(x-8)$

〔問３〕＜関数＞まず，直線$y=-x+a+3$と直線$y=4x+a-7$の交点の座標を求める。２式より，$-x+a+3=4x+a-7$，$-5x=-10$，$x=2$となり，$y=-2+a+3$，$y=a+1$となるから，２直線の交点の座標は$(2,\ a+1)$である。放物線$y=x^2$が点$(2,\ a+1)$を通るから，$a+1=2^2$が成り立ち，$a=3$である。

〔問4〕＜確率―さいころ＞大小1つずつのさいころを同時に1回投げるとき，目の出方は全部で6×6＝36(通り)あるから，a，bの組は36通りある。$(a+b)\div a=1+\dfrac{b}{a}$ だから，$a+b$ を a でわったときの余りが1になるのは，b を a でわったときの余りが1のときである。このような a，b の組は，$(a,\ b)=(2,\ 1)$，$(2,\ 3)$，$(2,\ 5)$，$(3,\ 1)$，$(3,\ 4)$，$(4,\ 1)$，$(4,\ 5)$，$(5,\ 1)$，$(5,\ 6)$，$(6,\ 1)$ の10通りある。よって，求める確率は $\dfrac{10}{36}=\dfrac{5}{18}$ である。

〔問5〕＜図形―作図＞右図で，四角形APCQはひし形だから，対角線AC，PQはそれぞれの中点で垂直に交わる。よって，線分ACの垂直二等分線を作図して，辺BCとの交点をP，辺ADとの交点をQとすればよい。解答参照。

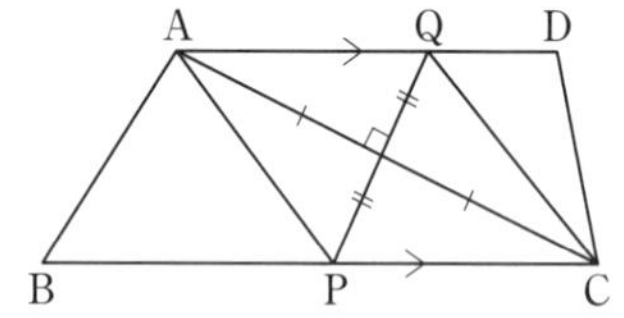

2 〔関数―関数 $y=ax^2$ と直線〕

≪基本方針の決定≫〔問2〕(1)　△CGHと△BFGの面積の比に着目する。

〔問1〕＜直線の式＞右図1で，点Bは放物線 $y=x^2$ 上にあって x 座標は $\dfrac{5}{4}$ だから，$y=\left(\dfrac{5}{4}\right)^2=\dfrac{25}{16}$ より，$\mathrm{B}\left(\dfrac{5}{4},\ \dfrac{25}{16}\right)$ である。また，点Eは線分OAの中点だから，OA＝2OEであり，直線DEの傾きは $-\dfrac{3}{2}$ だから，$\mathrm{OD}=\dfrac{3}{2}\mathrm{OE}$ である。よって，$\mathrm{OD}:\mathrm{OA}=\dfrac{3}{2}\mathrm{OE}:2\mathrm{OE}=3:4$ だから，直線 l の傾きは $-\dfrac{\mathrm{OD}}{\mathrm{OA}}=-\dfrac{3}{4}$ である。直線 l の式を $y=-\dfrac{3}{4}x+b$ とおくと，点Bを通ることより，$\dfrac{25}{16}=-\dfrac{3}{4}\times\dfrac{5}{4}+b$，$b=\dfrac{5}{2}$ となるから，直線 l の式は $y=-\dfrac{3}{4}x+\dfrac{5}{2}$ である。

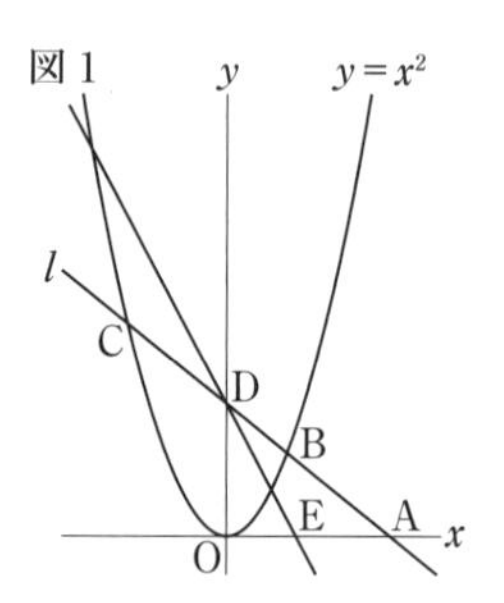

〔問2〕＜交点の座標，傾き―相似＞(1)右図2のように，2点B，Hから直線 m に垂線BJ，垂線HKを引く。△BCH：△BFG＝13：4だから，△BCH＝13S，△BFG＝4S とおける。また，2点C，Fは放物線 $y=x^2$ 上にあって，CF∥〔x 軸〕だから，2点C，Fは y 軸について対称であり，CG＝FGである。よって，△BCG＝△BFG＝4S であり，△CGH＝△BCH－△BCG＝13S－4S＝9S となる。△CGHと△BFGで，辺CG，辺FGをそれぞれの底辺とすると，CG＝FGだから，△CGH：△BFG＝9S：4S＝9：4より，HK：BJ＝9：4である。∠HGK＝∠BGJ，∠HKG＝∠BJG＝90°より，△GHK∽△GBJだから，KG：JG＝HK：BJ＝9：4となる。

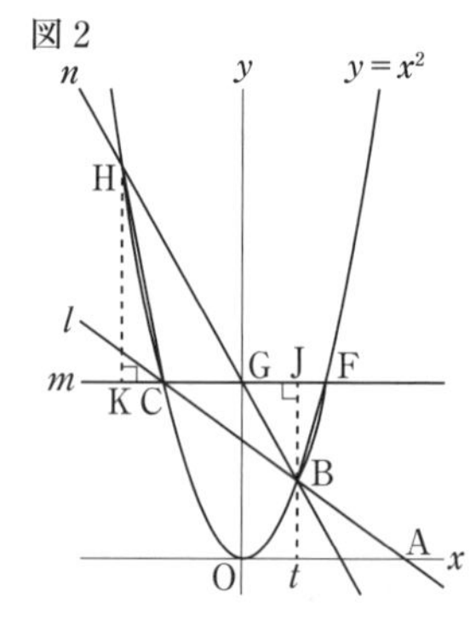

点Bの x 座標は t だから，JG＝t より，$\mathrm{KG}=\dfrac{9}{4}\mathrm{JG}=\dfrac{9}{4}t$ となり，点Hの x 座標は $-\dfrac{9}{4}t$ である。2点B，Hは放物線 $y=x^2$ 上にあるから，$y=t^2$，$y=\left(-\dfrac{9}{4}t\right)^2=\dfrac{81}{16}t^2$ より，$\mathrm{B}(t,\ t^2)$，$\mathrm{H}\left(-\dfrac{9}{4}t,\ \dfrac{81}{16}t^2\right)$ となる。よって，直線 n の傾きは $\left(t^2-\dfrac{81}{16}t^2\right)\div\left\{t-\left(-\dfrac{9}{4}t\right)\right\}=-\dfrac{5}{4}t$ と表せる。これが $-\dfrac{5}{3}$ だから，$-\dfrac{5}{4}t=-\dfrac{5}{3}$ より，$t=\dfrac{4}{3}$ となる。　(2)右図3で，2点B，Cから x 軸に垂線BM，垂線CNを引く。∠ABI＝∠CBG，∠BAI＝∠BCGより，△BAI∽△BCGだ

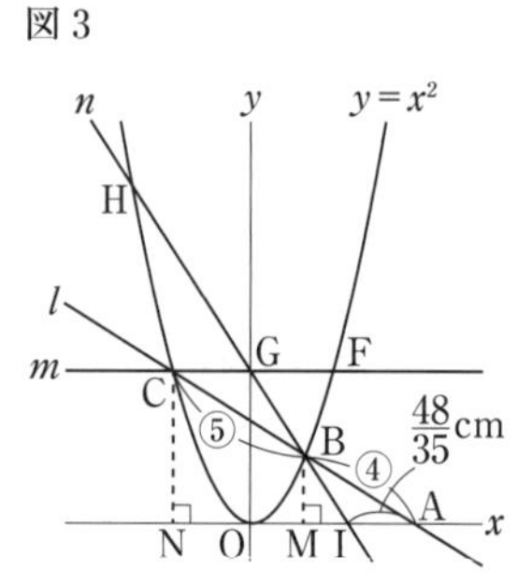

から，AI：CG＝AB：BC＝4：5であり，$CG=\frac{5}{4}AI=\frac{5}{4}\times\frac{48}{35}=\frac{12}{7}$となる。よって，点Cの$x$座標は$-\frac{12}{7}$だから，$y=\left(-\frac{12}{7}\right)^2=\frac{144}{49}$より，$C\left(-\frac{12}{7},\ \frac{144}{49}\right)$となり，$G\left(0,\ \frac{144}{49}\right)$である。また，∠CNA＝∠BMA＝90°，∠CAN＝∠BAMより，△CNA∽△BMAだから，CN：BM＝AC：AB＝(4＋5)：4＝9：4だから，$BM=\frac{4}{9}CN=\frac{4}{9}\times\frac{144}{49}=\frac{64}{49}$である。これより，点Bの$y$座標は$\frac{64}{49}$である。点Bは放物線$y=x^2$上にあるから，$\frac{64}{49}=x^2$，$x=\pm\frac{8}{7}$より，点Bの$x$座標は$\frac{8}{7}$であり，$B\left(\frac{8}{7},\ \frac{64}{49}\right)$である。したがって，直線$n$の傾きは$\left(\frac{64}{49}-\frac{144}{49}\right)\div\left(\frac{8}{7}-0\right)=-\frac{10}{7}$となる。

3〔平面図形―円〕

〔問1〕＜角度＞右図1で，点Aと点Dを結ぶと，$\overset{\frown}{BC}:\overset{\frown}{BD}=1:6$より，∠BDC：∠BAD＝1：6だから，$\angle BDC=\frac{1}{6}\angle BAD$である。AB＝DB，∠ABD＝60°より，△ABDは正三角形だから，∠BAD＝60°である。よって，$\angle BDC=\frac{1}{6}\times60^\circ=10^\circ$となる。

図1

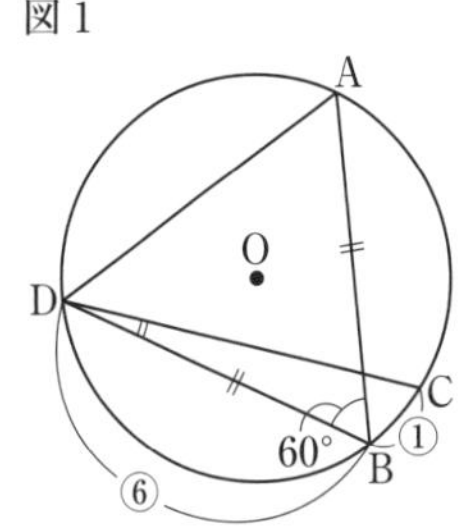

〔問2〕＜論証，長さ―相似＞(1)右下図2の△HCDと△AFIで，2組の角がそれぞれ等しいことを示せばよい。点Aと点Cを結ぶと，同じ弧に対する円周角，平行線の錯角が等しいことから，∠HCD＝∠AFIが導ける。次に，線分CGの延長上に点Jをとり，2点C，F，2点D，Gをそれぞれ結ぶ。∠CDH＝∠CDG＋∠FDGであり，△CFGで内角と外角の関係より，∠CFG＋∠FCG＝∠FGJである。これに着目して，∠CDH＝∠FIAを示す。解答参照。　(2)右下図3のように，2点F，B，2点E，Dをそれぞれ結ぶ。辺CEは円Oの直径だから，∠CDE＝90°である。よって，∠CDE＝∠CHDであり，∠DCE＝∠HCDだから，△DCE∽△HCDとなる。また，(1)より，△HCD∽△AFIだから，△AFI∽△DCEとなり，FI：CE＝FA：CDである。∠FAI＝∠CHD＝90°だから，線分FBは円Oの直径であり，FB＝CE＝2OC＝2×5＝10である。△AFBで三平方の定理より，$FA=\sqrt{FB^2-AB^2}=\sqrt{10^2-9^2}=\sqrt{19}$となる。したがって，$FI:10=\sqrt{19}:9$が成り立つ。これを解くと，$9FI=10\sqrt{19}$より，$FI=\frac{10\sqrt{19}}{9}$(cm)となる。

図2

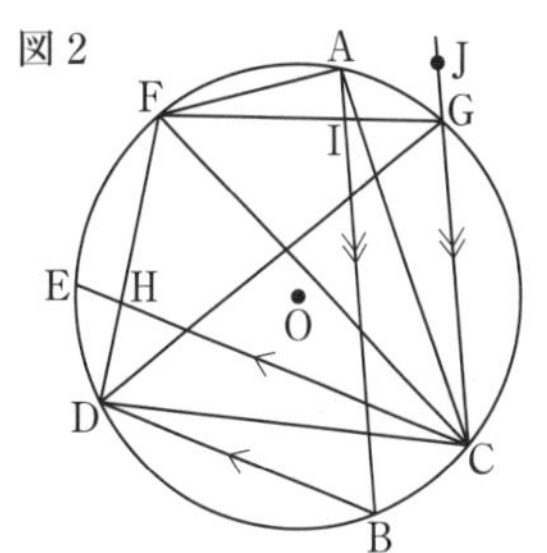

図3

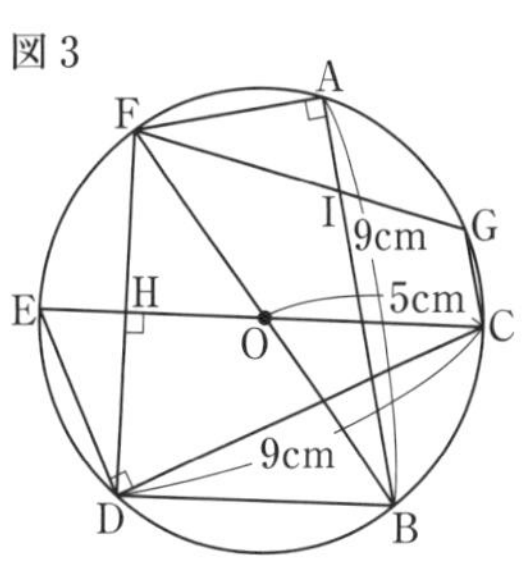

4〔空間図形―四面体〕

〔問1〕＜長さ―平行線と線分の比＞右図1で，OB⊥OC，OC⊥OAより，OC⊥〔面OAB〕であり，FE⊥〔面OAB〕だから，FE∥OCである。よって，点Fは平面ODC上にあるから，線分OD上にある。FE∥OC，CE＝EDより，$OF=FD=\frac{1}{2}OD$である。OA⊥OB，OA＝OBより，△OABは直角二等辺三角形であり，点Dは辺ABの中点だから，△OADも直角二等辺三角形である。したがって，$OD=\frac{1}{\sqrt{2}}OA=\frac{1}{\sqrt{2}}\times6=3\sqrt{2}$となるから，$OF=\frac{1}{2}\times3\sqrt{2}=\frac{3\sqrt{2}}{2}$(cm)となる。

図1

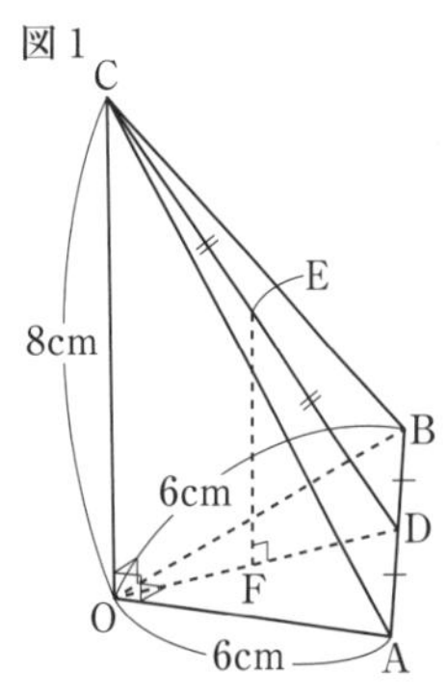

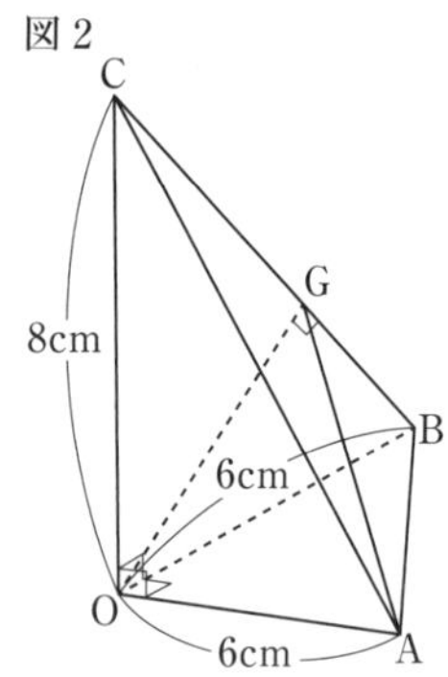

〔問２〕＜面積―三平方の定理＞右図２で，OA⊥OB，OC⊥OA より，OA⊥〔面 OBC〕だから，∠AOG＝90°である。よって，$\triangle OAG=\frac{1}{2}\times OA\times OG$ であり，OA＝6 だから，△OAG の面積が最も小さくなるのは，OG が最も小さくなるときである。このとき，OG⊥BC である。∠BGO＝∠BOC＝90°，∠OBG＝∠CBO より，△BGO∽△BOC だから，OG：CO＝OB：CB となる。△BOC で三平方の定理より，$CB=\sqrt{OC^2+OB^2}=\sqrt{8^2+6^2}=\sqrt{100}=10$ だから，OG：8＝6：10 が成り立ち，10OG＝8×6 より，$OG=\frac{24}{5}$ となる。したがって，$\triangle OAG=\frac{1}{2}\times6\times\frac{24}{5}=\frac{72}{5}$(cm²)である。

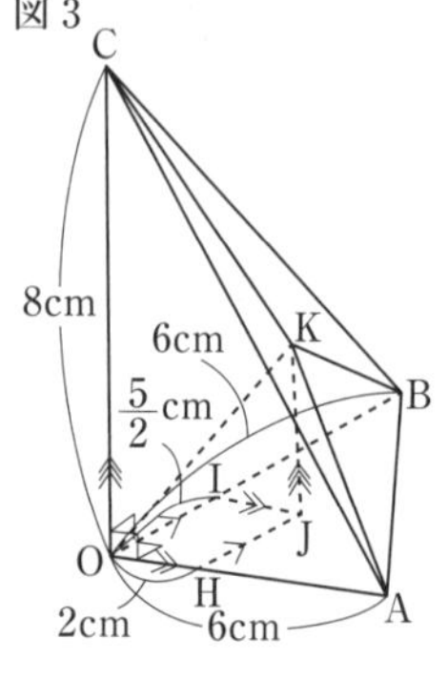

〔問３〕＜体積比＞右図３で，JK∥OC，OC⊥〔面 OAB〕より，JK⊥〔面 OAB〕だから，点Kと２平面 OAC，OBC との距離は，それぞれ点Jと２平面 OAC，OBC との距離に等しい。HJ∥OI，IJ∥OH，OH⊥OI より，四角形 OHJI は長方形だから，$HJ=OI=\frac{5}{2}$，IJ＝OH＝2 であり，点Kと２平面 OAC，OBC との距離はそれぞれ$\frac{5}{2}$cm，２cm である。これより，W＝〔四面体 KOAC〕＝$\frac{1}{3}\times\left(\frac{1}{2}\times6\times8\right)\times\frac{5}{2}=20$，〔四面体 KOBC〕＝$\frac{1}{3}\times\left(\frac{1}{2}\times6\times8\right)\times2=16$ である。また，〔四面体 OABC〕＝$\frac{1}{3}\times\left(\frac{1}{2}\times6\times6\right)\times8=48$ だから，V＝〔四面体 KOAB〕＝〔四面体 OABC〕－〔四面体 KOAC〕－〔四面体 KOBC〕＝48－20－16＝12 となる。よって，V：W＝12：20＝3：5 である。

＝読者へのメッセージ＝

2では，直線の傾きを図形の性質として理解することが解決の糸口となりました。高校の数学では，図形の性質を関数を利用して調べます。

国語解答

一 (1) しょうこ (2) きょそ
(3) せつれつ (4) しんちょく
(5) じじょうじばく

二 (1) 結 (2) 背信 (3) 一頭地
(4) 金輪際 (5) 博覧強記

三 〔問1〕 ア 〔問2〕 ウ
〔問3〕 イ
〔問4〕 アンモナイトの化石をとり出す作業に集中していたが，自分がハンマーを振り下ろすのをやめた途端に現実世界に引き戻された様子。(60字)
〔問5〕 エ 〔問6〕 エ

四 〔問1〕 人間は，「同じ」という概念を得て，同じものを指し示し，他者と交流できるように言葉を生み出した。(47字)
〔問2〕 ウ 〔問3〕 エ
〔問4〕 イ
〔問5〕 (例)「人間の情報化」が進むことで，コミュニケーションにおける誤解が生じやすい世界になっていく。例えば，SNSなどにおける情報は，実際に発した言葉や態度の情報のみであって，生身の人間の表情や雰囲気が失われている。そして，その情報が過剰に表現されていくことで，実際に伝えたかったことや言葉の真意が伝わらずに誤解が生じ，さまざまな問題が引き起こされている。／このように，「人間の情報化」は人間どうしの直接的なやりとりよりも誤解が生まれやすい。したがって，人間が本当に求めている世界にはならないと考える。(248字)

五 〔問1〕 ウ 〔問2〕 ア
〔問3〕 気がかり〔心配／不安〕
〔問4〕 物を見る， 〔問5〕 エ

一 〔漢字〕

(1)「性懲り」は，心の底から本当に二度とするまいと思うこと。 (2)「挙措」は，立ち居振る舞いのこと。 (3)「拙劣」は，下手であること。 (4)「進捗」は，物事が順調に進むこと。 (5)「自縄自縛」は，自分の縄で自分を縛ることから，自分の言葉や行動によって，自分自身の動きが取れなくなること。

二 〔漢字〕

(1)音読みは「結合」などの「ケツ」。他の訓読みは「むす(ぶ)」。 (2)「背信」は，信頼を裏切ること。 (3)「一頭地を抜く」で，他のたくさんの人より，一段優れていることを表す。 (4)「金輪際」は，下に打ち消しの言葉を伴って，もうこれ以上はないことを表す。 (5)「博覧強記」は，広く古今東西の書物を見て，物事をよく知りまた覚えていること。

三 〔小説の読解〕出典；伊与原新『アンモナイトの探し方』。

〔問1〕<心情>朋樹は，最初は古くておもしろみのない博物館の存在が，戸川にとってどれほど大切なのかが理解できなかった。しかし，朋樹は，博物館の収蔵庫で，いろいろな場所でいろいろな人が集めたアンモナイトの標本の多さを見て，アンモナイトの研究に携わった人たちの熱意や年月の重みに驚き，圧倒されて大きく息を吐いたのである。

〔問２〕<心情>「怯む」は，心がくじける，という意味。「この件」とは，戸川がダム建設に反対したことである。ダム建設で化石産出地が失われたことを記したパネルが外されて，博物館の裏の物置にあったことを話すと，戸川は怒るかもしれないという思いが，朋樹にはあった。さらに，戸川が館長を辞めることになったダム建設の話をしたら，戸川は気分を害するかもしれないと感じたが，戸川がダム建設に反対した理由を戸川自身の口から直接聞きたいと，朋樹は思ったのである。

〔問３〕<文章内容>朋樹は，博物館のアンモナイトのたくさんの標本を見た驚きを，戸川に伝えたかったが，うまく言葉にすることはできなかった。朋樹は，自分がどういうことに心を動かされたのかが自分でもはっきりとはわからないので，自分の思いついたことを戸川に次々に質問していくことで，自分の思いがわかってくるのではないかと思ったのである。

〔問４〕<文章内容>朋樹は，ノジュールを見つけ，アンモナイトの化石をとり出そうとハンマーを握りしめて作業に集中していた。ハンマーでたたくことをやめた途端に，騒々しいほどのセミの声が耳に入ってきて，朋樹は，セミが鳴いていることに初めて気づいたのである。

〔問５〕<心情>朋樹は，自分は受験をしたいのか，本当に自分のやりたいことは何なのか，自分の気持ちがわからないと思った。しかし，ハンマーを打ちつけている間は，朋樹の思いなど消え去っていく。朋樹は，とにかく目の前のことに集中することにしたのである。

〔問６〕<表現>朋樹は，自分が受験したいのか，自分が何をしたいのか，自分の気持ちがまだ何もはっきりしていないが，このままでいたくはないと思い始めているから，「精神的に幼い少年」ではない(ア…×)。本文の最後の場面で「キンキンキン」という擬音語が繰り返し使われているが，そこから，アンモナイトの化石をとり出そうと無心になっている朋樹の様子がわかる(イ…×)。朋樹は，戸川と出会って，アンモナイトの研究に携わった多くの人や長い年月に圧倒されたが，「自身の知らない世界に憧れ」ているわけではない(ウ…×)。朋樹は，「言葉じりを軽くしようと」現代っ子ふうの言葉を使い，戸川にいろいろな質問をすることで，自分の思いを確かめようとしており，また，戸川は，朋樹に合わせるのではなく，自分の考えを朋樹に話していき，アンモナイトの化石をともに掘り出している(エ…○)。

四〔論説文の読解―自然科学的分野―科学〕出典；養老孟司『AI無脳論』。

≪本文の概要≫AIが，人間を超えることはない。AIは，特定のジャンルで人間を超えることはあるが，人間がAIと勝負する必要はない。AIは生物ではないし，脳の観点から見れば，人間とAIは全くの別物であり，AIが，人間の脳を本質的に超えることはない。ただし，AIのデジタル処理のあり方は，「人間の存在」を大きく規定する。つまり，人間が，「情報化」されていく。動物は，「同一である」ことを理解できないが，人間は，「意識＝理性」によって「同じ」という概念を獲得し，「等価交換」が可能になり，言葉やお金や民主主義を生み出した。人間は，成長するにつれて，「同じ」概念を獲得し，相手の立場に立つことができる。現代は，脳の機能である「意識」がつくり出す「脳化社会」であり，社会がほとんど脳そのものになったのが，「情報化社会」である。デジタル化によって，社会の「脳化」は鮮明になり，世界が究極的な理性主義になっている。「理性」を突き詰めたのがコンピューターであり，それはAIに行きつくが，デジタル世界という「同じ」を突き詰めると，無意味なものが認められなくなる。デジタル化を追求すると，関係のないものはそぎ落とされ，データだけが必要とされるからであるが，これは，生身の人間をノイズと判断する「人間の情報化」につながる。デジタル的な理性一辺倒の世界は，本来の人間には合わないものである。

〔問1〕<文章内容>人間は，「同じ」という概念を獲得したから，「同じ」ものをある言葉で名づけることによって，言葉でお互いに意思を通わせることができるようになったのである。例えば，夏に太陽に向かって花開く黄色い花を「ひまわり」と名づけることで，人々は，その言葉で，同じ花を思い浮かべることができるようになったのである。

〔問2〕<文章内容>三歳児は，現在の自分の知識が全てで物事を考えるけれども，五歳児になると，相手の立場に立って物事を考えることができるようになる。他の人の「心」を推察できるように発育していくのだから，「心の理論」なのである。

〔問3〕<文章内容>「脳化社会」とは，「脳の機能である『意識』が創り出す社会」という意味である。現代の人間社会は，自然と異なる「意識」が生み出した，人間にとって都合がよい人工物に囲まれている。

〔問4〕<文章内容>現代の都市は，「同じ」であることを突き詰めるから，同じような空間であり，天気に左右されることはなく，不快なものが排除され，そこには無意味と思われるものは何もなくなる。だから，それぞれの人は「同じ」ように感じるだけで，自分独自の感覚が失われていくのである。

〔問5〕<作文>「人間の情報化」とは，一人の人間を身体を持っている生身の人間としてとらえるのではなく，システムに取り込める「データ」として見ることである。また，そうした世界をどう思うか自分の考えをまとめる。誤字に気をつけて，字数を守って書くこと。

五〔説明文の読解─芸術・文学・言語学的分野─文学〕出典；久保田淳『西行　長明　兼好─草庵文学の系譜─』。

〔問1〕<文章内容>為家は，白洲の末に立つ一本松を月が照らしているとよむ。為家から見れば，松は，遠い所に存在していて，ただ眺めるものであり，物理的にも心理的にも遠いものである。

〔問2〕<文章内容>西行は，友のいない存在として，松に親近感を抱くけれども，西行にとって松は松であり，自分の孤独さを自覚させるはたらきをするものにすぎない。西行は，松に呼びかけることで，改めて自分の孤独を感じ，自分の呼びかけるという行動の意味を，改めて感じることになる。

〔問3〕<古語>「おぼつかなし」は，対象がぼんやりしていてつかみどころがないということから，気がかりだ，心配だ，不安だ，という意味を表す。

〔問4〕<和歌の内容理解>恋心だけをよんだ村上天皇に対し，西行は，「月」を見ることでよりいっそう自分の心が乱れるとよんでいる。つまり，西行の歌には，「物を見る，あるいは聞くことによって，内へ内へととぐろを巻いてゆく思念」が表現されているのである。

〔問5〕<要旨>Aの歌は，松に友のいない自分の姿を見てはいるけれども，松はあくまでも松であり，自分の「孤独さを自覚させる働き」をしたにすぎず，歌う対象の松に「人間そのものを見て同化しよう」とはしていない(ア…×)。Dの歌は，つがいではない鴛鴦をよむことで，西行は自分の姿を見ていることになるが，孤独を乗り越えるのではなく，鴛鴦を自分に引きつけて見ることで，自分が孤独だと自覚しているのである(イ…×)。Eの歌は，仲間とはぐれて風の中を飛んでいく雁に，西行は自身の境涯を見ており，一羽で飛ぶ雁に，孤独に旅をする西行の姿が重なるのである(ウ…×)。Fの歌は，陸奥のさらに奥に行ってみたいとよむものであるが，よむ対象に自分を重ねるのではなく，異質なものを異質なものとして客観的によみ込んだものである(エ…○)。

Memo

●2020年度

東京都立高等学校

共 通 問 題

【社会・理科】

2020年度 東京都立高等学校（共通問題）

【社　会】（50分）〈満点：100点〉

1　次の各問に答えよ。

〔問１〕　次の図は，神奈川県藤沢市の「江の島」の様子を地域調査の発表用資料としてまとめたものである。この地域の景観を，●で示した地点から矢印 ⬋ の向きに撮影した写真に当てはまるのは，下の**ア**～**エ**のうちではどれか。

発表用資料

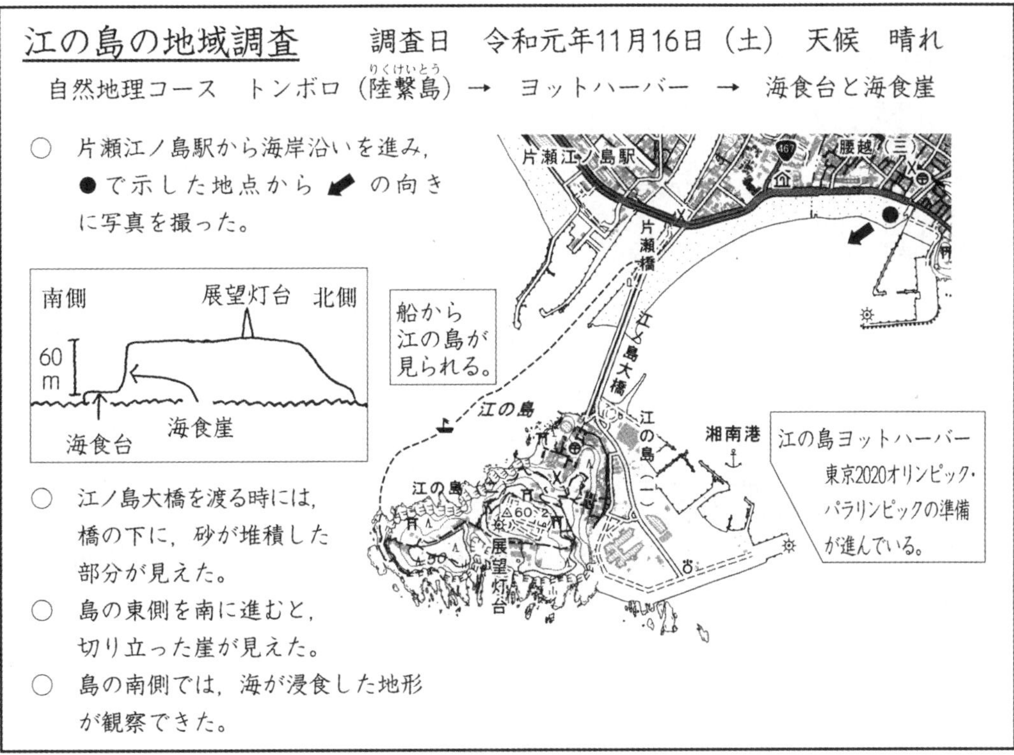

ア

イ

ウ

エ

〔問２〕　次のⅠの略地図中の**ア**～**エ**は，世界遺産に登録されている我が国の主な歴史的文化財の所在地を示したものである。Ⅱの文で述べている歴史的文化財の所在地に当てはまるのは，略地図中の**ア**～**エ**のうちのどれか。

Ⅰ

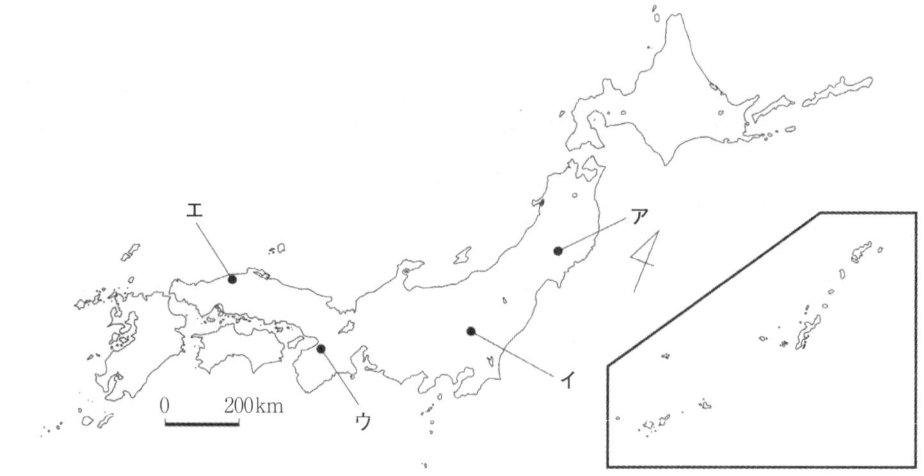

Ⅱ

> 5世紀中頃に造られた，大王（おおきみ）の墓と言われる日本最大の面積を誇る前方後円墳で，周囲には三重の堀が巡らされ，古墳の表面や頂上等からは，人や犬，馬などの形をした埴輪（はにわ）が発見されており，2019年に世界遺産に登録された。

〔問3〕 次の文で述べている国際連合の機関に当てはまるのは，下の**ア**～**エ**のうちのどれか。

> 国際紛争を調査し，解決方法を勧告する他，平和を脅（おびや）かすような事態の発生時には，経済封鎖や軍事的措置などの制裁を加えることができる主要機関である。

ア 国連難民高等弁務官事務所
イ 安全保障理事会
ウ 世界保健機関
エ 国際司法裁判所

2 次の略地図を見て，あとの各問に答えよ。

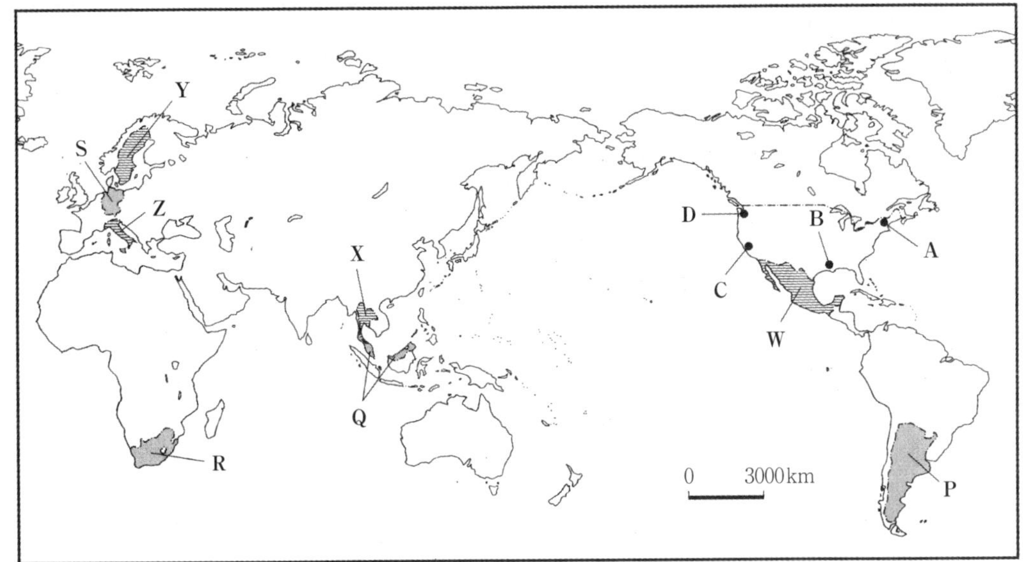

〔問1〕 次のⅠの文章は，略地図中の**A**～**D**の**いずれか**の都市の様子についてまとめたものである。Ⅱのグラフは，**A**～**D**の**いずれか**の都市の，年平均気温と年降水量及び各月の平均気温と降水量を示したものである。Ⅰの文章で述べている都市に当てはまるのは，略地図中の**A**～**D**のうちのどれか，また，その都市のグラフに当てはまるのは，Ⅱの**ア**～**エ**のうちのどれか。

Ⅰ

> サンベルト北限付近に位置し，冬季は温暖で湿潤だが，夏季は乾燥し，寒流の影響で高温にならず，一年を通して過ごしやすい。周辺には1885年に大学が設立され，1950年代から半導体の生産が始まり，情報分野で世界的な企業が成長し，現在も世界各国から研究者が集まっている。

Ⅱ

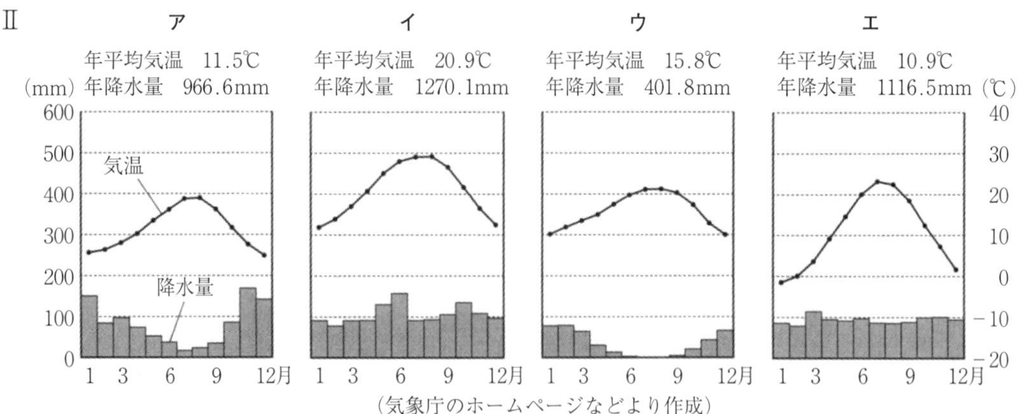

（気象庁のホームページなどより作成）

〔問２〕　次の表の**ア**～**エ**は，略地図中に ▒ で示した**P**～**S**の**いずれか**の国の，2017年における自動車の生産台数，販売台数，交通や自動車工業の様子についてまとめたものである。略地図中の**P**～**S**のそれぞれの国に当てはまるのは，次の表の**ア**～**エ**のうちではどれか。

	自動車		交通や自動車工業の様子
	生産（千台）	販売（千台）	
ア	460	591	○年間数万隻の船舶が航行する海峡に面する港に高速道路が延び，首都では渋滞解消に向け鉄道が建設された。 ○1980年代には，日本企業と協力して熱帯地域に対応した国民車の生産が始まり，近年は政策としてハイブリッド車などの普及を進めている。
イ	472	900	○現在も地殻変動が続き，国土の西側に位置し，国境を形成する山脈を越えて，隣国まで続く高速道路が整備されている。 ○2017年は，隣国の需要の低下により乗用車の生産が減少し，パンパでの穀物生産や牧畜で使用されるトラックなどの商用車の生産が増加した。
ウ	5646	3811	○国土の北部は氷河に削られ，城郭都市の石畳の道や，1930年代から建設が始まった速度制限のない区間が見られる高速道路が整備されている。 ○酸性雨の被害を受けた経験から，自動車の生産では，エンジンから排出される有害物質の削減に力を入れ，ディーゼル車の割合が減少している。
エ	590	556	○豊富な地下資源を運ぶトラックから乗用車まで様々な種類の自動車が見られ，1970年代に高速道路の整備が始められた。 ○欧州との時差が少なく，アジアまで船で輸送する利便性が高いことを生かして，欧州企業が日本向け自動車の生産拠点を置いている。

（「世界国勢図会」2018/19年版などより作成）

〔問３〕　次のⅠとⅡの表の**ア**～**エ**は，略地図中に ▤ で示した**W**～**Z**の**いずれか**の国に当てはまる。Ⅰの表は，1993年と2016年における進出日本企業数と製造業に関わる進出日本企業数，輸出額が多い上位３位までの貿易相手国，Ⅱの表は，1993年と2016年における日本との貿易総額，日本の輸入額の上位３位の品目と日本の輸入額に占める割合を示したものである。Ⅲの文章は，ⅠとⅡの表における**ア**～**エ**の**いずれか**の国について述べたものである。Ⅲの文章で述べている国に当てはまるのは，略地図中の**W**～**Z**のうちのどれか，また，ⅠとⅡの表の**ア**～**エ**のうちのどれか。

Ⅰ

		進出日本企業数		輸出額が多い上位3位までの貿易相手国		
			製造業	1位	2位	3位
ア	1993年	875	497	アメリカ合衆国	日本	シンガポール
	2016年	2318	1177	アメリカ合衆国	中華人民共和国	日本
イ	1993年	44	4	ドイツ	イギリス	アメリカ合衆国
	2016年	80	19	ノルウェー	ドイツ	デンマーク
ウ	1993年	113	56	アメリカ合衆国	カナダ	スペイン
	2016年	502	255	アメリカ合衆国	カナダ	中華人民共和国
エ	1993年	164	46	ドイツ	フランス	アメリカ合衆国
	2016年	237	72	ドイツ	フランス	アメリカ合衆国

（国際連合「貿易統計年鑑」2016などより作成）

Ⅱ

		貿易総額（億円）	日本の輸入額の上位3位の品目と日本の輸入額に占める割合（%）					
			1位		2位		3位	
ア	1993年	20885	魚介類	15.3	一般機械	11.3	電気機器	10.7
	2016年	51641	電気機器	21.1	一般機械	13.6	肉類・同調製品	8.0
イ	1993年	3155	電気機器	20.4	医薬品	16.7	自動車	15.3
	2016年	3970	医薬品	29.4	一般機械	11.9	製材	9.7
ウ	1993年	5608	原油・粗油	43.3	塩	8.1	果実及び野菜	7.8
	2016年	17833	原油	23.2	電気機器	17.0	自動車部品	7.9
エ	1993年	7874	一般機械	11.6	衣類	10.3	織物用糸・繊維製品	10.2
	2016年	14631	一般機械	12.1	バッグ類	10.9	医薬品	10.0

（国際連合「貿易統計年鑑」2016などより作成）

Ⅲ

雨季と乾季があり，国土の北部から南流し，首都を通り海に注ぐ河川の両側に広がる農地などで生産される穀物が，1980年代まで主要な輸出品であったが，1980年代からは工業化が進んだ。2016年には，製造業の進出日本企業数が1993年と比較し２倍以上に伸び，貿易相手国として中華人民共和国の重要性が高まった。また，この国と日本との貿易総額は1993年と比較し２倍以上に伸びており，電気機器の輸入額に占める割合も２割を上回るようになった。

3 次の略地図を見て，あとの各問に答えよ。

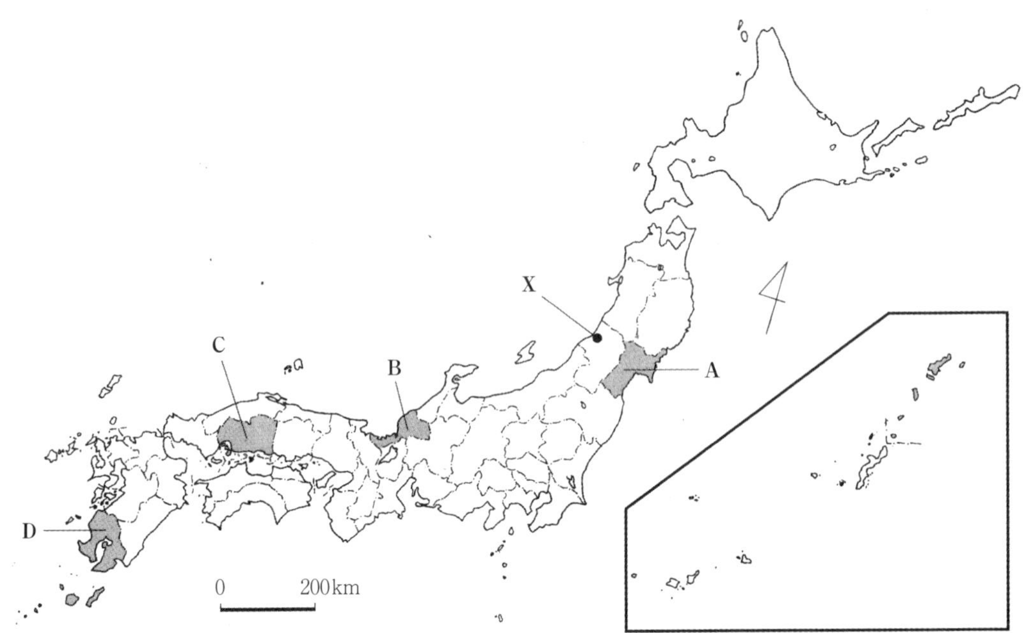

〔問１〕 次の表の**ア**～**エ**の文章は，略地図中に ▒▒ で示した，**A**～**D**の**いずれか**の県の，2017年における鉄道の営業距離，県庁所在地（市）の人口，鉄道と県庁所在地の交通機関などの様子についてまとめたものである。略地図中の**A**～**D**のそれぞれの県に当てはまるのは，次の表の**ア**～**エ**のうちではどれか。

	営業距離(km) 人口(万人)	鉄道と県庁所在地の交通機関などの様子
ア	710 119	○内陸部の山地では南北方向に，造船業や鉄鋼業が立地する沿岸部では東西方向に鉄道が走り，新幹線の路線には５駅が設置されている。 ○この都市では，中心部には路面電車が見られ，1994年に開業した鉄道が北西の丘陵地に形成された住宅地と三角州上に発達した都心部とを結んでいる。
イ	295 27	○リアス海岸が見られる地域や眼鏡産業が立地する平野を鉄道が走り，2022年には県庁所在地を通る新幹線の開業が予定されている。 ○この都市では，郊外の駅に駐車場が整備され，自動車から鉄道に乗り換え通勤できる環境が整えられ，城下町であった都心部の混雑が緩和されている。
ウ	642 109	○南北方向に走る鉄道と，西側に位置する山脈を越え隣県へつながる鉄道などがあり，1982年に開通した新幹線の路線には４駅が設置されている。 ○この都市では，中心となるターミナル駅に郊外から地下鉄やバスが乗り入れ，周辺の道路には町を象徴する街路樹が植えられている。
エ	423 61	○石油の備蓄基地が立地する西側の半島に鉄道が走り，2004年には北西から活動中の火山の対岸に位置する県庁所在地まで新幹線が開通した。 ○この都市では，路面電車の軌道を芝生化し，緑豊かな環境が整備され，シラス台地に開発された住宅地と都心部は，バス路線で結ばれている。

（「データでみる県勢」第27版などより作成）

〔問２〕 次のⅠとⅡの地形図は，1988年と1998年の「国土地理院発行２万５千分の１地形図(湯野浜)」の一部である。Ⅲの文章は，略地図中に**X**で示した庄内空港が建設された地域について，ⅠとⅡの地形図を比較して述べたものである。Ⅲの文章の P ～ S のそれぞれに当てはまるのは，下の**ア**と**イ**のうちではどれか。なお，Ⅱの地形図上において，**Y**－**Z**間の長さは８cm である。

Ⅰ

（1988年）

Ⅱ

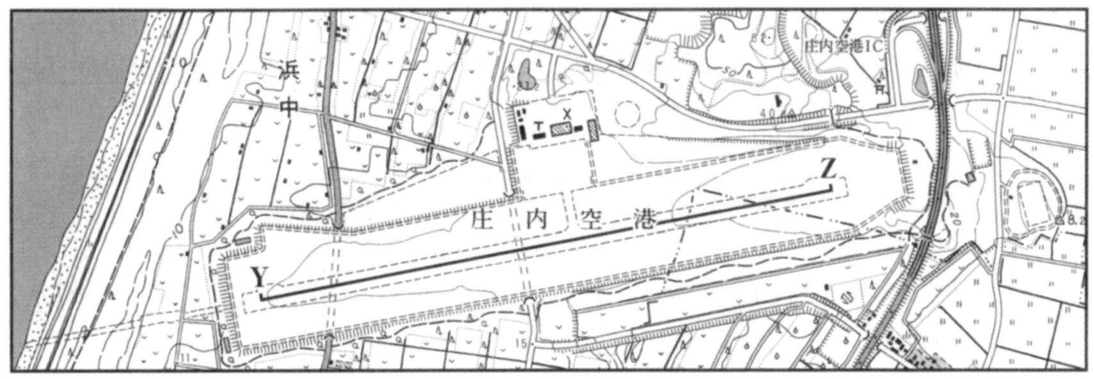

（1998年）

Ⅲ

> この空港は，主に標高が約10mから約 P mにかけて広がる Q であった土地を造成して建設された。ジェット機の就航が可能となるよう約 R mの長さの滑走路が整備され，海岸沿いの針葉樹林は， S から吹く風によって運ばれる砂の被害を防ぐ役割を果たしている。

P	**ア**	40	**イ**	80	Q	**ア** 果樹園・畑	**イ**	水田
R	**ア**	1500	**イ**	2000	S	**ア** 南東	**イ**	北西

〔問３〕 次のⅠの文章は，2012年４月に示された「つなぐ・ひろがる　しずおかの道」の内容の一部をまとめたものである。Ⅱの略地図は，2018年における東名高速道路と新東名高速道路の一部を示したものである。Ⅲの表は，Ⅱの略地図中に示した御殿場から三ヶ日までの，東名と新東名について，新東名の開通前(2011年４月17日から2012年４月13日までの期間)と，開通後(2014年４月13日から2015年４月10日までの期間)の，平均交通量と10km 以上の渋滞回数を示したものである。自然災害に着目し，ⅠとⅡの資料から読み取れる，新東名が現在の位置に建

設された理由と，平均交通量と10km 以上の渋滞回数に着目し，新東名が建設された効果について，それぞれ簡単に述べよ。

Ⅰ

○東名高速道路は，高波や津波などによる通行止めが発生し，経済に影響を与えている。
○東名高速道路は，全国の物流・経済を支えており，10km 以上の渋滞回数は全国1位である。

Ⅱ

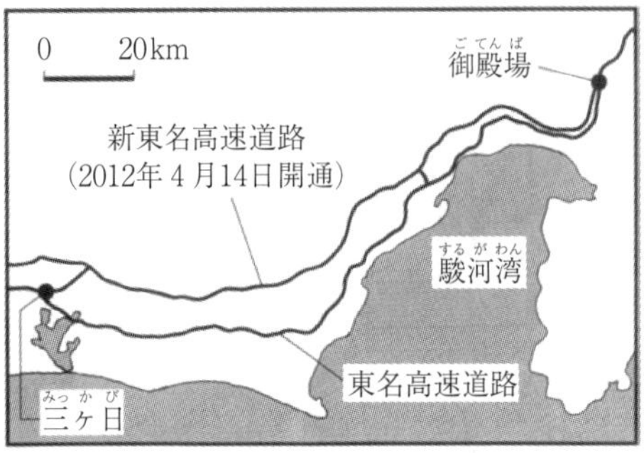

Ⅲ

		開通前	開通後
東名	平均交通量（千台／日）	73.2	42.9
	10km 以上の渋滞回数(回)	227	4
新東名	平均交通量（千台／日）	—	39.5
	10km 以上の渋滞回数(回)	—	9

（注）—は，データが存在しないことを示す。
（中日本高速道路株式会社作成資料より作成）

4　次の文章を読み，あとの各問に答えよ。

紙は，様々な目的に使用され，私たちの生活に役立ってきた。

古代では，様々な手段で情報を伝え，支配者はクニと呼ばれるまとまりを治めてきた。我が国に紙が伝来すると，(1)支配者は，公的な記録の編纂（へんさん）や情報の伝達に紙を用い，政治を行ってきた。

中世に入ると，(2)屋内の装飾の材料にも紙が使われ始め，我が国独自の住宅様式の確立につながっていった。

江戸時代には，各藩のひっ迫した財政を立て直すために工芸作物の生産を奨励される中で，各地で紙が生産され始め，人々が紙を安価に入手できるようになった。(3)安価に入手できるようになった紙は，書物や浮世絵（うきよえ）などの出版にも利用され，文化を形成してきた。

明治時代以降，欧米の進んだ技術を取り入れたことにより，従来から用いられていた紙に加え，西洋風の紙が様々な場面で使われるようになった。さらに，(4)生産技術が向上すると，紙の大量生産も可能となり，新聞や雑誌などが広く人々に行き渡ることになった。

〔問1〕　(1)支配者は，公的な記録の編纂（へんさん）や情報の伝達に紙を用い，政治を行ってきた。とあるが，次の**ア**～**エ**は，飛鳥（あすか）時代から室町時代にかけて，紙が政治に用いられた様子について述べたものである。時期の古いものから順に記号を並べよ。

ア　大宝律令（たいほうりつりょう）が制定され，天皇の文書を作成したり図書の管理をしたりする役所の設置など，大陸の進んだ政治制度が取り入れられた。

イ　武家政権と公家政権の長所を政治に取り入れた建武式目が制定され，治安回復後の京都に幕府が開かれた。

ウ　全国に支配力を及ぼすため，紙に書いた文書により，国ごとの守護と荘園（しょうえん）や公領ごとの地頭を任命する政策が，鎌倉で樹立された武家政権で始められた。

エ　各地方に設置された国分寺と国分尼寺へ，僧を派遣したり経典の写本を納入したりするなど，様々な災いから仏教の力で国を守るための政策が始められた。

〔問２〕　(2)屋内の装飾の材料にも紙が使われ始め，我が国独自の住宅様式の確立につながっていった。とあるが，次のⅠの略年表は，鎌倉時代から江戸時代にかけての，我が国の屋内の装飾に関する主な出来事についてまとめたものである。Ⅱの略地図中の**A**～**D**は，我が国の主な建築物の所在地を示したものである。Ⅲの文は，ある時期に建てられた建築物について述べたものである。Ⅲの文で述べている建築物が建てられた時期に当てはまるのは，Ⅰの略年表中の**ア**～**エ**の時期のうちではどれか。また，Ⅲの文で述べている建築物の所在地に当てはまるのは，Ⅱの略地図中の**A**～**D**のうちのどれか。

Ⅰ

西暦	我が国の屋内の装飾に関する主な出来事	
1212	●鴨長明が「方丈記」の中で，障子の存在を記した。	
		ア
1351	●藤原隆昌と父が「慕帰絵」の中で，襖に絵を描く僧の様子を表した。	
		イ
1574	●織田信長が上杉謙信に「洛中洛外図屏風」を贈った。	
		ウ
1626	●狩野探幽が二条城の障壁画を描いた。	
		エ
1688	●屏風の売買の様子を記した井原西鶴の「日本永代蔵」が刊行された。	

Ⅱ

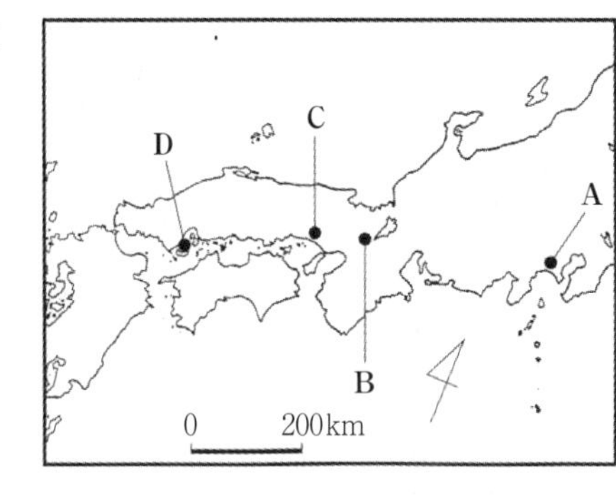

Ⅲ

慈照寺にある東求堂同仁斎には，障子や襖といった紙を用いた建具が取り入れられ，我が国の和室の原点と言われる書院造の部屋が造られた。

〔問３〕　(3)安価に入手できるようになった紙は，書物や浮世絵などの出版にも利用され，文化を形成してきた。とあるが，次の文章は，江戸時代の医師が著した「後見草」の一部を分かりやすく示したものである。下の**ア**～**エ**は，江戸時代に行われた政策について述べたものである。この書物に書かれた出来事の４年後から10年後にかけて主に行われた政策について当てはまるのは，下の**ア**～**エ**のうちではどれか。

○天明３年７月６日夜半，西北の方向に雷のような音と振動が感じられ，夜が明けても空はほの暗く，庭には細かい灰が舞い降りていた。７日は灰がしだいに大粒になり，８日は早朝から激しい振動が江戸を襲ったが，当初人々は浅間山が噴火したとは思わず，日光か筑波山で噴火があったのではないかと噂し合った。

○ここ３，４年，気候も不順で，五穀の実りも良くなかったのに，またこの大災害で，米価は非常に高騰し，人々の困窮は大変なものだった。

ア　物価の引き下げを狙って，公認した株仲間を解散させたり，外国との関係を良好に保つよう，外国船には燃料や水を与えるよう命じたりするなどの政策を行った。

イ　投書箱を設置し，民衆の意見を政治に取り入れたり，税収を安定させて財政再建を図ることを目的に，新田開発を行ったりするなどの政策を行った。

ウ　税収が安定するよう，株仲間を公認したり，長崎貿易の利益の増加を図るため，俵物（たわらもの）と呼ばれる海産物や銅の輸出を拡大したりするなどの政策を行った。

エ　幕府が旗本らの生活を救うため借金を帳消しにする命令を出したり，江戸に出稼ぎに来ていた農民を農村に返し就農を進め，飢饉（ききん）に備え各地に米を蓄えさせたりするなどの政策を行った。

〔問４〕 (4)生産技術が向上すると，紙の大量生産も可能となり，新聞や雑誌などが広く人々に行き渡ることになった。とあるが，次の略年表は，明治時代から昭和時代にかけての，我が国の紙の製造や印刷に関する主な出来事についてまとめたものである。略年表中の**A**の時期に当てはまるのは，下の**ア**～**エ**のうちではどれか。

西暦	我が国の紙の製造や印刷に関する主な出来事	
1873	●渋沢栄一（しぶさわえいいち）により洋紙製造会社が設立された。	
1876	●日本初の純国産活版洋装本が完成した。	
1877	●国産第１号の洋式紙幣（しへい）である国立銀行紙幣が発行された。	
1881	●日本で初めての肖像画入り紙幣が発行された。	
1890	●東京の新聞社が，フランスから輪転印刷機を輸入し，大量高速印刷が実現した。	
1904	●初の国産新聞輪転印刷機が大阪の新聞社に設置された。	
1910	●北海道の苫小牧（とまこまい）で，新聞用紙国内自給化の道を拓（ひら）く製紙工場が操業を開始した。	↑
		A
1928	●日本初の原色グラビア印刷が開始された。	
1933	●３社が合併し，我が国の全洋紙生産量の85％の生産量を占める製紙会社が誕生した。	↓
1940	●我が国の紙・板紙の生産量が過去最大の154万トンになった。	

ア　国家総動員法が制定され国民への生活統制が強まる中で，東京市が隣組回覧板を10万枚配布し，毎月２回の会報の発行を開始した。

イ　官営の製鉄所が開業し我が国の重工業化が進む中で，義務教育の就学率が90％を超え，国定教科書用紙が和紙から洋紙に切り替えられた。

ウ　東京でラジオ放送が開始されるなど文化の大衆化が進む中で，週刊誌や月刊誌の発行部数が急速に伸び，東京の出版社が初めて１冊１円の文学全集を発行した。

エ　廃藩置県により，実業家や政治の実権を失った旧藩主による製紙会社の設立が東京において相次ぐ中で，政府が製紙会社に対して地券用紙を大量に発注した。

5　次の文章を読み，あとの各問に答えよ。

(1)我が国の行政の役割は，国会で決めた法律や予算に基づいて，政策を実施することである。行政の各部門を指揮・監督する(2)内閣は，内閣総理大臣と国務大臣によって構成され，国会に対し，連帯して責任を負う議院内閣制をとっている。

行政は，人々が安心して暮らせるよう，(3)社会を支える基本的な仕組みを整え，資源配分や経済の安定化などの機能を果たしている。その費用は，(4)主に国民から納められた税金により賄われ，年を追うごとに財政規模は拡大している。

〔問1〕 (1)我が国の行政の役割は，国会で決めた法律や予算に基づいて，政策を実施することである。とあるが，内閣の仕事を規定する日本国憲法の条文は，次の**ア**～**エ**のうちではどれか。

ア 条約を締結すること。但し，事前に，時宜（じぎ）によっては事後に，国会の承認を経ることを必要とする。

イ 両議院は，各々（おのおの）国政に関する調査を行ひ，これに関して，証人の出頭及び証言並びに記録の提出を要求することができる。

ウ すべて国民は，個人として尊重される。生命，自由及び幸福追求に対する国民の権利については，公共の福祉に反しない限り，立法その他の国政の上で，最大の尊重を必要とする。

エ 地方公共団体の組織及び運営に関する事項は，地方自治の本旨に基いて，法律でこれを定める。

〔問2〕 (2)内閣は，内閣総理大臣と国務大臣によって構成され，国会に対し，連帯して責任を負う議院内閣制をとっている。とあるが，次の表は，我が国の内閣と，アメリカ合衆国の大統領の権限について，「議会に対して法律案を提出する権限」，「議会の解散権」があるかどうかを，権限がある場合は「○」，権限がない場合は「×」で示そうとしたものである。表の**A**と**B**に入る記号を正しく組み合わせているのは，下の**ア**～**エ**のうちのどれか。

	我が国の内閣	アメリカ合衆国の大統領
議会に対して法律案を提出する権限	○	**A**
議会の解散権	**B**	×

	ア	**イ**	**ウ**	**エ**
A	○	○	×	×
B	○	×	○	×

〔問3〕 (3)社会を支える基本的な仕組みを整え，資源配分や経済の安定化などの機能を果たしている。とあるが，次の文章は，行政が担（にな）う役割について述べたものである。この行政が担う役割に当てはまるのは，下の**ア**～**エ**のうちではどれか。

> 社会資本は，長期間にわたり，幅広く国民生活を支えるものである。そのため，時代の変化に応じて機能の変化を見通して，社会資本の整備に的確に反映させ，蓄積・高度化を図っていくことが求められる。

ア 収入が少ない人々に対して，国が生活費や教育費を支給し，最低限度の生活を保障し，自立を助ける。

イ 国民に加入を義務付け，毎月，保険料を徴収し，医療費や高齢者の介護費を支給し，国民の負担を軽減する。

ウ 保健所などによる感染症の予防や食品衛生の管理，ごみ処理などを通して，国民の健康維持・増進を図る。

エ 公園，道路や上下水道，図書館，学校などの公共的な施設や設備を整え，生活や産業を支える。

〔問４〕 (4)主に国民から納められた税金により賄われ，年を追うごとに財政規模は拡大している。とあるが，次のⅠのグラフは，1970年度から2010年度までの我が国の歳入と歳出の決算総額の推移を示したものである。Ⅱの文章は，ある時期の我が国の歳入と歳出の決算総額の変化と経済活動の様子について述べたものである。Ⅱの文章で述べている経済活動の時期に当てはまるのは，Ⅰのグラフの**ア**～**エ**の時期のうちではどれか。

Ⅰ

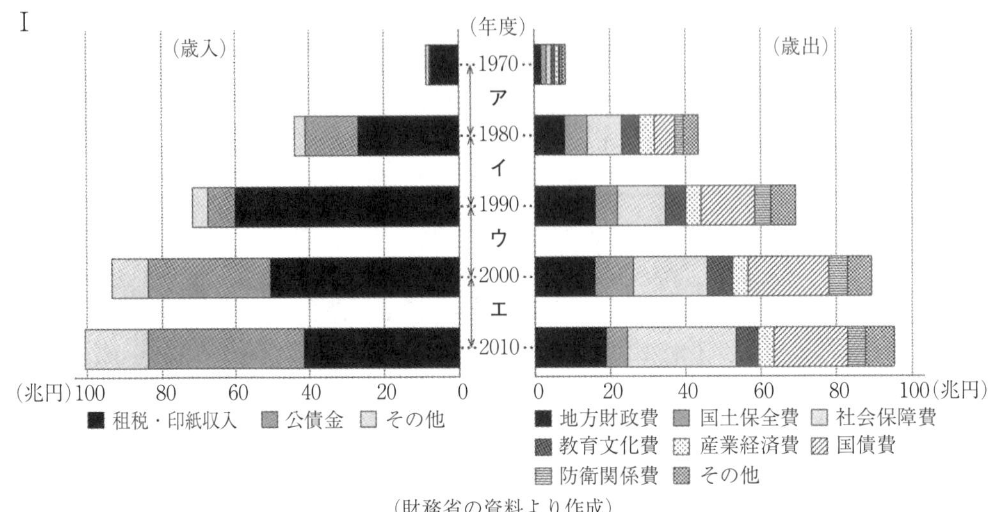

（財務省の資料より作成）

Ⅱ

○この10年間で，歳入総額に占める租税・印紙収入の割合の増加に伴い，公債金の割合が低下し，歳出総額は約1.5倍以上となり，国債費も約２倍以上に増加した。

○この時期の後半には，６％台の高い経済成長率を示すなど景気が上向き，公営企業の民営化や税制改革が行われる中で，人々は金融機関から資金を借り入れ，値上がりを見込んで土地や株の購入を続けた。

6 次の文章を読み，あとの各問に答えよ。

世界の国々は，地球上の様々な地域で，人々が活動できる範囲を広げてきた。そして，(1)対立や多くの困難に直面する度に，課題を克服し解決してきた。また，(2)科学技術の進歩や経済の発展は，先進国だけでなく発展途上国の人々の暮らしも豊かにしてきた。

グローバル化が加速し，人口増加や環境の変化が急速に進む中で，持続可能な社会を実現するために，(3)我が国にも世界の国々と協調した国際貢献が求められている。

〔問１〕 (1)対立や多くの困難に直面する度に，課題を克服し解決してきた。とあるが，次の**ア**～**エ**は，それぞれの時代の課題を克服した様子について述べたものである。時期の古いものから順に記号で並べよ。

ア 特定の国による資源の独占が国家間の対立を生み出した反省から，資源の共有を目的とした共同体が設立され，その後つくられた共同体と統合し，ヨーロッパ共同体(EC)が発足した。

イ アマゾン川流域に広がるセルバと呼ばれる熱帯林などの大規模な森林破壊の解決に向け，リオデジャネイロで国連環境開発会議(地球サミット)が開催された。

ウ パリで講和会議が開かれ，戦争に参加した国々に大きな被害を及ぼした反省から，アメリカ合衆国大統領の提案を基にした，世界平和と国際協調を目的とする国際連盟が発足した。

エ　ドイツ，オーストリア，イタリアが三国同盟を結び，ヨーロッパで政治的な対立が深まる一方で，科学者の間で北極と南極の国際共同研究の実施に向け，国際極年が定められた。

〔問２〕 (2)科学技術の進歩や経済の発展は，先進国だけでなく発展途上国の人々の暮らしも豊かにしてきた。とあるが，下のⅠのグラフの**ア**～**エ**は，略地図中に ▭ で示した**A**～**D**の**いずれか**の国の1970年から2015年までの一人当たりの国内総生産の推移を示したものである。Ⅱのグラフの**ア**～**エ**は，略地図中に ▭ で示した**A**～**D**の**いずれか**の国の1970年から2015年までの乳幼児死亡率の推移を示したものである。Ⅲの文章で述べている国に当てはまるのは，略地図中の**A**～**D**のうちのどれか，また，ⅠとⅡのグラフの**ア**～**エ**のうちのどれか。

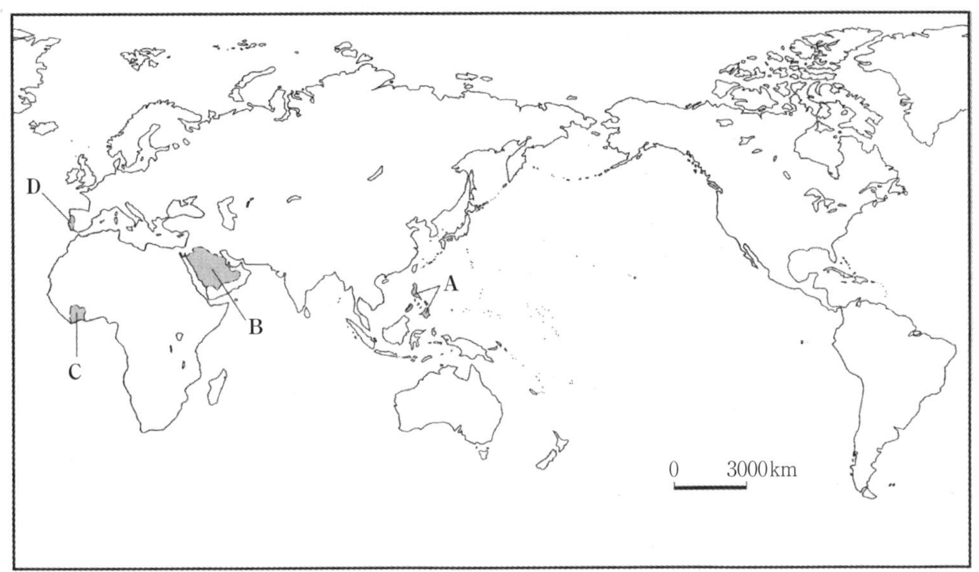

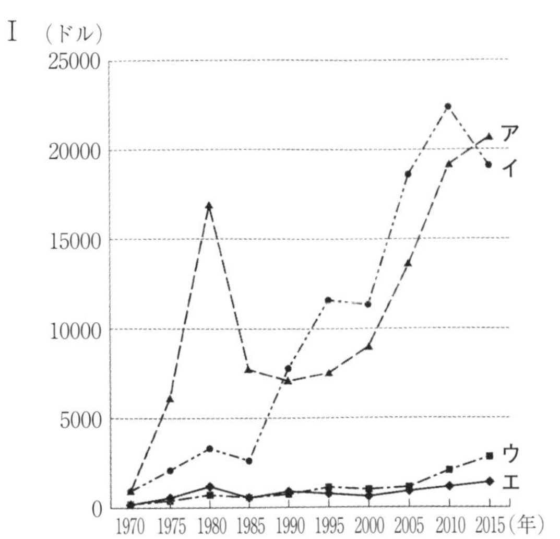

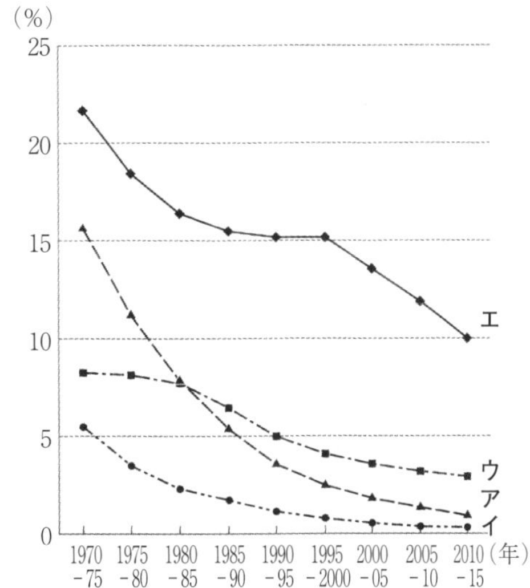

（注）　国内総生産とは，一つの国において新たに生み出された価値の総額を示した数値のこと。

（国際連合のホームページより作成）

Ⅲ

文字と剣が緑色の下地に描かれた国旗をもつこの国は，石油輸出国機構（OPEC（オペック））に加盟し，二度の石油危機を含む期間に一人当たりの国内総生産が大幅に増加したが，一時的に減少し，1990年以降は増加し続けた。また，この国では公的医療機関を原則無料で利用することができ，1970年から2015年までの間に乳幼児死亡率は約10分の1に減少し，現在も人口増加が続き，近年は最新の技術を導入し，高度な医療を提供する病院が開業している。

〔問3〕 (3)我が国にも世界の国々と協調した国際貢献が求められている。とあるが，次のⅠの文章は，2015年に閣議決定し，改定された開発協力大綱の一部を抜粋して分かりやすく書き改めたものである。Ⅱの表は，1997年度と2018年度における政府開発援助（ODA）事業予算，政府開発援助（ODA）事業予算のうち政府貸付と贈与について示したものである。Ⅲの表は，Ⅱの表の贈与のうち，1997年度と2018年度における二国間政府開発援助贈与，二国間政府開発援助贈与のうち無償資金協力と技術協力について示したものである。1997年度と比較した2018年度における政府開発援助（ODA）の変化について，Ⅰ～Ⅲの資料を活用し，政府開発援助（ODA）事業予算と二国間政府開発援助贈与の内訳に着目して，簡単に述べよ。

Ⅰ

○自助努力を後押しし，将来における自立的発展を目指すのが日本の開発協力の良き伝統である。

○引き続き，日本の経験と知見を活用しつつ，当該国の発展に向けた協力を行う。

Ⅱ

	政府開発援助（ODA）事業予算（億円）		
		政府貸付	贈　与
1997年度	20147	9767（48.5％）	10380（51.5％）
2018年度	21650	13705（63.3％）	7945（36.7％）

Ⅲ

	二国間政府開発援助贈与（億円）		
		無償資金協力	技術協力
1997年度	6083	2202（36.2％）	3881（63.8％）
2018年度	4842	1605（33.1％）	3237（66.9％）

（外務省の資料より作成）

【理　科】（50分）〈満点：100点〉

1　次の各問に答えよ。

〔問１〕 有性生殖では，受精によって新しい一つの細胞ができる。受精後の様子について述べたものとして適切なのは，次のうちではどれか。

ア　受精により親の体細胞に含まれる染色体の数と同じ数の染色体をもつ胚（はい）ができ，成長して受精卵になる。

イ　受精により親の体細胞に含まれる染色体の数と同じ数の染色体をもつ受精卵ができ，細胞分裂によって胚になる。

ウ　受精により親の体細胞に含まれる染色体の数の２倍の数の染色体をもつ胚ができ，成長して受精卵になる。

エ　受精により親の体細胞に含まれる染色体の数の２倍の数の染色体をもつ受精卵ができ，細胞分裂によって胚になる。

〔問２〕 図１のように，電気分解装置に薄い塩酸を入れ，電流を流したところ，塩酸の電気分解が起こり，陰極からは気体Ａが，陽極からは気体Ｂがそれぞれ発生し，集まった体積は気体Ａの方が気体Ｂより多かった。気体Ａの方が気体Ｂより集まった体積が多い理由と，気体Ｂの名称とを組み合わせたものとして適切なのは，次の表の**ア**～**エ**のうちではどれか。

図１

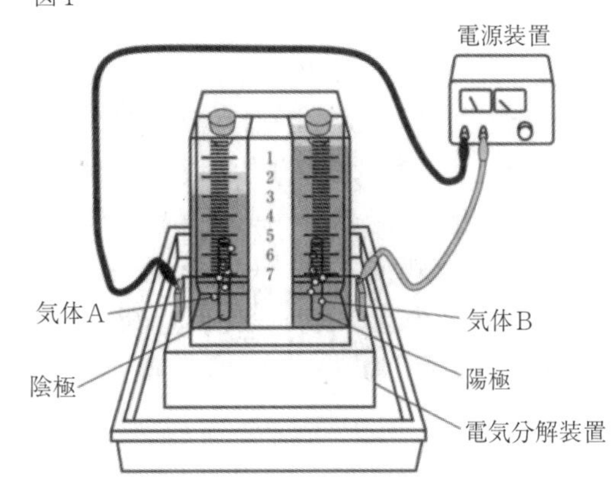

	気体Ａの方が気体Ｂより集まった体積が多い理由	気体Ｂの名称
ア	発生する気体Ａの体積の方が，発生する気体Ｂの体積より多いから。	塩素
イ	発生する気体Ａの体積の方が，発生する気体Ｂの体積より多いから。	酸素
ウ	発生する気体Ａと気体Ｂの体積は変わらないが，気体Ａは水に溶けにくく，気体Ｂは水に溶けやすいから。	塩素
エ	発生する気体Ａと気体Ｂの体積は変わらないが，気体Ａは水に溶けにくく，気体Ｂは水に溶けやすいから。	酸素

〔問３〕 150ｇの物体を一定の速さで1.6ｍ持ち上げた。持ち上げるのにかかった時間は２秒だった。持ち上げた力がした仕事率を表したものとして適切なのは，下の**ア**～**エ**のうちではどれか。
ただし，100ｇの物体に働く重力の大きさは１Ｎとする。

ア　1.2W　　**イ**　2.4W　　**ウ**　120W　　**エ**　240W

〔問４〕　図２は，ある火成岩をルーペで観察したスケッチである。観察した火成岩は有色鉱物の割合が多く，黄緑色で不規則な形の有色鉱物Ａが見られた。観察した火成岩の種類の名称と，有色鉱物Ａの名称とを組み合わせたものとして適切なのは，次の表の**ア**～**エ**のうちではどれか。

図２

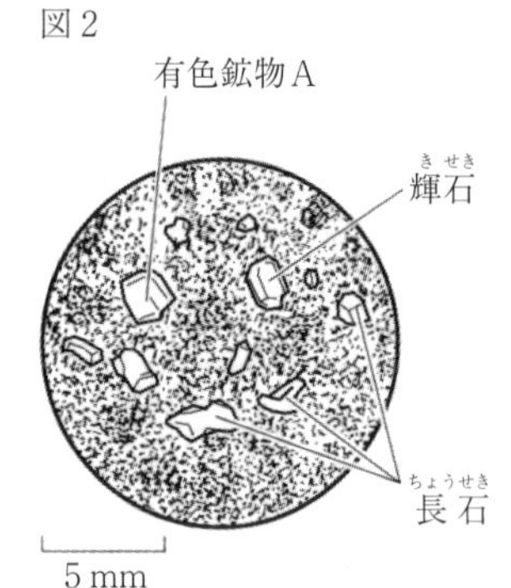

	観察した火成岩の種類の名称	有色鉱物Ａの名称
ア	はんれい岩	石英
イ	はんれい岩	カンラン石
ウ	玄武岩	石英
エ	玄武岩	カンラン石

〔問５〕　酸化銀を加熱すると，白色の物質が残った。酸化銀を加熱したときの反応を表したモデルとして適切なのは，下の**ア**～**エ**のうちではどれか。

　ただし，●は銀原子１個を，○は酸素原子１個を表すものとする。

ア　○●○　○●○　→　●　●　＋　○○　○○
イ　●○●　●○●　→　●　●　●　●　＋　○○
ウ　●○　→　●　＋　○
エ　●○●　→　●　●　＋　○

2　生徒が，水に関する事物・現象について，科学的に探究しようと考え，自由研究に取り組んだ。生徒が書いたレポートの一部を読み，次の各問に答えよ。

<レポート１>　空気中に含まれる水蒸気と気温について

　雨がやみ，気温が下がった日の早朝に，霧が発生していた。同じ気温でも，霧が発生しない日もある。そこで，霧の発生は空気中に含まれている水蒸気の量と温度に関連があると考え，空気中の水蒸気の量と，水滴が発生するときの気温との関係について確かめることにした。

図１

表１

温度〔℃〕	飽和水蒸気量〔g/m³〕
12	10.7
14	12.1
16	13.6
18	15.4
20	17.3
22	19.4
24	21.8

　教室の温度と同じ24℃のくみ置きの水を金属製のコップＡに半分入れた。次に，図１のように氷を入れた試験管を出し入れしながら，コップＡの中の水をゆっくり冷やし，コップＡの表面に水滴がつき始めたときの温度を測ると，14℃であった。教室の温度は24℃で変化がなかった。

　また，飽和水蒸気量〔g/m³〕は表１のように温度によって決まっていることが分かった。

〔問１〕　**<レポート１>**から，測定時の教室の湿度と，温度の変化によって霧が発生するときの空気の温度の様子について述べたものとを組み合わせたものとして適切なのは，次の表の**ア**～**エ**のうちではどれか。

	測定時の教室の湿度	温度の変化によって霧が発生するときの空気の温度の様子
ア	44.5%	空気が冷やされて，空気の温度が露点より低くなる。
イ	44.5%	空気が暖められて，空気の温度が露点より高くなる。
ウ	55.5%	空気が冷やされて，空気の温度が露点より低くなる。
エ	55.5%	空気が暖められて，空気の温度が露点より高くなる。

＜レポート２＞　凍結防止剤と水溶液の状態変化について

雪が降る予報があり，川にかかった橋の歩道で凍結防止剤が散布されているのを見た。凍結防止剤の溶けた水溶液は固体に変化するときの温度が下がることから，凍結防止剤は，水が氷に変わるのを防止するとともに，雪をとかして水にするためにも使用される。そこで，溶かす凍結防止剤の質量と温度との関係を確かめることにした。

３本の試験管Ａ～Ｃにそれぞれ10cm^{3}の水を入れ，凍結防止剤の主成分である塩化カルシウムを試験管Ｂには１ｇ，試験管Ｃには２ｇ入れ，それぞれ全て溶かした。試験管Ａ～Ｃのそれぞれについて－15℃まで冷却し試験管の中の物質を固体にした後，試験管を加熱して試験管の中の物質が液体に変化するときの温度を測定した結果は，表２のようになった。

表２

試験管	A	B	C
塩化カルシウム〔g〕	0	1	2
試験管の中の物質が液体に変化するときの温度〔℃〕	0	－5	－10

〔問２〕　＜**レポート２**＞から，試験管Ａの中の物質が液体に変化するときの温度を測定した理由について述べたものとして適切なのは，次のうちではどれか。

ア　塩化カルシウムを入れたときの水溶液の沸点が下がることを確かめるには，水の沸点を測定する必要があるため。

イ　塩化カルシウムを入れたときの水溶液の融点が下がることを確かめるには，水の融点を測定する必要があるため。

ウ　水に入れる塩化カルシウムの質量を変化させても，水溶液の沸点が変わらないことを確かめるため。

エ　水に入れる塩化カルシウムの質量を変化させても，水溶液の融点が変わらないことを確かめるため。

＜レポート３＞　水面に映る像について

池の水面にサクラの木が逆さまに映って見えた。そこで，サクラの木が水面に逆さまに映って見える現象について確かめることにした。

鏡を用いた実験では，光は空気中で直進し，空気とガラスの境界面で反射することや，光が反射するときには入射角と反射角は等しいという光の反射の法則が成り立つことを学んだ。水面に映るサクラの木が逆さまの像となる現象も，光が直進することと光の反射の法則により説明できることが分かった。

〔問３〕　＜**レポート３**＞から，観測者が観測した位置を点Ｘとし，水面とサクラの木を模式的に表したとき，点Ａと点Ｂからの光が水面で反射し点Ｘまで進む光の道筋と，点Ｘから水面を見たときの点Ａと点Ｂの像が見える方向を表したものとして適切なのは，下の**ア**～**エ**のうちではどれか。ただし，点Aは地面からの高さが点Xの２倍の高さ，点Bは地面からの高さが点Xと同じ高さとする。

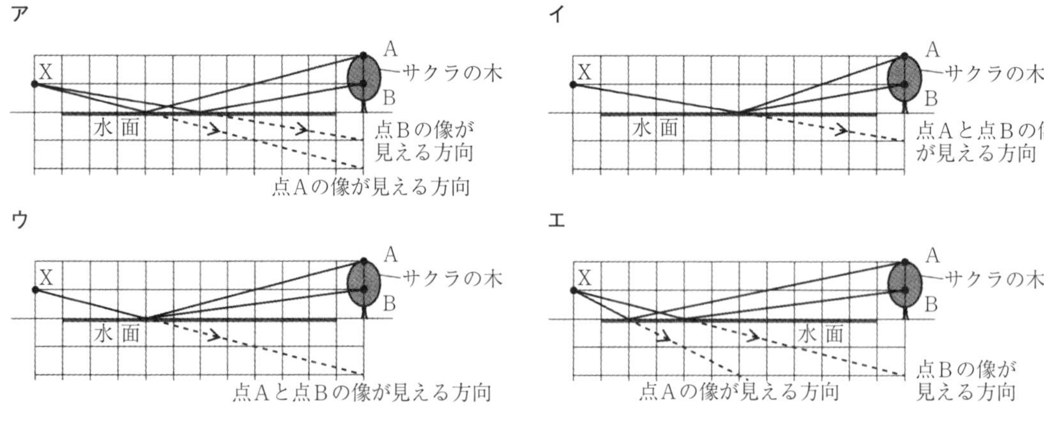

<レポート４>　水生生物による水質調査について

川にどのような生物がいるかを調査することによって，調査地点の水質を知ることができる。水生生物による水質調査では，表３のように，水質階級はⅠ～Ⅳに分かれていて，水質階級ごとに指標生物が決められている。調査地点で見つけた指標生物のうち，個体数が多い上位２種類を２点，それ以外の指標生物を１点として，水質階級ごとに点数を合計し，最も点数の高い階級をその地点の水質階級とすることを学んだ。そこで，学校の近くの川について確かめることにした。

表３

水質階級	指標生物
Ⅰ きれいな水	カワゲラ・ナガレトビケラ・ウズムシ・ヒラタカゲロウ・サワガニ
Ⅱ ややきれいな水	シマトビケラ・カワニナ・ゲンジボタル
Ⅲ 汚い水	タニシ・シマイシビル・ミズカマキリ
Ⅳ とても汚い水	アメリカザリガニ・サカマキガイ・エラミミズ・セスジユスリカ

学校の近くの川で調査を行った地点では，ゲンジボタルは見つからなかったが，ゲンジボタルの幼虫のエサとして知られているカワニナが見つかった。カワニナは内臓が外とう膜で覆われている動物のなかまである。カワニナのほかに，カワゲラ，ヒラタカゲロウ，シマトビケラ，シマイシビルが見つかり，その他の指標生物は見つからなかった。見つけた生物のうち，シマトビケラの個体数が最も多く，シマイシビルが次に多かった。

〔問４〕　**<レポート４>**から，学校の近くの川で調査を行った地点の水質階級と，内臓が外とう膜で覆われている動物のなかまの名称とを組み合わせたものとして適切なのは，次の表の**ア**～**エ**のうちではどれか。

	調査を行った地点の水質階級	内臓が外とう膜で覆われている動物のなかまの名称
ア	Ⅰ	節足動物
イ	Ⅰ	軟体動物
ウ	Ⅱ	節足動物
エ	Ⅱ	軟体動物

3　太陽の１日の動きを調べる観察について，次の各問に答えよ。

東京の地点Ｘ(北緯35.6°)で，ある年の夏至の日に，＜**観察**＞を行ったところ，＜**結果１**＞のようになった。

＜**観察**＞

(1)　図１のように，白い紙に透明半球の縁と同じ大きさの円と，円の中心Ｏで垂直に交わる直線ACと直線BDをかいた。かいた円に合わせて透明半球をセロハンテープで固定した。

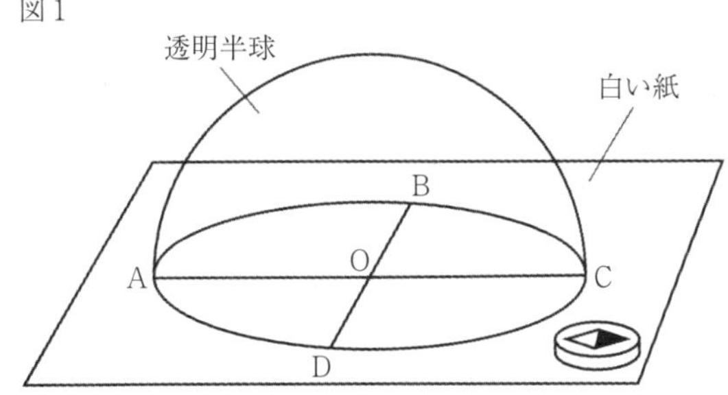

図１

(2)　日当たりのよい水平な場所で，Ｎ極が黒く塗られた方位磁針の南北に図１の直線ACを合わせて固定した。

(3)　９時から15時までの間，１時間ごとに，油性ペンの先の影が円の中心Ｏと一致する透明半球上の位置に●印と観察した時刻を記入した。

(4)　図２のように，記録した●印を滑らかな線で結び，その線を透明半球の縁まで延ばして東側で円と交わる点をＦとし，西側で円と交わる点をＧとした。

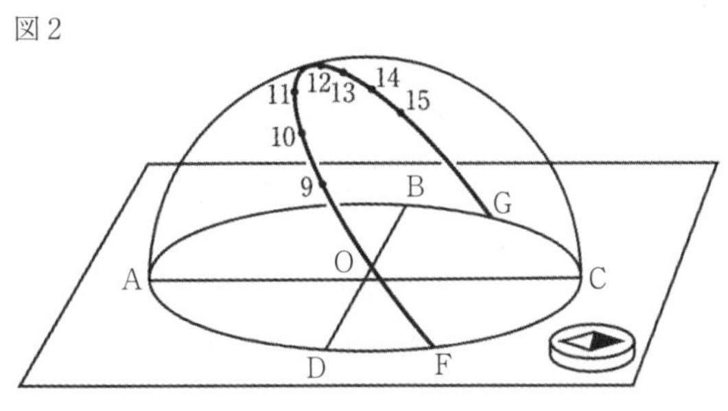

図２

(5)　透明半球にかいた滑らかな線に紙テープを合わせて，１時間ごとに記録した●印と時刻を写し取り，点Ｆから９時までの間，●印と●印の間，15時から点Ｇまでの間をものさしで測った。

＜**結果１**＞

図３のようになった。

図３

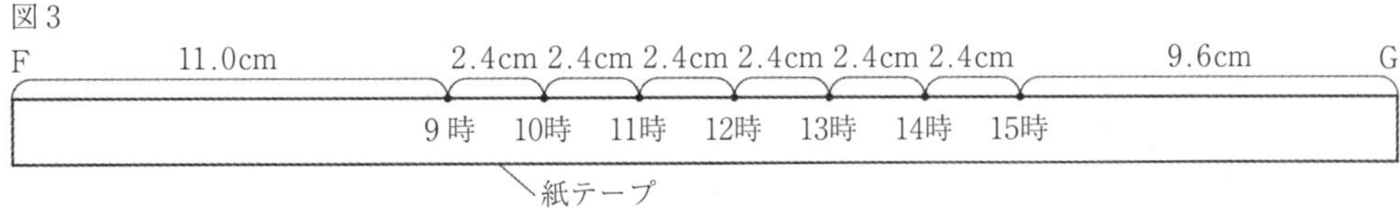

〔問１〕　＜**観察**＞を行った日の日の入りの時刻を，＜**結果１**＞から求めたものとして適切なのは，次のうちではどれか。

ア　18時　　**イ**　18時35分　　**ウ**　19時　　**エ**　19時35分

〔問２〕　＜**観察**＞を行った日の南半球のある地点Ｙ(南緯35.6°)における，太陽の動きを表した模式図として適切なのは，次のうちではどれか。

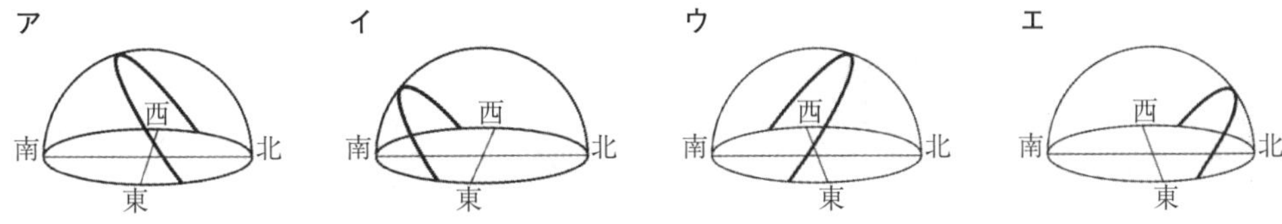

次に，＜**観察**＞を行った東京の地点Xで，秋分の日に＜**観察**＞の(1)から(3)までと同様に記録し，記録した●印を滑らかな線で結び，その線を透明半球の縁まで延ばしたところ，図4のようになった。

図4

次に，秋分の日の翌日，東京の地点Xで，＜**実験**＞を行ったところ，＜**結果2**＞のようになった。

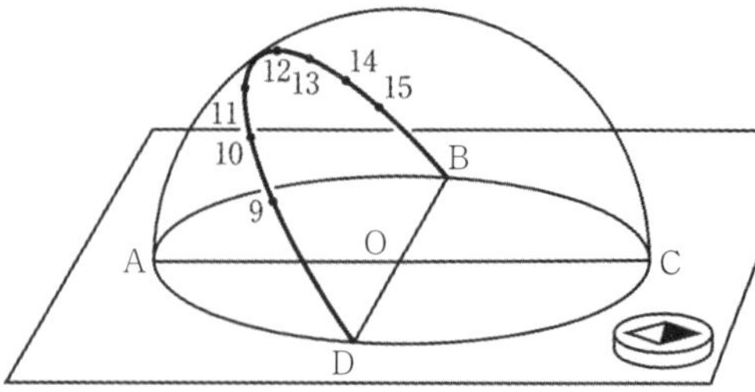

＜**実験**＞

(1) 黒く塗った試験管，ゴム栓，温度計，発泡ポリスチレンを二つずつ用意し，黒く塗った試験管に24℃のくみ置きの水をいっぱいに入れ，空気が入らないようにゴム栓と温度計を差し込み，図5のような装置を2組作り，装置H，装置Iとした。

図5

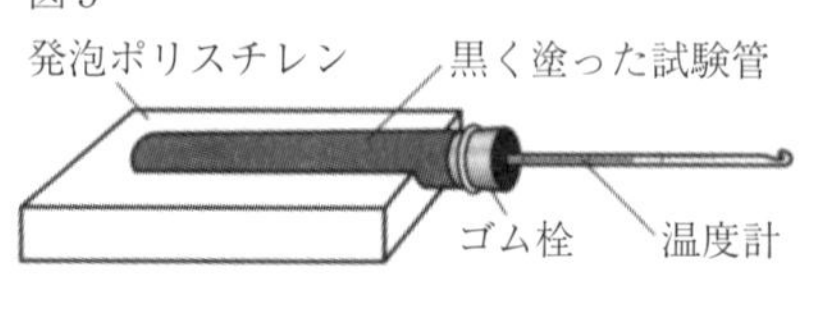

(2) 12時に，図6のように，日当たりのよい水平な場所に装置Hを置いた。また，図7のように，装置Iを装置と地面(水平面)でできる角を角a，発泡ポリスチレンの上端と影の先を結んでできる線と装置との角を角bとし，黒く塗った試験管を取り付けた面を太陽に向けて，太陽の光が垂直に当たるように角bを90°に調節して，12時に日当たりのよい水平な場所に置いた。

図6

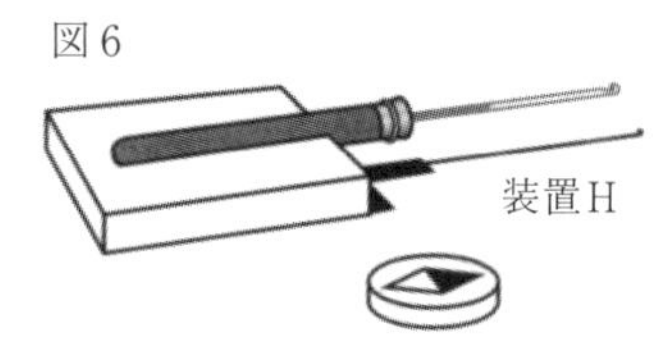

図7

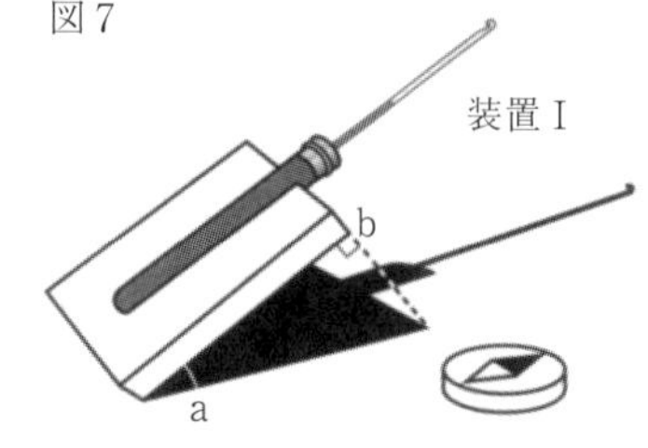

(3) 装置Hと装置Iを置いてから10分後の試験管内の水温を測定した。

＜**結果2**＞

	装置H	装置I
12時の水温〔℃〕	24.0	24.0
12時10分の水温〔℃〕	35.2	37.0

〔問3〕 南中高度が高いほど地表が温まりやすい理由を，＜**結果2**＞を踏まえて，同じ面積に受ける太陽の光の量(エネルギー)に着目して簡単に書け。

〔問4〕 図8は，＜**観察**＞を行った東京の地点X(北緯35.6°)での冬至の日の太陽の光の当たり方を模式的に表したものである。次の文は，冬至の日の南中時刻に，地点Xで図7の装置Iを用いて，黒く塗った試験管内の水温を測定したとき，10分後の水温が最も高くなる装置Iの角aについて述べている。

文中の ① と ② にそれぞれ当てはまるものとして適切なのは，下の**ア**～**エ**のうちではどれか。

ただし，地軸は地球の公転面に垂直な方向に対して23.4°傾いているものとする。

図8

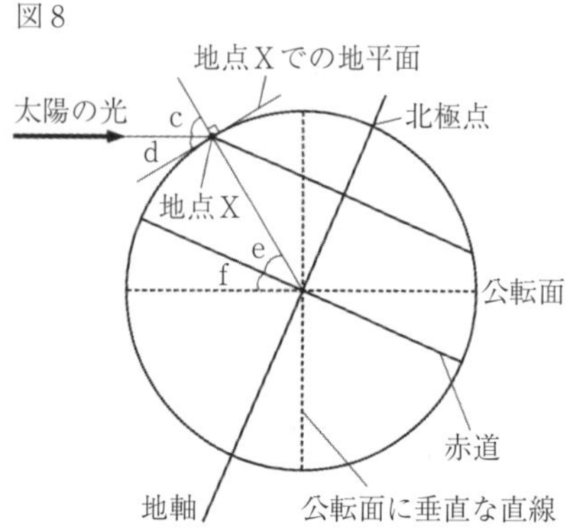

地点Xで冬至の日の南中時刻に，図7の装置Ⅰを用いて，黒く塗った試験管内の水温を測定したとき，10分後の水温が最も高くなる角aは，図8中の角［ ① ］と等しく，角の大きさは［ ② ］である。

［①］ **ア** c　**イ** d　**ウ** e　**エ** f

［②］ **ア** 23.4°　**イ** 31.0°　**ウ** 59.0°　**エ** 66.6°

4

消化酵素の働きを調べる実験について，次の各問に答えよ。

<**実験１**>を行ったところ，<**結果１**>のようになった。

<**実験１**>

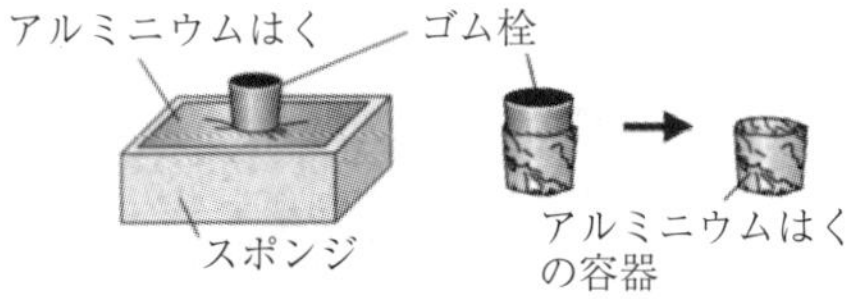

(1) 図１のように，スポンジの上に載せたアルミニウムはくに試験管用のゴム栓を押し付けて型を取り，アルミニウムはくの容器を６個作った。

(2) (1)で作った６個の容器に１％デンプン溶液をそれぞれ2 cm³ずつ入れ，容器A～Fとした。

(3) 容器Aと容器Bには水1 cm³を，容器Cと容器Dには水で薄めた唾液1 cm³を，容器Eと容器Fには消化酵素Xの溶液1 cm³を，それぞれ加えた。容器A～Fを，図２のように，40℃の水を入れてふたをしたペトリ皿の上に10分間置いた。

(4) (3)で10分間置いた後，図３のように，容器A，容器C，容器Eにはヨウ素液を加え，それぞれの溶液の色を観察した。また，図４のように，容器B，容器D，容器Fにはベネジクト液を加えてから弱火にしたガスバーナーで加熱し，それぞれの溶液の色を観察した。

図１

アルミニウムはく　ゴム栓　スポンジ　アルミニウムはくの容器

図２

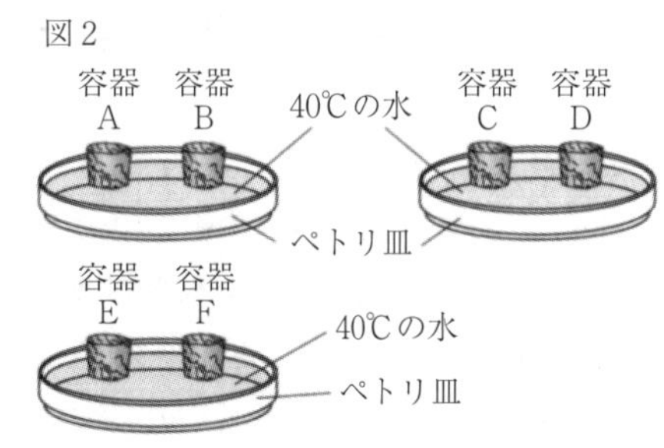

図３　図４

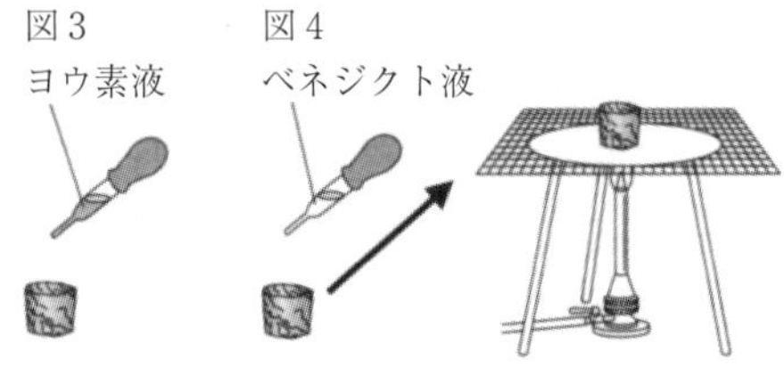

<**結果１**>

容器	１％デンプン溶液2 cm³に加えた液体	加えた試薬	観察された溶液の色
A	水1 cm³	ヨウ素液	青紫色
B		ベネジクト液	青色
C	水で薄めた唾液1 cm³	ヨウ素液	茶褐色
D		ベネジクト液	赤褐色
E	消化酵素Xの溶液1 cm³	ヨウ素液	青紫色
F		ベネジクト液	青色

次に，<**実験１**>と同じ消化酵素Xの溶液を用いて<**実験２**>を行ったところ，<**結果２**>のようになった。

<**実験２**>

(1) ペトリ皿を２枚用意し，それぞれのペトリ皿に60℃のゼラチン水溶液を入れ，冷やしてゼ

リー状にして，ペトリ皿ＧとＨとした。ゼラチンの主成分はタンパク質であり，ゼリー状のゼラチンは分解されると溶けて液体になる性質がある。

⑵　図５のように，ペトリ皿Ｇには水をしみ込ませたろ紙を，ペトリ皿Ｈには消化酵素Ｘの溶液をしみ込ませたろ紙を，それぞれのゼラチンの上に載せ，24℃で15分間保った。

⑶　⑵で15分間保った後，ペトリ皿ＧとＨの変化の様子を観察した。

図５

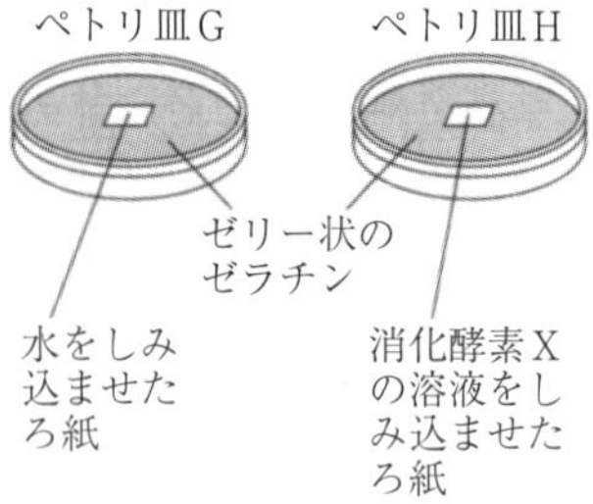

ペトリ皿Ｇ　ペトリ皿Ｈ

ゼリー状のゼラチン

水をしみ込ませたろ紙

消化酵素Ｘの溶液をしみ込ませたろ紙

＜**結果２**＞

ペトリ皿	ろ紙にしみ込ませた液体	ろ紙を載せた部分の変化	ろ紙を載せた部分以外の変化
Ｇ	水	変化しなかった。	変化しなかった。
Ｈ	消化酵素Ｘの溶液	ゼラチンが溶けて液体になった。	変化しなかった。

次に，＜**実験１**＞と同じ消化酵素Ｘの溶液を用いて＜**実験３**＞を行ったところ，＜**結果３**＞のようになった。

＜**実験３**＞

⑴　ペトリ皿に60℃のゼラチン水溶液を入れ，冷やしてゼリー状にして，ペトリ皿Ｉとした。

⑵　図６のように，消化酵素Ｘの溶液を試験管に入れ80℃の水で10分間温めた後に24℃に戻し，加熱後の消化酵素Ｘの溶液とした。図７のように，ペトリ皿Ｉには加熱後の消化酵素Ｘの溶液をしみ込ませたろ紙を，ゼラチンの上に載せ，24℃で15分間保った後，ペトリ皿Ｉの変化の様子を観察した。

図６

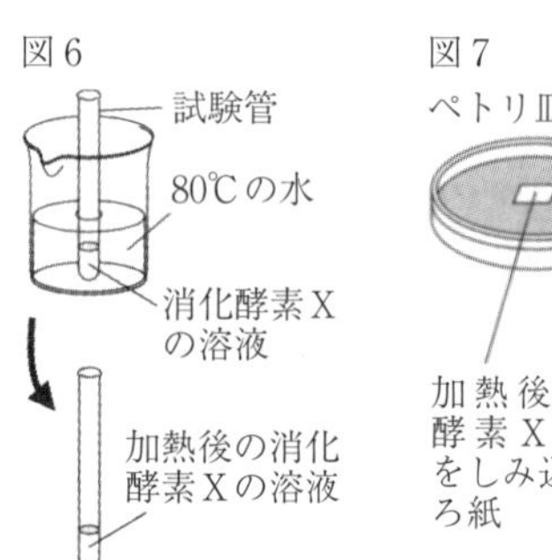

図７

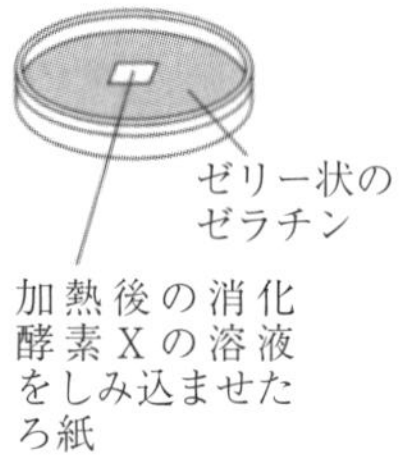

ペトリ皿Ｉ

ゼリー状のゼラチン

加熱後の消化酵素Ｘの溶液をしみ込ませたろ紙

＜**結果３**＞

ろ紙を載せた部分も，ろ紙を載せた部分以外も変化はなかった。

〔問１〕　＜**結果１**＞から分かる，消化酵素の働きについて述べた次の文の［①］～［③］にそれぞれ当てはまるものとして適切なのは，下の**ア**～**エ**のうちではどれか。

> ［　①　］の比較から，デンプンは［　②　］の働きにより別の物質になったことが分かる。さらに，［　③　］の比較から，［　②　］の働きによりできた別の物質は糖であることが分かる。

［①］　**ア**　容器Ａと容器Ｃ　　**イ**　容器Ａと容器Ｅ
　　　ウ　容器Ｂと容器Ｄ　　**エ**　容器Ｂと容器Ｆ

［②］　**ア**　水　　**イ**　ヨウ素液
　　　ウ　唾液　　**エ**　消化酵素Ｘ

［③］　**ア**　容器Ａと容器Ｃ　　**イ**　容器Ａと容器Ｅ
　　　ウ　容器Ｂと容器Ｄ　　**エ**　容器Ｂと容器Ｆ

〔問２〕　＜**結果１**＞と＜**結果２**＞から分かる，消化酵素Ｘと同じ働きをするヒトの消化酵素の名称と，<**結果３**>から分かる，加熱後の消化酵素Ｘの働きの様子とを組み合わせたものとして適切なのは，次の表の**ア**～**エ**のうちではどれか。

	消化酵素Ｘと同じ働きをするヒトの消化酵素の名称	加熱後の消化酵素Ｘの働きの様子
ア	アミラーゼ	タンパク質を分解する。
イ	アミラーゼ	タンパク質を分解しない。
ウ	ペプシン	タンパク質を分解する。
エ	ペプシン	タンパク質を分解しない。

〔問３〕 ヒトの体内における，デンプンとタンパク質の分解について述べた次の文の ① ～ ④ にそれぞれ当てはまるものとして適切なのは，下の**ア**～**エ**のうちではどれか。

デンプンは，［ ① ］から分泌される消化液に含まれる消化酵素などの働きで，最終的に［ ② ］に分解され，タンパク質は，［ ③ ］から分泌される消化液に含まれる消化酵素などの働きで，最終的に［ ④ ］に分解される。

① **ア** 唾液腺・胆のう **イ** 唾液腺・すい臓
ウ 胃・胆のう **エ** 胃・すい臓

② **ア** ブドウ糖 **イ** アミノ酸
ウ 脂肪酸 **エ** モノグリセリド

③ **ア** 唾液腺・胆のう **イ** 唾液腺・すい臓
ウ 胃・胆のう **エ** 胃・すい臓

④ **ア** ブドウ糖 **イ** アミノ酸
ウ 脂肪酸 **エ** モノグリセリド

〔問４〕 ヒトの体内では，食物は消化酵素などの働きにより分解された後，多くの物質は小腸から吸収される。図８は小腸の内壁の様子を模式的に表したもので，約１mmの長さの微小な突起で覆われていることが分かる。分解された物質を吸収する上での小腸の内壁の構造上の利点について，微小な突起の名称に触れて，簡単に書け。

図８

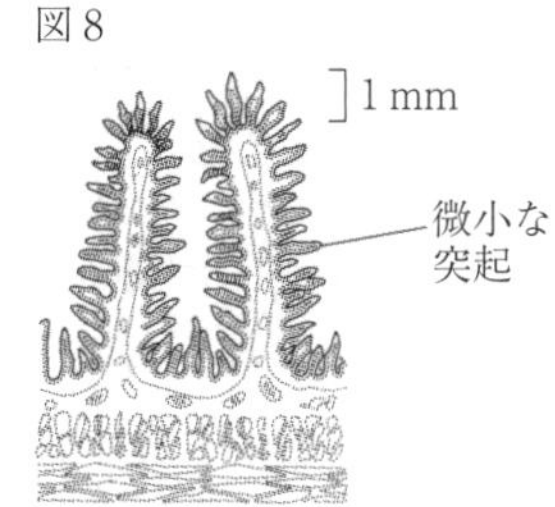

5

物質の性質を調べて区別する実験について，次の各問に答えよ。

４種類の白色の物質Ａ～Ｄは，塩化ナトリウム，ショ糖(砂糖)，炭酸水素ナトリウム，ミョウバンのいずれかである。

<**実験１**>を行ったところ，<**結果１**>のようになった。

<**実験１**>

(1) 物質Ａ～Ｄをそれぞれ別の燃焼さじに少量載せ，図１のように加熱し，物質の変化の様子を調べた。

図１

(2) <**実験１**>の(1)では，物質Ｂと物質Ｃは，燃えずに白色の物質が残り，区別がつかなかった。そのため，乾いた試験管を２本用意し，それぞれの試験管に物質Ｂ，物質Ｃを少量入れた。物質Ｂの入った試験管にガラス管がつながっているゴム栓をして，図２のように，試験管の口を少し下げ，スタンドに固定した。

(3)　試験管を加熱し，加熱中の物質の変化を調べた。気体が発生した場合，発生した気体を水上置換法で集めた。

(4)　<**実験１**>の(2)の物質Ｂの入った試験管を物質Ｃの入った試験管に替え，<**実験１**>の(2)，(3)と同様の実験を行った。

図２

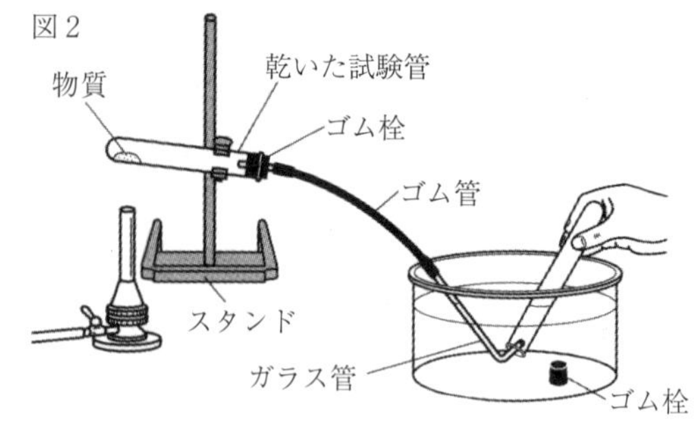

<**結果１**>

	物質Ａ	物質Ｂ	物質Ｃ	物質Ｄ
<**実験１**>の(1)で加熱した物質の変化	溶けた。	白色の物質が残った。	白色の物質が残った。	焦げて黒色の物質が残った。
<**実験１**>の(3)，(4)で加熱中の物質の変化		気体が発生した。	変化しなかった。	

〔問１〕　<**実験１**>の(1)で，物質Ｄのように，加熱すると焦げて黒色に変化する物質について述べたものとして適切なのは，次のうちではどれか。

ア　ろうは無機物であり，炭素原子を含まない物質である。
イ　ろうは有機物であり，炭素原子を含む物質である。
ウ　活性炭は無機物であり，炭素原子を含まない物質である。
エ　活性炭は有機物であり，炭素原子を含む物質である。

〔問２〕　<**実験１**>の(3)で，物質Ｂを加熱したときに発生した気体について述べた次の文の［①］に当てはまるものとして適切なのは，下の**ア**～**エ**のうちではどれか。また，［②］に当てはまるものとして適切なのは，下の**ア**～**エ**のうちではどれか。

> 物質Ｂを加熱したときに発生した気体には［　①　］という性質があり，発生した気体と同じ気体を発生させるには，［　②　］という方法がある。

［①］　**ア**　物質を燃やす
　　　イ　空気中で火をつけると音をたてて燃える
　　　ウ　水に少し溶け，その水溶液は酸性を示す
　　　エ　水に少し溶け，その水溶液はアルカリ性を示す

［②］　**ア**　石灰石に薄い塩酸を加える
　　　イ　二酸化マンガンに薄い過酸化水素水を加える
　　　ウ　亜鉛に薄い塩酸を加える
　　　エ　塩化アンモニウムと水酸化カルシウムを混合して加熱する

次に，<**実験２**>を行ったところ，<**結果２**>のようになった。

<**実験２**>

(1)　20℃の精製水（蒸留水）100ｇを入れたビーカーを４個用意し，それぞれのビーカーに図３のように物質Ａ～Ｄを20ｇずつ入れ，ガラス棒でかき混ぜ，精製水（蒸留水）に溶けるかどうかを観察した。

図３

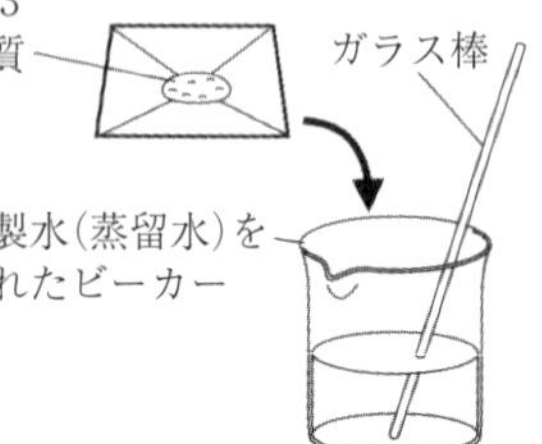

(2) 図４のように，ステンレス製の電極，電源装置，豆電球，電流計をつないで回路を作り，＜**実験２**＞の(1)のそれぞれのビーカーの中に，精製水(蒸留水)でよく洗った電極を入れ，電流が流れるかどうかを調べた。

(3) 塩化ナトリウム，ショ糖(砂糖)，炭酸水素ナトリウム，ミョウバンの水100ｇに対する溶解度を，図書館で調べた。

図４

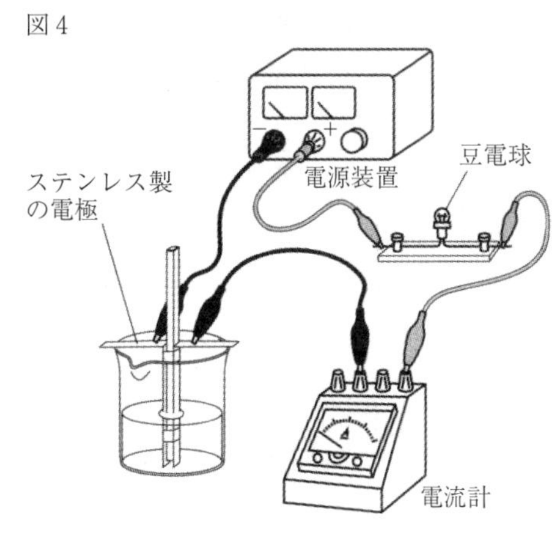

＜**結果２**＞

(1) ＜**実験２**＞の(1)，(2)で調べた結果は，次の表のようになった。

	物質A	物質B	物質C	物質D
20℃の精製水(蒸留水)100ｇに溶けるかどうか	一部が溶けずに残った。	一部が溶けずに残った。	全て溶けた。	全て溶けた。
電流が流れるかどうか	流れた。	流れた。	流れた。	流れなかった。

(2) ＜**実験２**＞の(3)で調べた結果は，次の表のようになった。

水の温度〔℃〕	塩化ナトリウムの質量〔ｇ〕	ショ糖(砂糖)の質量〔ｇ〕	炭酸水素ナトリウムの質量〔ｇ〕	ミョウバンの質量〔ｇ〕
0	35.6	179.2	6.9	5.7
20	35.8	203.9	9.6	11.4
40	36.3	238.1	12.7	23.8
60	37.1	287.3	16.4	57.4

〔問３〕 物質Cを水に溶かしたときの電離の様子を，化学式とイオン式を使って書け。

〔問４〕 ＜**結果２**＞で，物質の一部が溶けずに残った水溶液を40℃まで加熱したとき，一方は全て溶けた。全て溶けた方の水溶液を水溶液Pとするとき，水溶液Pの溶質の名称を書け。また，40℃まで加熱した水溶液P120ｇを20℃に冷やしたとき，取り出すことができる結晶の質量〔ｇ〕を求めよ。

6 電熱線に流れる電流とエネルギーの移り変わりを調べる実験について，次の各問に答えよ。

＜**実験１**＞を行ったところ，＜**結果１**＞のようになった。

＜**実験１**＞

(1) 電流計，電圧計，電気抵抗の大きさが異なる電熱線Aと電熱線B，スイッチ，導線，電源装置を用意した。

(2) 電熱線Aをスタンドに固定し，図１のように，回路を作った。

図１

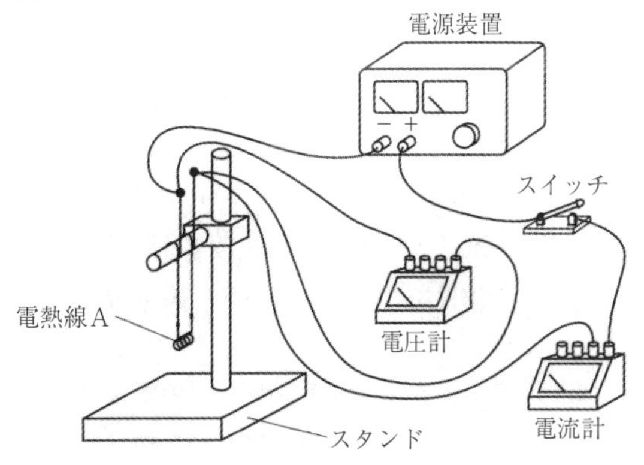

(3)　電源装置の電圧を1.0Vに設定した。

(4)　回路上のスイッチを入れ，回路に流れる電流の大きさ，電熱線の両端に加わる電圧の大きさを測定した。

(5)　電源装置の電圧を2.0V，3.0V，4.0V，5.0Vに変え，＜**実験１**＞の(4)と同様の実験を行った。

(6)　電熱線Aを電熱線Bに変え，＜**実験１**＞の(3)，(4)，(5)と同様の実験を行った。

＜**結果１**＞

	電源装置の電圧〔V〕	1.0	2.0	3.0	4.0	5.0
電熱線A	回路に流れる電流の大きさ〔A〕	0.17	0.33	0.50	0.67	0.83
	電熱線Aの両端に加わる電圧の大きさ〔V〕	1.0	2.0	3.0	4.0	5.0
電熱線B	回路に流れる電流の大きさ〔A〕	0.25	0.50	0.75	1.00	1.25
	電熱線Bの両端に加わる電圧の大きさ〔V〕	1.0	2.0	3.0	4.0	5.0

〔問１〕　＜**結果１**＞から，電熱線Aについて，電熱線Aの両端に加わる電圧の大きさと回路に流れる電流の大きさの関係を，解答用紙の方眼を入れた図に●を用いて記入し，グラフをかけ。また，電熱線Aの両端に加わる電圧の大きさが9.0Vのとき，回路に流れる電流の大きさは何Aか。

次に，＜**実験２**＞を行ったところ，＜**結果２**＞のようになった。

＜**実験２**＞

(1)　電流計，電圧計，＜**実験１**＞で使用した電熱線Aと電熱線B，200gの水が入った発泡ポリスチレンのコップ，温度計，ガラス棒，ストップウォッチ，スイッチ，導線，電源装置を用意した。

(2)　図２のように，電熱線Aと電熱線Bを直列に接続し，回路を作った。

(3)　電源装置の電圧を5.0Vに設定した。

(4)　回路上のスイッチを入れる前の水の温度を測定し，ストップウォッチのスタートボタンを押すと同時に回路上のスイッチを入れ，回路に流れる電流の大きさ，回路上の点aから点bまでの間に加わる電圧の大きさを測定した。

(5)　１分ごとにガラス棒で水をゆっくりかきまぜ，回路上のスイッチを入れてから５分後の水の温度を測定した。

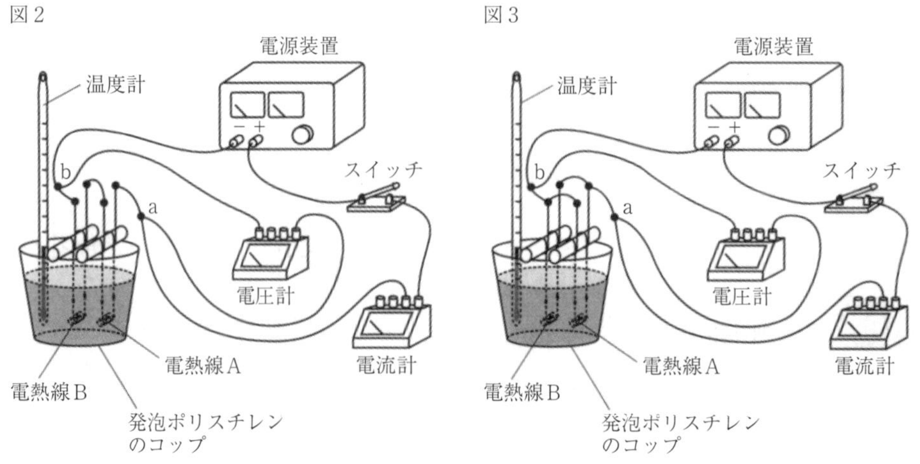

(6) 図３のように，電熱線Ａと電熱線Ｂを並列に接続し，回路を作り，<**実験２**>の(3)，(4)，(5)と同様の実験を行った。

<**結果２**>

	電熱線Ａと電熱線Ｂを直列に接続したとき	電熱線Ａと電熱線Ｂを並列に接続したとき
電源装置の電圧〔V〕	5.0	5.0
スイッチを入れる前の水の温度〔℃〕	20.0	20.0
回路に流れる電流の大きさ〔A〕	0.5	2.1
回路上の点ａから点ｂまでの間に加わる電圧の大きさ〔V〕	5.0	5.0
回路上のスイッチを入れてから５分後の水の温度〔℃〕	20.9	23.8

〔問２〕 <**結果１**>と<**結果２**>から，電熱線Ａと電熱線Ｂを直列に接続したときと並列に接続したときの回路において，直列に接続したときの電熱線Ｂに流れる電流の大きさと並列に接続したときの電熱線Ｂに流れる電流の大きさを最も簡単な整数の比で表したものとして適切なのは，次のうちではどれか。

ア 1：5　**イ** 2：5　**ウ** 5：21　**エ** 10：21

〔問３〕 <**結果２**>から，電熱線Ａと電熱線Ｂを並列に接続し，回路上のスイッチを入れてから５分間電流を流したとき，電熱線Ａと電熱線Ｂの発熱量の和を<**結果２**>の電流の値を用いて求めたものとして適切なのは，次のうちではどれか。

ア 12.5 J　**イ** 52.5 J　**ウ** 750 J　**エ** 3150 J

〔問４〕 <**結果１**>と<**結果２**>から，電熱線の性質とエネルギーの移り変わりの様子について述べたものとして適切なのは，次のうちではどれか。

ア 電熱線には電気抵抗の大きさが大きくなると電流が流れにくくなる性質があり，電気エネルギーを熱エネルギーに変換している。

イ 電熱線には電気抵抗の大きさが大きくなると電流が流れにくくなる性質があり，電気エネルギーを化学エネルギーに変換している。

ウ 電熱線には電気抵抗の大きさが小さくなると電流が流れにくくなる性質があり，熱エネルギーを電気エネルギーに変換している。

エ 電熱線には電気抵抗の大きさが小さくなると電流が流れにくくなる性質があり，熱エネルギーを化学エネルギーに変換している。

社会解答

1〔問１〕 エ　〔問２〕 ウ
〔問３〕 イ

2〔問１〕 略地図中のＡ～Ｄ…C
Ⅱのア～エ…ウ
〔問２〕 Ｐ…イ　Ｑ…ア　Ｒ…エ
Ｓ…ウ
〔問３〕 略地図中のＷ～Ｚ…X
ⅠとⅡの表のア～エ…ア

3〔問１〕 Ａ…ウ　Ｂ…イ　Ｃ…ア
Ｄ…エ
〔問２〕 Ｐ…ア　Ｑ…ア　Ｒ…イ
Ｓ…イ
〔問３〕 理由　(例)内陸に建設されたのは，高波や津波などの影響を受けにくいからである。
効果　(例)東名高速道路と新東名高速道路の交通量の合計は増加したが，分散が図られたことで渋滞回数が減少した。

4〔問１〕 ア→エ→ウ→イ
〔問２〕 Ⅰの略年表中のア～エ…イ
Ⅱの略地図中のＡ～Ｄ…B
〔問３〕 エ　〔問４〕 ウ

5〔問１〕 ア　〔問２〕 ウ
〔問３〕 エ　〔問４〕 イ

6〔問１〕 エ→ウ→ア→イ
〔問２〕 略地図中のＡ～Ｄ…B
ⅠとⅡのグラフのア～エ…ア
〔問３〕 (例)政府開発援助事業予算に占める，政府貸付の割合を増やすとともに，二国間政府開発援助贈与に占める，技術協力の割合を増やすことで，自助努力を後押しし，自立的発展を目指している。

1〔三分野総合―小問集合問題〕

〔問１〕＜**地図の読み取り**＞地図上の撮影地点から矢印の方向を見ると，ほぼ正面に江の島が見えることから，イとエが当てはまる。さらに地図を確認すると，撮影地点から見て右手には砂浜があり，砂浜と江の島をつなぐ江ノ島大橋がある。このような風景が写っている写真はエである。

〔問２〕＜**大仙古墳**＞Ⅱは大仙古墳〔仁徳陵古墳〕についての説明である。大仙古墳は，５世紀につくられた日本最大の前方後円墳で，大阪府堺市にある。2019年には，大仙古墳と周辺の多数の古墳が「百舌鳥・古市古墳群」としてUNESCO〔国連教育科学文化機関〕の世界文化遺産に登録された。

〔問３〕＜**安全保障理事会**＞国際連合〔国連〕の安全保障理事会は，国際社会の平和と安全の維持を目的とする機関である。アメリカ，イギリス，フランス，ロシア，中国の５か国の常任理事国と，任期２年の10か国の非常任理事国で構成されている。安全保障理事会は国連の中でも強い権限を与えられており，平和を脅かすような事態が発生した際には，経済的・軍事的な制裁を行うことを決定できる。加盟国は，安全保障理事会の決定に従う義務がある。なお，国連難民高等弁務官事務所〔UNHCR〕は難民の保護や支援などの活動を行う機関，世界保健機関〔WHO〕は保健事業の指導や感染症対策などを行う機関，国際司法裁判所〔ICJ〕は加盟国間の紛争を解決するための裁判を行う機関である。

2〔世界地理―世界の姿と諸地域〕

〔問１〕＜**サンフランシスコの特徴と気候**＞**略地図中のＡ～Ｄ**．サンベルトとはアメリカの北緯37度以南の地域を指すので，「サンベルトの北限付近」とは北緯37度付近である。北緯37度の緯線はアメリカの中央部を通るので，Ⅰの文章に当てはまるのはＣの都市だと考えられる。Ｃはサンフランシスコである。サンフランシスコを含むアメリカの太平洋沿岸地域は，夏季に乾燥して冬季に比較的降水量が多い，温帯の地中海性気候に属する。また，サンフランシスコの周辺では半導体や情報技術〔IT〕などに関連する産業が盛んであり，特にサンフランシスコ郊外のサンノゼ周辺は，これらの企業や研究所が集中していることからシリコンバレーと呼ばれている。　**Ⅱのア～エ**．地中海性気候に属するのは，地図中のA～DのうちCとDの都市である。また，Ⅱのグラフ中で地中海性気候に当てはまるのはアとウである。CとDのうち，より北に位置するDの方が年平均気温が低いと考えられることから，Cのグラフがウの気候を，Dのグラフがアの気候を表していると判断する。なお，AとBの都市は，季節による気温の変化がはっきりしていて年降水量が多い温帯の温帯〔温暖〕湿潤気候に属しており，より北に位置するAのグラフがエ，Bのグラフがイとなる。

〔問２〕＜国々の特徴＞Pはアルゼンチン，Qはマレーシア，Rは南アフリカ共和国，Sはドイツである。　ア．「熱帯地域」とあることから，赤道に近い地域に位置するマレーシアと判断する。マレー半島とインドネシアのスマトラ島の間に位置するマラッカ海峡は，太平洋とインド洋を結ぶ海上交通の要地であり，現在も年間数万隻の船舶が航行している。　イ．「パンパ」と呼ばれる草原地帯が広がるのは，アルゼンチンのラプラタ川流域である。アルゼンチンの西部にはアンデス山脈が南北に通り，隣国であるチリとの国境となっている。アンデス山脈は，現在も地殻変動が活発な環太平洋造山帯に属する。　ウ．自動車の生産・販売台数が非常に多いことや，「国土の北部は氷河に削られ」という記述から，ヨーロッパに位置するドイツと判断する。ドイツには，1930年代から建設が始まったアウトバーンと呼ばれる高速道路があり，一部区間を除いて速度無制限となっている。また，工業地帯の排出ガスなどを原因とする酸性雨の被害を受けた経験から，環境問題への取り組みが盛んである。　エ．「欧州との時差が少なく」という記述から，南アフリカ共和国と推測する。「豊富な地下資源」とあるように，南アフリカ共和国では，希少金属〔レアメタル〕を含むさまざまな鉱産資源が産出される。また，アフリカ最大の工業国であり，外国企業の進出も進んでいる。

〔問３〕＜タイの特徴と資料の読み取り＞略地図中のW～Z．Wはメキシコ，Xはタイ，Yはスウェーデン，Zはイタリアである。まず，「雨季と乾季」がある気候は熱帯のサバナ気候であり，この気候が国内に分布する国はメキシコとタイである。次に，「国土の北部から南流し，首都を通り海に注ぐ河川」という記述に注目すると，タイの国土を北から南へ流れ，首都バンコクを通って海に注ぐチャオプラヤ川が当てはまり，Ⅲはタイについて述べた文章であると判断できる。チャオプラヤ川の流域は世界的な稲作地帯であり，文中の「穀物」は米である。　**ⅠとⅡの表のア～エ**．Ⅲの文章の後半部分の記述内容と，Ⅰ，Ⅱの表を照らし合わせて考える。まず，Ⅲの文中の「2016年には，製造業の進出日本企業数が1993年と比較し２倍以上に伸び」という記述をもとにⅠの表を見ると，これに当てはまるのはアとウである。さらに，「貿易相手国として中華人民共和国の重要性が高まった」とあり，2016年の貿易相手国の上位３位以内に中華人民共和国が含まれているのもアとウである。次に，Ⅲの文中の「(2016年の)この国と日本の貿易総額は1993年と比較し２倍以上に伸びており」という記述をもとにⅡの表を見ると，これに当てはまるのもアとウである。さらに，「(2016年の)電気機器の輸入額に占める割合も２割を上回る」とあり，これに当てはまるのはアである。以上から，アがタイとなる。これらに加えて，進出日本企業数が４か国中で最も多いこと，上位の貿易相手国にアジア諸国が多いことなども，アがタイであると判断するヒントとなる。なお，イはスウェーデン，ウはメキシコ，エはイタリアである。

３　**〔日本地理―日本の諸地域，地形図〕**

〔問１〕＜都道府県と県庁所在地の特徴＞Aは宮城県，Bは福井県，Cは広島県，Dは鹿児島県である。

ア．広島県の瀬戸内海沿岸には瀬戸内工業地域が分布し，造船業や鉄鋼業などが立地している。また，この地域には山陽新幹線などの鉄道が東西方向に走っている。県庁所在地である広島市の中心部は，瀬戸内海に流れ込む太田川の三角州上に形成されている。　イ．福井県の若狭湾沿岸にはリアス海岸が見られ，また鯖江市では眼鏡産業が盛んである。現在，東京－金沢(石川県)間が開業している北陸新幹線は，2022年度末に金沢－敦賀(福井県)間が開業する予定であり，県庁所在地である福井市も経由する。福井市では，自宅から最寄り駅まで自動車で行き，鉄道などの公共交通機関に乗り換えて都心部の目的地に向かうというパークアンドライドと呼ばれる仕組みが整備されており，都心部の混雑解消に効果をあげている。　ウ．宮城県では，1982年に開通した東北新幹線などの鉄道が南北方向に走っており，西側には奥羽山脈が位置する。県庁所在地である仙台市は「杜(もり)の都」と呼ばれ，街路樹などによる緑豊かな町並みが見られる。　エ．鹿児島県には薩摩半島と大隅半島という２つの大きな半島がある。西側の薩摩半島には，県庁所在地の鹿児島市があり，大規模な石油備蓄基地が市の南部に位置する。鹿児島市は，噴火活動が活発な桜島の対岸に位置し，2004年に開通した九州新幹線の終点となる駅が置かれている。また，鹿児島県から宮崎県にかけて，火山噴出物が積もってできたシラス台地が分布している。

〔問２〕＜**地形図の読み取り**＞**Ｐ**．特にことわりのないかぎり，地形図上では北が上となる。ⅠとⅡの地形図では，西側に海があり，東へ行くにつれてゆるやかに標高が高くなっていることが等高線からわかる。これをふまえて庄内空港の西端付近と東端付近の標高を確認すると，西端付近には10mの等高線があり，東端付近には40mや50mの等高線が見られることがわかる。　**Ｑ**．庄内空港ができる前の土地利用の様子をⅠの地形図で確認すると，畑(∨)や果樹園(○)が広がっている。なお，水田(॥)は，庄内空港よりも東の地域に見られる。　**Ｒ**．庄内空港の滑走路に相当するＹ－Ｚの長さは地形図上で約８cmである。この地形図の縮尺は２万５千分の１なので，実際の距離は，８cm×25000＝200000cm＝2000mとなる。　**Ｓ**．この地域は日本海沿岸に位置するため，冬に北西から季節風が吹く。したがって，海岸沿いに見られる針葉樹林(Λ)は，この北西風によって砂浜から運ばれる砂を防ぐ防砂林と考えられる。

〔問３〕＜**高速道路と交通の変化**＞**理由**．「自然災害に着目」という点を念頭に置きながらⅠとⅡの資料を確認する。東名高速道路で高波や津波による通行止めが発生していること(Ⅰ)，新東名高速道路が東名高速道路よりも内陸を通っていること(Ⅱ)から，海からの災害を避けるために新東名高速道路は内陸に建設されたと考えられる。　**効果**．Ⅲの資料で，東名高速道路と新東名高速道路の「平均交通量」と「10km以上の渋滞回数」をそれぞれ比較する。「平均交通量」については，開通前に比べて開通後の東名の平均交通量が減少していること，また開通後の東名と新東名の平均交通量を合計すると開通前の平均交通量を上回っていることが読み取れる。次に「10km以上の渋滞回数」については，開通前に比べて開通後は大きく減少している。以上から，開通後は開通前に比べて平均交通量の合計は増加したが，東名と新東名に分散されたことによって渋滞回数が減少したことがわかる。

4 〔歴史―古代～現代の日本と世界〕

〔問１〕＜**年代整序**＞年代の古い順に，ア(８世紀初め―律令制度の整備)，エ(８世紀半ば―聖武天皇の政治)，ウ(12世紀末―鎌倉幕府の成立)，イ(14世紀半ば―室町幕府の成立)となる。

〔問２〕＜**東求堂同仁斎**＞Ⅲの文章中の「慈照寺」は，京都の東山にある寺院で，一般には銀閣寺とも呼ばれている。もとは室町幕府第８代将軍の足利義政の別荘であり，敷地内にある銀閣や東求堂は義政が建てたものである。義政の頃には，寺院の部屋の様式を取り入れ，床の間などを備えた書院造と呼ばれる住宅様式が広まり，現在の和風建築の原型となった。東求堂の一室である同仁斎は，代表的な書院造である。義政が政治を行ったのは15世紀後半であり，Ⅰの年表中のイの時期にあたる。

〔問３〕<江戸時代の政策と時期>「天明」という元号や「浅間山が噴火」という言葉から，この文章は18世紀後半に起こった浅間山の大噴火について述べたものであるとわかる。同時期に天明のききん(1782年〔天明２年〕)が起こったこともあり，各地で百姓一揆や打ちこわしが相次いだため，このとき政治を行っていた田沼意次は老中を辞めさせられた。この後，18世紀末には松平定信が寛政の改革(1787～93年)を行っており，「４年後から10年後にかけて主に行われた政策」とは寛政の改革の政策を指す。ア～エのうち，寛政の改革で行われた政策はエである。なお，アは水野忠邦が19世紀半ばに行った天保の改革，イは徳川吉宗が18世紀前半に行った享保の改革，ウは田沼意次が行った政策の内容である。

〔問４〕<1910～33年の出来事>大正時代には文化の大衆化が進み，1925年には東京でラジオ放送が開始された。なお，国家総動員法が制定されたのは1938年，官営の八幡製鉄所が開業したのは1901年，廃藩置県が行われたのは1871年である。

5 〔公民―総合〕

〔問１〕<内閣の仕事>内閣の仕事は，日本国憲法第73条で規定されている。アに書かれた条約の締結のほか，法律の執行，予算の作成，政令の制定などがある。なお，イは国会が政治全般について調査する権限である国政調査権について規定した条文(第62条)である。ウは，国民の権利や義務を定めた条文の１つで，個人の尊重，幸福追求権，公共の福祉について規定している(第13条)。エは，地方自治の基本原則を定めた条文(第92条)である。

〔問２〕<日本の議院内閣制とアメリカの大統領制>議院内閣制をとる日本では，国民の選挙で選ばれた議員で構成される国会が国権の最高機関と位置づけられ，内閣は国会の信任に基づいて成立し，国会に対して連帯して責任を負う。衆議院で内閣不信任案が可決(または内閣信任案が否決)されて内閣が国会の信任を失った場合，内閣は10日以内に衆議院を解散するか，総辞職しなければならない(B…○)。一方，大統領制をとるアメリカでは，国民が行政の長である大統領と立法を行う議会の議員をそれぞれ選挙で選ぶ。そのため，大統領と議会は対等で互いに独立しており，大統領は議会に法律案を提出したり議会を解散したりすることはできない一方，議会が可決した法律案を拒否する権限を持つ(A…×)。

〔問３〕<行政の役割>社会資本とは，公園，道路や上下水道，図書館，学校などの公共的な施設や設備のことである。これらは国民の生活や産業の支えとなる重要なものであるが，利潤を目的とする民間企業だけでは提供が難しいものが多いため，行政によって整備されている。なお，ア～ウは社会保障制度に関する内容で，アは公的扶助，イは社会保険，ウは公衆衛生について述べたものである。

〔問４〕<資料の読み取り>Ⅱの文章の記述内容とⅠのグラフを照らし合わせて考える。「歳入総額に占める租税・印紙収入の割合の増加」に当てはまる時期はアとイであり，「公債金の割合が低下」に当てはまる時期はイである。なお，イの時期にあたる1980年代の後半には，土地や株の価格が実際の価値以上に上昇するバブル経済と呼ばれる好景気が到来し，経済成長率は６％台となった。また，この時期には電話や鉄道などの公営企業の民営化が行われ，消費税が初めて導入された。

6 〔三分野総合―国際社会を題材とした問題〕

〔問１〕<年代整序>年代の古い順に，エ(三国同盟の成立―1882年)，ウ(国際連盟の発足―1920年)，ア(ヨーロッパ共同体〔EC〕の発足―1967年)，イ(国連環境開発会議〔地球サミット〕の開催―1992年)となる。

〔問２〕＜サウジアラビアの特徴と資料の読み取り＞略地図中のＡ～Ｄ．Ａはフィリピン，Ｂはサウジアラビア，Ｃはコートジボワール，Ｄはポルトガルである。Ⅲの文章の石油輸出国機構〔OPEC〕に加盟しているという記述から，世界有数の石油産出国であるサウジアラビアと判断する。サウジアラビアの国旗は，緑色の下地にアラビア文字と剣が描かれたデザインとなっている。　**ⅠとⅡのグラフのア～エ．**Ⅲの文章の記述内容と，Ⅰ，Ⅱのグラフを照らし合わせて考える。まず，Ⅲの文中の「二度の石油危機を含む期間」とは，1973年(第一次石油危機)～1979年(第二次石油危機)である。この期間に「一人当たりの国内総生産が大幅に増加」し，その後「一時的に減少し，1990年以降は増加し続けた」国をⅠのグラフで確認すると，当てはまるのはアとなる。また，「1970年から2015年までの間に乳幼児死亡率は約10分の１に減少」した国をⅡのグラフで確認すると，やはりアが当てはまる。したがって，アがサウジアラビアである。なお，イはポルトガル，ウはフィリピン，エはコートジボワールである。

〔問３〕＜日本のODAの変化＞この問題で求められているのは，「1997年度と比較した2018年度の政府開発援助(ODA)の変化」について，①Ⅰ～Ⅲの資料を活用し，②政府開発援助事業予算(Ⅱの表)と二国間政府開発援助贈与(Ⅲの表)の内訳に着目して述べることである。これを念頭に置き，Ⅰ～Ⅲの資料からわかることを整理する。まずⅠを見ると，現在の日本は政府開発援助を行うにあたり，援助相手国の自助努力や自立的発展を重視していることがわかる。次にⅡを見ると，2018年度は1997年度と比べて，政府開発援助事業予算のうち政府貸付の割合が増え，贈与の割合が減っていることがわかる。次にⅢを見ると，2018年度は1997年度と比べて，二国間政府開発援助贈与のうち無償資金協力の割合が減り，技術協力の割合が増えていることがわかる。以上から，援助相手国の自助努力や自立的発展を促すという方針のもとで，単純に資金を提供する形態の援助を減らし，返済の必要がある貸付や技術援助を増やすという変化が生じていると考えられる。

理科解答

1
〔問1〕 イ　〔問2〕 ウ
〔問3〕 ア　〔問4〕 エ
〔問5〕 イ

2
〔問1〕 ウ　〔問2〕 イ
〔問3〕 ア　〔問4〕 エ

3
〔問1〕 ウ　〔問2〕 エ
〔問3〕 (例)太陽の光の当たる角度が地面に対して垂直に近いほど，同じ面積に受ける光の量が多いから。
〔問4〕 ①…ア　②…ウ

4
〔問1〕 ①…ア　②…ウ　③…ウ
〔問2〕 エ
〔問3〕 ①…イ　②…ア　③…エ　④…イ
〔問4〕 (例)柔毛で覆われていることで小腸の内側の壁の表面積が大きくなり，効率よく物質を吸収することができる点。

5
〔問1〕 イ　〔問2〕 ①…ウ　②…ア
〔問3〕 $NaCl \longrightarrow Na^{+} + Cl^{-}$
〔問4〕 溶質の名称…ミョウバン
結晶の質量…8.6g

6
〔問1〕
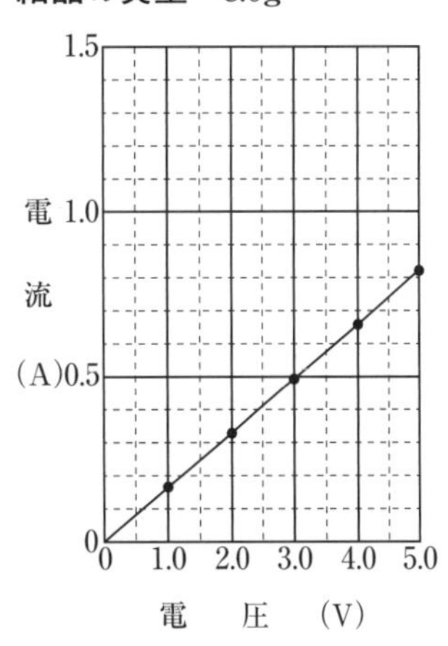

電流の大きさ…1.5A
〔問2〕 イ　〔問3〕 エ
〔問4〕 ア

1 〔小問集合〕

〔問1〕＜有性生殖＞有性生殖では，減数分裂によってつくられた生殖細胞が受精して受精卵ができる。生殖細胞に含まれる染色体の数は体細胞の半分なので，受精卵の染色体の数は親の体細胞の染色体の数と同じになる。また，受精卵は細胞分裂を繰り返して胚になる。

〔問2〕＜塩酸の電気分解＞薄い塩酸は塩化水素(HCl)の水溶液で，水溶液中には塩化水素が電離した水素イオン(H^{+})と塩化物イオン(Cl^{-})が存在している。そのため，薄い塩酸に電流を流すと，陽イオンであるH^{+}が陰極に引かれて水素(H_2)となって発生し，陰イオンであるCl^{-}が陽極に引かれて塩素(Cl_2)となって発生する。よって，気体Aは水素，気体Bは塩素である。また，この実験で発生する水素と塩素の体積は同じだが，水素が水に溶けにくいのに対し，塩素は水に溶けやすいので，集まる体積は水素の方が塩素より多くなる。

〔問3〕＜仕事率＞100gの物体にはたらく重力の大きさを1Nとするから，150gの物体にはたらく重力の大きさは150÷100＝1.5(N)である。よって，持ち上げた力がした仕事の大きさは，〔仕事(J)〕＝〔力の大きさ(N)〕×〔力の向きに動いた距離(m)〕より，1.5×1.6＝2.4(J)となるから，求める仕事率は，〔仕事率(W)〕＝〔仕事(J)〕÷〔かかった時間(s)〕より，2.4÷2＝1.2(W)となる。

〔問4〕＜火成岩＞図2より，観察した火成岩のつくりは，石基の中に斑晶が散らばった斑状組織だから，この火成岩は火山岩である。火山岩のうち，有色鉱物の割合が多い岩石は玄武岩である。また，黄緑色で不規則な形の鉱物はカンラン石である。なお，はんれい岩は深成岩だから，つくりは等粒状組織で，石英は無色鉱物である。

〔問5〕＜酸化銀の分解＞酸化銀(Ag_2O)を加熱すると，銀(Ag)と酸素(O_2)に分解される。酸化銀は銀原子と酸素原子が2：1の数の比で結びついているから，モデルでは●○●と表され，反応後の酸素は原子が2個結びついて酸素分子として存在しているから，モデルでは○○と表される。よって，ア～エのうち，適切なのはイである。

2〔小問集合〕

〔問1〕＜空気中の水蒸気＞コップの表面に水滴がつき始めたときの温度は，空気中の水蒸気が凝結して水滴ができ始める温度で，これを露点という。露点での飽和水蒸気量は，実際に空気中に含まれる水蒸気量に等しい。表1より，教室の温度24℃での飽和水蒸気量は21.8g/m³，露点14℃での飽和水蒸気量は12.1g/m³だから，〔湿度(%)〕=〔空気1m³中に含まれる水蒸気量(g/m³)〕÷〔その気温での飽和水蒸気量(g/m³)〕×100より，測定時の教室の湿度は，12.1÷21.8×100=55.50…となるから，約55.5%である。また，霧は，水蒸気を含んだ空気が冷やされて露点以下になり，水蒸気が凝結して水滴になって地表近くに浮かんだものである。

〔問2〕＜融点＞固体が溶けて液体に変化するときの温度を融点という。塩化カルシウムを入れていない試験管Aの中の水の融点を調べたのは，塩化カルシウムを入れた水溶液の融点が水の融点より低くなることを確かめるためである。なお，この実験のように，凍結防止剤を入れると，固体はより低い温度で液体に変わるので，雪が溶けやすくなる。

〔問3〕＜光の反射＞水面に映る像は，水面に対して物体と対称の位置にできる。このとき，水面で反射した光は像から直進してきたように見える。よって，ア～エのうち，適切なのはアである。

〔問4〕＜水質調査＞見つけた生物のうち，水質階級Ⅰに属するのはカワゲラとヒラタカゲロウで，どちらも1点だから，合計で1+1=2(点)，水質階級Ⅱに属するのはシマトビケラとカワニナで，それぞれ2点と1点だから，合計で2+1=3(点)，水質階級Ⅲに属するのはシマイシビルで2点である。よって，最も点数の高い階級は3点のⅡなので，この地点の水質階級はⅡである。また，カワニナのように内臓が外とう膜で覆われている動物を軟体動物という。なお，節足動物はからだが外骨格で覆われ，からだやあしに節がある動物である。

3〔地球と宇宙〕

〔問1〕＜太陽の動き＞図3より，太陽は透明半球上を1時間で2.4cm動く。紙テープで日の入りの位置を表しているのは点Gだから，太陽が15時から点Gまでの9.6cmを動くのにかかる時間は，9.6÷2.4=4(時間)となる。よって，日の入りの時刻は，15時の4時間後の19時である。

〔問2〕＜太陽の動き＞南半球では，太陽は東の空から昇り，北の空を通って西の空に沈む。また，北半球と南半球では季節が逆になるため，日本で夏のとき，南半球では冬になる。よって，夏至の日，南半球では太陽の南中高度は最も低くなるので，ア～エのうち，この日の太陽の動きを表しているのはエである。なお，ウは南半球での冬至の日頃の太陽の動きを表している。

〔問3〕＜太陽の高度とエネルギー＞太陽の光が当たる角度が垂直に近いほど，同じ面積で比較したときの太陽から受ける光の量(エネルギー)が多くなる。よって，太陽の光が当たる角度が地面に対して垂直に近くなるのは，太陽の南中高度が高いときだから，このとき，地面が得るエネルギーが多くなり，地表が温まりやすくなる。

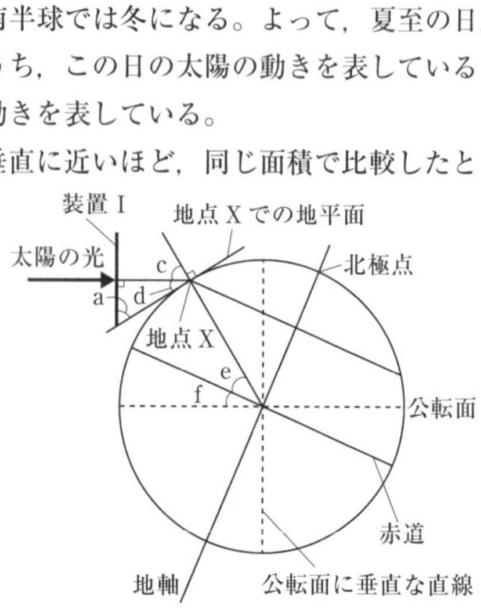

〔問4〕＜太陽の高度＞①10分後の水温が最も高くなるのは，右図のように，装置Ⅰに太陽の光が垂直に当たるときである。図より，角a=90°－角d，角d=90°－角cだから，角a=90°－(90°－角c)=角cとなる。　②図で，太陽の光と公転面が平行で，同位角が等しいから，角c=角e

+角fとなる。ここで，角eは地点Xの緯度に等しいので35.6°であり，角fは地軸の公転面に垂直な方向に対する傾きである23.4°に等しい。よって，角c＝角e＋角f＝35.6°＋23.4°＝59.0°となる。

4〔動物の生活と生物の変遷〕

〔問1〕＜唾液のはたらき＞ヨウ素液は茶褐色で，デンプンによって青紫色に変わり，ベネジクト液は青色で，糖があると赤褐色の沈殿ができる。結果1で，デンプンがなくなっているのは，ヨウ素液が茶褐色のままで，青紫色に変化していない容器Cである。容器Cには唾液を加えたので，唾液を加えていない容器のうち，ヨウ素液を加えた容器Aと比較することで，デンプンが唾液のはたらきで別の物質になったことがわかる。また，唾液のはたらきで糖ができたことは，ベネジクト液を加えた容器のうち，唾液を加えていない容器Bではベネジクト液が青色のままで糖がないのに対して，唾液を加えた容器Dでは赤褐色に変化して糖があることからわかる。

〔問2〕＜消化酵素＞まず，結果1より，消化酵素Xを加えた容器E，Fで，デンプンがそのまま残り糖はできていないので，消化酵素Xはデンプンを分解しないことがわかる。次に，結果2より，タンパク質を主成分とするゼラチンは，消化酵素Xを加えていない容器Gでは変化がなく，消化酵素Xを加えた容器Hでは溶けているので，消化酵素Xがタンパク質を分解したことがわかる。よって，消化酵素Xと同じはたらきをする消化酵素は，タンパク質を分解するペプシンである。また，結果3でゼラチンに変化がなかったことから，加熱後の消化酵素Xはタンパク質を分解しないことがわかる。なお，アミラーゼは，唾液に含まれる消化酵素で，デンプンを分解する。

〔問3〕＜養分の分解＞デンプンは，唾液腺から分泌される唾液中のアミラーゼ，すい臓から分泌されるすい液中のアミラーゼ，さらに小腸の壁にある消化酵素のはたらきによって，ブドウ糖にまで分解される。また，タンパク質は，胃から分泌される胃液中のペプシン，すい臓から分泌されるすい液中のトリプシン，さらに小腸の壁にある消化酵素のはたらきによって，アミノ酸にまで分解される。なお，脂肪は，胆汁のはたらきと，すい液中のリパーゼによって，脂肪酸とモノグリセリドにまで分解される。

〔問4〕＜柔毛＞小腸の内壁のひだの表面にある微小な突起を柔毛という。小腸の内壁に多数のひだと柔毛があることで，小腸の内壁の表面積が非常に大きくなり，養分を効率よく吸収できる。

5〔化学変化と原子・分子〕

〔問1〕＜有機物＞加熱すると焦げて黒色に変化する物質は有機物である。ろうは有機物で，炭素原子を含むので，燃やすと二酸化炭素が発生する。なお，活性炭の主な成分は炭素だが，活性炭は有機物ではなく無機物である。

〔問2〕＜炭酸水素ナトリウム＞結果1より，加熱して溶けた物質Aはミョウバン，焦げて黒色の物質が残った物質Dはショ糖である。一方，燃えずに白色の物質が残った物質のうち，加熱しても変化がない物質Cは塩化ナトリウムで，気体が発生した物質Bは炭酸水素ナトリウムである。炭酸水素ナトリウムを加熱すると，炭酸ナトリウムと水，二酸化炭素に分解されるので，発生した気体は二酸化炭素である。二酸化炭素は水に少し溶け，その水溶液は酸性を示す。なお，①のアは酸素，イは水素の性質に当てはまる。また，②で，二酸化炭素が発生するのは，石灰石に薄い塩酸を加えるときである。なお，②のイでは酸素，ウでは水素，エではアンモニアが発生する。

〔問3〕＜塩化ナトリウム＞〔問2〕より，物質Cは塩化ナトリウム($NaCl$)で，水に溶けるとナトリウムイオン(Na^+)と塩化物イオン(Cl^-)に電離する。電離の様子を式で表すときには，矢印の左側に電離前の物質の化学式を，右側に電離後の物質のイオン式を書き，矢印の左側と右側で原子の数が等しいことと，矢印の右側で＋の数と－の数が等しいことを確かめる。

〔問４〕<溶解度と再結晶>100gの水に物質を20g入れたとき，20℃では一部が溶け残り，40℃では全て溶けるのは，20℃での溶解度が20g未満で，40℃での溶解度が20g以上の物質である。よって，結果２の⑵の表より，水溶液Ｐの溶質はミョウバンである。また，40℃の水100gにミョウバンが20g溶けている水溶液Ｐ120gを，20℃まで冷やすと，⑵の表より，ミョウバンは20℃では11.4gまで溶けるので，溶けきれずに出てくる結晶の質量は，20－11.4＝8.6(g)となる。

6〔電流とその利用〕

〔問１〕<電流と電圧>結果１より，電熱線Ａでの測定値を・などで記入しグラフをかくと，原点を通る直線になる。このグラフより，電流は電圧に比例することがわかる(オームの法則)。よって，結果１で，電熱線Ａに3.0Vの電圧を加えると0.50Aの電流が流れることから，9.0Vの電圧を加えるときに流れる電流の大きさは，$0.50\times\frac{9.0}{3.0}=1.5$(A)となる。

〔問２〕<電流>直列回路では，電流は回路のどの点でも同じだから，実験２で，直列に接続したときに電熱線Ｂに流れる電流は，結果２より0.5Aである。一方，並列回路では，電熱線に加わる電圧は電源の電圧に等しい。実験２で，並列に接続したときの電熱線Ｂに加わる電圧は5.0Vだから，結果１より，流れる電流は1.25Aとなる。よって，求める比は，0.5：1.25＝２：５である。

〔問３〕<熱量>結果２より，電熱線Ａ，Ｂを並列に接続したとき，加わる電圧は5.0V，回路に流れる電流は2.1Aである。よって，〔熱量(J)〕＝〔電力(W)〕×〔時間(s)〕＝(〔電圧(V)〕×〔電流(A)〕)×〔時間(s)〕より，求める発熱量の和は，5.0×2.1×(60×5)＝3150(J)となる。

〔問４〕<抵抗，エネルギー>オームの法則〔抵抗〕＝〔電圧〕÷〔電流〕より，結果１で，電熱線Ａの電気抵抗は3.0÷0.50＝6.0(Ω)，電熱線Ｂの電気抵抗は4.0÷1.00＝4.0(Ω)である。よって，同じ電圧を加えたとき，流れる電流は電気抵抗の大きい電熱線Ａの方が小さいから，電熱線の電気抵抗の大きさが大きくなると電流は流れにくくなることがわかる。また，結果２で，電熱線に電流を流すと熱が発生して水の温度が上昇していることから，電熱線は電気エネルギーを熱エネルギーに変換していることがわかる。

2025年度用　都立日比谷高校

5年間スーパー過去問

入試水準と傾向をさぐり、合格への展望をひらく!

公立高校過去問シリーズ

■編集者　(株)声の教育社 編集部
■発行所　(株)声の教育社
〒162-0814 東京都新宿区新小川町8-15
☎03-5261-5061(代)
御不明な点は直接本社にお問い合わせ下さい。

2024年7月　第1刷発行

2025年度用

都立日比谷高校

書き込み式

解答用紙集

お客様へ＿＿＿＿＿＿＿＿＿＿

●解答用紙は別冊になっていますので本体からていねいに抜き取ってご使用ください。

声の教育社

2024年度　都立日比谷高校　英語
解　答　用　紙（1）

1							
	〔問題A〕	<対話文1>		<対話文2>		<対話文3>	
	〔問題B〕	<Question1>					
		<Question2>					

2				
	〔問1〕		〔問2〕	
	〔問3〕		〔問4〕	
	〔問5〕			
	〔問6〕			

（注）この解答用紙は実物を縮小してあります。
B4用紙に135%拡大コピーすると、
ほぼ実物大で使用できます。
（タイトルと配点表は含みません）

配点		計
	1　各４点×５ 2　問１〜問４　各４点×４　問５　10点　問６　各４点×２ 3　問１〜問３　各４点×３　問４　６点　問５〜問７　各４点×４ 4　12点	100点

解 答 用 紙 （2）

3								
	〔問1〕							
	〔問2〕	(2)-a		(2)-b		(2)-c		(2)-d
	〔問3〕							
	〔問4〕							
	〔問5〕							
	〔問6〕		〔問7〕					

4	

2024年度　都立日比谷高校　数学

解　答　用　紙（1）

1	
〔問1〕	
〔問2〕	
〔問3〕	
〔問4〕	$a=$　　　　　　　　$,b=$
〔問5〕	

2	
〔問1〕	cm^2
〔問2〕	【　途中の式や計算など　】 （答え）　$y=$
〔問3〕	

（注）この解答用紙は実物を縮小してあります。
B4用紙に132%拡大コピーすると、
ほぼ実物大で使用できます。
（タイトルと配点表は含みません）

解答用紙（2）

3		
〔問1〕		度
〔問2〕	(1)	【証　明】
〔問2〕	(2)	cm²

4		
〔問1〕		
〔問2〕	(1)	
	(2)	
〔問3〕		

配点		計
	1 各5点×5 2 問1　7点　問2　10点　問3　8点 3 問1　7点　問2　(1)　10点　(2)　8点 4 問1　7点　問2　各5点×2　問3　8点	100点

五

〔問1〕

〔問2〕

〔問3〕

〔問4〕

〔問5〕

四

〔問6〕

100

200

250

配点		計
	一, 二　各２点×10 三　問１　４点　問２　８点　問３～問６　各４点×４ 四　問１～問５　各４点×５　問６　12点 五　各４点×５	100点

二〇二四年度　都立日比谷高校　国語　解答用紙

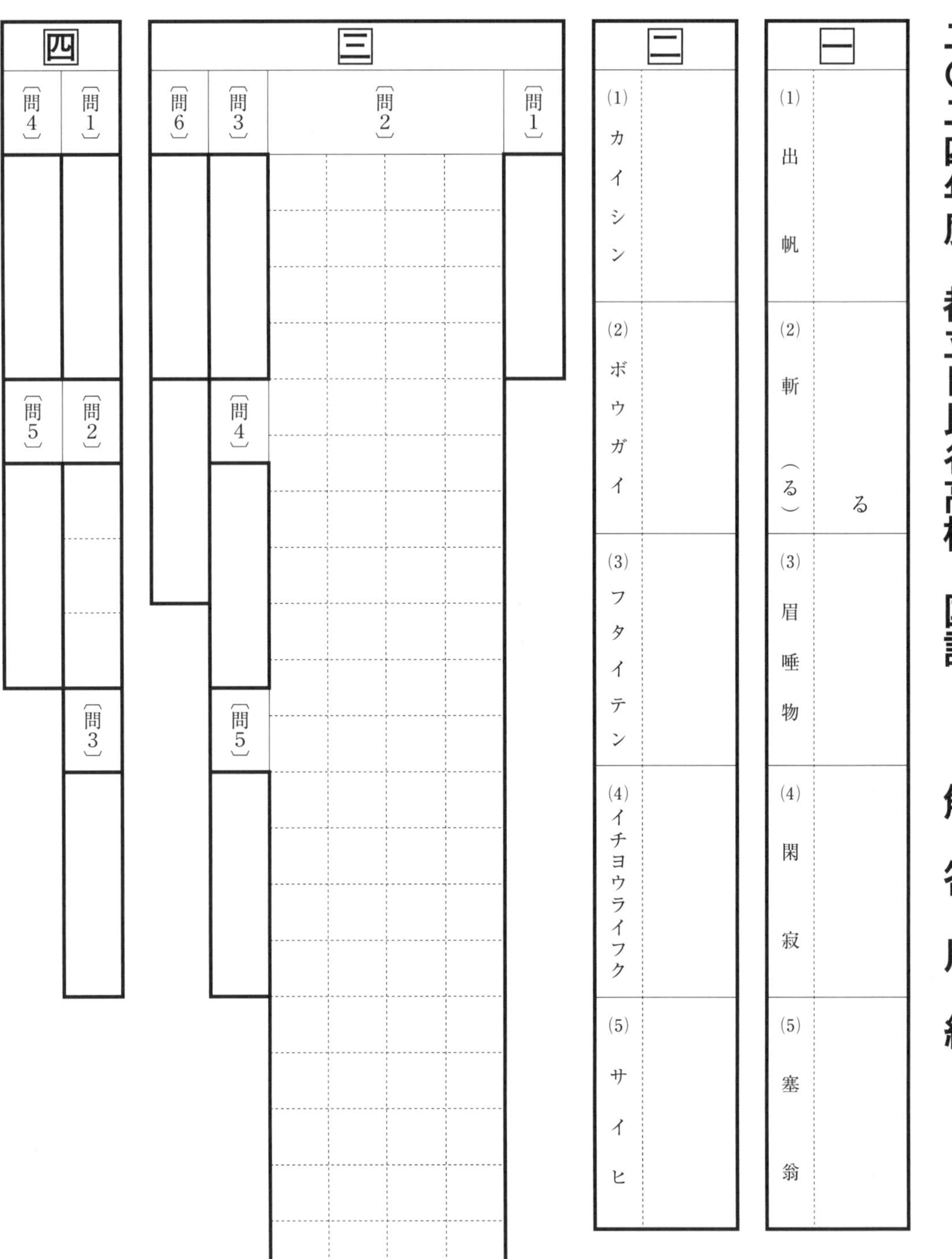

一
(1) 出帆
(2) 斬(る)
る
(3) 眉唾物
(4) 閑寂
(5) 塞翁
二
(1) カイシン
(2) ボウガイ
(3) フタイテン
(4) イチヨウライフク
(5) サイヒ
三
〔問1〕
〔問2〕
80
〔問3〕
〔問4〕
〔問5〕
〔問6〕
四
〔問1〕
〔問2〕
〔問3〕
〔問4〕
〔問5〕

（注）この解答用紙は実物を縮小してあります。
B4用紙に111％拡大コピーすると、
ほぼ実物大で使用できます。
（タイトルと配点表は含みません）

2024年度　東京都立高校　社会
解　答　用　紙

▭部分がマークシート方式により解答する問題です。

マーク上の注意事項

1　ＨＢ又はＢの鉛筆（シャープペンシルも可）を使って，◯の中を正確に塗りつぶすこと。

2　答えを直すときは，きれいに消して，消しくずを残さないこと。

3　決められた欄以外にマークしたり，記入したりしないこと。

良い例	悪い例
●	線　小さい　はみ出し　丸囲み　レ点　うすい

受検番号

⓪	⓪	⓪	⓪	⓪	⓪	⓪
①	①	①	①	①	①	①
②	②	②	②	②	②	②
③	③	③	③	③	③	③
④	④	④	④	④	④	④
⑤	⑤	⑤	⑤	⑤	⑤	⑤
⑥	⑥	⑥	⑥	⑥	⑥	⑥
⑦	⑦	⑦	⑦	⑦	⑦	⑦
⑧	⑧	⑧	⑧	⑧	⑧	⑧
⑨	⑨	⑨	⑨	⑨	⑨	⑨

1

	B	C	D	E
〔問1〕	㋐㋑㋒㋓	㋐㋑㋒㋓	㋐㋑㋒㋓	㋐㋑㋒㋓
〔問2〕	㋐　㋑　㋒　㋓			
〔問3〕	㋐　㋑　㋒　㋓			

2

〔問1〕	略地図中のA～D		Ⅱのア～エ	
	Ⓐ Ⓑ Ⓒ Ⓓ		㋐ ㋑ ㋒ ㋓	
〔問2〕	P	Q	R	S
	㋐㋑㋒㋓	㋐㋑㋒㋓	㋐㋑㋒㋓	㋐㋑㋒㋓
〔問3〕	略地図中のW～Z		ⅠとⅡの表のア～エ	
	Ⓦ Ⓧ Ⓨ Ⓩ		㋐ ㋑ ㋒ ㋓	

3

〔問1〕	A	B	C	D
	㋐㋑㋒㋓	㋐㋑㋒㋓	㋐㋑㋒㋓	㋐㋑㋒㋓
〔問2〕	Ⅰのア～エ		略地図中のW～Z	
	㋐ ㋑ ㋒ ㋓		Ⓦ Ⓧ Ⓨ Ⓩ	
〔問3〕				

4

〔問1〕	㋐㋑㋒㋓ →	㋐㋑㋒㋓ →	㋐㋑㋒㋓ →	㋐㋑㋒㋓
〔問2〕				
〔問3〕	A	B	C	D
	㋐㋑㋒㋓	㋐㋑㋒㋓	㋐㋑㋒㋓	㋐㋑㋒㋓
〔問4〕	A	B	C	D
	㋐㋑㋒㋓	㋐㋑㋒㋓	㋐㋑㋒㋓	㋐㋑㋒㋓

5

〔問1〕	㋐　㋑　㋒　㋓	
〔問2〕	ⅠのA～D	ア～エ
	Ⓐ Ⓑ Ⓒ Ⓓ	㋐ ㋑ ㋒ ㋓
〔問3〕	㋐　㋑　㋒　㋓	
〔問4〕		

6

	A	B	C	D
〔問1〕	㋐㋑㋒㋓	㋐㋑㋒㋓	㋐㋑㋒㋓	㋐㋑㋒㋓
〔問2〕	㋐　㋑　㋒　㋓			
〔問3〕	㋐　㋑　㋒　㋓			

（注）この解答用紙は実物を縮小してあります。Ａ３用紙に161％拡大コピーすると，ほぼ実物大で使用できます。（タイトルと配点表は含みません）

配点

1（計15点）			2（計15点）			3（計15点）			4（計20点）				5（計20点）				6（計15点）		
問1	問2	問3	問1	問2	問3	問1	問2	問3	問1	問2	問3	問4	問1	問2	問3	問4	問1	問2	問3
5点	5点	5点	5点	5点	5点	5点	5点	5点	5点	5点	5点	5点	5点	5点	5点	5点	5点	5点	5点

2024年度　東京都立高校　理科
解　答　用　紙

▭部分がマークシート方式により解答する問題です。

マーク上の注意事項

1　ＨＢ又はＢの鉛筆（シャープペンシルも可）を使って，◯の中を正確に塗りつぶすこと。
2　答えを直すときは，きれいに消して，消しくずを残さないこと。
3　決められた欄以外にマークしたり，記入したりしないこと。

良い例	悪い例
●	線　小さい　はみ出し　丸囲み　レ点　うすい

受検番号						
⓪〜⑨	⓪〜⑨	⓪〜⑨	⓪〜⑨	⓪〜⑨	⓪〜⑨	⓪〜⑨

1	
〔問1〕	㋐ ㋑ ㋒ ㋓
〔問2〕	㋐ ㋑ ㋒ ㋓
〔問3〕	㋐ ㋑ ㋒ ㋓
〔問4〕	㋐ ㋑ ㋒ ㋓
〔問5〕	㋐ ㋑ ㋒ ㋓
〔問6〕	㋐ ㋑ ㋒ ㋓

2	
〔問1〕	㋐ ㋑ ㋒ ㋓
〔問2〕	㋐ ㋑ ㋒ ㋓
〔問3〕	㋐ ㋑ ㋒ ㋓
〔問4〕	㋐ ㋑ ㋒ ㋓

3	
〔問1〕	㋐ ㋑ ㋒ ㋓
〔問2〕	2時間ごとに記録した透明半球上の•印のそれぞれの間隔は，
〔問3〕	㋐ ㋑ ㋒ ㋓
〔問4〕	㋐ ㋑ ㋒ ㋓

4	
〔問1〕	㋐ ㋑ ㋒ ㋓
〔問2〕	㋐ ㋑ ㋒ ㋓
〔問3〕	㋐ ㋑ ㋒ ㋓

5	
〔問1〕	㋐ ㋑ ㋒ ㋓
〔問2〕	㋐ ㋑ ㋒ ㋓
〔問3〕	<資料>から，
〔問4〕	㋐ ㋑ ㋒ ㋓

6		
〔問1〕	㋐ ㋑ ㋒ ㋓	
〔問2〕	①	②
	㋐ ㋑ ㋒ ㋓	㋐ ㋑ ㋒ ㋓
〔問3〕	㋐ ㋑ ㋒ ㋓	
〔問4〕	㋐ ㋑ ㋒ ㋓	

（注）この解答用紙は実物を縮小してあります。A３用紙に152％拡大コピーすると，ほぼ実物大で使用できます。（タイトルと配点表は含みません）

配点

1（計24点）						2（計16点）				3（計16点）				4（計12点）			5（計16点）				6（計16点）			
問1	問2	問3	問4	問5	問6	問1	問2	問3	問4	問1	問2	問3	問4	問1	問2	問3	問1	問2	問3	問4	問1	問2	問3	問4
4点	4点	4点	4点	4点	4点	4点	4点	4点	4点	4点	4点	4点	4点	4点	4点	4点	4点	4点	4点	4点	4点	4点	4点	4点

2023年度　都立日比谷高校　英語

解　答　用　紙　（1）

1	〔問題A〕	<対話文1>		<対話文2>		<対話文3>	
	〔問題B〕	<Question1>					
		<Question2>					

2				
	〔問１〕		〔問２〕	
	〔問３〕		〔問４〕	
	〔問５〕			
	〔問６〕			

（注）この解答用紙は実物を縮小してあります。
B4用紙に135%拡大コピーすると、
ほぼ実物大で使用できます。
（タイトルと配点表は含みません）

配点		計
	1　各４点×５ 2　問１～問４　各４点×４　問５　10点　問６　各４点×２ 3　問１～問４　各４点×４　問５　６点　問６，問７　各４点×３ 4　12点	100点

解 答 用 紙 （2）

<table>
<tr><td rowspan="5">3</td><td>〔問1〕</td><td></td><td>〔問2〕</td><td></td><td></td></tr>
<tr><td>〔問3〕</td><td></td><td>〔問4〕</td><td></td><td></td></tr>
<tr><td rowspan="2">〔問5〕</td><td colspan="4">Although</td></tr>
<tr><td colspan="4"></td></tr>
<tr><td>〔問6〕</td><td></td><td>〔問7〕</td><td></td><td></td></tr>
</table>

4	

2023年度　都立日比谷高校　数学

解　答　用　紙　（1）

1	
〔問１〕	
〔問２〕	
〔問３〕	$p=$ 　　　　,$q=$
〔問４〕	
〔問５〕	

m

ℓ

O　A

2		
〔問１〕	(　　　, 　　　)	
〔問２〕	(1)	【　途中の式や計算など　】 （答え）
〔問２〕	(2)	$y=$

（注）この解答用紙は実物を縮小してあります。
B4用紙に132%拡大コピーすると、
ほぼ実物大で使用できます。
（タイトルと配点表は含みません）

解答用紙（2）

3		
〔問1〕		度
〔問2〕	(1)	【証　明】
〔問2〕	(2)	AG：GF =　　：

4	
〔問1〕	cm^2
〔問2〕	【途中の式や計算など】 （答え）　cm
〔問3〕	cm^3

配点		計
	1 各5点×5 2 問1　7点　問2　(1)　10点　(2)　8点 3 問1　7点　問2　(1)　10点　(2)　8点 4 問1　7点　問2　10点　問3　8点	100点

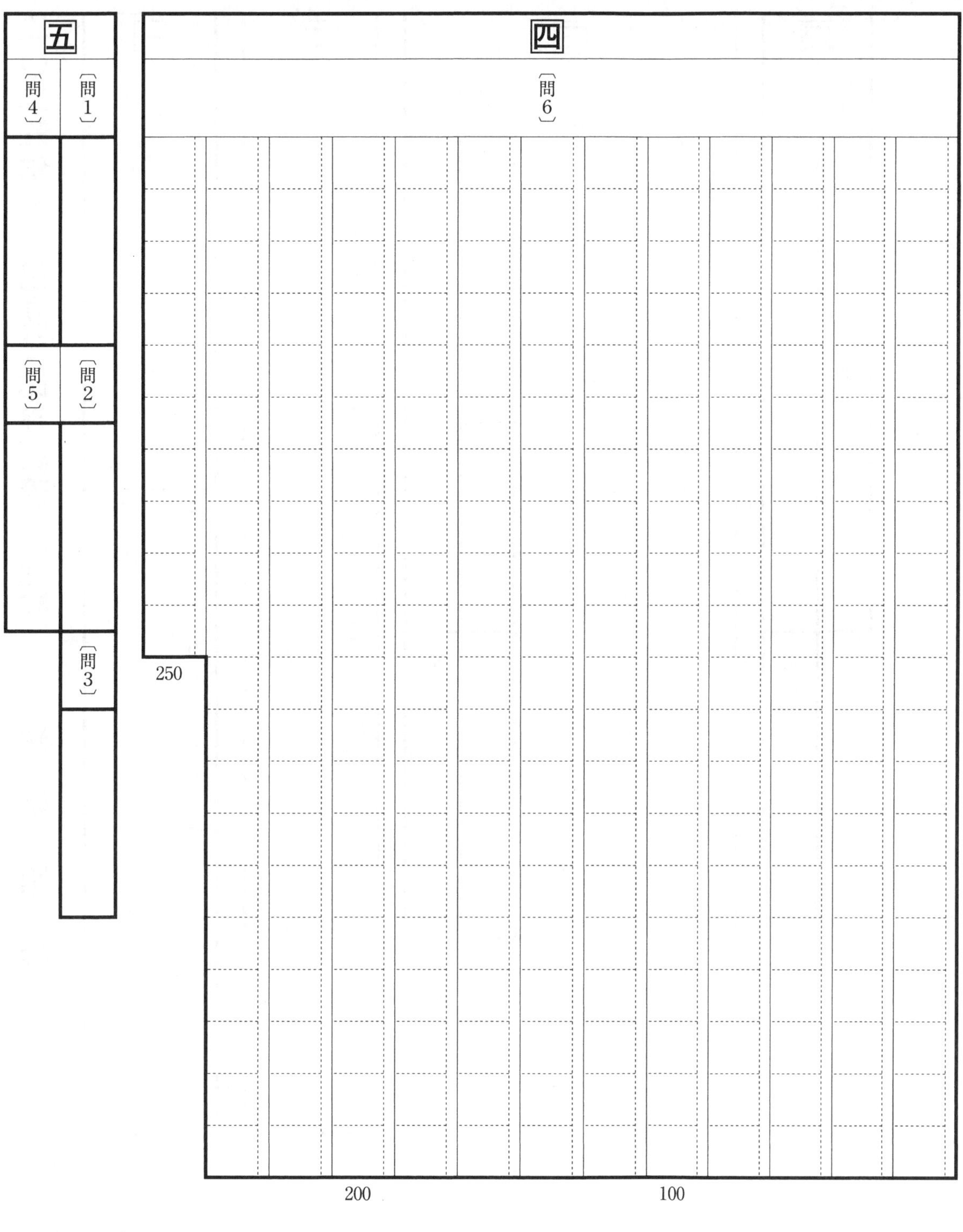

配点		計
	一, 二　各2点×10 三　問1～問5　各4点×5　問6　8点 四　問1～問5　各4点×5　問6　12点 五　各4点×5	100点

二〇二三年度　都立日比谷高校　国語　解答用紙

一

(1) 繰（る）　　る

(2) 宰相

(3) 汎用

(4) 素封家

(5) 青松

二

(1) リクゾク

(2) カンケン

(3) シ（する）　　する

(4) サクテイ

(5) コッシ

三

〔問1〕

〔問2〕

〔問3〕

〔問4〕

〔問5〕

〔問6〕

四

〔問1〕

〔問2〕

〔問3〕

〔問4〕

〔問5〕

（注）この解答用紙は実物を縮小してあります。
B4用紙に111%拡大コピーすると、
ほぼ実物大で使用できます。
（タイトルと配点表は含みません）

2023年度　東京都立高校　社会

解　答　用　紙

▭部分がマークシート方式により解答する問題です。

マーク上の注意事項

1　ＨＢ又はＢの鉛筆（シャープペンシルも可）を使って，◯の中を正確に塗りつぶすこと。

2　答えを直すときは，きれいに消して，消しくずを残さないこと。

3　決められた欄以外にマークしたり，記入したりしないこと。

良い例	悪い例
●	線　小さい　はみ出し　丸囲み　レ点　うすい

受検番号						
⓪①②③④⑤⑥⑦⑧⑨	⓪①②③④⑤⑥⑦⑧⑨	⓪①②③④⑤⑥⑦⑧⑨	⓪①②③④⑤⑥⑦⑧⑨	⓪①②③④⑤⑥⑦⑧⑨	⓪①②③④⑤⑥⑦⑧⑨	⓪①②③④⑤⑥⑦⑧⑨

1

〔問1〕	㋐ ㋑ ㋒ ㋓
〔問2〕	㋐ ㋑ ㋒ ㋓
〔問3〕	㋐ ㋑ ㋒ ㋓

2

〔問1〕	略地図中のA～D		Ⅱのア～エ	
	Ⓐ Ⓑ Ⓒ Ⓓ		㋐ ㋑ ㋒ ㋓	
〔問2〕	W	X	Y	Z
	㋐㋑㋒㋓	㋐㋑㋒㋓	㋐㋑㋒㋓	㋐㋑㋒㋓
〔問3〕	㋐ ㋑ ㋒ ㋓			

3

〔問1〕	A	B	C	D
	㋐㋑㋒㋓	㋐㋑㋒㋓	㋐㋑㋒㋓	㋐㋑㋒㋓
〔問2〕	㋐ ㋑ ㋒ ㋓			
〔問3〕	〔(1)目的〕			
	〔(2)敷設（ふせつ）状況及び設置状況〕			

4

〔問1〕	㋐㋑㋒㋓ → ㋐㋑㋒㋓ → ㋐㋑㋒㋓ → ㋐㋑㋒㋓			
〔問2〕	㋐ ㋑ ㋒ ㋓			
〔問3〕	時期		略地図	
	㋐㋑㋒ → ㋐㋑㋒ → ㋐㋑㋒		㋐ ㋑ ㋒	
〔問4〕	A	B	C	D
	㋐㋑㋒㋓	㋐㋑㋒㋓	㋐㋑㋒㋓	㋐㋑㋒㋓

5

〔問1〕	㋐ ㋑ ㋒ ㋓
〔問2〕	㋐ ㋑ ㋒ ㋓
〔問3〕	㋐ ㋑ ㋒ ㋓
〔問4〕	

6

〔問1〕	A	B	C	D
	㋐㋑㋒㋓	㋐㋑㋒㋓	㋐㋑㋒㋓	㋐㋑㋒㋓
〔問2〕	Ⅰの略年表中のA～D		略地図中のW～Z	
	Ⓐ Ⓑ Ⓒ Ⓓ		Ⓦ Ⓧ Ⓨ Ⓩ	
〔問3〕	㋐ ㋑ ㋒ ㋓			

（注）この解答用紙は実物を縮小してあります。A3用紙に154％拡大コピーすると，ほぼ実物大で使用できます。（タイトルと配点表は含みません）

配点

1（計15点）			2（計15点）			3（計15点）			4（計20点）				5（計20点）				6（計15点）		
問1	問2	問3	問1	問2	問3	問1	問2	問3	問1	問2	問3	問4	問1	問2	問3	問4	問1	問2	問3
5点	5点	5点	5点	5点	5点	5点	5点	5点	5点	5点	5点	5点	5点	5点	5点	5点	5点	5点	5点

2023年度　東京都立高校　理科
解　答　用　紙

▭部分がマークシート方式により解答する問題です。

マーク上の注意事項

1　ＨＢ又はＢの鉛筆（シャープペンシルも可）を使って，◯の中を正確に塗りつぶすこと。

2　答えを直すときは，きれいに消して，消しくずを残さないこと。

3　決められた欄以外にマークしたり，記入したりしないこと。

良い例	悪い例
●	線　小さい　はみ出し　丸囲み　レ点　うすい

受検番号						
⓪①②③④⑤⑥⑦⑧⑨	⓪①②③④⑤⑥⑦⑧⑨	⓪①②③④⑤⑥⑦⑧⑨	⓪①②③④⑤⑥⑦⑧⑨	⓪①②③④⑤⑥⑦⑧⑨	⓪①②③④⑤⑥⑦⑧⑨	⓪①②③④⑤⑥⑦⑧⑨

1

〔問1〕	㋐ ㋑ ㋒ ㋓
〔問2〕	㋐ ㋑ ㋒ ㋓
〔問3〕	㋐ ㋑ ㋒ ㋓
〔問4〕	㋐ ㋑ ㋒ ㋓
〔問5〕	㋐ ㋑ ㋒ ㋓
〔問6〕	㋐ ㋑ ㋒ ㋓

2

〔問1〕	㋐ ㋑ ㋒ ㋓	
〔問2〕	①	②
	㋐ ㋑	㋐ ㋑
〔問3〕	㋐ ㋑ ㋒ ㋓	
〔問4〕	㋐ ㋑ ㋒ ㋓	

3

〔問1〕				
〔問2〕	①		②	
	㋐ ㋑		㋐ ㋑	
〔問3〕	①	②	③	④
	㋐ ㋑	㋐ ㋑	㋐ ㋑	㋐ ㋑
〔問4〕	㋐ ㋑ ㋒ ㋓			

4

〔問1〕	㋐ ㋑ ㋒ ㋓
〔問2〕	㋐ ㋑ ㋒ ㋓
〔問3〕	㋐ ㋑ ㋒ ㋓

5

〔問1〕	㋐ ㋑ ㋒ ㋓ ㋔	
〔問2〕	㋐ ㋑ ㋒ ㋓	
〔問3〕	㋐ ㋑ ㋒ ㋓	
〔問4〕	①	②
	㋐ ㋑ ㋒	㋐ ㋑ ㋒

6

〔問1〕	㋐ ㋑ ㋒ ㋓
〔問2〕	㋐ ㋑ ㋒ ㋓ ㋔ ㋕
〔問3〕	㋐ ㋑ ㋒ ㋓ ㋔
〔問4〕	㋐ ㋑ ㋒ ㋓

（注）この解答用紙は実物を縮小してあります。A3用紙に152％拡大コピーすると、ほぼ実物大で使用できます。（タイトルと配点表は含みません）

配点

1（計24点）						2（計16点）				3（計16点）				4（計12点）			5（計16点）				6（計16点）			
問1	問2	問3	問4	問5	問6	問1	問2	問3	問4	問1	問2	問3	問4	問1	問2	問3	問1	問2	問3	問4	問1	問2	問3	問4
4点	4点	4点	4点	4点	4点	4点	4点	4点	4点	4点	4点	4点	4点	4点	4点	4点	4点	4点	4点	4点	4点	4点	4点	4点

2022年度　都立日比谷高校　英語
解　答　用　紙（1）

1	〔問題A〕	<対話文1>		<対話文2>		<対話文3>	
	〔問題B〕	<Question1>					
		<Question2>					

2	〔問1〕		〔問2〕	
	〔問3〕		〔問4〕	
	〔問5〕			
	〔問6〕			
	〔問7〕			

（注）この解答用紙は実物を縮小してあります。
B4用紙に135%拡大コピーすると、
ほぼ実物大で使用できます。
（タイトルと配点表は含みません）

配点		計
	1　各４点×５ 2　問１～問４　各４点×４　問５　６点　問６，問７　各４点×３ 3　問１～問４　各４点×４　問５　10点　問６　各４点×２ 4　12点	100点

解　答　用　紙　(2)

3	〔問1〕		〔問2〕	
	〔問3〕		〔問4〕	(4) -
	〔問5〕	I feel this way because		
	〔問6〕			

4	

2022年度　都立日比谷高校　数学
解　答　用　紙（1）

1	
〔問１〕	
〔問２〕	
〔問３〕	
〔問４〕	
〔問５〕	

A　C　O　B

2	
〔問１〕	（　　，　　）
〔問２〕	【　途中の式や計算など　】 （答え）　（　　，　　）
〔問３〕	cm^2

（注）この解答用紙は実物を縮小してあります。
B4用紙に132%拡大コピーすると、
ほぼ実物大で使用できます。
（タイトルと配点表は含みません）

解　答　用　紙（2）

3	
〔問 1〕	度
〔問 2〕	【 証　明 】
〔問 3〕	DG：GF ＝ ：

4		
〔問 1〕		cm
〔問 2〕	(1)	【 途中の式や計算など 】 （答え） cm^3
〔問 2〕	(2)	cm^2

配点		計
	1 各5点×5 2 問1 7点 問2 10点 問3 8点 3 問1 7点 問2 10点 問3 8点 4 問1 7点 問2 (1) 10点 (2) 8点	100点

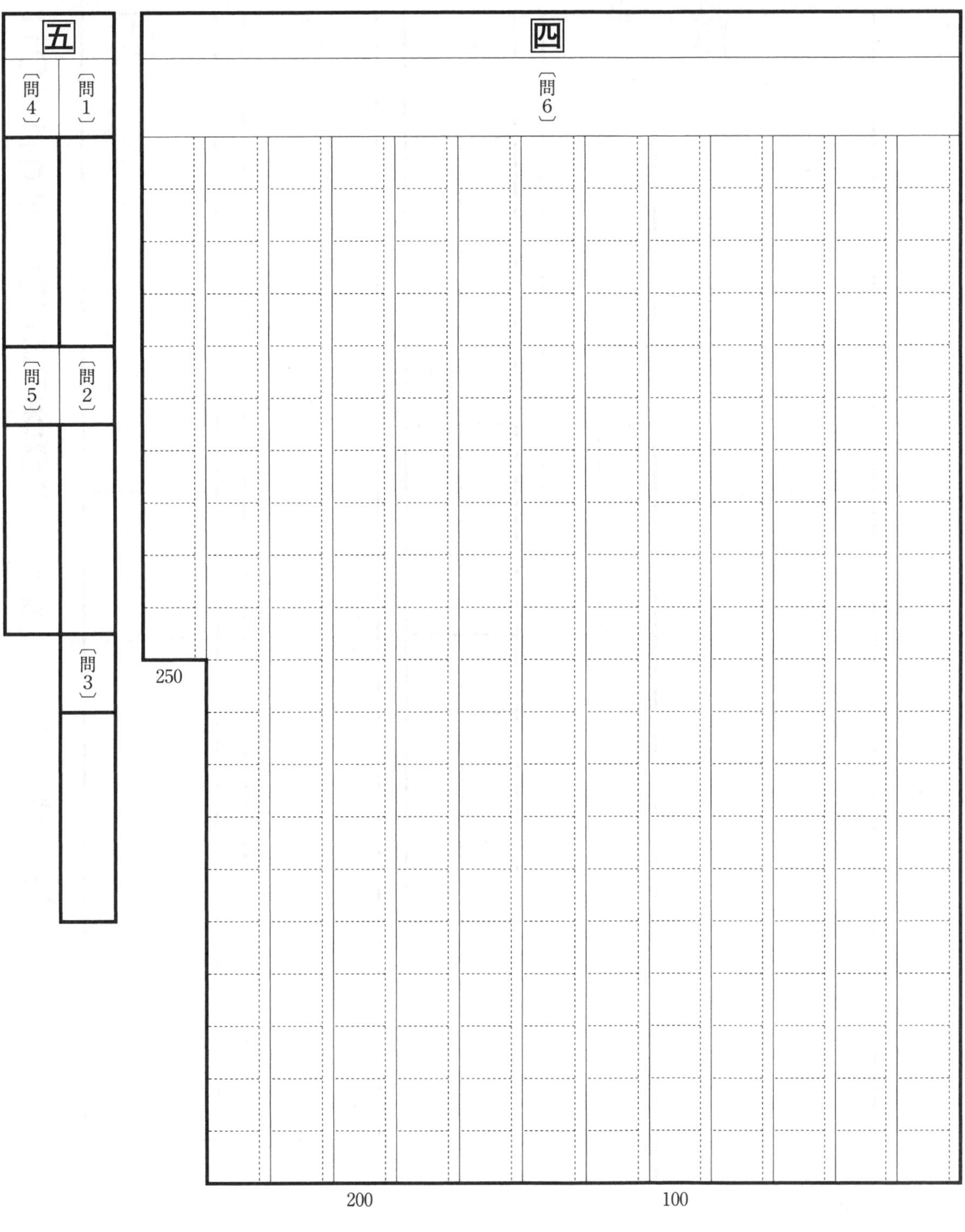

五

〔問1〕

〔問2〕

〔問3〕

〔問4〕

〔問5〕

四

〔問6〕

250

200

100

配点		計
	一, 二　各2点×10 三　各4点×6 四　問1～問4　各4点×4　問5　8点　問6　12点 五　各4点×5	100点

二〇二二年度　都立日比谷高校　国語　解答用紙

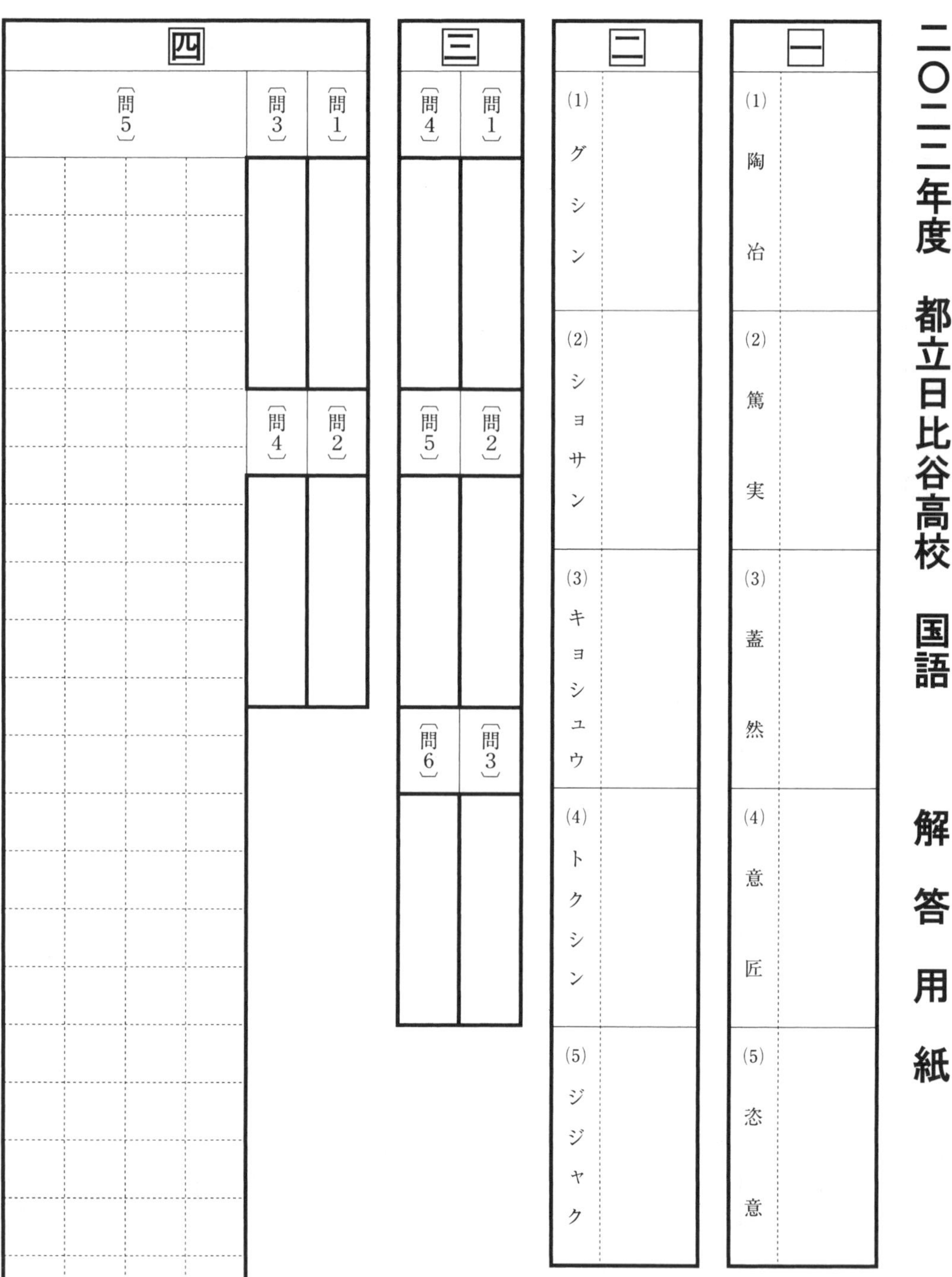

（注）この解答用紙は実物を縮小してあります。
B4用紙に111%拡大コピーすると、
ほぼ実物大で使用できます。
（タイトルと配点表は含みません）

2022年度　東京都立高校　社会
解　答　用　紙

受検番号						
⓪①②③④⑤⑥⑦⑧⑨	⓪①②③④⑤⑥⑦⑧⑨	⓪①②③④⑤⑥⑦⑧⑨	⓪①②③④⑤⑥⑦⑧⑨	⓪①②③④⑤⑥⑦⑧⑨	⓪①②③④⑤⑥⑦⑧⑨	⓪①②③④⑤⑥⑦⑧⑨

▭部分がマークシート方式により解答する問題です。

マーク上の注意事項

1　ＨＢ又はＢの鉛筆（シャープペンシルも可）を使って，◯の中を正確に塗りつぶすこと。

2　答えを直すときは，きれいに消して，消しくずを残さないこと。

3　決められた欄以外にマークしたり，記入したりしないこと。

良い例	悪い例
●	線　小さい　はみ出し　丸囲み　レ点　うすい

1

〔問1〕	㋐ ㋑ ㋒ ㋓
〔問2〕	㋐ ㋑ ㋒ ㋓
〔問3〕	㋐ ㋑ ㋒ ㋓

2

〔問1〕	略地図中のA～D		Ⅱのア～エ	
	Ⓐ Ⓑ Ⓒ Ⓓ		㋐ ㋑ ㋒ ㋓	
〔問2〕	P	Q	R	S
	㋐㋑㋒㋓	㋐㋑㋒㋓	㋐㋑㋒㋓	㋐㋑㋒㋓
〔問3〕	略地図中のW～Z		ⅠとⅡの表のア～エ	
	Ⓦ Ⓧ Ⓨ Ⓩ		㋐ ㋑ ㋒ ㋓	

3

〔問1〕	A	B	C	D
	㋐㋑㋒㋓	㋐㋑㋒㋓	㋐㋑㋒㋓	㋐㋑㋒㋓
〔問2〕	Ⅰのア～エ		略地図中のW～Z	
	㋐ ㋑ ㋒ ㋓		Ⓦ Ⓧ Ⓨ Ⓩ	
〔問3〕	〔変化〕			
	〔要因〕			

4

〔問1〕	㋐㋑㋒㋓ → ㋐㋑㋒㋓ → ㋐㋑㋒㋓ → ㋐㋑㋒㋓
〔問2〕	㋐ ㋑ ㋒ ㋓
〔問3〕	㋐㋑㋒㋓ → ㋐㋑㋒㋓ → ㋐㋑㋒㋓ → ㋐㋑㋒㋓
〔問4〕	㋐ ㋑ ㋒ ㋓

5

〔問1〕	㋐ ㋑ ㋒ ㋓
〔問2〕	㋐ ㋑ ㋒ ㋓
〔問3〕	
〔問4〕	㋐ ㋑ ㋒ ㋓

6

〔問1〕	㋐㋑㋒㋓ → ㋐㋑㋒㋓ → ㋐㋑㋒㋓ → ㋐㋑㋒㋓	
〔問2〕	ⅠのA～D	ⅠのA～Dのア～ウ
	Ⓐ Ⓑ Ⓒ Ⓓ	㋐ ㋑ ㋒
〔問3〕	Ⓦ Ⓧ Ⓨ Ⓩ	

（注）この解答用紙は実物を縮小してあります。Ａ３用紙に154％拡大コピーすると，ほぼ実物大で使用できます。（タイトルと配点表は含みません）

配点

1（計15点）			2（計15点）			3（計15点）			4（計20点）				5（計20点）				6（計15点）		
問1	問2	問3	問1	問2	問3	問1	問2	問3	問1	問2	問3	問4	問1	問2	問3	問4	問1	問2	問3
5点	5点	5点	5点	5点	5点	5点	5点	5点	5点	5点	5点	5点	5点	5点	5点	5点	5点	5点	5点

2022年度　東京都立高校　理科
解　答　用　紙

▭部分がマークシート方式により解答する問題です。

マーク上の注意事項

1　ＨＢ又はＢの鉛筆（シャープペンシルも可）を使って，◯の中を正確に塗りつぶすこと。

2　答えを直すときは，きれいに消して，消しくずを残さないこと。

3　決められた欄以外にマークしたり，記入したりしないこと。

良い例	悪い例
●	線　小さい　はみ出し　丸囲み　レ点　うすい

受検番号						
⓪①②③④⑤⑥⑦⑧⑨	⓪①②③④⑤⑥⑦⑧⑨	⓪①②③④⑤⑥⑦⑧⑨	⓪①②③④⑤⑥⑦⑧⑨	⓪①②③④⑤⑥⑦⑧⑨	⓪①②③④⑤⑥⑦⑧⑨	⓪①②③④⑤⑥⑦⑧⑨

1		
	〔問 1〕	㋐ ㋑ ㋒ ㋓
	〔問 2〕	㋐ ㋑ ㋒ ㋓
	〔問 3〕	㋐ ㋑ ㋒ ㋓
	〔問 4〕	㋐ ㋑ ㋒ ㋓
	〔問 5〕	㋐ ㋑ ㋒ ㋓

2		
	〔問 1〕	㋐ ㋑ ㋒ ㋓
	〔問 2〕	㋐ ㋑ ㋒ ㋓
	〔問 3〕	㋐ ㋑ ㋒ ㋓
	〔問 4〕	㋐ ㋑ ㋒ ㋓

3		
	〔問 1〕	㋐ ㋑ ㋒ ㋓
	〔問 2〕	㋐ ㋑ ㋒ ㋓
	〔問 3〕	㋐ ㋑ ㋒ ㋓
	〔問 4〕	㋐ ㋑ ㋒ ㋓

4		
	〔問 1〕	㋐ ㋑ ㋒ ㋓
	〔問 2〕	㋐ ㋑ ㋒ ㋓
	〔問 3〕	㋐ ㋑ ㋒ ㋓
	〔問 4〕	㋐ ㋑ ㋒

5		
	〔問 1〕	㋐ ㋑ ㋒ ㋓
	〔問 2〕	㋐ ㋑ ㋒ ㋓ ㋔ ㋕
	〔問 3〕	<化学反応式> ＿＿＿＿（酸）＋＿＿＿＿（アルカリ）→ ＿＿＿＿（塩）＋＿＿＿＿
	〔問 4〕	㋐ ㋑ ㋒ ㋓

6		
	〔問 1〕	㋐ ㋑ ㋒ ㋓
	〔問 2〕	㋐ ㋑ ㋒ ㋓
	〔問 3〕	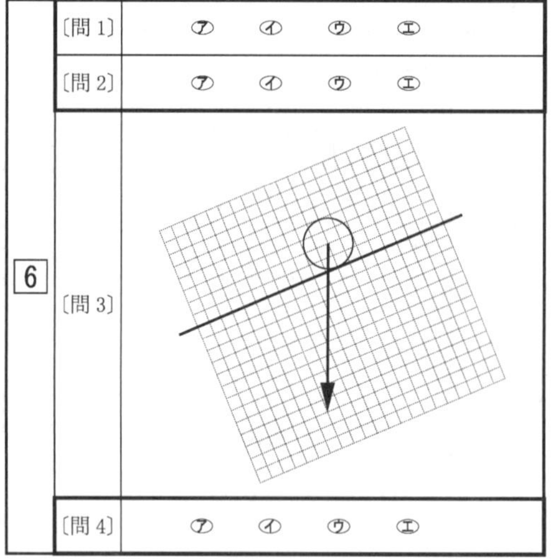
	〔問 4〕	㋐ ㋑ ㋒ ㋓

（注）この解答用紙は実物を縮小してあります。A3用紙に152%拡大コピーすると，ほぼ実物大で使用できます。（タイトルと配点表は含みません）

配点

1（計20点）					2（計16点）				3（計16点）				4（計16点）				5（計16点）				6（計16点）			
問1	問2	問3	問4	問5	問1	問2	問3	問4	問1	問2	問3	問4	問1	問2	問3	問4	問1	問2	問3	問4	問1	問2	問3	問4
4点	4点	4点	4点	4点	4点	4点	4点	4点	4点	4点	4点	4点	4点	4点	4点	4点	4点	4点	4点	4点	4点	4点	4点	4点

2021年度　都立日比谷高校　英語
解　答　用　紙（1）

1						
〔問題A〕	<対話文1>		<対話文2>		<対話文3>	
〔問題B〕	<Question1>					
	<Question2>					

2								
〔問1〕	(1)-a		(1)-b		(1)-c		(1)-d	
〔問2〕								
〔問3〕								
〔問4〕								
〔問5〕								
〔問6〕								

（注）この解答用紙は実物を縮小してあります。
B4用紙に135%拡大コピーすると、
ほぼ実物大で使用できます。
（タイトルと配点表は含みません）

配点		計
	1　各4点×5 2　問1　各2点×4　問2，問3　各4点×2　問4　6点 問5，問6　各4点×3 3　問1，問2　各4点×2　問3　10点　問4～問6　各4点×4 4　12点	100点

解 答 用 紙 （2）

<table>
<tr><td rowspan="4">3</td><td>〔問 1〕</td><td></td><td>〔問 2〕</td><td></td></tr>
<tr><td>〔問 3〕</td><td colspan="3"></td></tr>
<tr><td>〔問 4〕</td><td></td><td>〔問 5〕</td><td></td></tr>
<tr><td>〔問 6〕</td><td colspan="3"></td></tr>
</table>

4	

2021年度　都立日比谷高校　数学
解　答　用　紙　（1）

1	
〔問1〕	
〔問2〕	
〔問3〕	$p=$ 　　　　，$q=$
〔問4〕	
〔問5〕	

A

B　　P　　C

2	
〔問1〕	（　　　，　　　）
〔問2〕	【　途中の式や計算など　】 （答え）$y=$
〔問3〕	（　　　，　　　）

（注）この解答用紙は実物を縮小してあります。
B4用紙に132%拡大コピーすると、
ほぼ実物大で使用できます。
（タイトルと配点表は含みません）

解答用紙（2）

3		
〔問1〕		度
〔問2〕	(1)	【証　明】
〔問2〕	(2)	CJ：OH =　　：

4	
〔問1〕	cm^2
〔問2〕	【途中の式や計算など】 （答え）　cm
〔問3〕	cm^3

配点		計
	1　各5点×5 2　問1　7点　問2　10点　問3　8点 3　問1　7点　問2　(1)　10点　(2)　8点 4　問1　7点　問2　10点　問3　8点	100点

五

〔問1〕

〔問2〕

〔問3〕

〔問4〕

〔問5〕

四

〔問5〕

250

200

100

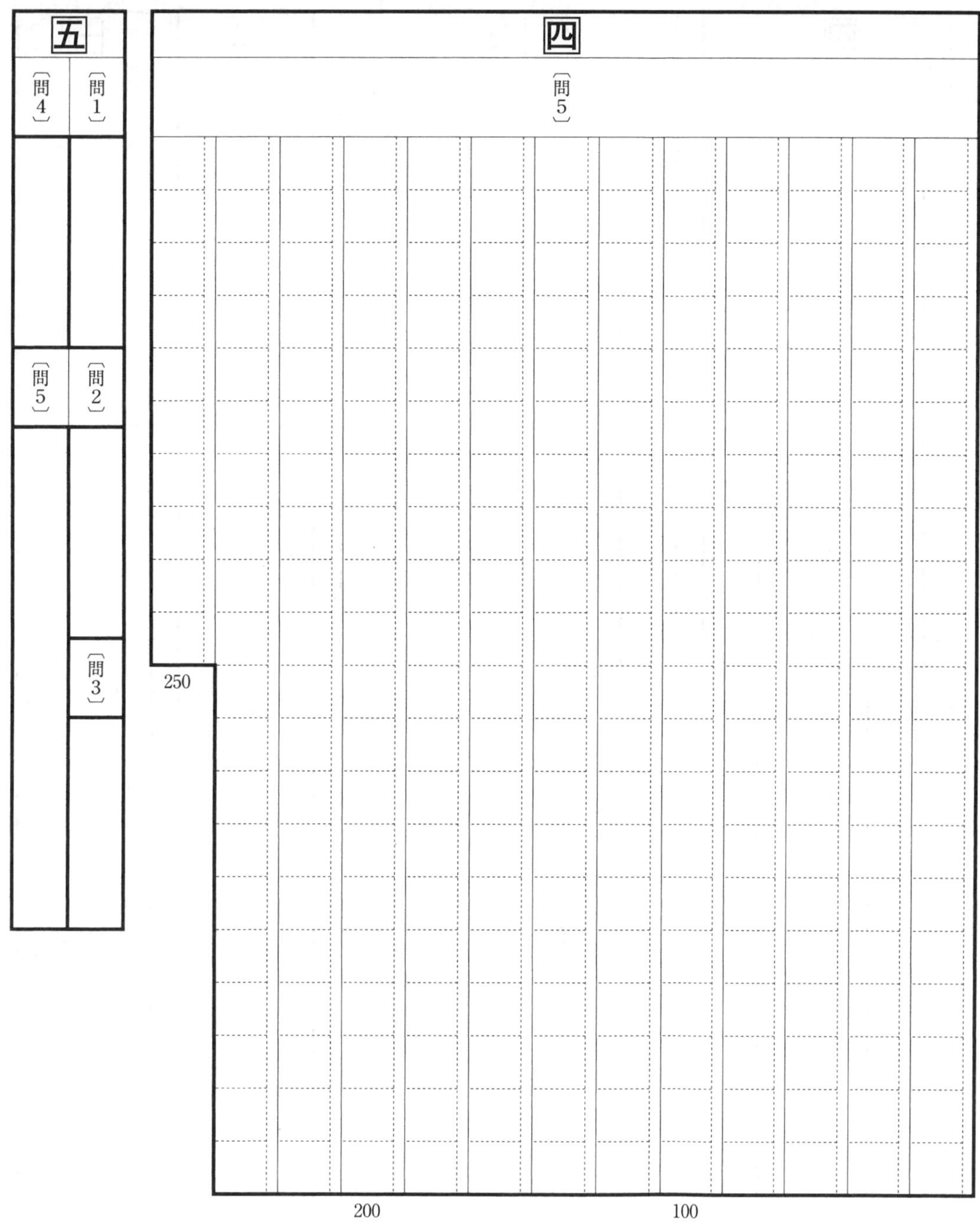

（注）この解答用紙は実物を縮小してあります。
B4用紙に120％拡大コピーすると、
ほぼ実物大で使用できます。
（タイトルと配点表は含みません）

配点		計
	一, 二　各2点×10 三　問1～問3　各4点×3　問4　8点　問5，問6　各4点×2 四　問1，問2　各4点×2　問3　8点　問4　4点　問5　12点 五　各4点×5	100点

二〇二一年度 都立日比谷高校 国語 解答用紙

一

(1) 定石
(2) 被（った） った
(3) 賛仰
(4) 居丈高
(5) 手練手管

二

(1) イゾン
(2) コウ（じる） じる
(3) ナマハンカ
(4) カンシン
(5) ウゾウムゾウ

三

〔問1〕
〔問2〕
〔問3〕
〔問4〕 70
〔問5〕
〔問6〕

四

〔問1〕
〔問2〕
〔問3〕 50
〔問4〕

2021年度　東京都立高校　社会
解　答　用　紙

□部分がマークシート方式により解答する問題です。

マーク上の注意事項

1　HB又はBの鉛筆（シャープペンシルも可）を使って，○の中を正確に塗りつぶすこと。

2　答えを直すときは，きれいに消して，消しくずを残さないこと。

3　決められた欄以外にマークしたり，記入したりしないこと。

良い例	悪い例
●	線　小さい　はみ出し　丸囲み　レ点　うすい

受	検	番	号			
⓪①②③④⑤⑥⑦⑧⑨	⓪①②③④⑤⑥⑦⑧⑨	⓪①②③④⑤⑥⑦⑧⑨	⓪①②③④⑤⑥⑦⑧⑨	⓪①②③④⑤⑥⑦⑧⑨	⓪①②③④⑤⑥⑦⑧⑨	⓪①②③④⑤⑥⑦⑧⑨

1

〔問1〕	㋐　㋑　㋒　㋓
〔問2〕	㋐　㋑　㋒　㋓
〔問3〕	㋐　㋑　㋒　㋓
〔問4〕	㋐　㋑　㋒　㋓

2

〔問1〕	Ⅰの**ア〜エ**		Ⅱの表の**ア〜エ**	
	㋐㋑㋒㋓		㋐㋑㋒㋓	
〔問2〕	P	Q	R	S
	㋐㋑㋒㋓	㋐㋑㋒㋓	㋐㋑㋒㋓	㋐㋑㋒㋓
〔問3〕	ⅠとⅡの表の**ア〜エ**		略地図中の**W〜Z**	
	㋐㋑㋒㋓		ⓌⓍⓎⓏ	

3

〔問1〕	A	B	C	D
	㋐㋑㋒㋓	㋐㋑㋒㋓	㋐㋑㋒㋓	㋐㋑㋒㋓
〔問2〕	W	X	Y	Z
	㋐㋑㋒㋓	㋐㋑㋒㋓	㋐㋑㋒㋓	㋐㋑㋒㋓
〔問3〕	〔地域の変容〕			
	〔要因〕			

4

〔問1〕	㋐㋑㋒㋓ → ㋐㋑㋒㋓ → ㋐㋑㋒㋓ → ㋐㋑㋒㋓			
〔問2〕	Ⅰの略年表中の**ア〜エ**		Ⅱの略地図中の**A〜D**	
	㋐㋑㋒㋓		ⒶⒷⒸⒹ	
〔問3〕	㋐　㋑　㋒　㋓			
〔問4〕	A	B	C	D
	㋐㋑㋒㋓	㋐㋑㋒㋓	㋐㋑㋒㋓	㋐㋑㋒㋓

5

〔問1〕	㋐　㋑　㋒　㋓
〔問2〕	㋐　㋑　㋒　㋓
〔問3〕	

6

〔問1〕	㋐㋑㋒㋓ → ㋐㋑㋒㋓ → ㋐㋑㋒㋓ → ㋐㋑㋒㋓			
〔問2〕	A	B	C	D
	㋐㋑㋒㋓	㋐㋑㋒㋓	㋐㋑㋒㋓	㋐㋑㋒㋓
〔問3〕	㋐　㋑　㋒　㋓			

（注）この解答用紙は実物を縮小してあります。A3用紙に154%拡大コピーすると，ほぼ実物大で使用できます。（タイトルと配点表は含みません）

配点

1（計20点）				2（計15点）			3（計15点）			4（計20点）				5（計15点）			6（計15点）		
問1	問2	問3	問4	問1	問2	問3	問1	問2	問3	問1	問2	問3	問4	問1	問2	問3	問1	問2	問3
5点	5点	5点	5点	5点	5点	5点	5点	5点	5点	5点	5点	5点	5点	5点	5点	5点	5点	5点	5点

2021年度　東京都立高校　理科
解　答　用　紙

▭部分がマークシート方式により解答する問題です。

マーク上の注意事項

1　HB又はBの鉛筆（シャープペンシルも可）を使って，◯の中を正確に塗りつぶすこと。

2　答えを直すときは，きれいに消して，消しくずを残さないこと。

3　決められた欄以外にマークしたり，記入したりしないこと。

良い例	悪い例
●	線　小さい　はみ出し　丸囲み　レ点　うすい

受検番号						
⓪①②③④⑤⑥⑦⑧⑨	⓪①②③④⑤⑥⑦⑧⑨	⓪①②③④⑤⑥⑦⑧⑨	⓪①②③④⑤⑥⑦⑧⑨	⓪①②③④⑤⑥⑦⑧⑨	⓪①②③④⑤⑥⑦⑧⑨	⓪①②③④⑤⑥⑦⑧⑨

1

〔問1〕	㋐ ㋑ ㋒ ㋓
〔問2〕	㋐ ㋑ ㋒ ㋓
〔問3〕	㋐ ㋑ ㋒ ㋓
〔問4〕	① ㋐ ㋑ ㋒ ㋓　② ㋐ ㋑ ㋒ ㋓
〔問5〕	㋐ ㋑ ㋒ ㋓
〔問6〕	㋐ ㋑ ㋒ ㋓

2

〔問1〕	① ㋐ ㋑ ㋒ ㋓　② ㋐ ㋑ ㋒ ㋓
〔問2〕	㋐ ㋑ ㋒ ㋓
〔問3〕	㋐ ㋑ ㋒ ㋓
〔問4〕	㋐ ㋑ ㋒ ㋓

3

〔問1〕	㋐ ㋑ ㋒ ㋓
〔問2〕	① ㋐ ㋑ ㋒　② ㋐ ㋑ ㋒　③ ㋐ ㋑ ㋒
〔問3〕	① ㋐ ㋑ ㋒ ㋓　② ㋐ ㋑ ㋒ ㋓
〔問4〕	㋐㋑㋒㋓ → ㋐㋑㋒㋓ → ㋐㋑㋒㋓ → ㋐㋑㋒㋓

4

〔問1〕	㋐ ㋑ ㋒ ㋓
〔問2〕	① ㋐ ㋑ ㋒　② ㋐ ㋑ ㋒
〔問3〕	① ㋐ ㋑ ㋒　② ㋐ ㋑ ㋒

5

〔問1〕	① ㋐ ㋑ ㋒ ㋓　② ㋐ ㋑ ㋒
〔問2〕	① ㋐ ㋑ ㋒ ㋓　② ㋐ ㋑ ㋒ ㋓
〔問3〕	㋐ ㋑ ㋒ ㋓
〔問4〕	%

6

〔問1〕	㋐ ㋑ ㋒ ㋓
〔問2〕	
〔問3〕	㋐㋑㋒㋓ → ㋐㋑㋒㋓ → ㋐㋑㋒㋓ → ㋐㋑㋒㋓
〔問4〕	① ㋐ ㋑ ㋒　② ㋐ ㋑ ㋒　③ ㋐ ㋑ ㋒　④ ㋐ ㋑ ㋒

（注）この解答用紙は実物を縮小してあります。A3用紙に152%拡大コピーすると，ほぼ実物大で使用できます。（タイトルと配点表は含みません）

配点

1（計24点）						2（計16点）				3（計16点）				4（計12点）			5（計16点）				6（計16点）			
問1	問2	問3	問4	問5	問6	問1	問2	問3	問4	問1	問2	問3	問4	問1	問2	問3	問1	問2	問3	問4	問1	問2	問3	問4
4点	4点	4点	4点	4点	4点	4点	4点	4点	4点	4点	4点	4点	4点	4点	4点	4点	4点	4点	4点	4点	4点	4点	4点	4点

2020年度　都立日比谷高校　英語

解　答　用　紙　（1）

<table>
<tr><td rowspan="3">1</td><td>〔問題A〕</td><td><対話文1></td><td></td><td><対話文2></td><td></td><td><対話文3></td><td></td></tr>
<tr><td rowspan="2">〔問題B〕</td><td><Question1></td><td></td><td colspan="4"></td></tr>
<tr><td><Question2></td><td colspan="5"></td></tr>
</table>

<table>
<tr><td rowspan="5">2</td><td>〔問1〕</td><td></td><td>〔問2〕</td><td></td></tr>
<tr><td>〔問3〕</td><td colspan="5">Maybe</td></tr>
<tr><td>〔問4〕</td><td></td><td>〔問5〕</td><td></td><td>〔問6〕</td><td></td></tr>
<tr><td>〔問7〕</td><td></td><td></td></tr>
</table>

解 答 用 紙 （2）

3	〔問１〕		〔問２〕		〔問３〕	２番目		４番目	
	〔問４〕								
	〔問５〕		〔問６〕						

4	

（注）この解答用紙は実物を縮小してあります。
B4用紙に135%拡大コピーすると、
ほぼ実物大で使用できます。
（タイトルと配点表は含みません）

配点		計
	1 各４点×５ 2 問１，問２ 各４点×２ 問３ ６点 問４～問６ 各４点×３ 問７ ８点 3 問１～問３ 各４点×３ 問４ 10点 問５ ４点 問６ ８点 4 12点	100点

2020年度　都立日比谷高校　数学
解　答　用　紙（1）

1

〔問1〕

〔問2〕

〔問3〕　$a =$

〔問4〕

〔問5〕

A　D　B　C

2

〔問1〕　$y =$

〔問2〕　(1)　【　途中の式や計算など　】

（答え）　$t =$

〔問2〕　(2)

（注）この解答用紙は実物を縮小してあります。
B4用紙に132%拡大コピーすると、
ほぼ実物大で使用できます。
（タイトルと配点表は含みません）

解 答 用 紙 （2）

3		
〔問1〕		度
〔問2〕	(1)	【 証 明 】
〔問2〕	(2)	cm

4	
〔問1〕	cm
〔問2〕	【 途中の式や計算など 】 （答え） cm^2
〔問3〕	$V:W=$ ：

配点		計
	1 各5点×5 2 問1 7点 問2 (1) 10点 (2) 8点 3 問1 7点 問2 (1) 10点 (2) 8点 4 問1 7点 問2 10点 問3 8点	100点

五

〔問1〕

〔問2〕

〔問3〕

〔問4〕

〔問5〕

四

〔問5〕

250

200

100

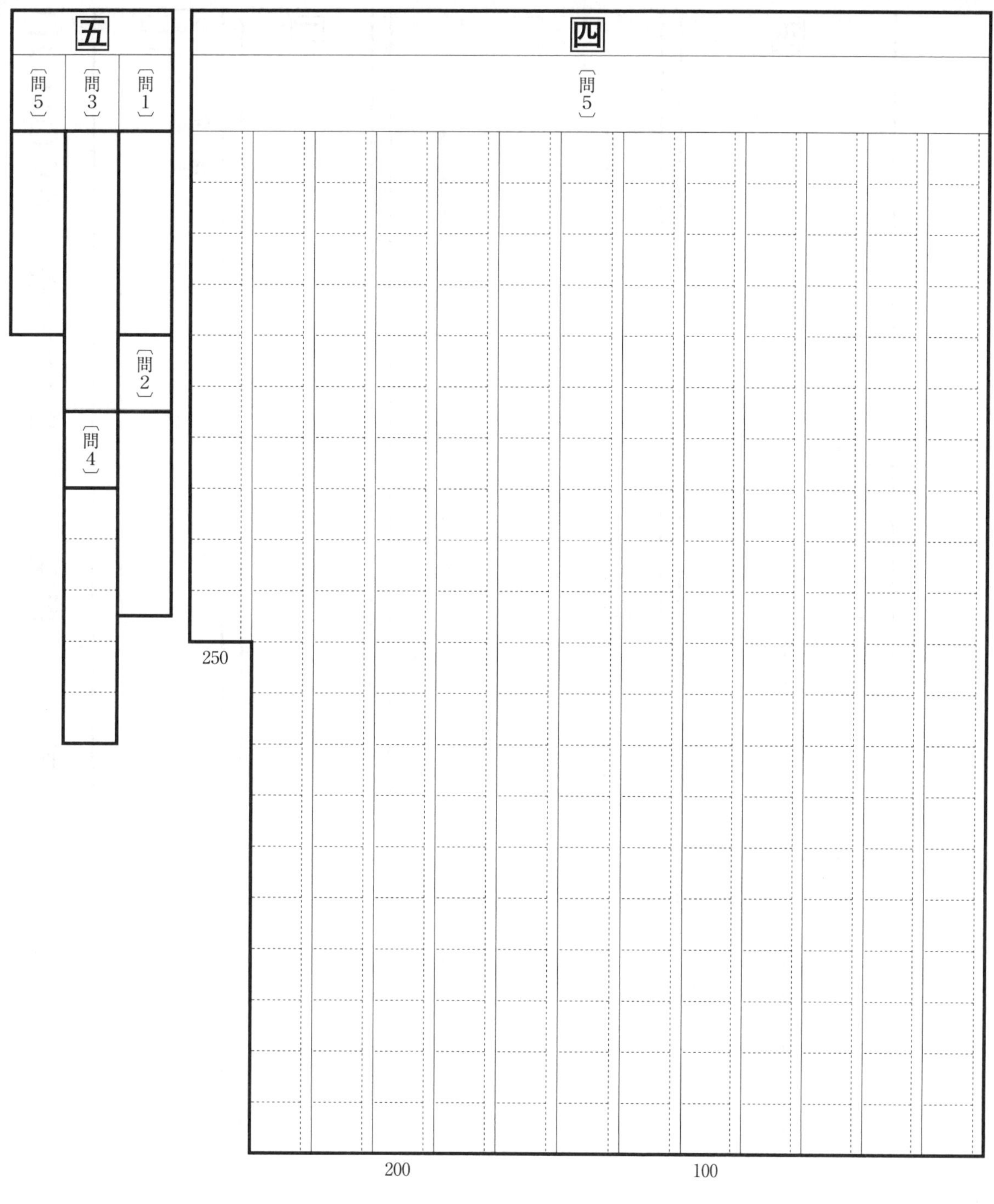

（注）この解答用紙は実物を縮小してあります。
B4用紙に116%拡大コピーすると、
ほぼ実物大で使用できます。
（タイトルと配点表は含みません）

配点		計
	一，二　各２点×10 三　問１～問３　各４点×３　問４　８点　問５，問６　各４点×２ 四　問１　８点　問２～問４　各４点×３　問５　12点 五　各４点×５	100点

二〇二〇年度　都立日比谷高校　国語　解答用紙

一

(1) 性懲（り）　り

(2) 挙措

(3) 拙劣

(4) 進捗

(5) 自縄自縛

二

(1) ユ（わえる）　わえる

(2) ハイシン

(3) イットウチ

(4) コンリンザイ

(5) ハクランキョウキ

三

〔問1〕

〔問2〕

〔問3〕

〔問4〕

60

〔問5〕

〔問6〕

四

〔問1〕

50

〔問2〕

〔問3〕

〔問4〕

2020年度　東京都立高校　社会
解　答　用　紙

受	検	番	号			
⓪	⓪	⓪	⓪	⓪	⓪	⓪
①	①	①	①	①	①	①
②	②	②	②	②	②	②
③	③	③	③	③	③	③
④	④	④	④	④	④	④
⑤	⑤	⑤	⑤	⑤	⑤	⑤
⑥	⑥	⑥	⑥	⑥	⑥	⑥
⑦	⑦	⑦	⑦	⑦	⑦	⑦
⑧	⑧	⑧	⑧	⑧	⑧	⑧
⑨	⑨	⑨	⑨	⑨	⑨	⑨

□部分がマークシート方式により解答する問題です。

マーク上の注意事項

1　ＨＢ又はＢの鉛筆（シャープペンシルも可）を使って，〇の中を正確に塗りつぶすこと。

2　答えを直すときは，きれいに消して，消しくずを残さないこと。

3　決められた欄以外にマークしたり，記入したりしないこと。

良い例	悪い例		
●	線	小さい	はみ出し
	丸囲み	レ点	うすい

1

〔問1〕	㋐ ㋑ ㋒ ㋓
〔問2〕	㋐ ㋑ ㋒ ㋓
〔問3〕	㋐ ㋑ ㋒ ㋓

2

〔問1〕	略地図中のA～D		Ⅱのア～エ	
	Ⓐ Ⓑ Ⓒ Ⓓ		㋐ ㋑ ㋒ ㋓	
〔問2〕	P	Q	R	S
	㋐㋑㋒㋓	㋐㋑㋒㋓	㋐㋑㋒㋓	㋐㋑㋒㋓
〔問3〕	略地図中のW～Z		ⅠとⅡの表のア～エ	
	Ⓦ Ⓧ Ⓨ Ⓩ		㋐ ㋑ ㋒ ㋓	

3

〔問1〕	A	B	C	D
	㋐㋑㋒㋓	㋐㋑㋒㋓	㋐㋑㋒㋓	㋐㋑㋒㋓
〔問2〕	P	Q	R	S
	㋐ ㋑	㋐ ㋑	㋐ ㋑	㋐ ㋑
〔問3〕	〔建設された理由〕 〔建設された効果〕			

4

〔問1〕	㋐㋑㋒㋓ → ㋐㋑㋒㋓ → ㋐㋑㋒㋓ → ㋐㋑㋒㋓	
〔問2〕	Ⅰの略年表中のア～エ	Ⅱの略地図中のA～D
	㋐ ㋑ ㋒ ㋓	Ⓐ Ⓑ Ⓒ Ⓓ
〔問3〕	㋐ ㋑ ㋒ ㋓	
〔問4〕	㋐ ㋑ ㋒ ㋓	

5

〔問1〕	㋐ ㋑ ㋒ ㋓
〔問2〕	㋐ ㋑ ㋒ ㋓
〔問3〕	㋐ ㋑ ㋒ ㋓
〔問4〕	㋐ ㋑ ㋒ ㋓

6

〔問1〕	㋐㋑㋒㋓ → ㋐㋑㋒㋓ → ㋐㋑㋒㋓ → ㋐㋑㋒㋓	
〔問2〕	略地図中のA～D	ⅠとⅡのグラフのア～エ
	Ⓐ Ⓑ Ⓒ Ⓓ	㋐ ㋑ ㋒ ㋓
〔問3〕		

（注）この解答用紙は実物を縮小してあります。Ａ３用紙に154％拡大コピーすると，ほぼ実物大で使用できます。（タイトルと配点表は含みません）

配点

1（計15点）			2（計15点）			3（計15点）			4（計20点）				5（計20点）				6（計15点）		
問1	問2	問3	問1	問2	問3	問1	問2	問3	問1	問2	問3	問4	問1	問2	問3	問4	問1	問2	問3
5点	5点	5点	5点	5点	5点	5点	5点	5点	5点	5点	5点	5点	5点	5点	5点	5点	5点	5点	5点

2020年度　東京都立高校　理科
解　答　用　紙

▭部分がマークシート方式により解答する問題です。

マーク上の注意事項

1　HB又はBの鉛筆（シャープペンシルも可）を使って，◯の中を正確に塗りつぶすこと。

2　答えを直すときは，きれいに消して，消しくずを残さないこと。

3　決められた欄以外にマークしたり，記入したりしないこと。

良い例	悪い例
●	線　小さい　はみ出し　丸囲み　レ点　うすい

受検番号						
⓪①②③④⑤⑥⑦⑧⑨	⓪①②③④⑤⑥⑦⑧⑨	⓪①②③④⑤⑥⑦⑧⑨	⓪①②③④⑤⑥⑦⑧⑨	⓪①②③④⑤⑥⑦⑧⑨	⓪①②③④⑤⑥⑦⑧⑨	⓪①②③④⑤⑥⑦⑧⑨

1		
	〔問1〕	㋐ ㋑ ㋒ ㋓
	〔問2〕	㋐ ㋑ ㋒ ㋓
	〔問3〕	㋐ ㋑ ㋒ ㋓
	〔問4〕	㋐ ㋑ ㋒ ㋓
	〔問5〕	㋐ ㋑ ㋒ ㋓

2		
	〔問1〕	㋐ ㋑ ㋒ ㋓
	〔問2〕	㋐ ㋑ ㋒ ㋓
	〔問3〕	㋐ ㋑ ㋒ ㋓
	〔問4〕	㋐ ㋑ ㋒ ㋓

3			
	〔問1〕	㋐ ㋑ ㋒ ㋓	
	〔問2〕	㋐ ㋑ ㋒ ㋓	
	〔問3〕	＊ 解答欄は次頁にあります。	
	〔問4〕	①	②
		㋐ ㋑ ㋒ ㋓	㋐ ㋑ ㋒ ㋓

4					
	〔問1〕	①	②	③	
		㋐ ㋑ ㋒ ㋓	㋐ ㋑ ㋒ ㋓	㋐ ㋑ ㋒ ㋓	
	〔問2〕	㋐ ㋑ ㋒ ㋓			
	〔問3〕	①	②	③	④
		㋐ ㋑ ㋒ ㋓	㋐ ㋑ ㋒ ㋓	㋐ ㋑ ㋒ ㋓	㋐ ㋑ ㋒ ㋓
	〔問4〕	＊ 解答欄は次頁にあります。			

5			
	〔問1〕	㋐ ㋑ ㋒ ㋓	
	〔問2〕	①	②
		㋐ ㋑ ㋒ ㋓	㋐ ㋑ ㋒ ㋓
	〔問3〕		
	〔問4〕	溶質の名称	
		結晶の質量	g

6			
	〔問1〕	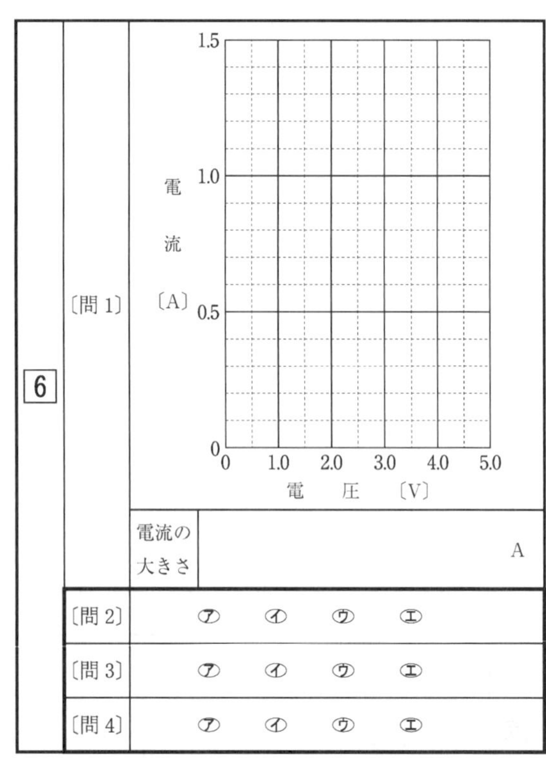	
		電流の大きさ	A
	〔問2〕	㋐ ㋑ ㋒ ㋓	
	〔問3〕	㋐ ㋑ ㋒ ㋓	
	〔問4〕	㋐ ㋑ ㋒ ㋓	

2020年度　東京都立高校　理科

解　答　用　紙

受　検　番　号						

3	〔問 3〕	

4	〔問 4〕	

（注）この解答用紙は実物を縮小してあります。Ｂ４用紙に139%拡大コピーすると、ほぼ実物大で使用できます。（タイトルと配点表は含みません）

配点	1（計20点）					2（計16点）				3（計16点）				4（計16点）				5（計16点）					6（計16点）				
	問1	問2	問3	問4	問5	問1	問2	問3	問4	問1	問2	問3	問4	問1	問2	問3	問4	問1	問2	問3	問4 名称	問4 質量	問1 グラフ	問1 電流	問2	問3	問4
	4点	4点	4点	4点	4点	4点	4点	4点	4点	4点	4点	4点	4点	4点	4点	4点	4点	4点	4点	4点	2点	2点	2点	2点	4点	4点	4点

Memo

Memo

Memo